錢穆先生全集

中國近三百年學術史（一）

錢穆先生全集

〔新校本〕

九州出版社

圖書在版編目（CIP）數據

中國近三百年學術史／錢穆著．-- 北京：九州出版社，2011.1（2023.6 重印）
（錢穆先生全集）
ISBN 978-7-5108-0701-5

Ⅰ．①中…　Ⅱ．①錢…　Ⅲ．①學術思想－思想史－中國－近代 ②學術思想－思想史－中國－現代　Ⅳ．①B25

中國版本圖書館 CIP 數據核字（2010）第 206049 號

中國近三百年學術史

作　　者　錢　穆　著
責任編輯　郝軍啟　陳春玲
　　　　　周弘博　劉瑞蛟
出版發行　九州出版社
裝幀設計　陸智昌　張萬興
地　　址　北京市西城區阜外大街甲 35 號
郵　　編　100037
發行電話　（010）68992190/3/5/6
網　　址　www.jiuzhoupress.com
印　　刷　三河市東方印刷有限公司
開　　本　635 毫米 × 970 毫米　16 開
插頁印張　0.75
印　　張　58.25
字　　數　656 千字
版　　次　2011 年 1 月第 1 版
印　　次　2023 年 6 月第 3 次印刷
書　　號　ISBN 978-7-5108-0701-5
定　　價　228.00 元（全二冊）

錢穆先生授課

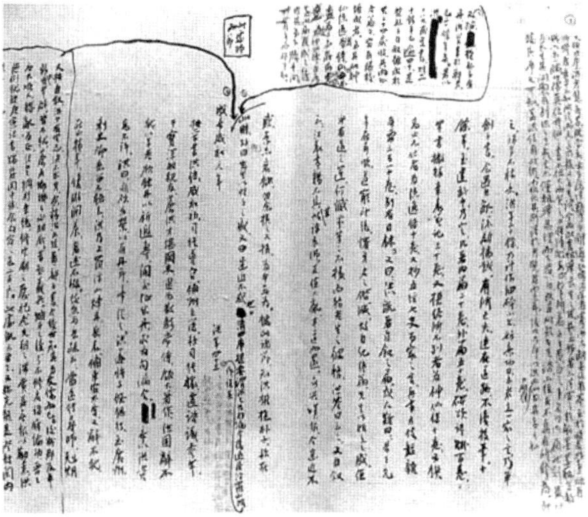

錢穆先生手迹

新校本說明

錢穆先生全集，在臺灣經由錢賓四先生全集編輯委員會整理編輯而成，臺灣聯經出版事業公司一九九八年以「錢賓四先生全集」為題出版。作為海峽兩岸出版交流中心籌劃引進的重要項目，這次出版，對原版本進行了重排新校，訂正文中體例、格式、標號、文字等方面存在的疏誤。至於錢穆先生全集的內容以及錢賓四先生全集編輯委員會的注解說明等，新校本保留原貌。

九州出版社

出版說明

本書為錢賓四先生往年在北京大學講授中國近三百年學術史一課時所編撰之講義。民國二十年秋，先生初任教於北大，除校方所規定擔任中國上古史、秦漢史兩課外，先生自選定兼任此課。此一課程，其前梁任公曾在清華研究所開授，編有講義。任公既卒，北平書肆遂印其書。先生嘗購得之，以意見相異，因在北大亦特開此課，並亦自編講義。時北大講義室分講印發，隨編隨印，外界有知其事者，往往向北大預定，先睹而羣相討論。蓋其時任公卒後未久，先生續開此課，而取徑與任公迥殊，故特受注意也。翌年，先生改開他課；至第三年，仍開此課，以續完其編。前後五載，遂成此書。二十六年五月由商務印書館出版。

是書述有清一代學術，遠追溯於兩宋，近討源於晚明東林，分十四章，以人為綱，自黃梨洲以迄康長素，跡其師承，踵其衍變，然後三百年間學術發展遞禪之詳，如網在綱，粲然畢具。書末復有附表一通，於諸學者生卒年月、仕宦出處、師友交遊、著作先後，爬羅抉剔，一一備載。觀此一表，必可得知人論世之助，對書中敍述，亦有更多啟發。

先生既撰此書，歷年續撰有與此一時期相關之論文多篇，後結集收入中國學術思想史論叢第（八）單元中。讀本書者，宜並讀該書以為扶翼。凡欲研究近代學術之流變與夫當代學風之淵源者，皆可於此二書取資焉。

本書在一九六五*年由臺灣商務印書館依原版影印發行臺初版，至一九九〇年十月，二十餘年間，版凡十刷。是其書風行數十年，而未嘗重排。今即以原版為底本整理，盡量核對引文，改正若干誤植文字；部分引文為先生所節引者，不復改動。又酌增若干引號，或以標引文之起訖，或鉤出特定語詞，要皆所以顯豁文意，以便讀者閱讀。原書所標之重點符號與書眉提綱，悉保留原貌。引文則換排楷體鉛字，以清眉目。原書目次但有章名，無分目，今依內文細目增入，俾便檢索。附表原無斷句，今亦加入標點。排校工作雖力求慎重，惟恐難免錯漏，敬希讀者不吝指正。

本書之整理，由何澤恒先生負責。

錢賓四先生全集編輯委員會　謹識

*新校本編者注：原文為「民國」紀年。下同。

目次

第十章　焦里堂阮芸臺凌次仲　附　許周生　方植之……四九七

第十一章　龔定菴　附　莊方耕　莊葆琛　劉申受　宋于庭　魏默深　戴子高　沈子敦　潘四農……五七五

第十四章　康長素

自序

民國二十年秋，余始任教國立北京大學，為諸生講近三百年學術史，因撮記要指備誦覽。迄今五載，粗成首尾。

竊謂近代學者每分漢宋疆域，不知宋學，則亦不能知漢學，更無以平漢宋之是非，故先之以引論，略述兩宋學術概要。又以宋學重經世明道，其極必推之於議政，故繼之以東林。明清之際，諸家治學，尚多東林遺緒。梨洲嗣軌陽明，船山接迹橫渠，亭林於心性不喜深談，習齋則兼斥宋明，然皆有聞於宋明之緒論者也。不忘種姓，有志經世，皆確乎成其為故國之遺老，與乾嘉之學，精氣敻絕焉。

抑余治諸家書，猶多餘憾。亭林最堅卓，顧其辭薦也，則曰：「人人可出，而炎武必不可出。」二甥既為清顯宦，弟子潘次耕，親兄備受慘毒，亦俯首為清臣。梨洲晚節多可譏。晚村獨持夷夏之辨不變，然余讀其遺訓手迹，縷縷數百言，皆棺衾附身事耳，獨曰：「子孫雖貴顯，不許於家中演戲」，則無怪後人之入翰苑也。船山於諸家中最晦，其子則以時文名。習齋力唱經世幹濟，恕谷乃為游幕。

徐狷石所謂「遺民不世襲」，而諸老治學之風乃不得不變。繼之以潛邱、西河，此國亡不復後之所謂考據學也。復繼之以穆堂、謝山，此國亡不復後之所謂義理學也。彼其所以與晚明諸遺老異者，豈不在朝廷哉！豈不在朝廷之刀鋸鼎鑊、富貴利達哉！

乾隆御製書程頤論經筵劄子後有云：「夫用宰相者，非人君其誰乎？使為人君者，但深居高處，自修其德，惟以天下之治亂付之宰相，己不過問，幸而所用若韓、范，猶不免有上殿之相爭，設不幸而所用若王、呂，天下豈有不亂者！此不可也。且使為宰相者，居然以天下之治亂為己任，而目無其君，此尤大不可也。」夫不為相則為師，得君行道，以天下為己任，此宋明學者幟志也。今曰「以天下治亂為己任尤大不可」，無怪乾嘉學術一趨訓詁考訂，以古書為消遣神明之林囿矣。於此而趨風氣，趁時局，則治漢學者必以詆宋學為門面，而戴東原氏為其魁傑。起而糾謬繩偏，則有章實齋，顧曰：「六經皆史，皆先王之政典。」然為之君者既不許其以天下治亂為己任，充實齋論學之所至，亦適至於遊幕教讀而止，烏足以上媲王介甫、程叔子之萬一耶！

嘉道之際，在上之壓力已衰，而在下之衰運亦見。漢學家正統如阮伯元、焦里堂、凌次仲皆途窮將變之候也。起而變之者，始於議政事，繼以論風俗，終於思人才，極於正學術，則龔定庵、曾滌生、陳蘭甫其選也。然而皆無以大變乎其舊，則亦無以挽世運於復隆。南海康氏起，大聲疾呼，學術有不暇正，人才有不暇論，風俗有不暇辨，一切務以變法改制為救亡，而託附之於保皇。是復欲以天下治亂為己任，而又不能使其君深居高處而不過問，則徒為兩敗之道也。

嘗試論之。中華之受制於異族，有三期焉：一曰五胡元魏，再曰遼金元，三則滿清。當元嘉之末運，一時名流勝望，相繼南遷，其留而在北者，猶守舊轍，務經學，上承兩漢之遺，皆南士清玄之所鄙吐而不道者。然而胡姓之貴，受其薰陶，緜綴不絕，卒成周隋之治，下開唐基，此一期也。遼金用漢人，僅保所掠而已。元人挾其武彊，最鄙漢化為不足尊，其治無可言。時則中華之文運幾輟，然譬如嚴冬雪虐，枝葉雖辭，根荄無傷也。故明人之學，猶足繼宋而起。滿清最狡險，入室操戈，深知中華學術深淺而自以利害為之擇，從我者尊，逆我者賤，治學者皆不敢以天下治亂為心，而相率逃於故紙叢碎中，其為人高下深淺不一，而皆足以壞學術、毀風俗而賊人才。故以玄燁、胤禛、弘曆踞其上，則幸而差安，以顒琰、旻寧、奕詝、載淳、載湉為之主，則終不免於大亂。而說者猶謂滿族入關，卒為我所同化，政權雖移，中華之文運依然，誠淺之乎其為論也。

今日者，清社雖屋，厲階未去，言政則一以西國為準繩，不問其與我國情政俗相洽否也。扞格而難通，則激而主「全盤西化」，以盡變故常為快。至於風俗之流失，人心之陷溺，官方士習之日汙日下，則以為自古而固然，不以厝懷。言學則仍守故紙叢碎為博實。苟有唱風教，崇師化，辨心術，覈人才，不忘我故以求通之人倫政事，持論稍稍近宋明，則側目却步，指為非類，其不詆訶而揶揄之，為賢矣！

斯編初講，正值「九一八事變」驟起。五載以來，身處故都，不啻邊塞，大難目擊，別有會心。司馬氏表六國事，曰：「近己則俗變相類」，是書所論，可謂近己矣。豈敢進退前人，自適己意？亦將以明天人之際，通古今之變，求以合之當世，備一家之言。雖不能至，心嚮往之。蓋有詳人之所略，略人之所詳，而不必盡當於著作之先例者。知我罪我，所不敢問也。

中華民國二十六年一月九日自序於北平之未學齋

第一章　引論

上　兩宋學術

近代學術導源於宋

治近代學術者當何自始？曰：必始於宋。何以當始於宋？曰：近世揭櫫漢學之名以與宋學敵，不知宋學，則無以平漢宋之是非。且言漢學淵源者，必溯諸晚明諸遺老。然其時如夏峯、梨洲、二曲、船山、桴亭、亭林、蒿菴、習齋，一世魁儒耆碩，靡不寢饋於宋學。繼此而降，如恕谷、望溪、穆堂、謝山乃至慎修諸人，皆於宋學有甚深契詣。而於時已及乾隆。漢學之名，始稍稍起。而漢學諸家之高下淺深，亦往往視其所得於宋學之高下淺深以為判。道咸以下，則漢宋兼采之說漸盛，抑且多尊宋貶漢，對乾嘉為平反者。故不識宋學，即無以識近代也。

宋學導源於唐之韓愈

然則治宋學當何自始？曰：必始於唐，而昌黎韓氏為之率。何以治宋學必始於唐，而以昌黎韓氏為之率耶？曰：尋水者必窮其源，則水之所自來者無遯隱。韓氏論學雖疏，然其排釋老而返之儒，昌言師道，確立道統，則皆宋儒之所濫觴也。嘗試論之，唐之學者，治詩賦取進士第得高官，卑者漁獵富貴，上者建樹功名，是謂入世之士。其遯跡山林，棲心玄寂，求神仙，溺虛無，歸依釋老，則為出世之士。亦有既獲膴仕，得厚祿美名，轉而求禪問道於草澤枯槁之間者；亦有以終南為捷徑，身在江海而心在魏闕者。要之不越此兩途。獨昌黎韓氏，進不願為富貴功名，退不願為神仙虛無，而昌言乎古之道。曰為古之文者，必有志乎古之道，而樂以師道自尊。此皆宋學精神也。治宋學者首昌黎，則可不昧乎其所入矣。

安定泰山為宋學先河

昌黎以來，唐之為學者，亦無以大殊乎其昔。及乎五代，在朝為馮道，在野為陳搏，則仍唐人風氣也。言宋學之興，必推本於安定、泰山。蓋至是而師道立，學者興，乃為宋學先河。史言：

> 神宗問安定高弟劉彝：「胡瑗與王安石孰優？」對曰：「臣師胡瑗，以道德仁義教東南諸生時，王安石方在場屋中，修進士業。……國家累朝取士，不以體用為本，而尚聲律浮華之詞，是以風俗偷薄。臣師當寶元、明道之間，尤病其失。遂以明體達用之學授諸生，夙夜勤瘁，二十餘年。……出其門者無慮數千餘人。故今學者明夫聖人體用以為政教之本，皆臣師之功，非安石比也。」

宋學精神

劉氏此言，不徒善道其師，蓋宋學精神，劉氏數言亦足盡之。所謂「道德仁義聖人體用，以為政教之本」者，此正宋儒所以自立其學以異於進士場屋之聲律，與夫山林釋老之獨善其身而已者也。時孫門有石介徂徠，著怪説三篇及中國論。三怪者，一曰文章，二曰佛，三曰老。此卽進士場屋之與道、釋山林，彼皆無意於生民政教之事者。故安定湖學，分經義、時務兩齋，經義其體，時務其用也。慶曆中，詔下蘇、湖取其法，著為令於太學。及皇祐，安定來太學主講，以顏子所好何學論試諸生。蓋自唐以來之所謂學者，非進士場屋之業，則釋、道山林之趣，至是而始有意於為生民建政教之大本，而先樹其體於我躬，必學術明而後人才出。題意深長，非偶然也。安定得伊川卷，大奇之，卽處以學職。而伊川於安定，終其身非先生不稱，於濂溪則字之曰茂叔而已。

高平與廬陵

華山濂溪非宋學眞源

安定同時有范仲淹希文，卽聘安定為蘇州教授者。泰山孫明復亦希文在睢陽掌學時所激厲索遊孫秀才也。安定、泰山、徂徠三人，既先後遊希文門，而江西李泰伯，希文知潤縣，亦羅致教授郡學，朱子記李延平語，謂「李泰伯門議論，只説貴王賤霸」者也。而希文在陝，横渠張子以兵書來見，希文授以中庸，曰：「儒者自有名教，何事於兵？」時横渠則年十八矣。希文固以秀才時，卽慨然有志於天下，嘗自稱曰：「士當先天下之憂而憂，後天下之樂而樂。」歐陽修稱之，謂范仲淹「初以忠言讜論聞於中外，天下賢士爭相稱慕」。王安石之於希文，亦推之為一世之師。蓋自朝廷之有高平，學校之有安定，而宋學規模遂建。後人以濂溪為宋學開山，或乃上推之於陳摶，皆非宋儒淵源之眞也。宋代士大夫矯厲尚風節，既自希文啓之，而希文罷知饒州，尹師魯、歐陽永叔皆坐貶，自是而朋黨之論興。而永叔亦以獎引後進為務，其語曰：「文學止於潤身，政事可以及物。」故葉水心謂：「歐陽氏策，為三代井田禮樂而發者五」，又稱其「以經為正，而不汩於章讀箋詁，此歐陽氏讀書法也」。然則盧陵所以繼踪高平以為宋學眉目者，豈僅於效法昌黎之為古文而有意於闢佛云爾哉！全謝山為宋元學案，首安定，次泰山、高平，又次盧陵，蓋得之矣。

荆公與宋學

王安石介甫，亦出盧陵門。其先官淮南者四年，二十二至二十五。所為淮南雜説出，一時相推以為孟子。而介甫去淮南之翌年，慶曆六年。二程始見濂溪於南安。介甫極重安定，寄詩曰：「先生不試乃能爾，誠令得志何如哉！」介甫之於神宗，則所謂得行其志者。劉靜春謂：「介甫不憑注疏，欲修聖人之經，不憑今之法令，欲新天下之法，可謂知務。」又曰：「後之君子，必不安於注疏之學，必不局於法令之文，此二者既正，人才自出，治道自舉。」以此評介甫，良為諦當。「修聖人之經」，即安定之經義其體也；「新天下之法」，即安定之時務其用也。安定存其説於學校，希文、永叔、介甫欲見其績於朝廷，彼其措心設意，夫豈相遠？明道上神宗陳治法十事，其要者若師傅、井地、學校、兵農諸大端，亦將以所發明聖人體用之學，施之政教，而返斯世於三代，以跨駕漢唐。伊川召見問治道，則曰：「為政不法

二程與橫渠

三代，終苟道也。」而橫渠尤醉心，謂「周禮必可行於後世」，謂「治天下不由井地，終無由得平」，謂「井田至易行，但朝廷出一令，可以不笞一人而定」，謂「朝廷以道學、政術為二事，此正自古之可憂者」。關、洛之學，亦不過曰不憑注疏而新聖人之經，不憑今之法令而新天下之法，之二者而已。故荆公易説不在三經內，説者謂荆公不愜意，故置之，然伊川獨令學者習其書。明道則謂：「王介甫行新法，使衆君子未用與之敵，其為害不至此之甚。」而介甫於橫渠，亦曰：「新政方行，欲求助於

子載。」此皆北宋學術大體之可考見者。

北宋學術之兩大精神

辜較言之，北宋學術，不外經術、政事兩端。大抵荊公新法以前，所重在政事；而新法以後，則所重尤在經術。明道嘗言：「熙寧初，王介甫行新法，並用君子小人。君子正直不合，介甫以為俗學不通世務斥去；小人苟容諂佞，介甫以為有才能知通變用之。君子既去，所用皆小人，爭為刻薄，故害天

王霸義利之辨

下益深。」故洛學所辨，「王霸」之外，尤嚴「義利」，而會其歸於「天理人欲」。李延平所謂「大抵前輩議論麄而大，今日議論細而小」，其間分別，蓋以洛學為樞機也。

兩宋學術之轉變

東萊與南軒

迄乎南宋，心性之辨愈精，事功之味愈淡。東萊與朱子書，謂：「向見論治道書，其間欲仿井田之意，而科條州郡財賦之類，此固為治之具。然施之當有次第。今日先務，恐當啓迪主心，使有尊德樂道之誠，衆建正人，以為輔助。待上下孚信之後，然後為治之具可次第舉也。儻人心未孚，驟欲更張，則衆口譁然，終見沮格。」此正熙寧新法之所以敗，而東萊慨切言之。張南軒則謂：「學莫先於義利之辨。義也者，本心之所當為而不能自已，非有所為而為之者也。一有所為而為之，則皆人欲之私，而非天理之所存矣。」朱子謂其「廣前聖之所未發，同於性善養氣之功」。自是學者爭務為鞭辟向裏，而北宋諸儒一新天下之法以返之唐虞三代之意，則稍稍疏焉。故永嘉事功之學，為考亭之徒所

朱子

宋學決非無為

不喜。艮齋、止齋、水心、悅齋皆好言周禮，而朱子則非之，謂：「周禮周公未必盡行，教學者非所宜先。」然王霸之辨，猶力持弗變，雖以龍川之斷斷力爭，朱子終不稍屈。則其一新天下之法令以返之三代之上者，如痿人之不忘起，瘖者之不忘言，固非絕然無意於斯也。近世論宋學者，專本濂溪太

鄙薄漢唐與新經義

極圖一案，遂謂其導源方外，與道、釋虛無等類並視，是豈為識宋學之眞哉！「三代以道治天下，漢唐以智力把持天下」，此兩宋諸儒所倡王霸之辨也。既欲一新天下之法令，而鄙薄漢唐為不足循，則經籍注疏之成於漢唐諸儒之手者，自亦無足存，而於是有所謂新經義之作。此不徒介甫為之，兩宋諸儒，靡不為此，思以易夫舊，而其事大成於考亭。既以為三代周孔之道，晦塞於漢唐而復明於今日，

鄙薄漢唐與書院講學

則所以講誦傳述之者，有待於師道之興起，而其精神所寄，則微見於書院之講學。此自范希文、胡翼之已然，而荆公新法，亦汲汲以興學校頒新經義為務，此固非偶然而為矣。

故言宋學精神，厥有兩端：一曰革新政令，二曰創通經義，而精神之所寄則在書院。革新政治，其事至荆公而止；創通經義，其業至晦菴而遂。而書院講學，則其風至明末之東林而始竭。東林者，亦本經義推之政事，則仍北宋學術眞源之所灌注也。

下　晚明東林學派

南宋以下書院之盛衰

南宋以來，書院講學之風尤盛。然所講皆淵源伊洛，別標新義，與朝廷功令漢唐注疏之說不同。及元仁宗皇慶中定制，改遵朱氏章句集注。明承元舊，又編五經四書性理大全，然後往者書院私人之講章，懸為朝廷一代之令甲。亦猶夫熙寧之三經矣。功利所在，學者爭趨，而書院講學之風亦衰。其弊

陽明良知學與科舉

也。學者惟知科第，而學問盡於章句。陽明良知之學，即針對當時章句訓詁功利之見而發。其隨地講學之所，據年譜所載，有龍岡書院，（正德三年在龍場。）有貴陽書院，（正德四年在貴陽。）有濂溪書院，（正德十三年在贛。）有稽山書院，（嘉靖三年在越。）有敷文書院，（嘉靖七年在兩廣。）蓋亦南宋以來私家講學舊轍，與朝廷國學科舉生員之所治者，絕然異趣。而同時有湛若水，與陽明平分講席，生平所至，必建書院以祀其師陳白沙。及陽明沒，而四方建書院以祀者尤夥。實則書院講學，明與朝廷功令相背。朱子自造章句集注，既與朝廷所頒十三經注疏及熙寧三經新義不同，而陽明所説，復與當時朝廷所頒五經四書大全有異。陽明之樹異於朱子，猶朱子當日所以樹異於漢唐諸儒。陽明之推本象山，亦無異於朱子之推本伊洛。象山在明，伊洛在宋，亦俱非當時朝廷科舉之所尊也。就此一端言之，則朱子、陽明，所論雖異，意趣則一。故伊川在北宋，朱子在南宋，朝廷皆曾以偽學申禁。而明世宗亦有詔毀書院之舉。（在嘉靖十六、十七年，陽明卒後十年。由廷臣斥湛若水為邪學也。）顧一時學者建書院而講學之風，並不稍輟。萬曆間，張居正當國，痛恨講學，立意翦抑，欲遍撤天下書院。然不能盡毀。居正既敗，書院之風復起。其著者京師有首善，而無錫有東林。蓋書院講學，本已與朝廷功令異趣。而明之季世，朝綱不振，閹寺弄權。書院學者主持清議，遂益見忤而取禍。天下書院乃盡毀於魏忠賢之手。而東林尤為一時主目，黨禍與國運相終。而言宋元明三朝六百年講學史者，亦以東林為殿。然余觀明清之際，學者流風餘韻，猶往往沿東林。以言學術思想承先啓後之間，固難判劃。茲既粗舉宋明學術淵源大要，復略論東林學者講學大旨著於篇，為近三百年學術思想作先導焉。

東林書院之來歷

東林書院者，在無錫，宋政和間楊龜山從京洛南旋，僑寓講學之故址也。明萬曆中，顧涇陽、涇凡兄

東林黨與東林學派

弟與同里高景逸，重事興起。四方學者聞風來會。以議朝廷政事招忌，天啓五年毀於魏忠賢。並著東林黨人榜頒示天下，生者削籍，死者追奪，已經削奪者禁錮；凡三百有九人。其後復重建道南書院，終崇禎朝，講學甚盛。其變則為復社，又分而為幾社。蓋起萬曆，迄崇禎，與明相終始者凡五十餘年。然黄梨洲為東林學案，凡著十七人曰：顧涇陽憲成、高景逸攀龍、錢啓新一本、孫淇澳慎行、顧涇凡允成、史玉池孟麟、劉靜之永澄、薛玄臺敷教、葉園適茂才、許靜餘世卿、耿庭懷橘、劉本儒元珍、黄白安尊素、吳覲華桂森、吳霞舟鍾巒、華鳳超允誠、陳幾亭龍正。其言曰：

> 東林講學者不過數人，其為講院亦不過一郡之內耳。乃言國本者謂之東林，爭科場者謂之東林，攻逆奄者謂之東林。以至凡一議之正，一人之不隨流俗者，無不謂之東林。若似乎東林標榜遍于域中，延于數世。東林豈眞有名目哉？亦小人加之名目而已矣。論者以東林為清議所宗，禍之招也。然小人之惡清議，猶黄河之阻砥柱也。熹宗之時，龜鼎將移，其以血肉撑拒，沒虞淵而取墜日者，東林也。毅宗之變，攀龍髯而蓐螻蟻者，屬之東林乎？屬之攻東林者乎？數十年來，勇者燔妻子，弱者埋土室，忠義之盛度越前代，猶是東林之流風餘韻也。一黨師友，冷風熱血，洗滌乾坤，無智之徒竊竊然從而議之，可悲也夫！

其議論最得正。故凡當時之趨聲逐響以依附東林者，不足為東林病。而一時小人之口，以為亡國由於

東林講學大體

東林辨王學一辨無善無惡心之體

東林者，更不足為東林辨。清儒江陰陳鼎定九，有東林列傳二十四卷，網羅人物達一百八十餘人。啓、禎兩朝事，大略可觀。此篇則第據梨洲學案，粗陳當日書院諸儒講學宗旨，著其在明清間之影響。至於行事之詳，與夫風聲之播而及於政治氣節者，均不能備也。

蓋東林講學大體，約而述之，厥有兩端：一在矯挽王學之末流。一在抨彈政治之現狀。宋明理學，至於陽明良知之論，鞭辟近裏，已達極度。而王學自龍谿、泰州以後，風被既廣，流弊亦顯。東林諸儒起持異議。於陽明天泉證道「無善無惡心之體」一語，辨難尤力。關於天泉證道「四句教」之是非，余有「王守仁」一小冊，收編商務萬有文庫，論及頗詳，可參看。涇陽之言曰：

> 夫自古聖人教人，為善去惡而已，為善為其固有，去惡去其本無。本體如是，工夫如是，其致一而已矣。陽明豈不教人為善去惡？然既曰「無善無惡」，而又曰「為善去惡」，學者執其上一語，不得不忽其下一語也。……忽下一語，其上一語雖欲不弊，不可得也。羅念庵曰：「終日談本體，不說工夫，纔拈工夫，便以為外道，使陽明復生，亦當攢眉。」王塘南曰：「心、意、知、物皆無善無惡，使學者以虛見為實悟。必依憑此語，如服鴆毒，未有不殺人者。」……且夫「四無」之說，主本體言也，陽明方曰是接上根人法，而識者至等之鴆毒。「四有」之語，主工夫言也，陽明第曰是接中根以下人法，而昧者遂等之外道。然則陽明再生，目擊茲弊，將有摧心扼腕，不能一日安者，何但攢眉已乎！學案卷五十八東林一涇陽論學書與李孟白。

二辨工夫与本體

梨洲謂：「涇陽深慮當時學者，樂趨便易，冒認自然，故於不思不勉，當下卽是，皆令究其源頭，果是性命上透得來否？勘其關頭，果是境界上打得過否？」則涇陽教法，仍是陽明「立誠」宗旨，所謂「殺人從咽喉處下刀」。後人之樂趨便易，冒認自然，皆所謂「偽良知」，與陽明立教本訓無涉也。惟當時王學末流，憑藉「無善無惡為心體」之說，猖狂妄行，則涇陽之說，對證下藥，實為有力。錢啓新曰：

> 「無善無惡」之說，近時為顧叔時、顧季時、馮仲好明白排決不已，不至蔓延為害。學案卷五十八涇陽小傳。

可見「無善無惡」一辨，實當時東林講學宗要所在也。推擴「無善無惡」一辨而為引申，則有「本體」與「工夫」之辨。涇陽已引羅念庵、王塘南說謂「學者以虛見為實悟，終日談本體，不說工夫，纔拈工夫，便以為外道」。蓋王學末流偽良知之流弊，洵有然者。而東林講學，則一反其說，故其教法亦以工夫為重。高景逸云：

> 不患本體不明，只患工夫不密。學案卷五十八。

此殆為東林學者一普遍之信仰。而暢論之者有錢啓新。梨洲述之曰：

> 先生之學，得之王塘南者居多。懲一時學者喜談本體，故以「工夫為主。一粒穀種，人人所有，不能凝聚到發育地位，終是死粒。人無有不才，才無有不善，但盡其才始能見得本體，不可以石火電光便作家當也」。此言深中學者之病。至謂「性固天生，亦由人成，故曰成之者性」。夫性為自然之生理，人力絲毫不得而與，故但有知性而無為性。聖不能成，愚不能虧。以成虧論性，失之矣。（學案卷五十九錢一本傳。）

啓新之說，極似梨洲同門陳乾初。（乾初學說詳後梨洲下。）梨洲於乾初不能相契，故於啓新「性固天生亦由人成」之說，未盡首肯。而余考梨洲、乾初同時如王船山，其論性亦暢發「日生日成」之理。（亦詳後。）總之皆由虛實之辨、本體工夫之辨一貫而來。此則清初學術新趨，由東林開其端也。同時東林學者持本體工夫之辨者尚有史玉池。其言曰：

> 有本體自有工夫，無工夫卽無本體。樊遲問仁時，向夫子求本體，夫子却教他做工夫。曰：「居處恭，執事敬，與人忠。」此方是真當下，方是真自然。若飢食困眠，禽獸都是這等。以此為當下，却便同於禽獸，豈不是陷人的深坑？（按：此卽船山「庶民禽獸」之論也，詳下船山章。）且當下全要在關頭上得力。

今人居常處順，也能恭敬自持，推誠相與。及到利害、榮辱、毀譽、生死關頭，便都差了。則平常恭敬忠都是假的，却不是真工夫。不使真工夫，却沒有真本體。沒有真本體，却過不得關頭。往李卓吾講心學於白門，全以當下自然指點後學，説人都是見成的聖人，纔學便多了。聞有忠節孝義之人，却云都是做出來的，本體原無此忠節孝義。學人喜其便利，趨之若狂。後至春明門外，被人論了，纔去拿他，便手忙脚亂，沒奈何却一刀自刎。此是恁的自然，恁的當下，恁的見成聖人！故當下本是學人下手親切工夫，錯認了却是陷人深坑，不可不猛省也。學案卷六十。

此論「自然」與「工夫」之辨，「當下」與「關頭」之辨，其意皆承涇陽，而與以後船山、乾初之論亦極似。惟言心不言性，故梨洲頗稱之，曰：

先生師事涇陽，因一時之弊，故好談工夫。夫求識本體，卽是工夫。無工夫而言本體，只是想像卜度而已，非真本體也。卽謂先生之言是談本體可也。

其後梨洲晚年自序學案，又謂「心無本體，工夫所至卽其本體」，則是本體工夫之辨，梨洲與東林諸儒議論亦合也。

與辨工夫本體大意相近者，尚有「氣質之性」與「義理之性」之辨。蓋蔑棄氣質而空言義理，正與蔑棄工夫而高談本體同病，說雖高而不免於懸虛，若求切實下工夫處，捨氣質莫由也。故論學苟側重工夫，則論性自著眼於氣質矣。錢啓新謂「人無有不才，才無有不善，但盡其才始能見得本體」。其論以後暢發於陳乾初、王船山、顏習齋諸人。要之果走實路，下實工，則決不致蔑棄氣質而空言性善也。故啓新又言之，曰：

但知生之謂性，而不知成之為性，卽同人道於犬牛，而有所弗顧。孟子辭而闢之，與孔子「繼善成性」之旨一綫不移。宋儒小異，或遂認才稟於氣，又另認有一個氣質之性，安知不驟必為堯、舜之志？此憂世君子不容不辨。

又曰：

程、張「氣質之性」之說，于孟子「性善」之旨，亦差一綫。韓子謂「軻之死不得其傳」，亦千古眼也。均見學案卷五十九錢啓新下。

孫淇澳亦論其事，曰：

性善，氣質亦善。以麰麥喻之，生意是性，生意默默流行便是氣，生意顯然成象便是質。如何將一粒分作兩項？曰性好，氣質不好。

又曰：

荀子矯性爲善，最深最辨。唐宋人雖未嘗明述，而變化氣質之説，頗陰類之。

又曰：

所謂氣質之性，不過就形生後説。若稟氣于天，成形于地，受變于俗，正肥磽、雨露、人事類也。此三者皆夫子所謂「習」耳。今不知其爲習，而强繫之性，又不敢明説性，而特創氣質之性之説，此吾所不知也。均見學案卷五十九孫淇澳下。

此以宋儒氣質之性爲習，與顔習齋之説合；以宋儒氣質之性爲類荀子，與戴東原之説合。凡清儒辨宋明理學諸大端，東林諸儒已開其緒，此又其一例也。論氣質之外無性者，北方王門有楊晉庵，河南

東林與蕺山

人，亦與東林諸儒同時相往復。蓋東林學脈，本自陽明來。涇陽師薛方山，亦南中王門。而東林講學頗欲挽救王學末流之弊，乃不期然而有自王反朱之傾向。稍後劉蕺山講學山陰，獨標「慎獨」宗旨，論其大體，亦欲兼采朱、王，與東林無甚別也。清初學者，如太倉陸桴亭、容城孫夏峯，雖各有偏倚，而斟酌調停，去短集長，仍是東林以來舊轍。與陸隴其、李光地輩之狺狺爭門戶者不同焉。此為東林學風影響及於清初之一事。

東林之清議

又一事則為對政治之清議。涇陽嘗言之：

> 官輦轂念頭不在君父上，官封疆念頭不在百姓上，至於水間林下，三三兩兩，相與講求性命，切磨德義，念頭不在世道上，即有他美，君子不齒也。

一明是非立綱紀

其弟涇凡，一日喟然而嘆。涇陽曰：「何嘆？」曰：「吾嘆夫今之講學者，恁是天崩地陷，他也不管，只管講學耳。」涇陽曰：「然則所講何事？」曰：「在縉紳只『明哲保身』一句，在布衣只『傳食諸侯』一句。」涇陽為之慨然。蓋明自萬曆以下，朝綱既頹，閹璫日熾。憂時之士，激於濁世，出持清議。東林一唱，四方響應，亦自機運所觸，有不知其然而然者。而東林當時所主持者，其一則曰明是非。涇陽嘗言之，曰：

人須是一個真。是非之心，人皆有之，只以不真之故，便有夾帶。是非太明，怕有通不去、合不來的時節，所以須要含糊。少間，又于是中求非，非中求是。久之且以是為非，以非為是，無所不至矣。學案卷五十八。

景逸亦言：

綱紀世界，全要是非明白。學案卷五十八。

二斥鄉愿進狂狷

而是非之本，則在吾心之好惡。故欲明是非，須辨心術。東林諸賢皆深斥鄉愿而進狂狷，即辨心術以明是非之本也。劉靜之云：

聖賢只在好惡前討分曉，不在好惡時持兩端。如慮好惡未必的當，好不敢到十分好，惡不敢到十分惡，則子莫之中，鄉愿之善耳。學案卷六十。

錢啓新云：

聖門教人求仁，無甚高遠。只是要人不壞却心術。狂狷是不壞心術者，鄉愿是全壞心術者。（學案卷五十九。）

而涇凡則曰：

平生左見，怕言中字。以為我輩學問，須從狂狷起脚，然後能從中行歇脚。凡近世之好為中行而每每墮入鄉愿窠臼者，只因起脚時便要做歇脚事也。（學案卷六十。）

又曰：

三代而下，只是鄉愿一班人名利兼收，便宜受用。雖不犯手弒君弒父，而自為忒重，實埋下弒父弒君種子。（卷六十。）

自此引申，則重氣節，尚名檢，尤為東林講學特色。涇陽有言：

史際明（玉池）曰：「宋之道學在節義之中，今之道學在節義之外。」予曰：「宋之道學在功名富貴之外，今之道學在功名富貴之中。在節義之外，則其據彌巧；在功名富貴之中，則其就彌下。無惑乎學之為世詬也。」卷五十八。

而劉靜之論此尤激切，其言曰：

三代而上，黑白自分，是非自明。後世以是為非，指醉為醒，倒置已極。君子欲救其弊，不得不矯枉。蓋以不平求平，正深於平者也。卷六十。

又曰：

假善之人，事事可飾聖賢之迹。只逢著忤時抗俗的事，便不肯做。不是畏禍，便怕損名。其心總是一團私意故耳。卷六十。

薛玄臺曰：

世風衰微，不憂著節太奇，而憂混同一色。

故東林精神，卽在分黑白，明是非，肯做忤時抗俗事。不畏禍，不怕損名，不肯混同一色，不願為鄉愿。而結果則為羣小所彈射。劉本孺謂高景逸曰：

此吾輩入火時也，無令其成色有減斯可矣。卷六十。

東林氣節之實踐

此語可見東林之風節。倪元璐有言：「東林，天下之才藪也。其所宗大都持高明之幟，或繩人過刻，持論太深。謂非中行則可，謂非狂狷則不可。」東林列傳卷八。此則東林之定評也。涇陽初成進士，適大學士張居正病，朝士羣為齋醮，同官代署涇陽名，涇陽聞之，馳往削去。其嶽嶽之概，已為他日書院講學張本矣。而高景逸之從容就義，黃白安之慷慨赴難，吳霞舟之節烈，華鳳超、陳幾亭據東林列傳卷十一幾亭絕粒死。之堅貞，皆眞鋼百鍊，無媿於顧涇陽所謂節義之眞，非血氣之可亢而至者。晚明啓、禎之際，忠烈接踵，不得謂非東林講學之效。陳幾亭所謂「上士貞其身，移風易俗」，卷六十一。東林有之。流風未沫，及於清初，如顧亭林之耿介，李二曲之堅卓，其人格之峻，操持之高，皆東林之嗣響也。

綜論東林學術源流

東林淵源陽明

抑余謂東林言「是非」、「好惡」，其實卽陽明「良知」、「立誠」、「知行合一」之教耳。傳習錄下：「良知只是箇是非之心，是非只是箇好惡。只好惡就盡了是非，只是非就盡了萬事萬變。」又：「人但得好善如好色，惡惡如惡惡臭，便是聖人。聖人之學，只是一誠。」又傳習錄上：「大學指箇眞知行與人看，說『如好好色，如惡惡臭』。知行本體原是如此。」惟環境既變，意趣自別，激於世緣，遂成異采。若推究根柢，則東林氣節，與王門良知，實本一途。東林所以挽王學末流之弊，而亦頗得王學初義之精。東林之淵源於王學，正猶陽明之啓途於考亭也。惟東林諸儒言政治，其在當時所謂繫心君國者，則不過裁量人物、訾議時政而止。及乎國脈既斬，宗社既覆，隄崩魚爛，無可挽救，乃又轉而探討及於國家興亡、民族盛衰之大原。如亭林、梨洲諸人，其留心實錄，熟悉掌故，明是導源東林。而發為政論，高瞻遠矚，上下千古，則又非東林之所能限。吳霞舟有言：「不明於死生，必不能忠義；不知忠義，必無經濟。」東林列傳卷十二。東林在宗國未傾之前，故得以忠義自勵。清初則處大命滅絶之餘，轉期以經濟待後。學術流變與時消息，亦不得不爾也。而康、雍以來，清廷益以高壓鋤反側，文字之獄屢興，學者乃以論政為大戒，鉗口不敢吐一辭。重足疊跡，羣趨於鄉愿之一途，則又非東林諸君子所欲知矣。高景逸有言：

> 嘗妄意以為今日之學，寧守先儒之說，拘拘為尋行數墨，而不敢談玄說妙，自陷於不知之妄作。寧稟前哲之矩，硜硜為鄉黨自好，而不敢談圓說通，自陷於無忌憚之中庸。積之之久，倘習心變革，德性堅凝，自當恍然知大道之果不離日用常行，而步步蹈實地，與對塔說相輪者遠矣。卷五十八。

此數語者，儼然與顧亭林論學所標「經學卽理學」及「行己有恥」二語相似。景逸又謂：

姚江之弊，始也掃聞見以明心耳，究且任心而廢學，於是乎詩書禮樂輕而士鮮實悟；始也掃善惡以空念耳，究且任空而廢行，於是乎名節忠義輕而士鮮實修。卷五十八。

則又頗與梨洲所謂「讀書不博，無以證斯理之變化。博而不反之於吾心，則為俗學」之二語者相通。

實行與實學

蓋東林承王學末流空疏之弊，早有避虛歸實之意。惟東林諸賢之所重在實行，而其後世變相乘，學者隨時消息，相率以「實學」為標榜，而實行顧非所重。捨實行而言實學，則非東林之所謂實學也。既不足以言「修」，亦不足以言「悟」，亦非所謂「寧守先儒尋行數墨」之義。蓋清初諸儒，尚得東林

東林與乾嘉

遺風之一二。康、雍以往，極於乾、嘉，考證之學既盛，乃與東林若渺不相涉。東林之學，起於山林，講於書院，堅持於牢獄刀繩，而康、雍、乾、嘉之學，則主張於廟堂，鼓吹於鴻博，而播揚於翰林諸學士。其意趣之不同可知矣。今自乾、嘉上溯康、雍，以及於明末諸遺老；自諸遺老上溯東林以及於陽明；更自陽明上溯朱、陸以及北宋之諸儒，求其學術之遷變而考合之於世事，則承先啓後，如繩秩然，自有條貫，可不如持門戶道統之見者所云云也。余故述近三百年學術，而先之以東林，見風氣之有自焉。

東林遺響

余又考無錫東林道南一脈，自鼎革以來，尚緜綴不驟絶。主其事者有高彙旃世泰，乃景逸從子也。一時大儒碩望，南方如太倉陸桴亭，北方如關中李二曲，皆來講學。而河北有容城孫夏峯，浙東有山陰劉蕺山，其學風所被，幾分中國，迹其先皆與東林顧、高聲氣相肸蠁，蓋亦聞東林之風而起者。即謂

無錫之共學山居

清初學風盡出東林，亦無不可。而徽歙之間有吳慎徽仲、施璜虹玉，皆游東林，事彙旃，歸而唱紫陽、還古兩書院，為乾、嘉徽州經學之導源；與浙東證人、姚江為後來史學淵藪者，同為清學極盛時之兩大幹；則書院講學之影響於清學者仍非淺也。彙旃崇禎中督學湖南，船山以文受知，今集中稱「吾師」，詳羅正鈞船山師友記，則東林流風餘韻，被及湖湘矣。而東林自高彙旃後有高紫超愈，為景逸兄孫，傳其遺緒。同時有顧畇滋培、顧恆惺鏊，相與築共學山居於無錫之錫山，習景逸靜坐法。儀封張伯行撫吳，來講東林，二顧持論不屈。伯行雖鼎貴，無以難也。一時聞風來者不下百餘人。全謝山鮚埼亭集劉獻廷傳跋：「繼莊生平所講學之友，嚴事者，曰梁谿顧畇滋、衡陽王而農。」畇滋為當時學人推崇如此。其後從學者患學業之妨功，而授徒者率以舉業不獲教弟子以正學，遂謀鳩聚諸友別買田為力耕代館之計。並相約罷應舉，停處館，卒拮据大困，而共學山居遂他屬。自是而東林之脈亦絕。夫書院講學，其事本近於私人之結社，苟非有朝廷之護持，名公卿之提獎，又不能與應舉科第相妥洽，則其事終不可以久持。清廷雖外尊程、朱，而於北宋以來書院講學精神，本人心之義理，以推之在上之政治者，則摧壓不遺餘力，於是錫之東林，以及浙之姚江，徽之紫陽，往昔宋、元、明以來書院講學之遺規盡墜。則共學山居之廢，固不僅東林一脈廢興所繫而已。考近三百年學術思想之轉變者，於書院之興廢及其內容之遷革，誠不可不注意也。

第二章　黃梨洲

附　陳乾初　潘用微　呂晚村

傳略

黃宗羲，字太冲，學者稱梨洲先生，浙江餘姚人。生明萬曆三十八年，卒清康熙三十四年，（一六一〇—一六九五。）年八十六。其父尊素，東林名士，為魏閹所害。莊烈帝即位，公年十九，袖長錐，草疏入京訟寃。至則逆閹已磔，與許顯純、崔應元對簿，出長錐錐顯純，卒論二人斬，遂顯名。以遺命從劉蕺山遊。（時年二十。）崇禎十七年，甲申，北京陷，福王立於南京。先是，戊寅，馬士英起用，欲漸援阮大鋮。東林子弟推無錫顧端文孫杲居首；宜興陳貞慧、甯國沈壽民、貴池吳應箕諸人，作南都防亂揭，斥大鋮。首；天啓被難諸家，推公居首；餘以次列名。及是，大鋮柄政，遂按揭中一百四十人名氏，欲盡殺之。會清兵至，得免。公踉蹌歸浙東。魯王監國，公糾子弟數百人隨軍江上，號「世忠營」。軍敗，走入四明山，結寨自固。己丑，聞魯王在海上，赴之。明統既亡，公遂返里門，畢力著述。康熙十七年，詔徵博學鴻儒。有欲薦公者，公門人陳錫嘏曰：「是將使先生為疊山、九靈之殺身也。」乃止。未幾，開明史館，朝臣又薦公。詔督撫以禮敦遣，公辭老病，竟不赴。

學術思想之大要

一　梨洲論劉蕺山

梨洲學之傳統的方面

梨洲早年從學蕺山，自謂：「其時志在舉業，不能有得，聊備門人之一數。天移地轉，殭餓深山，盡發藏書讀之，近二十年，胸中窒礙解剝，始知曩日孤負為不可贖。」（文案卷一惲仲升文集序，時戊申梨洲年五十九歲。）其後講學宗旨，專以發揮蕺山「慎獨」遺教為主。嘗謂：

蕺山慎獨義趣

先師之學在慎獨。……先儒曰：「意者，心之所發」，師以為心之所存。……泰州王棟已言之：「自身之主宰而言謂之心，自心之主宰而言謂之意。心則虛靈而善變，意有定向而中涵。意是心之主宰，以其寂然不動之處，單單有個不慮而知之靈體，自做主張，自裁生化，故舉而名之曰『獨』。少間攙以見聞才識之能，情感利害之便，則是有商量倚靠，不得謂之獨矣。若

蕺山與泰州之暗合

云心之所發，教人審幾於動念之初，念既動矣，誠之奚及？」師未嘗見泰州之書，至理所在，不謀而合。先儒曰：「未發為性，已發為情。孟子之惻隱、羞惡、辭讓、是非，因所發之情而見所存之性；因所情之善而見所性之善。」師以為：「指情言性，非因情見性也。即心言性，非離心言善也。形而上者謂之道，形而下者謂之器。器在斯道在，離器而道不可見。必若求之惻隱、羞惡、辭讓、是非之前，幾何而不心行路絕，言語道斷。所謂有物先天地者，不為二氏之歸乎？」又言：「性學不明，只為將此理另作一物看。如鐘虛則鳴，妄意必有一物主所以鳴者。夫盈天地間，止有氣質之性，更無義理之性。謂有義理之性不落於氣質者，『臧三耳』之説也。」師於千古不決之疑，一旦拈出，使人冰融霧釋。而彌近理而大亂真者，亦既如粉墨之不可掩矣。文約卷四先師蕺山先生文集序。

劉學之三要點

此論劉學要旨，厥有三點：一曰氣質以外無義理，此所以破宋儒相傳理氣二元之誤，與稍後王船山、顏習齋所論，若相為桴鼓。既主義理因氣質見，即不認因情見性、離心言善之説，而主性善亦即由心與情之已發者見之。其後戴東原孟子字義疏證即力闡此義。二説雖造語有異，而論旨則一。其言本體如此，而言工夫則曰慎獨。欲人於主宰本源處用力，而不以「審幾於動念之初」者為是。梨洲又言之，曰：

慎之工夫，只在主宰上覺有主，是曰意。離意根一步便是妄，便非獨矣。故愈收斂是愈推致。

然主宰亦非有一處停頓，卽在此流行之中。……蓋離氣無所謂理，離心無所謂性。明儒學案卷六十二蕺山學案。

劉學之用意

蓋必辨義理卽在氣質之中，性善卽由心與情之已發而見者，所以救當時言本體墮於恍惚懸空之病。必主工夫在收斂與主宰上用力者，所以矯當時言良知主張現前具足之弊。此為梨洲對於蕺山學說之發揮，亦可認為梨洲講學宗旨所在也。

二　梨洲論王陽明

梨洲本此論陽明，則謂陽明：

陽明致良知一語之眞訓

「致良知」一語，發自晚年，未及與學者深究其旨。後來門下各以意見攙和，說玄說妙，幾同射覆，非復立言之本意。先生之格物，謂「致吾心良知之天理於事事物物，則事事物物皆得其理。以聖人教人，只是一個行，如博學、審問、愼思、明辨皆是行也。篤行之者，行此數者不已是也」。先生致之於事物，致字卽是行字，以救空空窮理，只在知上討個分曉之非。乃後之學者，測度想像，求見本體，只在知識上立家儅，以為良知，則先生何不仍窮理格物之訓，先知後行，而必欲自為一說耶？學案卷十姚江學案。

陸王毫釐之辨

又曰：

先生承絶學於詞章訓詁之後，一反求諸心，而得其所性之覺曰「良知」，因示人以求端用力之要曰「致良知」。良知為知，見知不囿於聞見；致良知為行，見行不滞於方隅。卽知卽行，卽心卽物，卽動卽靜，卽體卽用，卽工夫卽本體，卽下卽上，無之不一，以救學者支離眩騖，務華而絶根之病。可謂震霆啓寐，烈耀破迷，自孔、孟以來，未有若此之深切著明者也。特其與朱子之説不無牴牾，而所極力表章者，乃在陸象山，遂疑其或出於禪。禪則先生固嘗逃之，後乃覺其非而去之矣。夫一者，誠也，天之道也；誠之者，明也，人之道也，致良知是也。因明至誠，以人合天之謂聖，禪有乎哉？卽象山本心之説，疑其為良知之所自來，而求本心於良知，指點更為親切；合致知於格物，工夫確有循持。較之象山混人道一心，卽本心而求悟者，不猶有毫釐之辨乎！學案卷首師說。

梨洲論學之兩面

此謂「求本心於良知」，卽就流行見主宰之説也。謂「合致知於格物」，卽本氣質見義理之説也。梨洲於明儒最尊陽明，且謂：「天假之年，盡融其高明卓絶之見而底於實地，則範圍朱、陸而進退之，又不待言。」學案卷首師說。而於王門順應、歸寂兩派之爭，則頗袒江右羅念庵、聶雙江，側重本體一邊。蓋梨洲論學，兩面逼入。其重實踐，重工夫，重行，既不蹈懸空探索本體、墮入渺茫之弊；而一面又不致陷入倡狂一路，專任自然，即認一點虛靈知覺之氣，從横放任以為道也。惟梨洲最要見解，厥在其晚年所為明儒學案序。

三　梨洲晚年思想

梨洲明儒學案成書在丙辰（康熙十五年。）之後，梨洲已年六十七。及壬申（康熙三十一年。）北地賈醇菴梓行其書，翌年癸酉，梨洲乃作此序。時已八十四歲。（年譜即記於壬申八十三歲時，誤也。）老病不能書，口授其子百家書之。越兩年八十六歲，梨洲即卒。誠可謂梨洲晚年之定論也。其文曰：

盈天地皆心也。變化不測，不能不萬殊。心無本體，工夫所至，即其本體。故窮理者，窮此心之萬殊，非窮萬物之萬殊也。是以古之君子，寧鑿五丁之間道，不假邯鄲之野馬。故其途亦不得不殊。奈何今之君子，必欲出於一途，使美厥靈根者，化為焦芽絶港。夫先儒之語錄，人人不同，只是印我之心體，變動不居。若執定成局，終是受用不得。此無他，修德而後可講學。今講學而不修德，又何怪其舉一而廢百乎？

梨洲言心學之三新義

此與自來講心學者，有絶可注意之異點。從來言心學多講本體，而此則重工夫，一也。從來言心學多著意向內，而此則變而向外，二也。從來言心學多重其相同，而此則變言萬殊，三也。且不僅與從來言心學者異，即梨洲平日論學，亦與此序議論顯有不同。梨洲雖言離心無所謂性，然既主蕺山之慎獨，則不得謂「心無本體」。梨洲雖極重工夫、重行，然既主慎獨工夫愈收斂則愈推致，欲在主宰上覺有主，即工夫須從本體生，又不得謂「工夫所至即是本體」矣。且梨洲明儒學案於諸家學術，各有評騭，要以陽明致良知、蕺山慎獨之説為主，初未嘗不欲於萬殊中立一定局，使後之學者出於一途。而此序則謂「寧鑿五丁之間道，不假邯鄲之野馬」，頗以執定成局、出於一途者為非。則梨洲個人見

梨洲陽明晚年思想之會通

解，實自有變。自學案成書迄於晚年作序，相隔已在十五年外，古人學與年俱進，宜乎梨洲之別闢新解矣。余考陽明晚年思想，一見之於其與顧東橋書所謂拔本塞源之論，再見之於王龍谿、錢緒山天泉橋證學之所謂四句教，三見之於其答聶文蔚書所謂「必有事焉」之説。詳見余著「王守仁」，收萬有文庫。凡所云云，若以梨洲學案序推説，皆可會通。則梨洲晚年思想，實較其拘執蕺山慎獨之訓者遥為深透也。

四　梨洲經史之學

梨洲學之創闢的方面

梨洲講學，初不脱理學家傳統之見。自負為蕺山正傳，以排異端、闡正學為己任。至其晚年而論學宗旨大變，備見於其所為明儒學案序。然此特就其爭門面、爭字句處看則然耳，其實梨洲平日講學精

神，早已創闢新局面，非復明人講心性理氣、講誠意慎獨之舊規。苟略其場面，求其底裏，則梨洲固不失為新時代學風一先驅也。全祖望論之云：

講堂錮疾與經史實學

> 自明中葉以後，講學之風，已為極敝，高談性命，直入禪障，束書不觀，其稍平者則為學究，皆無根之徒耳。先生始謂學必源本於經術，而後不為蹈虛；必證明於史籍，而後足以應務。元元本本，可據可依。前此講堂錮疾，為之一變。（甬上證人書院記。）

博綜與實證

蓋往昔理學家精神，在單純，在切己，其長為能徹底而敦實踐。然重行不重知，其弊則流而為空疏，為虛妄。流弊既著，後起者矯之以務博綜，尚實證。此晚明遺老之為學皆然，故能巍然為時代所宗師。雖其對理學傳統上嚮背之見解，各有不同，而其務博尚實之風，則靡不同。梨洲自負得理學正統之傳，而其為學之務博綜與尚實證，則固畢生以之，不俟乎晚年之改悟。故論新時代學風之開先，梨洲之影響，實在此不在彼也。

梨洲為學方面之廣，全謝山極稱之，謂其：

> 以濂洛之統，綜會諸家。橫渠（張載。）之禮教，康節（邵雍。）之數學，東萊（呂祖謙。）之文獻，艮齋（薛季宣。）、止齋（陳傅良。）之經制，水心（葉適。）之文章，莫不旁推交通，連珠合璧，自來儒林所未有也。（梨洲先生神道碑。）

其言良非虛譽。梨洲亦自言之曰：

> 讀書不多，無以證斯理之變化。多而不求於心，則為俗學。同上

多方面之統整

其前一語，正所以開時代之新趨，後一語則仍歸宿於傳統之舊貫，是為梨洲論學之兩面。故梨洲為學，門路雖廣，而精神所注，則凝聚歸一。蓋欲以博雜多方之學，融成精潔純粹之知。以廣泛之智識，造完整之人格。內外交養，一多並濟。仍自與後之專尚博雅者不同也。故梨洲論學極重統整，而不主分析。嘗謂：

道學之末流

> 學問之事，析之者愈精，而逃之者愈巧。……夫一儒也，裂而為文苑，為儒林，為理學，為心學，豈非析之欲其極精乎？奈何今之言心學者，則無事乎讀書窮理。言理學者，其所讀之書，不過經生之章句；其所窮之理，不過字義之從違。薄文苑為詞章，惜儒林於皓首。封己守殘，摘索不出一卷之內。其規為措注，與纖兒細士，不見長短。天崩地解，落然無與吾事。猶且說同道異，自附於所謂道學者，豈非逃之者之愈巧乎？……某雖學文而不能廢夫應酬，窮經而不能歸於一致。洒掃先師蕺山之門，而浸淫於流俗。紘急調哀，不知九品人物，將來何

等？文定前集卷一留別海昌同學序，文成於康熙十五年丙辰，梨洲年六十七。

其意實欲治文苑、儒林、道學於一鑪，重復古者儒之大全。其願力之宏，氣魄之大，良可嘆敬。且梨洲之意，猶不僅此。梨洲又言之，曰：

> 儒者之學，經緯天地，而後世乃以語錄為究竟，僅附答問一二條於伊洛門下，便廁儒者之列，假其名以欺世。治財賦者則目為聚斂，開閫扞邊者則目為麤材，讀書作文者則目為玩物喪志，留心政事者則目為俗吏，徒以「生民立極，天地立心，萬世開太平」之闊論，鈐束天下。一旦有大夫之憂，當報國之日，則蒙然張口，如坐雲霧。世道以是潦倒泥腐。遂使尚論者以為立功建業，別是法門，而非儒者之所與也。文定後集卷三弁玉吳君墓誌銘。文成於康熙二十五年丙寅，梨洲年七十七。在海昌序後十年。

梨洲與顧顏

此則欲推學術、事功而一之，猶不僅儒林、文苑、道學之合轍而已也。其論頗似顏習齋，而亦有其異。習齋感慨於俗學之泥腐，乃欲絕去文字書册以為學，而梨洲不然，其異一也。習齋尊古，其極不達於時務而去事功仍遠，梨洲亦不然，其異二也。然則梨洲所謂儒之大全，將以經史植其體，事功白其用，實踐以淑之身，文章以揚之世。其意趣之闊大，規模之恢偉，固足以掩顧、顏而上之矣。同時顧亭林論學，與梨洲異趣。其言曰：「博學於文，行己有恥」，學、行分成兩橛。是「博學」為一事，

浙東學之三段

而「行己」又為一事也。梨洲之說，若使學者汗漫無所依循。而其後考證之學，乃專趨亭林博學一邊；至於行己則「有恥」已得，不復深求。若自梨洲言之，則讀書多而不反求之心，仍不免為俗學也。惟會稽章實齋於乾、嘉考證學極盛之時，獨持異論。謂：「浙西（指顧）尚博雅，浙東（指黃）尚專門，各有其是。」而謂「為學須本性情」，自謂即陽明良知薪傳。其言足為梨洲扶翼。若為學而一本諸性情，則即是陽明拔本塞源論宗旨。而梨洲所謂讀書多必求之於心者，若以實齋說為發明，即在使人自求之於其性情之誠，則博約可以兼盡。統整之中，仍不害有分析之精；而專家之學，亦自與梨洲所譏為纖兒細士者不同矣。故余謂晚近世浙學，基址立自陽明，垣牆擴於梨洲，而成室則自實齋。合三人而觀，庶可以得其全也。

梨洲經史學之創獲

梨洲經學，極多創獲，有易學象數論六卷，力辨河洛方位圖說之非，而遍及諸家。其弟宗炎（晦木）著周易象辭二十一卷，又圖書辨惑二卷，又辨太極圖說。同時如朱彝尊、毛奇齡，皆辨易圖，而德清胡渭遂有易圖明辨之作。卷末備引梨洲易學象數論一序，足證其思想上之淵源。而梨洲於史學，尤為有最大之創闢。其言曰：

> 學者必先窮經，然拘執經術，不適於用。欲免迂儒，必兼讀史。

梨洲治史之二特點

蓋梨洲以多讀書與反求之心二語，為體用之兼盡，而讀書又分經史二途論體用也。其明儒學案，為學術史不磨之創作。所著明末史料亦極富。梨洲治史，特點有二。一曰注意於近代當身之史。嘗言其父忠端公被逮，謂之曰：「不可不通知史事，可讀獻徵錄。」遂自明十三朝實錄上溯二十一史，靡不究心。據全祖望神道碑。此等處可悟明末遺老史學，實自東林導源也。又曰：

元之亡也，危素趨報恩寺，將入井中。僧大梓云：「國史非公莫知，公死是死國之史也。」素是以不死。後修元史，不聞素有一詞之贊。及明之亡，朝之任史事者衆矣，顧獨藉一萬季野以留之，不亦可慨也夫！補歷代史表序。

然季野明史之學，實受於梨洲。此其治史注意於當身現代之史，異於後之言史多偏於研古者一也。二曰注意於文獻人物之史。其自為文定凡例有云：

余多叙事之文。嘗讀姚牧庵、元明善集，宋元之興廢，有史書所未詳者，於此可考見。然牧庵、明善，皆在廊廟，所載多戰功。余草野窮民，不得名公鉅卿之事以述之，所載多亡國之大夫，地位不同耳。其有裨於史氏之缺文一也。

此其治史注意於文獻人物，異於後之言史多偏於考訂者又一也。此種重現代、尊文獻之精神，一傳為萬季野，再傳為全謝山，又傳為邵二雲、章實齋。浙東史學，遂皎然與吳、皖漢學家以考證治古史者

梨洲之天算水地學

並峙焉。梨洲又究心天算之學，著授時曆故等諸書。全祖望謂：「梅文鼎本周髀言天文，世驚為不傳之祕，不知公實開之。」神道碑。明史曆志由其審正而定。又著今水經，明史地理志多用其文。其究心地學，亦開風氣之先。綜斯以觀，梨洲論學，雖若猶承明人之傳統，而梨洲之為學，則實創清代之新局矣。

五　梨洲之政治理想

關於明夷待訪錄著書動機之批評

梨洲父尊素名隸東林，身死黨獄。平日教子，亦以留心時政為重。故梨洲政治興味，培養有素。明社既屋，興復之望既絕，乃始激而為政治上根本改造之空想。此亦明末遺老一種共有之態度，而梨洲對政治理想之貢獻，則較同時諸老為宏深。其時如顧亭林注重各種制度實際之措施，王船山注重民族觀念之激勵，而梨洲則着眼於政治上最高原理之發揮，三家鼎峙，而梨洲尤為盡探本窮源之能事。其議論備見於所為明夷待訪錄。梨洲自序，謂：「吾雖老矣，如箕子之見訪，或庶幾焉。豈因夷之初旦，明而未融，遂祕其言也！」近人章太炎以此深譏之。梁任公則謂待訪錄成於康熙元、二年，當時遺老以順治方殂，光復有日，梨洲正欲為代清而興者設法。今考全祖望跋云：鮚埼亭集外編卷三十一。「是書成於康熙癸卯，年未六十，而自序稱梨洲老人。萬西郭為予言，徵君自壬寅前，魯陽之望未絕；天南訃至，始有潮息煙沉之嘆，飾巾待盡，是書於是乎出。蓋老人之稱，所自來已。」其言與梁不同。按：待訪錄成於梨洲五十四歲，實為梨洲政治興味最後之成績。五十八歲重興證人書院講學，此後興趣，則轉入理學方面。全氏此說，頗為近是。又曰：黃肖堂墓版文，鮚埼亭集卷二十二。「黃肖堂與予讀明夷待訪錄，曰：『是經世之文也，然而猶有憾。夫箕子受武王之訪，不得已而應之耳。豈有艱貞蒙難之身，而存一待之見於胸中者？則麥秀之恫荒矣。作者亦偶有不照也。』」謝山極稱之，謂是「南雷之忠臣，天下萬世綱常之所寄」。則章氏之論，昔人亦言之。惟考康熙己未，萬季野至京師，梨洲送之，戒以勿上河汾太平之策。時已距待訪錄成書十五、六年。則梨洲之不可奪者不確如乎！（此全氏答諸生問南雷學術帖子語。）亭林詩亦云：「未敢慕巢由，徒誇一身善。窮經待後王，到死終黽勉。」亡國遺臣之不能無所待者，正見其處心之愈苦耳。待訪錄原本不止於此，以多嫌諱勿盡出。（亦見全氏跋。）今傳刻本凡二十一篇：

原君　原臣　原法　置相　學校　取士上下　建都　方鎮　田制一二三　兵制一二三　財計一二三

胥吏　奄宦上下

待訪錄議論之一斑

其原君、原臣諸篇，發明民主精義，已為近人傳誦。其原法篇云：

三代以下無法，人主既得天下，惟恐其祚命之不長，子孫之不能保，思患於未然，以為之法。然其所謂法者，一家之法，而非天下之法也。法愈密，而天下之亂即生於法之中。所謂非法之法也。非法之法，前王不勝其利欲之私以創之，後王或不勝其利欲之私以壞之。壞之者固足以害天下，創之者亦未始非害天下者也。論者謂有治人無治法，吾以謂有治法而後有治人。

其置相篇云：

原夫作君之意，所以治天下。天下不能一人而治，則設官以治之。是官者，分身之君也。昔者伊尹、周公之攝政，以宰相而攝天子，亦不殊於大夫之攝卿，士之攝大夫耳。後世君驕臣諂，天子之位始不列於卿、大夫、士之間。古者不傳子而傳賢，其視天子之位，去留猶夫宰相。其後天子傳子，宰相不傳子。天子之子不皆賢，尚賴宰相傳賢，足相補救，則天子亦不失傳賢之意。宰相既罷，天子之子一不賢，更無與為賢者矣。

其學校篇云：

學校所以養士，然其意不僅此，必使治天下之具皆出於學校。天子之所是，未必是；天子之所非，未必非。天子亦遂不敢自為非是，而公其非是於學校。是故養士為學校之一事，而學校不僅為養士而設。

皆與原君、原臣兩篇用意相足。其他諸篇，亦皆對政治上幾種重要問題加以根本之討慮。蓋東林之議政，不過人物賢奸，出處忠佞而止。迄乎梨洲之時，則外族入主，務以芟薙為治，賢奸忠佞之辨無所用。一二遺老，留身草澤，驚心動魄於時變之非常，遊神太古，垂意來葉。既於現實政治，無堪措慮，乃轉而為根本改造之想，以待後人。此亦當時一種可悲之背景有以釀成之也。今讀其書者，驚其立説之創闢，而忘其處境之艱虞，則亦未為善讀古人書矣。

梨洲同時幾位學者與梨洲思想之關係

梨洲可議處

謝山評梨洲，謂：

> 先生之不免餘議者有二：其一則黨人之習氣未盡，蓋少年即入社會，門户之見深入而不可猝去。其一則文人之習氣未盡，以正誼明道之餘技，猶留連於枝葉。結埼亭集外編卷四十四，答諸生問南雷學術帖子。

余謂梨洲可議者，尚有一種講學家習氣，尊傳統，爭門戶，正與謝山所舉黨人之習、文人之習二者，同為不脱明末學人面目。故梨洲當日與並世學人爭學術異同，頗有過甚之處。然序而列之，可以證當時學風之趨向，亦可以見梨洲晚年思想蛻變之所由來焉。今舉其尤要者凡三人：一曰陳確乾初，二曰潘平格用微，三曰呂用晦晚村。皆浙人也。

一　陳乾初

小傳

陳確，字乾初，海寧人。生明萬曆三十二年甲辰，卒清康熙十六年丁巳，年七十四歲。（一六〇四—一六七七。）早年以孝友、文學有名。年四十，始與祝開美同受業於劉蕺山。乙酉之變，蕺山、開美皆殉，先生棄經生業，著書山中。有大學辨、禪障、性解、學譜、葬論、喪俗、家約諸書，其餘雜著不下數十萬言。全謝山稱之為「畸士」，謂「説經尤諤諤」也。（鮚埼亭集子劉子祠堂配享碑。）自六十左右得顫攣疾，拘困者十五載，足不及中庭。時人比之袁閎之土室焉。

乾初與梨洲之交游

梨洲乾初兩人之交誼

梨洲與乾初雖屬同門，然二人交游踪跡則殊疎。蓋生平晤對，惟有一次。在康熙五年丙午，梨洲年五十七，而乾初則六十三矣。乾初年四十，始從學於蕺山，四十二歲復與開美至山陰謁劉，是年蕺山、開美皆引義自盡。後乾初年五十左右，始著大學辨，五十四歲著性解、禪障諸篇。（以上據吳騫所為年譜。）而其時乾初、梨洲猶未相識。及丙午，梨洲至海昌，始與陸冰修嘉淑訪乾初。（此據梨洲年譜。）乾初已病顫攣者三、四年。梨洲謂「余於丙午訪之，病中猶危坐劇談」是也。（語見梨洲所為乾初墓誌銘。）吳騫為乾初年譜，謂：「是時先生疾寖加，有友人偕陸冰修過先生，言劉伯繩將葬，（伯繩，蕺山子。）先生曰：『吾不能執紼引路，有負良友。』」所謂「友人」，即梨洲矣。後十一年，為康熙十五年丙辰，梨洲重之海昌，欲訪乾初未果。梨洲謂「又十年丙辰，致書約以明歲再見而不可得」是也。（語亦見乾初墓誌銘。）而是年梨洲始見乾初所著性解諸篇，即移書討論。首云：

> 自丙午奉教函丈以來，不相聞問，蓋十有一年矣。老兄病如故時，而弟流離遷播，即有病亦不能安居。今歲因緣得至貴地，竊謂得拜牀下，劇譚數日夜，以破索居之惑，而事與願違，尚在有待。幸從令子敬之，得見性解諸篇。（南雷文案卷二與陳乾初論學書。）

而翌歲乾初即溘然物化，此兩人生平晤對惟得一次之證也。梨洲自言：「二十年來，不敢妄渡錢塘，渡亦不敢一月留。」（此梨洲戊午六十九歲語，見與陳介眉庶常書，收文案卷二。）而乾初自六十後，即病不出。故以兩賢相待之切，相隔一水，而暮齒匆匆，始得一晤，卒不獲從容往復，相與極論，以究精微。而梨洲他年遂亦不免有「有負良友」之歎。此誠至可惋惜之事也。（吳氏乾初年譜，著陳、黃相晤於順治三年丙戌秋，是時梨洲方入四明山，事敗，奉母避居化安山丙舍，而乾初亦奔波避亂，兩人無緣相見。丙戌乃丙午之譌。）

乾初論學要旨及梨洲之意見

乾初論學之落落寡合

乾初論學，淵源蕺山，上溯陽明，而推極於孟子。發揮性善之旨，最多創見。年譜乾初六十歲正月三日，設姚江、山陰兩先生像，拜奠呈性解兩篇，有祭陽明山陰兩先生詩。又有子輿篇云：「子輿稱性善，伯安合知行。卓哉二子言，吾道之干城。」可以見其嚮往矣。然乾初既多創闢，頗不為並時學人所信。梨洲稱之曰：「乾初讀書卓犖，不喜理學家言。嘗受一編讀之，心弗善也，輒棄去。遂四十年不閱。其後問學於山陰先師，深痛末學之支離，見於辭色。乾初括磨舊習，一隅三反。逮先師夢奠，得其遺書而盡讀之，憬然而喻。取其四十年所不閱者重閱之，則又格格不能相入，遂見之論著。同輩為之一鬨，不顧也。」南雷文定後集卷三陳乾初先生墓志銘。則乾初講學之自憑心眼，別創新見，不滿從來理學家舊言套說，因亦不為當時講理學者所喜，其概可想。乾初既深自韜晦，身後著述湮沉，不復為人稱道。惟幸梨洲為乾初作墓志，摘敍其遺說，猶可藉此考見乾初論學宗旨之一二而已。其尤要者在辨性善之意義。其說曰：

乾初說性善

性善之說本於孔子，得孟子而益明。孔孟之心，迄諸儒而轉晦。「盡其心者知其性也」之一言，是孟子道性善本旨。蓋人性無不善，於擴充盡才後見之。如五穀之性，不藝植，不耘耔，何以知其種之美？易「繼善成性」，皆體道之全功。在孟子則「居仁由義」、「有事勿忘」者，繼之

性善於擴充盡才後見

之功；「反身而誠」、「萬物咸備」者，成之之候。繼之者，繼此一陰一陽之道；成之者，成此繼之之功。向非成之，則無以見天付之全，而所性或幾乎滅矣。故曰：成之謂性。從來解者昧此，至所謂「繼善成性」，則幾求之父母未生之前，幾何不胥天下而禪乎！故性一也，孟子實言之，而諸家皆虛言之。言其實則本天而責人，言其虛則離人而尊天。不惟誣人，並誣天矣。蓋非人而天亦無由見也。是故蕉衰勤而後嘉穀之性全，怠勤異獲，而曰𪍿麥之性有美惡，必不然矣。涵養熟而後君子之性全，敬肆殊功，而曰生民之性有善惡，必不然矣。

天人虛實之辨

又曰：老農收種，必待受霜之後，以為非經霜則穀性不全。此物理也，可以推人理。是故資始、流行之時，性非不具，而必於各正、保合見生物之性之全；孩提少長之時，性非不良，而必於仁至義盡見生人之性之全。

始終之辨

又曰：氣清者無不善，氣濁者亦無不善，有不善者乃是習。

氣質無不善不善是習

氣情才皆善

又曰：

一性也，推本言之曰天命，推廣言之曰氣、情、才，豈有二哉！由性之流露而言謂之性，由性之運用而言謂之才，由性之充周而言謂之氣。性之善不可見，分見於氣、情、才。情、才與氣，皆性之良能也。天命有善而無惡，故人性亦有善而無惡。人性有善而無惡，故氣、情、才皆有善而無惡。後儒曰「既發謂之情」，曰「才出於氣，故皆有善有不善」，不知舍情、才之善，又何以明性之善耶？才、情、氣有不善，則性之不善不待言矣。

本體之辨

又曰：

「本體」二字不見經傳，此宋儒從佛氏脫胎來者。二曲集有答顧寧人先生書，往復凡三通，考證「體用」二字出處，當時學者於宋儒相沿習用之字，往往喜尋根溯源，發見其來自佛書、道經，非孔孟六籍之固有。此亦當時學風將變一共有之趨嚮。浙東、關西，乃爾暗合，亦一奇也。故以為商書「維皇降衷」、中庸「天命之性」，皆指本體言，此誣之甚也。皇降天命，特推本言之，猶言人身則必本之親生耳。其實孕育時此親生之身，而少而壯而老，亦莫非親生之身，何嘗指此為本體，而過此以往卽屬氣質，非本體乎？宋儒惟誤以此為言本體，故曰「『人生而靜』以上不容說，才說性便已不是性」，則所謂是性而容説者，恰好在何處耶？學者惟時時存養此心，卽時時是本體用事，工夫始有着落。今不思切實反求，而欲懸空想個人生而靜之時，所謂天命皇降之體段，愈求而愈遠矣。

天理與人欲之辨

又曰：

周子無欲之教，不禪而禪。吾儒只言寡欲，不言無欲。聖人之心，無異常人之心。常人之所欲，亦卽聖人之所欲也。人心本無所謂天理，天理正從人欲中見。人欲恰好處，卽天理也。向無人欲，則亦並無天理之可言矣。以上均見南雷文定後集卷三陳乾初先生墓志銘。

梨洲對乾初性善説之駁難

性善合下如是

此梨洲所記乾初論性善要旨也，其説蓋卽見於乾初所著性解諸篇。梨洲於乾初生前曾讀其説，意不謂可，遺書相討論。略云：

從令子敬之，得見性解諸篇，皆發其自得之言，絶無倚傍，絶無瞻顧，可謂理學中之別傳矣。弟尋繹再三，其心之所安者，不以其異於先儒而隨聲為一鬨之辯。其心之所不安者，亦不敢苟為附和也。老兄云：「人性無不善，于擴充盡才後見之。」夫性之為善，合下如是，到底如是。擴充盡才，而非有所增也。卽不加擴充盡才，而非有所減也。若必擴充盡才始見其善，焉知不

氣質與人欲有辨

是荀子之性惡，全憑矯揉之力而後至於善乎？老兄雖言「惟其為善而無不能，此以知其性之無不善也」，然亦可曰「惟其為不善而無不能，此以知其性之有不善也」。是老兄之言性善，反得半而失半矣。老兄云：「周子無欲之教，不禪而禪。」老兄此言，從先師「道心卽人心之本心，義理之性卽氣質之本性，離氣質無所謂性」而來。然以之言氣質、言人心則可，以之言人欲則不可。氣質、人心是渾然流行之體，公共之物也。人欲是落在方所，一人之私也。天理、人欲正是相反，此盈則彼絀，彼盈則此絀，故寡之又寡，至于無欲，而後純乎天理。若人心、氣質，惡可言寡耶？必從人欲恰好處求天理，則終身擾擾，不出世情，所見為天理者，恐是人欲之改頭換面耳。（南雷文案卷二與陳乾初論學書。）

乾初答書

梨洲此書在康熙十五年丙辰，乾初已年七十三歲，力疾作書答之。（據吳氏年譜。）其略云：

弟愚人也，何敢言學？惟是世儒習氣，敢於誣孔孟，必不敢倍程朱，時為之痛心。性解諸篇呈教，重蒙駁正，感極涕零。病極未能一一作答，惟有痛自刻責已耳。空玷山陰之門，不能設誠制行，卽一二知己，未能相喻，何況其他！為學原不在多言，顧力行何如耳。（見南雷文定附錄。）

梨洲所為乾初墓誌

越年，乾初作古，其子以誌銘屬梨洲。梨洲但以其子所作事實，稍節成文。（語見文定後集所收墓誌，其稿不收於南雷各集，近人刻梨洲未刻文為

之第一稿

梨洲所為乾初墓誌之第二稿

南雷餘集始有之。蓋梨洲不滿乾初論學之意，故其為墓誌，初不詳述也。其後又云：「今詳玩遺稿，方識指歸，有負良友多矣。因理其緒言，以懺前過。」遂為乾初別作新誌，則為今文定後集卷三所收。然其時梨洲於乾初論學宗旨，雖知愛重，猶未認許。故曰：

> 先師蕺山曰：「予一生讀書，不無種種疑團，至此終不釋然，不覺信手拈出。大抵於儒先註疏，無不一一牴牾者。誠自知獲戾斯文，亦姑存此疑團，以俟後之君子。」……近讀陳乾初所著，於先師之學，十得之二三，恨交臂而失之也。文定後集陳乾初墓誌銘。

是梨洲之於乾初，不過謂「於先師之學，十得二三」而已。其下詳敘乾初論學語，已見上引。而繼之以批評，謂：

> 其於聖學已見頭腦，故深中諸儒之病者有之。或主張太過，不善會諸儒之意者亦有之。夫性之善，在孩提少長之時，已自彌綸天地，不待後來。後來之仁至義盡，亦只還得孩提少長分量。故後來之盡不盡在人，不在性也。乾初必欲以擴充到底言性善，此如言黃鍾者，或言三寸九分，或言八十一分。夫三寸九分非少，八十一分非多，原始要終，互見相宣，皆黃鍾之本色也。

梨洲對乾初批評之先後轉變　南雷文案文定文約編集之年代　梨洲所為乾初墓誌第三稿　文約之眞偽

是梨洲仍守孩提性體之見，所以疑乾初者仍與丙辰一意。然於乾初之說，則愛重倍於其初，故曰「詳玩遺稿，方識指歸，多負良友，理其緒言以懺前過」也。余觀梨洲敍乾初論學語，大率卽在性解諸篇，梨洲早已見及，初不以其說為是，故為乾初墓誌卽未及。後乃覼縷述之，此已足證梨洲思想先後之變遷矣。梨洲年譜云：「公七十一歲自訂南雷文案授門人萬充宗校，鄭禹梅序。至七十九歲又自訂南雷文案、吾悔集、撰杖集、蜀山集，鉤除其不必存者三分之一，曰南雷文定。後復欲芟為文約。」文約於何年訂定，年譜不復詳，今亦無可稽考。惟文案所收論學書多通，文定內卽刪去，可證梨洲見解在此數年內實有變。乾初墓誌最先初稿當成於乾初卒後，梨洲七十歲前，正明儒學案初成之時。後自訂文案卽不錄，蓋以其文不足存。而文案獨收與陳乾初論學一書。至後重為乾初作新誌，收入文定，而丙辰與乾初論學書，文定卽不收。此豈不足徵梨洲對於乾初論學見解先後轉變之消息乎？

而余考文約卷二亦載乾初墓誌，與文定所收文字又不同，是蓋梨洲為乾初作墓誌之第三稿也。全謝山謂：「梨洲嘗欲合諸本芟定之為文約，未成而卒。文約雕於鄭南谿，實非梨洲手裁。梨洲之文，其深藏不出者，蓋以有待，而在雕本中反疑多冒附之作。」見鮚埼亭集外編卷二十五南雷黃子大全集序。又曰：「先生之文，累有更竄，故多與行世之本不同。」謝山為梨洲集補亡汰偽，定為四十四卷，一以其晚年手迹為據，惜其書未見。據此，則今傳南雷文約，不盡可據。而乾初墓誌一文，則文約所收，似實為梨洲最後定稿。比觀文定、文約兩誌內容，則梨洲對乾初之見解，又顯見不同。蓋梨洲讀乾初性解諸篇，當時遺書討論，所辯以為未安者凡有二端：一為性體之辨，一為

梨洲晚年思想與乾初論學之關係

天理人欲之辨。及文定所收乾初墓誌第二稿，天理人欲一辨已略去不論，所持以為未是者，只性善從擴充盡才後見一節。今文約所收乾初墓誌第三稿，則並此一辨去之。乃曰：

乾初論學，雖不合於諸儒，顧未嘗背師門之旨，先師亦謂之疑團而已。

據此言之，梨洲對乾初論學見解，逐步變遷，正見梨洲晚年思想之逐步轉換也。且文約乾初墓誌第三稿稱引乾初論學語，較之文定第二稿，刪節頗多，而開首特增一節，謂：

乾初深痛「樂記『人生而靜』以上不容説，才説性便已不是性」之語。謂：「從懸空卜度，至於心行路絶，便是禪門種草。宋人指商書『維皇降衷』、中庸『天命之性』為本體，同一窠臼。必欲求此本體於父母未生之前，而過此以往，卽屬氣質，則工夫俱無著落。當知學者時時存養此心，卽時時本體用事，不須別求也。」

是乾初擴充盡才後見性善之論，梨洲已加肯認而為之闡述矣。繼此而往，乃有「心無本體，工夫所至卽為本體」之説。是梨洲晚年思想之轉變，固與乾初有關係也。

梨洲平日論學，以蕺山薪傳自負。於獨體、意根諸説，持之甚堅。雖蕺山有云：「心以物為體，離物無知。」又云：「通天地萬物為一心，更無中外可言。體天地萬物為一本，更無本心可覓。」可視為梨洲「盈天地皆心也」一語之暗示。而蕺山又云：「學者只有工夫可說，其本體處直是著不得一語；纔著一語便是工夫邊事。」亦可視為梨洲「心無本體，工夫所至，即是本體」一語之前影。然若循此推索，則此等意見之包蘊，於陽明語錄中已有之。大凡一種學術思想之特起，於其前一時期中，無不可尋得其先存之跡象。而即其特提與重視，已足為別闢一新局面之朕兆矣。故余謂梨洲晚年學案一序，所謂「盈天地皆心，心無本體，工夫所至即是本體」云云，不得不謂是一極大轉變，又不得不謂其受同時乾初之影響者甚深。即乾初論學，亦何嘗不自蕺山、陽明出？亦惟其特提與重視之轉移，即足以推證其思想之變遷也。

梁氏學術史之誤

梁啓超近三百年學術史謂：「乾初與梨洲同門，而生前論學往往不合，梨洲亦不深知乾初。南雷集中乾初墓誌銘兩篇，第一篇泛敍庸德而已，第二篇始摘出其學術要點。自言『詳玩遺稿，方識指歸，有負良友多矣，因理其緒言，以懺前過』，梨洲服善之誠實可敬。」今按：今南雷集兩篇，均即所謂「理其緒言，以懺前過」者，並不是一篇泛敍庸德，別一篇纔論學術。梁氏只讀文約改定稿，未看文定原稿，因誤認文定原稿為泛敍庸德，而不知應別有一篇泛敍庸德者，早經梨洲削去，在現行南雷各集中，早已不見也。

乾初大學辨要旨

大學辨之本子

乾初論學要旨，除見於上述性解諸篇外，復有大學辨，亦為有力之創見。書無刻本。吳氏拜經樓藏書題跋記卷一謂有朱巢飲鈔本，並附跋兩通。余見其書於北平圖書館，並有吳兔牀印，蓋即拜經樓原物也。

大學辨要旨

文長三千四百餘言，其要旨如次：

一　大學首章非聖經，其傳十章非賢傳。

二　大學兩引夫子之言，則自「于止」、「聽訟」兩節外，皆非夫子言可知；一引曾子之言，則自「十目」一節外，皆非曾子言可知。

三　大學決非秦以前儒者所作。

四　「在明明德，在親民，在止於至善」三言，皆脱胎帝典。帝典自「克明峻德」至「黎民於變時雍」凡七句，此以三言括之，似益簡切；然帝典「克明」句下貫一「以」字，便文理燦然，而此下三「在」字，若三事然，則為不通。

五　「明、親、至善」之言，皆末學之夸詞，僞士之膚説。古人之學，未嘗顓言「明」，而大學首言「明明」，固已倍矣。且古之君子，有以民飢民溺為己責者，有以一夫不被澤為恥者，又有簞瓢陋巷以自樂者。今使推高禹、稷、尹為大人之學，而貶絶顏子為小人之學，則可笑矣。「至善」未易言，「止至善」尤未易言。

六　未至而「知止」，如弗知而已，何遽言「定、靜、安、慮、得」之可易言乎？且其所謂知止者，謂一知無復知者耶？抑一事有一事之知止，事事有事事之知止；一時有一時之知止，時時有時時之知止者耶？如其然也，則今日而知止，則自今日而後，而定、靜、安、慮、得之無不能，不待言也。脱他日又有所謂知止焉，則他日之知，非卽今日之所未知乎？是定、靜、安、慮、得之中而又紛然有所為未定、靜、安、慮、得者存，斯旨之難通，不待其辭之畢矣。大學之所謂知止，必也其一知無復知者也。一知無復知，惟禪學之誕有之；聖學則無是也。君子之於學，終身焉而已。則其於知也，亦終身焉而已。故今日有今日之至善，明日又有明日之至善，非吾能素知之也。又非可以一概而知也。又非吾之聰明知識可以臆而盡之也。天下之理無窮，一人之心有限。而傲然自信為吾無遺知焉者，則必天下之大妄人矣，又安所得一旦貫通而釋然於天下之事之理之日？君子之於道也，亦學之不已而已，奚以誇誕為哉！禪家之求頓悟，正由斯蔽。

七　「古之欲明明德於天下」者，尤非知道之言。古人之慎修其身，非有所為而為之也。孟子之釋恆言，提一「本」字，何等渾融！大學紛紛曰「欲」、曰「先」，悉是私偽，何得云誠！

八　「正心」以往，益加舛謬。既言正心，不當復言「誠意」。既先誠、正，何得又先格、致？夫心之與意，固若此其二乎！

九　大學之所謂「誠」者非誠。凡言誠者，皆兼內外言。中庸言「誠身」不言「誠意」，誠只在意，即是不誠。朱子之解「誠意」曰：「實其心之所發。」心之所發者，欲正也，欲修也，欲齊、治、平也。而苟有未正、未修、未齊治平焉者，則是心之所發猶虛不實也，而何以謂之誠乎？故曰：「誠者非自成己而已也，所以成物也。」又曰：「反身而誠，樂莫大焉。」並兼物言。故言誠可不更言正、修、齊、治、平。

十　所謂「致知」、「格物」者，卽以吾心致之、格之。今不先求之正心，而欲徐俟之格致之後，正所謂「倒持太阿，授人以柄」。

十一　複說「格物」一節，詞益支蔓。其「本亂」一節，文勢亦同。此並是後儒靡靡之習。

十二　大學言知不言行，必為禪學無疑。雖曰親民，曰齊、治、平，若內外交修，並是裝排不根之言。其精思所注，只在「致知」、「知止」等字，竟是空寂之學。

十三　諸儒之言，固無有弗合，而有弗合者，徒以大學之故。山陰先生稱：「前後言格致者七十有二家，說非不備，求其言之可以確然俟聖人而不惑者，吾未之見。」何則？惟大學之誣而不可以理求焉故也。

十四　程子言主敬，陽明言致良知，山陰先生言慎獨，一也，皆聖人之道也。而以之說大學，則不可合。故陽明之言致良知，山陰之言慎獨，非以疏「格致」，特以吾學所得救大學之敝。救之而無可救，弗如黜之。

大學非秦前書

大學辨與朱王論學異同

此乾初大學辨要義也。其言三綱領本之堯典，八條目本之孟子，而語意均不如堯典、孟子之精湛，所辨極允。尚書終秦誓，此似秦博士為之，而大學引焉，則乾初謂大學決非秦以前儒者作，亦審也。然大學辨最要議論，厥在其辨「知止」一事。乾初已不信有所謂理者，可以賅備天下古今事物之變而無遺，既無賅備天下古今事物之變而無遺之理，卽無賅備天下古今事物而無遺之至善。吾心之知，既不

梨洲對大學辨批評之先後轉變

足以知此賅備天下古今事物之變而無遺之至善以為止境，而使吾可以為定、靜、安、慮、得之憑藉，則為學眞血脈，惟有憑我良知，知到這裏卽行到這裏，為逐層之上進。而朱子格物補傳所謂「衆物之表裏精粗無不到，吾心之全體大用無不明」者，實為永難到達之一境。若必如此而後可以為知致，而後可以言意誠心正，則必意永無由誠，心永無由正，而修、齊、治、平，亦遂永無由入手矣。梨洲極重陽明致良知，謂「致字卽是行字，以救後人懸空求理，專在知上討分曉之非」。其實乾初辨大學，正是陽明良知學一極好之助論也。然梨洲於乾初辨大學，初未是認。丙午為劉伯繩墓誌銘見文案卷二。有云：

> 子劉子沒，宗旨復裂，海寧陳確乾初，以大學有古本，有改本，有石經，言人人殊，因言大學非聖經也。自來學問由正以入誠，未有由誠以入正者。孟子言「求放心」，夫子言「志學」、「從心」，其主敬工夫從心始，不從意始。

其下卽詳述劉伯繩駁語。朱彝尊經義攷亦云：「大學辨始成，於時聞者皆駭。桐鄉張履祥考父、山陰劉汋伯繩、仁和沈蘭先甸華、海鹽吳蕃昌仲木，交移書爭之，而乾初不顧。」梨洲蓋猶不越當時一鬨之見耳。後梨洲改為乾初墓誌，卽文定所收。於其疑大學一節，滅而不載，足證其時猶不以乾初說為然。直至文約定本，再改乾初墓誌，始一并敍及乾初疑大學之意，謂：

其論大學，以後來改本牽合不歸於一，并其本文而疑之，卽同門之友斷斷為難，而乾初執説愈堅，無不怪之者。此非創自乾初也，慈湖亦謂「大學非聖經」。亦有言「大學層累，非聖人一貫之學」。雖未必皆為定論，然吾人為學，工夫自有得力，意見無不偏至。惟其悟入，無有不可，奚必抱此齟齬不合者，自窒其靈明乎？是書也，二程不以漢儒不疑而不敢更定，朱子不以二程已定而不敢復改，亦各求其心之所安而已矣。夫更改之與廢置，相去亦不甚遠也。

此番議論，乃與學案序文開首數語全相一致。可知梨洲晚年，於其往昔牢執堅守之見解，為理學傳統所必爭者，已漸放棄。其於乾初論學宗旨，傾倒之情，亦與年俱進也。然大學乃宋明六百年理學家發論依據之中心。梨洲以正學傳統自負，至此乃不免謂「更改與廢置相去亦不甚遠」，此見學術思想走到盡頭處，不得不變，儘有豪傑大力，亦無如何。乾初説經卓卓，固為開風氣之先，而梨洲之虚心善變，其思想上之逐層轉換，逐層遷移，正足以説明理學將墜未墜時對於學者心理上所生一種最深刻精微之變化，誠為考究當時學術史者一番極有意思之資料也。

二 潘用微

小傳

潘平格，字用微，慈谿人。生卒年不可考。據毛文强潘先生傳：「康熙癸丑，始於萬季野處得先生書數帙，一見而嗜之」，似其時已卒。毛傳又云：「先生十五、六歲時，輒以豪傑自命。二十歲從事程、朱之學，越五年，又從事王、羅之學。繼又從事老、莊者半載，禪學者二年。而知其皆不合於孔、孟之道，是時年三十八。」其著書有求仁錄十卷、著道錄十卷、四書發明六卷、孝經發明二卷、辨二氏之學二卷、契聖錄五卷。將卒，授其遺書於高第弟子慈水顏長文曰彬。四明毛文强孝章寫副入京師，康熙丁酉，鄭義門見之，為刻求仁錄。他書傳否無考。

潘用微軼事

李恕谷記萬季野自述有云：

吾少從黃先生遊，聞四明有潘先生者，曰「朱子道，陸子禪」，怪之。往詰其說，有據。同學因轟言予叛黃先生，先生亦怒。（恕谷後集萬季野小傳。）

陸釋朱老論

又曰：

某少受學於黃梨洲先生，講宋明儒者緒言。後聞一潘先生論學，謂「陸釋朱老」，憬然於心。既而同學競起攻之，某遂置學不講，曰「予惟窮經而已」，以故忽忽誦讀者五、六十年。（學記恕谷四。）

按：季野年六十五而卒，豈得云「以故忽忽誦讀者五、六十年」耶？恕谷語微有誤，而大體則可信。

梨洲駁用微

今南雷文案卷二，有梨洲與友人論學書，專駁潘用微。謂：

潘用微議論，某曾駁之於姜定菴書。或某執成見，惡其詆毀先賢，未畢其說，便逆而拒之。陳君采云：「譬猶明月之珠，失之二千年，上自王公，下至甿隸，無不倀倀日索之，終不可致，牧豎乃獲於大澤之濱，豈可以人賤而并珠弗貴乎？」某之於用微，焉知其不出於此也？平懷降志，反覆用微之指要，而後知前書之終不為謬。

全謝山鮚埼亭集謂「南雷最斥潘氏用微之學，嘗有書為萬徵君季野駁之，凡數千言」。此友人蓋即季

萬季野與鄭禹梅父子對用微之折服

野也。至與姜定菴書則已不可見。然梨洲之於用微，雖嚴斥深排，而季野固未心悅。乃至置理學不講，去而窮經。鄭義門序求仁錄，亦謂「幼聞先子稱潘氏學甚貫串」。義門父鄭梁禹梅，初見梨洲，自焚其稿不留一字，而名以後稿曰見黃稿，其佩服如此，然於潘氏亦持平論。義門築二老閣祀其祖溱及梨洲，其服膺黃氏亦深矣，然讀潘氏書而心契，為之鐫行。且曰：「儒門之有潘子，猶釋氏之有觀音。觀音說釋氏不能磨滅，而謂潘子說儒門獨能磨滅乎？」語見求仁錄序。全謝山亦謂：「南谿喜禪，幾於決波倒瀾。而於潘用微求仁宗旨，許為別具隻眼。」語見鮚埼亭集卷二十一五嶽遊人穿中柱文。又謂：「用微之學，予謝山亦嘗舉其疵纇以相商榷，先生義門不以予為非，而謂『近世士不悅學，苦心如此人者，正自不可泯沒』。」謝山亦謂「是平情之論」。語見上。由此觀之，梨洲雖力排用微，而當時出梨洲門下，最推服梨洲如鄭禹梅父子及萬季野諸人，皆不以梨洲之論為然也。然則梨洲對用微之嚴斥深非，無亦由其黨人、文士習氣之用事，猶未脫講學家傳統門戶之見者為之乎？今梨洲與姜定菴書，南雷各集均不存。其與萬季野書，文定、文約亦均不錄，則梨洲晚年殆亦於此公案不復堅持耳。

潘用微與歸玄恭

歸玄恭口中之潘用微

余又讀歸玄恭集，有玄恭與用微交涉事極恢詭。初用微以訓蒙至吳，已五、六年。康熙乙巳，始與玄恭相識。玄恭讀其著道錄，甚驚訝。就聽其論，謂：「周、程、張、朱、象山、陽明，學皆雜佛、老，無一眞儒。」玄恭大悅服，北面稱弟子。相居一月，玄恭中悔，遂致書質疑，又致書自辨。用微不自安，辭師禮，復朋友之稱。而玄恭與吳修齡書，因極詆用微，謂：「孔氏之書言小人者數處，潘生乃兼有之。」又謂用微有孝經發明之作，乃母喪既畢，竟不思祭，玄恭規之，强而後祭，置母位北面，

歸玄恭心理激變之推測

科頭短衣上香。又曾日夜鞭撻其妻，遍體流血，遏之招承淫行，逐之去，自矜出妻乃孔氏家法。有二子一女，與出母同居。又其著道錄言孔子不得明師，至於歧路迴車，迷塗顧盼，故十五年、十年而後進一步。周、程、張、朱、象山、陽明，皆喪其良心。孔廟兩廡諸儒，乃一羣僧、道。玄恭之言如此。詳歸玄恭文續鈔與潘用微先生書、與吳修齡書及敍過三篇。玄恭本嶽嶽自異，眼高一世，與亭林有「歸奇顧怪」之目。用微一訓蒙師，交游聲名無足動人。玄恭其時年踰五十，一旦讀其書，聞其議論，至甘北面自屈稱弟子。則用微之在當時，實自有其足以令人折服者。無怪萬季野、鄭禹梅，皆黃門高第弟子，一世奇傑，皆於潘氏致嚮往之意。梨洲欲以極大氣力壓倒用微，而卒不能得其及門高才之心服。惟玄恭為吳人夙敬，一旦忽師事一尋常無聞之人，人不能無以為怪。且聞其詆毀先儒，竟有謀檄討之而逐之境外者。此亦據歸氏敍過篇所云。然此自俗情世見耳。卽聖賢亦何以異於人？玄恭以五十外魁儒，屈膝四拜，受潘氏授學券，亦出一時奇興。久而動於羣疑衆怪，轉自疑悔，因遂極詆用微之為人，亦人情之所宜有。余又讀歸玄恭遺著，陸道威思辨錄序，玄恭於順治十年癸巳，至太倉，初識桴亭，亦歎服願執弟子禮。桴亭固讓不受。其事在玄恭拜用微為師前十年。則玄恭雖嶔奇，而求道心切，皇皇未得安止。故一見用微持論高而自信堅，不覺為之俯首心折。稍久則識其平淡空疏，而悔心乘之。此或歸、潘二子當時始相契而終相隙之眞相也。然其後越三年，康熙己酉，顏曰彬與用微會於證人書院，讀其書大服，亦北面執弟子禮。證人書院復興於康熙六年丁未，至是適三年，萬季野年三十二，則季野之聽用微議論以為信而有據者，亦在是時。然則歸玄恭誤信於前，萬季野、鄭禹梅又復誤信於後。潘用微之所以迷惘豪傑之人心者何在？余讀其求仁錄，乃言論極平實。空疏則有之，奇肆則未，大異乎所揣。恨不獲盡讀其著道錄諸書，又不得其平日制行之詳，無以質言之也。

潘用微求仁錄大意

求仁錄凡分十卷。一辨清學脈上，二辨清學脈下。三致知格物上，四致知格物下。五渾然一體中條理。六孝弟。七讀書。八問學。九篤志力行上，十篤志力行下。其書極少見。第一、第二兩卷為全書總綱，茲摘其要旨如次：以其書少見，故鈔摘較詳。

求仁錄第一第二兩卷要旨之摘鈔

仁者渾然天地萬物一體。

復吾渾然一體之性，斷須一體萬物之志。

格物即格通身、家、國、天下。

工夫切近，只在格通人我，隨時隨地，惟心之所到，一一格通，渾然深造天地萬物一體之實地。

學在人倫日用中困勉力行，慎毋蔑視困勉，妄希自然。

渾然天地萬物一體者，仁也；格通人我者，恕也。格物全是恕，物格則仁矣。

格物全在強恕反求，全是愛敬惻隱之真心密運，強恕日篤，反求日密，當下人已渾然，如是深造而一日自得之，則渾然身、家、國、天下一體，齊家、治國、平天下，渾然吾身之事，自不得不汲汲皇皇，憂世憂民。若以默坐澄心為學的，以活潑現成為妙用，以了生脫死為究竟，以長生自利為全真，則亦何貴乎此道，何貴乎此人哉？

大學云：「致知在格物」，是未嘗懸空有致知工夫也。致其觸物一體之知，在格通身、家、國、天下本是一體之物。未有舍家、國、天下見在事使交從之實地，而懸空致我一體之知者。是格物為致知實地，卽是誠意、正心實地。致知固在於格物，而誠意、正心亦無不在於格物也。後之為學者，存心於腔子謂之立體，視天地萬物為外，明物察倫祇是應迹，愛親敬長，平章協和，視為此心之妙用。分內外，分體用，則有動靜可分，而吾性不渾然，工夫不渾然矣。擴充四端，強恕反求，善推其所為，而時時見有不慊于心，凜凜孳孳，常若不及，恰是聖人之敬。若操存於腔子，保護其靈竅，則是矜持管束，而非敬。知乎此而後可與語正心、誠意之學。

孟子云：「堯舜之道，孝弟而已矣。」曾子云：「夫子之道，忠恕而已矣。」苟知吾性，曾、孟兩言真實圓滿，無可加，無可疑。（以上為求仁錄正面議論，以下辨宋儒理學病根所在。）

學者之患，大率在於不知真心見在日用，而別求心。故有種種弊病以各成其學術。不知真心見在日用而別求心，則或有認靈明知覺為心之本體。

認靈明知覺為心，則必見有起滅而畏其走作，於是有提省照管，操持涵養之工夫。有操持則分內外，心意為內，事物為外。以心意為內，則見滿前無非引心之境，益不得不提省照管，操持涵養，使此心常在於腔子。

分內外，因而分體用。心意為體，應事接物為用。不知意識緣物而與物對待，故有體用可分。知求仁之學脈者，見在真心恰恰渾然天地萬物一體，焉有對待？既無對待，焉有體用之可分乎？

有操持，則分內外、分體用，則必喜於靜坐，為立體工夫。或去人欲，或息思慮，或澄心收拾放心。

人欲只為有人我，須在對境實地上消磨，則為有力；若在虛見上消磨，則無力。在對境實地上消磨，則必不至遏欲制念，盤桓於腔子；在虛見上消磨，不過遏欲制念，自成其盤桓腔子之病。

閒思雜念，無非牽於人欲。達不忍於所忍，達不為於所為，則閒思雜念之根絕矣。若其一種浮游之思，則不篤志力行，心思不專一，精神不凝聚之故。

澄心即所以去欲息慮，若吾人真心，則但有明昧而無渣滓，不待於澄。

習心為梗，真心偶晦而不見謂之放。習心為主，真心或時影見而無實用，放乃愈甚。求放心者，須在對境實地上有擴充之力，而非可於靜坐收拾。

有操持，則分內外、分體用。而逐事逐物看道，亦外也。事物雖在外，而事物之道具於心。逐事逐物看道，又即外以知內也。欲即外以知內，必先內有主而後可。故將「敬」字收斂身心，然後逐事逐物看道。不知道非看可明。敬與明道不可分先後工夫。操持於內，固立體工夫，然安能靜坐涵養，一無事乎？故曰：「只知用敬，不知集義，却是都無事也。」是敬與集義分兩事也。知求仁之學脈者，只一集義而已。全體是敬，無分於動靜，無分於有事、無事。

提醒照管，操持涵養，使心常惺惺而不昧者，敬也。非聖人之所謂敬。蓋渾然一體之真心，非可操持。其可操持者，意也，識也。意識本與物對待而見為內心，故可操持。操持者，亦意也，識也，是以意識治意識也。

分內外，分體用，則分動靜，敬為靜中涵養，集義為有事。靜以涵動之本，動以見靜之所存。動靜既然，內外亦有然。制乎外，所以養其中。內外、本末交相培養是也。然孟子一書工夫，止有擴充四端，直截無餘，而奚有於內外夾持，本末交養之枝節乎？

舍見在真心而認靈明知覺為心，則見靈明炯然，精光透露，而指心為靈氣。以上辨宋儒言心諸端。

舍見在真心而求心，則認靈明知覺為心。而靈明知覺不可認為性也，故又舍靈明知覺之心而求性。於是推測於造化，觀察於陰陽，原夫未有天地之始，必先有理。理必生氣，氣分陰陽而天地立。陰陽分五行而萬物具。理生氣，理卽載於氣。氣分陰陽，理卽載於陰陽。陰陽分五行，理卽載於五行。理墮於木之氣，則為木之神而囿於木；理墮於金之氣，則為金之神而囿於金。理囿於木，則與金、水、火、土不相通；理囿於金，則與木、火、水、土不相通。故木作金不得，金作木不得，水、火、土皆然。雖物物統體一理，而物物各一理；雖物物各一理，而物物統體衹是一理。故纔明彼卽曉此，故物物而窮之，一旦有以知吾性焉。在造化爲木、金、水、火、土者，在人性則卽爲仁、義、禮、智、信。仁、義、禮、智、信之性，爲賦於造化流行之木、金、水、火、土之神。事事而窮之，一旦有以知吾性焉。性卽理也；心所以含載敷施乎性者也，氣也。知覺者，氣之靈。靈處是心不是性，故心者，氣之精爽也。舍見在真心而求心性，其說大概如此。理氣之說始於老莊。老莊謂未有天地之先，漠然虛無。虛無生氣卽宰乎氣。氣之運行而錯縱不失其條緒，故指而明之曰道。後世指而名之曰理。所謂虛卽是理，理生氣是也。指性爲理，乃老莊之所謂道，所謂虛無，安得是吾聖人所言之性乎？指理氣合而成性者，謂理墮於木之氣則爲木之神，而人稟受之曰仁；理墮於金之氣則爲金之神，而人稟受之曰義。理爲之主，故可專指之曰性卽理。後人謂造化之中惟有一氣，絶無理以爲之體，於是剗理尊氣而爲之說曰：「氣之運行錯縱，自有秩然之條理，是乃謂之理。」於氣可見理，非有理以體乎氣，而理氣之說一變。分理氣者曰：「性卽理也；心者，氣之精爽也」，而心性分。剗理尊氣者曰：「理者，氣之理，非理氣爲二物。性者，心之性，非心性爲二物。」理本無理，一氣之條理。性本無性，一心之咸宜。心固是氣，性亦是氣，理氣之說變而心性之說亦變矣。知求仁之學脈者，灼知性與天道有分，心者，吾性之直達者也，卽性也。知天道不可以言性，而心之非氣又奚庸辨哉？

論心性而或言理氣，或專主一氣，則情與才益無不是氣矣。知求仁之學脈者，知心知性，故知情知才。情者，性之可見者也。才者，吾性之所自具。四端直達而不詘，卽才也。（以上辨宋儒言性諸端。）

舍見在真心而求心性，又有知意之非心，識之非知，而悞於佛、老之真空妙有者。蓋既知意識之非心性，又不知見在之真心，恰恰性善，而徒見當下之直達流行者，本不自識知。遂以謂原來本空，原來大虛。知求仁之學脈者，見在真心不自識知，必不以不自識知而謂之當體真空，無有本體。

舍見在真心而指點當體本空之靈知亦見在日用，則必有悟於情識之弊。蓋吾人真心與後起之情識常相間而出。知求仁之學脈者，知見在真心卽是仁，卽是性善，自知與情識懸絶。而工夫必擴充四端，情識自不得而用事。學者既不知真心之安與不安，本是性善，有擴充工夫；又未嘗如古之高禪，斷命根，去情識，苦參實悟，而遽承認當體本空之靈知，見在日用，非情識而何哉？情識之習慣有如自然，情識之炯然有如知慧。未嘗實悟，則必死認為當體本空之靈知。於是以恣肆為本色，以流俗為現成，而蠱人心、壞風俗矣。

有見於情識之弊，則又有懲之而收攝聚斂歸於虛靜淵寂，乃得情識不泊，而靈知之流行，常感常寂，亦無感無寂者。知求仁之學脈者，只自勉於立志，不俟收攝斂聚而志常篤切，卽心常凝謐。且真心直達流行，不識不知，是謂真寂，本體固然，無俟於歸。

舍見在真心而求心，又有專於靜坐而靜中養出端倪者。夫靜中養出，則虛能生有矣。謂心之萬感萬應者，有所從出之虛，則又非指氣為心乎？夫通塞往來，生生化化者，氣也，不虛則生生化化之機或窒，故工夫在致虛。致虛者密密保護，勿使虛靜之有撓。則生生化化之氣，無刻不流行活潑於腔子之中而常為萬感萬應之本也。知求仁之學脈者，知性善真實，真心見在日用，不識不知，恰恰渾然一體之仁，焉得有所謂生生化化乎？（以上辨宋儒言情識諸端。）

不知見在真心，則不知渾然天地萬物一體，故雖言一體而實非渾然一體。如云人物均受天地之氣而生，所以一體；人於天地間須是窮到至纖至悉十分透徹，則與萬物為一，無所窒礙；此皆以理推之，當為一體者也。云將身放在萬物中一例看，大小快活；此於虛明無我之際看得一體者也。至晏坐返觀，忽見我與天地萬物萬事萬理澄然一片；此於寂靜虛通之際見得一體者也。云渾身透亮，宇宙通明，視盈天地間恰是個水晶宮；此於靈明炯然之頃會得一體者也。知求仁之學脈者，見在真心恰恰渾然天地萬物一體。蓋真心無對待，無對待則渾然一體。真心現在日用，不自識知，不自識知則渾然一體。若佛、老之一體亦無對待，亦不自識知，而一為虛無，一為寂滅。靈明炯然之頃會得一體者，識神之幻景。寂靜虛無之際見得一體者，虛寂之境界。虛明無我之際看得一體者，卜度之影子。以理推之當為一體者，想像之虛見而已。其於吾性渾然天地萬物一體之仁，誠不啻千里之繆矣。（以上辨宋儒言萬物一體，以下仍申述求仁錄正面宗旨。）

知求仁之學脈者，始知堯舜之道，實實孝弟而已矣；夫子之道，實實忠恕而已矣。始知強恕反求，恰恰心性工夫；愛親敬長，恰恰渾然心性。

知求仁學脈者，心性上絶無錯雜之見。渾然性善，渾然情善，才無有不足，知無有不良。

知求仁之學脈者，於斯人絶無等次之見。人人性善，人人情善，人人才足，篤志力行，則人人天縱。

知求仁之學脈者，身不容不修，家不容不齊，國不容不治，天下不容不平。學不容不謀，道不容不明。

知求仁之學脈者，渾是平常，渾是平實，而異端之玄微高妙者毫不及其萬一。盡力於人倫，綿密於日用，而異端之超脱灑落者，毫不能測其影響。

以上乃潘用微求仁録第一、二卷大意，亦即全書精要所在也。

黄梨洲駁潘用微

梨洲駁潘大意

梨洲駁用微論學，有與姜定庵、萬季野兩書，今姜書已不見，萬書收文案卷二，與友人論學書。大意謂：

大學言知，是明有一知在人，不因觸不觸為有無，則所以致之者，亦不因觸不觸為功夫。夫吾心之知，規矩也，以之齊家、治國、平天下，猶規矩以為方圓也。必欲從家、國、天下以致知，是猶以方圓求規矩也。學者將從事於規矩乎？抑從事於方圓乎？可以不再計矣。

滅氣滅心滅體

凡用微之蔽於大原者有三：其一滅氣。亦思天地萬物以何者為一體乎？苟非是氣，則天地萬物之為異體也決然矣。其二滅心。先儒以靈明知覺為心。儒者心有所向之為欲，識神之謂也。苟無欲，則此靈明知覺卽是真心矣。其三滅體。用微必欲合内於外，歸體於用，以為敬在於事始為實地，若操持涵養，則盤桓於腔子而已。夫萬感紛紜，頭緒雜亂，易之所謂「憧憧往來」是也，豈復能敬？中庸言工夫皆在心體，不在事為境地。

梨洲闡述師門宗旨之先後相異

其書長三、四千言，而大要不出此，是固不足以折用微。余考梨洲年譜，康熙六年丁未，梨洲年五十八，始與姜定菴、張奠夫復為講會，闡述蕺山證人書院舊旨。梨洲輯子劉子行狀，謂：

師門之學，發前人所未發者大端有四：一曰靜存之外無動察；一曰意為心之所存，非所發；一曰已發、未發，以表裏對待言，不以前後際言；一曰太極為萬物總名。

此時見解，與文約卷四所收先師蕺山先生文集序所舉議論遠別。據年譜，子劉子文集刊於康熙二十六年丁卯，梨洲年七十八歲。文集序或卽是年所成，已是梨洲晚年見解，而證人書院初復，尚是梨洲究心理學之發軔，其時議論尚未入細。凡所堅持，其實皆晚年所深棄也。顏曰彬與潘用微會於證人書院，在康熙八年己酉，乃證人書院復興後之二年。及康熙十二年癸丑，毛孝章於萬季野處見潘用微

梨洲晚年思想與潘説之接近

書，其時用微或已卒。則梨洲與定菴、季野書辨潘氏學術，大概亦在康熙八年至十二年前後五年之內，卽梨洲六十歲至六十五歲之五年也。此距明儒學案成書尚兩年。梨洲見解仍主江右歸寂一派，宜於潘用微極致不滿。然若比讀梨洲子劉子行狀與先師蕺山文集序，已證梨洲於師門宗旨，認識有變。若更進而讀其明儒學案序，成於梨洲最後臨卒之一年者，其開端卽曰「盈天地皆心，心無本體，工夫所至，卽其本體」，則不啻為潘氏之説作辨護、作發揮，若梨洲早見如此，決不與姜、萬多此一番論辨也。（呂晚村集有答潘用微書，年無考，然應在楊園、晚村定交後；晚村篤信程、朱，與潘大不合。）

潘陳兩人之比較

今以潘用微比之陳乾初，則潘氏求仁錄全本大學，而乾初大學辨則以大學為秦以後書。二人見解若不同，然其蹊徑實有頗相近者。如皆能超脱宋明理學家窠臼，而直尋先秦本書眞意，又皆欲分別孔孟與宋儒異同，皆論宋後儒家雜禪，皆不喜懸空講心性本體，而主從實行實事推求，又因分析孔孟與宋明儒學異點，而不喜沿用宋明以來所常用之幾許話柄，皆是也。（陳不信大學，潘不喜中庸，（見梨洲論學書。）蓋陳從知行立論，潘本心性發議，兩家精神各有偏向，故所辨析於古籍者亦異也。）故潘氏有云：

> 晦菴不信大學，而信伊川之改大學。不格物，而補格物之傳。以至象山、陽明不信曾、思、孟，而謂顏子沒而聖學亡。今敢於悖先聖而不敢以悖後世諸賢，總由學者讀註聽講，先入於近儒之説，故意見偏陂，窠臼難拔。某常説不得看註，不得看諸賢語錄，蓋嘗深中其病，確知其害。

潘陳孔孟程朱之辨為清學復古先聲

此與陳氏之深慨於「世儒習氣，敢於誣孔孟，必不敢倍程朱」者，如出一口。蓋兩人皆不喜玄虛渺漠之談，而倡孔孟、程朱之辨。擺棄傳註之附會，直求本經，以探孔孟眞意。一面則從實事實行參證，而心性本體即此而是。梨洲在當時，則牢守傳統見解，故於二人皆不契。而二人論學態度亦自有不同。乾初雖以大學辨招一時非議，然其人實謹飭，立言有節，潘氏則似放論駭俗，異於乾初之純謹。據歸玄恭所記潘氏議論，謂「周、程、張、朱、象山、陽明，學皆雜佛、老，無一眞儒」。又謂「潘生歷詆宋以來諸大儒，斥之為一羣僧、道」。據梨洲書，亦謂：「用微言程朱落於陰陽，陸王墮於識神；程朱以心屬氣是本乎老，陸王之虛靈知覺是本乎佛。又言：『為程朱之學者據性理以詆陸王，是以老攻佛；為陸王之學者據靈知以詆程朱，是以佛攻老。自周、程、朱、陸、楊、陳、王、羅之說，漸染斯民之耳目，而後聖學失傳。』」而萬季野亦云：「聞潘先生講學謂陸釋朱老。」此可以見用微平日持論之鋒厲矣。其放言極論，所以得歸、萬諸傑之一時傾倒者在是，所以遭世俗之疑怪排斥，以致於窮老湮沒者亦在是。然苟分別論之，如陳清瀾之學蔀通辨，即是以陸王之虛靈知覺為本乎佛也。其後朱學之徒如陸稼書諸人，推尊其說，不遺餘力。而梨洲弟晦木宗炎辨周濂溪太極圖說謂出於道家之養生，梨洲亦有易學象數論，（其書成於五十二歲。而易學象數論序，則在文定、文約，不見於文案，疑是晚作。晦木之卒，梨洲年七十七。疑梨洲、晦木兄弟辨易圖，皆在晚年。）毛西河亦言太極先天本於釋老，（余疑其書尤出二黃後。）朱錫鬯亦辨易圖。此諸人者，居相隣，時相接，聲聞相通，故其辨易圖也亦同時並起，如出一轍。而總其成於胡朏明之易圖明辨。潘用微謂程朱本乎老，此豈非一證乎？今自陸

潘氏學與顏李

稱書諸人尊朱抑王者言之，則潘氏謂陸釋是也。自毛西河諸人尊王抑朱者言之，則潘氏謂朱羽者亦是也。惟潘氏兼斥陸王、程朱，孑然獨出於門戶之外，乃不免為人疑怪耳。

然潘用微放言排斥宋明理學，在當時非無同調，即河北顏、李是也。恕谷年譜：康熙五十八年乙亥，寧波鄭禹梅之子性，在關中讀習齋年譜而是之，來拜問學，餽潘平格求仁錄。恕谷評之曰：

> 看求仁錄，潘用微志在天地萬物一體，其惻世殷，其任道勇，力行人倫日用亦實，較朱陸之自了似過之。但未明聖學，置禮、樂、兵、農不講，則力行人倫日用亦祇自了。而所謂悲天憫人者，何具以救之？且斥朱陸心性近禪，而遂謂心無靜時持敬之功，則「戒慎不覩，恐懼不聞」、「不動而敬」，何以解之？又謂「正心不可有功，功在誠意」，明背大學，亦不可訓。恕谷又云：「潘用微言朱子近羽，陸子近緇，與習齋說不謀而合。」此據其抨彈宋儒言之也，語見後集醒蓒文集序。

恕谷批評潘氏之意見

恕谷竟以潘氏為過於朱陸，不可謂非潘氏身後一知己矣。然謂其「未明聖學，置禮樂兵農不講，則力行人倫日用亦祇自了，而悲天憫人無具以救」，此論最深而允。潘氏謂「陽明之學，覺無擔當天下之力，其門人多喜山林，無栖皇為世之心，即見其為學病處」。而求仁錄惟以強恕反求為說，自謂渾是平常，渾是平實，不悟平常平實、忠恕孝弟固不足以盡孔孟，不足以盡聖學，亦未見可以擔當天下也。孔孟在當時，自有其斡旋天地、轉移世運之力，若孔孟而僅曰強恕反求，忠恕孝弟，則孔孟亦鄉黨自了，安見其為悲天憫人、擔當天下者哉？其後戴東原為孟子字義疏證，力辨宋儒言理之非，意亦謂孔子之道，忠恕反躬而已。焦里堂、凌次仲、阮伯元衍其說。然乾嘉以來諸儒精力，多耗於文字之考釋，則其所謂忠恕反躬者，並不能着意於人倫日用之力行，其無當於恕谷之所謂悲天憫人之具，與用微所謂擔當天下者益可知。抑習齋、恕谷以古人之禮、樂、射、御、書、數為聖學，亦不免迂闊不切時務。其所謂悲天憫人之具者，亦空有其意耳。戴東原同時有章實齋，頗見戴學之弊，而唱「六經皆史」之說，伸禮貴當時之義，似較顏、李為勝。然實齋專業文史，其實猶東原之專業經義，非固有悲天憫人之志、擔當天下之意也。凡大學所謂家、國、天下，宋儒以來所論萬物一體，乾嘉而降，此意荒矣。內聖外王，於何遇之！惟恕谷之評用微，誠可謂空谷絕響，而梨洲之辨，仍徘徊於本體渺茫之說，宜乎不足以折服用微之心矣。

梨洲又有壽張奠夫八十序，文作於辛亥康熙十年，梨洲年六十二，文收文案外卷。有云：

> 昔之為佛者，非直以佛氏之說為孔子之說，則以佛在孔子之上，是以佛攻儒。今之為佛者，必先以闢佛之說號於天下，而後彈駁儒者不遺餘力，是假儒以攻儒。魑魅罔兩，接踵駢肩，而出沒於白晝之下，未有甚於斯時者也。人心恆勝於怠，先儒以持敬救之，彼其言曰：「是有方所之學也。」人情日趨於動，先儒以主靜救之，彼其言曰：「此盤桓於腔子中者也。」

新時代學風開先仍在梨洲不在潘陳

此舉主靜為盤桓於腔子中，持敬為有方所，皆指用微。而梨洲比之白晝之魑魅，可謂大聲呵斥不遺餘力矣。然梨洲又謂蕺夫主教證人書院五年，「時風衆勢，不聞有所鼓動」。而深慨於「彼一時，此一時」，鼓動之不易為力。又稱：「劉伯繩嘗謂余曰：『士生斯世，不求以吾身利天下，苟吾身不為天下之害，斯已矣。』」可證其時梨洲諸人牢守蕺山門戶，講敬靜，主慎獨，已成潮流之逆轉，用力多而成功少；故遂發此牢騷語。卽其高第弟子如萬季野、鄭南谿，於潘氏書終不忘情，亦不以梨洲之深斥為然。一時學風既變，雖有大力，莫可如何。而梨洲晚年，亦不免折入平昔所不予贊許之新説。而宋明理學之竭而難反，亦可見矣。然陳、潘諸人雖其持論極度指斥向來諸儒蹈虛落空之病，而梨洲為學則早已走務博尚實之路。故論新時代學風之開先，梨洲影響，仍自在陳、潘諸人之上。此又論當時諸人議論異同者所不可不知也。

三　呂晚村

小傳

呂留良，字莊生。又名光輪，字用晦，號晚村。浙江石門人。生崇禎二年己巳正月，卒康熙二十二年癸亥八月，一六二九—一六八三。年五十五。本生祖父熯，淮府儀賓。國變，先生年十六，散萬金結客，往來湖山間，備嘗艱苦，怨家以此訐先生，從子亮功竟自引服論死。先生幸存，不得已，易光輪名，順治十年癸巳，出就試，為諸生。乃課兒讀書於家園之梅花閣，與鄞縣高旦中、餘姚黃梨洲、晦木兄弟、同里吳自牧孟擧諸人以詩文相唱和。嘗作詩曰：「誰教失脚下漁磯，心迹年年處處違。雅集圖中衣帽改，黨人碑裏姓名非。苟全始信譚何易，餓死今知事最微。醒便行吟埋亦可，無慚尺布裹頭歸。」至丙午，遂以前詩示學官陳執齋，告以將棄諸生，囑為善全。復作詩有「甑要不全行莫顧，簀如當易死何妨」之句，自是歸臥南陽村，與桐鄉張考夫、鹽官何商隱、吳江張佩葱諸人，共力發明宋學，以朱子為歸。戊午，清廷擧鴻博，浙省以先生薦，誓死拒之，得免。庚申，郡守復欲擧隱逸，先生乃翦髮為僧。名耐可，字不昧。越三年癸亥，作祈死詩六篇。末章云：「作賊作僧何者是，賣文賣藥汝乎安。」竟卒。（見張符驤呂晚村先生事狀，收碑傳集補卷三十六。餘據行略，附呂用晦文集後。）及雍正時，以曾靜之獄，剖棺戮屍，并殺其二子。（葆中戮屍，毅中斬決。）著述皆禁燬。

呂晚村與梨洲兄弟之交游

晚村與晦木訂交，在順治十六年己亥。（見呂用晦文集卷六友硯堂記。）翌年庚子遂因晦木而識高旦中及梨洲。是年晚村作賣藝文，記與晦木、旦中相約賣藝為活事。並謂：

> 東莊（晚村別字。）有貧友四，為四明鷓鴣黃二晦、檇李麗農黃復仲、桐鄉殳山朱聲始、明州鼓峯高旦

中。……東莊貧或不舉晨爨，四友又貧過東莊。獨鼓峯差與埒，而有一母、四兄弟、一友、六子、一妾，乃以生產枝梧其家，而以醫食其一友，友為鷓鴣也。鷓鴣貧十倍東莊，而又有一母、五子、二新婦、一妾，居剡中化安山，有屋三間，深一丈，闊纔二十許步，床、竈、書籍、家人屯伏其中，烈日、霜雪、風雨流下遶攻其外，絶火動及旬月，室中至不能啼號，鼓峯雖以醫佐之不給也。

洲兄弟之友誼

其言之娓娓如此，其相與之友誼蓋甚摯矣。梨洲跋晚村友硯堂記自稱「契弟」，亦見晚村集。壬寅，晚村課兒讀書於其家之梅花閣。癸卯，梨洲來，有水生草堂唱和詩，共選宋詩鈔。又明年，甲辰，梨洲、晦木又與高旦中至語溪。晚村家所在。乙巳、丙午皆館語溪。梨洲在語溪凡三載，與晚村過從蓋甚密。晚村丙午棄舉，翌年丁未，梨洲與姜定菴、張奠夫復興證人講會，而晚村此後即招張楊園館其家。自是梨洲以王、劉學統自承，而晚村則一意程、朱，兩人講學宗旨漸不合，而卒致於隙末焉。

黃呂之隙末

庚戌，高旦中卒，梨洲為作墓誌銘，見文案卷三。言其行醫，工揣人情，未必純以其術。銘辭謂「日短心長，身名就剝」。或請梨洲改易，梨洲與李杲堂、陳介眉書，見文案卷二。力言不可。晚村以此深詆梨洲，謂：「旦中為友提囊行市，所得輒以相濟，友望之益深，至不能副，則反致怨隙。」呂用晦續集卷三質亡集小序。又暢述其事於與魏方公書。呂用晦文集卷二。並謂：「太冲嘗遣其子名百家字正誼者納拜旦中門學醫，太冲既標榜之，又使其子師事之，及其死，乃從而摘之。驅使於生時而貶駁於身後。」又謂：「梨洲託貴人為二子百家、百學援闔例，貴人偶誤記納百家

遺民世襲之艱難

正誼為二，今改百學名百家以應之，非昔之百家矣。」按：今學箕初稿署名「百家主一」，原名百學」可證。然此可勿深譏。即晚村子葆中，亦復應試出仕。晚村凡七子，葆中卽長子公忠改名。康熙丙戌進士，官編修。曾靜獄起已先死，與父俱戮屍。棄身草野，不登宦列，惟先朝遺老之及身而止。其歷世不屈者則殊少。既已國亡政奪，光復無機。潛移默運，雖以諸老之抵死支撐，而其親黨子姓，終不免折而屈膝奴顏於異族之前。此亦情勢之至可悲而可畏者。徐狷石謂應潛齋：「吾輩不能永錮其子弟以世襲遺民，亦已明矣。然聽之則可，又從而為之謀則失矣。」鮚埼亭集外編卷三十題徐狷石傳。悲哉言乎！惟自今論之，則「聽之」與「為之謀」，亦幾於五十步與百步也。若必以此追議諸老，則亡國之下終無完人矣。陸稼書謂：「思山濤『天地四時猶有消息』一語，未嘗無理，但就嵇紹言之，覺消息得太快耳。」（年譜定本卷下）陸氏不肯聽晚村忠告，出仕清廷，其論如此。應、陸皆理學正儒也。故知晚村發明朱學語，眞為當時巨霆。然秋風起，霆擊無所施矣。此以見國命之不可一日中斷，政權之不可一日外移。否則雖以白山黑水一小蠻族，尚足以高踞橫跨於我上，而宛轉及於二百數十年之久。其祚運且與漢唐比隆，而我亦淡焉忘之，習焉安之焉。此豈不至可悲而可畏之事耶！且清初諸老講學，尚拳拳不忘種姓之別，興亡之痛，家國之治亂，身世之進退。而乾嘉以往，則學者惟自限其心思於文字訓詁考訂之間，外此有弗敢問。學術思想之轉變，亦復遷移默運，使屈膝奴顏於異族淫威之下而不自知，是尤可悲而可畏之甚者也。即如梨洲兄弟之仰活於高旦中之賣藝，其事亦可悲。晚村與梨洲始親終隙，凡所云云，固可勿深論耳。梨洲制行不如船山、亭林諸人之卓，晚節誠多可譏，晚村詩集中尚多涉及梨洲事，此不備詳。

黃呂隙末

抑余讀鮚埼亭集記黃、呂隙末事，又別有說者。其言曰：

初，南雷黃公講學於石門，其時用晦父子俱北面執經。已而以三千金求購淡生堂書，南雷亦以

之又一傳說

束修之入參焉。交易既畢，用晦之使者中途竊南雷所取衛湜禮記集說、王偁東都事略以去，則用晦所授意也。南雷大怒，絶其通門之籍。用晦亦遂反而操戈，而妄自託於建安之徒，力攻新建，并削去蕺山學案私淑，為南雷也。近者石門之學固已一敗塗地，然坊社學究，尚有推奉之謂足以接建安之統者。弟子之稱，狺狺於時文批尾之間，潦水則盡矣，而潭未清，時文之陷溺人心一至於此，豈知其濫觴之始，特因淡生堂數種而起，是可為一笑者也。然用晦所藉以購書之金，又不出自己而出之同里吳君孟舉。及購至，取其精者，以其餘歸之孟舉。於是孟舉亦與之絶。是用晦一舉而既廢師弟之經，又傷朋友之好，適成其為市道之薄，亦何有於講學也！外編卷十七小山堂祁氏藏書記。

謝山熟於鄉邦文獻，其言容有自。而余則頗疑其說之不信。何者？謝山謂晚村北面執經於梨洲，梨洲怒而絶其通門之籍，不徒於晚村集無徵，即梨洲集亦無跡象可求，可疑一也。晚村集附梨洲友硯堂一跋，自稱「契弟」。晚村有與黃太沖兩書，文集卷二。一方交厚，一已成隙，亦均朋友平輩之詞，絶不似所謂北面執經者，可疑二也。至買祁氏書，梨洲年譜及文集天一閣藏書記文約卷四。均言及。藏書記云：「祁氏曠園之書，初庋家中，不甚發視。亂後遷至化鹿寺，往往散見市肆。丙午，余與書賈入山，翻閱三晝夜，余載十捆而出。經學近百種，稗官百十冊，而宋元文集已無存者。途中又為書賈竊去衛湜禮記集說、東都事略。山中所存，惟舉業講章、各省志書，尚二大櫥也。」年譜所記亦大略相同，與謝山云云不一，可疑三也。陸稼書年譜定本卷下載山陰陳祖法言：「梨洲與晚村買書於紹興，多以善本自與，人品可知。」正與謝山言相反，見其時鄉里傳說之無準。會稽沈清玉冰壺集黃梨洲傳，謂：「石門呂留良與先生素善，延課其子，既而以事隙。相傳晚村以金託先生買祁氏藏書，先生擇其奇祕難得者自買，而以其餘致晚村，晚村怒。又晚村欲刻劉蕺山遺書，致刻費三百金，先生受金不刻，而嗾姜定庵刻之，附晚村名於後。晚村慍甚，輒於時文評語中陰詆先生為偽學，甚且遷怒陽明，而先生亦欸之為紙尾之學。兩家子弟門人，各樹幟而爭，幾於仇讎，而先生之名亦為之稍減。」（據李慈銘書沈清玉先生冰壺集殘本後，收越縵堂文集卷六。）此皆與鮚埼一集異辭者。據楊園年譜，晚村於康熙三年甲辰冬始招楊園館其家，屢請屢辭。後晚村虛席待之二年，始就。則晚村心契楊園，尚在丙午前，不得謂其主張程朱，全從淡生堂書案激起，可疑四也。又按：陸譜記萬季野語謂：「晚村之所以怨梨洲者，以梨洲曾有書數其失；又一日衆坐中語及羅念菴，晚村不知何人，梨洲之子唐突之，所以怨益深。」其說不及買書事，又與謝山異。梨洲與晚村書，南雷集今不收，讀晚村集與黃太冲書，蓋梨洲有此書而未寄也。又萬貞一言：「晚村攻陽明，即所以攻梨洲」，稼書辨其不然。兩人各有門戶之見，然疑稼書之辨為允。又余謂黃、呂當時，皆未脫文士習氣。即謂有如謝山云云之事，亦不足以抹殺其將來之所詣。晚村推奉朱子，實有創見，卓然輩流之上，為有清一代講朱學者別開生面。謝山謂「石門之學一敗塗地」，正是石門有價值處。是殆呂家既得禍，而鄉里賤民，未知高下，徒以震於異族淫威，轉譏呂氏之妄誕，因此肆其誣蔑。謝山不免輕信，乃為此一筆抹殺之詞也。謝山於明季遺民，表章不遺餘力。其在雍、乾之交，已高出流輩萬萬矣，而於晚村猶不免隨俗，則甚矣朝廷刑寵之足以轉天下之視聽。而君臣之位，夷夏之防，晚村之所畢生懇懇者，所為其不可以已也。

呂晚村之尊朱闢王論

晚村與梨洲兄弟交游，其時固一詩文之士。其後自丙午棄諸生，己酉，招張楊園館其家，乃一意治程朱學。楊園亦問學於蕺山，而頗不滿梨洲，曰：「此名士，非儒者也。」晚村既交楊園，而持尊朱闢王之論益銳。施愚山與晚村書，規其痛抹陽明太過，晚村答之云：

> 平生於此事不能含糊者只有是非二字。陽明以洪水猛獸比朱子，而以孟子自居。孟子是則楊、墨非，此無可中立者也。……且所論者道，非論人也。論人則可節取恕收，在陽明不無足法之善。論道必須直窮到底，不容包羅和會。一著含糊，卽是自見不的。無所用爭，亦無所用調停也。……從孔、孟、程、朱，必以辨明是非為學；卽從陽明家言，渠亦直捷痛快，直指朱子為楊、墨，未嘗少假含糊也。然則不極論是非之歸，而務以渾融存兩是，不特非孔、孟、程、朱家法，卽陽明而在，亦以為失其接機把柄矣。（文集卷一與施愚山書。）

又曰：

> 某尊朱則有之，攻王則未也。凡天下辨理道，闡絕學，而有一不合於朱子者，則不惜辭而闢之耳。蓋不獨一王學也，王其尤著者耳。（文集卷一答吳晴巖書。）

晚村與陸稼書

其態度之斬截如此。晚村嘗與陸稼書交游，論學甚洽。其後稼書議論，頗多蹈襲晚村。（稼書與晚村書，謂：「不佞服膺尊公先生之學，有如飢渴。」又謂：「惟到處勸人讀尊公書。」其祭奠晚村文，謂：「壬子、癸丑，始遇先生，從容指示，我志始堅不可復變。」其推挹晚村如此。今三魚堂集凡遇及晚村語均劃去。又沈清玉冰壺集張楊園傳後附記，云：「清獻之壻曹宗柱，述清獻與石門投分最契，不啻一人。及石門事敗，乃改修年譜，盡滅去之。」（據李慈銘引，見上。）又稼書松陽講義十二卷，其間稱引晚村者不下三四十處，跡尤顯也。王琰呂陸四書繹註，亦清廷禁書，然今猶有傳者。而晚村所以尊朱，實別有其宗旨，與稼書絕不同。嘗曰：

晚村提倡朱學之特殊精神

> 從來尊信朱子者，徒以其名而未得其真。……所講朱子之徒，如平仲、許衡幼清吳澄辱身枉己，而猶哆然以道自任，天下不以為非。此道不明，使德祐宋帝㬎年號。以迄洪武，其間諸儒，失足不少。……故……紫陽之學，自吳、許以下，已失其傳，不足為法。……今示學者似當從出處去就、辭受交接處畫定界限，扎定脚跟，而後講致知、主敬工夫。乃足破良知之黠術，窮陸派之狐禪。蓋緣德祐以後，天地一變，亙古所未經。先儒不曾講究到此。時中之義，別須嚴辨，方好下手入德耳。文集卷一復高彙旃書。

呂陸之出處

然則晚村之闡朱學，其意在發揮民族精神以不屈膝仕外姓為主。實非康、雍以下清儒之仰窺朝廷意旨，以尊朱闢王為梯榮捷徑者所獲夢想於萬一也。晚村以康熙丙午決意棄諸生，以不應試除名，而陸稼書卽於是年舉鄉試。閱四年庚戌，稼書成進士。又二年壬子，始與晚村相識。其後又三年乙卯，稼書得授嘉定縣知縣，商出處於晚村，晚村勸其勿出，稼書不能從，故其與晚村子無黨書曰：「不佞服膺尊公先生之學，有如飢渴，所不同者出處。」及晚村卒，稼書在靈壽，為文致弔，猶及其事。（文中引程明道語，謂：「一命之士，苟存心於利物，於人必有所濟。斯言耿耿，橫於胸中，遂與先生出處殊途。」此乃稼書自為之辭。而呂無黨為其父行略，至引其語為晚村勸陸出仕語，大謬。無黨仕清廷，得大戮，蓋非肖子矣！）稼書身後，清廷褒崇有加，從祀孔廟，儼然一代儒宗。而晚村闔門駢誅，戮及屍骨。今三魚堂集涉及晚村語，皆剗削不敢存一字。實則稼書尊朱抑王議論，多襲晚村。惟晚村宗旨在戒人為許衡、吳澄，稼書則不免教人為許衡、吳澄耳。（今陸子全書問學錄卷二引晚村此論，而大意全失，又加駁議。即此一節，足見呂、陸兩人學術異點。又三魚堂文集卷七，答陳世兄，謂：「晚村既歿，益覺孤寂，以晚村之學，昌明於廊廟，舍先生其誰望哉？」此又明白勗人為許衡、吳澄也。）然則處異族淫威之下，國已亡，政已失，而言學術思想，其事不可悲之甚耶！

晚村之批點八股文

晚村既以發明朱學為務，而其入手用力，則以批點八股文為主。

> 嘗嘆曰：「道之不明也久矣，今欲使斯道復明，舍目前幾個識字秀才無可與言者；而舍四子書之外，亦無可講之學。」故晚年點勘八股文字，精詳反覆，窮極根柢，每發前人之所未及。（文集附錄行略語。）

或疑時文小藝恐不足以講學，晚村則謂：

> 理之明、不明何從辨？必於語言文字乎辨之。……蓋言者心之聲，字者心之書也。心有蔽疾隱微，必形於語言文字。故語言文字皆心也。況以程朱之說，上求孔、曾、思、孟之指，能體會

其義而發明焉，則為佳文，不則相與辯駁極盡以期有合，此亦格致之一道。何以「藝」之一字抹摋之哉？（文集卷四與吳玉章書。）

批點八股與復社

蓋以時文八股講學，其事亦始於晚明，張溥立復社，即謂：

> 自世教衰，士子不通經術，但剽耳繪目，幾幸弋獲於有司，登明堂不能致君，長郡邑不知澤民，人才日下，吏治日偷，皆由於此。溥不度德，不量力，期與四方多士，共興復古學，將使異日者務為有用，因名曰復社。（復社紀略卷一。）

復社者，在當時固羣推以為東林之宗子，東林以語錄，復社以八股，其見之於文字雖異，其有意於以講學而干政則一也。浙有澄社，晚村兄季臣主之。晚村年十三，即預社事。（詳見呂用晦文集卷五東皋遺選序。）凡社必選刻文字為囮媒，故晚村之留情選政，其來也夙。陳臥子、艾南英辨朱王異同於張溥之七錄齋，臥子至手批南英頰，（見社事始末。）則朱王門戶之爭，亦八股家舊案耳。惟晚村乃藉朱子義理明夷夏之防，辨出處之節，卓然成異彩。及曾靜之獄興，清廷於晚村書焚燬嚴烈，然卒不能絕，今其書流布仍多，則當時之遍行可知。然則晚村以八股文明道之苦心，要亦未可輕譏矣。

呂晚村四書講義

晚村評時文三書

晚村批點四書文，其語保傳迄今者，有四書講義四十三卷。編次於晚村卒後，其門人陳鏦字大始。之手。鏦謂：

先生當否塞之後，慨然以斯道為己任。於諸儒語錄、佛老家言，無不究極其是非。而於朱子之書信之最篤，好之最深。……又以為欲使斯道復明，舍此幾個讀書識字秀才，更無可與言者；而舍四子書之外，亦無可講之學。是以晚年點勘文字，發明集注章句，無復剩義。……近覩坊間有四書語錄之刻，謬戾殊甚。四書語錄共四十六卷，大梁周在延龍客編。周亦晚村弟子，書刻於康熙甲子六月，乃晚村卒後一年也。大體與陳編講義，無甚懸殊，疑當時以晚村書風行甚廣，故不免為抑彼揚己以爭行也。……用是不揣固陋，編為講義一書。間與同學蔡大章雲就、嚴鴻逵賡臣、董采載臣及先生嗣子葆中無黨更互商酌。自春徂夏，凡六閱月而後成。

晚村之政論

時為康熙丙寅，則晚村卒後之三年也。楚邵車雙亭編刻晚村呂子評語正編四十二卷，餘編八卷，在康熙五十五年丙申，後陳鏦編講義三十年，兩書大體亦相同，而車書較詳，保留晚村批點面貌較顯。今三書惟講義最易得，蓋語錄已為講義所掩，評語問世未久，即有曾獄。獨講義布於世間者既久，故最難絕耳。余讀其書，其發明朱子義理，誠有極俊偉為他家所未及者，而尤在其政論。茲摘其大旨如次。晚村謂：

論秦漢以來王者施政之心理

三代以上，聖人制產明倫，以及封建兵刑許多布置，……都只為天下後世人類區處。……不曾有一事一法從自己富貴及子孫世業上起一點永遠占定、怕人奪取之心。……自秦漢以後，許多制度，其……本心却絕是一個自私自利，惟恐失却此家當。……此朱子謂「自漢以來二千餘年二帝三王之道未嘗一日行於天下」者是也。後世儒者議禮，都只去迎合人主這一點心事，……如所謂「封建、井田不可復」，……種種謬論，皆從他不仁之心揣擬。卷二十九。

又曰：

自三代以後，習成一功利世界，……凡禮樂刑政、制度文為、理財用人之道，純是私心做就，……故程朱責難於君，必以正心誠意，非迂闊也。卷三

又曰：

功利之惡，浸淫人心，孟子以後，千載猶惑。學士大夫於此不曾分明，安得有學術事功乎？陳同父以漢文帝、唐太宗接統三代，而朱子力辨之，正為此也。卷三十一。

朱子與陳

朱子與陳同父辨漢唐之治不可以當三代，只為這一點天懸地隔耳。卷三十一。

同甫辨王霸之精義

漢唐以來，人君視天下如其莊肆然，視百姓如其佃賈然，不過利之所從出耳。所以不敢破制盡取者，亦惟慮繼此之無利耳。原未嘗有一念痛痒關切處也。卷二十七。

論儒者之曲學阿世

自秦幷天下以後，以自私自利之心，行自私自利之政。歷代因之。後儒商商量量，只從他私利心上要裝折出不忍人之政來，如何裝折得好？不得已反説井田、封建、學校、選舉之必不可復，此正叔孫通希世度務之學。……王者之興，制度文為，必取之儒者。儒者先自將不忍人之心連根剗絶，又復何望乎？卷三十四。

封建、井田之廢，勢也，非理也；亂也，非治也。後世君相因循苟且，以養成其私利之心，故不能復反三代。孔、孟、程、朱之所以憂而必爭者正為此耳。雖終古必不能行，儒者不可不存此理以望聖王之復作。今托身儒流，而自且以為迂，更復何望哉！若因時順勢，便可稱功，則李斯……叔孫通……曹丕……馮道……趙普……皆可以比隆聖賢矣。此所謂曲學阿世，孔孟之罪人，學者不可不慎也。卷三十四。呂子評語卷三十一引黃淳耀文：「古制宜復，而憚違流俗之言，其弊也，井田裂，封建廢，而民生不聊。今法宜變，而惡咈世主之意，其弊也，淫樂作，慝禮興，而風俗大敗。」此見呂氏議論，已有先端。

永康史學經濟派之流弊

後世儒者，亦習於功利詐力之事，自先信仁政必王不及，只在時勢利害上商量。直謂王道難行，貶損以就後世苟且之術。旋且張大以為此卽三代之意。……此永康事功之害，朱子闢之，與金谿同。凡熟講史學經濟，未有不墮此坑塹者。卷三十四。古人所抱之道大，故視天下無不可為之世，無不可為之君。……然其道斷不可貶。……後世人臣本自無道，但從利祿起見，安得不為諂媚之言？卷三十六。湖南曾靜，卽為晚村此等議論激發。見大義覺迷錄。

論君臣體制

又曰：

後世事君，其初應舉時，原為門戶溫飽起見。一片美田宅，長子孫，無窮嗜欲之私，先據其中，而後講如何事君。便講到敬事，也只成一種固寵患失學問。卷十八。曾靜知新錄云：「科舉詞章之習，比陽明之害更大更廣。陽明尚依傍道理，科舉之習公然講名講利，卑汚苟賤而不知恥，直把道理一筆勾消，人類盡滅」卽從晚村此等處出。當時欲講革命，不得不先打破士人應舉心理也。

後世人臣，只多與十萬緡塞破屋子，此宋太祖與趙普語。便稱身荷國恩矣。諫行言聽，膏澤下民，與彼卻無干涉。卷三十七。

又曰：

人知父子是天性，不知君臣亦是天性，不是假合。天生民而立之君臣，君臣皆為生民也。……君臣之尊卑雖定，而其遞降相去，只一間耳。三代以後，……尊君卑臣，相去懸絕。故其治也，以威力相攝。及其不能攝也，則篡弑隨之。直弄成一個私心自利世界，與天宇隔絕。卷六

自三代以後，以詐力取天下，以法術治天下，一切於人欲上修飾補苴。君臣之間，皆以駕馭術數為事。……總忘卻一「天」字。不知君臣之所由來，由「天降下民」起義。卷六

此一倫不正，上體驕而下志汙。欲求三代之治，未易得也。卷二十七。

論爵祿代耕之義

又曰：代耕之義，上通於君公，直至天子，亦不過代耕之盡耳。天生蒸民，俱合一夫百畝。特人各致其能以相生，故有君、卿、大夫、士之祿。君、卿、大夫、士俱合一夫之食。特其功大者，其食倍耳，皆所謂代也。卷三十九。爵祿從上看來，似推到庶人住。不知從「天降下民」看來，其義原從庶人始，直推到天子住耳。天子亦代耕之極地也。卷三十九。

又曰：天生民而立之君，必足以濟斯民而後享斯民之養。故自天子以至於一命之奉，皆謂之天祿。天祿本於農，祿自農生，故差自農始。由庶人在官者逆推至天子，止此一義。卷三十七。忠信重祿，是天理上事。……不特忠信是天性相接，卽重祿亦是天性中合如此。不是人主可以私意顛倒豪傑也。若但從交譎養廉起見，則是下不過為田園子孫以求仕，上不過以美官多錢誘天下。只流露今日仕大夫心坎中物耳，豈三代君臣之義也？卷二十七。

又曰：

論君臣去就

君臣以義合。……但志不同，道不行，便可去。……只為後世封建廢為郡縣，天下統於一君，遂但有進退而無去就。嬴秦無道，創為尊君卑臣之禮。上下相隔懸絕，并進退亦制於君而無所逃。而千古君臣之義，為之一變。卷三十七。按：曾靜知新錄有云：「封建是聖人治天下之大道，亦卽是禦戎狄之大法。」曾靜獄起之年，又殺廣西陸生枏。生枏作通鑑論十七篇，頗主復封建。雍正諭謂：「大凡叛逆之人呂留良、曾靜、陸生枏輩，皆以宜復封建為言，蓋此種悖亂之人，自知奸惡傾邪，不見容於鄉國，欲效策士游說之風，意謂不見容於此國，則去而之他國，殊不知狂肆逆惡如陸生枏者，實天下所不容也。」雍正所指摘，正是晚村此條所言之義。其時顧亭林、王船山言封建，謂衆建勢力不致速亡，晚村此條，則謂封建可削君權，皆有激而言也。

論人倫尤有大於君臣者

又曰：

君臣之義，域中第一事，人倫之至大。若此節一失，雖有勛業作為，無足以贖其罪者。……看「微管仲」句，一部春秋大義，尤有大于君臣之倫，為域中第一事者，故管仲可以不死耳。原是論節義之大小，不是重功名也。卷十七。曾靜知新錄云：「如何以人類中君臣之義，移向人與夷狄大分上用？管仲忘君事仇，孔子何故恕之，而反許以仁？蓋以華夷之分大於君臣之倫。」又云：「人與夷狄無君臣之分」，皆從晚村此論出。

凡晚村論政之意見具如此。自朱子卒至是四百餘年，服膺朱子而闡述其學者衆矣，然絕未有巨眼深心

晚村思想與黃氏待訪錄

用思及此者。自此以往，朱學益發皇，然無慮皆熟軟媚上，仰異族恩威之鼻息，奉以為古聖先賢之淵旨。窺帝王之意嚮，定正學之南針。極其能事，尚有媿夫吳、許，更無論晚村所云云矣。然則晚村良不媿清初講朱學一大師，於晦菴門牆無玷其光榮。而余觀其說，頗似梨洲明夷待訪錄所論。待訪錄成於康熙壬寅、癸卯間，而癸卯梨洲至語溪，館於晚村家。蓋當時交游議論之所及，必有至於是者。故梨洲著之於待訪錄，而晚村則見之四書講義。其後三年丙午，晚村則決意棄諸生，不復應試。然則此數年間，梨洲、晚村之交誼，其思想議論之互為助益，必甚大矣。此後兩人雖隙末，要其當年之一段往還，實至有價值，可供後人想味。惟梨洲待訪錄，自晚清以來，極為一時傳誦，而晚村四書講義則注意者尠。身後聲名，固亦有幸有不幸。而外族淫威之深摧嚴抑，足以使學者精神長埋至於數百年而終不顯白。即觀於晚村之事，不足為論清初學術者一至可悲而可畏之例耶！同時顧亭林日知錄議論與黃、呂頗相似，卷七「周室班爵祿」一條，亦闡述代耕之義，與晚村全同。亦力主復封建。當時諸儒於政治原理上頗多感慨發明，其後清廷屢興文字之獄，此等理論乃絕。

晚村深斥功利之微旨

且余觀晚村所以發明君臣之義，其寓意至深隱。蓋世之為君者既專為一家謀私利，而為之臣者亦惟其身家溫飽之是圖，則復何論乎胤姓，何論乎種族！彼為我君而我之身家得託庇以溫飽焉者，則我亦君之焉耳矣。故君臣之義既昧，出處進退之節既失，則夷夏之防必且大潰，而黃冑華種長淪於夷狄狐貉，士大夫猶且彈冠而相慶，蹈舞稱臣，恬不知恥。此勢之所必至，而有心者之所深憂也。故晚村所大聲疾呼而斥者，厥惟曰功利。功利之毒淪漬於人之心髓，則君臣之義無可託，夷夏之防無可立。晚村身為亡國遺民，於此雖耿耿，若骨鯁之在喉，不吐不快，而終有所顧忌不敢一吐以為快者。故於論

「微管仲」一節獨表其意曰「春秋大義，尤有大於君臣之倫」者。此卽夷夏也。而晚村又繼之曰「原是重節義，不是重功名」。蓋夷夏之防，定於節義，而搖於功名。人惟功名之是見，則夷夏之防終隳。人惟節義之是守，而夷夏之防可立。晚村所以深斥永嘉而敬推朱子者，其意在是。晚村所以深斥姚江而敬推朱子者，其意亦在是也。永嘉不諱言功利，姚江力排功利而言良知，然從事於功利者每借良知為藉口。惟謹守朱子之所謂義理，則顯與功利背馳。而言良知者，其根極歸趣亦無以自外焉。其後媚清趨榮者不為永嘉、姚江而為建安，則又晚村所不料也。故晚村言出處事業，一以理判，而深不喜言權變。其言曰：

天下妄作苟取之徒，動以豪傑自命，曰「成大事者不顧小節」。此為作用權變，……聖賢門下豈有靡所不為之豪傑哉？惟禪與良知家，自謂門風廣大，無所不可，故此一流下梢無不收拾其中。反謂程朱澹薄，留人不住，遂皆歸彼而仇此。但觀今日詆毀程朱之學者，察其生平，未有不靡所不為者也。卷三十七。

又曰：

聖賢於出處去就、辭受取予上不肯苟且通融一分，不是他不識權變，只為經天緯地事業，都在這些子上做，毫釐差不得耳。自作用之學興，竟分體用為兩截。更精而講合一，則索性以作用

英雄與光棍

為本體。（晚村所謂「作用」、「本體」，即近人所謂手段與目的也。）引得一輩苟且無忌憚之徒，妄作妄取，輒以英雄自命。曰「成大業者不顧小節」。外間靡所不為，只不管自己身心如何。雖其中亦雅俗高卑之不同，然下梢總歸於小人。即諺所稱「光棍」耳。（卷三十八。曾靜知新錄謂：「皇帝合該是吾學中儒者做，不該把世路上英雄做。甚者老奸巨猾，即諺所謂光棍也。若論正位，春秋時皇帝該孔子做，戰國時該孟子做，秦以後該程、朱做，明末皇帝該呂子做。」亦從晚村此等議論引出也。又云：「敬卿（張熙字）、景叔（廖易字，亦曾徒。）推崇過量，把某看做莫大人物，心心念念望世變事革，想某乘運起來復三代。」此可以見當時彼等抱負也。）

晚村論宋儒

宋儒不迂

夫至於天下之自命豪傑者，皆靡所不為之光棍，則更何論於君臣之義，更何論於夷夏之防！以若是之人心，講若是之學術，而宛轉踐踏於異族股蹄之下，亦惟有不惜搖尾乞憐，永淪地獄而已耳，復何興復振起之望耶！其時社會已有宋腐之誚，而晚村獨深喜宋人，曰：

宋人之學，自有軼漢唐而直接三代者。（文集卷一答張菊人書。）

有謂儒家好論理，至於空虛而必入於迂腐，其治亂興亡之故不知也。先生曰：「好論理安得空虛？空虛迂腐正是不明理耳。明理安有不知治亂興亡之故者？」（卷三十九。）

又曰：

人每怪宋儒苛論，古無完人，以為好譏彈，非也。宋諸子論古之嚴，正是為己求精，亦以憂天下後世耳。……好譏彈者，私也，惡也。析辨研窮，以求至善，使後世可法，此公也，善也。此之謂能論世知人，此之謂能尚友。卷三十九。

蓋晚村之意，亦曰宋學主義理斥功利。惟此一端足以警惕人心，復明夷夏之大防，以脫斯民於狐貉耳。梨洲自為待訪錄，其後卽一意理學，絕口不及政治。而其言理學也，又曰「心無本體，工夫所至卽是本體」，折而歸於陳乾初、潘用微一邊，與晚村意見大殊。時河北有顏習齋，感慨世故，力斥宋學，盛言功利。以為宋、明之不免淪於夷狄，皆空言義理不重事功之故，亦與晚村意見懸絕。繼晚村之後而言程朱宋學者，上之為陸稼書，下之為李光地。稼書已不能過吳、許，至於光地，程朱有鬼，不食其祭。然陸、李稱榮於當時，黃、顏見推於後世；惟晚村之說，晦霾不鮮，故為表而出之。若使晚村復生於今日，又不知將若何為說也！繼晚村而以科舉文名世者，有桐城戴名世田有。其批選時文，極推晚村。謂其「為學者分別邪正，求講指歸，由俗儒之講章而推溯之至於程、朱，由制義而上之至於古文，維挽風氣，力砥狂瀾，其功有不可沒」。（潛虛先生文集卷四九科文總序）然田有亦以史獄遭極禍，與晚村同其荼毒焉。

附錄

陳乾初大學辨

此文無刻本，特再錄全文於此。海昌叢載刻乾初遺集，一鱗片爪，無以見乾初論學之大體拜經樓藏書題跋記謂乾初有遺稿鈔本四十餘卷，丁氏八千卷樓書目有鈔本陳乾初文集十八卷、詩集十二卷、別集十九卷，蓋即一物，聞其稿現藏南京國學圖書館，恨未得見。

陳確氏曰：大學首章，非聖經也。其傳十章，非賢傳也。程子曰：「大學，孔氏之遺書」，而未始質言孔子。朱子則曰：「右經一章，蓋夫子之意而曾子述之；其傳十章，則曾子之意而門人記之也。」古書「蓋」字皆作疑詞。朱子對或人之問，亦云「无他左驗」，且意其或出於古昔先民之言也，故疑之而不敢質，以自釋「蓋」字之義。程朱之説如此，而後人直奉為聖經，固已漸倍於程朱矣。雖然，程朱之於大學，恐亦有惑焉而未之察也。大學，其言似聖，而其旨實竄於禪。其辭游而無根，其趨罔而終困，支離虛誕，此游、夏之徒所不道，決非秦以前儒者所作可知。苟終信為孔、曾之書，則誣往聖，誤來學，其害有莫可終窮者，若之何無辨！客曰：若此則程朱之誤甚矣。以程朱之賢而暴其誤，可乎？曰：君子固可欺，程朱之誤，君子之過也。夫君子未嘗無過，孔子嘗信宰予之言，程朱偶惑大學之説。程朱之賢，如日月之經天，大學之誤，如雲翳之虧蔽，於程朱奚損焉？而終覆之，損程朱乃大耳。故敢卒辨之。辨曰：首言「大學」云者，非知道者之言也。子言之矣：「下學而上達」，夫學，何大小之有？大學、小學，僅見王制，亦讀「太」。作大學者，疑即本此，亦猶宋人之作小學也云耳。雖然，吾又烏知小學之非即大學也？吾又烏知小學之不更勝大學也？夫道，一而已矣，故易稱蒙養即聖功。古人為學，自少至老，只是一路，所以有成。今迺別之為大學，而若將有所待也，則亦終於有待而已矣。古學之不可復，其以此也。其曰「在明明德，在親民，在止於至善」者，皆非知道者之言也。三言皆脱胎帝典。帝典自「克明峻德」，至「黎民於變時雍」，凡七句。此以三言括之，似益簡切，而不自知其倍也。新民即在明德之中，至善又即在明、親之中，故帝典「克明」句下貫一「以」字，便文理燦然。而此下三「在」字，若三事然，則不通矣。古人之學，雖不離乎明，而未嘗顯言明。推之易、詩、書可見，惡其逃於虛焉故也。而大學首言「明明」，固已倍矣。且古之君子，非有所親疏於民也。而有以民飢民溺為己責者，有以一夫不被澤為恥者，又有簞瓢陋巷以自樂者，而其道則靡不同。此古人之學所以能善因乎時乎勢而莫之有執也。今使推高禹、稷、尹為大人之學，而貶絶顏子為小人之學，則可笑矣。故君子之學不言新民而新民在，言新民而新民或反不在。亦猶吾向之論學也，不言大而大見，言大而大或不見也。至善，未易言也；止至善，尤未易言也。古之君子亦知有學焉而已。善之未至，既欲止而不敢。善之已至，尤欲止而不能。夫學，何盡之有？善之中又有善焉，至善之中又有至善焉，固非若邦畿、丘隅之可以息而止者也。而傳引之，固矣。故明、親、至善之言，皆末學之夸詞，偽士之膚説也。而又曰「知止」云云者，則愈誣矣，辟適遠者未啓行，而遥望逆旅以自慰，曰「吾已知所稅駕也」，知止則知止矣，其止故未有日矣。故未至而知止，如弗知而已，而何遽定、靜、安、慮、得之可易言乎？且吾不知其所謂知止者，謂一知無復知者耶？抑一事有一事之知止，事事有事事之知止；一時有一時之知止，時時有時時之知止者耶？如其然也，則今日而知止，則自今日而後，而定、靜、安、慮、得之無不能，不待言也。脱他日又有所謂知止焉，則他日之知，非卽今日之所未知乎？是定、靜、安、慮、得之中，而又紛然有所為未定、靜、安、慮、得者存，斯旨之難通，固已不待其辭之畢矣。大學之所謂知止，必不然也。必也，其一知無復知者也。一知無復知，惟禪學之誕有之，聖學則無是也。君子之於學也，終身焉而已。則其於知也，亦終身焉而已。故今日有今日之至善，明日又有明日之至善，非吾能素知之也，又非可以一概而知也，又非吾之聰明知識可以臆而盡之也。清心寡欲，兢兢焉，業業焉，勤諮而審察焉，而僅而知之耳，而猶懼有失也。稍怠肆焉，蔑勿懵矣。是故以堯、舜之神焉而猶病，文王之聖焉而「視民如傷，望道而未之見」。此二帝一王者，豈故為此虛懷以示宏廣云爾哉？所謂「猶病」，則眞猶病；所謂「如傷、未見」，則眞如傷、未見也。天下之理無窮，一人之心有限，而傲然自信以為吾無遺知焉者，則必天下之大妄人矣，又安所得一旦貫通而釋然于天下之事之理之日也哉？舜之問、察，終身以之。故曰：「自耕稼陶漁以至為帝，無非取於人者。」使舜既知之，而又好問、察焉，則是舜之偽也。夫舜之非偽，則雖確之愚蒙，有以知其必然也。然而問、察無已，則是雖大聖人之智，而果無一知無復知之日也，而又誰欺乎？故曰：「及其至也，雖聖人亦有所不知焉。」聖人有不知，不害其為聖人也。以不知為知，斯下愚之甚者矣。「及其至也，雖聖人亦有所不能焉。」聖人有不能，不害其為聖人也。以不能為能，斯不肖之尤者矣。「天地之大也，人猶有所憾。」人猶有憾，不害為天地之大也。以有憾為無憾，斯誣天地之至者矣。君子之於道也，亦學之不已而已，而奚以誇誕為哉？學之不已，終將有獲，而不可以豫期其效。豫期其效以求知，則浮偽滋甚。今即所謂知止者，眞知止矣，然猶知之而已耳，於道浩乎其未有至也。而遽歆之以定、靜、安、慮、得之效，長夸心而墮實行，必此焉始矣。禪家之求頓悟，正由斯蔽也，而不可不察也。其曰「古之欲明明德於天下」云云者，尤非知道者之言也。古人之慎修其身也，非有所為而為之也。而家以之齊，而國以之治，而天下以之平，則固非吾意之所敢必矣。孟子之釋恆言，提一「本」字，何等渾融？大學紛紛曰「欲」、曰「先」，悉是私偽，何得云誠？寧古人之學之多夾雜乃爾乎？聖人之言之甚鄙倍乃爾乎？至「正心」以往，益加舛繆。既言正心，不當復言「誠意」。既先誠、正，何得又先格、致？夫心之與意，固若此其二乎？故大學之所謂「誠」者非誠也。凡言誠者，皆兼內外言。中庸言「誠身」，不言「誠意」。誠只在意，即是不誠。朱子之解「誠意」曰：「實其心之所發。」心之所發者，欲正也，欲修也，欲齊、治、平也。而苟有未正、未修、未齊治平焉者，則是心之所發猶虛而不實也，而何以謂之誠乎？故曰：「誠者非自成己而已也，所以成物也。」又曰：「反身而誠，樂莫大焉。」並兼物言。是故言誠可不更言正、修、齊、治、平，而分別若此者，則是所謂誠者非誠，所謂正者非正，所謂修者非修也。而所謂致知、格物云者，非即以吾心致之，吾心格之乎？心者，身之主也。存心公恕，然後能知己之過，知物之情。知己之過，故修之而無弗至。知物之情，故齊、治、平之可以一貫也。今不先求之正心，而欲徐俟之格致之後，正所謂「倒持太阿，授人以柄」，鮮不殆矣。心之不正，必且以未致為已致，未格為已格，又孰從而定之？傳不云乎：「心不在焉，視而不見，聽而不聞，食而不知其味」，而況能致知格物云爾乎？嗚呼！其亦弗思而已矣。「正」亦可釋「敬」，易「君子敬以直內」是也。心惟敬，故致知而無不致，格物而無不格。山陰先生曰：「主敬之外，更無窮理。」至哉師言！程子亦曰：「入道莫若敬」，又曰：「未有致知而不在敬者」，則固已知正心之先於格致矣。又曰：「致知存乎所養，養知莫善於寡欲」，非正心乎？而大學之序如彼，而曾不疑其罔，則固非確之所能解矣。故程子之言主敬也，陽明之言致良知也，山陰先生之言慎獨也，一也，皆聖人之道也，無弗合也。而以之說大學，則斷斷不可合。欲合之而不可合，則不得不各變其說。各變其說，而於大學之解愈不可合。不可合於大學之解，而又未始不可合於聖人之道，則諸儒之言固無有弗合也。而有弗合者，徒以大學之故而已矣。孟子曰：「心之所同者，理也，義也。」象山曰：「千百世之聖人，此心同，此理同也。」吾友張考夫曰：「惟理不可損也，不可益也。」今獨格致之說，言人人殊，雖以朱子之尊信程子，而補傳之不能無異同於程子已如此矣，況後儒乎？山陰先生稱「前後言格致者七十有二家」。說非不備也，求其言之可以確然俟聖人而不惑者，吾未之見」。何則？惟大學之誣而不可以理求焉故也。是故以諸儒之言合之聖人之道，則無不合；合之大學之説，則必無合。豈惟諸儒之必無合，將歷千秋萬世之久而終莫之合也。莫之合而又莫不求其合，猶之合儒於佛、於老，而曰「三教無不合」也。夫合則無不合矣，而誣已甚矣。蓋大學言知不言行，必為禪學無疑。雖曰親民，曰齊、治、平，若且内外交修者，並是裝排不根之言。其精思所注，只在「致知」、「知止」等字，竟是空寂之學。書有之：「知之非艱，行之惟艱。」大學之意若曰「行之非艱，知之惟艱」。玩「知止」四節文氣，不其然乎？聖學之不明，必由于此。故大學廢則聖道自明，大學行則聖道不明。關係儒教甚鉅，不敢不爭，非好辨也。至複説「物格」一節，詞益支蔓。蔣書升云：「使我學子作時文若此，猶惡其蕪而削之矣，曾聖經而然乎？」予甚韙其語。其「本亂」一節，文勢亦同，此並是後儒靡靡之習，聖言無是也。知聖經之非聖，則賢傳之非賢，不待言矣。客曰：子之辨誠快矣。雖然，亦有本乎？曰：程子之聖是書也，亦有本乎？抑余則有本矣。大學兩引夫子之言，則自「于止」、「聽訟」兩節而外，皆非夫子之言可知。一引曾子之言，則自「十目」一節而外，皆非曾子之言可知。由是觀之，雖作大學者絶未有一言竊附孔、曾。而自漢有戴記，至于宋千有餘年間，亦絶未有一人謂是孔、曾之書焉者。謂是千有餘年中，無一學人焉，吾不信也。而自程、朱二子表章大學以來，至於今五百餘年中，又絶未有一人謂非孔、曾之書焉者。謂是五百餘年無一非學人焉，吾益不信也。嗟乎！學者之信耳而不信心，已見於前事矣，而又奚本之足據乎？故君子之聽言也，不惟其人，惟其言。使其言是，雖愚夫之言，其能不聽？使其言非，雖賢者之言，其能不疑？向使確幸得親承孔、曾之教，而于心有未安，猶當辨而正之。況如大學之説之甚倍于孔、曾者，而欲使確終信而不疑，則確無人心者而後可，而確則安敢以自昧也？故陽明先生之言致良知也，山陰先生之言慎獨也，以疏「格致」而非以疏「格致」也，皆以吾學之所得而救大學之敝焉云耳。而救之而無可救，弗如黜之而已矣。學者言道，不苟為異，亦不苟為同，而惟中之從。故水火非相戾也，而相濟也。堯用四凶，舜皆誅之，不為畔堯。春秋善五伯，孟子黜之，不為畔孔子。程朱表章大學，後人駁之，豈為畔程朱哉？使程朱而可作也，知其不予咈也已。吾信諸心而已。亦非敢信諸心，信諸理而已。雖然，心非吾一人之心，理非吾一人之理也，吾其又敢以吾之説為必無疑于天下後世哉？其敬以俟之知道者，而確之罪已莫逭矣。予懼以沒世已矣。

第三章　王船山

傳略

王夫之，字而農，又字薑齋，湖南衡陽人。晚居湘西石船山，學者稱船山先生。生明萬曆四十七年，卒清康熙三十一年，一六一九—一六九二。年七十四。父修侯，少從遊伍學父，又問道鄒泗山，承東廓之傳，以眞知實踐，為湘南學者。張獻忠陷衡州，招先生，執其父為質，先生引刀自刺，為重創狀，舁往易父。賊見其徧創，不能屈，遂父子以計俱得脫。時先生年二十五。清師下湖南，先生舉兵衡山，戰敗，軍潰。遂至肇，瞿式耜薦之桂王，為行人司行人，時年三十一。以劾王化澄，化澄將構大獄陷之死地，會降帥高必正救之，得免。遂至桂林依瞿式耜。清兵克桂林，式耜殉難。先生間道歸楚，遂決計遯隱。時年三十三。嗣是棲伏林谷，隨地託迹，以至於歿。劉繼莊稱之，謂「洞庭之南，天地元氣，聖賢學脈，僅此一線」。廣陽雜記卷二。全謝山於鼎革諸老，汲汲表章，而先生姓名，僅一見於劉繼莊傳，蓋不能詳也。道、咸間鄧湘皋始蒐其遺書，得七十七種二百五十卷。此外未刻及已佚者猶多。蓋先生著述之豐如此，而聲光闇晦，亦視並時諸儒為尤甚。

學術大要

明末諸老，其在江南，究心理學者，浙有梨洲，湘有船山，皆卓然為大家。然梨洲貢獻在學案，而自所創獲者並不大。船山則理趣甚深，持論甚卓，不徒近三百年所未有，卽列之宋明諸儒，其博大閎括，幽微精警，蓋無多讓。今撮敘其要旨如次。其論道則曰：

船山之惟器論

天下惟器而已矣。道者器之道，器者不可謂之道之器也。無其道則無其器，人類能言之。雖然，苟有其器矣，豈患無道哉？……無其器則無其道，人鮮能言之，而固其誠然者也。洪荒無揖讓之道，唐、虞無弔伐之道，漢、唐無今日之道，則今日無他年之道者多矣。未有弓矢而無射道，未有車馬而無御道，未有牢醴璧幣、鐘磬管絃而無禮樂之道。則未有子而無父道，未有弟而無兄道，道之可有而且無者多矣。故無其器則無其道，誠然之言也，而人特未之察耳。故古之聖人，能治器而不能治道。……如其舍此而求諸未有器之先，亙古今，通萬變，窮天窮地，窮人窮物，而不能為之名。而況得有其實乎？老氏瞀於此，而曰道在虛，虛亦器之虛也。釋氏瞀於此，而曰道在寂，寂亦器之寂也。淫詞輠炙，而不能離乎器。然且標離器之名以自神，將誰欺乎？周易外傳卷五繫辭上傳。亭林日知錄卷一「形而下者謂之器」條，亦謂非器則道無所寓，與船山持論略同。兩家均極斥晚明王學流弊，其論學出發點，亦頗相近也。

又曰：

天下之用，皆其有者也。吾從其用而知其體之有，豈待疑哉？用有以為功效，體有以為性情。體用胥有而相需以實。……故善言道者，由用以得體。不善言道者，妄立一體而消用以從之。「人生而靜」以上，既非彼所得見矣。偶乘其聰明之變，施丹堊於空虛，而強命之曰體。聰明給於所求，測萬物而得其景響，則亦可以消歸其用而無餘。其邪說自此逞矣。則何如求之感而遂通者，日觀化而漸得其原也？故執孫子而問其祖考，則本支不亂。過宗廟墟墓，而孫子之名氏其有能億中之者哉？此亦言道者之大辨也。周易外傳卷二大有。

船山體用、道器之辨，猶之此後習齋、東原諸人理氣之辨也。顏、戴不認理在氣先，猶之船山不認道在器外，體在用外也。要之則俱為虛實之辨而已。惟船山主觀化而漸得其原，其論尤精。後此焦里堂孟子正義頗見及此，顏、戴似猶未及也。船山之論性則曰：

性者生理也，日生則日成也。夫天命者，豈但初生之頃命之哉？……天之生物，其化不息。初生之頃，非無所命也。……無所命，則仁、義、禮、智無其根。幼而少，少而壯，壯而老，亦非無所命也。……不更有所命，則年逝而性亦日忘也。……二氣之運，五行之實，始以為胎孕，後以為長養，……無以異也。形日以養，氣日以滋，理日以成。方生而受之，一日生而一日受之。……故天日命於人，而人日受命於天。故曰性者生也，日生而日成之也。……惟命之不窮也而靡常，故性屢移而異。抑惟理之本正也，而無固有之疵，故善來復而無難。未成可成，已成可革。性也者，豈一受成侀，不受損益也哉？故君子之養性，行所無事，而非聽其自然。斯以擇善必精，執中必固，無敢馳驅而戲渝已。……食谿水者癭，數飲酒者䭤，風犯藏者喎，瘴入裏者厲。治瘍者肉已潰之創，理瘵者豐已羸之肌。形氣者，亦受於天者也。非人之能自有也。而新故相推，日生不滯如斯。然則飲食起居，見聞言動，所以斟酌飽滿於健順五常之正者，奚不日以成性之善；而其鹵莽滅裂，以得二殊五實之駁者，奚不日以成性之惡哉？尚書引義卷三太甲二。

又曰：

天地之生人為貴，惟得五行敦厚之化，故無速見之慧。物之始生也，形之發知，皆疾於人，而其終也鈍。人則具體而儲其用。形之發知，視物之不疾也多矣，而其既也敏。孩提始知笑，旋知愛親。長始知言，旋知敬兄。命日新而性富有也。君子善養之，則耄期而受命。（思問錄內篇。）

又曰：

不達其說者，曰：「天惟以其靈授之有生之初而不再者也」，是異端「迥脫根塵，靈光獨露」之說也，是抑異端「如影赴鐙，奪舍而栖」之說也。夫苟受之有生而不再矣，充之不廣，引之不長，澄之不清，增之不富。人之於天，終無與焉已矣。是豈善言性者哉？古之善言性者，取之有生之後，閱歷萬變之知能，而豈其然哉？（詩廣傳卷四。）

船山論性最精之詣，在以日生日新之化言，故不主其初生，而期其日成。梨洲謂「心無本體，工夫所至卽其本體」，庶與船山論旨差近。然梨洲發此於晚年，未及深闡，不如船山之透明也。又其論道與性之關係，則曰：

道大而善小，善大而性小。道生善，善生性。道無時不有，無動無靜之不然，無可無否之不任受。善則天人相續之際，有其時矣。善具其體而非能用之，抑具其用而無與為體。萬彙各有其

船山之反懲忿窒慾論

善，不相為知，而亦不相為一。性則斂於一物之中，有其量矣。……道者，善之所從出也。惟其有善，是以成之為性焉。……孟子之言性善，推本而言其所資也。猶子孫因祖父而得姓，則可以姓繫之。而善不於性而始有，猶子孫之不可但以姓稱，而必繫之以名也。……性則因乎成矣，成則因乎繼矣。不成未有性，不繼不能成。……天無所不繼，故善不窮。人有所不繼，則惡興焉。……至於繼，而作聖之功蔑以加矣。（周易外傳卷五。）

船山此論，以今意譯之，道為天演之現象，善則天演淘汰中繼續生存之適應，而性則僅是生物於適應中所得之幾種生理也。故性貴於養而期其成，而所以為養者貴於擇之精而執之固。若一任其自然，則其所性必有君子之所勿性焉者。然船山此論，與荀子性惡所謂「化性起偽」者不同。船山言善先於性，並不言性本不善，故其養性而期於成也，亦主導而不主抑。船山又因性而推論及夫情與才，其言曰：

君子之用損也，用之於「懲忿」，而忿非暴發不可得而懲也；用之於「窒欲」，而欲非已濫不可得而窒也。……性主陽以用壯，大勇浩然，亢王侯而非忿。情賓陰而善感，好樂無荒，思輾轉而非欲。而盡用其懲，益摧其壯。竟加以窒，終絕其感。一自以為馬，一自以為牛，廢才而處於錞。一以為寒巖，一以為枯木，滅情而息其生。彼佛、老者，皆託損以鳴其修，而豈知所謂損者，……豈並其清明之嗜慾，彊固之氣質，概衰替之，以游惰為否塞之歸也哉？故尊性者必錄其才，達情者以養其性。故未變則泰而必亨，已變則損而有時。既登才情以輔性，抑凝性以存才情。損者，衰世之變也。處其變矣，而後懲窒之事起焉。若夫未變而億其或變，早自貶損以防意外之遷流，是懲羹而吹齏，畏金鼓之聲而自投車下，不亦愚乎！周易外傳卷三損。

損為衰世之變

又曰：

為治水之術者曰：「陻其所自溢」，是伯鯀之術，而白圭襲之者也。則為安身利用之術者曰：「杜吉凶悔吝之所從生」，亦猶是而已矣。天下固有此洚洞浩瀚之流，行之地中，中國自足以勝之。驚其無涯，而陻以徼幸。禁其必動，窒其方生，汩亂五行，而不祥莫大焉。知吉凶悔吝之生乎動也，則曰「不動不生」。……而以逍遙乎蒼莽，解脫乎火宅」。無以勝之而欲其不生，則將謂「稻麥生夫饑，絲麻生夫寒，君師生夫亂，父母生夫死」，亦奚為而不可？其云「大盜生於聖人，無明生於知見」，猶有忌而不敢昌言。充其所操，惟乾坤父母為古今之大害，而視之若仇讎。乃要其所挾，則亦避禍畏難之私，與禽獸均焉而已矣。……且夫欲禁天下之動，則亦惡從而禁之？……莫如舍君子而野人；野人之吉凶，不出乎井廬者也。莫如舍野人而禽魚；禽魚無所吉，而凶亦不先覺也。莫如舍禽魚而塊土；至於塊土，而吉凶悔吝之端泯，終古而頽

船山之主動論

船山之心物合一論

敬之二弊

執一廢百為一弊

然自若。乃天既不俾我為塊土矣，有情則有動，且與禽魚偕動焉。抑不俾我為禽魚矣，有才則有動，且與野人偕動焉。抑彼自謂絀才去情以偕乎野人，而抑以擅君子之實，思以易天下。有道則有動，必將與君子偕動焉。姑且曰：「胡不如野人之貿貿，胡不如禽魚之狉狉，胡不如塊土之冥冥？」以搖天下葸畏偷安者，而自命為道。嗚呼！勿憂其無冥冥之日也。死則亦與塊土同歸，動不生而吉凶悔吝之終離，則虛極靜篤，亦長年永日而宴安矣。（周易外傳卷六。）

蓋船山以日生日成言性，故不喜言損滅，而喜言變動。習齋亦喜言動，然習齋惟本虛實言之，似尚未窺宇宙演化之妙，不如船山之深且大。船山精研老莊，所謂「觀化而漸得其原」者，途轍有似於莊生。船山蓋入室而操戈。船山最尊橫渠。二人皆精於佛、老，而能闢佛、老以返諸儒，此亦其學術相似之一端也。其後以自然進化之理闡性善者有焦里堂，外此則殊少見。船山又繼此而言心，則尤船山學說之勝場也。其言曰：

> 心無非物也，物無非心也。（尚書引義卷一堯典。）
>
> 夫粟所以飽，帛所以煖，禮所以履，樂所以樂，政所以正，刑所以侀。民嵒之可畏，實有其情。小民之所依，誠有其事。不以此為「所」，而以吾心勤敬之幾、變動不居、因時而措者，謂之「所」焉。吾不知其以敬以無逸者，將拒物而空有其「所」乎？抑執一以廢百而為之

拒物而空之為又一弊

以靜治心說之來歷及其際限

「所」也？執一以廢百，拒物而自立其區宇，其勤也，墨氏之胼胝也；其敬也，莊氏之心齋也。又其下流，則恃己以忘民嵒之險阻，而謂「天變不足畏，人言不足恤」，如王安石之以亂宋者矣。墮民依之坊表，而謂「五帝不可師，三王不足法」，如李斯之以亡秦者矣。下流之敝，可勝道乎！如其拒物而空之，則別立一心以治心，如釋氏「心王」、「心所」之說，歸於莽蕩，固莫如叛君父，芟須髮，以自居於「意生身」之界。而詑於人曰：「吾嚴淨也，敬以為所也；吾精進也，無逸以為所也」，其禍人心，賊仁義，尤酷矣哉！尚書引義卷五無逸。

此深斥夫敬之為病也。又曰：

心無相續之因，則固可使暫澄者也。自好之士，厭飫於惡而思返，矯敝於已末，分析人心之動機，嗒然喪據，因劌滅以觀其靜。則人心之下游，壅閉停洄，如隔日瘧之有間也。斯其時非無清朗虛涵之光影，如蕉空中，如水映月，迷留玩悅，因以為妙道之攸歸。終身處堂以嬉，於人心之中，而信濱危之可保。是猶秦兵南向，而田建墮防，拖雷北返，而似道奏功。其固本保邦之術，近取之國中者，靦面而自失之。……則共城松柏之歌，皋亭潮水之恨，終與桀、紂均亡，斯亦可哀也已。尚書引義卷一大禹謨一。

此深斥夫靜之不可恃也。其言深得心病癥結，於釋氏離物治心之害，抉發精透，得未曾有。前之為橫渠，下之如習齋，其闢佛說，砭心妄，皆不如船山之剴切而精微。又曰：

船山之身心合一論

一人之身，居要者心也。而心之神明，散寄於五藏，待感於五官。肝脾肺腎，魂魄志思之藏也。一藏失理，而心之靈已損矣。無目而心不辨色，無耳而心不知聲，無手足而心無能指使。一官失用，而心之靈已廢矣。其能孤扼一心以絀羣明而可效其靈乎？（尚書引義卷六畢命。）

此言夫心之不能離身以為靈也。又曰：

船山之己物合一論

以為絶物之待而無不可者，曰：「物非待我也，我見為待而物遂待也。執我以為物之待而我礙，執物以為待我而物亦礙。……莫若絶待。內絶待乎己，外絶待乎物。絶己絶物，而色相以捐。寂光之照，無有不文也。參證之悟，無所容『思』也。行住坐臥，如如不動，亦『恭』也。貲財妻子，喜舍不吝，亦『讓』也。乃以廢人倫，壞物理，握頑虛，蹈死趣，而曰吾以安於所安也。」此無他，不明於物之不可絶也。且夫物之不可絶也，以己有物。物之不容絶也，

物不可絶

以物有己。己有物而絶物，則內戕於己。物有己而絶己，則外賊乎物。物我交受其戕賊，而害乃極於天下。況乎欲絶物者，固不能充其絶也，一眠一食而皆與物俱，一動一言而必依物起。

不能充其絶，而欲絶之，物且前却而困己，己且齟齬而自困。……而尹和靖曰：「其心收斂，不容一物」，非我所敢知。尚書引義卷一堯典。

此言夫心之不容絶物以為明也。其言與梨洲所謂「盈天地皆心」者相似。自陽明、蕺山頗發其趣，然終不如船山之言為深透，其後習齋、東原詆排宋儒，單據理氣之辨，而於心物一邊少所發揮，亦不如船山圓宏。船山既深著此理，謂我心不能離身絶物而獨為靈明，遂本此而斥言後世治心學者蹈虛落空之病，其言曰：

船山之反逍遥自在論

前後際斷之妄

相續之謂念，能持之謂克，遽忘之為罔，此聖狂之大界也。奈之乎為君子之學者，亦曰聖人之心如鑑之無留影，衡之無定平，已往不留，將來不慮，無所執於忿恐憂懼而心正？則亦浮屠之無念而已，則亦莊周之坐忘而已。前際不留，今何所起？後際不豫，今將何為？狂者登高而歌，非有歌之念也；棄衣而走，非有走之念也。盜者見篋而胠之，見匱而發之，不念其為何人之篋匱也。夫異端亦如是而已矣。莊周曰「逍遥」，可逍遥則逍遥耳。不攖於害，所往而行，蔑不利也。固罔念夫枋榆、溟海之大小也。浮屠曰「自在」，可自在則自在耳。上無君父，下無妻子，蔑不利也。固罔念夫天顯、民祗之不相離也。故異端者，狂之痼疾，蹠之黠者也。尚書引義卷五多方。

船山之反主靜論

又曰：

嘗近取而驗之，人之有心，晝夜用而不息。雖人欲雜動，而所資以見天理者，舍此心而奚主！其不用而靜且輕，則寤寐之頃是也。旦晝之所為，其非寤寐之所得主，明矣。寐而有夢，則皆其荒唐辟謬而不可據。今有人焉，據所夢者以為適從，則豈不傎乎？彼徒曰：「言出於不言，行出於不行，而以是為言行之主。」……是人之將言，必默然良久而後有音；其將行也，必嶷立經時而後能步矣。此人也，必斷續安排之久，如痎瘧之間日而發也。……夫理以充氣，而氣以充理。理氣交充而互相持，和而相守，以為之精，則所以為主者在焉。而抑氣之躁，求理之靜，如越人熏王子而強為之君，曰不言不行，言行之所出也。今瘖者非無不言，而終不能言；痿者非無不行，而終不能行。彼理著而氣不至也。……夫才以用而日生，思以引而不竭。……今曰其始立則杳冥恍惚以為真也；其方感也，則靜且輕者以為根也。是禹……周公……孔子……日動以負重，將且紛膠瞀亂而言行交詘。而飽食終日之徒，使之窮物理，應事機，抑將智力沛發而不衰。是圈豕賢於人，而頑石飛蟲賢於圈豕也。周易外傳卷四震。

此皆深斥夫後世言心者蹈虛落空之病也。船山又本此而言有無，則曰：

船山論有無

言無者，激於言有者而破除之也。就言有者之所謂有，而謂無其有也。天下果何者而可謂之無哉？言龜無毛，言犬也，非言龜也。言兔無角，言麋也，非言兔也。言者必有所立，而後其說成。今使言者立一無於前，博求之上下四維，古今存亡，而不可得窮矣。思問錄內篇。

船山論動靜

繼此而言動靜，則曰：

與其專言靜也，無寧言動。何也？動靜無端者也。故專言靜，未有能靜者也。性之體靜而效動。苟不足以效動，則靜無性矣。既無性，又奚所靜邪？性效於情，情效於才，情才之效，皆效以動也。然而情之效喜留，才之效易倦，往往不能全效於性，而性亦多所缺陷以自疑。故天下之不能動者，未有能靜者也。詩廣傳卷一鄭風。

船山論內外

又言內外，則曰：

內外交相維、交相養者也。既飾其外，必求其內，所以求君子之盡其誠。欲動其內，必飭其外，所以導天下而生其心。讀通鑑論卷十一。

凡此言有無，言動靜，言內外，皆一本於其言心性道體所持之見解。其言雜而不越，廣而條貫，博大精微，體用兼賅。大體言之，可謂屬於顯眞明體之部，釋以近世哲學術語，即船山對於「本體論」一邊之主張也。船山學風，本近橫渠。長精思，重力踐，儼然關學氣象。又旁治老、莊、佛理，皆能得其深趣。故於諸家得失利病，凡所辨詰，動中窾要。而能於心理入微處推見癥結，尤為獨到精處。故論船山學之精神，所長不僅在於顯眞明體，而尤在其理惑與辨用焉。其推現至隱，闡微至顯，皆能切中流俗病痛，有豁蒙披昧之力。故其言「性」也，即因而及於「習」。其言性與習之關係，則曰：

人之皆可為善者，性也。其有必不可使為善者，習也。習之於人大矣。耳限於所聞，則奪其天聰；目限於所見，則奪其天明。父兄熏之於能言能動之始，鄉黨姻亞導之於知好知惡之年，一移其耳目心思，而泰山不見，雷霆不聞。……故曰：「習行性成。」成性而嚴師益友不能勸勉，醲賞重罰不能匡正矣。讀通鑑論卷十。

又曰：

末俗有習氣，無性氣。其見為必然而必為，見為不可而不為，以𡣕𡣕然自任者，何一而果其自好自惡者哉！皆習聞習見而據之氣，遂為之體者也。習之中於氣，如瘴之中人，中於所不及知。而其發也，血氣皆為之懣涌。故氣質之偏，可致曲也；嗜欲之動，可推以及人也。惟習氣移人，為不可復施斤削。〈俟解〉

此言習氣流俗之昧失性眞也。習齋重「習行」，謂習以成其能；船山言「習氣」，謂習以昧其性；兩家之重視「習」同，而兩家之所以重視「習」者不同。故習齋治禮樂，以規乎其當習；而船山明心性，以超乎其所習。故聞習齋之風者篤於務實，而淑船山之教者極乎研深，此兩家之異趨也。船山既言習，又言「知」，曰：

言性者皆曰：「吾知性也」，折之曰：「性弗然也」，猶將曰：「性胡勿然也？」故必正告之曰：「爾所言性者非性也。今吾勿問其性，且問其知。知實而不知名，知名而不知實，皆不知也。……目擊而遇之，有其成象，而不能為之名。如是者，於體非芒然也，而不給於用。無以名之，斯無以用之也。曾聞而識之，謂有名之必有實，而究不能得其實。如是者執名以起用，而芒然於其體。雖有用，固異體之用，非其用也。夫二者則有辨矣。知實而不知名，弗求名焉，則用將終絀。問以審之，學以證之，思以反求之，則實在而終得乎名，體定而終伸其用。……知名而不知實，以為既知之矣，則終始於名，而惝怳以測其影，斯問而益疑，學而益僻，思而益甚其狂惑。以其名加諸迥異之體，枝辭日興，愈離其本。……夫言性者，則皆有名之可執，有用之可見，而終不知何者之為性。蓋不知何如之為知，而以知名當之。」……故可直折之曰：其所云性者非性，其所自謂知者非知。（薑齋文集卷一知性論。）

此言虛知浮解之無當本體也。其後東原亦重言「知」，然其所以重知者復與船山不同。蓋東原之重知，務以達用；而船山之重知，則無寧謂其重於明體焉。故治東原之說者，先主乎解析事理，而遵船山之趣者，必本乎發明道眞。此又戴、王兩家之不同也。船山言習氣，言虛知，而二者每互出於一源。深而論之，小人下愚之為流俗，其遺害於學術者猶小而易知；而浮解虛知，播為風尚，蒸為習氣，則為害至深且鉅，抑又隱微而難辨也。故船山既致謹乎習，而尤嚴辨乎知焉。因此而言「知、能」，曰：

船山論能

夫能有迹，知無迹。故知可詭，能不可詭。異端者於此，以知為首，尊知而賤能，則知廢。知無迹，能者知之迹也。廢其能，則知非其知，而知亦廢。（周易外傳卷五。）

船山論行

又言「知、行」，曰：

且夫知者，固以行為功者也。行也者，不以知為功者也。行焉可以得知之效也，知焉未可以得

船山之反無眞生妄論

行之效也。將為格物窮理之學，抑必勉勉孜孜，而後擇之精，語之詳，是知必以行為功也。行於君民親友喜怒哀樂之間，得而信，失而疑，道乃益明，是行可有知之效也。其力行也，得不以為歆，失不以為恤，志壹動氣，惟無審慮卻顧，而後德可據，是行不以知為功也。冥心而思，觀物而辨，時未至，理未協，情未感，力未贍，俟之他日而行乃為功，是知不得有行之效也。行可兼知，而知不可兼行。……君子之學，未嘗離行以為知也。尚書引義卷三說命。

蓋船山之旨，必以「行」、「能」衡其「知」，而後「知」之眞僞、虛實、深淺、得失自判，而其所謂「行」、「能」者，則不外乎綜實理，切實事，以榮生而淑世。故曰：

夫可依者有也，至常者生也。皆无妄而不可謂之妄也。……既已為人矣，非蟻之仰行，則依地住；非螾之穴壤，則依空住；非蜀山之雪蛆不求煖，則依火住；非火山之鼠不求潤，則依水住；以至依粟已饑，依漿已渴。其不然而已於饑渴者，則非人矣。粟依土長，漿依水成。依種而生，依器而挹。以莢種粟，粟不生；以塊取水，水不挹。相待而有，無待而無。若夫以粟種粟，以器挹水，楓無柳枝，粟無棗實。成功之退，以生將來，取用不爽，物物相依。所依者之足依，無毫髮疑似之或欺。而曰此妄也，然則彼之所謂真空者，將有一成不易之型。何不取兩間靈蠢姣醜之生，如一印之文，均無差別也哉？是故陰陽奠位，一陽內動。情不容吝，機不容止。破塊啓蒙，燦然皆有。……殊形別質，利用安身，其不得以有為不可依者，其亦明矣。……物情非妄，皆以生徵。徵於人者，情為尤顯。跽折必喜，箕踞必怒，墟墓必哀，琴尊必樂。性靜非無，形動必合，可不謂天下之至常者乎！若夫其未嘗生者，一畝之田，可粟可莠；一罌之水，可沐可灌；型範未受於天，化裁未待於人也。乃人亦不得而利用之矣。不動之常，惟以動驗。既動之常，不待反推。……其不得以生為不可常而謂之妄，抑又明矣。夫然，其常而可依者，皆其生而有。其生而有者，非妄而必真。……故賤形必賤情，賤情必賤生，賤生必賤仁義，賤仁義必離生，離生必謂無為真，而謂生為妄，而二氏之説昌矣。（周易外傳卷二無妄。）

賤形思想之病害

此則言實理之可依而無妄也。又曰：

人心靜境之眞際

何以謂之德？行焉而得之謂也。何以謂之善？處焉而宜之謂也。不行胡得？不處胡宜？則君子所謂知者，吾心喜怒哀樂之節，萬物是非得失之幾，誠明於心而不昧之謂耳。人之所以為人，不能離君民親友以為道，則亦不能舍人倫物曲以盡道，其固然也。今使絶物而始靜焉，舍天下之惡而不取天下之善。墮其志，息其意，外其身。於是而洞洞焉，晃晃焉，若有一澄澈之境，置吾心而偷以安。又使解析萬物，求物之始而不可得。窮測意念，求吾心之所據而不可得。於是棄其本有，疑其本無，則有如去重而輕，去拘而曠，將與無形之虛同體，而可以自矜其大。

易簡事外之無當

天理人欲之同行異情

斯二者，乍若有所覩，而可謂之覺。則莊周、瞿曇氏之所謂知，盡此矣。然而求之於身，身無當也；求之於天下，天下無當也。行焉而不得，處焉而不宜，則固然矣。於是曰：「吾將不行，奚不得；不處，奚不宜？」乃勢不容已，而抑必與物接，則又洸洋自恣，未有不蹶而狂者也。大學補傳衍。

此則言實事之不容已而必盡也。故曰：

天下之志亦淺矣，而求其通則深也。天下之務亦大矣，而溯所成則幾也。……故不曰我高以明，而天下之志不足知；我靜以虛，而天下之務不足為。極天下之固有，攘君誶母，皆志之所必悉；極天下之大有，酒漿瓜棗，皆務之所必勤。……推之近遠，抵之幽深，會其參伍，通其錯綜。然則深可極而幾可研，要豈立易簡於事外，以忍於不知而敢於不為也哉？周易外傳卷五。

又曰：

形之所成斯有性，情之所顯惟其形。故曰：「形色天性也。惟聖人可以踐形。」……夫理自性生，欲以形開。其或冀夫欲盡而理乃孤行，亦似矣。然而天理人欲，同行異情。異情者，異以變化之幾。同行者，同於形色之實。則非彼所能知也。周易外傳卷一屯。

此皆發明性道之幽玄，本於人事生理之實也。凡此所言，與習齋、東原之論大體相似。惟習齋偏主事功，東原專察物理，而船山則溯源心性，精神之趨注有不同，則立説之規模自異耳。船山既一本心性為説，故謂流俗不肖者之所為，亦由於昧其性眞。其言流俗之縱欲也，實非縱而惟遏，其論尤精闢。其言曰：

船山之縱慾論

不肖者之縱其血氣以用物，非能縱也，遏之而已矣。縱其目於一色，而天下之羣色隱，況其未有色者乎？縱其耳於一聲，而天下之羣聲閟，況其未有聲者乎？縱其心於一求，而天下之羣求塞，況其不可以求求者乎？……無遏之者，無所不達矣。故曰：「形色天性也。」形其形而無形者宣，色其色而無色者顯。……縱其所堪，而晝夜之通、鬼神之撰、善惡之幾、吉凶之故，不慮而知，不勞而格。無遏焉而已矣。一朝之忿，一念之欲，一意之往，馳而不返，莫知其鄉，皆惟其遏之也。詩廣傳卷四。

此船山推原習俗，謂縱欲由於愚昧無知，因以多所壅遏，不得暢遂其性情之正，而遂若乎縱也。故欲求正俗，必先明學；欲轉移習氣，必先開立眞知。此船山辨知所以尤謹乎辨習之微旨也。然船山言欲

船山論衣食廉恥先後

不可遏，固非主縱欲也。其論衣食、廉恥之辨曰：

衣食足而後廉恥興，財物阜而後禮義作，是執末以求其本也。……夫末者，以資本之用者也，而非待末而後有本也。待其足而後有廉恥，待其阜而後有禮樂，則先乎此者無有矣。無有之始且置之，可以得利者，無不為也。於是廉恥刓而禮樂之實喪。迨乎財利盪其心，慆淫驕辟，乃欲反之於道，……末由得已。且夫廉恥刓而欲知足，禮樂之實喪而欲知阜，天地之大，山海之富，未有能厭鞠人之欲者矣。故有餘不足，無一成之準，而其數亦因之。見為餘，未有餘也，然而用之而果有餘矣。見其不足，則不足矣，及其用之而果不足矣。官天地，府山海，而以天下為家者，固異於持贏之賈、積粟之農，愈見不足而後足者也。通四海以為計，一公私以為藏，徹彼此以為會。消息之者道也，勸天下以豐者和也，養衣食之源者義也，司財物之生者仁也。仁不至，義不立，知不淡，道不備。操足之心而不足，操不足之心而愈不足矣。奚以知其然也？競天下以漁獵之情，而無以長也。由此言之，先王以裕民之衣食，必以廉恥之心裕之；以調國之財用，必以禮樂之情調之。其異於管、商之末說，亦辨矣。詩廣傳卷三。

蓋欲之不可縱，一猶乎其不可遏。惟眞知乎性天之道者，則無所謂縱，亦無所謂遏矣。由船山之論，仁義廉恥禮樂之於民生衣食財用，皆一本之於心性。既與蔑事物而空談心性者不同，亦與重功利而忽

船山之庶民禽獸論

棄心性者有別。至其繩律之嚴，懸格之高，則一見而知其仍是宋明儒家矩矱也。故曰：

> 人之所以異於禽獸者，君子存之，小人去之。……小人之為禽獸，人得而誅。庶民之為禽獸，不但不可勝誅，且無能知其為惡者。不但不知其為惡，且樂得而稱之，相與崇尚而不敢踰越。學者但取十姓百家之言行而勘之，其異於禽獸者，百不得一也。營營終日，生與死俱者何事？一人倡之，千百人和之，若將不及者何心？芳春晝永，燕飛鶯語，見為佳麗。清秋之夕，猨啼蛩吟，見為孤清。乃有所以然者，求食，求匹偶，求安居。不則相鬭已耳。不則畏死而震慴已耳。庶民之終日營營，有不如此者乎？二氣五行，摶合靈妙，使我為人，而異於彼，抑不絕吾有生之情，而或同於彼。乃迷其所同，而失其所以異。負天地之至仁，以自負其生。此君子所以憂勤惕厲而不容已也。庶民者，流俗也。流俗者，禽獸也。明倫察物，居仁由義，四者禽獸之所不得與。壁立萬仞，止爭一線，可弗懼哉！俟解

是其對流俗之繩律，可謂極嚴厲之至；對君子之懸格，可謂極高峻之至矣。曰「壁立萬仞，止爭一線」，此船山講學與東原之所以絕異，亦即船山講學與習齋之所由歧趨也。習齋已不嚴此一線之爭，而東原則漫此一線，故皆與船山分路。船山所以必爭此一線者，並不如東原所譏離人之情欲而求理，亦並不如習齋所斥歸咎於氣質而責善。船山之意，苟有眞知灼見於斯人性情之眞者，自必嚴此一線之

爭而勿敢懈耳。嗚呼，此船山之學之所由閎深博大而不可幾及歟！船山既嚴此一線，故論學常重修為而深斥老莊自然反樸之說。其言曰：

樸之為說，始於老氏。後世習以為美談。樸者，木之已伐而未裁者也。已伐則生理已絕，未裁則不成於用。終乎樸，則終乎無用矣。……人之生理在生氣之中，原自盎然充滿，條達榮茂。伐而絕之，使不得以暢茂，而又不施以琢磨之功，任其頑質，則天然之美既喪，而人事又廢。君子而野人，人而禽，胥此為之。若以樸言，則惟飢可得而食，寒可得而衣者，為切實有用。養不死之軀以待盡，天下豈少若而人耶！自鬻為奴，穿窬為盜，皆以全其樸，奚不可哉？養其生理自然之文，而修飾之以成乎用者，禮也。詩曰：「人而無禮，胡不遄死？」遄死者，木之伐而為樸者也。俟解

由此觀之，船山論學，始終不脫人文進化之觀點，遂以綜會乎性天修為以為說，其旨斷可見矣。曰「養其生理自然之文，而修飾之以成乎用」，可謂船山論學主旨。而曰「養其生理自然之文而修飾之以成乎用者，禮也」，推極於禮以為教，則橫渠關學之遺意也。習齋、東原亦好言禮，然習齋汨於習行，東原溺於情恕，所見似落邊際，亦不如船山之圓通。以上所引，乃船山論學關於辨用、理惑之部，以近世哲學術語說之，則關於「修為論」一邊之見解也。余觀船山平生踪跡所及，止於湘、桂之

間。其師友往還極少，聲光甚闇。著書亦至晚清始顯。然考其議論，同時如浙東梨洲、乾初，河北顏、李，稍後如休寧戴氏，所以砭切宋明理學走入玄虚之弊者，大略皆相一致。可見學術思想，到必變之時，其所以為變者，固自有豪傑大智為之提倡，而風氣轉動，亦自有不知其然而然者存其間。故得閉門造車，出門合轍，有如是之巧。而船山之博大精深，其思路之邃密，論點之警策，則又掩諸家而上之。其用意之廣，不僅僅於社會人事，而廣推之於自然之大化，舉凡心物、人天，種種現象，皆欲格通歸納，冶之一爐，良與横渠正蒙之學風為近。而流風餘韻，視夫顏、李尤促，則信乎近三百年之學風，與甚深義理為無緣也。大義覺迷錄，曾靜供所為知新錄，乃倣横渠先生「心有開明，即便札記」之説。船山平日持論最重民族之見，不知曾氏亦曾私淑及之否？

船山政治理想

船山著書，惟讀通鑑論最流行。其書泛論史事，而時標獨見，雜論政治、社會、人生種種問題，而運以一貫之精思，非泛作也。今據其中論及政治原理者，摘録一二，以見船山對於政治理想之一斑。蓋船山論政，其議論主要者，厥有兩點。一則曰法制之不能泥古也。其言曰：

三代之法，不可挾以為名。治後世之天下，非一端而止。讀通鑑論卷二十九。

一代之治，各因其時，建一代之規模，以相扶而成治。……未有慕古人一事之當，獨舉一事，雜古於今之中，足以成章者。……法無有不得，亦無有不失。先王不恃其法，而恃其知人安民之精意。……浮慕前人之一得，夾糅之於時政之中，而自矜復古，何其窒也！卷二十一。以治衆大之法治寡小，則疏而不理；以治寡小之法治衆大，則潰而不行。……一切之法，不可齊天下。雖聖人復起，不能易吾說。卷十六。

法貴因情

此謂法貴得其意。即所謂知人安民之精意，而因地變動以制其宜。「一切之法，不可齊天下。」船山本此而論封建與郡縣之不同，推及於井田、取士、兵農分合諸端。極指昔人慕古之病，而平心考覈各時代法制之利弊得失。其立論精密，多合於人情時勢。其識蓋超出同時梨洲、亭林、習齋之上矣。更進則論為治之不可恃於法。其言曰：

立說者之患，莫大乎忿疾一時之流俗，激而為不必然之慮，以鄙夷天地之生人，而自任以矯異。於是刻覈寡恩成乎心，而刑名之術，利用以損天地之和。荀卿性惡之說，一傳而為李斯，職此故也。且夫樂道古而為過情之美稱者，以其上之仁而美其下之順；以賢者匡正之德，而被不肖者以淳厚之名。使能揆之以理，察之以情，取僅見之傳聞而設身易地，以求其實，則堯、舜以前，夏、商之季，其民之淳澆、貞淫、剛柔、愚明之固然，亦無不有如躬閱者矣。……泥

泥古非今

之害

古過高，而菲薄方今，以蔑生人之性，其説行而刑名威力之術進矣。君子奚取焉？卷二十。

宋學與申韓

又曰：

言治者之大病，莫甚於以申、韓之慘覈，竄入於聖王居敬之道，而不知其病天下也。……夫儉勤與敬，治道之美者也。恃二者以恣行其志，而無以持其一往之意氣，則胥為天下賊。儉之過也則吝。吝則動於利，以不知厭足而必貪。勤之亟也必煩。煩則責於人，以速如己志而必暴。……以己之所能為，而責人為之，且以己之所不欲為，強忍為之，而以責人；於是抑將以己之所固不能為，而徒責人以必為。如是者，其心恣肆，而持一敬之名，以鞭笞天下之不敬，則疾入於申、韓，而為天下賊也甚矣！宋論卷三。

為君子儒者，亟於言治，而師申、商之説，束縛斯民而困苦之。乃自詫曰：「此先王經理天下大公至正之道也。」漢、唐皆有之，而宋為甚。宋論卷二。

有宋諸大儒，疾敗類之貪殘，念民生之困瘁，率尚威嚴，糾虔吏治。其持論既然，而臨官馭吏，亦以扶貧弱、鋤豪猾為己任。甚則醉飽之愆，簾幃之失，書箑之餽，無所不用其舉劾，用快輿論之心。……聽惰民無已之怨讟，信士大夫不平之指摘，辱薦紳以難全之名節，責中材以下以不可忍之清貧。矜纖芥之聰明，立難攖之威武。……當世之有全人者，其能幾也？……後世之為君子者，十九而為申、韓，鑒於此，而其失不可掩矣。卷二十二。

船山之尚簡論

船山因此而主為政最要之綱領曰「簡」。其言曰：

> 八口之家不簡，則婦子喧爭。十姓之閭不簡，則胥役旁午。……簡者，寬仁之本也。卷二十二。捐其疑忌之私，忍其忿怒之發，戢其奢吝之情，皆求之心，求之身。人之或利或病，或善或不善，聽其自取而不與爭治。德蘊於己，不期盛而積於無形，不謂之盛德也不能。求之己者其道恒簡，求之人者其道恒煩。煩者政之所由紊，刑之所由密。而後世儒者恒挾此以為治術，不亦傷乎！宋論卷一。

又曰：

> 慈也，儉也，簡也，三者於道貴矣。而刻意以為之者，其美不終。……簡以行慈，則慈不為沽恩之惠。簡以行儉，則儉不為貪吝之謀。無所師，故小疵不損其大醇。無所倣，故達情而不求詳於文具。……不忍於人之死則慈，不忍於物之殄則儉，不忍於吏民之勞則簡。斯其慈儉以簡也，皆惟心之所不容已。雖粗而不精，略而不詳，要與操術而詭於道、務名而遠於誠者，所由

來遠矣。宋論卷一。

船山之孤秦陋宋論

船山論治論學，旨多相通。惟論學極斥老莊之自然，而論治則頗有取於老莊在宥之意，此尤船山深博處。其取精用宏，以成一家之言者，至爲不苟。其論宋儒流弊，頗與東原意見相似。而與其所謂「止爭一綫」者不類。此皆船山之所由成其爲博大而閎深也。船山有噩夢、黄書，專言經制，略似梨洲待訪録，而黄書於種姓夷夏之防尤謹謹。其論治極不滿於秦、宋。稱之曰「孤秦陋宋」，而蔽其罪於私天下。其言曰：

無爲與者，傷之致也。交自疑者，殊俗之所乘也。……生民以來未有之禍，秦開之而宋成之。……秦私天下而力克舉，宋私天下而力自詘。禍速者絶其胄，禍長者喪其維。非獨自喪也，抑喪天地分建之極。嗚呼，豈不哀哉！黄書古儀第二。

又曰：

中國財足自億也，兵足自彊也，智足自名也。不以一人疑天下，不以天下私一人。休養厲精，士佻粟積，取威萬方，濯秦患，刷宋恥，此以保延千祀，博衣弁帶，仁育義植之士甿，足以固其族而無憂矣。（黃書宰制第三。）

此意梨洲原法亦暢論之。亭林郡縣論亦激於此而起。然諸賢之論，在其及身，盡為虛發。而迄茲三百年，猶使讀者慨乎想見其情，不啻為吾覿面當境之大聲而疾呼矣。

第四章　顧亭林　附　馬驌

傳略

顧炎武，字寧人，崑山人。初名絳，國變後易名炎武，或自署蔣山傭。學者稱亭林先生。生明萬曆四十一年癸丑，卒清康熙二十一年壬戌，（一六一三—一六八二。）年七十。少耿介絕俗，與里中歸莊玄恭同遊復社，有「歸奇顧怪」之目。顧氏為江東望族，嗣母王氏未婚守節，養先生於襁褓，得朝旌。乙酉夏，先生起兵吳江，事敗，幸得脫。母王氏避兵常熟，遂不食卒，遺言後人勿事二姓。次年，閩中唐王使至，以職方司主事召。以母氏未葬，不果往。庚寅，有怨家欲陷之，變衣冠作商賈出遊。世僕陸恩，叛投里豪葉嵋初。先生歸，持之急。乃欲告先生通海。先生禽之，數其罪，湛之江。僕壻復投葉氏，以千金賄太守，求殺先生。不繫於曹而繫之奴之家，危甚。玄恭求救於錢牧齋。牧齋欲先生稱門下。玄恭知不可，而懼失援，私自書一刺與之。先生聞之，急索刺還，不得，列謁通衢自白。牧齋亦笑曰：「寧人之下也。」事解，於是先生浩然有去志。是年為順治十三年丙申，先生年四十四。翌年北遊，往來魯、燕、晉、陝、豫諸省，遍歷塞外，而置田舍於章邱長白山下。然以其地濕，不欲久留。每言馬伏波、田疇皆從塞上立業。欲居代北。嘗曰：「使吾澤中有牛羊千，則江南不足懷也。」遂又與富平李子德墾田於雁門之北、五臺之東，而又苦其地寒，但經營創始，使門人輩司之，身復出遊。戊申，年五十六，萊之黃氏有奴，告其主詩詞悖逆，案多株連。又以吳人陳濟生所輯忠義錄指為先生作。先生自京馳赴山東請勘，訟繫半年，始白。自是往還河北諸邊塞者又十年。己未，年六十七，始卜居陝之華陰。先生嘗六謁孝陵，六謁思陵，遍觀四方，其心耿耿未下。謂秦人慕經學，重處士，持清議，實他邦所少。而華陰綰轂關河之口，雖足不出戶，而能見天下之人，聞天下之事。一旦有警，入山守險，不過十里之遙。若志在四方，則一出關門，亦有建瓴之便。王徵君山史築齋延之，乃定居焉。置五十畝田於華下，供晨夕，而東西開墾所入，別貯之以備有事。崑山徐乾學兄弟，先生甥也。未遇時，先生振其乏。及貴，累書迎南歸，為買田以養，拒不往。或詢之，先生答曰：「昔歲孤生，漂搖風雨。今茲親串，崛起雲霄。思歸尼父之轅，恐近伯鸞之竈。且天仍夢夢，世尚滔滔。猶吾大夫，未見君子。徘徊渭川，以畢餘年足矣。」庚申，復遊晉，其夫人卒於崑山，先生寄詩挽之而已。壬戌正月，卒於曲沃。全謝山神道表謂先生卒華陰，誤。此據張穆年譜。

學術大要

亭林論學宗旨，大要盡於兩語，一曰「行己有恥」，一曰「博學於文」，其意備見於與友人論學書。略曰：

比往來南北，頗承友朋推一日之長，問道於盲。竊嘆夫百餘年以來之為學者，往往言心言性，而茫乎不得其解也。命與仁，夫子之所罕言也；性與天道，子貢之所未得聞也。……其答問士也，則曰「行己有恥」；其為學，則曰「好古敏求」。……聖人所以為學者，何其平易而可循也。……今之君子則不然，聚賓客門人之學者數十百人，譬諸草木，區以別矣，而皆與之言心言性。舍多學而識以求一貫之方，置四海之困窮不言而終日講危微精一之說。是必其道之高於夫子，而其門弟子之賢於子貢，……我弗敢知也。孟子一書，言心言性，亦諄諄矣。乃至萬章、公孫丑、陳代、陳臻、周霄、彭更之所問，與孟子之所答者，常在乎出處去就、辭受取與之間。以伊尹之元聖，堯舜其君其民之盛德大功，而其本乃在乎千駟一介之不視不取。伯夷、伊尹之不同於孔子也，而其同者則以「行一不義，殺一不辜，而得天下不為」。是故性也，命

博學於文行己有恥

也，天也，夫子之所罕言，而今之君子之所恒言也。出處去就、辭受取與之辨，孔子、孟子之所恒言，而今之君子所罕言也。……我弗敢知也。愚所謂聖人之道者如之何？曰「博學於文」，曰「行己有恥」。自一身以至於天下國家，皆學之事也。自子臣弟友以至出入往來、辭受取與之間，皆有恥之事也。……士而不先言恥，則為無本之人；非好古而多聞，則為空虛之學。以無本之人，而講空虛之學，吾見其日從事於聖人，而去之彌遠也。（文集卷三與友人論學書。）

亭林行己之教

明末諸老，尚多守理學藩籬，究言心性，獨亭林不然，（日知錄卷一「艮其限」條、卷十八「心學」條，對晚明所謂心學，皆有極深刻之評論。）此亭林之卓也。

亭林性格與行誼

亭林持守方嚴，行己整峻，眞所謂有恥無愧者。即如前舉列謁通衢，自白不列錢謙益門下，及居華陰答人書，申說不還江南兩節已可見。其他行誼，亦多類此。清廷開明史館，大學士孝感熊賜履主館事，以書招亭林。答曰：「願以一死謝公，最下則逃之世外。」熊懼而止。戊午詞科詔下，亭林同邑葉方藹及長洲韓菼，爭欲以亭林名應。致書固辭，卒不屈。次年，大修明史。葉又欲招致，亭林貽書卻之，曰：「先妣未嫁過門，養姑抱嗣，為吳中第一奇節，蒙朝廷旌表。國亡絕粒，以女子而蹈首陽之烈。臨終遺命，有『無仕異代』之言。故人人可出，而炎武必不可出矣。七十老翁何所求？正欠一死。若必相逼，則以身殉之矣。」遂得免。自是絕迹不復至京師。或曰：「先生曷亦聽人一薦？薦而不出，其名愈高。」亭林笑曰：「此所謂釣名者也。婦人失所天，從一而終，之死靡慝，其心豈欲見知於人？若曰『曷亦令人強委禽焉，而力拒之，以明吾節』，則吾未之聞矣。」此立身之大節也。其

亭林處世之訓

在京，徐乾學兄弟嘗延夜飲，亭林怒曰：「古人飲酒，卜晝不卜夜，世間惟淫奔、納賄二者，皆夜行之，豈有正人君子而夜飲者乎！」（漢學師承記。）亭林之自守然，其教人亦靡不然。嘗與潘次耕書曰：

亭林與潘次耕師弟子之切磋

> 原一（乾學字。）南歸，言欲延次耕同坐。在次耕今日食貧居約，而獲遊於貴要之門，常人之情，鮮不願者。然而世風日下，人情日諂。而彼之官彌貴，客彌多。便佞者留，剛方者去。今且欲延一二學問之士，以蓋其羣醜。不知薰蕕不同器而藏也。吾以六十四之舅氏，主於其家，見彼蠅營蟻附之流，駭人耳目。至於徵色發聲而拒之，乃僅得自完而已，況次耕以少年而事公卿，以貧士而依廡下者乎？夫子言：「吾死之後，則商也日益，賜也日損。」子貢之為人，不過與不若己者游，夫子尚有此言。今次耕之往，將與豪奴狎客，朝朝夕夕，不但不能讀書為學，且必至於比匪之傷矣。孟子曰：「飢者甘食，渴者甘飲，是未得飲食之正也，飢渴害之也。」今以百金之脩脯而自儕於狎客豪奴，豈特飢渴之害而已乎！荀子曰：「白沙在泥，與之俱黑。」吾願次耕學子夏氏之戰勝而肥也。「吾駕不可迴」，當以靖節之詩為子贈矣。（餘集與潘次耕札。）

又曰：

中材涉末流之戒

> 自今以往，當思中材而涉末流之戒，處鈍守拙。……務令聲名漸減，物緣漸疎，庶幾免於今之

世矣。若夫不登權門，不涉利路，是又不待老夫之灌灌也。文集卷四與次耕書。

其志意之切摯，風格之嚴峻，使三百年後學者讀之，如承面命，何其感人之深耶！次耕為亭林門人，其與亭林書，亦勸無入都門，及定卜華下。師弟子以道義相勸勉，可謂兩難矣。

亭林評當世風俗

亭林自守既卓，評人亦嚴，嘗為朱明德廣宋遺民錄作序，有曰：

存人類於天下

余嘗遊覽於山之東西，河之南北，二十餘年，而其人益以不似。及問之大江以南，昔時所稱魁梧丈夫者，亦且改形換骨，學為不似之人。而朱君乃為此書以存人類於天下。……吾老矣，將以訓後之人，冀人道之猶未絕也。文集卷二。

其正聲厲色如此。又曰：

南北俗弊

北方之人，飽食終日，無所用心。南方之人，羣居終日，言不及義，好行小慧。

其深切中微又如此。又曰：

行偽而脆

古之疑衆者行偽而堅，今之疑衆者行偽而脆。其於利害得失之際，且不能自持其是，而何以致人之信乎？故今日好名之人，皆不足患，直以凡人視之可爾。（文集卷四與人書十五。）

闒然媚世

其兀傲自喜又如此。故曰：

某雖學問淺陋，而胸中磊磊，絶無闒然媚世之習。貴郡之人見之，得無適適然驚也？（文集卷四與人書十一。）

亭林自處狷者

亭林常自處為硜硜踽踽之人，（文集卷六與友人辭往教書。）蓋自比於古之狷者。故又曰：

枉道講學

近來講學之師，專以聚徒立幟為心，而其教不肅，方將賦茅鴟之不暇，何問其餘？於此時而將行吾之道，其誰從之？「大匠不為拙工改廢繩墨，羿不為拙射變其彀率」，若徇衆人之好而自貶其學，以來天下之人而廣其名譽，則是枉道以從人，而我亦將有所不暇。……夫道之隆污，各以其時，若為己而不求名，則無不可以自勉。鄙哉硜硜，所以異於今之先生者如此。（文集卷三與友人論文書。）

凡此所學，皆可見亭林「行己有恥」之精神也。此雖不談身心性命，而足為一輩高談身心性命者樹一

風俗教化與世道治亂之關係

至堅實之模範矣。亭林之發而為此，蓋不徒其狷介之性，亦深感於世變而然。其與人書有云：

> 目擊世趨，方知治亂之關，必在人心風俗。而所以轉移人心，整頓風俗，則教化紀綱為不可闕矣。（文集卷四與人書九。）

亭林論歷代風俗

故亭林論史，尤重風俗，其意備見於日知錄卷十三。大意在重節義而輕文章，於東漢特斥蔡邕。

節義與文章

> 東京之末，節義衰而文章盛，自蔡邕始。其仕董卓，無守；卓死驚嘆，無識。觀其集中濫作碑頌，則平日之為人可知矣。以其文采富而交游多，故後人為立佳傳。嗟乎！士君子處衰季之朝，常以負一世之名，而轉移天下之風氣者，視伯喈之為人，其戒之哉！

於明末極詆李贄與鍾惺。（見卷十八。）本此而主嚴別流品。

以禮飭躬

> 晉、宋以來，尤重流品，故雖蕞爾一方，而猶能立國。……自萬曆季年，搢紳之士不知以禮飭躬，而聲氣及於宵人，詩字頒於輿皁。至于公卿上壽，宰執稱兒，而神州陸沉，中原塗炭，夫有以致之矣。

引獎厚重。

世道下衰，人材不振。王伾之吴語、鄭綮之歇後、薛昭緯之浣溪沙、李邦彦之偶語辭曲，莫不登諸巖廊，用以輔弼。至使在下之人，慕其風流以為通脱。而棟折榱崩，天下將無所芘矣。及乎板蕩之後而念老成，播遷之餘而思者俊，庸有及乎！有國者登崇重厚之臣，抑退輕浮之士，此移風易俗之大要也。

風流通脱

倡耿介。

讀屈子離騷之篇，乃知堯、舜所以行出乎人者，以其耿介。同乎流俗，合乎汚世，則不可與入堯、舜之道矣。

同流合汚

貶鄉愿。

老氏之學，所以異乎孔子者，和其光，同其塵，此所謂似是而非也。卜居、漁父二篇盡之矣。

和光同塵

非不知其言之可從也，而義有所不當為也。子雲而知此義也，反離騷其可不作矣。尋其大指，「生斯世也，為斯世也，善斯可矣」，此其所以為莽大夫歟？

而歸極於尚廉恥。

士大夫無恥

「『禮、義、廉、恥，國之四維，四維不張，國乃滅亡。』……禮義，治人之大法；廉恥，立人之大節。蓋不廉則無所不取，不恥則無所不為，人而如此，則禍敗亂亡亦無所不至。……」而四者之中，恥為尤要。……所以然者，人之不廉，而至于悖禮犯義，其原皆生于無恥也。故士大夫之無恥，是謂國恥。

立名教。

司馬遷作史記貨殖傳，謂自廊廟、巖穴之士，無不歸於富厚。等而下之，至于吏士，舞文弄法，刻章偽書，不避刀鋸之誅者，沒于賂遺。而仲長敖覈性賦謂倮蟲三百，人最為劣。爪牙皮毛，不足自衛，惟賴詐偽，迭相嚼齧。等而下之，至於臺隸僮豎，惟盜惟竊。乃以今觀之，則無官不賂遺，而人人皆吏士之為矣；無守不盜竊，而人人皆僮豎之為矣。自其束髮讀書之時，

以名救積污之俗

所以勸之者，不過所謂千鐘粟、黃金屋。而一旦服官，卽求其所大欲。君臣上下，懷利以相接，遂成風流，不可復制。後之為治者，宜何術之操？曰：惟名可以勝之。名之所在，上之所庸，而忠信廉潔者顯榮於世；名之所去，上之所擯，而怙侈貪得者廢錮於家。卽不無一二矯偽之徒，猶愈于肆然而為利者。……故昔人之言，曰名教，曰名節，曰功名，不能使天下之人以義為利，而猶使之以名為利，雖非純王之風，亦可以救積洿之俗矣。

清議亡而干戈至

振清議。

天下風俗最壞之地，清議尚存，猶足以維持一二。至於清議亡而干戈至矣。

亡國與亡天下

故曰：匹夫之心，天下人之心也。而保天下者匹夫之賤與有責焉。

有亡國，有亡天下。……易姓改號，謂之亡國；仁義充塞，而至于率獸食人，人將相食，謂之亡天下。……是故知保天下，然後知保其國。保國者，其君其臣，肉食者謀之；保天下者，匹夫之賤，與有責焉耳矣。

故晉之亂歸罪於林下，而明之亡溯源於陽明。而曰：

> 一治一亂，撥亂世，反之正，豈不在於後賢乎？以上俱見日知錄卷十三。

亭林人格不見知於身後

蓋天下之治亂，本之風俗，風俗之盛衰，由於一二賢知之士。天下興亡，匹夫固宜有責。亭林所唱行己之教，大體如是。然自亭林當身，已見稱狷介，於世不諧，及其身後，能領解其旨者益尠。李光地為亭林小傳，至謂其「孤僻負氣，譏訶古今人必刺切，徑情傷物，以是吳人訾之」。光地固不足道，然其言可代表當時一輩人見解也。陸稼書亦謂亭林「不免傲僻之病」，見年譜定本卷上，李、陸均清初程、朱正學也。全謝山深慨之。謂：

乃以博學多聞見推

> 歷年漸遠，讀先生之書者雖多，而能言其大節者已罕。且有不知而妄為立傳者，以先生為長洲人，可哂也。此即指李光地。……及讀王高士不菴之言曰：「寧人身負沈痛，思大揭其親之志於天下。奔走流離，老而無子。其幽隱莫發，數十年靡訴之衷，曾不得快然一吐。而使後起少年，推以多聞博學，其辱已甚。安得不掉首故鄉，甘於客死？噫，可痛也！」斯言也，其足以表先生之墓矣夫。鮚埼亭集卷十二亭林先生神道表。

全氏斯言，可謂能闡亭林志節矣。然三百年來，亭林終不免以多聞博學見推，是果為亭林之辱歟！亭林地下有知，客死之魂，不知又將於何歸依？今謂亭林乃清學開山，亦僅指其多聞博學，而忘其「行己有恥」之教者，豈不更可痛之甚耶！

亭林深斥講學亦未是

然亭林單標「行己有恥」，而深斥講學，意亦可商。亭林嘗以論學書示張蒿菴，蒿菴頗持異見，謂：

張蒿菴之商榷

論學書特拈「博學」、「行己」二事，真足砭好高無實之病。愚見又有欲質者：性命之理，騰說不可也，未始不可默喻。侈言於人不可也，未始不可驗之己。強探力索於一日不可也，未始不可優裕漸漬以俟自悟。如謂於學人分上了無交涉，是將格盡天下之理，而反遺身以內之理也。蒿菴文集卷一答顧亭林書。蓋亭林別有書致蒿菴，而以論學書附往者。今亭林原書已不傳，而編刻蒿菴文集者，即以論學書為亭林與蒿菴之原書而附刻之，誤也。其後朱一新無邪堂答問卷三，亦評亭林「但當辨辭受、取予，不當言心性」之說，並謂「稷若平實，亭林所不逮」。

其言極足相箴砭。亭林學侶歸玄恭論講學，其言亦較亭林為正。歸氏曰：

歸玄恭論講學利弊

漢、唐諸儒，不過辨經文之同異，較訓詁之得失。至宋儒始知講聖賢之學。鵝湖、鹿洞之論說，與石渠、虎觀不同日而語矣。本朝儒者之講學，前則姚江，後則錫山為盛，而天下之謗議亦叢焉。於是數十年來，士大夫遂安於不學，而以講學為諱。安於不學，而人才壞矣；以講學為諱，而人心日喪矣。以致海內分崩，兩都淪陷，豈一朝一夕之故哉？……夫世變至今日，而以講學為事，誠駭世俗之觀聽，……然流俗後進，惟知以五經、四子為干祿之具，馳騖於浮名，沈溺於聲色貨利，委瑣齷齪，與聖賢之言往往背馳。正誼明道之論，耳未嘗聞，念不到此。一旦聞先生長者，稱聖人之遺訓，演先儒之眇旨，知人倫之不可苟，名教之不可犯，天理之不可滅，人欲之不可縱，能無惕然動於中乎？故……謂有補於人心也。吾黨固嘗有志聖賢之學，然或溺於燕朋，或廢於孤陋，自畫自滿，考其所至，未及古人遠甚。今……則德不孤而氣益奮，所謂「為天地立心，為生民立命，繼絶學而開太平」者，何容復自諉乎？故……謂有補於人才也。人心正而天下知學術，人才出而天下有事功。氣運之亨，國家之興，恒必由之。然則講學又曷可少哉？歸玄恭遺著靜觀樓講義序。

玄恭自謂始聞講學，亦以為迂，及陸桴亭、陳言夏會講靜觀樓，至者百餘人，玄恭亦與焉，乃知講學於世道人心良有補。事在順治十六年己亥，尚在梨洲復興證人書院前八年。今觀其説，可謂卑之無甚高論。然較亭林以明之亡國歸罪陽明之講學者，實為公允。亭林以狷介之性，發為斬截之議。抑其為此，開其為彼。雖後之專趨考證，不講身心，未必亭林一人之言可以為之主持；而後人推尊亭林，謂為考證學作開山者，要知在當時，亭林知好學侶如張蒿菴、歸玄恭，固並不盡以亭林見解為然。卽居今平心論之，亭林人格之兀岸，與其言論之斬截，固是互為表裏。然其間是非，則當分別而論，不得混為一談也。南昌彭士望躬庵有言：「陽明曠代完人，在濂溪、明道伯仲之列。不幸心齋、龍溪，不務格致，空談良知，毫更披猖，無復顧忌。一再傳而為羅近溪、周海門、趙大洲、鄒南皋之倡率，鄧定宇、管東溟、陶石簣、袁伯修、中郎之附和，又歧而為顏山農、何心隱、鄧豁渠、李卓吾之滅裂放肆，遂令天下不惟無眞儒，並無眞禪。醜博通達，堅行雄辨，適以助其橫流之人欲，深其傾危之習氣。少年駭其奇爽，樂其放誕，內不去紛華之實，而外坐收道學之名，一鳴千和，牢不可破。馴至啓、禎之間，性命、氣節、經濟、文章，愈出愈幻，而無一不歸於虛。央上不決，天怒鬼尤，乃至有甲申之事。」（樹廬文鈔卷二與陳昌允書。）又曰：「堯、舜有丹、均，文、武有管、蔡，孔子有冉求，程門有邢恕，而不遠晦翁之世，服習其學者，有吳澄、姚樞、許衡之屬，身自陷於不義。蓋學不在於師傳，而在其人之自力。人顧以龍溪罪陽明，獨不聞以曰仁、惟乾、緒山、念菴諸公功陽明，何也？」（文鈔卷一與謝約齋書）躬菴為「易堂九子」之一，固皆深推陽明者。近人章炳麟葑漢昌言謂：「顧亭林深懲王學，然南交太冲，北則尤善中孚。太冲固主王學者。中孚且稱『一念萬年』其語尤奇，且謂『寧人抛却自心無盡藏』，然交好固不替也。則知寧人所惡於王學者，在其末流昌狂浮偽而已。」然亭林之言方為後世藉口，則亦不得而不辨也。

亭林博學之教兩大著作

以言夫亭林博學之教，則最著者有兩書：一曰日知錄，一曰音學五書。亭林嘗自言之，曰：

以明道救世為學問綱要

君子之為學，以明道也，以救世也。徒以詩文而已，所謂「雕蟲篆刻」，亦何益哉！某自五十以後，篤志經史。其於音學，深有所得。今為五書，以續三百篇以來久絕之傳。而別著日知錄，上篇經術，中篇治道，下篇博聞，共三十餘卷。有王者起，將以見諸行事，以躋斯世於治古之隆，而未敢為今人道也。文集卷四與人書二十五。

亭林音學五書之用意

是知亭林平生著述，著意專在二書矣。然亭林既高唱明道救世，而曰：

愚不揣，……凡文不關於六經之旨、當世之務者，一切不為。卷四與人書三。

乃其自述編纂音學五書也，則曰：

予纂輯此書幾三十年。所過山川亭障，無日不以自隨。凡五易稿而手書者三矣。音學五書後序。

則試問此書與明道救世之關係固何若？蓋亭林嘗謂：

讀九經自考文始，考文自知音始。以至於諸子百家之書，亦莫不然。文集卷四答李子德書。

又以為：

理學之名，自宋人始有之。古之所謂理學者，經學也。文集卷三與施愚山書。

經學即理學

故治音韻為通經之鑰，而通經為明道之資。明道即所以救世。亭林之意如是。乾嘉考證學，即本此推衍，以考文、知音之工夫治經，即以治經工夫為明道，誠可謂得亭林宗傳。抑亭林此書，不僅為後人指示途轍，又提供以後考證學者以幾許重要之方法焉。撮要而言，如為種種材料分析時代先後，而辨

考證學家之理論與方法

一辨流變

其流變，一也。亭林謂：「三百五篇乃古人之音書，自秦、漢以下，其音已漸戾於古，至東京益甚。及梁沈約作四聲譜，不能上據雅、南，旁摭騷、子，而僅按班、張以下諸人之賦，曹、劉以下諸人之詩所用之音，撰為定本。於是今音行而古音亡，為音學之一變。下及唐代，以詩賦取士，其韻一以陸法言切韻為準。至宋理宗末年，平水劉淵始併二百六韻為一百七，元黃公紹作韻會因之，以迄於今。於是宋韻行而唐韻亡，為音學之再變。」亭林此書，用意在「據唐人以正宋人之失，據古經以正沈氏、唐人之失。而三代以上之音，部分秩如，至賾而不可亂。自是而六經之文乃可讀」。音學五書序。此為亭林治音學之根本方法，亦即乾嘉考證學一最重要之方法也。亭林自知音進而考文，乃知三代六經之音，久失其傳，其文之存於世者多後人所不能通，以其不能通，而輒以今世之音改之，於是有改經之病。亭林謂：「古文之經，自漢以來，不絕於代。天寶初，詔集賢學士衞包改為今文，而古文之傳遂泯。此經之一變也。漢人之於經，如先、後鄭之釋三禮，或改其音而未嘗變其字。子貢問樂一章，錯簡明白，而仍其本文，不敢移也，注之於下而已。及朱子正大學繫傳，徑以其所自定者為本文，而以錯簡之說注於其下，已大破拘攣之習。後人效之，此經之又一變也。」文集卷四答李子德書。於是亭林所論考文之工夫，與其言音之先後流變，同條共貫，其所指陳，又以後考證學派校勘經籍一大例也。

二求證佐

其次則每下一說，必博求佐證，以資共信，二也。四庫全書日知錄提要謂：「炎武學有本原，博贍而能通貫。每一事必詳其始末，參以證佐，而後筆之於書。故引據浩繁，而牴牾者少。」語必博證，證必多例，此又以後考證學惟一精神所寄也。

考證學派二大法門

亭林之治音學，其用思從明其先後之流變而入，其立說在博求多方之證佐而定。此二者皆為以後乾嘉考證學最要法門，既如上述。而其事實不始於亭林。

亭林治古音之淵源

亭林之治古音，乃承明陳第季立之遺緒。陳氏有毛詩古音考，屈宋古音義，其書取徑卽與亭林詩本音、易本音相似。陳氏毛詩古音考序，自謂「為考據列本證、旁證二條。本證者，詩自相證也。旁證者，采之他書也。二者俱無，則宛轉以審其音，參伍以諧其韻」。其據古求證之方法，豈不已先亭林而為之乎？梁氏學術概論，誤以陳氏「本證、旁證」語為亭林自述，因謂亭林為漢學開山，證據既誤，斷案自敗。其後閻百詩為尚書古文疏證，亦承明季梅鷟古文尚書考異，非自創闢。今疏證卷八有列引明人疑僞古文諸條，可參看。特後來居上，繼事加精耳。梨洲、西河、竹垞、朏明諸人辨易圖，亦沿元、明而來。梨洲弟晦木周易尋門餘論自序，謂：「閱郝仲輿敬九經解，始有白首窮經之意也。」

清儒考證學之來歷

清儒言考證推本顧、閻者，乃以本朝自為限斷，亦不謂其事由兩人特造，更無來歷也。江藩漢學師承記（卷八）謂：「國朝諸儒究六經奧旨，與兩漢同風，梨洲、亭林二君實啓之。」黃、顧並舉，亦較單推亭林為允。楊愼用修治古音，猶在陳第前，而不如陳之精密。然亭林唐韻正猶有取於楊氏轉注古音略之說。四庫提要子部雜家論方以智通雅云：「明之中葉，以博洽著者稱楊愼，而陳耀文起而與爭。然愼好偽說以售欺，耀文好蔓引以求勝。次則焦竑，亦喜考證，而習與李贄游，動輒牽綴佛書，傷於蕪雜。按：焦氏筆乘有「古詩無叶音」一條，考證精確，不下陳第。焦、陳同時，未知孰為先唱？此閻百詩尚書古文疏證卷五及陳蘭甫東塾集卷四跋音論，均舉及。又焦為陳書作序，已自言之。惟以智崛起崇禎中，考據精核，迴出其上。風氣既開，國初顧炎武、閻若璩、朱彝尊等沿波而起，始一掃懸揣之空談。」此清廷館閣詞臣，序清儒考證之學，亦謂沿明中葉楊愼諸人而來，不自謂由清世開闢也。焦里堂亦言之：「南宋空衍理學，而漢儒訓詁之學幾卽於廢。明末以來，稍復古學。在前若楊升菴，在後若毛大可」云云。雕菰樓集與某論漢儒品行書。里堂在野，親值漢學極盛，推溯來歷，亦謂起明季，與四庫館臣之言相應。此自清儒正論。謂考證由顧、閻開山，其說起晚近，按實固無據也。

余又考方東樹漢學商兌序謂：

清儒治考證之三派

> 近世為漢學考證著書闢宋儒，以言心、言性、言理為厲禁，究其所以為之罪者不過三端：一則以其講學標榜門戶分爭，為害於家國。一則以其言心、言性、言理墮於空虛心學禪宗，為歧於聖道。一則以其高談性命，束書不觀，空疎不學，為荒於經術。而其人所以為言之指亦有數等：若黃震、萬斯同、顧亭林輩，自是目擊時弊，意有所激，創為救病之論，而析義未精，言之失當。楊慎、焦竑、毛奇齡輩，則出於淺肆矜名，深妒宋史創立道學傳，若加乎儒林之上，緣隙奮筆，忿設詖辭。若夫好學而愚，智不足以識真，如東吳惠氏、武進臧氏，則為闇於是非。

經學卽理學論之來源

錢牧齋

其言分漢學為三派，亦良有見地。如其所舉，漢學家闢宋儒三罪，苟依梨洲明儒學案序所闡，流弊皆可免。亭林「經學卽理學」之論，雖意切救時，而析義未精，言之失當，誠有如方氏之所譏者。惟以亭林與毛氏、惠氏之儔，一例以考證學者目之，亦方氏所不取也。抑「經學卽理學，舍經學安所得理學」之說，亦非亭林首創。牧齋初學集卷二十八新刻十三經註疏序（文作於崇禎十二年十一月。）已謂：

漢儒謂之講經，而今世謂之講道。聖人之經，即聖人之道也。離經而講道，賢者高自標目，務勝于前人，而不肖者汪洋自恣，莫可窮詰。儒林與道學分，而古人傳注箋解義疏之學轉相講述者，無復遺種，此亦古今經術升降絕續之大端也。

牧齋此言，即亭林「經學即理學」之説。兩人立身制行，固不可擬，然言思轍迹之同，皎然有不可掩者。又初學集卷七十九與卓去病論經學書謂：

六經之學，淵源於兩漢，大備於唐、宋之初，其固而失通，繁而寡要，誠亦有之，然其訓故皆原本先民，而微言大義去聖賢之門猶未遠也。學者治經，必以漢人為宗主。漢不足，求之於唐；唐不足，求之於宋；唐、宋皆不足，然後求之近代；庶幾聖賢之門仞可窺，儒先之鈐鍵可得。

此則儼然乾嘉漢學家理論矣。牧齋乃當時南方文史冠冕，經學非其所長，顧其對經學議論已如是。亭林與牧齋雖疏，然亭林友好如歸玄恭、潘力田、吴赤溟諸人，皆與牧齋有雅，梨洲、晚村與牧齋過從亦密，其後閻百詩並推牧齋、黄、顧為「海内三讀書人」，清初經史之學，牧齋不能絕無影響，又可知矣。參閱有學集卷十七賴古堂文選序論明末經學三繆、史學三繆。

牧齋於理學不深談，而極推陽明，參閱初學集卷四十四重修維揚書院記。其論明末學弊，頗詆王、李，與帖括、語錄並舉，目為俗學。參閱初學集卷三十五贈別方子玄進士序。而自述學問途轍，則溯源震川，謂：

> 先生鑽研六經，含茹雒、閩之學，而追遡其元本。謂秦火已後，儒者專門名家，確有指授，古聖賢之蘊奧，未必久晦於漢、唐而乍闢於有宋；儒林、道學分為兩科，儒林未可以蓋道學；新安未可以蓋金谿、永嘉，而姚江亦未可以蓋新安。真知獨信，側出於千載之下。有學集卷十六新刻震川先生文集序。

則震川在當時，先已有決破南宋以下理學藩籬，而直窮經籍之志矣。故曰：

> 漢儒謂之講經，而今世謂之講道。夫能明於聖人之經，斯道明矣，道亦何容講哉！凡今世之人，多紛紛然異說者，皆起於講道也。震川集卷九送何氏二子序。

「講道」、「講經」之分，其言為牧齋所襲，見上引。卽亭林「經學」、「理學」之辨也。而清初學者治經諸大端，如辨易圖、辨尚書今古文、辨詩風淫正、考春秋氏族土地、辨周官郊丘祀典，震川皆已及之。參閱震川集卷一易圖論、尚書敘錄，卷二經敘錄序諸篇。特震川專力古文，於經學未能自赴其所見。至牧齋亦以文史自負，然其述途轍，

漢學考證與科舉八股

辨趨嚮，爭儒林、道學之分合，平反漢、宋經義之失得，則昭乎確乎其為震川之遺說也。梨洲文史之業，接踵牧齋，步趨未變。而亭林漫遊河、淮，於江左文史夙習，滌棄若盡，要其辨經學、理學，分漢、宋疆界，則終亦不能遠異於其鄉先生之緒論耳。近人既推亭林為漢學開山，以其力斥陽明良知之說，遂謂清初漢學之興，全出明末王學反動，夫豈盡然？或乃謂清初經學復興，乃受明代文人王、李復古之影響，是亦考之於常熟、崑山之兩集而未見其合也。

植之既為商兌，陽湖李申耆兆洛貽書討論，謂：

漢、宋紛紜，亦事勢相激使然。明代以八股取士，學士低首束縛於集註之日久，久則厭而思遁。一二才智之士，鑿空造奇，一遁而之子，再遁而之史，然皆不能越集註範圍。漢學興，於是乎以注攻注，以為得計，其實非為解經，為八股耳。

此則謂漢學之興，全從八股反動，較之方說，似為偏擧，然視今日全以清初學術為王學反動者，猶為得之。且李氏此意，桐城姚鼐姬傳已先言之曰：

元、明以來，以程、朱取士，利祿之途一開，為其學者，以為進趨富貴而已。其言有失，猶奉而不敢稍違；其得，亦不知其所以得也。斯固數百年以來學者之陋習，今乃思一切矯之，以專宗漢學，攻駁程、朱為能。倡於一二專己好名之人，而相率而效者，因大為學術之害。惜抱軒文集六復蔣松如書。

又曰：

其始厭惡科舉之學，而疑世之尊程、朱者皆束於功令，未必果當於道。及其久，意見益偏，不復能深思熟玩於程、朱之言，而其辭遂流於蔽陷之過而不自知。近世如休寧戴東原，其才本超越乎流俗，而及其為論之僻，則更有甚於流俗者。文後集一程綿莊文集序。

是皆以清代漢學為激起於八股也。此不僅姚、李言之，卽治漢學者亦言之。王昶為惠棟作墓誌銘，亦謂：

自孔、賈奉敕作正義，而漢、魏、六朝老師宿儒專門名家之說並廢。又近時吳中何氏焯、汪氏份，以時文倡導學者，而經術益衰。先生生數千載後，耽思旁訊，探古訓不傳之祕，以求聖賢之微言大義。流風所煽，海內人士，無不重通經，通經無不知信古，而其端自先生發之。

此亦以乾嘉經學發軔，針對當時之時文應擧言也。江藩亦云：

有明一代，囿於性理，汩於制義，無一人知讀古經注疏者。漢學師承記卷八。

則謂乾嘉經學考古之風，為有激於舉業，固清儒之公言矣。亭林亦謂：

八股之害，等於焚書，而敗壞人材，有甚於咸陽之所坑。日知錄卷十六。

閻百詩亦謂：

不通古今，至明之作時文者而極。潛邱劄記。

則即謂清初考古博雅之風，乃有激於當世之時文舉業而然，亦不為過。集注束縛人既久，而八股亦遂有不依注以為高者，此風盛於明末。清初如呂晚村、陸稼書盛唱尊朱，其實只求為八股者一字一句反之朱注，與亭林諸人之求反之漢、唐注疏者，取術雖不同，其為針對當時時文八股之風尚習俗而發則一也。故亭林治經學，所謂明流變，求證佐，以開後世之塗轍者，明人已導其先路。而亭林所以尊經之論，謂經學即理學，捨經學無理學可言，求以易前人之徽幟者，亦非亭林獨創。考證博雅之學之所由日盛，其事亦多端，惟亭林以峻絕之姿，為斬截之論，既謂經學卽理學，因以明經卽明道，而謂救世之道在是。至欲一切反今以復之古，其於音韻，至謂「天之未喪斯文，必有聖人復起，舉今日之音而還之淳古者」，此何以免「迂而難行」之誚？四庫提要評日知錄語。歸玄恭遺著有與顧寧人書，亦謂：「友人頗傳兄論音韻必宗上古，謂孔子未免有誤，不亦迂怪之甚！」此則尤評騭亭林學術者之所當知也。

然亭林著述之盛，要當首推日知錄。亭林自謂日知錄一書，「意在撥亂滌汙，法古用夏，啓多聞於來學，待一治於後王」。與楊雪臣書。又謂「有王者起，將以見諸行事，以躋斯世於治古之隆」。與人書二十五。其門人潘耒為之序，亦謂先生之學：

> 事關民生國命者，必窮源溯本，討論其所以然。足跡半天下，所至交其賢豪長者，考其山川風俗、疾苦利病，如指諸掌。……出必載書數簏自隨。旅店少休，披尋搜討，曾無倦色。有一疑義，反覆參考，必歸於至當。有一獨見，援古證今，必暢其說而後止。……日知錄則其稽古有得，隨時劄記，久而類次成書者。凡經義、史學、官方、吏治、財賦、典禮、輿地、藝文之屬，一一疏通其源流，考正其謬誤。至於歎禮教之衰遲，風俗之頹敗，則古稱先，規切時弊，尤為深切著明。……異日有整頓民物之責者，讀是書而憬然覺悟，採用其說，見諸施行，於世道人心，實非小補。如第以考據之精詳，文辭之博辨，歎服而稱述焉，則非先生所以著此書之意也。

日知錄最用意處

是亭林此書，最所用意，如潘氏所稱述，實在第十三卷之論風俗，即上述所謂亭林行己之教者，既已不為後世重視。至其撥亂滌污，博考治道，欲見諸行事，以躋斯世於治古之隆者，後儒亦捨棄不道。

後人對日知錄評價之轉移

故四庫提要評此書，意見乃與潘氏正相反。以為：

> 炎武生於明末，喜談經世之務。激於時事，慨然以復古為志。其説或迂而難行，或愎而過鋭。觀所作音學五書後序，至謂「聖人復起，必舉今日之音還之淳古」，是豈可行之事乎？潘耒作是書序，乃盛稱其經濟，而以考據精詳為末務，殆非篤論矣。

近人章炳麟檢論哀焚書謂：

> 自明之亡，一二大儒，孫氏則夏峯集，顧氏則亭林集、日知錄，黄氏則行朝錄、南雷文案，及諸文士侯、魏、丘、彭所纂述，皆以詆觸見燼。其後紀昀等作提要，孫、顧諸家稍復入錄，而頗去其貶文。或曰朱、邵數君子實左右之。

今考亭林與人書，既言「信其書之必傳，而未敢以示人」；（與楊雪臣。）又謂「未敢為今人道。向時所傳刻本，乃其緒餘」，（與人書二十五。）又曰：「惟多寫數本以詒之同好，庶不為惡其害己者之所去，而有王者起，

今本日知錄因詆觸見刪

得以酌取。」與友人論門人書。又初刻日知錄自序亦曰：「若其所欲明學術，正人心，撥亂世以興太平之事，則有不盡於是刻。」則亭林日知錄在當時實多避忌。刻本流傳，既非日知録之全。而今傳三十三卷足本，亦復有所去，非亭林絕筆之眞，斷可想矣。今刻本卷六「素夷狄行乎夷狄」一條，有錄無書，即因語有詆觸而去之未盡，乃猶誤存其條目也。近人黃侃季剛有日知錄校記，據傳鈔本有此條，文長六、七百字，又他所刪改處甚多。而當時館臣所以深貶日知錄之經濟無當，其為媚清取容，更無俟深論。故於原書論政諸端，全不一及，而獨拈音學五書序一語輕致譏彈，顯見其為遁辭。道光十三年癸巳，陽湖李兆洛申耆、嘉定黃汝成潛夫為日知錄作箋注，始謂「中言時務八卷，乃全書精華。亭林所云為王者取法也。欲於漕運、河務、鹽政諸大端，皆博采名臣奏議及時賢論議，與相發明」。（語見蔣彤李申耆年譜。）先是涇縣包世臣愼伯，於申耆處得讀日知錄，亦謂「其書經國碩猷，足以起江河日下之人心風俗而大為之防；惟摘章句以說經，及畸零證據，猶未免經生射策之習」。而同時邵陽魏源默深為賀長齡編經世文編，亦多採此書。日知錄評價遂又一變。要之亭林論治之見，其是非可無論，至其經世之志，為日知錄一書之本榦者，其後亦未為清儒所紹續，則即此可見也。何義門菰中隨筆序，謂「亭林身後遺書，悉歸其甥東海徐氏，然不知愛惜，或為人取去」。亭林有區言五十卷，皆述治天下之要，何氏於徐處見一帙，言治河事，皆細書，不識能寶藏否。若遂付之鼠齧蟲穿，不惟有負亭林，而亦重生民之不幸矣！今其書已失。又錢氏十駕齋養新錄，大旨似日知錄，而經世時務之略，概不一及。即此可徵學術精神之轉嚮也。

纂輯之學風

然則清儒所重視於日知錄者何在？曰：亦在其成書之方法，而不在其旨義。所謂日知錄成書方法者，其最顯著之面目，厥為纂輯。亭林嘗自述先祖之教，以為：

著書不如鈔書

「著書不如鈔書。凡今人之學，必不及古人也。今人所見之書之博，必不及古人也。小子勉之，惟讀書而已。」……自炎武十一歲，即授之以溫公資治通鑑，曰：「世人多習綱目，余所不取。凡作書者，莫病乎其以前人之書改竄而為自作也。班孟堅之改史記，必不如史記也；宋景文之改舊唐書，必不如舊唐書也；朱子之改通鑑，必不如通鑑也。至於今代，而著書之人幾滿天下，則有盜前人之書而為自作者矣。故得明人書百卷，不若得宋人書一卷也。」文集卷二鈔書自序。

亭林為肇域志，自言閱志書一千餘部，其勤於鈔書之精神可見。阮元揅經室三集有顧亭林先生肇域志跋，謂：「肇域志乃稿本未成之書，其志願所規畫者甚大，而方輿紀要實已括之。亭林生長亂離，奔走戎馬，閱書數萬卷，手不輟錄。觀此帙密行細書，無一筆率略，始歎古人精力過人，志趣遠大。世之習科條而無學術、守章句而無經世之具者，皆未足與於此也。」姚椿通藝閣文集卷五，有顧亭林先生肇域志手稿跋，謂：「此稿藏德清許宗彥，深惜阮氏官浙撫時，不以付詁經精舍諸人士一編校。」又謂：「吳江吳兆宜輯一統志案說，其鄉人顧我錡作序，謂徐乾學奉敕著書時多采用亭林說。」今案：案說雖間引用肇域志中語，然甚希略，語意又不類，其書蓋不盡本顧氏。至於日知錄尤為鈔書工夫之至精細者。亭林又自言之曰：

嘗謂今人纂輯之書，正如今人之鑄錢。古人采銅於山，今人則買舊錢，名之曰廢銅，以充鑄而已。所鑄之錢既已麤惡，而又將古人傳世之寶，舂剉碎散，不存於後，豈不兩失之乎？承問日知錄又成幾卷，蓋期之以廢銅。而某自別來一載，早夜誦讀，反復尋究，僅得十餘條，然庶幾采山之銅也。與人書十。

以後清儒率好為纂輯比次，雖方面不能如亭林之廣，結撰不能如亭林之精，用意更不能如亭林之深且大，然要為聞其風而起者，則不可誣也。

亭林學之流衍

蓋亭林論學，本懸二的：一曰明道，一曰救世。其為日知錄，又分三部：曰經術，治道，博聞。後儒乃打歸一路，專守其「經學卽理學」之議，以經術為明道。餘力所滙，則及博聞。至於研治道，講救世，則時異世易，繼響無人，而終於消沉焉。若論亭林本意，則顯然以講治道救世為主。故後之學亭林者，忘其「行己」之教，而師其「博文」之訓，已為得半而失半。又於其所以為博文者，棄其研治道、論救世，而專趨於講經術、務博聞，則半之中又失其半焉。且所失者胥其所重，所取胥其所輕。取捨之間，亦有運會，非盡人力。而近人率推亭林為漢學開山，其語要非亭林所樂聞也。然亭林論學，其斬截峻整處，固足與其人格行誼相輝映。其曰「捨經學無理學」，曰「著書不如鈔書」，曰「凡今人之學，必不及古人」，曰「得明人書百卷，不若得宋人書一卷」，凡所云云，開其為此，而戒其為彼。其氣厲，其指晰。而其治學所採之方法，尤足為後人開無窮之門徑。故並世學者如梨洲，如船山，如夏峯，如習齋，如蒿菴，聲氣光烈，皆不足相肩並。而卒為乾嘉以下考證學派所羣歸仰。縱其議論意見未必盡是，或不免於甚誤，要其意氣魄力，自足以領袖一代之風尚矣。

亭林之政治理想

亭林論政特點

亭林對於政治之主張，大率備詳於日知錄卷八至卷十二之五卷。其最堪注意者，為對於風俗之重視。

故論政亦多著眼於風俗人心，與第十三卷諸條精意相通，此點尤為亭林論政特色。蓋亭林固亦染受宋明理學精神，而特不尚心性空談，能於政事諸端，切實發揮其利弊，可謂内聖外王，體用兼備之學也。茲舉其較大之論點言之，則有郡縣分權及地方自治之主張。亭林謂：

郡縣分權及地方自治

> 自古及今，小官多者其世盛，大官多者其世衰。卷八「鄉亭之職」條。夫惟於一鄉之中，官之備而法之詳，然後天下之治，若網之在綱，有條而不紊。至於今日，一切蕩然，無有存者。且守令之不足任也，而多設之監司；監司又不足任也，而重立之牧伯。積尊累重，以居乎其上，而下無與分其職者。雖得公廉勤幹之吏，猶不能以為治，而況託之非人者乎！同上。

故亭林於漢時嗇夫及三老之制，皆深致嚮往之意。又曰：

> 巡檢，即古之游徼也。巡檢裁則總督添矣。何者？巡檢遏之於未萌，總督治之於已亂。同上。

又於「里甲」、「掾屬」、「吏胥」諸條均卷八。均發此旨。又曰：

人聚於鄉而治，聚於城而亂。聚於鄉則土地闢，田野治，欲民之無恒心，不可得也。聚於城則徭役繁，獄訟多，欲民之有恒心，不可得也。卷十二「人聚」條。

故其於「館舍」、「街道」、「官樹」、「橋梁」諸條，均卷十二。凡關於地方之建設與興築者，尤拳拳致其深情。亭林既着眼於地方之自治，遂連帶而及郡縣之分權。郡縣分權，固為地方自治之先步也。故曰：

辟官、涖政、理財、治軍，郡縣之四權也，而今皆不得以專之。……是以言涖事而事權不在於郡縣，言興利而利權不在於郡縣，言治兵而兵權不在於郡縣，尚何以復論其富國裕民之道哉！必也復四者之權，一歸於郡縣，則守令必稱其職，國可富，民可裕，而兵農各得其業矣。卷九「守令」條。

亭林又暢論其意曰：

所謂天子者，執天下之大權者也。其執大權奈何？以天下之權寄天下之人，而權乃歸之天子。自公卿大夫至於百里之宰、一命之官，莫不分天子之權，以各治其事，而天子之權乃益尊。後世有不善治者出焉，盡一切之權而收之在上，而萬幾之廣，固非一人之所能操也，而權乃移於法。於是多為之法以禁防之，雖有大姦有所不能踰，而賢智之臣亦無能效尺寸於法之外，相與兢兢奉法，以求無過而已。於是天子之權，不寄之人臣，而寄之吏胥。是故天下之尤急者，守令親民之官。而今日之尤無權者，莫過於守令。守令無權，而民之疾苦不聞於上，安望其致太平而延國命乎？同上

又引葉水心之言以見旨，曰：

宋葉適言：「國家因唐、五代之極弊，收斂藩鎮之權，盡歸於上。一兵之籍，一財之源，一地之守，皆人主自為之也。欲專大利，而無受其大害，遂廢人而用法，廢官而用吏。禁防纖悉，特與古異，而威柄最為不分。雖然，豈有是哉！故人才衰乏，外削中弱，以天下之大而畏人。是一代之法度，又有以使之矣。」又曰：「夫萬里之遠，皆上所制命，則上誠利矣。百年之憂，一朝之患，皆上所獨當，而其害如之何？此外寇所以憑陵而莫禦，讐恥所以最甚而莫報也。」卷八「法制」條。

亭林之郡縣論封建與氏

亭林本此而創為郡縣論。凡論九篇，收於文集卷一。大意在尊令長之秩，而予之以生財、治人之大權。罷監司之任，復行辟屬之法，用千里以內習其風土之人，而設為久職。其言皆有見。惟欲寓封建於郡縣之中，復世

族之提倡

官，任終身，擧子若弟為代，則未免矯枉過直。然明夷待訪錄方鎮篇有「終其世兵民輯睦，疆埸寧謐者，許以嗣世」之論。許方鎮以嗣世，禍必至於割據。亭林惟縣令設世官，已斟酌變通矣。（此後如趙翼、陔餘叢考、戴望謫麟堂集諸書，對顧議均致駁難。）

亭林又謂封建不能復，則莫如重氏族。其言曰：

> 予嘗歷覽山東、河北，自兵興以來，州縣之能不至於殘破者，多得之豪家大姓之力，而不盡恃乎其長吏。……夫不能復封建之治，而欲藉士大夫之勢以立其國者，其在重氏族哉！（文集卷五裴村記。）

故曰「宗子次於君道」。（日知錄卷六「愛百姓故刑罰中」條。）凡此所言，在上則慕封建，在下則睎宗法。雖激於世變，然懷古之情既深，而不悟世運之不可反，則終為書生之見也。惟主分權，重自治，固不失為正論。又其論

亭林論官俸

俸祿則曰：

> 今日貪取之風，所以膠固於人心而不可去者，以俸給之薄而無以贍其家也。……白居易為盩厔尉，詩云：「吏祿三百石，歲晏有餘糧。」其江州司馬廳記曰：「唐典，上州司馬秩五品，歲廩數百石，月俸六七萬。宮足以穴身，食足以給家。」今之制祿，不過唐人之什二三，彼無以自贍，焉得而不取諸民乎？（日知錄卷十二。）

與其卷十三論名教獎廉之議，見上引。可以互參。潘氏曰：「先師有言，忠信重祿，所以勸士。無養廉之具而責人之廉，萬萬不能。」此雖一端，可見亭林立論，針對時弊，博徵史實，而又斟酌人情以出之。雖有一二偏激過正之論，要以見其一家之獨見，非苟偶而已也。

亭林與梨洲兩人之異同

亭林成學著書，大率在四十五歲北遊以後。此亭林與黃梨洲書亦自言之，曰：

炎武自中年以前，不過從諸文士之後，注蟲魚，吟風月而已。積以歲月，窮探古今，然後知後海先河，為山覆簣。而於聖賢六經之指，國家治亂之原，生民根本之計，漸有所窺。見梨洲思舊錄。

亭林著書年歲

此實語，非謙辭也。亭林著述之大者曰音學五書，曰日知錄。音學五書著手較早。崇禎癸未，亭林年三十一，已有詩本音之輯。曹學佺為之序。謂：

吳門顧寧人，家傳詩學，……一日，出其所著詩本音示予，喟然為之嘆服。……往者吾鄉陳君季立，依吳才老之書，為毛詩古音一編，焦澹園先生以為獨得古人之傳。而一字數音，未有條理。至寧人則秩然不紊，而博學旁通，至當歸一。

是亭林音學五書，最先成者為詩本音，而啓途開疆，實自明之陳、焦諸人，曹氏已言之。（四庫提要稱亭林音論三卷，成書於崇禎癸未，蓋係詩本音之譌。）其後亭林以四十五歲北遊，始交任子良唐臣，得假吳才老韻譜，讀而校之。越後十年，（亭林五十五歲。）始開雕音學五書於淮上，張力臣父子任校寫之役。其後又十三年，（亭林六十八歲。）有音學五書後序，自言：「余纂輯此書，三十餘年。」若自崇禎癸未計之，則得三十八年也。亭林譎觚自序謂：「僕自三十以後，讀經史輒有所筆記。」可證亭林三十一歲所為詩本音，曹學佺為之序者，乃亭林最先筆記初稿，其後必多改定。而亭林又言音學五書「為三百篇而作」，（語見後序。）亦見詩本音乃亭林著五書最先主源也。然則亭林音學五書，雖發軔遠在崇禎癸未，而成書大業，則全屬其北遊之後。（王國維觀堂別集音學五書跋謂：「此書卷首曹學佺序，署崇禎癸未，亭林此時實尚未為音均之學，無所謂詩本音，幷無所謂音學五書也。此序蓋出假託。亭林前後三序皆不署年號，乃假為曹序於前，一若此書為明季所刊者，蓋以避文字之禍。參閱姓名，列徐氏兄弟三人，意亦猶是。」梁氏學術史謂：「亭林交任唐臣，得假吳氏韻譜，自此始治音韻學。」若梁、王之說果信，則亭林音學五書亦全部起業於北遊之後。茲以亭林自言「纂輯此書三十餘年」，又云「自三十以後，讀經史輒有所筆記」，故未敢遽以梁、王之說為定，而附著之於此。）至日知錄初刻八卷，則亭林五十八歲，已在音學五書開雕後三年。又閱三年，（六十一歲。）自稱「續錄又得六卷」。（此據張穆年譜。）又三年，（六十四歲。）作日知錄自序，謂：「歷今六、七年，老而益進，始悔向日學之不博，見之不卓，其中疏漏，往往而有。漸次增改，得二十餘卷。」自是迄於其卒，日知錄又續有增益，凡得三十二卷。亭林自謂：「自二十後，讀經史輒有所筆記。」（譎觚自序。）又曰：「年四十斐然欲有所作。」（鈔書自序。）又曰：「自五十以後，篤志經史。」大抵亭林為日知錄，應在五十後。

亭林南北交遊

今考其五十前後交游，四十五至萊州，得任子良；至青州，得張稷若爾岐、徐東痴夜。四十六至鄒平，得馬宛斯驌；至長山，得劉果菴孔懷。五十一至太原，得傅青主山；至代州，得李子德天生；至華陰得王山史宏撰；至盩厔得李中孚顒。凡此諸人，惟東痴以能詩鳴，二曲以理學著，其他皆精考覈為博古之士。而亭林四十五以前朋友，如歸玄恭莊，如萬年少壽琪，如潘力田檉章，如吳赤溟炎，則皆文史之材也。是亭林學侶，在南者多尚藻采而貴通今，在北者多重質實而務博古。亭林自四十五北游，往來魯、燕、秦、晉二十五年。嘗自謂「性不能舟行食稻，而喜餐麥跨鞍」。（見漢學師承記。）然豈止舟鞍、稻麥之辨哉？其學亦北學也。雖其天性所喜，亦交游濡染有以助之矣。

梨洲與亭林之比較

梨洲著書成學，亦在四十六歲入山以後，蓋二人遭際差似也。梨洲五十九歲自謂：「始學於子劉子，志在舉業，不能有得，聊備蕺山門人之一數。天移地轉，殭餓深山，盡發藏書而讀之，近二十年，胸中窒礙解剝，始知曩日之孤負。」（見文案卷一惲仲升文集序。）此亦非謙辭，乃實語。然梨洲致力於義理，而亭林轉嚮於考據。此雖學人之異性，亦交遊之殊尚。雖以豪傑，莫能自外爾。又梨洲五十四歲成明夷待訪錄，其後即不談政治，專究性理。而亭林日知錄始終以「撥亂滌汙，法古用夏，待一治於後王」為意。蓋梨洲自中年以後，蟄居浙東，輕易不渡錢塘。身值姚江、山陰故里，流風猶在，故以闡承道統、發明心性自負。而亭林栖栖京國，朝政時事，感觸者多，故亦以治道、經濟為念也。比觀梨洲、亭林兩人，早年皆身入社會，名列黨籍，吳應箕所編復社姓氏目錄，崑山入社者亭林名列第六。一似也。皆承家學，擅詩文，注意當朝典章人物，二似也。中年皆出入軍旅，獻身故國，志切興復，三似也。及以屯邅艱險之餘生，畢意撰述，著書成學，皆在五十以後，四似也。惟梨洲近於狂，而亭林近於狷，為二人性格之不同。梨洲終於里門，晚年足迹不越浙江兩岸，而亭林則東西南北，為四方之人。一老於南，一老於北，為二人環境之不同。而學術之異，亦若由此而判。是雖以豪傑命世之姿，其早年之性習，與夫入世後之薰染，皆足以範圍其意趣學問於不自覺之間，有如此矣。則亭林所懇切注意於風俗盛衰之間者，其為深心巨識，不亦即此可證也耶！

附 馬驌傳略

馬驌，字宛斯，濟南鄒平人。生明泰昌庚申，卒清康熙癸丑，一六二〇—一六七三。年五十四。順治十六年進士，為靈壁知縣，有政績。

著述大要

宛斯著繹史，起上古，迄秦亡，每卷一篇，為一百六十卷。卷首有徵言一篇，大意謂：

繹史之取材及其體例

少習六藝之文，長誦百家之説。……於左氏春秋篤嗜成癖。爰以叙事易編年，篇目一百，各附以論。辯例圖譜，悉出新裁。讐正舊失，數易藁而成書。辯例三卷，圖表一卷，隨筆一卷，名氏譜一卷。（坊刻左傳事緯多缺去。）……庯復推而廣之，取三代以來諸書，彙集周、秦以上事，譔為繹史。是分五部：一曰太古，二曰三代，三曰春秋，四曰戰國，五曰外錄，紀天官、地志、名物、制度等。凡一百六十篇。篇為一卷。紀事則詳其顛末，紀人則備其始終。十有二代之間，君臣之蹟，理亂之由，名、法、儒、墨之殊途，縱横分合之異勢，瞭然具焉。紀事雖止於秦末，而采書實下及梁、陳，事則無微不悉，文則有長必收。除列在學官四子書不錄，經、傳、子、史，文獻攸存者，靡不畢載。周易、尚書、毛詩、周禮、儀禮、禮記、左傳、公羊傳、穀梁傳、爾雅、孝經、大戴禮記、國語、戰國策、鬻子、老子、列子、莊子、文子、管子、晏子、荀子、韓非子、商子、慎子、尹文子、公孫龍子、鄧析子、墨子、呂氏春秋、孫武子、吴子、三略、司馬法，以上全書具在。或取其事，或取其文。或全錄，或節鈔。若屈原、宋玉諸騷賦，則取之楚辭、文選等書。傳疑而文極高古者，亦復弗遺。如神農本草、黄帝素問、陰符經、風后握機經、山海經、周髀算經、穆天子傳、逸周書、竹書紀年，越絶書之類，皆未必果出當年，要亦先秦遺事。真贋錯雜者，取其強半。如鬼谷子、尉繚子、鶡冠子、家語、孔叢子之屬，或原有其書而後世增加，或其書脱遺而後人補竄，又如管、莊之書，亦非盡出管、莊之手。附託全偽者，僅存要略而已。如三墳、六韜、亢倉子、關尹子、子華子、於陵子之類，皆近代之人依名附託，鑿空立論。膚淺不倫，姑存一二。漢、魏以還，稱述古事，兼為采綴，以觀異同。史記、漢書、後漢書、白虎通、風俗通、淮南子、賈誼新書、陸賈新語、劉向説苑、新序、韓詩外傳、春秋繁露、王充論衡、桓譚新論、劉晝新論、王符潛夫論、徐幹中論、顔氏家訓、吴越春秋、華陽國志、王嘉拾遺記、干寶搜神記、任昉述異記、東方朔神異經、劉向列女傳、張華博物志、崔豹古今注、揚雄法言、桓寬鹽鐵論、焦氏易林、抱朴子、許氏説文、文心雕龍、刀劍錄、鼎錄、十洲記、高士傳、列仙傳、神仙傳、列異傳、錄異記、異苑、方言、釋名、文中子，以上諸書，去古未遠。采取詳略不同。自隋以後，例概不收。若乃全書闕軼，其名僅見，如黄帝内傳、出軍訣、泰壹雜子、軒轅本記、大禹岳瀆經、師曠占、歸藏、尚書大傳、太公金匱、太公陰謀、周春秋、汲冢瑣語、師春、春秋少陽篇、韓詩内傳、元中記、列士傳、丹壺書、衡波傳、子思子、公孫尼子、申子、尸子、范子計然、纏子、隨巢子、胡非子、田俅子、魯連子、燕丹子、王孫子、

繹史與以後之考證學

闕子、金樓子、正部、孝子傳、三將錄、劉向別錄、氾勝之書、喪服要記、琴操、琴清英、古今樂錄，此等或真或偽，今皆亡矣。緯讖諸號，尤為繁多，七緯者，易則乾鑿度、精覽圖、坤靈圖、通卦驗、是類謀、辨終備；詩則含神霧、推災度、氾歷樞；尚書則璇璣鈐、考靈曜、刑德考、帝命驗、運期授；春秋則元命苞、文曜鉤、演孔圖、運斗樞、感精符、合誠圖、考異郵、保乾圖、漢含孳、助佐期、握誠圖、潛潭巴、說題辭；禮則含文嘉、稽命徵、斗威儀；樂則動聲儀、稽耀嘉、叶圖徵；孝經則援神契、鉤命訣。以上竝立名詭異，而託諸孔子。起自漢哀、平之際，皆附會也。此外又有尚書中候、春秋內事、命歷序、論語摘輔象、撰考讖、河圖握拒、玉版挺輔佐、括地象、洛書靈準、聽龍魚、河圖遁甲、開山圖、論語隱義。名目紛紜，不能悉載。則取諸箋注之言，類萃之帙，雖非全璧，聊窺一斑。十三經注疏、史記索隱、正義、漢書注、後漢書注、三國志注、王逸楚辭注、酈道元水經注、六臣文選注，以及左、國、世說等注，其旁證尚論，存古最多。至類書則杜氏通典、白孔六帖、初學記、藝文類聚、冊府元龜、太平御覽、太平廣記、文獻通考、鄭氏通志、玉海、說郛、事類合璧、天中記、事文類聚、錦繡萬花谷。其引用古書名目，今多未見。或聯載數語，或單存片言，今皆收之。又百家所記，或事同文異，或文同人異，卽如左、國、公、穀，序事各別，是事同文異也。麥丘邑人之祝，或曰桓公，或曰景公；舟人鴻鵠之對，或為晉平公，或為趙簡子；是文同人異也。劉向、韓嬰等所記，尤往往相亂。至諸書用字不同，悉依原本。如公羊「腶脩」，穀梁作「鍛脩」；「無駭卒」，穀梁作「侅」；「齊人殲于遂」，公羊作「瀸」。此類甚多。周官「法」皆作「灋」。三禮「徧」多作「辯」。呂覽「僅」或作「覲」，「期」或作「旗」。莊子「居」或作「姬」。此各書用字之異，不可更也。互見疊出，不敢偏廢。所謂疑則傳疑，廣見聞也。事屢見而辭不同，亦竝收之，如楚莊王大鳥之喻，介子推龍蛇之歌，皆四五見矣。或謂事無甚異，不必兼存者。然如公、穀二傳，其不同在隻字之間，將何者可廢？且管、韓著書，亦多有一事兩載者。古之人固有取乎爾也。積思十年，業已譔集成書，獨是僻處下邑，學識固陋，未免搜羅有限。……海內博雅君子，或家傳鄴架，或……曾見遺書，或從館閣中祕鈔來副本，幸郵致以篇章，及指示以名目。卽如世本一書，後人不過轉相引用，蓋必失之久矣，至若皇甫謐世紀、譙周古史考，宋、元人猶及見之，豈今已亡？且天下不知名之書多矣。至金石遺文，今所習見，不過考古圖、博古圖諸銘，及石鼓詩、詛楚文、岣嶁、堯母、孫叔敖、季札等碑而已，恐不及見者尤多。與夫碎細小品，若師曠禽經、甯戚相牛、朱仲相貝之流，大凡有助此書者，竝求教益。倘獲一言之贈，奚啻百朋之遺。

其書體例，據是可見。宛斯此書，王崑繩兄汲公（名潔）嘗為參訂，其名與序，嗣後刊書時為人削去，見居業堂集卷十八。又清末仁和譚獻，深嗜其書，悉心校讎，條列凡例。引用書目一，（仍分存、逸、輯三類。）古書眞僞二，（馬氏聞閻潛邱言，卽欲分別尚書今、古文，一一注明。或以為當時已有改定本，卽以此旨辨正羣書。）羣經正字三，（用陸氏釋文、宋本注疏，並采王氏述聞以下諸家精確之論。）諸書善本四，（皆據先正校讎定本。）要刪補正五，（爾雅、素問、管、荀之屬，多有應增補者。）除重去複六，（兩書、三書及紀載異同。）改定分注七，（推究事實改定，下一格為附錄，大書分注，一一審正。）以後從前八，（如國語之於左傳，國策之於史記。他書類推。）見復堂日記卷五，惜其書未成。後此漢學家所為主要工作，如校勘、辨偽、輯逸，宛斯此書均已發其大例。卽後此漢學家目光所注，從事整理研討，以成學名家者，宛斯此書，亦已囊括其十七八。極清儒成績所至，最要者不過為古史作發明，則宛斯此書，豈不已牢籠範圍，而為之大揚搉乎？

崔東壁考信錄

後大名崔述東壁，為古史考信錄，亦多有從宛斯所謂「事同文異」、「文同人異」處著眼者，則宛斯此書，影響有清一代經史考訂之學，厥功至偉。梁氏學術史附馬氏於初期史學家之末，謂「經史搜羅極富，可算一部好類書，惜別擇不精」，此非篤論也。宛斯已自言之，曰傳疑，曰真贋錯雜，曰附託全偽。其所隸諸目，雖不能一一允當，然不得謂其無別擇。其兼采漢、魏以下，旨在觀異同。其不惜互見疊出者，旨在廣見聞。其意惟章實齋能言之。所謂「著述」與「比類」不同，為比類者，當「使著述者出得所憑藉，有以恣其縱橫變化」。又曰：「藏往欲其賅備無遺，知來欲其抉擇去取。」宛斯此書，正欲求賅備，而譏其無抉擇，可乎？稍後有奉天李鍇鐵君，著尚史七十卷，其書於賅備、抉擇兩無取，意若欲為著述，而識力不能及。梁氏謂其體例近繹史，亦非也。王漁洋池北偶談，稱「宛斯此書，最為精博，時人稱為馬三代。崑山顧亭林尤服之」。

亭林宛斯交遊蹤跡

考亭林、宛斯相見，在順治十五年戊戌，亭林年四十六，而宛斯年三十九。宛斯卽以是年舉於鄉，翌年成進士。其成書當在後。然亭林音學五書、日知錄諸作，亦均未有。宛斯卒在康熙十二年，亭林年六十一。時音學五書已成，日知錄亦得十四卷。論兩人學術，固若並轡齊蹤，無所先後。

亭林薰染於北學

而余頗疑其時稽古樸學，本已盛於齊、魯之間。亭林渡江而北，歷交嵩菴、宛斯諸人，乃一變往昔詩文華藻之習，而轉歸於考索。則無寧謂亭林之薰染於北學者深也。亭林自謂「年過五十，始知『不學禮無以立』之旨」，而盛推嵩菴之儀禮鄭注句讀一書可傳。亭林集答汪苕文書。余觀其究音韻，考金石，皆在北遊後。而嵩菴集又謂

南北學風之共同點

「時重諸子」，嵩菴文集卷二日記又序。故山東如張嵩菴、馬宛斯，山西如傅青主，皆亭林交遊，用意於斯學。而亭林於此致力蓋淺。此見北學淵源，自有來歷，不得謂盡受亭林影響。惟亭林治考索，體大思精，所造特卓，故後人羣致推崇耳。且當時南北學風，固有其共遵羣趨之一境，而亭林亦始終以之者，則其所守家訓，所謂「著書不如鈔書」之說是也。肇域志無論矣，日知錄、音學五書，皆鈔書之至精卓，而幾幾乎超脫鈔書面貌者耳。北方如宛斯之繹史，南方如梨洲之學案，顧非鈔書之至精卓者乎？鈔詩文者如梨洲之明文海，晚村之宋詩鈔。推而至於經籍，有朱竹垞之經義考；地理，有顧祖禹之方輿紀要，皆鈔書也。

清代經學從鈔書工夫中來

卽稍後閻百詩、胡朏明一輩，其著書亦猶不脫鈔書痕迹。卽謂清代經學皆自鈔書工夫中來，亦非不可。此卽章實齋所謂「纂輯」之學也。纂輯之風，已盛於明中葉以後，特至是而漸趨精卓耳。故亭林得自庭訓，而出門合轍，非亭林之自闢戶牖，亦可見矣。

分類鈔書法

近世盛推清代漢學家尚證據，重歸納，有合於歐西所謂科學方法者。其實此風源於明代，由一種分類鈔書法，而運用之漸純熟，乃得開此廣囿也。

輯逸

余又考施閏章所為靈壁縣知縣馬公驌墓誌銘收碑傳集卷九十一。謂：「宛斯於繹史外，又集十三代緯書，篇帙倍富。疾將革，語子弟以左傳事緯及緯書二編未鏤版為遺憾。」其後輯緯書者踵起，歷城有馬國翰竹吾以輯逸成名，或頗淵源於斯。輯逸亦鈔書之漸臻精眇而始知者，亦猶證據之卽鈔書之漸臻於精眇而始富也。余因論亭林學風，附及宛斯，以見當時南北學術風流趨尚之大同焉。

第五章　顏習齋李恕谷

習齋傳略

顏元，字易直，又字渾然。河北博野縣北楊村人。生明崇禎八年，卒清康熙四十三年，（一六三五—一七〇四。）年七十。父昶，為蠡朱翁義子，先生初名朱邦良。戊寅，年四歲，滿洲兵入關，其父以不樂朱家虐待隨軍去，母改適。甲申，明烈皇帝殉難。癸巳，年十九，為諸生。先生幼學神仙導引術，娶妻不近。既而知其妄，乃折節為學。年二十餘，好陸王書。未幾，從事程朱學，信之甚篤。時翁妾有子，疏先生，更讒害謀殺之。先生不知非朱氏，孝愈篤。媼卒，泣血哀毀幾殆。或憐之，私告曰：「若父乃異姓乞養者耳。」先生大驚，問之嫁母所，乃信。翁卒，遂歸顏氏。初，先生居朱媼喪，時年三十四，守朱子家禮惟謹。古禮：「初喪，朝一溢米，夕一溢米，食之無算。」家禮刪去「無算」句，先生遵之，過朝夕不敢食；當朝夕，遇哀至，又不能食，病幾殆。又喪服傳曰：「既練，舍外寢，始食菜果，飯素食，哭無時。」家禮改為「練後止朝夕哭，惟朔望未除服者會哭」。先生亦遵之，凡哀至皆制不哭。既覺其過抑情，校以古禮，非是。自是遂悟靜坐讀書乃程、朱、陸、王為禪學俗學所浸淫，非正務。周公之六德、六行、六藝，孔子之四教，乃正學也。於是著存學、存性、存治、存人四編以立教，名其居曰習齋。先生既歸宗，欲尋親，值三藩變，塞外蒙古遙應之，遼左戒嚴，不可往。久之，乃如關東，時年五十，所至徧揭零丁道上。越一年，始得其蹤於瀋陽，沒矣。尋其墓，哭奠如初喪禮，招魂奉主，躬自御車，哭導而行。既歸，棄諸生，卒三年喪。五十七歲，先生將出遊，曰：「蒼生休戚，聖道明晦，敢以天生之身，偷安自私乎？」南至中州，張醫卜肆於開封。所至訪友論學，明辨婉引，人多歸之。六十二歲，應肥鄉漳南書院聘，為立規制，有文事、武備、經史、藝能等科。會大雨，漳水溢，堂舍悉沒，乃辭歸。越八年而卒。

學術大要

習齋，北方之學者也，早年為學，亦嘗出入程、朱、陸、王，篤信力行者有年，一旦翻然悔悟，乃幷宋明相傳六百年理學，一壁推翻，其氣魄之深沉，識解之毅決，蓋有非南方學者如梨洲、船山、亭林諸人所及者。據年譜，習齋五十八歲告李塨恕谷云：

孔孟程朱判然兩途

予未南遊時，尚有將就程朱，附之聖門支派之意。自一南遊，見人人禪子，家家虛文，直與孔門敵對。必破一分程朱，始入一分孔孟，乃定以為孔孟、程朱，判然兩途，不願作道統中鄉愿矣。

宋學兼訓詁清談禪宗鄉愿之弊

其斬截痛快如此。又嘗與桐鄉錢曉城書，謂：

僕嘗有言，訓詁、清談、禪宗、鄉愿，有一皆足以惑世誣民，宋人兼之，烏得不晦聖道、誤蒼生至此也！僕竊謂其禍甚於楊、墨，烈於嬴秦。每一念及，輒為太息流涕，甚則痛哭。習齋記餘。按：陳臥子時文「子所罕言」，謂：「聖人既沒，其流益深，言利極於戰國之縱橫，言命極於魏、晉之玄言，言仁極於宋儒之講學。嗚呼！使聖人復起，將何以廓清耶！」晚明八股文，乃與習齋語調相似。

其鋒鋩嚴峻又如此。而其所謂孔孟、程朱，判然兩途者，習齋又為之明白分辨。年譜載：

安州陳天錫來問學，謂：「程朱與孔孟隔世同堂，似不可議。」曰：「請畫二堂，子觀之：一堂上坐孔子，劍佩觿決雜玉，革帶深衣，七十子侍。或習禮，或鼓琴瑟，或羽籥舞文，干戚舞武，或問仁孝，或商兵農政事，服佩亦如之，壁間置弓矢、鉞戚、簫磬、算器、馬策、各禮衣冠之屬。一堂上坐程子，峨冠博帶，垂目坐如泥塑，如游、楊、朱、陸者侍，或返觀打坐，或執書吾伊，或對譚靜敬，或搦筆著述，壁上置書籍、字卷、翰研、梨棗。此二堂同否？」天錫默然笑。

此可謂為孔孟、程朱劃一極清晰之界線，其清形眞可畫，使人千載如覿面也。習齋又言之曰：

入其齋而干戚羽籥在側，弓矢玦拾在懸，琴瑟笙磬在御，鼓考習肄，不問而知其孔子之徒也；入其齋而詩書盈几，著解講讀盈口，闔目靜坐者盈座，不問而知其漢宋佛老交雜之學也。

不從心性義理上分辨孔孟、程朱，而從實事實行為之分辨，此梨洲、亭林、船山諸家所未到。習齋謂卽此是程朱、孔孟眞界限，其實卽此是習齋論學眞精神也。

習齋分辨孔孟、程朱者在此，則習齋所以反對程朱者亦可見。習齋反對程朱，只有一意，曰「無用」，習齋於此尤痛切言之，曰：

宋學惟一大病曰無用

以唐虞三代之盛，亦數百年而後出一大聖，……而出必為天地建平成之業，……斷無有聖人而空生之者。況秦漢後千餘年間，氣數乖薄，求如仲弓、子路之輩，不可多得，何獨以偏缺微弱，兄於契丹、臣於金元之宋，前之居汴也，生三四堯、孔，六七禹、顏；後之南渡也，又生三四堯、孔，六七禹、顏？而乃前有數十聖賢，上不見一扶危濟難之功，下不見一可相可將之材，兩手以二帝畀金，以汴京與豫矣；後有數十聖賢，上不見一扶危濟難之功，下不見一可相可將之材，兩手以少帝付海，以玉璽與元矣。多聖多賢之世，而乃如此乎？噫！（存學編性理評。）

宋儒高自位置，每以道德純備，學術通明，自負為直接堯、舜、孔、孟之傳，而漢、唐君相大儒，事功赫奕，宋儒輕之曰「雜霸」。習齋評量宋儒，則不從其道德、學術著眼，即從其所輕之事功立論。蓋宋儒之所輕，正即習齋之所重也。習齋又曰：

吾讀甲申殉難錄，至「愧無半策匡時艱，惟餘一死報君恩」，未嘗不悽然泣下也。至覽和靖祭伊川，「不背其師有之，有益於世則未」二語，又不覺廢卷浩嘆，為生民愴惶久之。（同上。按：崇禎末，有人書一儀狀云：「謹具大明江山一座，崇禎夫婦二口，奉申贄敬，晚生文八股頓首拜。」貼於朝堂。語見呂晚村何求老人殘稿。宋、明儒學，未必真禍國誤國，禍國誤國者乃科舉八股耳。清代諸儒，詆排程、朱宋學者，其意頗多激於八股，顏、李尤甚。讀者於此下所舉，若以八股舉子之情形為之體味，當益覺所言之真切也。）

宋學無用之兩大端

然則宋明儒學之無用，宋明儒者自知之，自言之，又自愧之矣。為天下生民著想，究當孰重孰輕？憑諸儒良心之嘆，又究孰重孰輕乎？此不煩言而決矣。儒學之無用，其為害最大者，在靜坐，在讀書，習齋言之尤痛切，曰：

靜坐讀書

讀書脆弱人體魄

……吾嘗目擊而身嘗之，知其為害之鉅也。吾友張石卿，博極羣書，自謂秦、漢以降，二千年書史，殆無遺覽。為諸少年發書義至力竭，偃息牀上，喘息久之，復起講，力竭，復偃息，可謂勞之甚矣。不惟有傷於己，卒未見成起一才。（王五公山人集偶記：「鹿先生（伯順）幼有大志，欲盡讀古人書。夏月納足甕中，冬擁絮讀，率夜漏至五鼓。」可證北方學者尚博之風亦已有漸。）……祁陽刁蒙吉，致力於靜坐讀書之學，晝誦夜思，著書百卷，遺精痰嗽無虛日，將卒之三月前，已出言無聲。元氏一士子，勤讀喪明。……況今天下兀坐書齋人，無一不脆弱，為武士、農夫所笑者，此豈男子態乎？（同上）

讀書耗損人神智

習齋痛論讀書無用，不徒證之以目擊，又歷考之於史事。謂：

古今旋乾轉坤，開物成務，由皇、帝、王、霸以至秦、漢、唐、宋、明，皆非書生也。讀書著書，能損人神智氣力，不能益人才德。其間或有一二書生，濟時救難者，是其天資高，若不讀書，其事功亦偉。然為書損耗，非受益也。（言行錄教及門）

讀書病天下禍生民造成章句浮文之局

然則書之於人，不惟無益，抑且有害，當身之目擊，前史所詔告，至彰彰矣。故曰：

書之病天下久矣！使生民被讀書者之禍，讀書者自受其禍。而世之名為大儒者，方且要讀盡天下書，方且要每篇讀三萬遍以為天下倡，按：此指朱子。歷代君相，方且以爵祿誘天下於章句浮文之中。此局非得大聖賢、大豪傑，不能破矣。言行錄禁令。

讀書如吞砒

習齋又以讀書比吞砒，但見才器，便勸勿多讀書，謂：

僕亦吞砒人也，耗竭心思氣力，深受其害，以至六十餘歲，終不能入堯、舜、周、孔之道。但於途次聞鄉塾群讀書聲，便嘆曰：可惜許多氣力；但見人把筆作文字，便嘆曰：可惜許多心思；但見場屋出入人群，便嘆曰：可惜許多人才。故二十年前，但見聰明有志人，便勸之多讀；近來但見才器，便戒勿多讀書。朱子語類評。

教人讀書罪在朱子

而以教天下多讀書歸罪於朱子，曰：

朱子論學，只是論讀書。存學編卷四。

千餘年來，率天下入故紙中，耗盡身心氣力，作弱人、病人、無用人者，皆晦庵為之也。朱子語類評。

且習齋所以深不喜於多讀書者，不惟謂其無益於事功，抑且謂無益於知識。蓋習齋論學，一以事功為主，知識之無益於事功者，不足為知識。今讀書既無益於事功，則讀書得來之知識，自亦不足為知識也。故曰：

> 率古今之文字，食天下之神智。（四書正誤卷四。）
>
> 讀書愈多，愈惑，審事愈無識，辨經濟愈無力。（朱子語類評。）
>
> 讀書人便愚，多讀更愚，但書生必自智，其愚卻益深。（四書正誤卷二。）

讀書所得之智識不足恃

又曰：

> 以讀經史、訂羣書為窮理、處事，以求道之功，則相隔千里；以讀經史、訂羣書為即窮理、處事，曰「道在是焉」，則相隔萬里矣。……譬之學琴然，詩書猶琴譜也，爛熟琴譜，講解分明，可謂學琴乎？故曰：以講讀為求道之功，相隔千里也。更有一妄人，指琴譜曰：「是即琴也。辨音律，協聲韻，理性情，通神明，此物此事也。」譜果琴乎？故曰：以書為道，相隔萬里也。……歌得其調，撫嫻其指，弦求中音，徽求中節，聲求協律，是謂之學琴矣，未為習琴也；手隨心，音隨手，清濁疾徐有常規，鼓有常功，奏有常樂，是之謂習琴矣，未為能琴也。弦器可

手製也，音律可耳審也，詩歌惟其所欲也；心與手忘，手與弦忘，……於是乎命之曰能琴。今手不彈，心不會，但以講讀琴譜為學琴，是渡河而望江也，故曰千里也；今目不覩，耳不聞，但以譜為琴，是指薊北而談雲南也，故曰萬里也。存學編卷三性理評。

習齋既譬之於琴，又譬之於醫，曰：

黃帝素問、金匱、玉函，所以明醫理也，而療疾救世，則必診脈、製藥、針灸、摩砭為之力也。今有妄人者，止務覽醫書千百卷，熟讀詳說，以為予國手矣，視診脈、製藥、針灸、摩砭，以為術家之粗，不足學也；書日博，識日精，一人倡之，舉世效之，岐黃盈天下，而天下之人病相枕死相接也。可謂明醫乎？……從事方脈、藥餌、針灸、摩砭，療疾救世者，所以為醫也，讀書取以明此也。若讀盡醫書，而鄙視方脈、藥餌、針灸、摩砭，妄人也。不惟非岐黃，並非醫也，尚不如習一科、驗一方者之為醫也。存學編卷一學辯。

又譬之於走路，曰：

聖賢之言，可以引路。今乃不走路，只效聖賢言，便當走路。每代引路之言增而愈多，卒之蕩蕩周道上，鮮見其人也。存學編卷三性理評。

又曰：

思宋儒如得一路程本，觀一處又觀一處，自喜為通天下路程，人人亦以曉路稱之；其實一步未行，一處未到，周行榛蕪矣。年譜。

著書無用而有害

習齋既不喜讀書，因亦不喜著書。故曰：「空言相續，紙上加紙。」習齋記餘大學辨業序。深譏其無用焉。且讀書如吞砒，則著書應無異於販砒，不惟無益，亦且為害。故曰：

虎豹已鞹矣，猶云寧質；邢衛已亡矣，猶云羞管；虛言已盡世矣，猶云講讀纂修；而生民之禍烈矣！年譜。

又曰：

文章之禍，中於心則害心，中於身則害身，中於家國則害家國。陳文達曰：「本朝自是文墨世界。」當日讀之，亦不覺其詞之慘而意之悲也。同上

恕谷曰：

孫夏峯門人張天章見習齋存學編，曰：「何不著禮儀、水政書？」習齋曰：「元之著存學也，病後儒之著書也，尤而效之乎？」又觀李塨所輯諸儒論學，關中李中孚曰：「吾儒之學，以經世為宗，自傳久而謬，一變訓詁，再變詞藝，而儒名存實亡矣。」習齋評之，曰：「見確如此。乃膺當路尊禮，集多士景從，亦祇講書説話而已。後儒之口筆，見之非無用，見之是亦無用，此益傷吾心也。」故其誡今卽著述盡是，不過宋儒為誤解之書生，我為不誤解之書生耳。何與儒者本業哉？均見年譜。

又曰：

諸儒之論，在身乎？在世乎？徒紙筆耳！則言之悖於孔孟者墜也，言之不悖於孔孟者亦墜也。習齋記餘未墜集序。

而後儒所以羣重著書為文者，習齋謂是誤認孔子而然。故曰：

漢、宋之儒，但見孔子叙書、傳禮、刪詩、正樂、繫易、作春秋，誤認纂修文字是聖人，則我傳述注解便是賢人，讀之熟、講之明，而會作書文者，皆聖人之徒矣。遂合二千年成一虛花無用之局。四書正誤卷三。

誤認孔子

又曰：

「考諸先聖而不謬」等語何其大，而乃歸之訂正羣書乎？夫朱子所以盡力於此，與當時後世所以篤服於此者，皆以孔子刪述故也。不知孔子是學成内聖外王之德，教成一班治世之材，魯人不能用，……乃出而周遊。周遊是學、教後不得已處。及將老而道不行，乃歸魯刪述以傳世。刪述又周遊後不得已處。……宋儒置學、教及行道當時，而自幼壯卽學刪述，教弟子亦不過是。……此書之所以益盛，而道之所以益衰也。存學編卷三。

靜坐無用

習齋既反對讀書，更反對靜坐。嘗謂：「朱子教人半日靜坐，半日讀書，無異於半日當和尚，半日當漢儒。試問一日十二時，那一刻是堯、舜、周、孔？」朱子語類評。又嘗與張天章辨，張曰：「學者須靜中養出端倪，書亦須多讀，著書亦不容已。」習齋均非之，曰：

孔子不得用乃周流，又不得用乃刪述，皆大不得已而為之也。如做富翁者，不學其經營室家之實，而徒效其凶歲轉徙、遭亂記產籍以遺子孫者乎？……靜中了悟，乃釋氏鏡花水月幻學，毫無與於性分之真體、位育之實功也。年譜

習齋早歲習靜坐，學神仙，故深知其境界。而所以反對之者，亦惟一點，曰「無用」。其言曰：

洞照萬象，昔人形容其妙，曰「鏡花水月」。宋、明儒者所謂悟道，亦大率類此。吾非謂佛學中無此意也，亦非謂學佛者不能致此也，正謂其洞照者無用之水鏡，其萬象皆無用之花月也。不至於此，徒苦半生，如腐朽之枯禪；不幸而至此，自欺更深。何也？人心如水，但一澄定，不濁以泥沙，不激以風石，不必名山巨海之水，能照百態，雖渠溝盆盂之水，皆能照也。今使竦起靜坐，不擾以事為，不雜以旁念，敏者數十日，鈍者三五年，皆能洞照萬象，如鏡花水月。做此功至此，快然自喜，以為得之矣。或預燭未來，或邪妄相感，人物小有徵應，愈隱怪驚人，轉相推服，以為有道矣。予戊申三十四歲前，亦嘗從宋儒用靜坐功，頗嘗此味，故身歷而知其為妄，不足據也。天地間豈有不流動之水？天地間豈有不著地、不見泥沙、不見風之

水？一動一著，仍是一物不照矣。……今玩鏡裏花，水裏月，信足以娛人心目；若去鏡水，則花月無有矣；即對鏡水一生，徒自欺一生而已。若指水月以照臨，取鏡花以折佩，此必不可得之數也。故空靜之理，愈談愈惑，空靜之功，愈妙愈妄。存人編。

習齋又為之舉實證云：

吾聞一管姓者，與吾友汪魁楚之伯同學仙於泰山中，止語三年。汪之離家十七年，其子往覓之。管能豫知，以手畫字曰：「汪師今日有子來。」既而果然。未幾，其兄呼還，則與鄉人同也。吾遊北京，遇一僧敬軒，不識字，坐禪數月，能作詩；既而出關，則仍一無知人也。蓋鏡中花，水中月，去鏡水則花月無有也。即使其靜功綿延，一生不息，其光景愈妙，愈幻愈深，正如人終日不離鏡水，玩弄其花月一生，徒自欺一生而已！何與於吾性廣大親明之體哉？存學編卷二。

靜坐之害使人病弱

且習齋之斥靜坐，不徒為其無用，抑且有大害焉。故曰：

終日兀坐書房中，萎惰人精神，使筋骨皆疲軟；以至天下無不弱之書生，無不病之書生，生民之禍，未有甚於此者也！朱子語類評。

使人厭事

又曰：

為主靜空談之學久，則必至厭事，厭事必至廢事，遇事卽茫然。賢豪且不免，況常人乎？故誤人才敗天下事者，宋人之學也。年譜

敬字壞於禪學

習齋既斥靜，又斥「敬」，宋儒言「敬」本無異於「靜」也。故曰：

「敬」字字面好看，却是隱壞於禪學處。古人教灑掃，卽灑掃主敬；教應對進退，卽應對進退主敬；教禮、樂、射、御、書、數，卽度數、音律、審固、磬控、點畫、乘除，莫不主敬。故曰「執事敬」，故曰「敬其事」，故曰「行篤敬」，皆身心一致加功，無往非敬也。若將古人成法皆舍置，專向靜坐收攝、徐行緩語處言主敬，乃是以吾儒虛字面做釋氏實工夫，去道遠矣。存學編卷四。

故「讀書」與「靜坐」為宋儒以來為學兩大綱，而習齋均非之，曰：

朱子歎近日學者，高入佛、老，卑入管、商。愚以為當時設有真佛、老，必更歎朱子之講讀訓解為耗神粗迹；有真管、商，必更歎朱子之靜坐主敬為寂守無用。存學編卷三。

又曰：

甯使天下無學，不可有參雜佛、老章句之學；甯使百世無聖，不可有將就冒認標牓之聖。庶幾學則真學，聖則真聖云爾。同上

以上習齋評宋學

習齋所謂眞聖、眞學者，則本之左氏文公七年。之所謂「六府三事」。又見僞古文尚書大禹謨。與周官之所謂「鄉三物」。故曰：

三事六府三物

唐、虞之世，學治俱在六府三事，外六府三事而別有學術，便是異端；周、孔之時，學治只有個三物，外三物而別有學術，便是外道。言行錄世情第十七。

「六府」謂金、木、水、火、土、穀，「三事」謂正德、利用、厚生，「三物」為六德、六行、六藝。「六德」謂知、仁、聖、義、忠、和，「六行」謂孝、友、睦、婣、任、卹，「六藝」謂禮、樂、射、

驗之於用

得之於習

各專一事

御、書、數。習齋論學，必得之於習行，必見之於身世，必驗之於事功，此三者，乃習齋論學大經也。嘗曰：

陳同甫謂：「人才以用而見其能否，安坐而能者不足恃；兵食以用而見其盈虛，安坐而盈者不足恃。」吾謂德性以用而見其醇駁，口筆之醇者不足恃；學問以用而見其得失，口筆之得者不足恃。年譜。

又曰：

心中惺覺，口中講說，紙上敷衍，不由身習，皆無用。存學編。

學須一件做成便有用，便是聖賢一流。試觀虞廷五臣，只各專一事，終身不改，便是聖；孔門諸賢，各專一事，不必多長，便是賢；漢室三傑，各專一事，未嘗兼攝，亦便是豪傑。言行錄學須第十三。

人於六藝，但能究心一二端，深之以討論，重之以體驗，使可見之施行，則如禹終身司空，棄終身教稼，皋終身專刑，契終身專教，而已皆成其聖矣；如仲之專治賦，冉之專足民，公西之專禮樂，而已各成其賢矣；不必更讀一書，著一說，斯為儒者之真，而澤及蒼生矣。

以上習齋論從事之方法

又嘗戒恕谷以三減，曰：

減冗瑣以省精力，減讀作以專習行，減學業以卻雜亂。如方學兵，且勿及農；冠禮未熟，不可更及昏禮。年譜

實學三大綱兵農禮樂

蓋習齋所提倡習行有用之學，舉要言之，惟三端為習齋所常道：一曰兵，二曰農，三曰禮樂。其言農，則尤主於水利，故其謂張文升曰：

如天不廢予，將以七字富天下：墾荒，均田，興水利；以六字強天下：人皆兵，官皆將；以九字安天下：舉人才，正大經，興禮樂。年譜

習齋言水利

嘗與門人言博蠡修河法，曰：「北人祇思除水患，不思興水利，不知興利卽除害也。」又曰：「吾事水學不外『分、濬、疏』三字，聖王治天下，亦祇此三事。」均見年譜。其言農田水利，與同時劉繼莊所論略同。惜乎習齋未著書，今不得其詳矣。張天章勸習齋著禮儀、水利書，知習齋於水利常所稱論，故人勸其著書也。其於尚武習軍事一端，尤常常慨切言之。謂：

朱子重文輕武，……其遺風至今日，衣冠之士，羞與武夫齒；秀才挾弓矢出，鄉人皆驚；甚至子弟騎射武裝，父兄便以不才目之。長此不返，四海潰弱，何有已時乎！存學編卷二。

又謂：

宋、元來儒者，卻習成婦女態，甚可羞。無事袖手談心性，臨危一死報君王，卽為上品矣。存學編卷一學辯。

又謂：

白面書生，微獨無經天緯地之略，禮樂兵農之才，率柔脆如婦人女子，求一腹豪爽倜儻之氣亦無之。習齋記餘卷一泣血集序。

年譜謂：習齋八歲就外傅吳洞雲學，洞雲名持明，能騎射劍戟。慨明季國事日靡，潛心百戰神機，參以己意，條類攻戰守事宜二帙。時不能用，以醫隱，又長術數。蓋先生自蒙養時已不同。又二十三歲見七家兵書悅之，遂學兵法，嘗徹夜不寐。復學技擊。五十七歲至商水，訪李子青。子青固大俠，館

習齋言禮樂

先生。見携短刀，曰：「君善此乎？」先生謝不敏。子青固請與試，乃折竹為刀，舞相擊數合，中子青腕，子青大驚，拜伏地，曰：「吾謂君學者耳，技至此乎！」遂深相結。是習齋固精武事。至於禮樂，尤為所重。謂「宋儒胡子安定外，惟横渠為近孔門教學」，存學編。因其主以禮為教也。又謂：

自驗無事時種種雜念，皆屬生平聞見言事境物，可見有生後皆因習作主。聖人無他治法，惟就其性情所自至，制為禮樂，使之習乎善以不失其性，不惟惡念不生，俗情亦不入。年譜

又曰：

人心，動物也，習於事，則有所寄而不妄動。故吾儒時習力行，皆所以治心。釋氏則寂室靜坐，絕事離羣以求治心，不惟理有所不可，勢亦有所不能，故置數珠以寄念。言行錄剛峯第七。

又曰：

習行禮、樂、射、御之學，健人筋骨，和人血氣，調人情性，長人仁義。……為其動生陽和，不積痰鬱氣，安內扞外也。言行錄刁過之第十九。

習齋之性善論

習齋治兵農，所以為富强，習六藝禮樂，所以為教化，內聖外王，胥於實事實行見之。而欲求習齋講禮樂之精意，則不可不及於其性善、性惡之辨。最要者在駁正氣質之非惡。其言曰：

氣質非惡

若謂氣惡，則理亦惡；若謂理善，則氣亦善。蓋氣卽理之氣，理卽氣之理，烏得謂理純一善而氣質偏有惡哉？譬之目矣，眶、皰、睛，氣質也，其中光明能見物者，性也；將謂光明之理專視正色，眶、皰、睛乃視邪色乎？……能視卽目之性善；其視之也，則情之善；其視之詳略遠近，則才之強弱，皆不可以惡言。蓋詳且遠固善，卽略且近亦善，第不精耳。惡於何加？惟因有邪色引動障蔽其明，然後有淫視，而惡始名焉。然其為之引動者，性之咎乎？氣質之咎乎？若歸咎於氣質，是必無此目，然後可全目之性矣。（存性編卷一。）

習齋謂惡之由來皆在習，不得因習而歸咎於氣質。氣質無惡可言，捨氣質亦無義理可言也。故曰：

渾天地間一性善也。……見妻子可愛，反以愛父母者愛之，父母反不愛焉；見鳥獸草木可愛，反以愛人者愛之，人反不愛焉，是謂貪營鄙吝。以至於貪所愛而弑父弑君，吝所愛而殺身喪國，皆非其愛之罪，誤愛之罪也，又不特不仁而已也。至於愛不獲宜而為不義，愛無節文而為

惡起於引蔽習染而誤

無禮，愛昏其明而為不智，皆一誤為之也，固非仁之罪也。使篤愛於父母，則愛妻子非惡也；使篤愛於人，則愛物非惡也。如火烹炮，水滋潤，刀殺賊，何咎？或火灼人，水溺人，刀殺人，非水、火、刀之罪也，亦非其熱、寒、利之罪也。手持他人物，足行不正途，非手、足之罪也，亦非持、行之罪也；耳聽邪聲，目視邪色，非耳、目之罪也，亦非視、聽之罪也；皆誤也，皆誤用其情也。誤始惡，不誤不惡也。引蔽始誤，不引蔽不誤也；習染始終誤，不習染不終誤也。去其引蔽、習染者，則猶是愛之情也，猶是愛之才也，猶是用愛之人之氣質也。而惻隱其所當惻隱，仁之性復矣。義、禮、智猶是也。故曰「率性之謂道」也，故曰「道不遠人」也。程朱惟見性善不真，反以氣質為有惡，而求變化之，是戕賊人以為仁義，遠人以為道矣。存性編卷二。

習齋既謂氣質無不善，所以不善者由於誤，誤由於引蔽，引蔽之而終於誤者在習染。然引蔽不可拒，而習染則可正也。何以引蔽不可拒？以引蔽吾者本亦無不善，因我之誤而遂見其不善也。故習齋持論，最重於「習」。曰：

孔孟以前責之習，使人去其所本無；程朱以後責之氣，使人憎其所本有。是以人多以氣質自諉，竟有「山河易改，本性難移」之諺矣。其誤世豈淺哉！

禮樂以去引蔽

而所以正我之習，使勿為引蔽所誤者，卽禮樂也。

與門人習禮畢，謂之曰：「試思周旋跪拜之際，可容急躁乎？可容暴慢乎？禮陶樂淑，聖人所以化人之急躁暴慢，而調理其性情也。致中致和，以位天地、育萬物者，卽在此。」言行錄學問第二十。

禮樂之擴大，則為三事、六府、六德。故曰：

孔孟之性旨明，而心性非精，氣質非粗。不惟氣質非吾性之累害，而且舍氣質無以存養心性。則吾所謂三事、六府、六德、六行、六藝之學是也。存性編卷二。

禮樂見於事物

三事、六府、六德之擴大，則曰事物。故曰：

「必有事焉」，學之要也。心有事則存，身有事則修，家之齋，國之治，皆有事也。無事則道與治俱廢。故正德、利用、厚生曰事，不見諸事，非德、非用、非生也；德、行、藝曰物，不徵諸物，非德、非行、非藝也。

宋儒主理在事先，故重理而輕事；習齋主理由事見，故即事以明理。其言曰：

見理已明而不能處事者多矣，有宋諸先生便謂還是見理不明，只教人明理。孔子則只教人習事，迨見理於事，則已徹上徹下矣。此孔子之學與程朱之學所由分也。存學編卷二。

事物在於習

習齋既謂孔子只教人習事，又謂周孔教天下以動。教天下以動，即教人以習事也。其言曰：

三皇、五帝、三王、周、孔，皆教天下以動之聖人也，皆以動造成世道之聖人也。漢、唐襲其動之一二以造其世也。晉、宋之苟安，佛之空，老之無，周、程、朱、邵之靜坐，徒事口筆，總之皆不動也。而人才盡矣，聖道亡矣。吾嘗言：一身動則一身強，一家動則一家強，一國動則一國強，天下動則天下強。自信其考前聖而不謬，俟後聖而不惑矣。言行錄學須篇。

習則須動

故性道正於禮樂，禮樂著於事物，事物通於習行。習齋之意，在使天下皆習行於實事，而由習行以自明性道，即謂不明，亦已在性道之中矣。故曰：

「民可使由之，不可使知之。」「道之以德，齊之以禮。」此聖賢百世不易之成法也。……後世有賢如孟子者，得由行習而著察，即愚不肖者，亦相與行習於吾道之中，正中庸所謂「行而世為天下法」，亦何必人人語以性道而始為至乎？存學編。

性道既在禮樂之中，亦惟賴禮樂而性道始得完成其作用。

韓子垂問：「道即在六藝乎？」曰：「子臣弟友，道之歸宿；禮樂射御等，道之材具。若無之，則子臣徒具忠孝之心，而無其作用。如明末死節諸臣，不可見乎？」言行錄刁過之篇。

故性道與禮樂，習行與作用，習齋皆一貫言之。合「事」與「動」而為習行，由習行而明性道，由性道而見作用，建功業，合內外，成人己，通身世，打成一片，一滾做功，此習齋論學要旨也。故曰：

吾願求道者，盡性而已矣；盡性者，實徵之吾身而已矣；徵身者，動與萬物共見而已矣。吾身之百體，吾性之作用也，一體不靈，則一用不具；天下之萬物，吾性之措施也，一物不稱其情，則措施有累。合內外，成人己，通身世，打成一片，一滾做功。近自几席，遠達民物；下自隣比，上暨廊廟；粗自灑掃，精通爕理；至於晝倫定制，陰陽和，位育徹，吾性之德全矣。

然則習齋論學，雖徹頭徹尾側重功利，而亦未嘗忽性道。性道、事功交融互洽，而會其歸於禮樂。禮樂者，內之為心性之所由導而達，外之為事功之所由依而立。故曰：

聖人……晝衣冠，飭簠簋，制宮室，第宗廟，辨車旗，別飲食，或假諸形象羽毛以制禮，範民性於升降、周旋、跪拜、次敘、肅讓。又鎔金琢石，竅竹糾絲，刮匏陶土，張革擊木，文羽籥，武干戚，節聲律，撰詩歌，選伶佾以作樂，調人氣於歌韻舞儀，暢其積鬱，舒其筋骨，和其血脈，化其乖暴，緩其急躁。而聖人致其中和以盡其性、踐其形者在此，致家國天地之中和，以為位育，使生民、天地皆盡其性、踐其形者亦在此矣。習齋記餘與何茂才千里書。

是禮樂也，事物也，功利也，自習齋論學之系統言之，皆一也。而此諸端，又皆本乎身而發乎動，合而言之則曰「善」。故曰：

為絲毫之惡，皆自黜其光瑩之本體，極神聖之善，始自踐其固有之形骸，而異端重性輕形因而滅絕倫紀之説，自不得以惑人心，喜靜惡動因而廢棄六藝之妄，自不得以蕪正道。存性編卷二。

此習齋論學大體也。

顏學之地位

以言夫近三百年學術思想之大師，習齋要為巨擘矣。豈僅於三百年！上之為宋、元、明，其言心性義理，習齋既一壁推倒；下之為有清一代，其言訓詁考據，習齋亦一壁推倒。「開二千年不能開之口，下二千年不敢下之筆」，（王崑繩語，見居業堂集卷八與壻梁仙來書。）遙遙斯世，「前不見古人，後不見來者，念天地之悠悠，獨愴然而涕下」，可以為習齋詠矣。

顏學之淵源

習齋與孫夏峯

然習齋論學，亦非平地拔起，殆亦有其因緣。以余所見，習齋要不失為當時一北方之學者。其學風蓋頗似孫夏峯，其講學制行，蓋有聞於夏峯之風聲而起也。夏峯論學，樸樸無所奇，以視習齋傲睨千載，獨步一世，若遙為不倫；然以夏峯人格之堅實，制行之樸茂，則習齋所論，正為近之。習齋嘗謂：「身遊之地，耳被之方，惟樂訪忠孝恬退之君子，與豪邁英爽之俊傑；得一人如獲萬斛珠，以為此輩尚存吾儒一線之眞脈也。凡訓詁章句諸家不欲問。」（習齋記餘泣血集序。）今夏峯忠孝之大節，禮樂兵農之素行，正習齋四存編中理想之人物，所謂「吾儒一線之眞脈」者。惟夏峯不斥宋儒，不廢著述耳。習齋之與夏峯，地相望，時相接，烏得謂習齋不受夏峯影響哉？據年譜：習齋年二十四、五，弟子交游間頗有夏峯門人。三十歲，約王法乾（習齋同學至友。）訪夏峯，以事不果。而同年稍後，即同王法乾訪五公山人問學，其後又屢往不一往。

習齋之交游

王介祺

五公山人者，王餘佑，字介祺，保定新城人。受業於夏峯，學兵法，究當世之務，習騎射，擊刺無弗工。甲申，闖賊陷京師，山人父子建義旗，起兵討賊，與夏峯共恢復雄、新

刁蒙吉

城、容城三縣，後竟隱不仕。習齋弟子李恕谷、王崑繩亟稱之，以比諸葛武鄉。習齋又謂生平父事者五人：刁文孝、張石卿、王五公、張公儀、李孝慤。孝慤，即恕谷父也。刁包，字蒙吉，祈州人。李闖躪畿西，包散財糾衆禦之，祈州得免。居父喪，哀毀月餘，須髮盡白，三年不飲酒食肉，不內寢。及母卒，號慟嘔血數升，遂病，不數月而卒，年六十七。初聞夏峯論學而好之，後篤嗜高攀龍書。年譜：習齋年二十七，入祁拜謁刁包，得其所輯斯文正統歸，立道統龕，正位伏羲至周、孔，配位顏、曾、思、孟、周、程、張、邵、朱。是習齋當時，亦深受刁包影響也。後為存學編，乃云：「愚嘗上書刁文孝，其答書亦不問人之疑與否，只自己說盡，想刁公亦非矜情自見，蓋素日所學，原是說話作文，更無他物與人耳。」卷三。此已為不滿之辭，要其平日感受，不在文字議論而在樸實為人處也。張公儀，習齋稱其「檢樸篤實，眞忠眞孝」。張石卿，稱其「品近幼安，心同思肖，廉潔似孺子，甘餓凍似袁安，謙抑樂接後學似郭有道，觀書詳密，講解諄切，雖甚疲病而不倦似朱晦菴，其於秦漢以降二千年間之書，聞見博洽，則未審何若」。又云：「王介祺稱其經濟不可量。」見習齋記餘祭兩氏文。習齋又以張石卿、刁文孝兩人讀書同譏。見前引。要之當時北學自成一種風氣，習齋惟反對讀書著述，其他無遠異也。

李孝慤

李孝慤，名明性，字洞初，又號晦夫，亦從學於夏峯。明末，天下大亂，孝慤方弱冠，與鄉人習射禦賊，挾利刃大弓長箭，騎生馬疾馳，同輩無敵。晚年益好射，時時率弟子植侯比耦，審固無虛發。元旦，設弧矢神位，置弓矢於傍，酹酒祭之，曰：「文武缺一豈道乎？」年譜王源語。

孝慤與習齋之往返

習齋三十一歲，訪之問學，兩人居伊邇，然孝慤不往報。習齋與王法乾為學會，邀孝慤，孝慤拒之。復法乾書曰：「足下與易直結

習齋之性氣

道義交，愚知學問將大進矣，氣質將大變矣，英浮者其將渾融乎？矯强者其將自然乎？圭角者其將沉潛乎？愚於二賢之好學，因而思顏子之好學，曰『回也如愚』，或其所難及者即在『如愚』乎？曰『如愚』，不惟不見圭角，亦聰明睿智之毫不露也。」又復習齋問學書曰：「承下詢，無可言，必妄言之，當涵養沉潛，煉至如愚光景，則英資不露，浮俗全銷。」又復書略曰：「人之相知，貴相知心，或易直至寒家，不能相候，或當往貴府，不克必往，此中有情理可諒也。」王五公山人集有同朱易直、王法乾三札，謂：「讀書為格物之大端，須自古今人物涉歷而下，固不止宋代諸賢也。」此規諷兩人排詆宋儒、不主讀書之見解也。又曰：「兩賢力追古道，獨挽頹風，可謂荒萊之特苗，狂瀾之砥柱，然須平以近人，和以惠物，使吾道近洽而遠布，庶幾樂易可親，久而與化。若夫孤高寡與，使人畏而遠之，指而異之，雖一身一家，孤燈獨照，恐久而易危也。愚謂行古道以勇，復古道以漸，成古道以久，傳古道以寬和，輔古道以博雅，則內外兼修，文行備舉，萬物一體之意，在吾襟抱間矣。」此則箴藥之意，大體與孝慤甚似矣。又特引顧涇凡語，謂：「吾輩發念舉事須於太極上有分，若但跟陰陽五行上走，便不濟事。」此則嫌習齋講學太重事物，不根柢心性本原而發也。凡此等處，均可見當時河北學者先輩對顏學之意態。毛奇齡為孝慤墓表，謂：「顏習齋，博陵儒也，謂聖人無心學，而有其學，乃自立為學次第，雜取少儀、內則諸篇，定幼學之準，而以古文禹謨、李氏周官經所云『六府、三事、三物』為節目究竟，彷彿班氏、王學限年責功之說，而心學闕焉。乃謂先生實學與其說合，齋宿過先生，先生不與見。既而見，不答。先生於諸客之過，未嘗不答，而獨不答於習齋。即習齋亦不以先生不答而不之過。嘗過先生，值他出，見案前所錄書，大驚，歸而書先生姓字於屏，每出入必拱揖焉。習齋籍博陵，而寄僦於蠡城之東村，先生由里居之鄉，由鄉之里居，必經習齋門，不一入也。然而先生遇雖疏，終以其學切實，遣子塨與遊，塨雖秉家學，然亦學其所學云。」西河所述，當親聞於恕谷，其言與恕谷所為習齋年譜合。惟譏習齋闕心學，恕谷嘗面辨之，見恕谷年譜。而毛氏仍著其說，非恕谷意。據年譜，習齋三十三歲謁孝慤，約翌日再會，及至，則孝慤以事出矣，見其日記，有「易直立朝必蹈矯激之僻」云云，習齋歎息而去。王法乾亦告習齋（在前一年。）云：「李晦夫言吾子欠涵養，且偏僻。」則當時孝慤所以拒習齋、法乾之會而與之書，不答習齋之訪，約晤而他出，留示日記以婉規習齋者，皆在此。即習齋亦自言之，曰：「王介祺春風和氣，李晦夫闇然恂恂，吾羨之不能之。雖有猛勵方强，是暴也，非剛也。」其後孝慤終遣其子學於習齋，乃為其學之切實。以是而觀，當時北方學者，厲忠孝之節，究兵、農、禮樂，為風尚之大同，習齋亦莫能外。夏峯巋然為之倡，王五公、李孝慤之徒，皆足以影響習齋於風聲意氣之微。

習齋對夏峯之欽仰

故習齋三十六歲，既成存性、存學兩編，郵書夏峯論學，自謂「髮未燥，已聞容城孫先生名，己亥二十五在易水，得交高弟王五修，連年來，與高弟介祺，尤屬莫逆，撰有存性、存學二編，欲得先生之一是，而復孔門之舊」云云。是習齋於夏峯，始終敬仰。（康熙五年丙午，夏峯講學內黄，擧論語「學而時習」，謂：「一部論語，皆時習之功。」越後四年，習齋始更「思古齋」曰「習齋」。）

習齋與同時河北學者之異同

習齋四存編中人物，其實是夏峯、五公一路。（四書正誤述孫語「赴的湯，蹈的火，纔做的人」，而云：「畢竟此老好！」時在丁丑二月，則習齋已六十三，而夏峯之卒已踰廿年矣。）而其持論之高亢，意度之激厲，所謂「及時發明前二千年之故道，以易後二千年之新轍」者，（上夏峯書中語。）則習齋之所以成其為習齋也。李孝慤之致疑於習齋者，亦在此不在彼。其後恕谷於習齋，亦頗有獻替，規習齋勿多言高亢浮躁。（時恕谷年三十三，習齋年五十七。）蓋習齋論學，始終不脫高亢之氣，對宋、元、明理學諸儒，雖排擊已甚，而並世學者交游，為習齋所敬信，如孫、王、李諸人，則仍是理學門中人物，亦即習齋四存編中所理想之人物，當時北方學者氣象率如此。習齋平日精神意度，亦不能遠踰乎此。其持論之高亢，則習齋個人性氣為之。顏、李之學，仍未能劃然與宋、元、明理學分疆割席，此乃習齋講學精神本如此，不得盡以後無繼承為說也。清末譚獻復堂日記謂「習齋門徑略似蘇門孫先生」，可謂知言。

習齋與陸桴亭

其次影響習齋論學者，為太倉陸桴亭。年譜於己酉三十五歲正月著存性編，七月書「聞太倉陸桴亭自治教人以六藝為主」一條，同歲十一月，著存學編共四卷，大旨謂孔門教人，以禮樂兵農，心意身世，一致加功，是為正學。不能謂與桴亭講學，絕無風聲啓召之跡也。故於壬子三十八歲，與陸桴亭書，自述存性、存學大旨，而云「在故友刁文孝座，聞先生有佳錄，即指思辨錄。復明孔子六藝之學。嗣刁翁出南方諸儒手書，又知桴亭有人性之善正在氣質之論，乃知先生不惟得孔孟學宗，兼悟孔孟性旨，已先得我心。當今之時，承儒道嫡派者，非先生其誰」之說。習齋記餘卷三上陸桴亭書在甲寅，此據年譜在壬子三月。又同卷答許西山御史書，亦謂「聞太倉陸道威學識似得孔、孟本旨，終未謀面，已為深憾，至欲讀其遺書，竟不可得」云云，此已在丁卯，習齋年五十三矣。恕谷亦云：「明季盱眙馮慕岡著經世實用編，即重六藝；清初太倉陸桴亭有思辨錄，講究六藝頗悉，皆與習齋說不謀而合。」語見後集一醒莽文集序。今習齋上夏峯、桴亭兩書，同列存學編首卷。桴亭、夏峯，同為斟酌朱、王，調和折衷之學者，習齋氣象近夏峯，議論近桴亭，學術大體，實不出斯二人之間。其後恕谷即欲以桴亭思辨錄主敬之說，補習齋講學對於心性一部之偏缺。則習齋四存編議論，雖對宋、元、明以來理學諸儒高論排擊，而其精神意趣，仍不能有以遠踰乎彼者，其間消息，亦即此可悟也。

習齋與王陽明

習齋論學，在北如夏峯，在南如桴亭，於其思想議論，皆有影響染涉，既如上列。而據余所見，習齋種種持論，更似頗有近陽明者。四庫提要評習齋存性編，亦謂「其學大概源出姚江而加以刻苦」，是當時館臣，已有見及此者。方望溪鹿忠節公神堂記（文集卷十四）謂：「自明之季，以至於今，燕南、河北、關西之學者，能自豎立，而以志節事功，振拔於一時，大抵聞陽明氏之風而興起者也。」余論習齋學風，淵源夏峯，其蹊徑之近陽明，自可推見。惟習齋平日，於程朱極呵斥，陸王則不復置辨矣。謂其頗近陽明，人或不信，然文字具在，可以覆按。習齋每言：「吾人有生後皆因習作主。」習齋早年深喜陸王，其後轉治周、程、張、朱，又轉而排斥之，不自悟其所以排斥周、程、張、朱者，乃頗有幾許論點源於其最先所深喜之陸王，潛滋暗長，盤據心中，還為根核，雖已經幾度之變化，要為其先存之故物，正是習齋所云「因習作主」之一例。惟身習易見，心習難知，可以微論，難以確說；亦有自不承認，而旁觀默察，灼然可見者。習齋尚習行，輕講誦，謂：「人之歲月精神有限，誦說中度一日，便習行中錯一日；紙墨上多一分，便身世上少一分。」此等正是象山以朱子為支離之意。反對讀書，亦象山當日已然。故習齋謂「『六經皆我註脚』，乃陸子最精語，亦最真語」也。（習齋記餘閱張氏王學質疑評。）而文盛實衰之弊，陽明言之尤慨切。曰：「天下之大亂，由虛文勝而實行衰。天下所以不治，只因文盛實衰。」又曰：「天下靡然爭務修飾文詞以求知於世，而不復知有敦本尚重、反朴還淳之行，是皆著述者有以啓之。」至於重習行，所謂「必有事焉」之教，則即陽明「知行合一」之論也。陽明常提「事上磨練」，其意始終未改，其卒前一月答聶文蔚書，猶謂：「我此間講學，却只說個必有事焉。」又曰：「盡天下之學，未有不行而可以言學者。」梨洲明儒學案，於陽明重行之意，再三發明，謂：「先生致之於事物，『致』字即是『行』字，以救空空窮理，只在知上討分曉之非。」所論良為有見。（四書正誤卷六引錢緒山解「操則存」，謂：「操如操舟，其妙在柁，不是死操，又如操軍，操國柄，必要運轉得；今操心却只把持一個死寂，如何謂之操？」習齋云：「予嘗如此解法，不意緒山已先得吾心。」其實緒山所云，亦陽明「事上磨練」之旨耳。習齋論學大體無以異之，習齋自不覺耳。）且習齋深惡紙墨講誦，其意實由目擊當時八股應舉之害而起。故其評宋儒，謂：「在當日以口舌致黨禍，流而後世，以章句誤蒼生。上者但學先儒講著，稍涉文義，即欲承先啓後；下者但問朝廷科甲，纔能揣摩，皆務富貴利達。」存學編。故曰：「為治去四穢：時文也，僧也，道也，娼也。」又曰：「宋儒是聖學之時文。」凡習齋所譏文章之禍，紙墨講誦之害，實皆可謂其有感於並世之八股學子業而發。此一層亦與陽明合轍。參讀本書第七章。故習齋弟子朱主一有言：「明之亡天下，以士不務實事而囿虛習，其禍則自成祖之定四書五經大全始。三百年來，僅一陽明能建事功，而攻者至今未已，皆由科舉俗學入人之蔽已深故也。」戴望顏氏學記卷十。李恕谷平書訂，亦謂：「明代大學士，卽相臣也，不用歷練禮樂兵農親嘗民事之官為之，而但以科舉高第選入翰林，弄筆磨墨，坐至館閣。」此所謂「科舉高第」，雖必誦朱子書，然究不能謂卽朱子學，治顏、李者，於此必當熟辨。由斯觀之，王、顏兩家，自其反虛文、重實事之一節言，實有共通之點。其所抨彈，或及於朱子，其觀感所發，實由於朝廷之功令，舉子之俗業也。此卽以後漢學家反宋，亦不脫此意。參讀本書第四章。習齋又常比論朱陸兩家，謂：「章句之惑，陸輕於朱；禪寂之妄，朱減於陸。」又曰：「朱子看陸子之弊甚透，王子看朱子之弊亦甚透，武承張烈著王學質疑。看王子之弊又甚透。」又曰：「王學誠有近禪，僕亦非敢黨王者。」其攻陸王語皆隨分無氣力。且其書攻朱多，攻王少。而攻朱語多似王說。習齋以遵行朱子家禮，遂悟宋儒講學不可靠，正與陽明格庭前竹子故事一例。習齋雖決不肯自認近於陽明，然持論實多相近。其駁朱子分年試經史子集議，至引陽明有云：「與愚夫愚婦同底便是同德，與愚夫愚婦異底便是異端。」以折朱子半日靜坐、半日讀書之課，此決非習齋有意祖王攻朱，乃其意徑思理之流露於不自覺也。又陽明教約，亦有習禮歌詩以存心之說，與習齋論禮樂意相似。凡此比附，非謂顏學必來自陽明，特見論學之家，雖己所力斥，而轉不免有精神相類之點，甚難以文字言說判其違合耳。

習齋平日最要理論，莫如習行六藝，以為古人皆各精一藝，後世思兼長，乃自欺欺世。言行錄載：

問果齋：「自度才智何取？」對云：「欲無不知能。」先生曰：「誤矣！孔門諸賢，禮樂兵農，各精其一，唐、虞五臣，水火農教，各司其一。後世菲資，乃思兼長，如是必流於後儒思著之學矣。蓋書本上見，心頭上思，可無所不及，而最易自欺欺世，究之莫道一無能，其實一無知也。」言行錄刁過之。李恕谷平書訂，謂：「天下當為不可不為者，皆正途，不可言雜。謂歷象、太卜、考工、岐黃為雜，猶是宋、明書生習氣，非古也。」顏、李論學，不避粗，不避雜，皆其見精神處。

陽明拔本塞源之論

此其意，陽明於答顧東橋書所謂「拔本塞源」之論者曾詳言之。此為王學絕大理論，惜乎發之晚年，未及深闡；王學後人，亦少能光大之者。卽以習齋痛言慨論，其深切著明，似猶少遜。今備錄其說以相比，亦足見王、顏兩家議論異同之一斑也。其言曰：

夫拔本塞源之論不明於天下，則天下之學聖人者將日繁日難，斯人淪於禽獸夷狄，而猶自以為聖人之學。吾之說雖或蹔明於一時，終將凍解於西而冰堅於東，霧釋於前而雲滃於後，呶呶焉危困而死，而卒無救於天下之分毫也已。

夫聖人之心，以天地萬物為一體，其視天下之人，無外內遠近，凡有血氣，皆其昆弟赤子之親，莫不欲安全而教養之，以遂其萬物一體之念。天下之人心，其始亦非有異於聖人也，特其間於有我之私，隔於有我之蔽，大者以小，通者以塞。人各有心，至有視其父子兄弟如仇讐者。聖人有憂之，是以推其天地萬物一體之仁以教天下，使之皆有以克其私，去其蔽，以復其心體之同然。其教之大端，則堯、舜、禹之相授受，所謂「道心惟微，惟精惟一，允執厥中」。而其節目，則舜之命契，所謂「父子有親，君臣有義，夫婦有別，長幼有序，朋友有信」五者而已。唐、虞、三代之世，教者惟以此為教，而學者惟以此為學。當是之時，人無異見，家無異習，安此者謂之聖，勉此者謂之賢，而背此者，雖其啓明如朱，亦謂之不肖。下至閭井田野農工商賈之賤，莫不皆有是學，而惟以成其德行為務。何者？無有聞見之雜，記誦之煩，辭章之靡濫，功利之馳逐，而但使之孝其親，弟其長，信其朋友，以復其心體之同然，是蓋性分之所固有，而非有假於外者，則人亦孰不能之乎？學校之中，惟以成德為事，而才能之異，或有長於禮樂，長於政教，長於水土播植者，則就其成德，而因使益精其能於學校之中。迨夫舉德而任，則使之終身居其職而不易。用之者惟知同心一德，以共安天下之民，視才之稱否，而不以崇卑為輕重，勞逸為美惡；效用者亦惟知同心一德，以共安天下之民，苟當其能，則終身處於煩劇而不以為勞，安於卑瑣而不以為賤。當是之時，天下之人，熙熙皞皞，皆相視如一家之親。其才質之下者，則安其農工商賈之分，各勤其業以相生相養，而無有乎希高慕外之心。其才能之異若皋、夔、稷、契者，則出而各效其能，若一家之務，或營其衣食，或通其有無，或備其器用，集謀并力以求遂其仰事俯畜之願，惟恐當其事者之或怠而重己之累也。故稷勤其稼，而不恥其不知教，視契之善教，卽己之善教也；夔司其樂，而不恥於不明禮，視夷之通禮，卽己之通禮也。蓋其心學純明，而有以全其萬物一體之仁，故其精神流貫，志氣通達，而無有乎人己之分，物我之間。譬之一人之身，目視，耳聽，手持，足行，以濟一身之用。目不恥其無聰，而耳之所涉，目必營焉；足不恥其無執，而手之所探，足必前焉。蓋其元氣充周，血脈條暢，是以痒疴呼吸，感觸神應，有不言而喻之妙。此聖人之學所以至易至簡，易知易從，易學易能，而易成才者，正以大端惟在復心體之同然，而知識技能非所與論也。

三代之衰，王道熄而霸術昌，孔孟既歿，聖學晦而邪説横，教者不復以此為教，而學者不復以此為學。霸者之徒，竊取先王之近似者，假之於外，以内濟其私己之欲，天下靡然而宗之，聖人之道遂以蕪塞。相倣相效，日求所以富強之説，傾詐之謀，攻伐之計，一切欺天罔人，苟一時之得以獵取聲利之術，若管、商、蘇、張之屬者，至不可名數。及其久也，鬬爭刧奪，不勝其禍，斯人淪於禽獸夷狄，而霸術亦有所不能行矣。

世之儒者，慨然悲傷，蒐獵先聖王之典章法制，而掇拾修補於煨燼之餘，蓋其為心，良亦欲以挽回先王之道。聖學既遠，霸術之傳，積漬已深，雖在賢知，皆不免於習染，其所以講明修飾以求宣暢光復於世者，僅足以增霸者之藩籬，而聖學之門牆遂不復可覩。於是乎有訓詁之學，而傳之以為名；有記誦之學，而言之以為博；有詞章之學，而侈之以為麗。若是者，紛紛籍籍，羣起角立於天下，又不知其幾家。萬徑千蹊，莫知所適。世之學者，如入百戲之場，讙謔跳踉，騁奇鬬巧，獻笑爭妍者，四面而競出，前瞻後盼，應接不遑；而耳目眩瞀，精神恍惑，日夜遨遊淹息其間，如病狂喪心之人，莫自知其家業之所歸。時君世主，亦皆昏迷顛倒於其說，而終身從事於無用之虛文，莫自知其所謂。間有覺其空疏謬妄，支離牽滯，而卓然自奮，欲以見諸行事之實者，極其所抵，亦不過為富強功利五霸之事業而止。聖人之學，日遠日晦，而功利之習，愈趨愈下。其間雖嘗瞽惑於佛、老，而佛、老之說，卒亦未能有以勝其功利之心；雖又嘗折衷於羣儒，而羣儒之論，終亦未能有以破其功利之見。蓋至於今，功利之毒，淪浹於人之心髓而習以成性也幾千年矣。相矜以知，相軋以勢，相爭以利，相高以技能，相取以聲譽。其出而仕也，理錢穀者，則欲兼夫兵刑；典禮樂者，又欲與以銓軸；處郡縣，則思藩臬之高；居臺諫，則望宰執之要。故不能其事，則不得以兼其官；不通其說，則不可以要其譽。記誦之廣，適以長其傲也；知識之多，適以行其惡也；聞見之博，適以肆其辯也；辭章之富，適以飾其偽也。是以皋、夔、稷、契所不能兼之事，而今之初學小生皆欲通其說、究其術。其稱名僭號，未嘗不曰吾欲以共成天下之務，而其誠心實意之所在，以為不如是，則無以濟其私而滿其欲也。嗚呼！以若是之積染，以若是之心志，而又講之以若是之學術，宜其聞吾聖人之教而視之以為贅疣枘鑿；則其以良知為未足，而謂聖人之學為無所用，亦其勢有所必至矣。

嗚呼！士生斯世，而尚何以求聖人之學乎？尚何以論聖人之學乎？士生斯世而欲以為學者，不亦勞苦而繁難乎？不亦拘滯而險艱乎？嗚呼！可悲也已！所幸天理之在人心，終有所不可泯；

而良知之明，萬古一日。則其聞吾拔本塞源之論，必有惻然而悲，戚然而痛，憤然而起，沛然若決江河而有所不可禦者矣。非夫豪傑之士無所待而興起者，吾誰與望乎！

凡此所言，自漢以來，訓詁、記誦、詞章之學，習齋所深斥者，陽明已先及；虞廷盛治，禮樂政教、水土播植，習齋所力倡者，陽明亦同之；各就其性分之所近，專治一藝以成才，而靖獻於天下，陽明、習齋所論無異致。習齋之見，何以自別於陽明？惟陽明深非功利，習齋則澈骨全是功利，此為兩人之所異耳。（魏禧冰叔謂：「文成功蓋天壤，一洗千古道學空疎之恥。」陽明非不重功業，惟立說與習齋自異。）

習齋之功利主義

郝公函問：「『正誼』、『明道』二句，似即『謀道不謀食』之旨，先生不取，何也？」曰：「世有耕種而不謀收穫者乎？有荷網持鈎而不計得魚者乎？抑將恭而不望其不侮，寬而不計其得衆乎？這『不謀』、『不計』兩『不』字，便是老無釋空之根。惟吾夫子『先難後獲』、『先事後得』、『敬事後食』三『後』字無弊。蓋正誼便謀利，明道便計功，是欲速，是助長；全不謀利謀功，是空寂，是腐儒。」公函曰：「請問謀道不謀食。」曰：「宋儒正從此誤，後人遂不謀生。不知後儒之道，全非孔門之道。孔門六藝，進可以獲祿，退可以食力，如委吏之會計，簡兮之伶官可見。故耕者猶有餒，學也必無饑。夫子申結不憂貧，以道信之也。若宋儒之學，不謀食，能無饑乎？」（言行錄教及門。）

習齋議論如此，而恕谷已言之，曰：

> 思學術不可少偏。近聞習齋致用之學，或用之於家產，或用之於排解，少不迂闊，而已流雜霸矣。故君子為學，必慎其流。李恕谷年譜。

陽明「拔本塞源」之論，惜乎發之晚年，未及深闡，遂使後之治王學者，仍墮入身心性命重霧之圍，於陽明拔本塞源論大旨，不聞有所提撕警策，於陽明所陳易從、易學、易能、易成才之道，似未著意。及習齋激於宋、明以來理學諸儒之流為空虛無用，而矯之惟恐其不正，凡所高論排擊，固已極痛切無蘊蓄矣，然全尚功利，流弊亦不免。其後浙東有章實齋，著文史通義，深斥經學家訓詁考據之無當於實事實理，議論時與習齋相會通；而謂學術功力必兼性情，即王氏良知遺意，則與習齋功利異趨矣。今人方盛倡功利之論，習齋四存之旨，極為潮流所重，然若補之以實齋性情之說，而溯之於陽明拔本塞源之教，以習齋所謂「實文、實行、實體、實用為天地造實績」者，見上陸桴亭書。合之於陽明易知、易從、易學、易能、易成才之說，而無惟以功利為首倡，或者乃有合於恕谷所謂「學術不可少偏」之微意也。

夫學術之異同，難言之矣，而學術之流變，尤為難言。習齋論學，慨然欲以改易二千年之舊轍，而一傳為恕谷、崑繩，不聞繼起，斬焉遂絶；且恕谷、崑繩，其精神意氣，亦復與習齋當日所想望者若有不類。何也？蓋習齋雖對宋、元、明以來理學諸儒，高論排擊，而其為學大體，仍自與宋、元、明以來諸儒走上同一路徑，未能劃然分疆割席，則其結果，自祇限於此而已也。習齋力斥誦讀紙墨工夫，然極尊古，持論必以堯、舜、周、孔為歸，所倡六府、三事、三物、四教，皆根據古籍；則其學術根源，初與其排擊之諸儒非有異致，惟諸儒言大學、中庸，習齋言僞尚書、僞周禮耳。習齋又曰：

> 僕謂古來詩書，不過習行經濟之譜，但得其路徑，真偽可無問也，即偽亦無妨也。今與之辨書册之真偽，著述之當否，即使皆真而當，是彼為有弊之程朱，而我為無弊之程朱耳，不幾揭衣而笑裸，抱薪而救火乎！習齋記餘寄桐鄉錢生曉城。

習齋不尚誦讀著述，意則然矣，然習齋所謂經濟，意在隆古乎？抑在當時乎？若在當時，則習行路徑，當求之實事實物，不必求之古詩書也。若意在隆古，古書眞偽未辨，當否未判，奈何遽奉以為習行之譜？今習齋言經濟，多混之於禮樂；言禮樂，多本之於古昔；言事物，亦以揖讓升降、弦歌舞佾、衣冠金石為主，並未深發當時切用之意，則烏從閉學者誦讀考究之功？故恕谷初從學於習齋，習齋規恕谷，策多救時，宜進隆古；恕谷亦規習齋，盡執古法，宜酌時宜。恕谷年譜。又習齋力主復封建，恕谷頗不以為是，師弟商榷者數年，未能合一。見恕谷存治編跋尾。夫盡執古法，而戒人為誦讀紙墨工夫，則不知古之果如何也。故恕谷又言之，曰：「思向論禮，未能考古準今，今頗知依據；向不知樂，今知樂。」又有戒恕谷者，曰：「坐讀久，則體漸柔，漸畏事，將蹈宋、明書生覆轍。」恕谷答之曰：

> 吾人行習六藝，必考古準今。禮殘樂缺，當考古而準以今者也；射、御、書有其髣髴，宜準今而稽之古者也；數本於古，而可參以近日西洋諸法者也。且禮之冠、昏、喪、祭，非學習不能熟其儀，非考訂不能得其儀之當，二者兼用者也；宗廟、郊社、禘祫、朝會，則但可考究以待君相之求，不便自我定禮以為習行者也。矧今古不同，公西華之禮樂，惟宜學習。何者？三代之禮，至周而備，時王之制釐然也，修之家，獻之廷，無變易者，然殷輅、周冕、舜樂，孔子且以考究為事矣。今世率遵朱子家禮，然多杜撰無憑，行之傎躓。其考議之當急，為何如者？海內惟毛河右知禮樂，萬季野明於禮文，向問之不厭反復；今季野長逝，河右遠離，吾道之孤，復將質誰？故上問之古人耳。豈得已哉！（恕谷年譜。）

自習行折入考究為顏學自身一歧點

是則恕谷早年雖曾規習齋盡執古法之非是，（時年二十七。）其後乃不得不自習齋之習行折而入於考究。（時年四十五。）自此河北實踐之學，終與南士博雅同流，卒亦不出誦讀紙墨之外。吳、皖考經之學既盛，章實齋始創「六經皆史」之論，謂：「『禮，時為大』，而動言好古，必非眞知古制者。學者昧於知時，動矜博古，譬如考西陵之蠶桑，講神農之樹藝，謂可以禦饑寒，而不須衣食也。」（文史通義史釋。）故習齋重習行而必則古昔，不免為其學術自身所含之歧點者，一也。（習齋泥古之病，朱蓉生無邪堂答問論之極析。）又習齋既盛倡事物功利之學，而仍不免心性禮樂之見，故平日持論雖甚激昂，其制行則仍是宋、明諸儒榘矱。（孝慤之終命其子恕谷從學者亦由此。）尤著者，習齋力斥靜坐之非，而自有一番工夫，名曰「習恭」。

習齋之習恭與宋儒靜坐之異同

杜益齋問：「習恭卽靜坐乎？」曰：「非也。靜坐是身心俱不動之謂，空之別名也；習恭是吾儒整修九容工夫。媿不能如堯之允，舜之溫，孔之安，故習之。習恭與靜坐，天淵之分也。」（言行錄王次亭篇。）

游馬生學，教之習端坐功，正冠整衣，挺身平肱，手交當心，頭必直，神必悚；如此則扶起本心之天理，天理作主，則諸妄自退聽矣。（言行錄學人篇。）

凡此所謂「習恭」、「習端坐」者，縱謂與靜坐不同，却不能不說與宋儒所謂「敬」者相似，故習齋於宋儒論敬，亦謂是好字面。若眞如習齋所教習恭、習端坐功夫，便已是朱子「主敬」三法：伊川之「整齊嚴肅」，上蔡之「常惺惺」，和靖之「其心收斂不容一物」也。「正冠整衣，挺身平肱，手交當心，頭必直」，卽伊川「整齊嚴肅」法也。「神必悚」，卽上蔡「常惺惺」法也，豈有神必悚而昏惰不常惺惺之理？「天理作主，諸妄退聽」，卽和靖「其心收斂不容一物」法也。不容一物，本只是不容諸邪，故又曰「主一之謂敬」，「一」卽天理矣。則習恭、習端坐，又便是延平所謂「默坐澄心，體認天理」，龜山所謂「靜坐中觀喜怒哀樂未發前作何氣象」矣。夫謂默坐澄心，體認天理，本只是說默坐之時，此心澄然無事，乃所謂天理，要於此時默識此體云爾，非默坐澄心外，又別有天理當體認也。高景逸語。故宋、元、明儒者主敬主靜，其實出於一源，敬、靜工夫，到底還是一色，惟字面不同耳。今習齋所謂習恭、習端坐，與彼亦復何異？而云有天淵之別耶？西山眞氏教子齋規：一曰學禮，二曰學坐，三曰學行，四曰學立，五曰學言，六曰學揖，七曰學誦，八曰學書。習齋之所謂「習」，正是西山之所謂「學」。年譜載習齋三十歲有「靜坐觀喜怒哀樂未發時氣象」一條。王崑繩說之曰：「宋儒靜坐，與二氏何殊？先生當日原遵此學，後乃能脫去窠臼，直追孔孟正傳，豈不異哉！」自今觀之，「脫去窠臼」之說，似未全是。變靜坐為習恭，正又其所論「有生後皆因習作主」之一例。習齋於此等處，既未能擺脫，又不願深談，而只架空過去，轉成其學術之疎漏。故其後恕谷又規之，曰：

> 先生倡明聖學，功在萬世，但竊窺向者束身以斂心功多，養心以範身功少，恐高年於心性更宜力也，時恕谷年四十一，習齋年六十五。乃以無念有念、無事有事皆持以敬之功質。先生曰：「然。吾無以進子，子乃於外出得之，可愧也。敢不共力！」乃書「小心翼翼，昭事上帝」二語於日記首，日服膺之。習齋、恕谷年譜均見。

習齋稱恕谷「無念有念、無事有事皆持以敬之功」乃外出得之者，恕谷前年四十歲。南遊，得見陸桴亭思辨錄，論體驗未發一節，始悟此意，歸告習齋，習齋服膺其說。是年冬，習齋始閱桴亭思辨錄，蓋亦由恕谷處得之也。恕谷三十九歲遊越，問樂於毛奇齡。奇齡謂：「習齋好言經濟，恐於存養有缺，存心養性之功，不可廢也。」恕谷面辨之，謂：「顏先生省心之功甚密。」然恕谷於毛氏語，不能無耿耿。後得桴亭書，自謂存養之功稍進，又以是規習齋。故恕谷答邵念魯書，（在四十二歲。）自述為學經歷，謂「少承家學，弱冠從習齋先生遊，年幾四十，入浙拜河右先生問樂，而經學頗進，已而得陸桴亭書，而存養之功亦稍進」也。

自經濟折入存養為顏學自身之又一歧點

此習齋論學，事物經濟與心性存養並重兼顧，又為其學術自身之歧點者，二也。梨洲雖力闢王學，然於靜坐養心諸法，實少用力。若以此點觀之，習齋尚守舊，而梨洲已趨新，不得徒以文字言說判兩家學術之境詣矣。

本心之天理

習齋又言之曰：「端坐習恭，則扶起本心之天理，天理作主，則諸妄自退聽。」（語見前引。）此所謂「本心之天理」者又何物乎？明道嘗云：「天理二字，是我自家體貼出來。」伊川亦云：「人只有個天理，却不能存得，更做甚人？」「天理」二字，正是宋明理學家惟一最上宗主，六百年來深思苦索，强探力辨，只求所以體貼此天理而存守之耳。習齋若主理由事見，則惟論事物習行，更不須此本心之天理；習齋若主理由功著，則惟求效用功績，亦不須此本心之天理；若謂事物功利之外，而吾心自有天理，則此處大須體會，不得謂習恭端坐，即自扶起也。若謂本心之天理，與事物功利交濟互成，實屬一體，則下手工夫，將自事物功利以認識本心之天理乎？將自本心天理以完成其事物功利乎？凡此於習齋書中均未詳及。故恕谷規其師，謂養心功少，而自有取於桴亭。

顏學之根本病

此為顏學仍不免折入宋學心性之一途。又習齋論習恭端坐，推本古禮，又謂禮樂所以存心盡性，而於心性一邊實少闡發。苟不能推明我

禮樂之兩面

之心性以興禮樂，則不得不講求古人之禮樂以範我之心性，而年遠代湮，所以講求古之禮樂者，又不得不借途於考據。恕谷之自有取於季野、西河以補其師之缺憾者在此。此又顏學所以仍不免折入漢學考據之一途也。習齋論學，雖欲力反自來漢、宋諸儒之病，然其學術自身，仍有歧點，未能打併歸一，成嚴密之系統，為精細之組織。一傳為恕谷，於習齋精神已有漏走，已見散漫。自習行轉入於考究，則以後三百年漢學考據訓詁之説也；自經濟轉及於存養，則以前七百年宋學心性靜敬之敎也。宋學既不能振拔，故存養一端，終歸冷落，而考據遂成獨步。顏學亦自此消失矣！今考顏學體系，以習行代訓詁誦説、著述紙墨之功，以事物代心性義理、靜敬玄虛之談，其議論本甚粗猛，甚痛快，帶有革命之氣度，而終歸於與舊傳統相妥協、相消融者，則厥在其講禮樂之一端。習齋講學，以禮樂與習行、事物為鼎峙之三足，而尤以禮樂為大厦之獨柱，以禮樂打併內外，貫通古今，功利與性天，亦於此交融，最為習齋制行講學精神所寄，而實亦顏學未能超出舊傳統卓然自拔之所由也。夫禮樂貴乎當時，而習齋泥於隆古；禮樂本古代政治上一種已陳之芻狗，而習齋以之為個人性命惟一之寄托。故禮樂之一面為習行、為事物，習齋所欲以痛砭舊傳之病者；而禮樂之又一面則為性天、為古聖賢堯、舜、周、孔，仍是漢儒訓詁考據、宋儒心性虛玄之見解為之作用、為之調遣。舊日之病根，盤踞已深，習齋未能斬伐驅逐，空言呵斥，雖言之已厲，亦復何補？間日之瘧，去而復來，亦其宜也。然言北宋以來千年之學術，習齋之氣魄力量，要不失為一豪傑。恕谷言：

思顏先生之強不可及。（恕谷年譜。）

習齋為北方之强

知師莫如弟子，恕谷可謂眞知其師者。習齋，北方之學者也，其強不可及者，亦不失為一種北方之强也。

恕谷傳略

李塨，字剛主，別字恕谷。保定蠡縣人。生順治十六年，卒雍正十一年，（一六五九—一七三三。）年七十五。少從學習齋，後世稱曰「顏李」，習齋聲光，由先生而大也。康熙二十九年庚午舉於鄉。至都，左都御史吳涵聘主其家，命子弟從學六藝，且為刊所著大學辨業，一時顯達皆過論學。安谿李光地為直隸巡撫，聞先生名，欲延致，命門人徐元夢道意，欲持先生所著書往，曰：「李公虛左以待，先生寧不往見？」曰：「都民也，往見非義。」卒不往。時三藩平，四方名士，競會都門，無不樂交先生，鄞縣萬季野負重名，稱先生「聖學正傳」，慕從益衆。先是，宛平郭金湯子堅為浙桐鄉令，一歲使者三至，聘先生往，舉邑以聽，期年，政教大行。及晚年，楊勤愼修令陝西富平，亦敦請先生往，曰：「學施於民物，在人猶在己也。」應之。先生曰：「富邑，亂國也，治須嚴，然嚴不傷寬乃得。」教之禁鬬爭，斷賭博，勤聽訟，減催科，抑强恤弱，行之如桐鄉時，民俗遂變。乃語以旌孝弟，崇學校，選鄉保，練民兵，勸農桑，興水利。慎修從先生言，百廢俱舉。關西學者聞風而至。既歸，遷居博野，修葺習齋學舍，以召學徒，從游日盛，年羹堯用兵西陲，以幣再來聘，皆力辭，稱病篤。隱居治農圃，卒於家。

學術師友大要

恕谷論學大體

恕谷從學習齋，論學大體相似。曰：

紙上之閱歷多，則世事之閱歷少；筆墨之精神多，則經濟之精神少。宋、明之亡，此物此志也。

因深斥明末學風，謂其：

承南宋道學後，守章句，以時文八比應試，高者談性天、纂語錄，卑者疲精亂神於舉業，不惟聖道之禮樂兵農不務，卽當世之刑名錢穀，亦懵然罔識，而搦管呻吟，自矜有學。萊陽沈迅上封事，曰：「中國嚼筆吮毫之一日，卽外夷秣馬利兵之一日。卒之盜賊蠭起，大命遂傾，而天乃以二帝三王相傳之天下，授之塞外。」吾每讀其語，未嘗不為之慚且慟也。書明劉戶部墓表後。

善人書生之學

又曰：

自秦火後，而學術劃然一變。……尋之經書，……而習行少，講說多。德行讓之長者，如陳寔、荀淑等；政事讓之雄豪，如周亞夫、霍光等；而專箋註傳經為儒者，……塞天地、橫四海之聖道，僅存一綫。……程朱諸儒出，慨然欲任聖緒，……而沿流旣久，尋源為難。知訓詁不足為儒，而內益之以心性，外輔之以躬行，……退處則為鄉黨自好，立朝顧為講官諫臣，所稱特開門戶以轉世教者，不過如是。……至於扶危定傾，大經大猷，則拱手推之粗悍豪俠，其自負直接孔孟者，僅此善人書生之學而已。……明之末也，朝廟無一可倚之臣，天下無復辦事之官。坐大司馬堂，批點左傳，此指孫嬪。敵兵臨城，賦詩進講。其習尚至於將相方面，覺建功奏績，俱屬瑣屑，日夜喘息著書，曰：「此傳世業也。」以致天下魚爛河決，生民塗毒。嗚呼！誰實為此！無怪顏先生之垂涕泣而道也。與方靈皐書。

其痛論漢以下儒學疲軟空虛，與習齋如出一口。其對宋、明以來理欲之辨所持見解，亦守習齋論旨。謂：

「理」字聖經甚少。中庸「文理」與孟子「條理」同，言道秩然有條，猶玉有脈理。……理見於事，……今乃以「理」代「道」，而置之兩儀人物以前，則鑄鐵成錯矣。（傳注問。）

夫事有條理曰「理」，卽在事中，今曰理在事上，是理別為一物矣。……天事曰天理，人事曰人理，物事曰物理。……離事物何所為理乎？（同上）

卽以「理」代「道」字，而氣外無理。……未有陰陽之外，仁義之先，而別有一物為道者；有之，是老莊之說，非周孔之道也。（同上）

此辨理字視習齋尤明晰，謂理在事中，不在事先，與以後戴東原孟子字義疏證言理，如出一轍，其實亦自明儒理氣之辨來也。又曰：

陽明有格去物欲之說，近宗之者，直訓「物」為私欲。……己之物，耳目是也，今指己之耳目而卽謂之私欲可乎？外之物，聲色是也，今指工歌美人而卽謂之私欲可乎？其失在「引蔽」二字，謂耳目為聲色所引蔽而邪僻也。不然，形色天性，豈私欲邪？猶人羨人金玉而盜之，始謂之盜，始稱之贓。豈人與金玉，並未染指，而即坐以盜名，定為贓物邪？是昭烈之指有酒具者而誅其犯酒禁也。大學辨業卷三。

此即習齋「義理在氣質之中，氣質無不善，引蔽而始有不善」之見也。又曰：

聖門專重學禮，宋儒專言去私。學禮則明德、親民俱有實事，故曰「天下歸仁」。去私則所謂至明至健者，祇在與私欲相爭，故訓「克」曰「勝」曰「殺」，訓「禮」曰「天理」，而履中蹈和之實事，程子四箴皆不及焉。遂使二氏「剪除六賊」之説得以相雜。始以私欲為賊而攻伐之，究且以己之氣質為賊而攻伐之，是戕賊人以為仁義也，其害可勝道哉！傳注問。

所謂戕賊人以為仁義，猶東原「理欲之辨適成忍而殘殺之具」之説也。又曰：

自宋有道學一派，列教曰存誠明理，而其流每不誠不明。何故者？高坐而談性天，捉風捕影，纂章句、語錄，而於兵農、禮樂、官職、地理、人事沿革諸實事，概棄擲為粗迹，惟窮理是文。離事言理，又無質據，且執理自強，遂好武斷。惲氏族譜序。

此則東原「宋儒以意見為理」之説也。凡此皆本之習齋，亦有與習齋持論稍稍相出入者，大體已詳習齋學案，此不具。惟習齋以博野一老儒，窮死獨守，聲光甚闇；恕谷則歷游南北，交遊既廣，名譽藉甚。使當世知有顏氏之學者，胥恕谷為之。而習齋當日精神，亦僅恕谷一傳而止，是顏氏之學至恕谷而大，亦遂至恕谷而失，略述恕谷師友往還之間，可以見其微。而習齋、恕谷師弟子之間，其相處尤多足以風末俗者：

據年譜，恕谷年二十一，始訪習齋，深以學習六藝為是。翌年，聞習齋賣側事，往諫，曰：「先生正名買側，為媒所欺，可出不可賣：今使媒轉賣，是我又使之欺人也。」習齋以年將老，立嗣事迫，媒還原銀，圖再買，意難之。先生曰：「改過不畏難也，畏難則過不改矣。先生為千百世之人而畏難乎？」習齋汗流被面，曰：「近累目瘡，昏則惰，惰愈昏。承教，敢不改！」因下拜。先生亦拜，曰：「既是鄙言，願朝聞夕行。」習齋曰：「何待夕？」飯畢，即同恕谷尋媒，出原銀十九兩贖女，出之其父。恕谷服習齋改過勇，躍然志氣若增益，效習齋立日記自考，自此日始。時恕谷年二十二，習齋年四十六。習齋曰：「學者勿以轉移之權，委之氣數，一人行之為學術，衆人從之為風俗，民之瘼矣，尚忍膜外？」恕谷泣下。自此常與習齋會質日記，互致箴規。自言：「思每會，顏先生諍譏，致愧赧無以自容，非是則愚昧安有成哉？」[三十一]而恕谷於習齋亦時有所獻替：

與習齋言交友須令可親，乃能收羅人才，廣濟天下。論取與，習齋主非力不食，恕谷主通功易事。二十四。

與習齋曰：「人有囊無一文，而不害其為大；有沾沾小惠及人，而不免於小者。」習齋曰：「足下家貧累衆，不謹將致變操，宜小之，愚勉大之。」二十五。

習齋規恕谷策多救時，宜進隆古；先生規習齋盡執古法，宜酌時宜。同上。

恕谷年三十一歲，始執贄習齋正師弟禮。

習齋過恕谷，見諸友歡聚，謂曰：「吾當勉于狎足成歡，子當勉于莊足成禮。」三十二。

習齋南遊，教恕谷強立，減誦讀。恕谷規習齋勿多言高亢浮躁。三十三。

恕谷規習齋，道大器小，宜去褊、去矜、去躁、去隘。習齋書於日記之首。顏五十九。

恕谷南遊歸，謁習齋質學。習齋曰：「此行歷練可佳，惟勿染南方名士習耳。」三十七。

恕谷第二次南遊歸，往拜習齋，曰：「先生倡明聖學，功在萬世，但竊窺向者束身以斂心功多，養心以範身功少，恐高年於心性更宜力也。」乃以無念有念、無事有事皆持以敬之功質，習齋曰：「然。」四十一。

師弟子之相處如此，洵足感矣！而恕谷生平，於交遊尤重視，嘗言：

自古聖賢，無有不資朋友而成者，故直列一倫於君臣、父子間。孔子大聖，而於子產、晏嬰兄事之；漢儒甚重游學，至於擔簦、都養、司掃除，不告窮瘁；宋儒若程、張、朱、陸，俱多聲氣。塨於先正無能為役，少年食糠覈，衣鶉結，貧甚，然不敢自棄。入泮後，始從顏先生遊，三四十里嘗步往。既而走四方，凡海內道學才儁，通儒文士，無不委曲納交者。是以極愚至陋，而於身心頗有功力，經濟頗有見解，禮樂、兵農、經史頗有論著，考古幾過萬卷，皆朋友力。……人僅欲為鄉黨自好者，閉門無交可也，若如大論盡性至命，參贊化育，繼往開來，舍友其何以哉？答馮樞天書。

又與王崑繩書曰：

塨滯都門，實非所樂。兼之顏先生年邁無與，見則促以歸里，然尚未能者，以今世如李中孚、竇靜菴，皆卓然成一孝弟忠信之人。夫孝弟忠信，不出户庭而可為矣。如塨者，竊不自揣，志欲行道，如不能行，則繼往開來，責難謝焉。當此去聖既遠，路岔論歧，非遍質當代夙學，恐所見猶涉偏固，不足聞道。又挽世警衆，必在通衢，僻谷引吭，其誰聞之？時年四十三。

又與馮辰言正學難合，辰曰：「宜弢晦。」恕谷曰：

> 如守習齋之道而專弢晦，覆蔽澌滅矣，何以明行於天下萬世乎？故不得不通聲氣、廣交遊也。有從者此道傳，有排者此道亦傳。此顏先生意也。（時年四十九。）

顏李絕不同之一點

恕谷南遊及其思想之轉變

恕谷與毛西河

習齋窮壤一老儒，而恕谷汲汲於通聲氣、廣交遊，實為師弟子絕不同之點。恕谷之汲汲於此，求以明行習齋之道，意誠慨切矣，然恕谷自稱考古幾過萬卷，顯背師門之旨。而恕谷之移情考古，則自南遊始。年譜：恕谷三十七歲，以郭子堅招往桐鄉，遇王復禮草堂，（山陰人，陽明五世孫。）為恕谷言太極圖本道家說，今本大學、孝經係朱子改竄，考辯甚博。恕谷由是始聞南方考訂之學。歸謁習齋，習齋戒以勿染南方名士習，然尚未溺情於著述也。翌年，毛大可寄其駁太極圖、駁河圖洛書二種至，（大可子姬潢，與恕谷為同年。）明年（三十九。）恕谷以郭氏兄弟堅邀，再如浙，習齋囑以無作無益詩文；而恕谷是年上習齋書，論宋儒學術之誤始周子，以太極圖及河圖洛書為說，顯已走上南學考訂路徑，與習齋精神歧出矣。是年選陶淵明集，選韓昌黎文，亦與習齋叮囑之意正反。大可又書至論學，遂如杭問樂，訪王草堂，又見姚立方，蓋皆精於考訂，有以動恕谷之心。毛氏論習齋好言經濟，恐於存養有缺。在毛氏之意，蓋欲搖恕谷，使捨習齋而己從，恕谷雖力辨顏先生省心功甚密，然其後恕谷又自以缺存養規習齋，恕谷思想之轉變，實

恕谷欲以考訂為衛道

肇於此。又明年四十，恕谷投受業刺於毛氏，又與論易，自後恕谷治易諸書，皆自王、毛二氏發之。又恕谷初至桐，有錢曉城者，名煌，首以弟子禮來謁，曉城亦習考據，有壁書辨偽、中庸辨、孟子疑義諸書，蓋有聞於閻百詩、姚立方之說者。恕谷論學卷二，有「錢丙不講學問，不講持行，專以明理為言。年來加以狂怪，將大學、中庸、古文尚書、易繫辭、周禮、儀禮、禮記、春秋三傳，有見者，有未見者，望風而詬」一條，其人疑即錢曉城，其學蓋不足道。恕谷於考核本非長，挾其師「六府、三事、見偽古文尚書。三物」見偽周禮。之說而南，聞曉城之論，不能無辨，而無以窮搜博考為自信，成書一卷，呈大可。大可故喜名，不欲人出己右，已心妒百詩辨僞古文獲盛名，務欲凌出之，得恕谷說則大喜。乃急為古文尚書辨白，先成定論四卷，後乃為寃詞八卷。大可自負博才，不免以急忌前為恕谷所誤，而恕谷乃欲借大可之博辨為習齋作護符，則又轉自誤也。其上毛氏書謂：

> 今人辨尚書有偽之說，先生既有駁正，此事所關非小。……閻百詩書未見，姚立方所著略觀之，錢生曉城書則詳觀之，均屬謬誤。今人駁尚書不已，因駁繫辭；駁繫辭不已，因駁中庸，不至揚矢周、孔不止。此聖道人心之大患，豈能坐視不言？塨亦欲少有辨論，俟錄出請教。

知恕谷於考辨之學，所入未細，故不能深為別擇。立脚不定，乃欲效當時南方學者籍考訂為衛道，以求明行其師習齋之學於天下，而精神乃與習齋顯背。其後恕谷北返，以曉城告習齋，習齋移書曉城，力言書生文人之非儒。而曰：

習齋論書籍眞偽可無問

離此經濟一路，幼而讀書，長而解書，老而著書，莫道訛偽，卽另著一種四書、五經，一字不差，終書生也，非儒也；幼而讀文，長而學文，老而刻文，莫道帖括詞技，雖左、屈、班、馬，唐、宋百家，終文人也，非儒也。……但得此義一明，則三事、三物之學可復，而諸為儒禍者自熄。故僕謂古來詩書，不過習行經濟之譜，但得其路徑，真偽可無問也，卽偽亦無妨也。今與之辨書册之真偽，著述之當否，卽使皆真而當，是彼為有弊之程朱，而我為無弊之程朱耳，不幾揭衣而笑裸，抱薪而救火乎！

恕谷再度南遊與思想之再變

此論痛快斬截，蓋亦屢以告恕谷，若恕谷受其說，可不折入南學考據之途矣。今恕谷務欲廣聲氣，納交游，而當時南方學風，早已走上考訂一路，恕谷亦不得不委曲追隨，以自墮於書生文人一類，良可惜也。（恕谷後集與方靈皋書亦云：「周禮，人方疑為偽書，何有三物？但門下不必作周禮三物觀，惟以仁義禮智為德，子臣弟友五倫為行，禮樂兵農為藝，請問天下之物，尚有出此三者外乎？吾人格物，尚有當在此三物外者乎？」議論亦與習齋一氣，惜乎恕谷不能緊守此見，而終以考辨自溺也！）

又恕谷在桐，（戊寅四十。）有餽以陸桴亭思辨錄者，讀其論人心未發，遂悟「有事無事、有念無念皆持以敬」之說，自謂「自幼為學，惟戊寅年（卽四十歲之年。）功頗密」。此證恕谷以後論存養、論敬，亦自南方學者間得之，蓋恕谷隱以此補毛氏駁習齋之缺也。恕谷復自言，「思向論禮，未能考古準今，今頗知依據；向不知樂，今知樂；向以道心無私欲，今知無私不足盡道心，必欽而明。此自戊寅至今（己卯）所歷者。」恕

恕谷生平大著述大學辨業亦南遊後見解

谷學問轉變，由其兩度之南遊，恕谷亦自言之甚晰矣。恕谷生平著述最大者為大學辨業，亦始戊寅。其論自習齋「鄉三物」之説外，古本之辨，取之王草堂、毛大可，主敬之意，得之陸桴亭，亦南遊後見解也。其後毛大可著四書逸講箋，乃謂：

> 蠡吾李塨受大學去，……著大學辨業四卷，……其文則猶是所受古本，而格物大指頓乖舊義，同門發其書以為叛教。

蓋大可好名忌前，内敬恕谷，必欲其出己門下為名高，乃往往故抑習齋，以相挑撥。然恕谷大學辨業一依古本，自南遊交毛、王諸人始知之，亦實事也。

翌年，四十一。恕谷北返，至淮安，訪閻百詩論學。其明年，有書寄大可述其事云：

> 客歲拜別函丈，過淮上晤閻潛邱，因論及古文尚書。塨曰「毛先生有新著」云云。潛邱大驚索閱，示之。潛邱且閱且顧其子，曰：「此書乃專難我耶？」塨曰：「求先生終定之！」潛邱強笑曰：「我自言我是耳。」塨曰：「不然，聖經在天壤，原非借之作門户者，況學殖如先生，惟是是從，何論人己？」已而再面辨析他書甚夥，毫不及尚書事，想已屈服矣。

恕谷在都交遊

恕谷既內慕南學博辨，而涉之未深，故於閻、毛兩家得失不能判，又不能效其師之超然而强立，徬徨歧途，則恕谷之柔也。恕谷既歸，見習齋，即以讀陸桴亭論存養之見進，謂習齋恐於心性更宜力，習齋深是之。其實此亦顏學一歧途，惜乎習齋已老，（時年六十五。）不能深剖之。恕谷四十二歲入都，又交萬季野、胡朏明，此皆南方博辨士，恕谷從此益移情考古不自覺。是年見胡氏易圖明辨，言太極先天河圖洛書之非，上書毛氏，以六律正五音圖求正，並問郊社及經義。毛氏答書，盛稱恕谷英雋，蓋世一人，且言已鐫學樂二卷入西河合集。大可必欲拉攏恕谷以自重，而恕谷又續著禘祫考辨、郊社考辨諸文，與萬季野過從漸密。

恕谷與萬季野

恕谷自記其事云：

> 時吳都憲涵榻予論學。季野暴聞予名，又知予與毛河右遊，先是萬氏叔季在史館纂修，為河右所折，嗛之。金德純特筵招胡朏明、季野及予，（年譜在庚辰四十二歲四月，恕谷與胡、萬初見。）予後至。季野酒餘，赫然曰：「河右全集序為先生撰，稱許太過，將累先生。」予謝手曰：「敢拜直言！然序文，先生未深讀也。序以躬行自勵，以讀書歸毛先生，方慙虛大，非以屈諛。且聖道恢廓，詎一說而已？」胡子曰：「然。」因罷去。既而謂予曰：「先儒訓學錯出，愚謂祇是讀書耳。」予不答，但叩其長。（年譜在庚辰九月，謂「季野言禘及宗廟制甚析」。按：恕谷著禘祫郊社考辨，在十一月，似亦受季野之助力。）歲辛巳，（恕谷四十三。）都憲及徐少宰秉義謀梓予大學辨業。予思季野負重名，見不合，或詆讕，不如先事質之，袖往求正。踰數日，季野見，下拜，曰：「吾自誤六十餘年矣！（季野卒康熙壬午，年六十五，則與恕谷語為六十四歲時也。）吾少從遊黃梨洲，聞四明有潘先生者，曰

『朱子道，陸子禪』，怪之，往詰其説，有據；同學因轟言予畔黄先生。先生亦怒，予謝曰：『請以往不談學，專窮經史。』遂忽忽至今，不謂先生示我正途也。」年譜在辛巳二月。自此情好日密。一日，季野講會，衆拈郊社，季野曰：「未也，請先講李先生學。」因舉辨業所論格物卽學六藝，歷歷指示，曰：「李先生績周、孔絶學，非我所及，諸君有志，勿自外。」並延予登坐講郊社，予辭謝去。年譜在辛巳四月。嗟乎！吳、越文人，爭尚浮誇，季野耆宿，裦然厭於上，公卿趨其餘風，今忽聞野人一言，傾心折服，舍己從之，是一端也，幾於大舜矣！時季野修明史紀傳成，尚缺表志，無助者，與予雜論經史聲韻。季野曰：「夾室並廟室皆南向，故顧命西夾南向敷席，晉立古文尚書不可廢。」予曰：「夾室東西向，非南向，爾雅稱『東西廂』是也。公食大夫禮宰東夾北西面，使並廟而向南，宰何為立廟後乎？立廟後，何以至東西序授醯醬薦豆乎？古文尚書自漢孔安國送官府，至晉中祕尚存，惟無傳，東晉梅賾始得安國傳奏之，非獻古文尚書也。」曰：「何見？」曰：「見隋書。」按：此層卽毛西河本之以衍成古文尚書寃詞者也。程綿莊青溪集古文尚書寃詞辨及沈彤果堂集書古文尚書寃詞後均有辨；後山陽丁晏著尚書餘論，又別有説明，可參看。予又曰：「古無四聲，有之始齊周顒。古惟分宫商五均，不分平入四類。」季野憮然曰：「吾何以未考也？」歸檢之，信，攜手曰：「天下惟君與下走耳，閻百詩、洪去蕪未為多也。」王懋竑朱子年譜別錄原序，有洪璟序一篇，稱「家兄去蕪」，卽王譜所稱洪譜之作者也。乾隆歙縣志文苑：「洪嘉植，字去蕪，洪源人，以布衣而談理學名，公卿嘗上章薦舉，辭以親老不就。著有易説十五卷、春秋解二十卷」，惟未及其朱子年譜。去蕪與王崑繩交最密，互相序其文集，（見居業堂集）崑繩又稱「去蕪極服閻百詩博雅精識，虛心服善」。（居業堂集卷七與閻書）今恕谷年譜，改稱「太原閻生」，削去洪去蕪名，疑馮辰輩已不詳洪去蕪其人。至梁氏學術史，乃卽以洪去蕪為洪璟，尤誤。又按：洪璟乃陽湖洪亮吉曾祖，曾官大同知府，見惲敬洪編修遺事述。從史王尚書鴻緒來拜，意招予同修明史，予辭謝不願也。無何，季野卒，予亦不往尚書家，事遂寢。（年譜在辛巳十月。萬季野小傳。）

恕谷此文，亦極引季野為己重，而又於季野頗致微詞，可知恕谷一瓣心香，固永遠在習齋也。然古文尚書一辨，恕谷先以告大可，今又述於季野，恕谷終不自悟其非。其辨夾室方向，辨四聲五均先後，亦非習齋講禮論學之旨。謂季野謀延同修明史，而謝不願，其後年譜載朝臣欲徵恕谷修明史，方望溪言其老病不能出而止，（癸卯，六十五。）恕谷弟子劉調贊極惜之，痛斥方氏，至謂「『行或使之，止或尼之』，古今同慨」，與師門往日所以謝季野者異矣。蓋季野在當時負盛名，（徐立齋謂：「焉有為薦紳可不識萬季野者！」（見黃百家所為墓誌銘）方望溪為作墓表，亦謂：「季野至京師，士之遊學京師者爭相從問古儀法，月再三會，錄所聞，共講肄。惟余（方氏自稱）不與，而季野獨降齒德而與余交，並要之為作身後之傳。」其後大為謝山所譏，以季野死京師史局中，而方氏誤謂卒於浙東，欲弔之而無由，其言大可怪。（見全氏季野傳跋語））一時學人，好牽引為重，恕谷筆墨之間，亦未能免。其為大學辨業，遍請當時名士為之題辭，而無毛大可，蓋已成嫌隙矣。（恕谷寄辨業於大可，在康熙丙戌（四十八），是後卽無往問；大可之死，亦不見於年譜，則兩人固隙末也。）然如閻潛邱、胡朏明輩，亦僅以考據家眼光，論程朱改竄大學之非，以及大學不必曾子作，於習齋「鄉三物」之說均非能傾心，獨年譜載季野一序，始扼要發揮習齋「鄉三物」宗旨。而恕谷萬季野小傳顧不及其事，則恕谷之請季野序其書者，固亦僅以免紛爭，而非眞心相契重耶？（今刻辨業諸題辭仍無季野，殆以季野成文遲，不及待。）然則恕谷之所得於諸君者亦至塵矣。要之，習齋北方一老儒，而其驅邁之氣，實欲掃除千古壁障，今恕谷求以明行習齋之道，而不免沾染南方學者考古窮經之習，卽已不脫書生氣局矣。移步換形，貌存神離，自信不堅，引外為重，宜不足以轉捩一世之視聽也。

恕谷一生為學轉變

恕谷嘗自述其為學經過云：

予自弱冠庭訓外，從顏習齋先生遊，為明德、親民之學。其明德功課，則日記、年譜所載是也；其親民條件，則瘳忘編、閱史郄視，今大半匯之平書訂者也。而無暇治經義。經義大率閱宋儒所注今世通行者，卽間及十三經注疏以及漢儒諸書，忩忩未深考也。迨年幾四十，始遇毛河右先生，以學樂餘力，受其經學；後復益之王草堂、閻百詩、萬季野，皆學窮二酉，助我不逮。然取其經義，猶以證吾道德、經濟，尚無遑為傳注計。至於五十始衰，自知德之將耄，功之不建，於是始為傳注。（恕谷後集詩經傳註題辭。）

此恕谷自言一生學術轉變極清晰。言孔孟不得不牽連而治經義，治經義不得不為考覈訓詁而走上南方學者之路。政治事業既無發展，則晚年仍不得不為傳注著述，此亦當時情勢使然，不得盡責人事也。

恕谷與王崑繩方靈皋

壬午，（四十四歲。）恕谷歸里，往見習齋，習齋曰：「吾素可子沉靜淡默，而此見微有浮驕之氣，宜細勘改之！」恕谷竦然。習齋之所以規恕谷者深矣！大抵恕谷交游，在南遇毛大可，在北遇萬季野，二人之影響於恕谷者特大。故恕谷有「海內惟毛河右知禮樂，萬季野明於禮文，向問之不厭反覆，今季野長逝，河右遠離，吾道之孤，復將誰質」之嘆。（年譜，癸未，四十五。）而恕谷在都交遊，其暱近者厥為王崑繩、方靈皋。恕谷、崑繩初見在庚辰，（四十二歲。）崑繩自負奇氣，不可一世，而極推恕谷，嘗曰：「生平性命之友有

恕谷交游所得不如所期

二：一曰劉繼莊，一曰李恕谷。此二人者，實抱天人之略，非三代以下之才也。」文集卷八，復姚梅友書。一日，崑繩與恕谷同榻，中夜呼恕谷曰：「吾自少聞道學言不慊，乃學經濟，無所用，學古文，自謂必傳於世；近聞吾子言顏先生學，又知文詞亦屬枝葉，非所以安身立命也。吾受業習齋決矣！」越三年，癸未六月，恕谷為崑繩作价，如楊村執贄於習齋；而是年正月，崑繩介恕谷與方望溪論學。恕谷自謂生平知交，雅重毛河右、王崑繩、方靈皋，然望溪與恕谷學術終不相合。恕谷既卒，望溪為作墓誌銘，誣其死友，恕谷門人深致不滿。而望溪謂：「吾友王源崑繩，恢奇人也，所慕惟漢諸葛武侯、明王文成，而目程朱為迂闊，見剛主而大悅，因與共師事習齋，時年將六十矣。」其言頗得崑繩之情。顏、李本近陽明，故與崑繩相投。其後德清戴望子高治顏、李，劉師培作傳，謂其雖嫉宋學，然力崇王陽明；其詩有曰：「艱危觸處見經綸，周漢而還有幾人？怪雨盲風江路濕，陽明古洞自生春。」此亦顏、李精神與王學相近之一證也。而恕谷與望溪書，亦謂：「先生與王崑繩，少年皆從事才子文人，非從事聖賢之道，大學、小學以次而入者，故其氣盛，其情浮。」恕谷於崑繩，時有微辭。恕谷後集三，與方靈皋書謂：「崑繩夙學，原從豪傑入，故共學經濟，更其所長。」頗欲以究心性之功者望望溪，而望溪終不契也。顏門有王崑繩，以為聲氣之宣傳，則為益實大，若求切實負荷，崑繩非其人。恕谷之東西南北，皇皇栖栖，求以明行顏氏之學於天下，而所得不能如其所期。蓋當時學術文采，盡在南方，恕谷告黃宗夏有曰：

> 天地之道，極則必返，實之極必趨於虛，虛之極必歸於實。當其實之盛而將衰也，江、淮迤北，聖賢接踵，而老聃、列禦寇之流，已潛毓其間，為空虛之祖。今之虛學，可謂盛矣，盛極將衰，則轉而返之實者，其人不必在北，或即在南。送黃宗夏南歸序。

恕谷蓋隱以北方實學自負，而欲廣聲氣、大宣傳，則不得不望之南士。然恕谷又常自慨，曰：

思北人多忮，忮，強象也；然散而不一，其勢常弱。南人善求，求，弱象也；然集而為黨，其勢常強。年譜，丁亥。又書明劉戶郎墓表後，謂：「嘗披廿一史，漢、唐、北宋名臣，率在北方；及南宋而北人寥寥。南好浮華，北習固陋，毋怪史傳之南多而北少也。」

其殆有所深感而發也。同時又曰：

思家務上事下畜益繁，學問此思彼辨益多，交游應酧益廣，天下萬世之慮益奢，一日忙如撲火，視習齋當日所處又不同。年譜，丁亥。

方恕谷入京，習齋規之曰：「勿染名利。」恕谷曰：「非敢求名利也，將以有為也。先生不交時貴，塨不論貴賤，惟其人；先生高尚不出，塨惟道是問，可明則明，可行則行；先生不與鄉人事，塨於地方利弊，可陳於當道悉陳之；先生一介不取，塨遵孟子可食則食之，但求歸潔其身，與先生同耳。」習齋首肯。此其師弟子制行之不同也。然習齋精神，重在一身之習行，老死戶牖，光氣則凝；恕谷東西南北，持習齋千古一發之獨見，求以共信於天下，其光耀而弱，其氣流而散。當時言理學者既率宗

習齋晚年之衰

程朱，否則務考據，其精神意趣皆與顏學迴殊。恕谷踽踽獨行，掉臂於羣紛之中，宜乎其艱矣。我嘗細誦顏、李兩年譜，習齋意氣，自恕谷遠遊以後，日見其衰；恕谷精神，自習齋逝世以後，日見其歧。當日師弟子以發明聖道，逆轉漢以來二千年積非為己任，其志誠大，其任重而道遠，其求所以勝任愉快者，良匪易也。謂習齋自恕谷遠遊而意氣日衰者，恕谷遊浙歸，習齋年六十五，日記屢書「衰病，不能理他功，惟常習恭」，此見其意氣之衰也。然庚辰習齋六十六。評塨日譜，戒以「用實功，惜精力，勿為文字耗損」。辛巳，又教塨：「今卽著述盡是，不過宋儒為誤解之書生，我為不誤解之書生耳，何與於儒者本業？」其叮嚀甚切至，而恕谷著述之情方濃，自稱：「上問古人，豈得已哉？」癸未，習齋卒前一年語。習齋卒，毛大可來書，稱其：「於禮樂大事，皆洞徹原委，實先聖先王所繫賴一大人，勉之勉之！」恕谷覆書，自謂：「學樂書已成六卷，學禮則郊社、禘祫、宗廟、田賦、士相見、冠、昏、喪、祭各有論著。」丙戌，四十八。同年，又註易繫辭，辨周子太極圖之誣，辨陳摶河圖洛書之妄，辨本義筮法之非古，辨先後天圖之為異端，辨卦氣圖之非，辨易卦配以五行之非。又翌年，戊子，五十。重著學樂卷三、卷四。丙午，六十八。又註春秋。翌年，六十九。望溪來邀入京，恕谷自言：

> 念老矣，天下良友，惟臯聞、惲鶴生。靈臯。臯聞之會不可必矣；靈臯尚近，向者論學尚未盡言，若及今而不一剖，恐留畢生之憾。

恕谷精神之歧出

乃入京晤之，而首辨「庶子為君，尊母為夫人」云云，則恕谷固不免力求為一不誤解之書生矣。次乃及顏先生學，方氏憮然曰：「願先生急著治平書以為世法，則正學興，彼學退矣。」在方氏固為遁辭，在恕谷正自入歧途也。故曰恕谷自習齋之死而精神日歧也。綜觀恕谷一生學術，言義理則兼斥宋、明，尚不失習齋宗旨；言考據則並信周官、古文尚書、易傳，實為時流之逆轉。以舊傳統言，反程朱兼反陸王，若幾於叛道；以新潮流言，信周官並信古文尚書，亦不免不智。宜乎恕谷之終不能大信其說於天下也！自恕谷遊浙，後百五十年，德清戴子高以十四齡童子，於其家敝簏中得恕谷贈其先五世祖所藏顏先生書，遂知愛好，後乃著顏氏學記，為晚清顏、李學重光之端。其事仍起於恕谷之遠遊，其業仍成於南方之學者，是亦一奇！

恕谷未脫宋儒窠臼

且恕谷為學，亦終未全脫宋儒窠臼也。年譜己亥，六十一。「思年老學習功難，當益純於內地。」此實與習齋一色。習齋亦以晚年衰病，常習恭，恕谷之益純於內地，蓋即習齋習恭之教，其實無大殊違於宋儒之所謂敬、靜也。恕谷七十歲，戊申。語黎長舉以「顧諟明命」之功曰：

反顧此心湛然在內

> 吾子留意於「顧諟明命」，可謂探本者，然為之有道。每日夙興，即為所當為之事，作何事即存心於何事，接何人即存心於何人，事竣人去，反顧此心，湛然在內，一切聲色貨利，毫不繫於懷，旋而治事、接人又如之，所謂「終日乾乾」也，所謂「執事敬」也。不可效宋人白日靜坐，以食二氏遺毒也。若欲靜坐，則向晦未臥，雞鳴未起，除省察前日所為得失、今日所為興除外，被衣直坐，收攝天君，片時亦可，然主敬非主靜，所謂「夕惕若」也。總之，皆「顧諟天之明命」也。「明命」者，命吾之心也，命吾心之仁義禮智也。若馳思天地未朕兆之先，

及天地氤氳生物之始，以為「顧諟」，則誤矣。前功既熟，則耳聰目明，心思睿智，世故人情，迎刃而解，其效可以自考也。

不悟吾心之仁義禮智，豈卽收攝存心所能顯？若不然，卽仍須程朱格物致知工夫，否則仍是陽明良知見解。細籀恕谷所言，實無以遠異於陽明在貴陽所謂「以靜坐補小學收放心一段工夫」之意也。其論禮樂，自習行轉為考古，固與師門意趣大異，然習齋亦自有其不可行。惲皋聞與恕谷書，自稱「六藝之事，不特身手未涉，卽耳目亦未見」。今習齋乃欲以舉世所身手不涉、耳目不見者强人習行，亦徒見其迂闊而遠於事情。故習齋習行之教，不能以當身為務，而以復古為說，宜其一傳而變為恕谷之考古；而恕谷復拘牽於習齋「六府、三事、三物」之教，遂以周官、古文尚書為眞古，而考古之業亦入於斷港絕潢而不可通。顏、李之學，終於湮沉，不能大其傳，而自此二百年學術，遂完全走入書生紙墨一路，吁！可悕也！黃榦朱子語類門目學條，謂：「近世逞虛言而不實踐，乃學者之罪，正原於知之未致，非教之失也。苟或懲此，別立一法，後致知而先行事，則其始雖若有近效，而其終之弊，必致廢書而流於異端。不然，所見不充，規模狹隘，不過於循默自守而已。所謂經綸大經則無矣。」此條發揮朱學精神，極平而極透。習齋力斥讀書，正犯「規模狹隘」之病；恕谷微變師傳，不可謂失，只是其時南方學者，已走上博雅一途，又屢經清廷之獎掖，遂使此後學術，全成文字紙片。此亦時風衆勢所會湊，不得怪恕谷。

顏李湮沉後學術遂完全走入書生紙墨一路

顏李志節

至恕谷生平行誼，雖與習齋窮老戶牖不同，而硜硜自守，不失師門志節。近人黃節為恕谷年譜跋，謂：

恕谷用世之志，老而未衰，故南遊江、浙，西歷秦、晉，以及嵩、河、濟、洛之間，汲汲以得所措施為事。……顧……恕谷既志於用世，而王崑菴以學行薦，辭；李安溪以知律呂達之當道來召，辭；十四王西陲用兵，以車馬來聘，辭；窺恕谷之志，則若就之有浼者然。嗚呼！何為其然也？讀此編者，苟明乎恕谷之志，……庶幾不至以言學之事，而騖於急功希進之心。嗚呼！斯則恕谷之所為教。

斯亦恕谷之所由終異於南方博雅之士也。

第六章　閻潛邱毛西河　附　姚立方　馮山公　程綿莊　胡東樵　顧宛溪

潛邱傳略

閻若璩，字百詩，潛邱其自號也。先世太原人，五世祖始居淮安山陽。生明崇禎九年，卒清康熙四十三年，一六三六—一七〇四。年六十九。少口吃，六歲入小學，讀書千百過，字字着意猶未熟，又多病，常闇記不出聲。年十五，冬夜讀書，憤悱不肯寐，漏四下，寒甚，堅臥沈思，心忽開朗，自是穎悟異常。嘗集陶貞白、皇甫士安語題其柱云：「一物不知，以為深恥；遭人而問，少有寗日。」其立志如此。年二十，讀尚書，卽疑古文二十五篇為偽，沈潛三十餘年，盡得其癥結所在，作尚書古文疏證八卷，為畢生著述最大者。又有毛朱詩說一卷、四書釋地六卷、潛邱劄記六卷、孟子生卒年月考一卷、困學紀聞注二十卷。康熙十七年，應博學鴻儒科不第。後入徐乾學崑山一統志局。晚以清世宗召，至京而卒。

潛邱平生專長在考證，其子詠先府君行述謂：「府君讀書，每於無字句處精思獨得，而辨才鋒穎，證據出入無方，當之者輒失據。常曰：『讀書不尋源頭，雖得之殊可危。』手一書，至檢數十書相證，侍側者頭目皆眩，而精神涌溢，眼爛如電。一義未析，反覆窮思，飢不食，渴不飲，寒不衣，熱不扇，必得其解而後止。」潛邱亦自謂：「古人之事，應無不可考者，縱無正文，亦隱在書縫中，要須細心人一搜出耳。」（潛邱劄記卷六。）又言：「有志之士，務在審己所受於天之分，而力學以盡其才，固自有可傳之道與可以比擬之人，而無取乎過高之譽也。」此潛邱畢生最確之自道矣。（劄記卷五與戴唐器。此語出杜濬于皇變雅堂文集卷一徐蓋臣詩序。杭世駿閻先生傳，誤謂潛邱自創語，然實可為閻之品評也。）

潛邱之考據及其制行

當世稱傳潛邱考據逸事

潛邱為世稱道，皆在其考據。嘗歸太原故籍，適顧炎武遊太原，以所撰日知錄相質，潛邱為改訂數條，顧虛心從之。（時年三十七。）應博學鴻儒科在都，交汪琬。汪著五服考異成，潛邱糾其謬數條，汪不懌，謂：「百詩有親在，而喋喋言喪禮，可乎？」潛邱應之曰：「王伯厚嘗云：『夏侯勝善說禮服，謂禮之喪服也，蕭望之以禮服授皇太子，則漢世不以喪服為諱也。唐之姦臣以凶事非臣子所宜言，去國卹一篇。』（按：此乃李義府、許敬宗。）識者非之。講經之家，豈可拾其餘唾？」徐乾學因問：「於史有徵矣，於經亦有徵乎？」潛邱應之曰：「按雜記，曾申問於曾子曰：『哭父母有常聲乎？』申，曾子次子也。檀弓，子

昔人對潛邱之批評

張死，曾子有母之喪，齊衰而往哭之。夫夫子歿，子張尚存，見於孟子。子張死而曾子方喪母，則孔子時曾子母在可知。記所載曾子問一篇，正其親在時也。」汪無以應。都下盛傳之。徐氏盛賓客，而重潛邱踰常等，每詩文成，必俟裁定。嘗云：「書不經閻先生過眼，譌謬百出，貽笑人口。」又嘗錄其考證辨析議論，署曰碎金，以為談助。潛邱自言：一日在徐寓邸夜飲，徐云：「今日直起居注，上問古人有言：『使功不如使過』，此語自有出，思之不可得。」潛邱言：「宋陳傅良時論有使功不如使過題，通篇俱就秦穆公用孟明發揮，應是昔人論此事者作此語，第不知出何書耳。」徐極稱其博。越十五年，讀唐書李靖傳，高祖謂靖逗留，詔斬之，許紹為請而免，後率兵八百破開州蠻冉肇，俘禽五千，帝謂左右曰：「使功不如使過，靖果然。」謂即出此。又越五年，讀後漢書獨行傳，索虜放諫更始使者勿斬太守，曰：「夫使功者不如使過」，章懷太子注：「若秦穆赦孟明而用之霸西戎。」乃知全出於此處。甚矣學問之無窮，而人尤不可以無年也。劄記卷二。又自惜此條，不及見錄於徐氏之碎金。蓋潛邱為閒閒一語，肯留心二十年外，終為檢得出處，無怪其深自矜許矣。杭大宗為潛邱作傳，稱其生平所服膺者有三人：曰錢牧齋，黃梨洲，顧亭林。然於錢猶曰「此老春秋不足作準」；於黃曰「太冲之徒孄」，黃氏待訪錄指其誤謬者，不一而足；於顧之日知錄，亦加補正。時閻、顧猶未定交，謂其「極學士之精能，非鴻儒之雅度」。四庫提要論潛邱劄記亦云：「若璩學問淹通，而負氣求勝，與人辨論，往往雜以毒詬惡謔，與汪琬遂成讎釁，頗乖著書之體。」今考劄記卷四南雷黃氏哀辭，稱：

潛邱眼中之讀書人

當吾髮未燥時，即愛從海內讀書者游；博而能精，上下五百年，縱橫一萬里，僅僅得三人：曰錢牧齋宗伯，顧亭林處士，及先生梨洲而三。錢與家有世誼，余不獲面；顧初遇之太原，持論嶽嶽不少阿，久乃屈服我；至先生則僅聞其名。……蓋自是而海內讀書種子盡矣！

潛邱與亭林

潛邱以牧齋與黃、顧並尊，殊為不識高低；於亭林亦非能推敬，特以「久乃屈服我」自喜。即以考據言，顧、閻實遠非等倫。顧書著眼學術風俗、民生國計，有體有用；閻則只是炫博矜新，求知人所不知，極其至亦不過一讀書人耳。顧氏自稱日知錄乃採山之銅，而閻之考證則稱碎金，其氣魄精神之迥異，即此兩語可見。閻氏獲交亭林，不能挹其撥亂滌汚之深情，顧乃以讀書人淺見，駁正小節，以為亭林之屈服，亦徵其自處之狹矣。

潛邱與梨洲

其於梨洲，自比聶雙江之於陽明，於梨洲沒後稱弟子。然謂：「先生愛慕我，肯為我序所著書，許納我門牆。」又曰：「下逮小子，有書一卷，古文疏證，悉翦譌亂。遠蒙嘉賞，賜序以弁，如此窮經，經神重見。」則潛邱之推服梨洲，明白言之，正推服其能推服我耳。抑余考梨洲序疏證，僅云「如此方可謂之窮經」，非以「經神」相許也，而潛邱乃借託自況，何哉？且潛邱有與戴唐器書，（劄記卷五。）駁正梨洲待訪錄，似已在梨洲身後，故有「乞設身處南雷先生地，一一駁我以歸一是」之說，然其所辨如「屠毒」當書「荼毒」，講學應稱「東面」非「南面」之例，是豈不可以已？潛邱於黃氏書，絕不能發揮其大義，或加以糾正，仍不過以讀書人見解自炫博辨，潛邱果未為能知黃氏之學者。且梨洲為潛邱序疏證，潛邱感激不忘，及其身後自稱弟子，乃今疏證後四卷，直呼黃太沖，並不正師弟子之稱，是自師之又自背之矣。尤甚者，至拈其序文「『人心道心』十六字出荀子，為道學之蠹」一語，按之梨洲往日議論，謂：「大禹謨『人心道心』之言，豈三代下可偽為？」笑其先後互異，（見疏證卷八第一百十九條下。）若藉此自詡其識解之遠出梨洲上者，而不悟其有乖往昔感激自稱弟子之意，且非學者襟度，方且見笑於通人也。全謝山有云：「徵君稽古甚勤，何義門學士推之，然未能洗去學究氣為可惜，使人不能無陋儒之歎，蓋限於天也。」張石州為潛邱作年譜，謂：「譏為陋儒，似覺太過。」然觀此等處，潛邱之深自矜負其博者，正彌見其陋矣。

潛邱不脫學究氣為陋儒

抑潛邱雖自負，而失意於鴻博，（康熙十八年，潛邱應鴻博薦與試，報罷。）乃暮齒心熱，不忘榮寵。歲癸未，（潛邱年六十八。）玄燁巡河過山陽，問：「此中有學問人乎？」或以潛邱答，謂其長於考據，最為精核。隨傳旨召見，以御舟行速，不果。潛邱不勝拳拳，遂命其子詠恭呈萬壽詩八首，（今見箚記卷六。）四書釋地一帙於暢春園，蒙恩見收。玄燁並語侍臣：「閻若璩學問甚優。」詠聞之感泣，馳書報父。潛邱因書屬詠曰：「皇上天章雲爛，草野布衣，皆得望見，汝且勿歸，為我老臣求之，我身若健，或當親來。」適玄燁自口外回京，詠跪迎石匣口山邊河干，懇乞御書。玄燁親問其父子姓名履歷，行數十步，澗水湍急，龍舟飛渡，不獲再奏。事聞於胤禛，遂以書召潛邱。書到，正值小恙，霍然而起，欣然告其子若孫曰：「吾績學窮年，未獲一遇，今賢王下招，古今曠典，乃斯文之幸也，其可勿赴！」（據張穆潛邱年譜引閻詠所為行述。）遂以六十九歲力疾至京，竟以不起。（張氏譜：「康熙四十二年癸未，胡朏明詣行在獻平成頌及所著禹貢錐指，御書『耆年篤學』四大字賜之。潛邱垂老諄諄，以求御書為言，蓋有感於朏明之事。」今按：朏明獻書頌得賜御書事在康熙四十四年四月五次南巡時，潛邱已先一年至京病歿，不及見矣。胡會恩錐指紀恩，（文作於康熙四十四年閏四月，卽朏明獻書得賜御書之下一月。）謂：「禹貢錐指鋟以問世，上方表章六經，內廷燕閒，問：『當世有潛心經學，著述可傳者否？』侍講學士臣查昇以禹貢錐指進，（按：事在是年正月，詳錐指卷首李振

潛邱之晚節

裕序，及南山集代錐指序。）上覽而嘉之，問年籍。及法駕南進，叔感九重特達之知，特詣行宮」云云。（參看近人夏定域德清胡朏明先生年譜，文刊文瀾學報二卷一期。）是朏明錐指之達內廷，在潛邱進釋地後也。潛邱自為歆動於玄燁之欲召見而求榮遇耳。其乞求御書者，據東華錄，「康熙四十一年甲戌，諭予告大學士王熙卿：『近日九卿皆求匾額字對，想卿身雖在告，心未嘗一時不在朝中，故特書匾對各一，並臨米芾書一幅賜卿』」云云。又同年五月丙午，「傳大學士九卿翰林詹事科道官一百四十餘員至保和殿，頒賜御書有差」云云。故潛邱於四十二年亦命其子乞御書。然潛邱竟未得見宸翰之下頒而賚恨沒世，朏明乃轉於老友身後得此意外之榮寵也。李恕谷曾至京視其病，語以老當自重。恕谷論尚書，固不如潛邱通徹能辨眞偽，以言立身制行，畢竟進退有守矣。大抵明末諸遺老，激於世變，力斥心性空談，認為禍殃，然其制行立節，實仍是宋明理學家矩矱，潛邱與亭林、梨洲身世相接，而意氣精神竟全不同，殆已不復知亭林、梨洲一輩人為學眞血脈所在。此種變遷，洵可歎也！箚記與戴唐器書又云：「崔元暐少頗屬詞，晚以為非己長，不復構思，專意經術，宛然太原閻生一小像矣。」不悟此種所謂「經術」，與亭林通經明道之旨何若？從知亭林「經學卽理學，捨經學無理學」之論，在亭林氣魄大，得天厚，故為無病，而一再流傳，本意全非。若使亭林眞見以後所謂經生讀書種子，恐亦不復為此斬截之說。而宋、明人治學，自有其不可及處，亦復於此可見。惟潛邱平生所得意者，本在考據，所謂「審己於天之分，而力學以盡其才，固自有可傳之道與可以比擬之人，而無取乎過高之譽」者。其自處如此，其所造詣，亦足以副，固不必以理學家陳義相準繩。而世之矜大漢學，盛推考訂，以為言心性理學詬病者，則亦可以稍息爾。

潛邱與毛西河

潛邱考據最著者，為尚書古文疏證，而同時有毛西河，亦以考據名家，卽起而與潛邱持異議。杭大宗謂：「閻氏書多微文刺譏，時賢如王士禎、魏禧、喬萊、朱彝尊、何焯，表表在藝林者，皆不能免，惟固陵毛氏為古文尚書著冤詞，專以攻擊疏證，氣懾於其鋒錟，而不敢出聲，喙雖長而才怯也。」張宗泰魯巖所學集卷九跋潛邱箚記，亦謂：「潛邱詆訶汪氏鈍翁，不留餘地。汪氏於所指駁處，輒改己從人，亦非護前自是，何事逼人太甚！西河毛氏為寃詞攻疏證，昌言排擊，不遺餘力，使移其詆汪者以禦毛，豈不足以伸其旗鼓相當之氣？何以遇大敵則瑟縮不前，遇小敵則鼓勇直前也？」是亦當時考據家一件有趣味之公案也。

西河傳略

毛奇齡，蕭山人，字大可，晚歲學者稱西河先生。生明天啓三年，卒清康熙五十五年，（一六二三——一七一六。）年九十四。少善詞賦，兼工度曲，放浪人外。順治三年，清師下江南，西河依保定伯毛有倫。江上師敗，西河走山寺為沙門。或構之清帥，亡命山谷間，卒得脫。乃徧游齊、楚、梁、宋、鄭、衞，作續哀江南賦萬餘言。過禹州，寓故懷慶王邸，作白雲樓歌。事侵尋聞於北都，怨家欲陷之，亡去匿土室。康熙十七年，以博學鴻儒徵，授翰林院檢討，預修明史。吳世璠死，為平滇頌以獻。在館七年，告歸，又十有餘年而卒。著書數百卷，有西河全集行世。

西河軼事及其著書之道德

四庫提要稱：「西河著述之富，甲於近代，其文縱橫博辨，傲睨一世，與其經說相表裏，不古不今，自成一格，不可以繩尺求之，然議論多所發明，亦不可廢。其詩又次於文，不免傷於猥雜，而要亦我用我法，不屑隨人步趨者。」

全謝山評毛西河

然極見斥於全謝山，為蕭山毛檢討別傳，（見鮚埼亭集外編卷十二。）深譏其著書之不德。謝山述其先人遺言，謂毛氏集中「有造為典故以欺人者，（如謂大學、中庸在唐時已與論、孟並列於小經。）有造為師承以示人有本者，（如所引釋文舊本，考之宋槧釋文亦並無有，蓋捏造也。）有前人之誤已經辨正而尚襲其誤而不知者，（如邯鄲淳寫魏石經，洪盤洲、胡梅磵已辨之，而反造為陳壽魏志原有邯鄲寫經之文。）有信口臆說者，（如謂後唐曾立石經之類。）有不考古而妄言者，（如熹平石經春秋並無左傳，而以為有左傳。）有前人之言本有出而妄斥為無稽者，（如「伯牛有疾」章，集注出於晉欒肇論語駁，而謂朱子自造，則並或問、語類亦似未見者。此等甚多。）有因一言之誤而誣其終身者，（如胡文定公曾稱秦檜，而遂謂其父子俱附和議，則籍溪、致堂、五峯之大節俱遭含沙之射矣。）有貿然引證而不知其非者，（如引「周公朝讀書百篇」，以為書百篇之證，周公及見冏命、甫刑耶？）有改古書以就己者」，（如漢地理志回浦縣乃今台州以東，而謂在蕭山之江口，且本非縣名，其謬如此。）因葺為蕭山毛氏糾繆十卷。（其書今不傳。而集中有答朱憲齋辨西河毛氏大學證文書、答杭堇浦辨毛西河述石經原委帖，均引申前舉第一、第三諸條言之，均見外編卷四十一。）

姚薑田評毛西河

又述當時歸安姚薑田秀才語，謂：「西河目無古今，謂自漢以來足稱大儒者祇七人：孔安國、劉向、鄭康成、王肅、杜預、賈公彥、孔穎達也。夫以二千餘年之久，而僅得七人，可謂難矣。而毛氏同時極口推崇者，則有

西河之內行

西河才奇行卑

張杉、徐思咸、蔡仲光、徐緘與其二兄所謂仲氏、先教諭者，是合西河而七，已自敵二千餘年之人物矣。其論文自歐、蘇下俱不屑，而同時所推崇，自張、蔡、二徐外，尚有所謂包二先生與沈七者，不知其何許人也。按：梁紹壬兩般秋雨庵隨筆：「西河同時，蕭山包秉德、沈禹錫、蔡用光，皆淹貫博雅，時有『包、毛、沈、蔡』之稱，後三人皆以諸生老。」包二、沈七，殆即包秉德、沈禹錫。竭二千餘年之人物，而不若越中一時所出之多，抑亦異哉！」觀此所論，西河以德性之未醇，影響及於學術，雖愛西河之才者不勝為之辨。而西河平日制行，尤有可議者。謝山謂其：「前亡命時，其婦囚於杭者三年，其子瘐死。及西河貴，無以慰藉其婦，時時與歌童輩為長夜樂，其婦恨之如仇。及歸，不敢家居，僑寓杭之湖上。浙中學使者張希良，故西河門下也，行部過蕭山，其婦逆之西陵渡口，發其夫平生之醜，詈之至不可道。」全浙詩話謂：「西河有妾曼殊，夫人性妒悍，輒詈於人前。西河嘗僦居矮屋三間，左列圖史，右住夫人，中會客。詩文手不停筆；質問之士，隨問隨答，井井無誤；夫人在室中詈罵，西河復還詬，殆於五官並用。」西河才固奇而行則卑，以視往者顧、黃、王、顏一輩，誠令人有風景全非之感也。章太炎檢論卷八，楊顏錢別錄，謂：「毛氏少壯苦節，有古烈士風，而晚節不終，媚於旃裘。全祖望藉學術以譴呵之，其言特有為發。自是以後，士大夫爭以獻諛為能事，神聖之號，溢於私家記錄。」此指其為平滇頌也。

黃梨洲規侯方域有言：「士大夫不耐寂寞，何所不至！」曼殊事，不啻河東君，文采風流，豔傳一世，所以亭林深斥文士。

西河潛邱兩人對理學之態度

西河辨道學

顧西河制行雖卑，而好高論理學，其辨道學曰：

……六經……不稱道學。惟道家者流，自鬻子、老子而下，凡書七十八部，合五百二十五卷，按：此據隋志。雖傳布在世，而官不立學，祇以其學私相授受，以陰行其教，謂之道學。是以道書有道學傳，專載道學人；分居道觀，名為道士。……而琅書經曰：「士者何？理也。身心順理，惟道之從，是名道學，又謂之理學。」逮至北宋，陳摶以華山道士，與种放、李溉輩張大其學，竟搜道書無極尊經及張角九宮，倡太極河洛諸教，作道學綱宗。而周敦頤、邵雍、程顥兄弟師之，遂篡道教於儒書之間。至南宋朱熹，直匄史官洪邁為陳摶特立一名臣大傳，而周、程諸子，則又倡道學總傳于宋史中，使道學變作儒學。凡南宋諸儒，皆以得附希夷道學為幸。如朱氏寄陸子靜書云：「熹衰病益深，幸叨祠祿，遂為希夷直下孫，良以自慶！」又答呂子約書云：「熹再叨祠祿，遂為希夷法眷，冒忝之多，不勝慚懼！」是道學本道家學，兩漢始之，歷代因之，至華山而張大之，而宋人則又死心塌地以依歸之，其為非聖學，斷斷如也。西河集辨聖學非道學文。

西河辨易圖

其言近似潘用微所謂「朱子道陸子禪」者。西河往往剽竊他人議論，而能以其才為之穿穴。易圖之辨，自朱子同時袁樞、薛季宣皆有異論，元陳應潤作爻變義蘊，始指先天諸圖為道家假借易理以為修煉之術；吳澄、歸有光諸人，相繼排擊。及黃梨洲作易學象數論，其弟宗炎作圖書辨惑，西河亦作圖書原舛編，攻駁易圖，遂成當時風氣。至胡渭易圖明辨，始窮溯本末，歸於論定。

西河詆朱子

而西河於朱子尤痛詆，為論語稽求篇、四書賸言、大學證文、聖門釋非錄，大抵皆攻駁朱注。

西河辨大學

而其尤所張大自矜者，則為大學古本之辨。自謂避仇之嵩山，匿道士土室中，苦無書，夜起徬徨，假寐而泣，夢有告之者曰：「盍之嵩陽問之？」踰月，過嵩陽廟市，無書，惟高笠僧貽書一帙，則古本大學也。憶夢心動，叩所自來，曰：「吾遼人也，天啓末，全家死於兵，遂祝髮竄海濱，少受學義州賀凌臺先生，凌臺為賀黃門欽之孫，講學醫巫閭，以大學古本授予，曰：『古學之失傳，由不知本也。大學不云乎：「壹是皆以修身為本」，本該體用而統心意，及天下國家。必正心、誠意而學乃有體；必齊家、治國、平天下而學乃有用。北宋祖陳摶之學，講性命而略事為，則專內遺外，不知有身；南宋宗程頤之學，就事物以求心性，則登枝逐流，并不知有本。』」此亦猶是當時捨虛就實一路議論，而西河好奇，託諸神夢，謂受之於高笠僧，其事荒怪，可喜而不必盡可信也。

西河四書改錯

其晚年，更集平生講四書諸書為四書改錯，分三十二門，四百五十一條，合二十二卷，大意謂：

西河四書改錯之用意

四書無一不錯；……然且日讀四書，日讀四書註，而就其註義以作八比，又無一不錯。人錯、天類錯、地類錯、物類錯、官師錯、朝廟錯、邑里錯、宮室錯、器用錯、衣服錯、飲食錯、井田錯、學校錯、郊社錯、禘嘗錯、喪祭錯、禮樂錯、刑政錯、典制錯、故事錯、記述錯、章節錯、句讀錯、引書錯、據書錯、改經錯、改註錯、添補經文錯、自造典禮錯、小詁大詁錯、抄變詞例錯、貶抑聖門錯，陳臥子已謂「豈有孔、孟皆下材，而濂、洛之教過孔子，故無病」之說，西河考據議論亦蹈襲晚明，非全自創。真所謂聚九州四海之鐵鑄不成此錯矣。

朱注四書，自南宋以來五百年，元、明兩朝，奉為取士之準，晚明以來學者雖有述朱、述王之異，然未有大張旗鼓以肆攻擊如西河此書之烈也。其傲睨之氣，縱橫之辨，良足以振聾發聵，轉移一世之視聽矣。而在西河之意，則將起而奪兩廡朱子之席，故曰：

他日皇上南巡，當躬進此書以勻聖鑒，否則藏于家，以俟門生兒子之入獻焉。四書改錯卷一。

蓋西河謂：

聖天子知其然，已於甲辰、丁未兩科，直廢八比，而惜諸臣依徊，無能為仰承之者，以致因循有年，仍還故轍。然猶特頒敕諭，搜天下經注之與學官異者，悉收入祕府。其神鑑卓然，深知學官經注有誤如此。（四書改錯卷一。）

在西河以為朝廷有可搖之隙，方欲以攻朱新説上邀聖天子神鑒。先已為聖諭樂本解説及皇言定聲錄、竟山樂錄三種，於康熙三十八年，玄燁三次南巡時呈進，特蒙宣諭獎勞，使之頒行，一代禮樂，垂為典則。西河狃於前榮，乃欲以義理繼禮樂，續邀聖眷。不謂玄燁初政，意在廣羅兼取，藉為牢籠，及見中國士夫已俯首一氣，惟朝廷爵祿之趨，乃復宏獎理學，專尊程朱，以一天下之議論，而箝異口。謝山謂：「西河晚年雕四書改錯，摹印未百部，聞朱子升祀殿上，遂斧其版。」固非初望也。今考朱子配享孔廟，在康熙五十一年，其前一年，即戴名世南山集獄起之年也。西河四書改錯，編於康熙四十七年戊子，（胡氏禹貢錐指得獎在康熙四十四年。）時西河年已八十六歲，（據李恕谷年譜甲申毛年八十二推。）自稱「老病臥床，日呼兒孫能書者口授使記」，又曰「皇上南巡，當躬進以勾聖鑒」，蓋不忘己卯進樂之寵。然西河卒年九十四，（據清史館本傳。李氏先正事略稱其卒年八十五，不可信。）在康熙五十五年，後此尚八年。而康熙丁亥六次南巡，正值西河成書之前年，此後聖駕即不復南，西河竟未償躬進此書之願。而朱熹升祀，昏老懼禍，至於自斧其書版，意亦良可哀矣！今西河全集所收書數百卷，獨四書改錯不敢編列，則謝山之言非無據也。（鮚埼亭集外編卷三十三有書毛檢討忠臣不死節辨後一篇，記西河為盧宜序續表忠記，盧宜卒，西河為之志墓，既而京師有戴名世之禍，西河急札盧子，囑收其書勿出，又作此辨，并改其志墓之文，曰「盧之續表忠記，假予爲序」。其畏禍反覆之情，與自斧四書改錯版事正一例，而當時清廷之高壓嚴摧，所以影響於學術思想之自由者，亦可概見。）然則西河、潛邱，其博辨縱橫傲睨自喜之概，讀其書者，固見其呵叱先儒，譏彈前賢，上下千古，若無足置胸懷間，意氣甚盛；而其晚節之希寵戀獎，俯首下心於朝廷聖天子之前，亦復何其衰颯可憫憐之相似耶！

潛邱對理學之態度

然潛邱較謹飭，於宋人理學未敢輕譏，謂：「天不生宋儒，仲尼如長夜。」又曰：「周元公三代下之伏義，程純公三代下文王，朱文公三代下孔子。」或問：「子於宋儒理學，既若是推崇，而於其經學反多未合，何也？」曰：「近代奉宋儒經學者太過，而貶剝之者亦太過。間考朱子平生傳註，所最得意者四子書，然多未盡；所拳拳屬意不置者，儀禮經傳通解，止成得一稿子。所以元黃楚望氏欲以近代理明義精之學，用漢儒博物考古之功，加以精思，沒身而止，蓋以朱紫陽猶不足以當也。嗚呼！豈易言哉？」（劄記卷一。）潛邱之意，僅欲以漢儒之博物考古，與宋儒之理明義精者相闡證，對宋儒義理，未敢異同，較之崑山「經學即理學」之語，固遠為謙抑也。又曰：

> 近代儒者有言，雖使游、夏復生，不能盡學、庸、語、孟之蘊奧。……然猶幸有朱子註在。愚童而習之，長而遵之，莫敢異說。……年滿四十，甫敢出臆見，集眾聞。……或謂愚輕議先儒，愚曰：輕議先儒，其罪小；曲循先儒，使聖賢之旨不明於天下後世，其罪大；愚固居罪之小者已。（劄記序。）

然潛邱攻朱，只在名物考據，故後人謂四書釋地，曲護紫陽，至於義理，固不變其遵信之態。故曰：

近代文士，務博而不明理，好勝而不平心，未有過乎楊用修慎者也。楊用修生平，不喜朱子，遂并濂溪、明道、伊川、横渠、康節諸大儒，一一排詆，甚至以孟子為無稽，朱子為不識字。以不喜宋儒，遂并宋人之文章議論為繁冗，為不公不明，宋人之功業品行為不及前代。遂并宋帝王之統系為偏安，為似晉。尚可謂讀書識字者耶？噫！亦可哀已！潛邱劄記。

是潛邱尚以為讀書識字者不可背朱子，其考證之精，雖開以後漢學之先河，其對義理之見解，仍是傳統舊見，並不得與亭林「經學卽理學」之論相擬，無論以後戴東原諸人也。至其以反朱之説推源楊用修，全謝山似遵之，謂西河之學：

其初年所蹈襲，本不過空同、滄溟之餘，謂唐以後書不必讀；而二李不談經，西河則談經，於是并漢以後人俱不得免。而其所最切齒者為宋人，宋人之中所最切齒者為朱子。其實朱子亦未嘗無可議，而西河則狂號怒駡，惟恐不竭其力，如市井無賴之叫囂者。

謂西河承明代文士摹古之習而排宋，恐亦未是。夫潛邱以尊朱而斥陽明，西河以尊王而斥晦庵，此隱然猶是述朱、述王之見為之門戶也。其時漢學考據，雖已確立基礎，然尚未與宋學顯然劃界。清初反向古學之風，與明七子之提倡古文，固不能謂絕無間接之關係，然西河、潛邱，同事考據，同治古經，而一排朱，一尊朱，則不得謂西河獨是明代文士摹古輕朱之習氣為之。惟潛邱見解狹，對理學實尠闡悟；西河才氣豪，其攻駁宋儒性理之談，雖未能出自躬行實踐之所得，而筆鋒所及，犀利悍鋭，

西河講理學來歷

有使理學宿儒不能解脱，而亦時若有見道之言者。謝山謂「西河補諸生時，蕺山方講學，西河亦嘗思往聽，輒却步不敢前。其後入施愚山幕，始得聞講學之説；又由愚山得通於其鄉先達姜定菴」。時浙

毛西河與邵念魯

東講學之風未衰，姚江故里，乃良知學產地，西河非無所聞。邵念魯思復堂集載：「康熙六年，董瑒請蕺山高第弟子張奠夫、徐澤蘊、趙禹功等集古小學，敷揚程、朱、王、劉家法，於是黃宗羲、宗炎、毛奇齡、蔣大鳴等皆挈其弟子自遠而至。」東池董無休先生傳。而念魯於七年見西河於古小學，謂其「抗言高論，出入百子，融貫諸儒，雖無所識知，已心儀而目注之」，謁毛西河先生書。時西河年四十六。前三年，康熙四年，西河客廬陵，偕愚山講學，歸浙蓋在七年、八年間，既預證人講會，其論學推尊良知而斥晦菴，不能謂其絕無師友之淵源。惟西河逞才好怪，自言得學統於關東之浮屠所謂高笠先生者，其言荒誕，宜為謝山所乘；而謝山於西河亦未能刻劃悉如其分，於西河講學推尊王學良知一點，全部抹摋，乃謂其攻朱係少年慕為二李古文之薰習，又謂全得之於愚山，此亦未由得西河之心服也。又其後李恕谷從西河學樂，西河蓋得聞習齋緒論，而西河好勝忌前，欲使恕谷捨習齋專己師，乃故斥習齋，謂「好言經濟，缺於存養」。見恕谷年譜。恕谷欲進習齋四存編，西河遽阻之。今西河論學，往往有近似習齋語，是西河隱取其説，而變易其貌，又陽棄之若不屑也。念魯以篤信良知，於康熙三十八年懷刺謁西河，

自稱門下，時西河年七十七矣。念魯極推信西河，謂：

「致良知」三字，實合致知存心一功，吾師直標宗旨，卽今無第二人。

又謂：

本朝大儒，如孫徵君、湯潛菴，皆勤勤陽明，至先生而發陽明之學乃無餘蘊。天下之人，或以微議朱學為先生病。竊見先生立身處家細行大德，無悖於朱子家法，特欲揭陽明一原無間之學以開示後覺，淺識之徒，拘於舊而未能入，又佐以時文，盛其焰而助之攻，遂以為左朱右王者有矣。

西河集之顯晦

其盛推西河，乃謂「立身處家細行大德，無悖於朱子家法」，若未為深知西河者。（王崑繩與毛河右書，（文集卷八）亦謂：「顏先生逝，所恃高山之仰為斯道之依歸者，舍先生更何人？」西河得時賢浮慕如此，固不能專怪念魯一人也。）全祖望鮚埼亭集答諸生問思復堂集帖，於念魯頗輕視，謂其「學究固陋」。卽兩人對西河之態度，亦已絕殊。此後全氏集大行，思復堂不為衆知，西河聲光亦闇。及戴東原力攻朱子，後之治漢學者，乃始復及西河。阮元督浙學，為西河集作序，深致推重，（揅經室二集毛西河檢討全集後序，文係焦里堂作，見鄦齋叢書里堂先生逸文中。又里堂讀書三十二讚有毛西河聖門釋非錄，亦深致推許。）書乃大行。而章實齋又表章思復一集，謂史識出鮚埼亭上。然朱昀為念魯墓表，詳敘行事，而載師友淵源，不及西河，則實齋、二雲尚為之諱也。（及道、咸後學者，則并以東原、西河並譏。）今平心而論，西河制行，固未修飭，而其論學，伸王抑朱，於姚江、蕺山浙東一脈，不得謂全無地位。惟陽明良知，首重立誠，西河未透此關，即已根本不足稱道。雖才氣足以跨駕一時，尚不如考證所得，確有成績，可不以人見廢耳。故潛邱尊朱，已為隨逐；西河伸王，亦是趕趁；均之非躬行實踐，從自身自心打熬透悟，與同時黃、顧諸君子異矣。兩無足取，可勿斤斤為之置辨也。

潛邱西河辨古文尚書眞僞

閻毛兩家之治學精神

今言潛邱、西河學術精神，實在考據而不在義理。潛邱考據之大者，莫過於辨古文尚書之僞。西漢古文尚書較今文多十六篇，魏晉以來，絶無師説，左氏所引，杜預皆注曰「逸書」。東晉初，其書始出，乃增多二十五篇，初猶與今文竝立，自陸德明據以作釋文，孔穎達據以作正義，遂與伏生二十九篇混合為一。

閻以前疑古文尚書諸家

唐以來無知其僞者，宋吳棫始有異議，朱子亦稍稍疑之，吳澄諸人相繼抉摘，其僞益彰，然亦未能條分縷析以抉其罅漏。明梅鷟始參考諸書，證其剽剟，而見聞較狹，蒐採未周。至潛邱乃引經據故，一一陳其矛盾之故，而古文之僞始大白。所列論證一百二十八條，（四庫提要。）其精要者，謂：

漢藝文志言：「魯共王壞孔子宅，多得古文尚書，孔安國以考二十九篇，得多十六篇。」楚元王傳亦云：「逸書十六篇，天漢之後，孔安國獻之。」古文篇數之見於西漢者如此，而梅賾所上，乃增多二十五篇，此篇數之不合也。（詳疏證卷一，言兩漢書載古文篇數與今異。）杜林、馬、鄭皆傳古文，據鄭氏說則增多者舜典、汨作、九共、大禹謨、益稷、五子之歌、胤征、典寶、湯誥、咸有一德、伊訓、肆命、原命、武成、旅獒、冏命凡十六篇，而九共有九篇，故亦稱二十四篇，今晚出書無汨作、九共、典寶等篇，此篇名之不合也。（詳疏證卷一，言鄭康成註古文篇名與今異。）古文傳自孔氏，後惟鄭康成所注者得其真，今文傳自伏生，後惟蔡邕石經所勒者得其正。今晚出書「宅嵎夸」，鄭作「宅嵎鐵」；「昧谷」，鄭作「柳谷」；「心腹腎腸」，鄭作「憂腎陽」；「劓刵劅剠」，鄭作「臏宮劓割頭庶剠」，與真古文既不同。石經殘碑遺字，見於洪适隸釋者，五百四十七字，以今孔書校之，不同者甚多。碑云高宗饗國百年，與今書五十九年異；孔敘三宗以年多少為先後，碑則以傳序為次，則與今文又不同。然後知晚出之書，蓋不古不今，非伏非孔，而欲別為一家之學者也。（疏證卷二，言晚出書不古不今非伏非孔。）

故有明見西漢以前舊書所引而晚出書無之者，如言：

古文伊訓見三統曆及鄭註者今遺。疏證卷二。

晚出泰誓獨遺墨子所引三語為破綻。同上。

古文畢命見三統曆，以與己不合遺末句。疏證卷五上。

諸條是也。有西漢、先秦舊書所引，東漢、魏、晉人皆目為逸書，而晚出書有之者，如言：

左傳、國語引逸書皆今有。

禮記引逸書皆今有。均見疏證卷一。

諸條是也。晚出書既剽剟西漢以前舊書所引以為贋，而其來歷猶可考，如言：

大禹謨句句有本，泰誓、武成句句有本，襲用論語、孝經，襲用周易、尚書、毛詩，襲用周禮、禮記，大戴禮記附。襲用左傳、國語，襲用爾雅，襲用孟子、荀子，襲用老子、文子、列子、莊子。目見疏證卷三，文全逸。

諸條是也。且其剽剟行僞，有痕迹昭然，不難確指者，如：

左傳莊八年，夏書曰：「皋陶邁種德，德乃降。」杜注以「皋陶邁種德」一句爲逸書，「德乃降」一句連下文，乃左傳語。今幷誤入大禹謨。

論語：「孝乎惟孝」爲句，「友于兄弟」爲句，今君陳篇誤斷爲「惟孝友于兄弟」作句。

孟子引書：「徯我后，后來其蘇。」（「齊人取燕」章。）「徯我后，后來其無罰。」（「宋小國」章。）本出一處，偶爲引者所更易，今「后來其蘇」竄入仲虺之誥，「后來其無罰」復竄入太甲中篇。墨子引仲虺之誥於非命三篇，上篇曰：「龔喪厥師。」中篇曰：「帝式是惡，用闕師。」下篇曰：「帝式是增，用爽厥師。」僞作古文者易之曰：「式商受命，用爽厥師。」孔安國傳曰：「爽，明也。用明其衆，言爲王也。」（均見卷一。）

諸條是也。亦有證以史事而不合，知其爲剽剟而誤者，如言：

泰誓有族誅之刑，爲誤本荀子。

周官從漢百官公卿表來。（均見卷四。）

諸條是也。亦有律以文體而不類，知其為後世之語者，如言：

五子之歌不類夏代詩。疏證卷五下。

胤征有「玉石俱焚」語，為出魏、晉間。卷四。

諸條是也。又如言：

安國傳就經下為之，漢武時無此。卷五上。

漢金城郡乃昭帝置，安國傳突有。卷六上。

晉省穀城入河南，安國傳已然。同上。

濟瀆枯而復通，乃王莽後事，安國傳亦有。卷六下。

諸條，亦以同一方法證孔傳之晚出。孔傳既偽，則古文尚書之偽，亦可推也。又如言：

史記多古文說，今異。

提要評疏證體裁未善

關於今本疏證闕文之研究

若傳寫佚之不應目文並失

說文皆古文，今異。

安國註論語與今書傳異。（均見卷二。）

諸條，亦以先後所謂孔安國說者，其間有不同，證孔傳之偽，亦間接證成古文之偽也。（四庫提要云：「史記、漢書但言安國上古文尚書，並無受詔作傳之事，此偽本鑿空之顯證，亦辨偽本者至要之肯綮，潛邱置而未言，亦稍疏略。」又按：論語孔安國註，其實亦偽，潛邱亦未見及。）凡潛邱所以證古文之偽者，大具如是。而其書繁稱博證，反覆釐剔，原原本本，有條有據，洵足以袪千古之大疑，而立不敗之定讞。提要推之，謂「考證之學，未之或先」，洵不虛也。然又謂：「其書編次先後，未歸條理，蓋猶草創之本，其中亦有未核及疏略處。而諸條之後，往往衍及旁文，動盈卷帙，蓋慮所著潛邱劄記或不傳，故附見於此，究為支蔓。又前卷所論，後卷往往自駁，而不肯刪其前說，雖倣鄭玄注禮先用魯詩後不追改之意，於體例亦究屬未安。」而余考潛邱此書之可譏，實有不僅於此者。其書先成四卷，黃梨洲為之序；後四卷又次第續成。而今第三卷全卷凡十六條並缺，前九條存其目，後七條並目無之；又第二卷缺第二十八、二十九、三十，三條皆有目；卷七缺一百二、一百八、九、十，四條；卷八缺一百二十二至二十七，六條，並皆無目。提要謂是「若璩沒後傳寫佚之」，惟其所佚諸條，有並目而佚者，有其文雖失而條目仍存者。若今疏證目錄一百二十八條，由潛邱生前自為，則不應卷中佚其文，而目錄並佚其條下之目也。若今疏證目錄一百二十八條之目，並是潛邱後人刻其書者按文所加，則如卷三諸條原文已佚，亦無從獨存其目矣。依理言之，疏證原目，應出潛邱親筆，則何以卷中所佚，目卽不

潛邱生前疏證不應有佚

潛邱身後疏證稿亦不應有佚

存；卷中所有，目並無恙？竊疑潛邱當時，本未有文，非卷中佚之，乃虛張其目耳。疏證卷一記蘇東坡宿海中，以所撰易、書、論語自隨，世無別本，禱天求濟；自稱癸亥秋，（康熙二十二年，潛邱四十八歲。）北上，携疏證第一卷定本，泊舟武進郭外，舟忽覆，謂當邀東坡例以濟。又稱第四卷成時，別錄四本，一寄太華山頂王宏撰，（王宏撰山志二集，黄州葉封序，在壬戌。志有尚書一條，歷引方密之子方素北辨古文尚書語，尚在閻書第一卷成書前。王與閻父友善，而論辨偽古文不及閻，是方辨古文，猶前於閻。閻成書，欲藏之王，亦由王平日曾稱述古文之偽而閻聞之也。）一寄羅浮山屈大均，所謂「藏之名山」；其二本則寄千頃堂、傳是樓主人宦長安者，又所謂「副在京師」也。潛邱生前重惜其書如此。又恐所著箚記或不傳，仍復寫入疏證。其子詠所為行述，載潛邱沒命，餘書未刻者，當兢兢典守，不可妄改一字，以待傳者。及其後四十年，其孫學林始刻於淮安，自謂「求刻此書，憂思徘徊無所措手者已二十年」。潛邱有子有孫，皆知愛謹先書，疏證雖稱未成之書，然實潛邱畢生最大著述，不應四十年中即傳寫多缺。今觀卷三所缺各條有存目者，如：

第三十三言大禹謨句句有本。第三十四言泰誓、武成句句有本。第三十五言襲用論語、孝經。第三十六言襲用周易、尚書、毛詩。第三十七言襲用周禮、禮記。（大戴禮記附。）第三十八言襲用左傳、國語。第三十九言襲用爾雅。第四十言襲用孟子、荀子。第四十一言襲用老子、文子、列子、莊子。

其內容多已分見於今存諸卷。疑潛邱疏證，雖前四卷先成，後或復多增易。今卷三各條，或已散併其

以疏證闕文證其書乃潛邱未定稿本

文於他卷，故遂空留其條目；其並目而缺者，潛邱當時或本有此條，及後削去，以所論不足存，故並目滅之，而仍留其條數，未及更定。然則今卷三一卷全佚，亦由其文全已散入他卷，或削去不留，非由潛邱身後之俄空也。否則何以佚其文又並佚其目，而其文之全者其目必存，有如是之巧哉？張穆𣷭齋文集卷四，沈果堂鈔尚書古文疏證五卷本跋：「此本五卷，凡四冊。第三卷仍缺。其第二冊無篇第之數。以今本校之，自第十七題至第二十八題，沈鈔本同。以下言古人文字多用韻篇，今本為第七十四；言古人字多假借篇，今本為第七十五，而鈔本第五卷又皆有之，次亦與今本同；言書小序篇，今本為第一百五；言書大序篇，今本為第一百七；言朱子未及疑安國傳篇，今本為第一百十四；言孔安國從祀篇，今本為第一百二十八。蓋全書規模，約略已具，此後但觸類引申，錯綜整比之耳。」今按：是書五卷四冊而缺卷三，是一冊為一卷也。鈔本在第二冊，而今散入下四卷者凡七題，而今本卷三缺題恰恰為七，明見此七篇本先成在前四卷，後乃改散入後四卷中也。此七篇既改散入後四卷，而前四卷篇第之數未改，第五卷篇數即續四卷篇數而下，故前四卷乃缺其七題。此證閻書前四卷本無缺，由散入後四卷而遂若有缺。又閻書每卷十六篇，八卷共百二十八篇，顯見有意為之，其題闕者，實多本無其文也。又閻書第一卷、第四卷皆有跋，二、三兩卷無之，竊疑沈鈔本第二冊，即是閻書第二、第三卷原稿耳。又按：杭世駿道古堂文集卷二十六，古文尚書疏證跋，謂「疏證五卷，世鮮傳本」。杭氏得見第一卷及四、五兩卷，凡八十篇，自十七以迄四十八，竟無由獲睹。當時閻書第二、第三卷，多所改定，故傳於世者特少，亦據此可見。然則潛邱雖不欲示人以璞，而其書草創之迹不可掩。又其矜多炫博之情，仍自與其所以駁正黃、顧者，見解不殊，潛邱之博，正足以見潛邱之陋也。

附辨梨洲授書隨筆

江藩漢學師承記載顧千里言，亭林初刻廣韻，校刊姓氏列受業閻若璩名，而若璩書中不稱亭林為師，疑亭林歿後背之。張穆潛邱年譜為之辨，是矣。余觀全謝山為梨洲神道碑，稱有「授書隨筆一卷，則淮安閻徵君若璩問尚書而告之者」，江藩師承記因之，錢林、王藻、李元度所為傳均同。朱竹垞經義考，有黃宗羲書經筆授二卷存，無序說，書名卷數均異，蓋亦得之傳聞。清史藝文志作三卷。而其書亦有可疑者。考梨洲年譜，於他書著作年月率詳列，而此書獨不著。即梨洲所為尚書古文疏證序，見南雷文約。亦僅謂「淮海閻百詩寄尚書古文疏證四卷，屬余序之。余讀之終卷，見其取材富，折衷當，而繼以論大禹謨『人心道心』十六字，謂得吾説而存之，於百詩之證，未必無當」，亦無一語道及筆授尚書事。潛邱為南雷黃氏哀詞，則謂「余聞先生名也久，而知先生愛慕我，肯為序所著書，許納我門牆，以聶雙江師事王文成例，拜哭稱弟子」，亦不及授書一字。今疏證卷六上引「黃宗羲，字太冲，亦今知麻法者」云云，與旁引並世諸人等耳，不見有所謂授書者。即南雷三集，載當時問學書夥矣，亦無潛邱問書事。潛邱子詠所為先府君行述，且謂梨洲見疏證而奇之，歎曰：「吾一生疑團見此盡破矣。」若梨洲真有授書事，詠亦不敢偽造此説於行述，以來其時不滿於其父辨偽者之口。且又問書在初成四卷之前，梨洲序決不如此作；若在四卷後，潛邱引並世諸人如胡朏明、姚立方語皆甚詳，於梨洲不應沒其授書事，而僅云「黃太冲今人知麻」也。余疑潛邱哀詞有云：「下逮小子，有書一卷，古文疏證，悉翦譌亂，遠蒙嘉賞，賜序以弁，如此窮經，經神重見。」所謂「小子有書一卷」者，即指古文疏證，其翦譌亂，乃潛邱自詡翦昔人之譌亂也。豈當時乃誤會文旨，謂梨洲有一卷書為潛邱悉翦疏證之譌亂乎？若果如是，以潛邱之矜才自負，決不肯坦白云爾矣。謝山去梨洲、潛邱不遠，而已有此誤傳，何也？要之梨洲授書，與受業亭林同一不可信，因為附辨於此。

毛西河之古文尚書冤詞

尚書古文之偽，昔人疑者已多，非潛邱首創。然潛邱為疏證，當時頗招疑怪。其竭力與潛邱辨者，為毛西河。西河好勝，仗其才辨，不欲人之得美名以去，而求以出其上，於是乎有古文尚書冤詞。古文之偽，已成不諍，西河辨之雖力，皆費話也，然西河冤詞雖不足重，而其所以為冤詞，則頗有可記

西河考證學得自潛邱

西河初見閻疏證時之態度

西河著寃詞之動機

者。全謝山為西河別傳，謂：「西河亡命游淮上，得交閻百詩，始聞考索經史之説。」何秋濤又為之證，謂：「西河四十以前，未見潛邱時，率以賦詩、塡詞、選制藝、評傳奇為事，集中經解，雖卷帙繁重，實皆歸田後作。自言二十餘歲時已作續詩傳，遭兵燹失其稿，然世亦未有見者。鳥名一卷仍歸田後所成，託之早歲賸稿耳。白鷺洲主客説詩，成於愚山署中，西河經解之最早出者也，中多引潛邱説，時方與潛邱訂交也。則謂西河考證之學，得自潛邱，良信。又潛邱初成疏證寄西河時，西河貽書祇爭書中朱陸之辨，而不及古文眞僞，是其時於壁經源流，尚未細考，迨李剛主以尚書非僞之説進，而寃詞始作。始末詳其再與潛邱書中。可見西河固心折於潛邱，而必欲强與爭勝，此其所以為西河也。」周中孚鄭堂讀書記卷九謂：「毛氏古文尚書寃詞，其意不過好與朱子為難。若朱子無疑僞古文之説，則必於當時諸家，有水乳之契矣。」此亦一説。秋濤之説如此。余又考潛邱癸酉遊西泠，西河介姚立方與相見，則其時西河於古文之僞未持異議可知。及後四年丁丑，恕谷始來杭，見西河、立方，又與桐鄉錢曉城辨，屢以古文非僞之意告西河。又二年己卯，恕谷過淮上，見潛邱，乃云「毛先生有新著」，則西河成寃詞在戊寅、己卯間也。西河與黃梨洲論僞尚書書：「近保定李恕谷來，與桐之錢生曉城辨古文尚書眞僞，幷來取信。僕向雖蓄疑，然全不考及，今略按之」云云，則秋濤之言定信矣。而潛邱見西河寃詞，乃曰：「僞古文尚書甚難而實是，不僞古文尚書甚易而實非，人將從易而非者乎？抑將從難而是者乎？此余所以不與毛氏辨，而但付之閔默爾。」又曰：

何休好公羊學，著公羊墨守、左氏膏肓、穀梁廢疾；康成乃發墨守、鍼膏肓、起廢疾。休見而嘆曰：「康成入吾室，操吾戈以伐我乎？」余謂此自是學海遠遜經神，故云爾。若在今日，豈其然？劄記。

張穆潛邱年譜所舉謝山謂「西河得交閻徵君，始聞考索經史之説」，卽此引何邵公語亦可微會。今亦不事瑣瑣為兩人爭上下，要之當時考證家於自己德性多有未修，西河恃才而肆，病乃益彰；而潛邱生平，輕詆時賢，獨置毛氏寃詞於閔默，亦無怪杭氏以才怯致譏也。

兩家辨古文尚書之另一公案

而余謂潛邱、西河兩人辨尚書眞僞一案，其間猶有可説，而為謝山、堇浦、頤船、石州諸人所未及者。余讀西河寃詞，其間歷引朱熹、吳澄、郝敬、梅鷟諸人之説以為辨。又有稱「甲曰」、「或曰」者。「甲曰」卽指桐鄉錢曉城，本與李恕谷辨尚書古文眞僞，恕谷著書一卷示西河，西河為恕谷所誤，乃繼起與潛邱辨，而恕谷與曉城所辨亦采錄西河寃詞中，故稱「蠡吾李塨有與桐鄉錢甲辨詞，幷載於此」也。「甲曰」既得其人，「或曰」亦可推，蓋均以並世，故諱其名，而「或曰」實卽潛邱也。

寃詞中或曰乃閻説之證

姑舉一例證之：如寃詞卷四引梅鷟曰：「大禹謨，偽書也。左氏莊八年引夏書『皋陶邁種德』乃書詞，『德乃降』三字乃莊公自言，今乃連襲其文，以魯莊語為書詞，此非偽乎？」或曰：「左傳『降』音『杭』，與古文音『絳』迥然不同。」此條見閻氏疏證卷一第九，潛邱蓋本之梅鷟，而「『降』音『杭』」則潛邱自為説也。然潛邱此條並不明引梅氏，閻書議論與梅氏同者極多，而多不明引。

張穆年譜：「順治十八年辛丑，潛邱年二十六，從兄洞成進士，改旌德縣知縣。」疏證卷一：「余著此未匝月，而從弟從旌德歸，授余以縣志。有縣人梅鶚百一者，正德丁丑進士，未仕卒，撰述頗夥，亦疑今古文，亦謂『人心道心』本出道經，與余向辨君陳事相類。」卷二又

今本疏證有閻氏見寃詞後改定處

云：「從弟自旌德歸，授余以縣志。」疑潛邱當早見梅書也。西河則奪其分別左傳引書及莊公語歸之梅，而別出「音杭」一義著之「或曰」，亦隱以攻潛邱。即此推之，知寃詞「或曰」即對潛邱發。故西河寃詞八卷，本為與潛邱興難，而顧無一語明及潛邱也。今以寃詞中「或曰」諸條，校之潛邱疏證，明其的是一說。而復有寃詞「或曰」云云，今疏證中不見其說者，余疑此由西河據所見疏證而駁，及潛邱見寃詞，見其說有據，乃還滅己說，今疏證八卷有缺文並缺其條目，而猶留其條數者，殆即是也。於是去瑕汰弱，更為不可勝，潛邱之智亦狡矣！故西河之駁閻說，沒其名字而稱「或曰」，固是輕薄，而潛邱亦沒其所攻駁，遂欲使我書無不是，毛說無足取，亦非從善服義之公心也。今考西河寃詞卷四有云：

兩家著書之不德檢舉實例

此一節乃西河著寃詞前所見疏證原文

> 或曰：序云：「承詔作傳，傳畢，會國有巫蠱事，不復以聞。」此則偽也。何也？以安國未嘗遭巫蠱事也。按：漢武帝紀征和元年巫蠱起，而史記一書則終之太初之年，其自序有云：「述黃帝以來至太初而訖」是也；乃史記世家已云：「安國為今皇帝博士，至臨淮太守，早卒。」則在太初年已無安國其人矣；乃自太初至征和相去八年，中間越天漢、太始三號，而後巫蠱起，而謂安國遭巫蠱事，信乎？

此處所引「或曰」，蓋亦潛邱說。西河之辨，謂安國遭巫蠱事，非大序私言，漢藝文志、儒林傳、荀悅漢紀、劉歆移太常博士、隋書經籍志皆然，史記亦不終太初，其記天漢、太始事，歷歷可指，即征和巫蠱事亦在在有之。又引：

此亦然

或曰：此褚先生所增文也。吳中陳仁錫刻史記，凡列傳遇巫蠱事，皆註曰褚先生所續。若年表至太初以後，則直删之，而未之聞也。

此一節乃西河據其所見疏證而加駁難

西河之寃詞則曰：

此則焚書矣。夫欲攻古文而間闢孔序，已屬波及；而乃闢孔序不已，竟致改史記以實己說，則凡書俱危矣。夫褚先生……所增補，……大抵史公自序中有其目而無其書，如武帝紀、三王世家、龜策、日者諸傳，……並無增續一二句者。且諸列傳中，其及巫蠱事，皆連翩之文，前後一片，未能割方幅而綴當中也。……又況史記全書多征和事，雖無巫蠱字，而其事實在巫蠱之後。……自序不又曰「于是述陶唐以來，至于麟止，自黄帝始」乎？……而實則史記之作在天漢後。自序又曰：「又七年而遭李陵之禍，幽于縲紲，乃始喟然」云云，而班氏作司馬遷傳復改七年為十年，……則當在征和之前，太始之後。……夫謂史記為訖于太初者，自序也；謂史記為終于麟止者，亦自序也；謂太初之後又七年而遭患難，始發憤作史記者，亦自序也。……史記不必終太初，安國雖早卒，不必不死征和之後。……蓋從來毁尚書者，自朱、吳以後，歷元迄明，皆信口聒聒，惟此為讀書人所言，而一舉不勝，卽思易他文以實己說，則又無賴強暴所不為矣。故此一節，雖衹攻書序，而實刻于攻古文者之用心，好学者當慎思之。

此據讀書人一詞證前引寃詞一節定指閻百詩

西河此條，謂「惟此爲讀書人所言」者，「讀書人」卽指潛邱也。潛邱以讀書人自詡，謂：「髮未燥卽愛從海內讀書者游，自牧齋、亭林、梨洲卒，而海內讀書種子盡。」潛邱目無餘子，而不意觸西河之怒，西河卽反唇相稽，目潛邱爲讀書人，蓋潛邱歷舉海內讀書人不及己，故以此洩憤也。故西河與潛邱書有曰：

某向不愜僞古文一説，宋人誕妄最叵信，及惠教所著古文尚書疏證後，始怏怏，謂此事經讀書人道過，或不應謬，遂置不理。寄潛邱古文尚書寃詞書。

此明指潛邱爲「讀書人」之證也。史記究訖何時，至今無定論，惟考匈奴傳李廣利降匈奴，事在征和三年，顯出史公手筆，則謂其他諸傳事出太初後卽係後人增補，自屬勉強。然辨晚出古文眞僞，此非要點。西河洋洋博辯，謂「此一節雖衹攻書序，實刻於攻古文者之用心」，此謂乘瑕蹈隙，避堅攻脆，乃兵家之詭譎，非辯難之正宗。然今考潛邱疏證，並無西河寃詞「或曰」云云，而謂：

此一節乃今本疏證轉駁毛氏冤詞之語

閻氏見毛書後自改疏證舊説之鐵證

司馬遷親與安國遊，記其蚤卒應不誤。然考之漢書又煞有可疑者。兒寬傳：「寬以郡國選詣博士，受業孔安國，補廷尉文學卒史，時張湯為廷尉。」案：湯為廷尉，在武帝元朔三年乙卯。楚元王傳：「天漢後，孔安國獻古文書，遭巫蠱之難未施行。」案：巫蠱難在武帝征和元年己丑，二年庚寅。相距凡三十五、六年。漢制，擇民年十八以上，儀狀端正者，補博士弟子，則為之師者，年又長於弟子。安國為博士時，年最少如賈誼，亦應二十餘歲矣。以二十餘歲之博士，越三十五、六年始獻書，卽甫獻書而卽死，其年已五十七、八，且望六矣，安得謂「蚤卒」乎？疏證卷二。按：安國由博士為諫大夫，官至臨淮太守。諫大夫初置，在元狩五年，見百官表；臨淮郡，元狩六年置，見地理志；下距征和巫蠱尚二十六年。

則正針對冤詞「安國雖早卒，不必不死征和後」一語而發，本為冤詞難疏證，今轉成疏證難冤詞。又疏證並不主史記定不及征和事，只安國決不及征和年耳。若西河先見疏證此條，決不再送「安國雖早卒，不必不死征和後」之難。且若疏證並不主史記凡及征和者皆偽，則西河為冤詞，豈有為疏證憑空揑造一説，加以駁辯，而又親致其人以自白其憑空揑造之無賴？西河雖甚愚不出此。故知冤詞所引，乃西河所見之疏證，而今疏證所載，則潛邱見冤詞後改為。其事昭昭，雖不可以確指，而實可以微辨也。夫書經他人駁正，或自悟其失，滅而不存，此乃著述通例，不足為病，拜經樓藏書題跋記謂：「日知錄初本第八卷『九州』二則，因閻百詩駁正，今刻全本日知錄不載。」又全謝山經史問答謂：「亭林初刻日知錄八卷，有『七七之奠本於易七日來復』一條，及晚年重定則芟之，蓋自知其失也。」潛邱劄記亦謂：「汪氏琬臨沒，删其稿為堯峯文鈔，為余所駁正者，悉刊以從我；有駁而未及聞之彼者，承譌如故。」是亭林、堯峯兩人，亦皆曾得潛邱之駁正而自改其稿者。而余觀潛邱之於疏證，則有不得以是為説者。疏證又云：

余嘗疑安國獻書，遭巫蠱之難，計其年必高，與馬遷所云「蚤卒」者不合。信史記「蚤卒」，則漢書之獻書必非安國；信漢書獻書，則史記之安國必非蚤卒。然馬遷親從安國遊，記其生卒必不誤。竊意天漢後，安國死已久，或其家子孫獻之，非必其身，而苦無明證。越數載，讀荀悅漢紀成帝紀云：「魯恭王壞孔子宅，得古文尚書，多十六篇。武帝時，孔安國家獻之，會巫蠱事，未列於學官。」於「安國」下增一「家」字，足補漢書之漏。益自信此心此理之同，而大序所謂「作傳畢，會國有巫蠱」，出於安國口中，其偽不待辯矣。（疏證卷二。）

今觀寃詞辯安國未必不及巫蠱事，歷引漢書藝文志、儒林傳及荀悅漢紀諸書，則其時西河所見疏證，尚未有此條也，故西河歷引諸書而曰「安國不必不死征和後」。今疏證重據漢書兒寬傳推斷安國定死征和巫蠱前，乃即據荀悅漢紀謂古文尚書乃安國家所獻，非安國親獻。此漢紀一語，明是潛邱讀西河寃詞後所悟，利矛堅盾，逐步鬬殺，遂得奇采。然潛邱滅其己之前說，而謂「夙疑如此，苦無明證」，又謂「越數載讀漢紀」云云，全不肯認是見西河寃詞後所追改，則又何也？（又按：朱竹垞經義考卷七十六孔安國尚書傳下按語，辨安國生卒及其家獻書事，措語亦似未見今本閻氏疏證。其引「或曰」，即毛氏說；其證「安國卒征和前」論證，不如今本疏證之精，而云「安國家獻」，則與閻今說同。以文長，不具錄。）夫學者捨己之短，從人之長，正是美德。且潛邱自謂：「古人學以年進，晚而觀書益博，然於前此所注述，有及追改者，亦有不復改定者。」（疏證卷一。）又自謂：「盡心鄭氏之學，慕其先後異說不復改定，以見學以年進之盛。」且今疏證八卷歷引同時朋好商訂討論之言夥矣，獨於西河寃詞不及一字。而凡西河寃詞所辨，潛邱認為己說之誤者，則沒其前說，改造新論，不復效康成「不復改定」之美，亦不著得見西河寃詞舍己而從之眞，顧曰：「此余所以不與毛氏辨，而但付之閔默爾。」則潛邱之所以不與毛氏辨而卒於閔默者，實其為辨之術益精益巧，而西河於是乎乃眞得其寃矣！何秋濤有言：「西河固心折於潛邱，而必欲强與爭勝，此其所以為西河。」又曰：「西河之於閻、姚立方固所心折，而必攻之者，則其强項之習，務與人爭名耳。」均見張穆閻潛邱年譜卷三。今比觀疏證、寃詞兩書，兩人之所以辨尚書古文眞偽者，知潛邱亦未嘗無所心折於西河，而顧深隱嚴諱，而曰「付之閔默」，此其爭名好勝之心，亦何以異？而堇浦僅以才怯譏之，亦正為潛邱所笑矣。

考據家之不德

故自此後漢學家考據言之，則尚書古文眞偽，潛邱是而西河非，已成定論；自宋、明以來理學家所謂心性義理言之，則兩人之著書相往復，皆有可譏，均不得為學士之雅度也。余之辨此，亦非好為掎摭，多毀前賢，良以此後漢學家一意考訂，而於心性義理，容多忽略，類此之事，數見不尠，學者之不德，其事影響於學術，即逮近世，時賢蹈其病者，亦復時有；故特發之於閻、毛兩氏之為漢學開山者，非敢以薄前賢，乃所以勉今賢也。

姚立方

與潛邱同時辨尚書古文之偽者，有姚立方。疏證卷八稱：

> 癸酉冬，薄遊西泠，聞休寧姚際恆，字立方，經義考作錢塘姚善夫。閉戶著書，攻偽古文。蕭山毛大可告余：「此子之廖偁也，按：廖偁見歐陽修居士集卷四十三廖氏文集序。日望子來，不可不見之。」介以交余，少余十一歲。

出示其書凡十卷，亦有失有得。失與梅氏、郝氏同；得則多超人意見外，喜而手自繕寫，散各條下。

姚氏著述

惜其書已不傳，惟疏證所引，可覩片爪而已。姚著九經通論，今惟詩經通論有刻本；又小戴禮散見杭大宗續禮記集説中；儀禮、春秋有傳鈔本。（春秋已殘，余均在顧頡剛處見之。）又著庸言錄，雜論經史理學諸子，末附古今偽書考。今惟偽書考傳世，庸言錄亦不可見。錢林文獻徵存錄稱其「謂周、程、張、朱皆出於禪，其説本於顏元」。考立方與恕谷相見，在康熙三十六年丁丑，立方年五十一，時已著書經及儀禮，就質於恕谷；（儀禮通論自序在康熙三十八年，則見恕谷時尚未成書。）其與潛邱相見，尚在前四年，立方年四十七，而潛邱見其辨偽古文者亦已有書十卷。武林道古錄稱其：

> 少折節讀書，汎濫百氏，既而盡棄詞章之學，專事於經。年五十，曰：「向平婚嫁畢而遊五嶽，余婚嫁畢而注五經。」遂屏絕人事，閱十四年而書成，名曰九經通論。

姚與顏李

謂自五十後始注九經，未為得實也。立方卒年無考，據道古錄知其當踰六十四歲。（春秋通論序在康熙四十六年，姚年六十一。）至庸言錄所論「周、程、張、朱皆出於禪」，其議論是否出之顏、李，亦不可知。時浙人如陳乾初、潘用微、毛西河皆排擊朱子，立方辨偽，深以未見陳乾初辨大學為憾，則其風聲相摩，意氣相通，固當在彼不在此。浙東王學流變，自有此一派，雖梨洲巖巖，晚歲亦不免折而同歸，其議論頗有與北方顏、李相會通者。故余論顏、李，謂其近王，而徵存錄所謂「立方庸言本之習齋」者，轉或不必然也。同時桐鄉錢曉城，著壁書辨僞、中庸辨、孟子疑義諸書，已見顏、李兩傳。

馮山公淮南洪保辨

又錢塘馮景，字山公，為淮南子洪保二卷，攻僞古文，而與潛邱議論相異，（又駁潛邱四書釋地十事，時謂幾於潛邱之駁亭林日知錄也。）潛邱頗致譏誚。謂：

> 可惜所憑據在逸周書、穆天子傳，又可惜在家語、孔叢子、僞本竹書紀年，尤可惜則在魯詩世學、世本、毛詩古義耳。真謬種流傳，不可救藥，吾末如之何也已矣！（劄記卷五與劉超宗書。）

又云：

> 洪保主人亦云信古文非真，所論斷者他語耳，正恐信亦不透。（同上）

今洪保收解春集八、九兩卷，其文亦為章實齋所譏，謂：「其中無所得，而全務矜張誇詡，類於趨風好名者之所為。」（章氏遺書，淮南子洪保辨。）是山公助閻，與西河駁閻，事異意近。又杭世駿為馮景傳，稱：「毛著古文尚書冤詞，景益所未備者五事。」今西河集有復馮山公論太極圖說古文尚書冤詞書一首，有云：「至若古文尚書之冤，凡能救正，即是聖人之徒，況直窮隋志，抉致誤之由，尤得要領。」是山公見西河寃詞，似為所動，潛邱所謂「信亦不透」，非無徵也。

潛邱稍後有程廷祚綿莊，本歙人，遷江寧。少時見西河古文寃詞，作寃寃詞攻之，既刪定其稿為晚書訂疑，又推拓之，別成尚書通議二十卷。（其書未見。）綿莊聞顏、李學於惲鶴生，康熙庚子，恕谷南遊，綿莊屢過問學。（康熙五十九年，綿莊年三十。）讀顏氏存學編，題其後云：「古之害道出於儒之外，今之害道出於儒之中。」推習齋為五百年間一人。謂「其勢難於孟子，而功倍於孟子」，尊信之如此。又說論語「克己復禮」一節，謂：

> 恕谷云：「聖門惟重學禮，宋儒惟重去私。學禮則明德、新民俱有實功，故曰『天下歸仁』；去私則所謂至明至健者，只在與私欲相爭，故履中蹈和之實事，絕無一言及之，去聖經之本指遠矣。」蒙按：去私欲卽孟子寡欲之說，不可謂非聖賢所重，然以為克己正解則不可。且天下之為仁禮害者，又豈惟私欲哉？凡性質之過剛過柔，與智識之浮游昏塞者，均足為害，而目曰非禮，則舉在其中，非私欲之所得而盡也。

又云：

> 「天理」二字，始見於樂記，猶前聖之言天道也。若大傳之言理，皆主形見於事物者而言。故

「天下之理」、「性命之理」，與「窮理」，與「理於義」，皆文理、條理之謂，無指道之蘊奧以為理者。宋人以理學自命，故取樂記天理、人欲之説以為本原。至此章夫子分辨禮與非禮以告顏子，乃唐、虞以來教學之成法，實有所事，而與言渾然一理者不同，集注自不應混以樂記之説。豈諸君子於夫子言禮而不言理之故猶不能無疑也與？論語説。

此兩條措辭雖簡，含義則富。謂理只作條理解，此後戴東原孟子字義疏證自矜創獲，而顏、李、毛諸人及綿莊皆已言之。謂「害仁禮者豈惟私欲」，其語尤精。惟性質之過剛、過柔與智識之浮游昏塞者皆足為害，故去私欲雖亦當重，而其事決不止於去私欲。後戴氏以去私、解蔽兩者為説，亦與綿莊説近。至以「禮」代「理」，尤為戴氏以後傳學者所樂道，如凌廷堪、焦循、阮元其著也。惟綿莊在當時，能推服顏、李，而不陷於尊信古文尚書，既通考證家法，又能識宋儒長處，青溪集卷三漢宋儒者異同論、卷九與劉學稼書、卷十上雷翠庭督學論宋儒書兩首，皆能為漢、宋持平，而議論得其大體，並無顏、李矯枉之論，亦不入惠、戴門戶之習。則尤為通識可貴也。再上雷公論宋儒書有云：「經學之弊，在於專門，欲以一師之言箝天下之口，何異於指一目所見而以為周天之徑也。」此意尤足為嘉、道以下公羊今文學者作針砭矣。

與綿莊同時稍前，辨古文尚書之偽者有惠棟定宇，著古文尚書考。自稱先已為辨，在甲寅以來，雍正十二年。嗣見閻氏書，乃在癸亥，乾隆八年。時閻書尚未刻。程綿莊始見疏證在丙子，亦已先成訂疑四年矣，因別為尚書古文疏證辨，誌其異見。文在青溪集卷四。是皆所謂不謀而合者。自此尚書古文之偽，幾於定論，蓋非一人之力所能强，而一人之智亦不足以盡其蘊。故先乎潛邱者遠自南宋，而繼起者亦往往所獲超潛邱上，今則推辨古文尚書之偽者必先潛邱，身後之名，各有其遇，而西河之强爭急辯無與焉。然潛邱以辨古文尚書益推朱子，西河以攻朱子因護古文，其後戴學大盛，西河遂重以攻朱見推，阮、焦兩人，於西河集鼓吹頗力，西河亦終得其身後之名。以兩人之才辨，各務於好勝喜譽，蓋亦均可以無憾也。

胡朏明

與潛邱同時交好最密，以考證稱者有德清胡渭朏明，別字東樵。生明崇禎六年，卒清康熙五十三年，年八十二。與潛邱及常熟黃儀子鴻、

顧景范

無錫顧祖禹景范生明崇禎四年，卒清康熙三十一年，年六十二。同客徐乾學家，協修一統志。潛邱為四書釋地，東樵有禹貢錐指，子鴻為水經注作圖，於輿地之學皆有述作。而宛溪顧景范別號。方輿紀要百二十卷尤傑出。其書據正史考訂地理，於山川形勢險要，古今用兵戰守攻取、成敗得失之跡，皆有折衷。寧都魏冰叔推為數千百年絕無僅有之書，以與梅文鼎歷算全書、李清南北史合抄並稱。然論者猶頗嫌李書之不得相鼎足焉。東樵又有易圖明辨，論者謂出梨洲兄弟及西河諸人上。其洪範正論，於「漢儒附會之談，宋儒變亂之論，一掃廓除」。提要語。而謂「漢人專取災祥推衍五行，穿鑿附會」，又後之盛尊漢儒者所未知也。禹貢錐指亦列宋、元、明諸家說，當時漢、宋疆界尚未判劃。胡氏又有大學翼眞。魯曾煥序正論，謂：「古經之厄，莫甚於大學、洪範。改古本大學，極於宋而流衍於元；改古本洪範，極於元而胚胎於宋，皆經之陽九、百六也。先生所著翼眞、正論，綜核異同，皆因其當因，革其當革。」翼眞頗宗朱子，時風尚已崇考訂，而尚未顯分漢、宋，胡氏亦其間一過渡之人物也。然諸人讀書雖博，考古雖勤，要皆受豢於貴寵，一志於文字。朝廷之鴻博，與夫卿相之館職，皆足以羈縻而牢籠之，其意氣遠非梨洲、亭林、船山、習齋之比矣！朏明雖未膺鴻博之選，而晚年以禹貢錐指進呈御覽，得殊寵，尤為一時豔稱。詳胡會恩錐指紀恩。又戴褐夫禹貢錐指序（文集卷四）：「車駕南巡狩，臨幸浙西，胡君朏明伏道左，恭進是書，並獻頌一篇。天子覽之稱善，賜膳，賜御書詩扇，賜御書匾額。一時士人嘖嘖嘆羨以為榮。夫以布衣之士，幽隱伏匿之儒，耆艾之老，山澤之癯，皆得以其所業上達天子，褒寵並加，恩賜備至。仰見我皇上右文之至意，礪世磨鈍，鼓舞激勸，眞有超出前古者。

顧景范與徐狷石

天下之士，其孰不奮袂而起，思出其奇，以求得當？行見博學好古之士，立言之家，接踵而出，潤色太平，不獨胡君一人之榮遇而已。」此文乃褐夫代當時朝士作，眞能道出一時學人心理及將來學術變化趨勢也。惟宛溪最深心，三藩起事，宛溪棄家南游，欲藉手耿氏，不得志而歸。宛溪南游事，詳國風半月刊四卷十期膠山黃氏宗譜選錄。其撰方輿紀要，備載山川阨塞，詳論南北兵事强弱形勢，蓋以待時變。所為自序，於宗國之痛，尤流露不自禁。寄食書局以成其業，而確然不仕，猶守志節。徐狷石最善之，曾有事欲就商，會宛溪在徐乾學館中，狷石徘徊門外不入，適宛溪從者出，因以告，乃得見。乾學聞之，亟遣人出迎，則狷石已解維疾去矣。全謝山題徐狷石傳後。姚椿通藝閣文集卷五顧處士祖禹傳，略謂：「徐乾學修一統志，開局包山，知祖禹精地理學，固延之，三聘乃往。書成，將列其名上之，祖禹不可，至於投死階石，始已。」宛溪客徐家久矣，不俟洞庭設局時。姚説固誤，要亦知宛溪之節概矣。故自狷石一轉而為宛溪，自宛溪再轉而為朏明、子鴻，自朏明、子鴻又轉而為潛邱、西河，出處之間，逐步推移，如走峻坂，陵夷及於平地而止。當身者不自知，而地維既絶，天軸亦折，無論潛邱以讀書人自負，西河以讀書人相輕，要之同為讀書人，別成一種風氣。學者心術之變，而學術人才全非故昔，亦余所謂可悲而可畏之一例也，故以並著於篇云。

第七章　李穆堂　附　萬孺廬　王白田　朱止泉　全謝山　蔡元鳳

傳略

李紱，字巨來，學者稱穆堂先生。生康熙十二年，卒乾隆十五年，一六七三—一七五〇。年七十八。籍江西臨川。少貧甚，讀書五行竝下，落筆數千言，而無以為生。嘗自其家徒步負襆被之徽，又之吳，吳人或異其才，而未能振也。以康熙四十八年進士入翰林，益勵於學。自言：「小時看書，日可二十本，字版細密者，猶不下十本；今來館務分心，餘力無幾，或一二本而止。七閱月中，看三國志、晉書、南北史及李白、子美、義山、飛卿、子瞻、放翁詩各二遍；爾雅、孝經、儀禮、論、孟諸註疏，史記、前後漢、隋唐書、五代史各一遍；宋、齊、梁、陳、後魏、北齊、後周諸書及宋、遼、金、元史不及一遍。」其强力如此。先生既博窺，於朝章國故，抵掌而談，如決潰隄。不學之徒，望風不敢前席。先生又未嘗肯少接以溫言，舉朝皆畏憚。然愛才如不及，以識一賢、拔一士，為生平大欲所存，形迹嫌疑，坦然不計。辛丑會試充副考官，用唐人通榜法，知名士網羅殆盡。榜發，下第舉子擁邸舍喧鬧，被論罷官，發永定河效力。雍正元年，召復職。時隆科多、年羹堯貴顯用事，先生抗禮不屈，竟以言河南總督田文鏡被譖。初，雍正二年，先生署廣西巡撫，安插一罪苗，至是逃去，新廣撫追劾先生措置不善，詔使前往捕賊自贖。事既解，仍以排擠下獄，當死，並籍其家，取及夫人之簪釧，視之皆銅器也。獄成，世益為先生危，先生處之泰然，在囚中日讀書，晝飽啖，夜熟眠，同囚甘撫胡期恆，嘆為鐵漢。時內外諸臣方以全力羅織，必置之死。曾兩決囚，先生縛至西市，刑部郎楊某，欲試之，於押赴市曹時，故問經史疑義，先生應答流利如平常。楊退語人曰：「李公眞鐵胎人也。」特旨免死，在八旗志書館效力行走。先生敝車羸馬，即日赴館，閉門葺平生所著書，如是者八年。及乾隆即位，召見，即日授戶部侍郎。會舉博學鴻詞，先生已薦六人，束於例，乃揭所知廣託九卿。吳江王藻無舉主，浼門下士孫國璽薦之，孫有難色，先生大怒責，孫跪謝允薦乃已。語聞，坐左遷。然先生雖屢黜，意氣如故不少衰。嘗曰：「內省不疚，生死不足動吾心，何況禍福？禍福不足動，何況得失？以此處境不難矣。」又言得力在二語：處境則居易以俟命，處事則行法以俟命也。會以丁憂歸，嗣得大病，乃致仕。先生故剛大，生平學道，以陸子為宗。及卒，全謝山為碑銘曰：「世方以閉眉合眼，喔咿嚅呪，伺察廟堂意旨，隨聲附和，是為不傳之祕，則公之道，宜其所往輒窮也。」所著書有穆堂類稿五十卷、別稿五十卷、春秋一是二十卷、陸子學譜二十卷、朱子晚年全論八卷、陽明學錄若干卷。

章炳麟書李巨來事，（文見華國月刊一卷十期）謂：「穆堂獲譴，由雍正四年督直，胤禎欲其希旨殺塞思黑，穆堂不肯。胤禎既殺塞思黑，欲殺穆堂滅口，又恐臨刑宣泄，故不得不赦。彈擊田文鏡事，特借以發端，謝山以事關皇室，故碑文不能正其辭。」並謂：「處胡虜之朝而果於用世，遇賊害之主而不能先幾引避，使周、程、陸、楊處之必不然。」事雖隱昧，章氏歷引東華錄説之，恐或然也。

清初之朱陸異同論

「朱陸異同」之論，遠起明世。休寧趙汸子常對策，謂：「朱子答項平父書，有去短集長之言，豈鵝湖之論至是而有合耶？使其合并於晚歲，則其微言精義必有契焉，而子靜則既往矣。」是為「朱陸早異晚同」説之始倡。其後河間程敏政篁墩著道一編，分朱陸異同為三節，纂鈔朱陸二家往還書，各為之論斷，見其始異而終同。自是遂有陽明之朱子晚年定論，專取朱子論學書牘與象山合者三十餘通為説。同時羅欽順整菴卽遺書辨難，謂：

偶考得何叔京氏卒於淳熙乙未，時朱子年方四十有六，後二年丁酉，而論孟集注、或問始成。今有取於答何書者四通，以為晚年定論，至於集注、或問，則以為中年未定之説，竊恐考之欠詳而立論之太果也。

清初尊朱排陸諸家

後東莞陳建。（清瀾）著學蔀通辨十二卷，乃大詆「朱陸早異晚同」之説。其書取朱子年譜、行狀、文集、語類及與陸氏兄弟往來書札，逐年編輯，辯詆甚峻。而書初不顯，東林顧憲成頗加稱説，乃為人知。（明儒學案無陳建。）

孫承澤

及清初宛平孫承澤（北海）著考正晚年定論二卷，持論益偏。書始宋孝宗淳熙甲午，朱子時年四十五，其後乃始與陸氏兄弟相會，依次編其文集、語類諸書，謂「實無一言合於陸氏，亦無一字涉於自悔」。又深毁陽明，謂其「惟事智術籠罩，乃吾道之莽、懿」。（據四庫提要。）門戶之見，持之者過甚，亦足徵其立身居心之大概矣。（四庫提要云：「承澤初附東林，繼降闖賊，終乃入於國朝，自知為當代所輕，故末年講學，惟假借朱子以為重。」）

魏裔介

同時有柏鄉魏裔介，（石生）論學與孫承澤相沆瀣，編周程張朱正脈，自序謂「周海門所輯程門微旨，王陽明所輯朱子晚年定論，未足發蒙啓迷，於微旨取十之五，於陽明所輯則盡删之，而取北海考正定論。其他尚有聖學知統録、論性書、希賢録諸書」。夷考生平，於崇禎壬午中舉，越四年，清順治三年成進士，言其出處，宜與孫氏同屬貳臣，而裔介仕清尤忠藎，畫進取滇、黔之策，竟如所規以覆明。又建言「宜擇大將領滿洲兵駐防滇、黔、川、楚間形勢以銷姦萌」，議雖不行，然裔介為滿洲謀宰割漢人，其因事納忠，固可嘉矣。故裔介仕宦極得意，蒙恩眷。卒康熙丙寅，（二十五年。）年七十一。

熊賜履

稍次有孝感熊賜履，（青岳）得意略後於裔介，而亦以講理學為顯宦名臣。著閑道録，力闢陽明尊朱子。謂朱子兼孔、顔、曾、孟之長，詈象山、姚江為異類。又謂：「學不聞道，雖功彌六合，澤及兩間，止是私意。」以抑姚江之事功。又著下學堂札記，引其友蕭企昭性理譜語，詈陽明為賊。自謂：「當今日而有衛道其人者乎？孟、朱之徒也。」其自負如是。清聖祖讀其閑道録，稱為「正大精醇，斯文嫡派」。又曰：「録中崇正闢邪，極透切，有功聖道不淺。」遂親題其籤曰熊學士閑道錄，置之御几，一時羨為異數。卒康熙己丑，四十八年。年七十五。諸人皆以高官講正學，為朝廷褒獎。而明末南方有黃梨洲，北方孫夏峯、李二曲，海內稱三大儒，論學皆尊陽明。既為羣士慕仰，又皆不肯屈節受祿。而顧亭林、王船山之儔，激於憂國忠世之意，感憤時變，溯源搜根，深痛晚明士習，歸罪王學，謂種學術亡國之大禍。尤甚如顏、李，則更引益遠，蔽獄宋儒，謂朱子教人讀書，乃禍國害民之尤大者。船山、習齋聲光皆闇，亭林雖栖栖，名字重於京國。其日知錄卷十八「朱子晚年定論」一條，以王夷甫清談、王介甫新説、王伯安良知，三王並舉，而稱説羅整菴、陳清瀾以及孫承澤之書，則以在野大儒，亦主正學，儼若與朝貴相桴鼓矣。沈清玉冰壺集謂：「孫退谷、陸稼書以張弧文成者集矢蕺山。承澤固蒙面賊庭者也，平湖集中有上孫退谷先生書，何啻碩儒魁德，豈喜其意見之同，忘其立身之汚乎？」（據李慈銘引，詳呂晚村下。）余觀日知錄此處殆與稼書同一見解也。同時有大興張烈，武承以博學鴻詞纂修明史。著王學質疑，書成康熙辛酉二十年。即亭林卒前一年也。謂：「弘治己未，陽明成進士，其年六月孔廟災，九月建陽書院災。蓋陽明之出，孔、朱之厄也，天象昭著，人所不及知耳。」其書大見賞於平湖陸隴其稼書，以與陳氏學蔀通辨並舉。稼書為有清一代正學宗師，持尊朱黜王之見益堅。其為問學錄，至稱「論語固能興起善意，而其言簡略，不若小學、近思錄、朱子行狀」。陸王則比之楊墨。然稼書之學，實自呂晚村；晚村得之張楊園。楊園亦明遺民，與梨洲、亭林諸老相輩次，曾受業於蕺山，與陳乾初交游甚密，而論學則黜王崇朱，不隨聲阿師友也。然楊園以苦節隱，晚村以放言敗，而稼書獨以俯仰得高譽，後之崇正學者，羣推稼書為醇儒，因稼書而推楊園，於晚村則不屑道焉。熊氏經義齋集謂：「以某輩而表章朱學，祇足為朱子之一大厄。」「某輩」即指晚村，時晚村尚未敗，熊已深詆之，則以出處大節不同，自難訢合也。其後及於乾隆之朝，一時學士大夫

張烈

陸隴其

專向考據，守程朱義理者深不悅。而歙縣程晉芳魚門著正學論，言此極慨切，謂：

> 昔呂留良有私憾於梨洲，注釋諸書，力攻陸王學；而陸清獻為一代大儒，亦過信陳清瀾之說，附和呂氏。於是海內士大夫，以宗陽明為恥，而四十年來，並程朱之脈亦無有續者，此則非愚意料所及也。（勉行堂文集卷一正學論三。）

然稼書雖懇懇於崇朱黜王，而出處固循謹，先後治嘉定、靈壽為良吏，僅得位監司，一年即失職，其官不達。自稼書卒後，而朝廷乃務於獎正學焉。

李光地

先是安溪李光地（晉卿）以藉手耿、（精忠）鄭，（錦）效忠清室，得殊寵，自編修擢內閣學士，上書謂：

> 臣觀道之與治，古者出於一，後世出於二。孟子叙堯、舜以來至於文王，率五百年而統一續，此道與治之出於一者也。自孔子後五百年而至建武，建武五百年而至貞觀，貞觀五百年而至南渡。夫東漢風俗一變至道；貞觀治效幾於成、康，然律以純王不能無愧。孔子之生東遷，朱子之生南渡，天蓋付以斯道，而時不逢。此道與治之出於二者也。自朱子以來，至我皇上，又五百年，應王者之期，躬聖賢之學，天其殆將復啓堯、舜之運，而道與治之統復合乎？伏維皇上承天之命，任斯道之統，以升於大猷。臣雖無知，或者得依附末光，而聞大道之要，臣不勝

拳拳！

時為康熙十九年庚申。翌年，張烈著王學質疑；又兩年，二十二年癸亥，稼書始至京師見張氏書，補靈壽知縣。及二十四年乙丑，張烈卒。（年六十四。）三十一年壬申，陸稼書卒。（年六十三。）而光地位望益高，寵眷益渥，遂以宰輔耆碩，為正學領袖。自稱「晚年學問始進，得於聖訓為多」，而康熙亦目光地為知己，君臣相孚如此。康熙五十一年，（稼書卒後二十年。）特升朱子配享孔廟殿上，命朝臣纂朱子全書。翌年，光地又承纂周易折中；又二年（康熙五十四年。）承纂性理精義。時明孽反側者，既已剗薙無留，故國遺老，亦死亡俱絕，光地所謂治統與道統合一，開堯、舜、文王以下未有之盛業，重見純王之太平者，乃竟及其身見之。（光地卒於康熙五十七年，年七十七。）聖帝為堯、舜，光地則稷、契、皋、夔矣。然光地實小人，富貴煊赫，不足掩其醜。全謝山稱「其初年賣友，中年奪情，暮年則居然以外婦之子來歸，足稱三案」。（見鮚埼亭集外編卷四十四答諸生問榕村學術劄子。賣友事可參看錢林文獻徵存錄李光地、陳夢雷兩傳，又清文匯卷二十五陳夢雷與某同年書，「某同年」即光地也。惟陳壽祺左海文集卷三有安溪蠟丸疏辨，平反其事。）光地頗詆黃石齋，其從弟光墺廣卿嘗述其言曰：「石齋之人則經也，其書則緯也。」謝山告之曰：「君家相公之書，其貌則經者，其人則純乎緯者也。」光墺失色而去。（亦見謝山論榕村學術劄子。）自光地在位，衆多誚之，及其既歿，詆訐尤甚。（語見方苞望溪集安溪李相國逸事。）雖如方望溪之徒，受其私恩，為之袒護，（見上引篇中。）然無以勝公論。清廷既特尊朱子正學，以見聖朝治道之隆，又求表彰本朝正學名儒相輝映，而光地非其選也。求其持身無疵纇，講學尚醇謹，能持門戶之見，而名登清之仕籍者，陸稼書實推首選，（陳悔廬以梨洲弟子，出光地門下，然論學不屈，及見稼書所著書而服，亦以稼書之躬行醇也。事見全謝山鮚埼亭集卷十六陳碑。）於是稼書遂以雍正

陸稼書之從祀兩廡

張伯行

二年從祀兩廡。（光地卒後六年。）故清初言朱學者，顧亭林、王船山、張楊園、呂晚村諸人持於野，孫承澤、魏裔介、熊賜履、李光地諸人唱於上，獨稼書上不在天，下不在地，以俯仰而先得兩廡之祀，此乃清廷操縱之得其道。稼書同時稍後，有儀封張伯行孝先，亦循吏著政聲，刻正誼堂叢書，有功正學，亦得從祀聖廟。然刻程朱書為之流傳，亦呂晚村先為之。朝廷之意，從我者乃正學，背我者即大逆，而特以朱子為之幌。是則正學之興，未必稼書之功；其衰，亦未必稼書之罪也。

陸稼書力持門戶及並時之諍難

惟稼書論學持門戶甚摯，並時學者亦復多致不滿。李恕谷記其一軼事云：

邵子昆

> 陸稼書任靈壽，邵子昆任清苑，皆有清名。而稼書以子昆宗陸王，遂不相合，刊張武承所著王學質疑相詆厲。及征噶爾旦，撫院將命稼書運餉塞外，稼書不知所措，使人問計子昆。子昆答書云：「些須小事，便爾張皇！若遇宸濠大變，將何以處之？速將王學質疑付之丙丁，則僕之荒計出矣。」（中庸傳註問。）

湯潛庵

此固滑稽非莊論，亦以稼書平日，詆排陽明過甚，遂來此反唇之誚也。稼書同時有睢州湯斌潛菴，從學孫夏峯，講學能勿持門戶。稼書嘗上書論學，極言陽明之學不熄，朱子之學不尊，潛菴覆書謂：

當時治程

> 姚江之學，……近年有一二巨公，倡言排之，不遺餘力，……可謂有功聖道矣。然海內學術之

朱學者之眞相

漓日甚，其故何歟？蓋天下相尚以僞久矣。今天下深明理學者固衆，隨聲附和者實多。更有沉溺利欲之場，毀棄坊隅，節行虧喪者，亦皆著書鏤版，肆口譏彈，曰：「吾以趨時局也。」亦有心未究程朱之理，目不見姚江之書，連篇累牘，無一字發明學術，但抉摘其居鄉居家隱微之私，以自居衞道閑邪之功。……舍其學術而毀其功業，更舍其功業而訐其隱私，豈非以學術精微，未嘗探討，功業昭著，未易詆誣，而發隱微無據之私，可以自快其筆舌？……自古講學，未有如今之專以嫚罵為能者也。陸原書見三魚堂文集卷五，並附湯答書。

錢子仁

此可見當時正學之風氣矣。稼書同時有嘉定錢民子仁，從稼書論學不合，曰：「公從朱子入，民從孔子入也。」嘗與友人書，辨朱子論學不合大學、中庸、孟子、二程處，又言：「今之學者，不知追求孔孟之實而只辨朱陸，相鬪是務，聖學必亡。」語詳錢林文獻徵存錄卷四，又江藩宋學淵源記。亦稼書諍友也。稼書極推張烈王學質疑，而毛西河有折客辨學文揭其私，謂：

張烈著王學質疑之動機

往在史館時，同官尤悔菴屬題得王文成傳，總裁惡傳中多講學語，駁令删去。同官張武承遂希意極詆陽明，並進三劄，一曰孝宗非令主，二曰東林非君子，三曰陽明非道學。同館並起而譁，總裁遽毀劄。

則張氏著質疑動機亦可見。以若是之人才，若是之心術，相與鼓譟而言正學，結帝王之懽固有餘，服豪傑之氣則不足，宜乎非難之蜂起也。沈清玉冰壺集謂：「南方之學者，自孝感、平湖兩先生提倡，專以尊朱黜異為第一義，顧應之者多場屋科舉之士，於說書評尾之外，茫然無覩也。」可知當時程、朱正學派之實際。故彭定求南畇父瓏，受梁谿高氏學，定求又事湯潛菴；其曾孫彭尺木治佛說，即與東原論學者也。遂有陽明釋毀錄之作。而王源崑繩言之尤慨切。崑繩生順治五年，卒康熙四十九年，年六十三。先雅慕諸葛武侯、王文成，有心功業，晚不得一舒意，遇李恕谷論學，乃折節顏門，稍稍變其說。而其先論當時所謂朱陸異同者，頗激宕可參證，其言曰：

王崑繩

今天下之尊程朱，詆姚江，侈然一代大儒自命，而不偽者幾人哉？行符其言者真也，言不顧行者偽也。真則言或有偏，不失為君子；偽則其言愈正，愈成其為小人。有人於此，朝乞食墦間，暮殺越人於貨，而掇拾程朱緒論，狺狺焉罵陽明於五達之衢，遂自以為程朱也，則吾子許之乎？夫對君父而無慚，置其身於貨利之場，死生禍福之際，而不亂其內行，質之幽獨而不愧，播其文章議論於天下，而人人信其無欺，則其立說，程朱可也，陸王可也，不必程朱不必陸王而自言其所行亦可也。否則尊程朱即程朱之賊，尊陸王即陸王之賊，偽耳。況大言欺世，而非之不勝舉，刺之不勝刺者哉？嘗聞一理學者力詆陽明，而遷官稍不滿其欲，流涕不止。一識者譏之曰：「不知陽明謫龍場時有此淚否？」其人慚沮無以答。又一理學者，見其師之子之妻之美，悅焉。久之，其夫死，約以為妻，未小祥而納之。而其言曰：「明季流賊之禍，皆陽明所釀。」嗚乎！若輩之行，如此類者，豈堪多狂！……故今之詆姚江者，無損於姚江毛髮，則程朱之見推，實程朱萬世之大阨爾！居業堂文集卷七與朱字錄書。

又曰：

今之詆陽明者，行偽而品陋，識暗而言欺，天下從而和之者，趨時耳，干利耳。舉世若狂，以詆姚江為風氣，亦何足與深辨！同上

又曰：

後世之治天下，當首嚴詐偽之禁。……凡為虛言以欺天下而盜名者，悉焚其書而寘之法。同上與李中孚先生書。

其言激切有如此，可見當時正學之實不足以服人也。及朝議既定，正學大顯，而虛偽之風氣，麻痺之人心，益有以激豪傑而起反抗者，其人則為李穆堂。

穆堂之朱陸異同論

穆堂論學大旨

穆堂生平不以理學家自居，而好辨朱陸異同，其意亦有激而發也。穆堂論學，極重人倫實務，謂：

教莫古於唐、虞，……契為司徒，敬敷五教。亦曰父子，……君臣，……夫婦，……長幼，……朋友，……而已。……魯論稱子以四教，文行忠信。……周禮大司徒以鄉三物教萬民而賓興之，一曰六德，……二曰六行，……三曰六藝，皆五倫之所有事，所以相治相養……者也。聖人繼作，其教遞詳。教之以佃以漁，教之以耒耨，教之以懋遷交易。教之以衣裳，教之以舟楫，服牛乘馬，斷木為杵，掘地為臼。教之以重門擊柝，以待暴客，弧矢之利以威天下。教之以上棟下宇，教之以葬以封以樹，喪期有數。教之以書契，百官治，萬民察。……皆五倫之所有事而已。其人之等，雖有君、卿、大夫、士、庶人之分，其人之業，雖有士、農、工、商賈之別，而總其人之類，則皆五倫之所綴屬而已。是故天下無倫外之道，……無道外之人，……無人外之教。（初稿卷十八又原教。）

故曰：

聖賢為學，雖不廢書，實不專在於書。……子路「何必讀書」之對，夫子雖惡其佞，亦未有以折其非也。……尋章摘句，……是明道程子所呵為玩物喪志而已。別稿卷九古訓考。

穆堂深不喜專以讀書講論、尋章摘句為學，而謂其事由於朱子。故曰：

古未有以學為知之事者，至朱子始以學、問、思、辨俱屬知，因以窮致事物之理為格物。又以大學未詳，……為傳以補之，於是古人為學之法乃一變。尋章摘句之弊，流為玩物喪志。斷斷口耳之間，舉古人實踐之學，不得而見之矣。初稿卷十八原學上。

又曰：

朱子門人，平日專以讀書講論為工夫，……不知聖賢之學，不如是也。初稿卷四十五書朱子語類後。

朱子中年，亦以讀書教弟子，至於晚年，則專以求放心、敦踐履為主，而深以徒倚書册為戒，……惟語類有勸人讀書之說，則皆門人以意為記錄者耳。……善學朱子者，毋惑于門人謏誤之

詞，而細觀其晚年所著述，庶不為世俗爛時文、破講章所誤也。別稿卷九。古訓考

穆堂以此斥朱子，亦即以此推象山、陽明，謂：

陸子謂道外無事，事外無道，真得聖賢為學之法者。初稿卷四十五書朱子語類後。

自象山陸子之教不明，士墮於章句訓詁者三百餘年，洎王陽明先生倡明絕學，然後士知有躬行實踐之功。初稿卷二十六，文學劉先生墓誌銘。

而穆堂謂躬行實踐則本於一心，故曰：

聖人之學，內聖外王，皆不過一心。或乃分心性為二，疑心學為近禪，不知心即性，性即心也。……舍心學又烏有所謂聖學哉？……象山陸子，專以求放心教人，蓋直接孟氏之傳者，……世之人以訓詁章句為學，失心久矣。別稿卷二十四，過浩齋先生訓語序。

然穆堂之所重於心者，亦不過曰躬行心得而已。故曰：

學必躬行而後心得，得於心而後推之家、國、天下，無所施而不當。而揚子所謂入乎耳出乎口者，不足與於斯。別稿卷二十四學言稿序。

至於空談心性，則為穆堂所深戒。故曰：

義理與氣質為定名，心與性為虛位。……學者苟有志於聖賢之學，躬行實踐可已，何必言心性？孔子之自勉者，在子臣弟友，若命與仁則罕言之。子貢亦謂：「性與天道，不可得而聞也。」孟子因告子論性而誤，故反覆與辨耳，其教門人則止曰孝弟而已，義利而已，未嘗言性。今之教人者，不敢望孔、孟，從學者不敢望子貢，實行不修，而空言心性，妄也甚矣！初稿卷十八心體無善惡說。

此其言極似亭林。然亭林極斥心學，而穆堂乃謂「舍心學又烏有所謂聖學哉」，與亭林「舍經學安所得理學」一語，正相照映。穆堂斥朱子以讀書講論為學，其論極似習齋。然穆堂固又是博聞強識，絕非束書不觀，游談無根者流也。學者觀於三氏立言之異同，知論學各有本末，可勿為古人爭門戶耳。而穆堂辨朱陸，尤每以言有依據，能抉本真自喜，頗有似於此後乾嘉考證派之所為者。羅有高謂「穆堂議論偏激，好以記問勝，豪者也」，其評頗中穆堂之失。見尊聞居士集卷三答楊邁公書二。故嘗謂：

六、七年來，細閲周、程、朱、陸、陽明六子之書，各不下十數過。初稿卷四十三答徐編修畫堂書。

陸非頓悟

而遂以辨陸學之非頓悟，其言曰：

朱子因陸子教人有發明本心之説，遂以頓悟目之，而其實非也。陸子全集二十八卷，余家所藏宋本，與明朝荆門州儒學藏本、撫州家祠本，並相同，無片言增減，嘗繙閲數十過，絕無「頓悟」二字。其生平教人，好舉木升川至，専以循序為主。……卽鵝湖之詩，必曰：「涓流積至滄溟海，卷石崇成泰華岑」，此天下所共見共聞者。……至於發明本心，並非頓悟。孟子論乍見孺子入井，卽所以發明惻隱之心；論嘑蹴之與不受，卽所以發明羞惡之心。……陸子發明之義不過如此，非如朱子所謂「一旦豁然貫通，而衆物之表裏精粗無不到」也。……自聖賢之學，變而為科舉之業，剽竊口耳，不復以身心體認。陸子之書未嘗經目，而道聽塗説，隨聲附和，咸曰陸氏為頓悟之禪。……學者試取陸子全書讀之，則知娶寡女者不可誣以撾婦翁矣。同上卷十八發明本心説。

又象山語錄有「家有壬癸神，日供千斛水」二語，陳建學蔀通辨謂出佛書，穆堂謂：「余嘗盡閲全藏經、律、論，並無此語。」見陸子學譜卷十一「章從軒節夫」條。其後全謝山謂：「二語大略當在道經，今巫祝家禳火，嘗用此語。」見鮚埼亭集外編卷四十七答臨川先生雜問。又如陽明傳習錄有「照心」二字，或疑為禪語，穆堂謂：「佛書余嘗遍閱，並無此二字。」見初稿卷四十三答雷庶常閱傳習錄問目。世之譏陸王者，率謂其近禪，謂其尚頓悟，病其游談無根，束書不觀；自穆堂言之，彼之所以斥陸王者，正坐游談無根、束書不觀之病，皆未嘗細讀陸王書而姑意測之如是也。雷鋐翠庭經笥堂文鈔象山禪學考，謂：「世目象山爲禪學，以象山教人閉目靜坐不讀書者，非也。象山語錄多近禪，然未嘗言不讀書，亦罕靜坐。文集中並『靜坐』二字無之。與劉深甫書云：『開卷讀書時整冠肅容，平心定氣，訓詁章句，苟能從容不迫而諷詠之，其理當自有彰彰者。』與傅聖謨云：『已知者力行以終之，未知者學、問、思、辨以求之。』此與朱子教人無以異。」今按：雷氏力主朱、陸之辨，至此等處則亦受穆堂影響也。然何以陸王常受世俗譏摘？穆堂則謂一由陸王之有傳而失眞者，如黃梨洲謂象山以「覺」為入門，慈湖以「覺」為究竟，此慈湖之失其傳也。見初稿卷十八發明本心說。謝山淳熙四先生祠堂碑文並謂「慈湖亦不以一悟為究竟」。又跋袁正獻公與舒和仲帖，（外編卷三十三）謂：「陸學流弊，乃傅子淵、包顯道之徒有以致之，而楊、袁不爾。」又謂：「臨川先生昌明陸學，然其病則言陸學絕無流弊，如此便成矯枉阿私。」今觀穆堂集亦並不主「陸學絕無流弊」之說，疑謝山自據當時相從談論言之也。陽明良知之教，如鄒文莊、東廓羅文恭念庵。皆粹然無疵；而龍谿王畿首為狂論，純任自然，心齋王艮亦多怪異，二王之學數傳益甚，此二王之失其傳也。見初稿卷十八致良知說下。學術之傳有得有失，固不可以末流一二人之失，上累其立教之師。而世俗所以好謗陸王，則由元明以來，朝廷科舉，以朱子書取士，俗士習於時文講章，有道學之美名，有富貴之實利，而又熟於章句訓詁之先入。故攻陸王者每不讀陸王書，則又安從得陸王之眞？穆堂於此尤慨乎言之，曰：

世止有摘陸王之疵者，未聞有摘朱子之疵者，非陸王之多疵，而朱子獨無疵也，勢也。自有明

王無攻朱子

以朱註取士，應科舉者，共守一家之言，為富貴利達之資，大全、講章而外，束書不觀，道聽塗說，成為風俗。大學改本，雖棄孔子以從朱子而不遑恤，孰敢為陸王而議朱子哉？吳文正公澄。生平信奉朱子，晚始略舉尊德性、道問學為調停之說，其言本出朱子，而論者已譁然攻之矣。南宋至今六百餘年，止有一陽明先生，追尋古本大學，而攻之者至今未已。（初稿卷四十三答雷庶常閱傳習錄問目。孔尚任湖海集卷九廣陵郡學會講序（戊辰）謂：「今制舉家皆知尊朱，問其所以尊者，曰：『朱子有註解也』；皆知攻陸、王，問其所以攻者，曰：『陸、王無註解也。』夫朱子豈註解之可盡，陸、王豈無註解之足累？其所謂尊與攻者，皆不過為制舉言耳。」）

故穆堂於凡攻陸王者，率致非難，嘗曰：

陳建、呂留良輩，妄附朱子，著為謬書，詆諆陸王，至不可堪忍。（引同上節。）

論孫氏考正定論

穆堂有學蔀通辨辯，於陳氏書條析其說。（見初稿卷十八心性說，其書未見。）其論孫承澤云：

孫北海承澤作考正朱子晚年定論，蓋從未讀陸子、陽明子之書，亦未嘗細讀朱子之書，徒欲鈔竊世俗唾餘以附於講學者也。所載朱子之語，止取其詆諆陸子之言，其論學之合於陸子者，則概不之及。其所辨年歲亦不甚確，如鵝湖之會，謂各賦一詩見志，是全未見陸子語錄者也。（初稿卷四）

十五書孫承澤考正朱子晚年定論後。又謂：「孫承澤在明朝，官至九卿，家居京師，親見闖賊之亂，國破君亡，偷生忍死，晚年沉酣於富貴利達之場，耄而不止，蓋患得患失之鄙夫，本不足與論學。」

論張氏質疑

其論張烈云：

> 王學質疑，……不惟不知王學，亦從未讀朱子之書，特剽竊講章訓詁之俗說，而妄有著述，以求附於講學之末者。初稿卷四十五書王學質疑後。

時人爭朱陸公案，自穆堂言之，不徒未讀陸王書，抑又未細讀朱子書，特剽竊世俗講章、科舉訓詁為之也。穆堂既一一斥其空疏淺陋，而自出手眼以辨朱陸之異同者，則在即就朱陸著述全部以求其眞相。其著作之重要者有二：一為朱子晚年全論，一則陸子學譜也。其為全論也，曰：

朱子晚年全論

> 余嘗盡錄朱子五十一歲至七十一歲論學之語見於文集者，一字不遺，共得三百七十餘篇，名曰朱子晚年全論，其言無不合於陸子。初稿卷四十五書孫氏考正朱子晚年定論後。

又曰：

朱子與陸子之學，早年異同參半；中年異者少，同者多；至晚年則符節之相合也。朱子論陸子之學，陸子論朱子之學，早年疑信參半；中年疑者少，信者多；至晚年則冰炭之不相入也。陸子之學，自始至終，確守孔子義利之辨，與孟子求放心之旨；而朱子早徘徊于佛、老，中鑽研於章句，晚始求之一心。故早年、中年猶有異同，而晚乃符節相合。……早年二君子未相見，故學有異同而論有疑信；中年屢相見，故所學漸同而論亦漸合。朱子與項平甫書，欲兼取兩長，陸子與朱子書，謂「康廬之集，加款於鵝湖」，此其證也。考康廬之集，朱子年五十二歲，陸子年四十三歲，自是以往，又十一年而陸子下世。此十一年中，兩先生不及再見，始啓爭「無極」不急之辨，繼附益以門人各守師說，趨一偏而甚之。其兼學於兩家者，往來傳述，不得先生之意而矯枉過正。如包顯道有「讀書講學充塞仁義」之語，而朱子教劉敬夫考索周禮，陸子頗不然之。於是朱子指陸子為頓悟之禪宗，而陸子指朱子為支離之俗學，而實則兩先生之學皆不爾也。朱子晚年定論，陸子既不及聞其說，陽明先生抄為一編，凡三十四條，中間因詞語相類而誤入中年之語者，特何叔京三書耳。羅整菴摘以相辨，而無知之陳建，遂肆狂詆，其實晚年所論皆然，雖百條不能盡也。……今詳考朱子大全集，凡晚年論學之書，確有年月可據者，得三百五十七條，其論與陸子相合；而年月無可考者，又幾十幾條，附贅於後，共為一編。……論學之書，片紙不遺，名曰朱子晚年全論。曰「晚」，則論之定可知；曰「全」，則無所取舍以遷就他人之意。庶陳建之徒，無所置喙；而天下之有志於學者，恍然知兩先生所學之同而識所從事，不終墮於章句口耳之末，或亦有小補乎！初稿卷三十二朱子晚年全論序。

朱子不惑錄

朱子為學四變

穆堂此書，蓋為陽明朱子晚年定論之擴大，穆堂又有朱子不惑錄，謂：

朱子生平之學凡四變：自言十六歲時在劉病翁所，會僧妙喜，始為禪學；十九歲應禮部試，依妙喜説作文，説動試官，得中進士；二十二歲築室修煉，讀道書，手定牧初淨稿，始辛未，止乙亥。蓋三十歲以前，專為二氏之學者也。至三十歲，為紹興三十年，……師事李延平先生，屢以其所言為不是，始將禪學權時倚閣，三十三歲再往就教，於是學益純正，一變至道；三十五歲時，延平先生卒，謹守師説猶四、五年。故自三十一以至四十，此十年中，粹然儒者，與林擇之、何叔京等書可考也。四十歲以後，始棄延平之教，如與林擇之書論中和，謂「舊聞李先生論此最詳，後來所見不同，遂不復致思」之類是也。專意著述，欲擬孔子刪定纂修之業，偏重於語言訓詁，此又一變也。四十六歲為鵝湖之會，陸子指其學為支離，而朱子守其説不變；又六年，五十二歲，陸子相訪於南康軍，講義利之章，始有悔心，親題講義之末，欲守陸子所講為入德之方；五十四歲答項平甫書，自謂持守不得力，當兼取陸子所長，漸有向裏切己之意；五十九歲與陸子論「無極」不合，因力詆陸子之學；然自六十歲以後，至於終身，所以為學與所以教人者，悉依陸子尊德性、求放心之説，故雖詆陸子，而詆浙學之務末者為尤切，其詳見答呂子約、鄭子上諸人之書，至終身不改。此一變，則朱子之定論也。余……抄其三十一歲至四十歲恪遵延平之教者，別為一卷，名曰不惑錄。初稿卷三十二朱子不惑錄序。其書今不傳。

凡朱子學說自身之轉變與其晚年之定論，穆堂所以條理抉發之者如此，而後世所以誤會朱學之真相者，穆堂則以為皆出元、明之陋儒，與夫科舉之俗見。其言曰：

自宋南渡以後，學者不務其所當務，而疑其所不必疑，不汲汲然患其知之而不行，而鰓鰓然患其行之而不知，溺其志於章句訓詁之煩，而駕其說於意見議論之末，置其身於日用彝常之外，而勞其心於名物象數之中，未嘗一日躬行實踐，而詡詡然自以為講學。……蓋自大學補格致傳文，而孔、孟之學乃失傳矣。雖然，朱子晚年，固已盡覺其悞，……而元、明陋儒，專取其中年未定之書，用以取士；明初附益之，編為大全。科舉之學，因陋就簡，朱子全書未嘗寓目，遂以講章訓詁之學為足以師承朱子，此亦朱子所不欲受也。初稿卷十八原學下。

又曰：

自科舉取士，世俗之人，富貴利達之外，無所用心。稍有志者，沉沒於明人大全所撮語錄陋書，傲然講學，自謂尊朱，不知其於聖賢之學，毫無所見，卽朱子之學，亦百未知一也。（穆堂別稿卷三十五復濟東道陳副使書。）

夏炘評晚年全論

然穆堂所言，亦有激而然耳，未足以服眞為朱學者之心。當塗夏炘嘗論之云：

晚年全論一書，……不過為學蔀通辨報仇，無他意也。……所引朱子之書凡三百五十餘條，但見書中有一「心」字，有一「涵養」字，有一「靜坐收斂」等字，便謂之同於陸氏，不顧上下之文理，前後之語氣，自來說書者所未有也。（述朱質疑卷十與詹小澗茂才論朱子晚年全論書。）

穆堂對朱子言行之掎摭

且穆堂不徒於朱陸異同懇懇力辨，又於朱子言行，多所掎摭。（今集中如書東見錄後，譏朱子為煥章閣待制，趙汝愚謫永州，朝權悉歸韓侂胄，朱子草書萬言，為趙明寃，筮之，遇遯之同人，朱子退焚諫稿，自號「遯翁」。（按：焦里堂易餘籥錄卷九辨無其事。）而呂伯恭弟祖儉、象山門人楊簡，皆以訟汝愚罷詘。朱子平生，痛詆江西、浙江之學，此事反逡巡，貽書祖儉，深為愧歎。又書靈寶畢法後，言朱子少築鍊室，老註參同，自稱「空同道士」，題質篔壁詩，以「金丹歲晚，此志不就」為嘆恨。靈寶畢法乃世俗方士陋書，而序文首引朱子詩「刀圭一入口，白日生羽翰」，謂「晦翁紫陽朱先生必不我欺」。因譏「朱子平時詆韓子為文人，試取謝自然詩較之，識量何其相遠！」又書贋作昌黎與大顚三書後，譏朱子作考異，附會世俗僞譔歐公題跋，反疑子瞻未見歐陽跋語，曲為緣飾。又書眞西山文集後三則，謂朱子譏陸子為禪，而自於佛學極推崇，乃至稱「佛為大事因緣出世，聖人繼天立極意亦如此」。捐館之前，以香茶奠黃蘗僧，稱「為悟公故人，固宜西山等於釋氏歡喜讚歎」。又跋朱子再定太極通書後序，以朱子為濂溪事狀，削去蒲氏所為墓碣載濂溪稱頌新政語。而如邵氏聞見錄所記「荊公居鍾山，恍惚見其子雱枷杻」云云，生死輪迴之説，至妄陋，而名臣言行錄備載之，不免好惡之偏，爲世俗轉移。（以上均見初稿卷四十五。））則其事已出乎異同之外，所謂「楚固失之，齊亦未為得」矣。（穆堂又為王荊公辨誣，為吳草廬持平。（初稿卷二十四吳文正公從祀記）要之，豪氣俠情，一入門戶，未能超然。）

陸子學譜

穆堂於朱學議論，具如上述。其治陸學，則備見於陸子學譜，謂：

昔朱文公與呂成公作近思錄，記濂、洛諸先生之言者也；文公又獨為伊雒淵源錄，記諸先生之行者也，言與行分而為二，視論、孟所記若有間矣。……陸子學譜，蓋兼用近思、淵源二錄之體。……俾有志於希聖者，門徑可循，歸宿有所，不沉溺於利慾，不泛濫於章句，不參錯於佛、老，庶幾斯道有絕而復新之日。初稿卷三十二陸子學譜序。

陸子年譜

又為陸子年譜，謂：

明陳建等道聽塗説，勦襲舊聞，詆陸子為禪學，實未究觀二家之書。不知朱子晚年之教，盡合於陸子。凡朱子所以致疑者，特以其弟子包顯道、傅子淵等，過為高論，而未及盡見陸子所以為學與所以教人之説。故其所疑為禪者，皆懸空立論，未嘗實有所指。其實指而出之者，惟輪對五劄與答胡季隨一書耳。季隨書之駁，出於語類，門人所記，容有譌舛；而五劄之譏，則屢見於筆札，所宜備載，俾天下後世得公聽而並觀，且亦陸子經國之大猷，不可略也。初稿卷三十二陸子年譜序。

穆堂講學路徑

蓋就其遺教全體，合之於行事之實，以考其學説之眞意，而若有以想見乎其人。此已與世之徒守科學俗學，曉曉浮辨，而目不覩朱陸全書者不同；亦與牢守道學字頭，專以訓詁家法，爭心性、理氣之辨者有異。其路徑之直捷，意趣之眞切，誠可謂得陸學之眞傳也。穆堂自言：「早歲為學，略去疏節，止守大綱，全用力於經濟文章。……二十四歲復思向上。」（初稿卷四十三答徐編修畫堂書。）其治學路徑如此，故得有體有用，不與專治訓詁講誦者同科。又嘗謂：

> 載之空言，不如見諸行事。自程子有「堯舜事業浮雲太虛」之語，世儒藉口，輒欲以空言傲實績。……內聖外王之學，一變而為迂疏無用，至令天下以儒相訾謷，皆此等謬說啓之也。……自漢以來，惟諸葛武侯始著儒者之效，唐韓子、宋歐陽子用之不盡，濂溪、明道十未用一，象山亦然；其餘則雖欲用之，未必有用。直至有明王文成公出，始大著儒者之效，……而世俗無知小人謬附講學者，輒以空言詆之，不知此輩何所用於天地間也！人極之不立，豈可徒咎溺於嗜慾之人也哉！（初稿卷四十五書程山遺書後。）

又曰：

> 自陽明先生倡道東南，天下之士靡然從之，名臣修士不可勝計。其道聽塗說，起而議之者，率皆誦習爛時文、舊講章，以求富貴利達之鄙夫耳。間有一二修謹之士，闇然媚世，而自託於道

學者，稍相辨論，不知其未嘗躬行，自無心得，不足以與於斯事，而考見其是非之所在也。當時首與陽明辨者為羅整庵，然……當時親炙如鄒文莊，（東廓。）私淑如羅文恭，（念庵。）皆粹然無疵，一出於正。……若徐文貞、（存齋，聶雙江弟子。）李襄敏、（見羅父遂。）魏莊靖、（時亮，字工甫。）郭青螺（子章，字相奎。）諸公之勳業，陳明水、（江右王門。）舒文節、（國裳，江右王門。）劉晴川、（江右王門。）趙忠毅、（南星，字夢白。）周恭節、（用，字行之。）鄒忠介（南皋，歐陽南野弟子。）諸公之風節，鄧文潔、（定宇，王龍溪弟子。）張陽和、（王龍溪弟子。）楊復所、（羅近溪弟子。）鄧潛谷、（東廓弟子。）萬思默（念庵弟子。）諸先生之清修，其因致良知之說，躬行心得，發名而成業者，未易更僕數，豈不猶賢於整菴輩訓詁章句，闇然媚世而一無所建立者乎！（初稿卷十八致良知說下。）

又曰：

平心論之，整菴與陽明，同在武宗之時，天下多故，身為大臣，離事自全而已。能抗劉瑾乎？能誅宸濠乎？能靖粵西之亂乎？此實學與虛說之辨。（初稿卷十八心性說。）

又曰：

陽明先生勳業塞穹壤，名聲貫古今，世豈知有所謂大興張者？人雖自絕，何傷日月？初稿卷四十五書王學質疑後。

躬行與功業

穆堂與顏李

蓋陸王之學，既以躬行實踐為主，而躬行實踐，必歸鵠於功業濟世，乃為內聖外王，有體有用，足以證其踐行之圓滿而庶幾於無憾。此與從事章句訓詁，即於文字講論爭是非者絕不同。故穆堂盛推陽明，以其功業之發見，徵學說之虛實，此正陸王言本心、言良知最精最高之詣，決非陷溺功利，偏心雜霸，空為此畔援之勢論也。余嘗謂顏、李講學，深斥程朱，謂書生紙筆講誦之無益於天地，而力唱「六藝、六德、六行」之說，以實用為本，其意趣路徑實近陸王，以穆堂證之，可益信矣。惟顏、李尚有習恭存心之學，而穆堂無之，是顏、李猶守舊規，而穆堂已入新趨也。厥後章實齋論學頗采穆堂，故亦與顏、李近，而自謂推本於陽明。此為清學一伏流，要之與尚訓詁考訂書本之學判然不同，而清初程、朱正學，轉與乾嘉吳、皖攻朱者同為以讀書訓說為學也。然躬行實踐，固以功業濟世為歸，而不必展功業濟世之效，則時命限之，雖窮而在下，不得盡其意，而無害乎性分之全量。此又非陷溺於功利，偏心於雜霸者之所與知；而內省不疚，實為真血脈所關，又非章句訓詁之所能爭也。相傳：

有中州一巨公，自負能昌明朱子之學。一日謂公穆堂曰：「陸氏之學，非不岸然，特返之吾心兀兀多未安者。……」公曰：「君方總督倉場而進羨餘，不知於心安否？是在陸門，五尺童子唾之矣。」其人失色而去。全祖望閣學臨川李公紱神道碑銘。

此即發明本心致良知之實例，穆堂所謂陸王之躬行實踐，所由與章句訓詁講誦虛説者不同也。故穆堂又言之，曰：

> 吾非敢言心性也，吾嫉夫世之實行不修，於陽明子無能為役，而高言心性者也。初稿卷十八心體無善惡説。

穆堂論學之背景及動機

此眞穆堂論學眞背景，亦穆堂論學眞動機矣。故擴之為功業，約之為踐履，穆堂之所謂躬行實踐，所以修之己而責之人者，惟問實事，不爭虛辨。此固陸王講學精神之一端，而穆堂則特以為當時之箴砭也。故穆堂所以評騭朱陸之異同者，其事是非當別論；而穆堂為人之俊偉，以博聞强記之學為陸王本心良知作發明，以考史論世為心性義理作裁判，學術、經濟、文章治於一鑪，其在當時，雖意有所激，語有所偏，然磊落俊偉，光明簡切，以有清一代陸王學者第一重鎮推之，當無媿矣。

穆堂學説與時代之衝突　謝石霖

雖然，當穆堂世而言踐履功業，談何容易！先是，雍正四年，謝濟世石霖以翰林改御史，露章面奏河南巡撫田文鏡不法狀，雍正擲還其疏，石霖伏地不肯起，爭益力。命九卿科道集刑部訊之，並加刑，問：「指使何人？」曰：「孔孟。」問：「何故？」曰：「讀孔孟書，自當忠諫；見奸勿擊，非忠也。」奏上，議大辟。得旨免死，發往阿爾泰軍前效力。邊臣希旨搜其書，得古本大學注，劾以毀謗程朱，廷議坐諷刺朝政，復下獄。將刑，縛至市曹，諸受學者皆哭送，且受祭邸舍中。已而宣旨得赦，歸

穆堂二十一大罪

學問尚好免死

血肉之軀

清學自義理折入於考據之所以然

舍，炷香未燼，酒尚溫也。在戍九年，及乾隆朝始召復原官。而穆堂亦以論奏田文鏡坐朋黨獲罪，諭旨煌煌，屢受顯斥，鉤黨排陷，鑽營行私，穆堂固不免為聖朝負恩一小人。以雍正四年，詔使隻身往廣西，捕前署巡撫時安插罪苗後在逃者，不得攜廣中一吏卒，並降旨「若不能拏獲，即將李紱在廣西正法」。穆堂至，叛苗束身自歸，曰：「吾不可以負李公。」事幸解。旨令「李紱在廣西無可辦理，著令來京，現在應行質問案件甚多」。遂下刑部聽訊，廷臣議穆堂大罪二十一款，律應斬決，兩縛往西市，手反接，刀置頸，問：「此時知田文鏡好否？」曰：「臣愚雖死，不知田文鏡好處。」卒以天子聖明，宣旨赦還，仍置請室。嗣奉特旨：「李紱學問尚好，著免死。」（時在雍正五年。）越年，（雍正七年冬。）或追供前穆堂參田文鏡事，又大集廷臣召穆堂，親詰責，色甚厲。穆堂不吐乞憐語，惟言「臣罪當誅，乞卽正法，以為人臣不忠者戒」。廷臣遵旨訊，請交刑部治罪，又以天子聖明得寬免。然則穆堂之在聖朝，得保首領已萬幸，尚何高言踐履功業！謝山深悲之，曰：「公平生以行道濟時為急，用世之心最殷，故三黜而其志未嘗少衰，浩然之氣亦未嘗少減；然而霜雪侵尋，日以剝落，菁華亦漸耗。」又曰：「公有萬夫之稟，及中年百鍊，芒彩愈出，豈知血肉之軀，終非金石，竟以是蕉萃殆盡。」嗟乎！是可謂深識穆堂之志氣遭遇者矣。（湯潛菴、全謝山遭遇皆至酷。）如是而言義理、經濟，幾何其不折入於訓詁考據之業者！聖天子在上，惟有遵聖旨，守聖法，努力報稱，尚何紛紛辨朱陸異同為！

附　萬孺廬

萬孺廬

穆堂著陸子學譜，有共相考證上下其議論者一人，曰萬宇光，號孺廬，江西南昌人，學譜附錄所稱「本朝翰林院編修萬子承蒼」者也。李集有墓志，謝山集有墓碑銘。其答順德陳守論陸子文集書，議論與穆堂一轍。自

孺廬論陳建

謂：「嘗客東莞，其邑人言陳建素無行，為其鄉先生所不齒。鄉先生故多宗陳、王之學，建乃竊為此書以媚上官，而陰謗其鄉先生。」全謝山鮚埼亭集外編卷五十端溪講堂策問一，亦謂：「東莞陳清瀾，則俗儒也，巧徇政府之意而攻陽明，並隱譏白沙以自附於河汾之統。蓋有窺見其底裏，直斥為小人者。」其後有吳鼎易堂著東莞學案一書暢論之。

孺廬論朱陸

又謂：「朱子平日議論太多，自孔、顏、曾、思而外，皆若其所不滿，不獨陸子而已。於孟子則謂其麤，謂其露才，謂其英氣害事，謂學之無可依據。於二程子之言多所牴牾，謂伊川未能無我，節目尚疎，每事三說，決有兩說不是。程門弟子則概目以禪學，嘗云：『諸人無頭無尾，不曾盡心在上面，也各家去奔走仕宦，所以不能理會得透。』又云：『諸公雖親見伊川，皆不得其師之說。』龜山尤傳道所自，謂其做人苟且，謂其隨衆鶻突，謂其說道理無收煞，謂其氣質弱。延平語中年多不信之。屏山、白水、籍溪雖親受業，亦皆斷之為禪。同時如張宣公，則所與往還書，詆斥甚切，其後南軒集多刪改以就己之說。呂成公則謂其杜撰，謂其看文字粗，謂其不理會經，謂其弊在於巧。今觀朱子文集疑陸子為禪學者凡數條，不過如論上蔡、廣平、龜山之意。而其推尊陸子，則不在二程子下，嘗曰：『陸子靜表裏不二。』又曰：『南渡以來，八字著脚，理會著實工夫者，惟某與子靜二人而

已。』又曰：『南軒、伯恭之學皆疏略，南軒疏略從高處去，伯恭疏略從卑處去。』又曰：『子靜底是高，伯恭的甚低，如何得似他？』觀此則其位置陸子於張、呂二公之上，章章如矣。今讀朱子之書者，推崇張、呂無異辭，即上蔡、游、楊諸公，亦不因朱子目為禪學而盡擯之，獨於陸子嘵嘵不已，豈朱子之心哉？」又曰：

> 考亭朱子似伊川，象山陸子似明道。元世陸子之教，僅行東南。趙江漢闡記朱子所為傳註以授北方學者，後遂用以取士，明代因之不改，由是言聖人之道獨歸朱子。然士子特用其說弋取科第而已，即或高談性命，博攷禮樂制度，亦不過法朱子之解經，未嘗期其身之必行之。一旦試之以事，非回惶失措，則迂遠而不切於事情，反不若任意直行者之足以有濟。於是聖人之道，常無用於天下，而儒者之為世所詬厲，不足怪矣。獨陽明先生負卓絶之姿，兼承朱子、陸子之學，磨礱浸潤以完其德性；故其平大寇，定大難，不動聲色，而動德成於反掌，可不謂儒者之明效歟？孺廬集卷十一王陽明先生畫像記。

觀此，知孺廬議論，實與穆堂一致。既激於當時是朱非陸之徒門戶之見操之過甚，而又有志於事功踐履，不甘徒資科舉利祿為借徑。此則李、萬所以特提陸、王以箴世之意也。

王白田與朱止泉

王白田

然當時治朱子學者，亦非盡持門戶之見，如穆堂所譏，未讀陸王書，亦未細讀朱子書，徒以罵陸尊朱為風氣也。亦有篤學謹行，實細心讀朱子書而求為之發明者，其人則如王白田，諱懋竑，字予中，寶應人，生康熙七年，卒乾隆六年，（一六六八—一七四一。）年七十四。以精治朱子學名。康熙五十七年成進士，正李光地卒歲。雍正元年，以安慶府儒學教授特旨召見，改官翰林，稱一時知遇。其頌朱子書謝恩呈看詳云：

> 我皇上欽崇正學，表章真儒。溯道統之源流，爰升從祀，匯羣言之條貫，俾纂全書。學惟定於一尊，理同歸於皆是。黜德性、問學調停之私說，敢云朱陸之並稱？斥冰炭輔車謬悠之狂言，誰曰中、晚之異論？（白田草堂存稿卷二十。）

白田治學態度

白田蓋值朝廷褒崇正學之時，而篤信謹守，心欲有以為之宣揚發明者也。焦里堂有言：「他人講程朱理學，皆浮游勦襲而已，惟懋竑一生用力於朱子之書，考訂精核，乃眞考亭功臣。」（見雕菰樓集卷十二國史儒林文苑傳議。）其為後世通人見重如此。其論朱子為學次第曰：

白田論朱子為學次第

朱子早年從屏山、籍溪二公，出入於老、釋者十餘年。自十五、六歲至二十六、七時，往同安歸，此以前所謂出入於老、釋者也。及見延平，始悟老、釋之非，而受求中未發、默坐體認之旨，反而求之，未有以自信，是以延平沒而往問之南軒。已而自悟心之動靜皆為已發，而未發為性體，自以為無疑矣。（「人自有生」四書，向以為在戊子，今考之何叔京、羅參議兩書，則在乙酉、丙戌間，蓋未至潭州前也。）比至潭州，與南軒論不合，朱子謹守師說，而南軒以求中未發、默坐澄心為不然，（見南軒書廖子晦錄。）至未發、已發則無以異。（朱子酬南軒詩可考。）其後又卒從南軒受胡氏之學，先察識，後涵養，（答程允叔、何叔京。）戊子諸書皆主此論。乙丑春，乃悟已發、未發之各有界地時節，於是改從程子，而於未發復尋延平之說。又至庚寅，乃極言敬字用功親切之妙，與林擇之書拈出程子「涵養須用敬，進學則在致知」二語。自是指歸一定，終身守之不易。（白田草堂存稿卷十三答宋宗洛書，「及見延平」以上一節采其子箴聽等所為行狀。）

朱子年譜

而白田生平用力，則在朱子年譜一書，蓋積二十餘歲四易稿而後定。（見其子箴聽所為行狀。）其書大意亦承陳建、孫承澤之緒，而考訂精詳，遠非陳、孫之比。議論與穆堂適相反，而編纂亦一本朱子手筆之書為主，謂文集、語錄多有不可據，（語見行狀。）與穆堂晚年全論專錄論學書札，不載語錄及他雜文之意相似。惜年譜所收朱子五十以後論學書，不過五、六十首，刪汰既多，即無以定朱子晚年思想全部之眞態，此蓋為年譜體例所限。後附朱子論學切要語二卷，雖並選書札、語錄，又編年寫錄，似更足以推見朱子思想先

年譜剪裁處未脱主觀

年譜解釋處頗多迴護

因人説法應病與藥

後大體，而書未竟稿，尚有缺失，且亦與穆堂全論通體俱鈔，一札不逸者異意。故自五十以後所收論學書亦不過百十餘首，較之穆堂全論所録僅亦三之一耳。其取捨之間，仍不能無主觀之偏。四庫提要謂其書「於朱子生平著述，皆一一縷述年月，獨於陰符經考異、參同契考異兩書，不載其名，似有意諱之」。（提要又舉淳熙元年劾奏知台州唐仲友事，年譜置之不言。而如穆堂所舉早年會僧妙喜、築室修煉讀道書，及捐館前以香茶奠黄蘗僧諸端，亦均削不載，並無一字致辨。）蓋其書列於孫承澤、張烈之流，則卓出遠甚，若以示穆堂、孺廬諸人，恐仍不足以悦其心，且亦不足以服其口也。又其書謂：「文集、語録中，多謙己誨人之辭，大率因人説法，應病與藥，又間或有為而發，不可泥看。如與象山書：『無復向來支離之病』，此因象山譏其支離故云爾。」（見年譜考異卷一。）而推此類言之，頗多勉强。如朱子丙午五十七歲答劉子澄云：

> 居官無修業之益，若以俗學言之，誠是如此，若論聖門所謂德業者，却初不在日用之外。只押文字，便是進德修業地頭，不必編綴異同，乃為修業也。近覺向來為學，實有向外浮泛之弊，不惟自誤，而誤人亦不少。方别尋得一頭緒，似差簡約端的，始知文字言語之外，真别有用心處，恨未得面論也。

白田説之云：

> 此云「方別尋得頭緒，似差簡約端的」，此為子澄言之，子澄好編類文字，有向外浮泛之弊，故以此力箴其失。前書所云「大學近再看過，方見得下手用功處，路陌徑直」，即所謂「簡約端的」，非另有不言不語工夫也。（見年譜附錄卷一。）

此以朱子自道謂專為子澄言之，其屬牽强，不辨可見。且前書云：

> 大學近再看過，方見得下手用功處，路陌徑直。前日看得誠是不切，亂道誤人也。

豈得謂此處「前日看得不切，亂道誤人」亦為子澄言乎？且白田謂「非另有不言不語工夫」，語氣特譏指象山。不知象山講學，正如朱子此書所謂「聖門德業，初不在日用之外」，故曰「文字語言外別有用心處」，正是用心於日用倫常，並非以不言不語為用心處也。然則白田此等處，仍蹈穆堂所譏「未讀陸子書，亦未細讀朱子書」矣。又同年朱子有答潘恭叔書云：

> 學問根本在日用間持敬集義工夫，真是要得念念省察，讀書求義，乃其間之一事耳。舊來雖知此義，然於緩急先後之間，終是不覺有倒置處，誤人不少，今方自悔耳。大抵今日學者之弊，苦其說之太高與太多耳。如此只見意緒叢雜，都無玩味工夫，不惟失却聖賢本意，亦分却日用

實功，不可不戒也！

白田說之云：

此所云「讀書求義，乃其間之一事」，此為恭叔言，欲其向裏著實用功，所謂「因人說法，應病與藥」者，非向來先後緩急果有倒置處也。其下卽云「病其說之太高與太多」，其意可見也。亦見附錄卷一。

然朱子若向來並不先後緩急果有倒置，儘可云「讀書求義，乃其間之一事，某向來不以為先急」，此與「因人說法，應病與藥」之義何害？何以並不有倒置之病而必自誣為向來倒置，又詐自恨其誤人不少，今方自悔，乃為「應病與藥」乎？其屬牽强，又甚易見。是則王氏此書，仍守孫承澤考正定論，朱子四十五歲後絕無一言合於陸氏，亦無一字涉於自悔之意。用力雖勤，成見未祛，雖免嫚罵之習，仍未出乎門戶之錮也。陳蘭甫謂：「王白田朱子切要語專為排陸、王而作」，眞一語破的。陳語見嶺南學報四卷一期汪宗衍陳東塾先生年譜。故其譜雖頗重李果齋原編，而又曰：

果齋李氏所云：「晚年指示本體，令人深思而自得之」，蓋指玉山講義、答陳器之、林德久諸書而言。以今考之，皆發明性善之指，說出地頭名目，如韓子原性……之例，非有「指示本體，令人深思而自得之」之意。陽明晚年定論之作，朱門久自開之矣。朱子所云「不待七十子喪而大義已乖」者，豈不信哉？見年譜考異卷四。

不悟指示本體，令人深思自得，自孟子已然；發明性善之指，豈僅在說出地頭名目，不必令人深思自得乎？若只是說出地頭名目，至多不過「察識」一邊，更何與乎「涵養」？朱子四十以後對於中和舊說之悔悟，豈晚年復背之乎？今既謂「陽明晚年定論之作，朱門久自開之」，又何以證其必乖於大義？王譜於紹熙五年甲寅僅書「十一月戊戌至玉山，講學於縣庠」，並不詳錄玉山講義，加以疏說，惟於文集有詳辨。存稿卷六玉山講義考。然講義臨了有云：

> 就日用間便著實下工夫始得，中庸所謂「尊德性」者，正謂此也。然……纔尊德性，便有個「道問學」一段事，雖當各自加功，却亦不是判然兩事也。……故君子之學，既尊德性以全其大，便須道問學以盡其小。……學者於此固當以尊德性為主，然於道問學亦不可不盡其力。要當時時有以交相滋益，互相發明，則自然該貫通達，而於道體之全，無有闕處矣。

今以合之朱子答項平父書，謂：「大抵子思以來，教人之法，惟以尊德性、道問學兩事為用力之要。

今子靜所説，專是尊德性事，而熹平日所論，却是道問學上多了。今當反身用力，去短集長，庶幾不墮一邊。」則朱子明明説象山所説是尊德性事，而晚年乃云學者固當以尊德性為主，朱子之意，決不斥象山為異類，顯矣。白田於此不能別為分説，而僅曰「可謂明白而無疑矣」。其懇懇致辨者則在「回頭轉腦向自己心中識認」之説，不悟講義固不主徒向心中識認，亦並不謂只須從外面求。朱子明分尊德性、道問學兩邊説之，不能抹去「尊德性」一語不理，又不能抹撥象山功夫全不是尊德性，則講義臨了一節，其語固是「明白無疑」，而必欲以抑陸為尊朱者，終不免為勞而難安之事也。

又按：顧涇陽學蔀通辨序，謂：「學為聖賢，必自無我入。無我而後能虛，虛而後能知過，知過而後能日新，日新而後能大。是故君子以去我心為首務。嘗讀朱子之書，其於所謂支離，輒認為己過，悔艾刻責，時見乎辭；嘗讀陸子之書，其於所謂禪，藐然如不聞，夷然而安之。在朱子豈必盡非，而常自見其非；在陸子豈必盡是，而常自見其是。此無我、有我之證也。朱子又曰：『子靜所説，專是尊德性事，而某平日所論，却是道問學上多。今當反身用力，去短集長，庶幾不墮一邊耳。』蓋情語，亦遜語也。而象山遽折之曰：『既不知尊德性，焉有所謂道問學？』將朱子於此果有所不知歟？抑亦陸子之長處、短處，朱子悉知之；而朱子之喫緊處，陸子未之知歟？朱子歧德性、問學為二，象山合德性、問學為一，得失判然。如徐而求其所以言，則失者未始不為得，而得者未始不為失，此無我、有我之別也。」今按：清儒辨朱陸異同，絶無如涇陽此序之深劇者，即此見清儒言義理，遜於前人者多矣。

朱止泉

白田同時學侶有朱澤澐，字湘淘，別號止泉，亦寶應人，生康熙五年，卒雍正十年，一六六六—一七三二。年六十七。為學亦專治朱子，篤謹之風，近於白田。與無錫顧畇滋交好，又親至共學山居，蓋有得於東林遺風者。其議論與白田頗有出入。其朱子未發涵養辨云：

止泉朱子未發涵養辨

朱子涵養

自程子發明平日涵養之旨，傳之龜山、豫章、延平以及朱子，而聖學大明。朱子之涵養，雖受之延平，而其默契乎心統性情、貫動靜之奥，……實發龜山、豫章、延平所未及言，而直上合

工夫為後儒諱言

乎伊川。成書具在，可考而知也。……然朱子未發涵養一段工夫，原極用功，後儒為之諱者，其防微杜漸之意，自有所在。特以陽明晚年定論一書，取朱子言收放心存養者，不分早晚，概指為晚年，以明朱陸合一，……若更言涵養，是羽翼陽明，無以分朱陸之界，故概不置詞，可謂用意深遠矣。然朱子涵養原與陸王兩家不同，乃有所避忌，不顯明指示，不惟無以闡朱子涵養之切要，且益增章句文義之譏，而自為道問學之分途矣。……朱子從事延平十餘年，相見不過三次，後來追敘當年授受之旨，屢見於答何叔京、林擇之及中和舊説序，（答林、中和舊説序在己丑後，提敘於此。）其中詞旨井然可見。當見延平時，方用力於格物致知之學，延平雖授以未發之旨，而朱子不以為然。十餘年而延平沒，未達其旨，故與叔京輩敘説，以為「孤負此翁」。及與張南軒往還，以未發之旨再三質證，所以有人自有生四書，皆自竊究此旨而未達之時所諄諄問辨者也。是朱子不以體驗未發為然者，在癸未以前。自甲申至己丑越六年，其答友朋諸書，無日不以此旨未達為念。而其考程子書，及前輩名言，只以心為已發，性為未發，亦只以人生自朝至夜，自少至老，無時不是已發，而未發在其中，因以察識端倪為用功之要。……迨己丑春而恍然。……於季通辨論之餘，疑而悔，悔而悟，反覆於程子諸説，而自覺其缺涵養一段工夫。……始悟心兼體用，而有涵養於未發，貫通乎已發之功。……答呂伯恭、周叔謹輩，往往從涵養中自見支離之失而不諱，固所以教友朋，箴來學，而自己之由疏而密，由淺而深，亦層進而有驗。蓋涵養而略於理者易，涵養而精於理者難；涵養而處事不盡當者易，涵養而事理合一者難；涵養而偏於靜者易，涵養而動靜合一者難。朱子自四十後，用許多工夫，……至丙午答象山有「日用得力」之語，至庚戌有「方理會得恁地」之語。……要其用功，一遵程子「涵養須用敬，進學在致知」之說，卽「尊德性而道問學」之旨也。……或曰：……彼援朱入陸者，方為晚同之論，以混於一，吾子之言，得毋中其所欲言？……曰：不然。……朱子如答度周卿、晏亞夫、潘子善、孫敬甫諸書，皆六十以後筆，皆以涵養、致知為訓，曷嘗單指本體，……與良知家有一字之同乎？如單指本體，不惟理不能窮，中無所得，卽所養者亦無理之虛靈知覺，正朱子所云「一場大脫空」者，亦不俟明者而知之矣。朱子未發涵養辨一，見文集卷七。文成於康熙庚子，是年初識顧畇滋。又按：彭尺木南畇先生遺書後序，謂：「朱子未嘗離德性道問學也，而後之道問學者，諱言德性矣。朱子未嘗不以虛靈不昧為心也，而後之言心者，且以虛靈為大戒矣。夫不虛不靈，昏且塞矣，德性之不知，而徒學問之務，以是名朱子之學，豈不陋哉！曾大父南畇先生，生平服膺高子（攀龍）之學，由高子上溯朱、王，得宗會極。病世之託朱攻王者，踵陸子（隴其）之說，日出不休也，於是著陽明釋毀錄。」此與止泉持論略似。惟止泉仍辨朱、陸之異，則為彭氏所不取。要之，二人皆淵源東林高、顧遺緒則一也。

止泉論朱子語類

止泉論朱學，既著眼於涵養未發，又極重語類，謂：

語類一書，晚年精要語甚多。五十以前，門人未盛，錄者僅三、四家。自南康、浙東歸，來學者甚衆，誨諭極詳。凡文詞不能暢達者，講說之間，滔滔滾滾，盡言盡意，義理之精微，工力之曲折，無不暢明厥旨。誦讀之下，謦欬如生，一片肫懇精神，洋溢紙上。……在當日諸門人，前後各得一說，彼此各聞一義，而後人讀之，反聚前後彼此之各聞者，彙萃參伍，這處那處，表裏始終，真有登高自卑、行遠自邇、漸進漸高遠之妙。是安可不細心審思，而……概以門人記錄之不確而忽之耶？文集卷四答喬星渚，作於辛亥，在辛前之一年。

止泉於語類別有選讀之本，其宗旨亦專在闡明朱子尊德性之教。其選讀語類目錄後序云：

朱子之學，原是尊、道齊頭用功，雖有「道問學工夫多了」之語，實從德性上著力，且明以訓詁詞章無益於性情之病深戒學者。後儒吳草廬輩遂從而分之，以尊德性屬陸氏，以道問學屬朱子，歷今五百餘年未有定論。正、嘉間，陽明倡為格物徇外之說，以議朱子。……遂使朱子平生尊德性最切要、最精透之旨，皆置而不省。為吾徒者，……於此等切要精透處，亦不力加發明，闡明其蘊，且以心學為諱，是無異於藉寇兵而齎盜糧也。文集卷八。

故止泉謂：

朱子聖學，主敬、窮理、力行三者齊頭用功，未嘗缺一。而尤以主敬、涵養為先，以為知行之主。與王予中。文集卷四，辛亥。

王朱兩家之異見

而止泉論朱子涵養工夫，則據玉山講義、答陳器之書諸篇，以主靜為歸，其議論蓋受無錫共學山居一派影響。集中有與王予中書五通，（卷四，自庚戌以至辛亥。）極論其事，白田未以為是，覆書論難，（見存稿卷十一。）止泉既歿，白田尚有追答之書。（見存稿卷十二。所答止泉原書，今止泉集未載，蓋已失之。）又有答止泉子宗洛書（存稿卷十三。）亦力辨此事，歸其極則曰：

> 自以為宗朱子之學，反墮入陸王窠窟中而不自知，其不為陸王所笑者幾希。（存稿卷十二重答朱湘淘書。）

蓋止泉論朱學，既重未發涵養，則與穆堂所謂朱子晚年並以尊德性、求放心為主者，意無大殊，故白田議其「墮入陸王窠窟中」也。然白田自言：「愚於學問全無知曉，鑽空文義，略有所窺，豈特少涵養一段工夫，卽求放心工夫是初下手事，自度當從此入手而苦未能。」（亦見重答朱湘淘書。）則白田用力，自偏於讀書考索，自止泉言之，正所謂「藉寇兵齎盜糧」，不免以章句文字見譏於陸王者。今平心論之，止泉所謂涵養未發事，苟捨其文字義解之糾紛，依宋儒工夫，實下體驗，則主敬、主靜，所爭蓋微。朱陸在當時，實同有此一段工夫，而後人必欲分門別戶，說成天懸地隔，以朱子為集聖學之大成，以陸王為極斯文之姦邪，遂多紛紛之辨。白田於朱陸異同，雖脫嫚罵之習，仍守門戶之障，年譜用力甚勤，而識解終未豁。止泉整密不如白田，然謂朱子仍守尊德性為主，實非無見；而穆堂以躬行實踐推陸，謂其未廢道問學，兩家之說，善學者會合觀之，本可無爭。惟象山實自有「完養精神，收拾在內，不使放散」之說，（參看學蔀通辨卷四。）穆堂僅謂象山不廢讀書，注意人倫日用，而於此不加闡述，是未得象山之全也。朱子亦自有居敬、窮理兩路，又曰「半日靜坐，半日讀書」，白田闡述朱學，若將統居敬於窮理，於「靜」字一邊，深諱不肯著一語，亦未得朱子之全也。朱陸當時雖有異同，然同有涵養未發一層工夫，而清儒爭朱陸者，則大率書本文字之考索為主耳。此則穆堂、白田自為其同，而與朱陸轉為異。

異同與是非

夫知人必論世，學者同時並出，縱極相異，亦自有無逃於同者。今謂朱異於陸，不必卽為貶陸；謂朱同於陸，亦不必卽為貶朱。學問本於性情，各有面貌，各有塗轍，亦何必如黃茅白葦，一望皆是？異同、是非各有辨，朱陸互異，可以各有其是；朱陸相同，可以俱陷於非，意氣門戶，皆無所用。惟穆堂所爭躬行實踐與章句訓詁之辨，則此意鄭重，學者所當明切自反爾！後戴東原著孟子字義疏證，乃謂程朱詳於論敬，略於論學，朱子乃與象山同譏。故後人批評點之轉移，祇足以見其時學風之傾向，不必盡當於昔人之眞際也。

夏炘述朱質疑

道光末，當塗夏炘心伯為述朱質疑十六卷，於白田年譜頗多糾正，今附其説於此。夏氏謂：

朱學三變

> 朱子之學凡三轉：十五、六歲後，頗出入二氏，及見延平而釋然，此朱子之第一轉也。受中和未發之旨於延平，未達而延平沒，乙酉、丙戌之間，自悟中和舊説，又從張敬夫先察識後涵養之論，此朱子學之第二轉也。己丑，更定中和舊説，并辨敬夫先察識之非，一以「涵養用敬，進學致知」二語為學者指南，此朱子學之第三轉也。與胡琡卿茂才論學蔀通辨及三魚堂集答秦定叟書書，質疑卷五。

白田誤説

> 王氏深於朱子之學，然……如知答江元適書「出入於釋、老者十餘年」，通辨不當遺而不載，

是矣；卻又不信年譜二十四歲受學於延平之說，必三分輔漢卿之所錄，謂庚辰為受學之始，回頭看釋氏之書漸漸破綻，實無左證。朱子明明自云「從遊十年」，又云「十載笑徒勞」，以庚辰計之不過三年，與朱子自述既大不合，而語類所謂「後年歲間始覺其非」者亦大相反。……「十餘年」者，謂十年之外而又有餘也，若云至庚辰纔出釋學，則自十五歲數起已十七年，「餘」字所該，不應若是之久，而年譜所謂頓悟釋、老之非者，相懸至七、八年之遠。使朱子出入二氏之迹，界限不清，是一大轇轕也。原注：「王氏又謂：『朱子悟釋、老之非，在戊寅再見延平後。』比庚辰又早三年，其無定見如此。」初注文集，知答薛士龍書之「二十餘年」，「二」字為羨文，可謂能具隻眼矣，卻於雜著中又改答薛書為壬辰，原注：「文集注以為辛卯。」以遷就「二」字之不為羨文。不知自癸丑至壬辰，實僅滿二十年，無二十餘年，況士龍卒於辛卯九月，何得有書？通辨列之庚寅，不為無據。要之此書之羨文，不僅「二十餘年」之「二」字，即「先生君子」之「生」字亦係羨文。朱子十四失怙，可稱「先君子之餘教，事延平十年」，不得云「先生君子之餘教」。答江、薛二書相為表裏，必如王氏之說，則兩書糾纏不清，是又一轇轕也。知伊川「涵養須用敬，進學在致知」二語為朱子定論，其見卓矣；卻又謂己丑仍守舊見，至庚寅以後始提「敬」字。不知己丑之悟，實悟於程子之言敬，前此之游移，實游移於延平之言敬字不分明。答張敬夫書、與湖南諸公論學書及已發未發說、記程門論學同異諸篇，皆極言敬字之妙，又皆己丑一時之言。必如王氏之說，則中和舊說與更定舊說，主腦不清，是又一大轇轕也。知延平之求未發，不免少偏，是矣；卻又謂朱子悟已發、未發之旨，仍用延平涵養之說，後十餘年至甲辰與呂士瞻書，乃有疑於延平求中之說，謂當以程朱之言為正，至戊申與方賓王書，始斷然言之。不知悟已發、未發之旨，即悟延平之偏，楊方庚寅錄所謂言敬字不分明也，何待十年後之甲辰哉？朱子己丑與林擇之書，所謂「遂成蹉過，辜負此翁」者，指從張敬夫先察識言也；所謂「舊聞李先生論此最詳，恨已不能盡記其曲折」者，指靜中看未發之中言也，不欲斥言其非，故委婉其詞，以為不能盡記其曲折。必如王氏之說，則所謂悟者仍未悟，是又一大轇轕也。與胡琡卿論白田草堂雜著書。

又曰：

……王編修懋竑所輯年譜，世稱善本，然……於大節目可商者尚多。……朱子幼孤，稟學於籍溪、屏山、白水之門，三先生之學皆雜禪，故朱子十五、六歲即出入於二氏。年二十四，見延平而受學，又年餘，盡棄其舊，朱子答江元適書所謂「出入於釋、老者十餘歲」是也。年譜紹興二十有三年，年二十四歲，始受業於延平先生之門。又云：「初先生學無常師，出入於經傳，泛濫於釋、老者幾十年。年二十四，見李延平，洞明道要，頓悟異學之非。」明簡確鑿，非果齋親炙朱子之深，不能為是言。乃王氏忽反之，謂朱子癸酉初見延平，未嘗受學，直至庚辰歲始受學，而悟釋、老之非。於是改癸酉為初見，而移「受學」二字於庚辰之冬，將「先生學無常師」云云，盡行刪去。不思從遊十年，誘掖諄至，實出自朱子之口，焉可誣乎？此於朱子之學問大有關繫，當攷訂一也。朱子家禮一書，易簀後始出，雖為未成之書，然綱舉目張，斟酌司馬、程氏之説而折衷不苟；黄勉齋、楊信齋、黄子耕、陳安卿諸高第弟子皆信之不疑，即朱子之三子敬之先生亦以為是，其序載於文集。……乃王氏忽援元應氏之説，以為斷非朱子之作，遂於乾道六年下刪年譜「家禮成」一條。此與朱子之著述大有關繫，當攷訂二也。王氏疑朱子家禮，顧訪溪悔過齋續集曾引北溪文集辨之，郭筠仙養知書屋文集卷六校訂朱子家禮序亦有辨。朱子同時之學，湖湘則張宣公，浙則呂成公，江西則陸文安公。宣公之學，最心折朱子，末乃同歸而一致。成公歿後，呂子約、潘叔昌諸公，頗為永康議論所震。朱子提舉浙東一年，與浙人往來，深知浙學之弊，故年譜於淳熙十一年下，大書「力辨浙學之非」六字，浙學不僅子約、叔昌諸公，永康、永嘉皆在其內，此亦必是果齋之原也。至於江西陸氏之學，自淳熙二年與朱子會於鵝湖後，朱子與朋友講習，屢言其所學之偏，非浙學比也。乃王氏忽於淳熙十二年書曰：「辨陸學之非」，又書曰：「辨陳學之非」，無論辨陸學不始於十二年，即以為白鹿會後，由曹立之墓表起釁，亦在十年癸卯，與十二年何涉？且陳學即浙學也，浙學之壞，實由於同甫，乃必出同甫於浙學之外，誠不識王意之所在。此於朱子之議論大有關繫，當攷訂三也。……此於朱子之孝思大有關繫，當考訂四也。按：此處辨朱子盧墓一節，刪。李文愍名默為姚江之學，年譜序中，以舊譜尊朱詆陸為私家言，則於舊譜之議陸學者或有刪節，誠未可知。然文愍在嘉靖朝，不附嚴嵩，以致死於獄中，乃端人也。姚江之學雖與朱子殊，至其立身大節，卓然天壤，凡學於姚江之門者，往往有大賢君子出乎其間，不得因其學而肆為排詆。沈繼祖劾朱子一疏，閩本、吳本俱載於年譜中，雖非果齋之舊，亦未必出於文愍之手。乃王氏疑此疏不見宋史，乃是陽明後人偽造以詆朱子，而載入年譜，為後人之無識。不知宋李秀巖道命錄中早已全載，何王氏竟未之攷也？嗟乎！人至偽造文字以詆先賢，非小人之尤者不至此，學姚江之學者，何至奸詐無良若是？不惟無以服姚江後人之心，且恐重為吾道之累，當攷訂者五也。……與朱福堂博士論年譜書，質疑卷五。

其所諍糾，與穆堂、止泉之意復不同，然可知白田一譜，頗有可商，正亦未足盡據也。

全謝山

與穆堂同時，年輩稍次而相知者，鄞縣有全祖望紹衣，學者稱謝山先生。生康熙四十四年，一七〇五。卒乾隆二十年，一七五五。年五十一。穆堂為陸子學譜，謝山頗有獻替，鮚埼亭集外編卷四十四有奉臨川先生帖子五首，均論其事。其弟子董秉純編謝山先生年譜，謂「癸丑雍正十一年，謝山年二十九，居京師紫藤軒，與臨川先生論陸氏學案，凡四上書」是也。書中盛推學譜，謂「其中搜羅潛逸，較姚江黃徵君學案，數倍過之，後世追原道脈者可以無憾」。奉臨川先生帖子二。而凡所獻替，穆堂未能采其說，其告謝山曰：

「足下天資高，倘能務為遠大之業，則為益於天下後世甚大；補亡訂誤，識其小者，雖不無小補於世，其為益亦僅矣。」（別稿卷三十七答全貢士紹衣書。）蓋穆堂治學，本重文章、經濟、氣節，不屑為考據。其後十許年，（據董編年譜，在乾隆十一年丙寅。）

宋儒學案之增修

謝山修梨洲宋儒學案，自稱「予續南雷此書，旁搜不遺餘力，蓋有六百年來儒林所不及知，而予表而出之者」。（鮚埼亭集卷三十載山相韓舊塾記。）其事亦始啓於穆堂。謝山自謂自雍正癸丑之冬，穆堂招同居，萬學士孺廬亦寓焉。紫藤軒下，無日不奉明誨。時人至稱為「具體而微之李詹事」。（具見謝山李公神道碑銘。）

永樂大典之傳鈔

而二人相約同鈔永樂大典，（據董譜，在乾隆元年丙辰。事詳鮚埼亭集外編卷十七鈔永樂大典記。又穆堂初稿卷四十三有答方閣學問三禮書目，已有請朝廷設官鈔寫之議；徐健庵高詹事刻編珠序，亦有請命儒臣討論刊錄之說，則又聞之穆堂者也。）又開以後清廷纂輯四庫全書之遠源。蓋四庫館之設立，其議起於朱筠條奏搜輯遺書，而開局閱校永樂大典，實為朱筠奏中要點，（時邵二雲、章實齋等在朱幕，朱奏蓋出二雲諸人，亦聞其緒論於謝山耳。）穆堂、謝山則首闢此途也。

謝山論朱陸異同

謝山人品學術，均與穆堂為近。其淳熙四先生祠堂碑文，（鮚埼亭集外編卷十四。）極論朱陸學術之異於發軔而同於究竟，謂：

> 子嘗觀朱子之學，出於龜山，其教人以窮理為始事，積集義理，久當自然有得；至其以所聞所知，必能見諸施行，乃不為玩物喪志，是即陸子踐履之說也。陸子之學，近於上蔡，（原注：「此語本之黃氏日鈔。」）其教人以發明本心為始事，此心有主，然後可以應天地萬物之變；至其戒束書不觀，談游無根，是即朱子講明之說也。斯蓋其從入之途各有所重，至於聖學之全，則未嘗得其一而遺其一也。是故中原文獻之傳，聚於金華，而博雜之病，朱子嘗以之戒大愚，則詆窮理為

支離之末學者陋矣。以讀書為充塞仁義之階，陸子輒咎顯道之失言，則詆發明本心為頓悟之禪宗者過矣。夫讀書窮理，必其中有主宰，而後不惑，固非可徒以泛濫為事；故陸子教人以明其本心，在經則本于孟子擴充四端之教，同時則正與南軒察端倪之說相合。原注：「此語見朱子語錄。」心明則本立，而涵養、省察之功於是有施行之地，原非若言頓悟者所云「百斤擔子一齊落地」者也。本節又摘入宋元學案卷十八象山學案。謝山此論，頗似穆堂，而稍持平；然二人所謂踐履，似均不注重靜坐養完精神等事，則與白田論朱學不重涵養一轍矣。

謝山學術路徑

謝山又謂四明之學，「會通於朱子、張子、呂子，而歸宿於陸子」。詳碑文。其推論鄉邦文獻，溯極象山，意嚮居可知。故謝山之學，以躬行實踐為主，以歷史文獻為用。原本性靈，重尚情感，拳拳於鄉邦喬木之思，以易一時門戶水火之相伐。蓋眞偽之辨，虛實之不同，自與奉程朱、託道學者異趣。世第謂謝山上承南雷、二萬，下啓二雲、實齋，為浙東史學大柱，然言其淵源切磋之所自，其與穆堂關係，實至深切。江西陸學之復興，與浙東姚江之紹述，其意境極相似，而尤相關，此亦言浙東史學流衍者所不可不知也。

蔡元鳳

蔡元鳳

較謝山生稍晚，猶得聞穆堂緒論者，金谿有蔡上翔元鳳。生康熙五十六年丁酉，一七一七。卒嘉慶十五年庚午，一八一○年九十四。蔡氏王荊公年譜考略自序稱「嘉慶九年，年八十八」。光緒撫州志文苑傳稱其九十四卒，上推生年，較謝山後十二年也。著王荊公年譜考略二十六卷，其書經始乾隆辛丑以後，據考略附錄王交三墓誌銘。時元鳳已年近七十，至嘉慶八年書成，據王交三墓銘後附誌。元鳳年已八十七，前後經營踰二十年矣。老當益壯，元鳳有之。又自謂：「荊公受謗七百有餘年，中間有力為表襮者，在宋則吾邑陸象山所作荊公祠堂記，元吳澄、虞集，明臨川邑人章袞，而近者李侍郎穆堂諸稿所辨證誣罔尤切。」據考略附錄再與金式似郎中書。今考略於穆堂集辨及荊公諸篇，均加鈔錄，穆堂集辨荊公諸端，皆有關政治心術，此於辨朱、陸是非亦有係。蓋朱子於荊公，始終議論不一，或不免以愛憎徇俗見。（證論詳新城楊希閔年譜推論，楊書亦繼蔡氏而作。）而象山在當時則持平恕之論也。則元鳳此書受影響於穆堂者當甚大矣。至晚清而主變法者，爭言荊公政術，然余觀穆堂、謝山學問蹊徑，並重文章、經濟、氣節，植本於躬行，發皇於文獻，而歸極於事業功名，要之以性靈之眞，情感之不可已者為之基；其學由我以達之外，與博雅尚考證者異途，不得謂非清學一大支，然固不可以外襲而驟企也。當此靡風競扇，頹波爭流，超世拔俗之士，有聞穆堂、謝山之風而起者，予日企而俟之！

第八章　戴東原　附　江慎修　惠定宇　程易田

傳略

戴震字東原，休寧人。生雍正元年十二月，卒乾隆四十二年五月，一七二三—一七七七。年五十五。十歲就傅讀書，授大學章句至「右經一章」以下，問曰：「此何以知為孔子之言而曾子述之？又何以知其為曾子之意而門人記之也？」師應之曰：「此先儒朱子所注云爾。」即問：「朱子何時人也？」曰：「南宋。」又問：「孔子、曾子何時人？」曰：「東周。」「周去宋幾何時矣？」曰：「幾二千年矣。」「然則朱子何以知其然？」師無以應。讀詩經至秦風小戎篇，即自繪小戎圖，觀者咸訝其詳覈。讀書每一字必求其義，塾師略舉傳注訓解之，意每不釋；因授以許氏說文解字，大好之，學三年，盡得其節目。性強記，十三經注，能舉其辭無遺；嘗語弟子段玉裁曰：「余於疏不盡記，經注則無不能背誦也。」時年十六、七矣。家貧，無以為業，年十八，隨父客南豐，設塾於邵武，課童蒙自給。越二年乃歸。時婺源江永愼修，治經數十年，精於三禮及步算、鐘律、聲韵、地名沿革，博綜淹貫，巋然大師，先生與其縣人鄭牧、歙人汪肇龍、方矩、汪梧鳳、程瑤田、金榜師事之。學日進，而遇日益窮。年二十九，補休寧縣學生。翌年，休地大旱，斗米千錢，家乏食，與麵舖相約，日取麵屑為饔飧，閉戶成屈原賦注。同學金榜稱其堅强，困窮時能日行二百里，先生自言乖於時而壽似可必，亦自以精力之盛也。三十二歲，避仇入都，行李衣服皆無有，寄旅於歙縣會館，饘粥或不繼，而歌聲出金石。一日，携所著書過嘉定錢大昕辛楣齋，談論竟日，既去，辛楣歎曰：「天下奇才也。」時金匱秦蕙田方纂五禮通考，以辛楣言，遂延先生主其邸；高郵王安國亦延課其子念孫。一時館閣通人如河間紀昀、嘉定王鳴盛、青浦王昶、大興朱筠，先後與定交，於是海内皆知有戴先生。三十五歲，南還，居揚州，識惠棟定宇。四十歲，始獲鄉薦，會試屢不第。應直隸總督方觀承聘，修直隸河渠書。又遊山西，修汾州府志、汾陽縣志。南遊浙，主講浙東金華書院。及乾隆三十八年，四庫館開，以擧人特召充纂修官至京師。四十年，會試又不第，賜同進士出身，授翰林院庶吉士。在館五年，以積勞卒。

戴學大要

戴學與江永

江永

江氏之著書及其宗旨

戴氏之學，其先來自江永。永字愼修，婺源人，生康熙二十年七月，卒乾隆二十七年三月，（一六八一—一七六二。）年八十二。為諸生數十年。其學尤深於三禮，其先自周禮入，嘗見明邱氏大學衍義補，徵引周禮，愛之，求得其書，鈔寫正文，朝夕諷誦。自是旁通十三經，以朱子晚年治禮，為儀禮經傳通解，書未就，黃氏榦、楊氏復相繼纂續，亦非完書，乃廣摭博討，大綱細目，一從周禮大宗伯「吉、凶、賓、軍、嘉」五禮舊次，名曰禮書綱目，凡八十八卷，書成，年四十一歲，為江氏著述之最大者。自謂：「欲卒朱子之志，成禮樂之完書，雖僭妄有不辭也。」六十二歲，又成近思錄集註十四卷，其自序盛推宋學，謂：

> 道在天下，亙古長存。自孟子後一綫弗墜，有宋諸大儒起而昌之，所謂「為天地立心，為生民立道，為去聖繼絕學，為萬世開太平」，其功偉矣。其書廣大精微，學者所當博觀而約取，玩

索而服膺者也。……朱子嘗謂：「四子，六經之階梯；近思錄，四子之階梯。」……晚學幸生朱子之鄉，取其遺編，輯而釋之，或亦儒先之志。

汪紱

汪氏著書及其宗旨

蓋徽歙乃朱子故里，流風未歇，學者固多守朱子圭臬也。時清廷崇正學，纂修三禮，欲補南宋以來朱義之未備。方望溪苞擬定纂修三禮條例劄子（外集卷二）亦以宋儒「有志未逮，未經釐闢」為說。慎修曾至京晤方氏，未合而歸。其他著書，如周禮疑義舉要、禮記訓義擇言、深衣考誤、春秋地名考實、鄉黨圖考、四書典林、羣經補義，大率歸於禮數名物。而又精於天官星歷，其書有歷學補論、七政衍、金水二星發微、冬至權度、恆氣注歷辨、歲實消長辨。於樂有律呂闡微。於音韻有音學辨微、古韻標準、四聲切韻表。於步算有推步法解、中西合法擬草。其學所涉極博，要不出禮樂名物之範圍者近是。又有闡述宋五子書數十卷，則世皆未之見，據李氏先正事略。可見者惟近思錄集注而已。大抵江氏學風，遠承朱子格物遺教，則斷可識也。姚鼐極推江氏，謂：「婺源自宋篤生朱子，傳至元、明，儒者繼起。雖於朱子之學益遠，然內行則崇根本，而不為浮誕，講論經義，精覈貫通，猶有能守大儒之遺教而出乎流俗者焉，近世若江慎修永其尤也。」（惜抱軒文後集吳石湖家傳）

與江氏同時並稱者有汪紱，字燦人，號雙池，亦婺源人。生康熙三十一年七月，卒乾隆二十四年九月，年六十八。其學亦以宋五子為歸。朱筠督學安徽，上其遺書，並為立木主，與江永同祀紫陽書院。著書有周易尚書四書詮義、春秋集傳、禮記章句、或問、樂經律呂通解、理學逢源。多尚義解，不主考訂，與江氏異；而所治自六經下逮樂律、天文、地輿、陣法、術數，無不究暢，朱筠汪先生墓表。則門路與江氏相似。其發揮朱子致知格物之意曰：

有志格物，無物無理，隨處目覩耳聞，手持足踐，皆吾窮理之學。

又曰：

> 吾心之知虛，而在物之理實，故欲推極吾心之知，必須實靠事物上逐件印證過來，此心之知方實在信認得定。如人家有田地萬頃，契墨册税，承祖以來，本皆在家，然亦須逐畝逐段，親身歷過，四至分明，與契税符合，方始信得此畝此段是自家田地。

徽學淵源與東林

此亦確遵朱子格物遺訓，主從事物實地下工夫。其變而為考徵，則重名物數度，其學風亦視江浙間辨易圖，辨尚書古文，辨大學，高談朱陸道釋異同，心性家國本末者，別有一段淳樸意味，自見其異也。尚考徽歙間講學淵源，遠自無錫之東林。有汪知默、陳二典、胡淵、汪佑、吳慎、朱璜講朱子之學於紫陽書院，又因汪學聖以問學於東林之高世泰，（詳見錢林文獻徵存錄及江藩宋學淵源記。）實為徽州朱學正流，江永、汪紱

江汪兩家歧趨

皆汲其餘波。故江、浙之間學者多從姚江出，而皖南則一遵舊統，以述朱為正。惟汪尚義解，其後少傳人，江尚考覈，而其學遂大，則有清一代尚實之風，羣流所趨，莫能獨外耳。（汪雙池年譜有與江慎修書三通，及江覆書兩首，可證兩家治學之歧趨。）

徽學之一種背景

又徽人居羣山中，率走四方經商為活，學者少貧，往往操賤事，故其風亦篤實而通於藝。汪紱家貧困，傭於江西景德鎮，為畫盌之役，其學自星歷、地志、樂律、兵制、陰陽、醫卜以至彈琴、篆

宣城梅氏

黃生

東原早歲學術路徑

汪梧鳳不疎園及同學諸人

刻、書畫諸藝皆通曉。江氏亦孤起草澤中，其旁治天官、星歷、律呂、音韻、步算，即朱子格物之旨，而亦當時徽學風尚所同也。又自明末歐洲歷算學輸入，迄於清初，宣城梅氏兄弟，文鼎、文鼐、文鼏以曆學震爍一時，文鼎（生崇禎六年一六三三，卒康熙六十年一七二一，年八十九。）所詣尤深博，著書八十餘種，盛行於世。歙人有楊光先，（生明萬曆間，卒清康熙初。）論曆斥湯若望，力排西法，並駁西教士利瑪竇等地圓諸說，著書稱不得已，專攻西學，自命孟子，嗣以閏月失推論死，亦為守舊者所推。（孫星衍五松園文集為楊氏作傳，尚力稱之。）是當時徽、宣之間，好治天算格致之學，其來已舊。（江氏覆汪雙池書，自稱「早年探討西學，晚乃私淑宣城梅勿菴先生，近箸翼梅八卷，寫本歸之梅氏令孫」云云，此證江學與梅之淵源矣。）又有黃生扶孟，亦歙人，明諸生，入清不仕，著字詁、義府兩書，闡明文字聲義之相因，是徽人治聲音小學之先啓也。江、汪之學，蓋皆有聞於鄉先生之風而起者。東原早歲治學，亦此一路。二十二歲，成籌算一卷。（後經增改名策算。）二十三歲，成六書論三卷。（已佚。）二十四歲，成考工記圖。（後附注成二卷。）二十五歲，成轉語二十章。（已佚。）二十七歲，成爾雅文字考十卷。（未刊。）三十歲，成屈原賦注。三十一歲，為詩補傳，就全詩考其字義名物，不以作詩之意衍其說。（未成書。葉德輝云：其家藏有東原詩經補註原稿，采宋人說最多，遺書及學海堂皆刪去。）此均在東原三十二歲入都前，其學尚名物、字義、聲音、算數，全是徽人樸學矩矱也。與東原同問學於江氏者，有鄭牧、汪肇龍、程瑤田、方矩、金榜諸人，而玉成其事者則為汪梧鳳。梧鳳，歙西溪人，家雄於財，有不疎園，江、戴

> 皆自奮於末流，常為鄉俗所怪，又孤介少所合，而地僻陋，無從得書；汪君獨禮而致諸其家，飲食供具惟所欲，又斥千金置書，益招好學之士，日夜誦習講貫其中。久者十數年，近者七、

八年，四、五年，業成散去。（汪中故貢生汪君墓志銘。）梧鳳年不永，所著有詩學女為一種，人稱其中若律象、地理、人物、典制、音韻、鳥獸、草木、蟲魚之類，援據該洽，考覈精審，可自成一書。（鄭虎文汪梧鳳行狀。）則學風亦與江氏近，其書體例，蓋亦江氏四書典林、鄉黨圖考之類也。

汪肇龍　金榜　程瑤田

居梧鳳不踈園最久者為汪肇龍，字稚川，少孤貧，力食以供饘粥。長習賈，嘆曰：「是非甚巧偽，不得稱善賈。」棄而歸，習篆刻，資鐵筆以活者久之，稍稍通六書。後游江門，專力治經，於爾雅、說文諸小學書，以及水經、地理、步算、鍾律、音韻、器數、名物之學，無不博綜羣籍，考據精審，而於三禮功尤深。（鄭虎文汪肇龍家傳。）是稚川之學，雖無成書，其不失為江氏規模，亦可見也。最稱江氏高第弟子者為金榜，字輔之，（生雍正十三年一七三五，卒嘉慶六年一八〇一，年六十七。）其學專治三禮，有禮箋十卷，詳稽制度，後人推為卓然可補江、戴之缺者。（吳定金榜墓誌銘。）又程瑤田，（別有傳詳後。）著通藝錄，有宗法小記一卷，又儀禮喪服足徵記十卷、釋宮小記一卷、考工創物小記一卷、磬折古義一卷、溝洫疆理小記一卷、禹貢三江考三卷、水地小記一卷、解字小記一卷、聲律小記一卷、九穀考四卷、釋草小記一卷、釋蟲小記一卷，其學亦在名物、度數間，此又承衍江氏學風之可考者也。

東原論學之第一期

東原早歲論學大意是仲明

東原早歲之學同於江氏，其説可徵之於與是仲明論學書。按：是仲明名鏡，陽湖人。與顧昀滋、朱止泉同講學於無錫之共學山居。據是仲明年譜，乾隆十四年己巳（仲明年五十七）春遊徽州，翌年庚午五月之徽州，游黄山。而東原書云：「僕所為經考，未嘗敢以聞於人，恐聞之而驚顧狂惑者衆。昨遇名賢枉駕，望德盛之容，令人整肅，不待加以誨語也。又欲觀末學所事得失，僕敢以詩補傳序竝『辨鄭衛之音』一條檢出呈覽。今程某奉其師命，來取詩補傳，僕此書尚俟改正，未可遽進，請進一二言，惟名賢教之。」又云：「羣經六藝之未達，儒者所恥，僕用是戒其頹惰，據所察知，特懼忘失，筆之於書，識見稍定，敬進於前不晚，名賢幸諒」云云。相其語氣，疑是己巳、庚午兩年是、戴相晤於徽州時事也。段氏戴先生年譜，謂：「與是仲明論學書當在丁丑，時東原在揚州。仲明江陰人，客遊於揚者，欲索先生詩補傳觀之，先生答此書，平生所志、所加功，全見於此，亦以諷仲明之學非所學也。仲明築室江陰舜過山講學，其人不為先生所重，故諷之。」段氏此説，純出推想，以仲明為江陰人，故疑東原遊揚始晤。查是仲明年譜，丁丑已年六十五，並無客遊揚州事。且戴書引辭撝謙，明為東原未達時語。段氏為戴譜，年已八十，譜中謂「携方言分寫本至玉屏，今四十餘年」，又謂「丁小疋終於寧波官舍，又將十年」諸條可證，故譜中頗有誤憶誤排者。又段編戴集與是書題注癸酉，亦與年譜違異，可証年譜不足盡據。惟段編戴集，年五十八歲，去東原之卒亦已十六年，癸酉之注，亦非有確據，特因書中有「出示詩補傳序」一語，而詩補傳序成於癸酉仲夏故也。癸酉尚在東原入都前，於書中語氣較似。然是歲仲明在舜山，仍無緣與東原相遇。竊疑今東原集詩補傳序雖明書癸酉仲夏，然或是東原後定之稿，其出示仲明者尚在前。其後丙戌，東原又改注二南，名曰杲谿詩經補注，段氏曰：「今二南箸錄，而詩補傳已成者不箸錄」，然考東原詩比義述序，謂「昔壬申、癸酉歲，震為詩補傳未成，別錄書内辨證成一袟」，則癸酉詩補傳明明未成書。段氏戴譜：「癸酉，詩補傳成，有序，在癸酉仲夏」，此亦只據序文年月推定爾。又考東原爾雅文字考序，謂「偶有所記，懼過而旋忘，錄之成袟，亦聊以自課」，語意與是書「戒其頹惰，特懼忘失」云云相似，段定此書亦在戊辰、己巳、庚午間。大抵爾雅文字考、詩補傳、屈原賦注諸書，皆先後略同時。則與是書雖不能確定其年月，謂在癸酉東原未入都前，諒無大誤。謂：

由字通詞由詞通道

……僕自少時家貧，不獲親師，聞聖人之中有孔子者，定六經示後之人，求其一經，啓而讀之，茫茫然無覺。尋思之久，計於心曰：「經之至者道也，所以明道者其詞也，所以成詞者字也。由字以通其詞，由詞以通其道，必有漸。」求所謂字，考諸篆書，得許氏說文解字，三年，知其節目，漸覩古聖人制作本始。又疑許氏於故訓未能盡，從友人假十三經注疏讀之，則知一字之義，當貫羣經、本六書，然後為定。東原始從江慎修遊，當在其庚午至紫陽書院時，此書云「家貧不獲親師」，則在庚午未識慎修時語也。惟段譜謂壬戌東原自邵武歸，即就正於慎修，則背師之誚，又不俟於他日「婺源老儒」之稱矣。未知段譜果何據也。

此為東原主從字義明經義之理論。又曰：

經學難明者若干事

至若經之難明，尚有若干事：誦堯典數行至「乃命羲和」，不知恆星七政所以運行，則掩卷不能卒業。誦周南、召南，自關雎而往，不知古音，徒強以協韻，則齟齬失讀。誦古禮經，先士冠禮，不知古者宮室、衣服等制，則迷於其方，莫辨其用。不知古今地名沿革，則禹貢、職方失其處所。不知「少廣」、「旁要」，則考工之器不能因文而推其制。不知鳥獸、蟲魚、草木之狀類名號，則比、興之意乖。而字學、故訓、音聲，未始相離，聲與音，又經緯衡從宜辨。漢末孫叔然創立反語，厥後考經論韻悉用之，釋氏之徒從而習其法，因竊為己有，謂來自西域，儒者數典不能記憶也。中土測天用「勾股」，今西人易名「三角、八綫」，其「三角」即「勾股」，「八綫」即「綴術」；然而「三角」之法窮，必以「勾股」御之，用知「勾股」者，法之盡備，名之至當也。管、呂言五聲十二律，宮位乎中，黃鐘之宮四寸五分，為起律之本。學者蔽於鐘律失傳之後，不追溯未失傳之先，宜乎說之多鑿也。凡經之難明，右若干事，儒者不宜忽置不講。僕欲究其本始，為之又十年，漸於經有所會通。前云「得許氏說文解字三年」，此云「為之又十年」，則此書年歲亦約略可推矣。

此為東原主從名物、度數通經義之理論。又曰：

經學之三難

僕聞事於經學，蓋有三難：淹博難，識斷難，精審難。僕誠不足與於其間，其私自持，暨為書之大概，端在乎是。前人之博聞強識，如鄭漁仲、楊用修諸君子，著書滿家，淹博有之，精審未也。別有略是，而謂大道可以徑至者，如宋之陸，明之陳、王，廢講習討論之學，假所謂「尊德性」以美其名。然舍夫「道問學」，則惡可命之「尊德性」乎？此乃朱、王之辨，非漢、宋之辨。

此為東原主從「道問學」一邊以達大道之理論。統觀全書，所論為學門徑及其趣解，全是江氏一派。然東原自述為學全出冥搜暗索，則江、戴乃規模闇合，非東原之必有待於江氏之啓廸矣。此徽學之自成風尚。

東原七經小記之計畫

東原畢生治學，其最大計畫，厥為七經小記。段玉裁記之云：

七經小記者，先生朝夕常言之，欲為此以治經也。所謂七經者，先生云：「詩、書、易、禮、春秋、論語、孟子是也。」治經必分數大端以從事，各究洞原委，始於六書、九數，故有詁訓篇，有原象篇，繼以學禮篇，繼以水地篇，約之於原善篇。聖人之學，如是而已矣。（戴東原先生年譜。）

又曰：

學禮篇，先生七經小記之一也。其書未成，蓋將取六經禮制糾紛不治，言人人殊者，每事為一章發明之。今文集中開卷記冕服、記皮弁服、記爵弁服、記朝服、記玄端、記深衣、記中衣褖衣襦褶之屬、記冕弁冠、記冠衰、記括髮免髽、記經帶、記繅藉、記捍決極，凡十三篇，是其體例也。

水地記，亦七經小記之一，使經之言地理者，於此稽焉。（按：水地記未成書。）

詁訓篇，亦先生七經小記之一。經學非詁訓不明，先生欲作此書而未及為；轉語二十章，亦未卒業；然爾雅文字考、方言疏證猶存，亦可稍窺涯略矣。

原象凡八篇，一、二、三、四四篇，即先生之釋天也；五、六、七三篇，即句股割圜記上、中、下三篇也；其八篇則為矩以準望之詳也。迎日推策記亦舊時所為。成書皆在壬午（東原四十歲。）以前，至晚年合九篇為原象，以為七經小記之一。天體、算法全具於此。

始先生作原善三篇，繼見先生援據經言，疏通證明之，仍以三章者分為建首，比類合義。古賢聖之言理義，舉不外乎是，孟子字義疏證亦所以闡明此恉也，為七經小記之一。先生之學上承孔、孟，於此可見。（均見東原先生年譜。）

戴學與朱子異同

此為東原計畫七經小記之大概。金榜嘗言：「東原發願成七經小記，余語之曰：『歲不我與，一人有幾多精神？』東原答曰：『當世豈無助我者？』」（亦見年譜。）蓋東原畢生盡瘁於是，而其意則備見於與是仲明書中。惟較之朱子格物補傳所謂「卽凡天下之物，莫不因其已知之理而益窮之，以求至乎其極，一旦豁然貫通」者，則方法門徑固近似，而對象意趣實不侔。朱子格物，在卽凡天下之物而格，今則只求卽凡六經之名物訓詁而格耳。清儒自閻百詩以下，始終不脫讀書人面目，東原漢學大師，又承江永門牆，最近朱子格物一路，然亦只格得六經書本上名物，仍是漢學家精神也。

東原入都

東原以乾隆甲戌入都，（時東原年三十二歲。據錢竹汀自編年譜：「乾隆十九年甲戌，年二十七歲，移寓橫街。無錫秦文恭公邀予商訂五禮通考。休寧戴東原初入都，造寓談竟日，歎其學精博。明日，言於文恭公。公卽欣然同車出親訪之，因為延譽。自是知名海內。」按：竹汀年譜，始編在五十七歲，上距甲戌僅三十年，事屬親歷，不致遽誤。又王昶（述菴）為東原墓誌銘，謂：「余之獲交東原，蓋在乾隆甲戌之春，維時秦文恭公蕙田，方纂五禮通考，延致於味經軒，偕余同輯時享一類，凡五閱月而別。」此亦親歷之事，不容誤也。而洪榜為東原行述，誤謂東原以乙亥歲北上，實不足據。懋堂為戴譜，則距其事已逾六十年，又非親歷，更不能得其詳，亦定入都在乙亥，而云「蓋是年入都。冬，紀文達公刻考工記圖注成」，下一「蓋」字，正見其無確據。因是年戴館紀家。又紀刻戴書，故疑在是年，而上年甲戌，段譜不能著一字，不知東原正以是年入都也。）初見錢竹汀，竹汀歎其學精博，薦之秦蕙田。蕙田聞其善步算，卽日命駕延主其邸，朝夕講論五禮通考中「觀象授時」一門，以為聞所未聞。（據年譜。）翌年夏，紀曉嵐初識東原，見其考工記圖而奇之，因為付梓。（見考工記圖紀序。）是年，東原又成句股割圜記三篇，秦蕙田全載於通考。（據年譜。）一時學者，推服東原，本在名物數度。

方矩

而東原與方希原書（卽方矩，同居汪氏不疎園者。其為學自漢注、唐疏以洎宋五子之書，皆博涉徧觀。嘗謂：「孔門而後，言絕義

漢儒得其制數宋儒得其義理

乖，儒流滅裂，然人道不終為鬼魅者，程、朱之力也。」語見耆獻類徵四百三十九胡賡善所為權厝誌。希原之學，蓋猶是慎修矩矱也。亦謂：

古今學問之途，其大致有三：或事於義理，或事於制數，或事於文章。事於文章者，等而末者也。……聖人之道在六經，漢儒得其制數，失其義理；宋儒得其義理，失其制數。譬有人焉，履泰山之巔，可以言山；有人焉，跨北海之涯，可以言水；二人者不相謀，天地間之鉅觀，目不全收，其可哉！

是時東原固猶以義理推宋，以制數尊漢。同年與姚姬傳書，謂「誦法康成、程、朱，不必無人，而皆失康成、程、朱於誦法中」，亦漢宋並舉，無所軒輊。而其所欲為之七經小記，則實偏於制數一邊也。東原既為時賢所知，而江先生之名，亦隨東原而顯。東原為江先生事略狀，稱：

戴震嘗入都，秦尚書蕙田客之，見書笥中有先生歷學數篇，奇其書，戴震因為言先生。尚書撰五禮通考，摭先生說入「觀象授時」一類，而推步法解則取全書載入，憾不獲見先生禮書綱目也。戴震與太倉王光祿鳴盛言先生之學，後光祿與戴震書啓通問，必稱敬候先生。

王昶為江永墓誌銘，亦稱：

余友休寧戴君，所謂通天地人之儒也，嘗自述其學術，實本之江慎修先生。

錢大昕與東原書，亦謂：「前遇足下於曉嵐所，足下盛稱婺源江氏推步之學不在宣城下。」又曰：「豈少習於江，而特為之延譽耶？」是東原初入都，其學尚與江氏沆瀣一氣，並時學者同推江、戴，亦以二人所治相近似也。（焦循國史儒林文苑傳議謂：「江、戴師弟，談天異轍。江永宗西法，戴震重中法。」此乃據其後東原校四庫諸古算書而言之。）竊考東原論學之變蓋在丁丑（乾隆二十二年，東原三十五歲。）遊揚州識惠氏松崖之後。

戴學與惠棟

蘇州惠氏之學

惠氏言易

惠、戴為當時漢學兩大師，後世分言吳、皖，即推溯之東原、定宇兩人也。惠氏籍吳縣，三世傳經，惠周惕（字元龍。）為其祖，士奇（字天牧。）為其父，定宇名棟，學者稱松崖先生，生康熙三十六年，（一六九七。）卒乾隆二十三年，（一七五八。）年六十二。其學尊古而信漢，最深者在易。天牧有易說六卷，謂：「漢儒言易，如孟喜以卦氣，京房以通變，荀爽以升降，鄭康成以爻辰，虞翻以納甲，其說不同，而指歸則一，皆不可廢。今所傳之易，出自費直。費氏本古文，王弼盡改為俗書，又創為虛象之說，遂舉漢學而空之，而古學亡矣。」（據江藩漢學師承記。）其議論如此。松崖守其意而為說益堅，著易漢學七卷，又為周易述二十卷，專宗漢說，歷三十年，四、五易稿，猶未卒業。（陳黃中所為墓誌銘。）學者推為漢學之絕者千五百年，至是而粲然復章。（見王昶所為墓誌銘。又焦循國史儒林文苑傳議，謂：「惠士奇易說獨申己意，其子棟周易述，則持守舊說，父子異方。」蓋確然以漢易標宗名家者，自定宇始。）蓋江、浙學者言易，自黃梨洲兄弟、毛西河、胡東樵，皆致力於辨易圖，諸家之說出，而自宋以來易說之圖象紛紛榛莽塞路者盡闢，惠氏父子踵其後，（惠士奇生康熙十年，胡渭卒康熙五十三年，士奇年四十四，惠棟年十八。）遂棄宋易而治漢，亦一時風氣趨會之所宜有也。

惠氏治學態度

惠氏治他經，亦率如其治易，大意推尊漢儒，尚家法而信古訓。其意見於天牧之論周禮，謂：「禮經出於屋壁，多古字古音。經之義存乎訓，識字審音乃知其義，故古訓不可改也。康成注經皆從古讀，蓋字有音義相近而譌者，故讀從之。後世不學，遂謂康成好改字，豈其然乎？康成三禮、何休公羊，多引漢法，以其去古未遠，故借以為說。賈公彥於鄭注，如『飛茅』、『扶蘇』、『薄借綦』之類，皆不能疏，所讀之字，亦不能疏，輒曰『從俗讀』，甚違『不知蓋闕』之義。夫漢遠於周，而唐又遠於漢，宜其說之不能盡通也。況宋以後乎？周、秦諸子，其文雖不盡雅馴，然皆可引為禮經之證，以其近古也。」（見漢學師承記。）故其弟子楊超曾稱之，謂：「其學大抵以經為綱領，以傳為條目，以周、秦諸子為左證，以兩漢諸儒為羽翼，信而好之，擇其善而從之，疑則闕之。」（見楊超曾惠公墓誌銘，收碑傳集。）此天牧治經主從古訓，故一依漢儒，並旁求之於周、秦諸子，而不肯下取晚世唐、宋之說也。

朱鶴齡與陳啓源

先是吳江朱鶴齡長孺，號愚菴，始專力詞賦，顧亭林勖以本原之學，乃研思經義，所著有尚書埤傳、禹貢長箋、詩經通義諸書。其友陳啓源長發為毛詩稽古編，訓詁準爾雅，篇義準小序，詮釋大義準毛傳，力主釋經惟求合古之旨。書成康熙丁卯，時天牧尚在幼年。亦是吳人治經尊古崇漢一來歷也。及松崖守父意益堅，遂著九經古義，謂：「漢人通經有家法，故有五經師，訓詁之學，皆師所口授，其後乃著竹帛，所以漢經師之説，立於學官，與經並行，古字古言，非經師不能辨。是故古訓不可改也，經師不可廢也。余家四世傳經，咸通古義，因述家學作九經古義一書。」（九經古義述首。又朱鶴齡書尚有易廣義略、春秋集説、左傳日鈔。日鈔著錄四庫，其書多采亭林杜解補正。定宇左傳補注，即承是書而起，為九經古義之一部。）此所謂守古訓，尊師傳，守家法，而漢學之壁壘遂定。其弟子同縣余蕭客、江聲諸人先後羽翼之，流風所被，海內人士無不重通經，通經無不知信古，其端自惠氏發之，（王昶惠定宇墓誌銘。）而於是有「蘇州學派」之稱。

吳皖學淵源之不同

今考惠學淵源與戴學不同者，戴學從尊宋述朱起脚，而惠學則自反宋復古而來。顧亭林已言「理學之名，自宋始有，古之所謂理學者，經學也」。而通經則先識字，識字則先考音，亭林為音學五書，大意在據唐以正宋，據古經以正唐，即以復古者為反宋，以經學之訓詁破宋明之語錄，其風流被三吳，是即吳學之遠源也。而浙東姚江舊鄉，陽明之精神尚在，如梨洲兄弟駁易圖，陳乾初疑大學，毛西河盛推大學古本，力辨朱子，其動機在爭程朱、陸王之舊案，而結果所得，則與亭林有殊途同歸之巧，使學者曉然於古經籍之與宋學，未必為一物。其次如閻百詩辨古文尚書，其意固猶尊朱，而結果所得，亦使人知通經端在溯古，晉、唐以下已可疑，更無論宋、明也。江、浙人物薈萃，典册流播，聲氣易傳，考核易廣，清初諸老，尚途轍各殊，不數十年，至蘇州惠氏出，而懷疑之精神變為篤信，辨偽之工夫轉向求眞，其還歸漢儒者，乃自蔑棄唐、宋而然。

江艮庭與王西莊

（又江聲字叔澐，號艮庭，（生康熙六十年，卒嘉慶四年，年七十九。）自稱：「年三十五師事同郡惠松崖先生，見所著古文尚書考，始知古文及孔傳皆晉時妄人偽作，於是搜集漢儒之説以注二十九篇，漢注不備，則旁考他書，精研古訓，以足成之，為尚書集注音疏。」而同時王鳴盛鳳喈，（生康熙六十一年，卒嘉慶二年，年七十六。）亦為尚書後案，自謂鄭氏（康成）一家之學。謂：

「秦火後伏生傳今文三十四篇，漢注猶在，予遍觀羣書，搜羅鄭注，惜已殘闕，聊取馬、王、傅、疏益之；至二十五篇，則別為後辨附焉。」書成於乾隆己亥，又稱「就正於有道江聲，乃克成編」，其書乃在江氏師事定宇後二十四年也。江氏集注創始乾隆辛巳，成於丁亥，又六年而成疏，則為癸巳。王氏後案成於己亥，尚在江書成後六年。然王氏自謂草創遠始乙丑，王氏年二十四，尚在江氏師事定宇前十年，而江書則起始於師事定宇後之六年也。竊疑王書頗受江書影響，吳德旋聞見錄謂王鳴盛撰尚書後案，延艮庭於家，商訂疑義。故曰「就正有道，乃克成編」也。其自述草創之年，可置勿論耳。又二書皆自注而自疏之，亦師定宇周易述體例。二書動機，皆由知東晉古文尚書及孔傳之偽，乃進而為漢人二十八篇原注之搜討，其意嚮取徑，正猶惠氏父子知宋後言易圖不可信，乃進而為漢易之搜討也。此又蘇州漢學，其淵源在辨晉、宋以來偽說，乃轉而反向上求之一證。故以徽學與吳學較，則吳學實為急進，為趨新，走先一步，帶有革命之氣度；而徽學以地僻風淳，大體仍襲東林遺緒，初志尚在闡宋，尚在述朱，並不如吳學高瞻遠矚，劃分漢、宋，若冀、越之不同道也。故定宇之評毛詩註疏也，曰：「棟則以為宋儒之禍，甚於秦灰。」見李集敬堂鶴徵錄。其激昂如是。而江藩宋學淵源記乃謂：

> 近今漢學昌明，徧於寰宇，有一知半解者，無不痛詆宋學。然本朝為漢學者，始於元和惠氏，紅豆山房半農人手書楹帖云：「六經尊服、鄭，百行法程、朱。」不以為非，且以為法，為漢學者背其師承，何哉？藩為此記，實本師說。

又曰：

> 藩少長吳門，習聞碩德耆彥談論。……耆英彫謝，文獻無徵，甚懼斯道之將墜，恥躬行之不逮

也。漢學師承記亦云：「宋儒率履有餘，考鏡不足。」

漢學家詆宋始自東原

據此言之，當時吳學後起，轉不以詆宋過甚為然矣。汪容甫好詆宋儒，其子孟慈為汪氏學行記乃謂是凌次仲之誣讕，子幹父蠱，亦物極必反也。蓋乾、嘉以往詆宋之風，自東原起而愈甚，而東原論學之尊漢抑宋，則實有聞於蘇州惠氏之風而起也。東原在四庫館，盜竊趙東潛校水經注，偽謂自永樂大典輯出，以邀榮寵，其心術可知。時紀曉嵐主館事，紀固好詆宋者，東原疏證，儻亦有牛鼎之意乎？

東原論學之第二期

東原遊揚州後論學態度之轉變

東原於乾隆丁丑二十二年，東原年三十五。南遊揚州，識松崖於鹽運使盧雅雨見曾署，自是客揚州者四年。東原論學宗旨，其時以後蓋始變，此可以集中題惠定宇先生授經圖一篇證之。其文大意謂：

前九年，震自京師南還，始覯先生於揚，……明年，聞先生歿於家。今徒拜觀遺像，……自愧學無所就，……莫能窺先生涯涘。然病夫六經微言，後人以歧趨而失之也。言者輒曰：「有漢儒經學，有宋儒經學，一主於故訓，一主於義理。」此誠震之大不解也者。夫所謂理義，苟可以舍經而空凭胸臆，將人人鑿空得之，奚有於經學？惟空凭胸臆之卒無當於賢人聖人之理義，

故訓明則義理明

> 然後求之古經。求之古經而遺文垂絶，今古縣隔也，然後求之故訓。故訓明則古經明，古經明則賢人聖人之理義明，而我心之所同然者，乃因之而明。賢人聖人之理義非他，存乎典章制度者是也。松崖先生之為經也，欲學者事於漢經師之故訓，以博稽三古典章制度，由是推求理義，確有據依。彼歧故訓、理義二之，是故訓非以明理義，而故訓胡為？理義不存乎典章制度，勢必流入異學曲說而不自知。其亦遠乎先生之教矣。

東原是文作於乾隆乙酉，（三十年，東原年四十三，見年譜。）而議論與前舉已大異。其先以康成、程、朱分說，謂於義理、制數互有得失者，今則幷歸一途，所得盡在漢，所失盡在宋，義理統於故訓典制，不啻曰即故訓即典制而義理矣。是東原論學一轉而近於吳學惠派之證也。其後四年，己丑，（乾隆三十四年，東原年四十七。）東原為松崖弟子余蕭客序古經解鉤沉，（年譜。）謂：

> 後之論漢儒者，輒曰故訓之學云爾，未與於理精而義明，則試詰以求理義於古經之外乎？若猶存古經中也，則鑿空者得乎？……經之至者，道也；所以明道者，其詞也；所以成詞者，未有能外小學文字者也。由文字以通乎語言，由語言以通乎古聖賢之心志，譬之適堂壇之必循其階，而不可以躐等。是故鑿空之弊有二：其一緣詞生訓也，其一守譌傳謬也。緣詞生訓者，所釋之義，非其本義；守譌傳謬者，所據之經，併非其本經。今仲林（余字。）得稽古之學於其鄉惠君

定宇，惠君與余相善，蓋嘗深嫉乎鑿空以為經也。

惠主求古戴主求是並非異趨

據是觀之，東原此數年論學，其深契乎惠氏故訓之説無疑矣。東原卒後，凌廷堪為作事略狀，謂「東原於揚州見元和惠棟，論學有合」，決非虛語。（王昶為東原墓誌銘，亦謂「惠、戴見於揚州，交相推重」。）王鳴盛亦言：「方今學者，斷推惠、戴兩先生。惠君之治經求其古，戴君求其是，究之舍古亦無以為是。」（見洪榜東原行狀。）謂「舍古無以為是」者，上之卽亭林「舍經學無理學」之説，後之卽東原求義理不得鑿空於古經外之論也。然則惠、戴論學，求其歸極，均之於六經，要非異趨矣。（江藩漢學師承記洪榜傳，稱榜為衛道儒，又全錄其與朱笥河發明東原論學一書，可證其時不徒東原極推惠，而為惠學者亦尊戴，吳、皖非分幟也。）其異者，則徽學原於述朱而為格物，其精在三禮，所治天文、律算、水地、音韻、名物諸端，其用心常在會諸經而求其通；吳學則希心復古，以辨後起之偽説，其所治如周易，如尚書，其用心常在溯之古而得其原。故吳學進於專家，而徽學達於徵實。王氏所謂「惠求其古，戴求其是」者，卽指是等而言也。

東原言義理三書

東原言義理三書

東原言義理者有三書：一、原善，二、緒言，三、孟子字義疏證。今據段玉裁所為東原年譜，約略考定其成書之年代如次：

年譜云：先生大制作，若原善上、中、下三篇，若尚書今文古文考，若春秋改元卽位考三篇，皆癸未（東原年四十一。）以前，癸酉、甲戌以後十年內作也。玉裁於癸未皆嘗抄謄。先生嘗言：「作原善首篇成，樂不可言，吃飯亦別有甘味。」

原善三篇初成在丁丑後

此定東原原善三篇皆癸未以前作者，由懋堂於癸未皆嘗抄謄也。至的在何年，則不可知。懋堂謂是癸酉、甲戌以後十年內者，此亦約略之辭，並無確據。以今考之，原善三篇，大約在丁丑遊揚州識松崖以後，以東原論學至是始變也。

戴氏原善與惠氏易微言之關係

松崖治易，既主還復於漢儒，而漢易率主象數占筮，少言義理，故松崖又為易微言，會納先秦、兩漢諸家與易辭相通者，依次列舉，間出己見。其目為：

元、體元、无、潛、隱、愛、微、三微、知微之顯、幾、虛、獨、蜀獨同義、始、素、深、初、本、至、要、約、極、一、致一、貫、一貫、忠恕之義、一貫之道、子、藏、心、養心。（以上為上卷。）道、遠、玄、神、幽贊、幽明、妙、誠、仁、中、善、純、辨精字義、易簡、（易簡缺。）性命、性反之辨、三才、才、情、積、天地尚積、聖學尚積、王者尚積、孟子言積善、三五、乾元用九天下治義、大、理、人心道心、誠獨之辨、生安之辨、精一之辨。（以上為下卷。）

大抵上卷言天道，下卷言人道，所謂義理存乎故訓，故訓當本漢儒，而周、秦諸子可以為之旁證也。當時吳派學者實欲以此奪宋儒講義理之傳統，松崖粗發其緒而未竟。松崖卒年六十二，其弟子江藩謂：「先生年五十後，始專心經術，早年頗研文詞、（有漁洋山人菁華錄訓纂二十四卷。）史籍，（有後漢書補注二十四卷。）旁及諸子百家雜説及釋、道二藏，其精力所注，尤在周易述一書，為之三十年，書垂成而疾革，遂闕鼎至未濟十五卦，及序卦、雜卦傳二篇。」（漢學師承記。）學者精力有限，松崖已靡精耗神於此，不得復深探潛索於彼，故雖抽其緒而未究厥奧也。而東原原善三篇，則其文頗似受松崖易微言之影響。（張皋文評東原勾股割圜記，謂：「其書務為簡奧，變易舊名，恆不易了。」此東原早年作風如此，即原善三篇，亦有故為簡奧之病，而其即故訓中求義理之意，則固明明與松崖出一轍也。）

> 年譜云：乾隆丙戌，（三十一年，東原年四十四歲。）玉裁入都會試，見先生，云：「近日做得講理學一書」，謂孟子字義疏證也。玉裁未能遽請讀。先生沒後，孔戶部（廣森）付刻，乃得見，近日始窺其閫奧。蓋先生原善三篇、論性二篇既成，又以宋儒言性、言理、言道、言才、言誠、言明、言權、言仁義禮智、言智仁勇，皆非六經、孔、孟之言，而以異學之言糅之。故就孟子字義開示，使人知「人欲淨盡，天理流行」之語病。所謂理者，必求諸人情之無憾，而後即安，不得謂性為理。

懋堂此年但聞東原自稱「近日做得講理學一書」，而實未見，及後讀孔刻遺書有孟子字義疏證，姑推以為即今年之所著耳，其實亦無確據。余考東原字義疏證成書尚晚，詳證下。此年所著，蓋非其書也。

年譜又云：原善卷上、卷中、卷下，孔户部所刊戴氏遺書。第九合為一册。始先生作原善三篇，見於户部所刊文集中者也，玉裁既於癸未抄寫熟讀矣。至丙戌見先生援據經言疏通證明之，仍以三章者分為建首，比類合義，古聖賢之理義，舉不外乎是。孟子字義疏證，亦所以闡明此恉也。

今按：東原有原善自序，謂：

余始為原善之書三章，懼學者蔽以異趨也，後援據經言，疏通證明之，而以三章者分為建首，次成上、中、下三卷，比類合義，燦然端委畢著矣。天人之道，經之大訓萃焉。以今之去古聖哲既遠，治經之士莫能綜貫，習所見聞，積非成是，余言恐未足以振兹墜緒也，藏之家塾，以待能者發之。

今文集段氏經韻樓本。所收，即始為之三章，遺書本則修改之上、中、下三卷也。上卷十一章，中卷五章，下

原善三卷之擴大本在丙戌

卷十六章，而每卷首章卽文集本之三篇，惟語有改省。又文集有讀易繫辭論性、讀孟子論性兩篇，又卽為遺書本原善卷上、卷中之二章，蓋以篇幅較長，可以分別成文，故又收之文集耳。或東原當時，旣成原善三篇，又成讀易繫辭、孟子論性兩篇，遂增擴而為原善三卷也。丙戌，懋堂入都，親見東原本原善三篇舊稿，援據經言疏通證明之，則東原所告懋堂「近日做得講理學一書」者，實卽原善三篇之擴大本，懋堂不察，未經面質，後遂誤認為東原所告乃指字義疏證也。今定原善三卷本成於丙戌東原四十四歲之年，則上推原善三篇，其初成亦决距此不甚遠，至遲在癸未，（因是年懋堂已抄謄及之。）至早在丁丑，（遇松崖之年。）先後不出十年也。乙酉，東原過蘇州，題松崖授經圖。原善擴大成書，卽在其翌年。東原深推松崖，謂舍故訓無以明理義，原善三卷，卽本此精神而成書。故曰：「天人之道，經之大訓萃焉。」則東原論學著書，其受松崖之影響，居可見矣。

緒言草創在己丑

年譜云：孟子字義疏證原稿名緒言，有壬辰（乾隆三十七年，東原年五十。）菊月寫本，程氏易田於丙申（四十一年，東原年五十四。）影抄。

按：緒言一書，孔刊遺書未收，錢（竹汀大昕。）、王（述菴昶。）、洪（蕊登榜。）、孔（巽軒廣森。）述東原著書亦未及，惟粵雅堂叢書有之。程易田以孟子字義疏證非定本，定本改名緒言，又言於丙申影抄是書，戴本首頁有「壬辰菊月寫本」六字，自壬辰至丙申未嘗改竄。懋堂則以疏證為定本，而緒言是其初稿，（語詳經韻樓集卷七答程易田丈書。）蓋懋堂之辨是也。惟謂疏證成於東原四十四歲時則亦誤，其時所成者乃原善三卷本，已詳前論。至緒言成書

緒言完成在壬辰

孟子字義疏證最晚成在丁酉

年月，據程易田與段懋堂札，謂：「壬辰東原館京師朱文正珪家，自言曩在山西方伯署中，偽病者十數日，起而語方伯：『我非眞病，乃發狂打破宋儒家中太極圖耳。』」段氏謂：「偽病十餘日，正是造緒言。」以上俱詳經韻樓集卷七答程易田丈書。竊揣此書刱始於乙酉、丙戌，成於己丑朱方伯署中。今考東原四十六歲戊子，應直隸總督方觀承聘，修直隸河渠書一百二卷，二十四冊。適方氏卒，其書未竣，以卷帙之重大，故孔氏刊遺書亦未及。其後書為吳江王履泰所竊，易名畿輔安瀾志，語詳經韻樓集卷七與方葆巖（觀承子。）兩書，又有趙戴直隸河渠書辨。蓋東原此書，亦自襲趙東潛原本也。此後五年，僕僕道途，往來燕、晉間，精力全耗於方志。己丑，會試不第，朱石君珪招遊山西，以是年五月往，而秋後又自藩署至汾州，修汾州府志三十四卷，庚寅乃竣。是年又還都待辛卯會試，又不第。復遊晉，修汾陽縣志。翌年壬辰，自汾陽入京會試不第，而赴浙江，主金華書院。據程易田轉述其偽病之說，緒言草刱，應在己丑秋前客山西藩署時無疑。懋堂謂刱始乙酉、丙戌必誤。辨詳前。惟易田影抄是書，首頁有「壬辰菊月寫本」字樣，則殆東原是年到浙，又將己丑舊稿寫定一番也。據此則緒言一書，應是刱始於己丑秋前，而完成於壬辰之菊月，又考錢大昕孝廉胡君墓誌銘，謂：「胡亦常同謙既下第南歸，與休寧戴東原同舟，至富春江乃別。舟中盡鈔東原所著書攜歸，特刊之東粵」云云。東原緒言惟刊於粵雅堂叢書，而不識所自來，若卽係胡氏傳鈔本，則緒言成於遊浙前，又得一證。惟程易田影抄本，與今粵雅堂刊本，是否有異同，今仍無從詳論。又至丙申易田影抄時未嘗改竄，而疏證尚在後，否則東原何弗示易田以疏證，而顧出其已廢之初稿耶？

年譜又云：先生丁酉乾隆四十二年，東原五十五歲，東原卽卒是年。正月十四日，作書與玉裁曰：「僕自十七歲時，有志聞道，謂非求之六經、孔、孟不得，非從事於字義、制度、名物，無由以通其語言。為之三十餘年，灼然知古今治亂之源在是。古人曰理解者，卽尋其腠理而析之也；曰天理者，如莊周言

『依乎天理』，卽所謂『彼節者有間』也。古賢人聖人以體民之情、遂民之欲為得理，今人以己之意見不出於私為理，是以意見殺人，咸自信為理矣。此猶舍字義、制度、名物，去語言、訓詁，而欲得聖人之道於遺經也。」

又丁酉四月二十四日，作札與玉裁云：「僕足疾已踰一載，不能出戶，定於秋初乞假南旋，實不復出也。僕生平著述最大者為孟子字義疏證一書，此正人心之要。今人無論正邪，盡以意見誤名之曰理，而禍斯民，故疏證不得不作。」

又丁酉四月有答彭進士紹升書，洪榜作先生行狀，云：「此先生沒前一月手書也。」先生以所作原善、孟子字義疏證示彭君。彭君有書與先生，刻其文集內。先生答此書。

今按：東原特提「理、欲」之辨，以駁宋儒，其說惟見於疏證，原善、緒言皆無之。丁酉與懋堂兩書，鄭重道及，正是初成書後語也。疏證之作，定在丙申易田抄緒言之後，而卽成於是年。至翌年丁酉正月與段懋堂書，正為「理」字義解，乃疏證最後新得，故屬草既竟，卽以函告。及四月一札，乃云「僕生平著述最大者為孟子字義疏證一書」，則其新著初成躊躇滿志之情也。段懋堂謂「緒言改定於丙申冬後，丁酉春前，是為孟子字義疏證」，亦答程書語。其說最是。若疏證早成在前，東原極自得意，以易田與東原之交情，不應影抄其緒言而不獲見其後定之疏證，故使易田亦疑疏證之非定本，而東原若非預知今年五月將不起，亦何以疏證早成在前，久默不告懋堂，至是乃連續及之乎？文集卷八（經韻樓本）孟子字義疏證序題下附

治經先考字義之理論始終不變

注「丙申」二字，是懋堂亦知疏證成於丙申，惜乎編年譜時，未能據之為定論。其與彭允初書，由允初在京師，以二林居制義示東原，並索觀東原原善，是允初亦不知東原尚有疏證，東原乃並出新著疏證示之，允初貽書討論，東原答書謂：「南旋定於何日？」是其時允初在京師也。又吳江陸朗夫燿。有復戴東原言理欲書，切問齋文鈔。謂：

> 春杪接書，久未裁復。……足下究心典籍，高出羣儒，修述之事，方期身任，胡遽有秋令假歸之語？……來教舉近儒理欲之說，而謂其以有蔽之心，發為意見，自以為得理，而所執之理實謬，可謂切中俗儒之病。

細按此書，蓋在丁酉夏東原卒前。東原於春杪致書，謂秋令假歸者，即是與懋堂書所云「足疾已踰一載，定於秋初乞假南旋」也。時朗夫在濟南，東原疏證新成，不克郵示，而特寫疏證新得理欲一辨大意告之。蓋東原言義理三書，惟理欲之辨，得之最後，在丙申、丁酉之交。今集中有與某書，經韻樓本卷九。不知某是誰人，及答彭允初書，又兩與段懋堂書，及此與陸朗夫書，可指數者已五通，大率盡在丁酉。東原固自深喜其說，故一時屢屢道之，此又足證疏證成書定在丙申也。今考與某書有云：

> 治經先考字義，次通文理，志存聞道，必空所依傍。漢儒故訓有師承，亦有時傅會；晉人傅會鑿空益多；宋人則恃胸臆為斷，故其襲取者多謬，而不謬者在其所棄。我輩讀書，……宜平心

體會經文，有一字非其的解，則於所言之意必差，而道從此失。……宋以來儒者，以己之見硬坐為古賢聖立言之意，而語言文字實未之知。其於天下之事也，以己所謂理強斷行之，而事情原委隱曲實未能得。是以大道失而行事乖。

則東原自字義明義理之說，至此仍未變，惟謂「漢儒故訓亦有時傅會」，此在序余蕭客古經解鉤沉已微發其意，謂「經自漢經師所授受，已差違失次，其所訓釋復各持異解」是也。此東原早年亦言之，知一字之義，當貫羣經，本六書，然後為定，其識自遠超乎依傍漢儒故訓者。故洪榜與朱筠書見漢學師承記。謂：

字義疏證即訓詁

戴氏論性道，莫備於其論孟子之書，而其所以名其書者，曰孟子字義疏證焉耳，然則非言性命之旨也，訓故而已矣！度數而已矣！

固不得謂無當於東原論學宗旨也。按：戴集九乙亥與姚姬傳書，謂：「凡僕所以尋求於遺經，懼聖人之緒言闇汶於後世也。」疏證前稿取名緒言，即謂是聖人緒言耳，與字義疏證涵旨正同，惟不如字義疏證之顯豁，非有別解也。又集八原善序謂：「余言恐未足以振茲墜緒」，「緒言」之「緒」，即「振茲墜緒」之「緒」。

錢竹汀

又按：東原同時交游有錢大昕曉徵，號竹汀。（一七二八—一八〇四，年七十七。）經史淹雅，一時無兩。東原知名當世，亦由竹汀推挹。然東原謂「並世學人必以竹汀為第二」，蓋以第一人自居也。竹汀之學，所涉甚廣，而識力不高，持論惟循惠、戴藩籬。嘗謂：「六經者，聖人之言，因其言以求其義，則必自詁訓始。詁訓必自漢儒，以其去古未遠。」（潛研堂文集卷二十四臧玉琳經義雜識序）又云：「有文字而後有詁訓，有詁訓而後有義理。訓詁者，義理之所出，非別有義理出乎訓詁之外者也。」（文集二十四經籍籑詁序）此二文皆成於嘉慶己未，時竹汀年七十二矣。此等議論，不過為惠、戴詁訓、義理之辨推波助瀾，無足深論。據竹汀年譜，始讀說文，研究聲音、文字、訓詁之原，已在乾隆庚寅，竹汀年四十三，上距惠、戴揚州締交亦十三年矣。則竹汀治聲音、訓詁之學，實聞惠、戴而起者，宜東原之以第一人處之也。其後如方植之漢學商兌、夏卯生仲子集，詆病漢學，竹汀亦不免。而並時儕偶如周春松靄、（參讀清文滙卷二十五周春答同年錢竹汀少詹序）章學誠實齋，（參讀下章）皆貽書竹汀，期其於漢學偏弊，有所救正。良以惠、戴而外，學足以拔趙立漢，別樹一幟者，端推竹汀也。惜其識不足以及此，輕為隨逐，雖得一時風尚之朋，亦受後世門戶之誚焉。然觀竹汀所言，固可證一時學人意氣議論之所同湊在是矣。惟時人所以推重東原者，則並不在此。東原自癸巳乾隆三十八年，東原年五十一。被召入都充四庫纂修官，所校官書，如水經注、九章算術、五經算術、海島算經、周髀算經、孫子算經、張丘建算經、夏侯陽算經、五曹算經、儀禮識誤、儀禮釋宮、儀禮集釋、大戴禮、方言諸書。皆天文、算法、地理、水經、小學、方言一類，即東原初入京時所由見知於時賢者，至是而時賢仍以此推東原。所謂「漢儒得其度數，宋儒得其義理」，並世自以度數推東原，不以義理也。故洪初堂榜。撰東原行狀，載與彭尺木書，朱笥河見之，曰：「可不必載，性與天道不可得聞，何圖更於程朱之外復有論說！戴氏可傳者不在此。」漢學師承記洪傳。可見當時學者見解矣。此在東原亦自知之，故曰：

東原不甘為轎夫

> 六書、九數等事，如轎夫然，所以舁轎中人也。以六書、九數等事盡我，是猶誤認轎夫為轎中人也。段玉裁戴東原集序。

東原攻擊朱子在晚年

東原不欲以六書、九數自限，在初入都時已然，而昌言排擊程朱，則實始晚年。章實齋說之云：

> 古人著於竹帛，皆其宣於口耳之言也。……今之黠者則不然，……以筆信知者，而以舌愚不必深知者。……其人於朱子，蓋已飲水而忘源。及筆之於書，僅有微辭隱見耳，未敢居然斥之也，此其所以不見惡於真知者也。而不必深知者，習聞口舌之間，肆然排詆而無忌憚，以謂是

人而有是言，則朱子真不可以不斥也。文史通義朱陸篇。

乾隆三十八年章、戴相遇寧波道署時，東原議論已變，漸詆程朱，而為緒言猶不爾，故實齋譏其筆舌分用，又斥之為黠也。余見北京大學圖書館藏章氏遺書鈔本，有答邵二雲書一首，暢論其事，謂：「戴氏之言，因人、因地、因時，各有變化，權欺術御，何必言之由中？戴譏躬行實踐，釋、老所同，非儒者所以自異，（按：此疑章氏見東原集與某書言之，東原字義疏證，實齋似未見。）然則戴之踐履，遠遜宋人，乃其所以求異於釋、老耶？是則闢釋、老者，固便於言是行非者也。此則戴之癥結，不可為諱。戴氏筆之於書，多精深謹嚴，至騰之於口，則醜詈程、朱，詆侮董、韓，自許孟子後之一人，可謂無忌憚矣。其身既死，誦戴遺書而得其解者，尚未有人；聽戴口說而益其疾者，方興未已。以僕所聞，一時通人，表表人望者，有謂『異日戴氏學昌，斥朱子如拉朽』者矣；有著書闢宋理學，謂六經、語、孟無『理』字，以易傳『窮理盡性』為後儒之言，而忘『義理悅心』已見孟子者矣。漢儒言『仲尼沒而微言絕，七十子喪而大義乖』，蓋言經典存文，不如口耳之授受。今尊戴而過者，亦以其法求之，不知其筆金玉，而言多糞土，學者宜知所抉擇也。」然實齋又云：

戴君……一代鉅儒，而心術未醇，頗為近日學者之患，故余作朱陸篇正之。戴君下世，今十餘年，同時有橫肆罵詈者，固不足為戴君累。……戴君所學，深通訓詁，究於名物、制度，而得其所以然，將以明道也。時人方貴博雅考訂，見其訓詁、名物，有合時好，以謂戴之絕詣在此。及戴著論性、原善諸篇，於天人理氣，實有發前人所未發者；按：緒言、疏證兩書，東原卒後十許年，實齋猶未見，故所舉論如是。時人則謂空說義理，可以無作，是固不知戴學者矣。文史通義書朱陸篇後。又北大所藏章氏遺書鈔本，有與史餘村一書，謂：「近三、四十年學者風氣，淺者勤學而闇於識，深者成家而不通方，皆深痼之病，不可救藥。有如戴東原氏，非古今無其偶者，而乾隆年間，未嘗有其學識，是以三、四十年中人，皆視以為光怪陸離，而莫能名其為何等學。譽者既非其真，毀者亦失其實。僕言戴氏學識雖未通方，而成家實出諸人之上。所惜心術不正，學者要須慎別擇耳。」今按：實齋屢斥東原心術，今永樂大典本水經注行世，東原攘竊趙書一案坐實，大可為實齋說添有力之佐證矣。

是深知東原之為轎中人而非轎夫者，當時亦惟實齋。惟東原晚年之矜心勝氣，詆彈逾量，實齋深不滿。然此亦可證東原議論思想前後不同，及其言義理三書完成之先後，傳播之廣狹，與夫心術學術之隱微，所不盡傳於後者，以及當時學者對東原評價之一斑也。

東原哲學之大體

東原思想之分析

東原言義理三書之年代既定，而東原哲學之大體可繼是而求。蓋東原三書思想，雖大體一貫，而其間亦有議論詳略，意向輕重，可以徵東原學説之與年俱變者。最先為原善。

原善

道卽陰陽氣化

原善先成三篇，既乃擴為三卷。三篇文極簡奧；三卷始詳，而意解無大變。今據遺書三卷本觀之，其言天道，主乎陰陽氣化，故曰：

道，言乎化之不已也。……生生者，化之原；生生而條理者，化之流。卷上

性即道之分化

其言性本乎形質能才，故曰：

性，言乎本天地之化，分而品物者也。限於所分曰命；成其氣類曰性；各如其性以有形質，而秀發於心，徵於貌、色、聲曰才。卷上

欲與覺為性之能事

故「欲」與「覺」皆性也，曰：

有天地然後有人物，有人物而辨其資始曰性。人與物同有欲，欲也者，性之事也；人與物同有覺，覺也者，性之能也。卷上

欲與覺得其正即仁智

善用其欲與覺則為仁、智，故曰：

欲不失之私則仁，覺不失之蔽則智；仁且智，非有所加於事、能也，性之德也。卷上

性言乎其自然之本，仁、智要乎其必然之則，故曰：

自然與必然之辨

言乎自然之謂順，言乎必然之謂常，言乎本然之謂德。天下之道盡於順，天下之教一於常，天下之性同於德。卷上

情欲本乎自然智巧達於必然

又曰：

凡有血氣心知，於是乎有欲，性之徵於欲，聲色臭味而愛畏分。既有欲矣，於是乎有情，性之徵於情，喜怒哀樂而慘舒分。既有欲有情矣，於是乎有巧與智，性之徵於巧智，美惡是非而好惡分。生養之道，存乎欲者也；感通之道，存乎情者也。二者自然之符，天下之事舉矣。盡美惡之極致，存乎巧者也，宰御之權由斯而出；盡是非之極致，存乎智者也，賢聖之德由斯而備。二者亦自然之符，精之以底於必然，天下之能舉矣。卷上

欲為自然德為必然

又曰：

由天道而語於無憾，是謂天德；由性之欲而語於無失，是謂性之德。性之欲，其自然之符也；性之德，其歸於必然也。歸於必然，適全其自然，此之謂自然之極致。……知其自然，斯通乎天地之化；知其必然，斯通乎天地之德。卷上

人莫大乎智足以擇善

其循自然而達乎必然者則貴智，故曰：

懷生畏死，血氣之倫盡然，故人莫大乎智足以擇善也。卷中

耳能辨天下之聲，目能辨天下之色，鼻能辨天下之臭，口能辨天下之味，心能通天下之理義，人之才質得於天，若是其全也。……惟據才質為言，始確然可以斷人之性善。……物不足以知天地之中正，是故無節於内，各遂其自然，斯已矣。人有天德之知，能踐乎中正，其自然則協天地之順，其必然則協天地之常，莫非自然也；物之自然不足語於此。卷中

理義由明智得

明智之所得為理義，故曰：

心之明之所止，於事情區以別焉，無幾微爽失，則理義以名。卷中

老莊尚無

故人性之所貴，在乎動而能得夫理義，不在無欲與靜也，曰：

雖犬之性，當其氣無乖亂，莫不沖虛自然也，動則蔽而罔罔以行。人不求其心不蔽，於是惡外

欲君子尚無蔽

物之惑己而強禦之，可謂之「所以異」乎？是以老聃、莊周之言尚無欲，君子尚無蔽。尚無欲者，主靜以為至；君子動靜一於仁。卷中

私與蔽為二大患

仁智之反面為私蔽，故曰：

人之不盡其才，患二：曰私，曰蔽。……去私莫如強恕，解蔽莫如學。……仁且智者，不私不蔽者也。得乎生生者仁，……得乎條理者智。卷下

是故去生養之道者，賊道者也。細民得其欲，君子得其仁。遂己之欲，亦思遂人之欲，而仁不可勝用矣；快己之欲，忘人之欲，則私而不仁。……智以知之，仁以行之。卷下

故其言格物致知也，則曰：

「格」之云者，於物情有得而無失，思之貫通，不遺毫末，夫然後在己則不惑，施及天下國家則無憾，此之謂「致其知」。卷下

徵諸古訓明之心

此東原原善三卷之大旨也。而東原自道其所以得此者則曰故訓，故曰：

> 徵之古訓，協於時中，充然明諸心而後得所止。卷下

原善與易微言思想之同點

東原此等見解，頗與同時惠氏易微言相近。微言據易繫，亦主以陰陽氣化言宇宙，故曰：

> 孟子論性而及才，才者天之所降，故曰「降才」。……在天曰陰陽，在地曰柔剛，在人曰仁義。故孟子論為不善云「非才之罪」，因舉仁義禮智而云「或相倍蓰而無算者，不能盡其才者也」。繼而言「天之降才」；繼又言存乎人者有仁義，而云牿亡之後「未嘗有才」，知才為天之所降明矣。

是松崖亦據孟子，主性卽在形質才能之中也。又曰：

> 「理」字之義，兼兩之謂也。人之性稟於天，性必兼兩，在天曰陰與陽，在地曰柔與剛，在人曰仁與義，兼三才而兩之，故曰性命之理。樂記言「天理」，謂好與惡也。好近仁，惡近義，好惡得其正謂之天理，好惡失其正謂之「滅

天理」，大學謂之「拂人性」。天命之謂性，性有陰陽、剛柔、仁義，故曰「天理」。後人以「天人」、「理欲」為對待，且曰「天卽理也」，尤謬。

是松崖解樂記亦謂天理卽人性好惡之正也。又曰：

道家論「一貫」與宋儒同，與孔子異。道家以一為終，故莊子曰：「得其一而萬事畢」；聖人以一為始，故夫子曰：「吾道一以貫之」，此儒與道之別也。「貫」皆有積義，……論語「吾道一以貫之」，釋詁云：「貫，習也。」習者重習，亦有積意，荀子曰：「服習積貫」，又曰：「貫日而治詳之。」

東原曰：「君子慎習而貴學」，（原善卷下。）所謂以必然全其自然者，亦與松崖辨儒、道「一貫」之論相似也。松崖又曰：

忠，一也，以忠行恕，卽「一以貫之」也。

此東原以人之有欲通天下之欲為仁，以人之有覺通天下之覺為智之說也。惠氏易微言多列故訓，而少發揮，其書固不如東原原善之精潔而明暢，然據易繫，申孟子，合才性，通理欲，泯天人，洽終始，重積學，而反虛無，則大體不能謂不近。今以東原交游行迹先後，合之其著述議論之異同，而謂原善一書，或頗受松崖易微言影響，雖無明據，亦非盡渺茫矣。李慈銘越縵堂日記謂：「見翁覃谿手批戴氏遺集，其評論性諸篇，謂此等文字與惠定宇易述後編言性相似。」覃谿識力縱不足知戴，然此語頗非無見。當時實知惠、戴兩家言義理亦相通，不如近人乃盛尊東原而抑惠也。又阮元揅經室集國史儒林傳序，亦謂「惠棟、戴震等精發古義，詁釋聖言」，尤證當時謂惠、戴言義理，同從古訓出發也。

緒言始排宋儒

緒言

東原原善絕不排詆宋儒，而緒言則頗排宋。據上記「發狂打破宋儒家中太極圖」之說可證。其最要者則為「理、氣」之辨，曰：

宋儒始分理氣

> 六經、孔、孟之書，不聞理氣之分，而宋儒創言之，又以道屬之理，實失道之名義也。大致在天地，則氣化流行，生生不息，是謂道；在人物，則人倫日用，凡生生所有事，亦如氣化之不可已，是謂道。
>
> 程朱……蓋見於陰陽氣化，無非有迹可尋，遂以與品物流形同歸之粗，而別求諸無迹象以為其精，……恍然覺悟理氣之分如是。

而不知

陰陽氣化為自然理為必然乃要其後非原其先

理乃事為不易之則

陰陽流行，其自然也；精言之，期於無憾，所謂理也。理非他，蓋其必然也。陰陽之期於無憾也，猶人之期於無失也。……期於無憾無失之為必然，乃要其後，非原其先，乃就一物而語其不可譏議，奈何以虛語夫不可譏議指為一物，與氣渾淪而成，主宰樞紐其中也？

故

就天地、人物、事為求其不易之則是謂理。……就天地、人物、事為求其不易之則，以歸於必然，理至明顯也。謂「理氣渾淪，不害二物之各為一物」，將使學者皓首茫然，求其物不得。

蓋理不在氣之外，更不在氣之先，又非別有一物以為氣之主宰，特人物、事為一種必然不可易之則也。此所謂人物、事為一種必然不可易之則者，卽為人物、事為本身內具之條理，故曰：

舉生生卽賅條理，舉條理卽賅生生，……知條理之說者，其知理之謂矣。

何以識此條理？則曰人心之明。

以心通知理義

理義也者，心之所通也。天之氣化，生生而條理，人物分於氣化，各成其性。而清者開通，則能知性知天，因行其所知，底於無失，斯所以還於天地之德而已矣。

其至者為聖人。

全而盡之無憾，……知之極其量也。

以學問得心之明智

欲求心知之明，則在學問。蓋

必然之與自然，非二事也。就其自然明之盡，而無幾微之失焉，是其必然也。如是而後無憾，如是而後安，是乃聖賢之所謂自然也。彼任其自然而失者無論矣。貴其自然，靜以保之，而視問學為用心於外，及其動應，如其才質所到，亦有自然不失處。不過才質之美，偶中一二，若統其所行，差繆多矣。且一以自然為宗而廢問學，其心之知覺有所止，不復日益，差繆之多，不求不思，終其身而自尊大，是以聖賢惡其害道也。

東原又謂後世言「理」，相當於古人之言「命」。命與理皆人物、事為本身一種必然之制限，求能識此制限，則有待乎人之學問與智慧也。故曰：

命與理之相通在歸於必然適全其自然

古人多言命，後人多言理，異名而同實。耳目百體之所欲，由於性之自然，明於其必然，斯協乎天地之中，以奉為限制而不敢踰，是故謂之命。命者非他，就性之自然，察之精，明之盡，歸於必然，為一定之限制，是乃自然之極則。若任其自然而流於失，轉喪其自然，而非自然也。故歸於必然，適完其自然。……夫耳目百體之所欲，血氣之資以養者，生道也，縱欲而不知制之，其不趨於死也幾希。

故「欲」與「德」出於一根。

性之欲，其自然也；性之德，其必然也。自然者，散之見於日用事為；必然者，約之各協於中。知其自然，斯通乎天地之化；知其必然，斯通乎天地之德。

性即自然善為必然

繼是而言性善，曰：

材質者，性之所呈也，離材質，惡覩所謂性哉？……物但能遂其自然，人能明於其必然。……

存乎材質之自然者，性也；……其歸於必然者，命也，善也。以上均卷上語。宋儒之異於前人者，以善為性之本量。如水之本清，而其後受汚而濁，乃氣稟使然。……是以務於理氣截之分明。以理為「性之本」，為「無不善」，以「氣之流行則有善有不善」，視理儼如一物。雖顯遵孟子性善之云，究之以「才説性時，便是人生以後，此理已墮在氣質之中」，孟子安得概之曰善哉？

宋儒言善為本然

蓋東原之言性善，猶其言理氣也，故曰：

極於至善之謂理。

而所以極於至善則仍在心知之明，故曰：

聖賢論行，固以忠信、忠恕為重，然如其質而見之行事，苟學不足，則失在知，而行因之謬，雖其心無弗忠、弗信、弗恕，而害道多矣。

故

學以進於智而得理義

人之不齊在智愚不在善惡

躬行而知未盡，曰仁曰誠，未易幾也。

凡血氣之屬，皆有精爽。其心之精爽，鉅細不同，如火光之照物，光小者，其照也近，所照者不謬也；所不照，斯疑謬承之。不謬之謂得理。其光大者，其照也遠，得理多而失理少。且不特遠近而已，光之及又有明闇，故於物有察有不察。察者盡其實；不察，斯疑謬承之，同乎不照。疑謬之謂失理。失理者，限於質之昧，所謂愚也。惟學可以增益其不足而進於智，益之不已，至乎其極，如日月有明，容光必照，則聖人矣。……故理義非他，所照所察者之當否也。何以得其當否？心之神明也。人之異於禽獸者，雖同有精爽，而人能進於神明也。理義豈別若一物，求之所照所察之外？而人之精爽能進於神明，豈求諸氣稟之外哉？

東原繼此而辨智愚、善惡之不同，曰：

智愚者，遠近等差殊科，而非相反；善惡則相反之名。……人之成性，其不齊在智愚。……任其愚而不學不思，乃流為惡。愚非惡也，性無有不善明矣。（以上均卷中語。）

本此而評騭前人學術之異同，則曰：

程朱言復初為老釋所悞

孟荀宋儒皆知必然異乎老釋之純任自然

孔子之後，異說紛起，能發明孔子之道者，孟子也；卓然異於老聃、莊周、告子而為聖人之徒者，荀子也；嘗求之老、釋，能卓然覺寤其非者，程子、張子、朱子也。然先入於彼，故其言道為氣之主宰、樞紐，如彼以神為氣之主宰、樞紐也；以理能生氣，如彼以神能生氣也；以理墮在形氣之中，變化氣質則復其初，如彼以神受形氣而生，不以形氣物欲累之則復其初也。皆改其所指為神識者以指理。故言「儒者以理為不生不滅」，豈聖賢之言哉？「天地之初理生氣」，豈其然哉？

又曰：

人之異於禽獸者，人能明於必然，禽獸各順其自然也。孔孟之異於老聃、莊周、告子、釋氏者，……見乎天地、人物、事為有不易之則之為必然，而博文約禮以漸致其功。彼謂……法自然，無以復加矣。孟子而後，惟荀子見於禮義為必然，見於不可徒任自然，而不知禮義即自然之極則。宋儒亦見於理為必然，而以理為「太極」，為「生陰生陽之本」，為「不離陰陽，仍不雜於陰陽」，指其在人物為性，為「不離氣質，仍不雜乎氣質」。蓋以必然非自然之極則。……一似理亦同乎老聃、莊周、告子、釋氏所指者。……惟尊理而重學，遠於老聃、莊周、告

荀與宋儒於聖人之教不害

子、釋氏矣。

實體實事，罔非自然而歸於必然，天地、人物、事為之理得矣。自然之極則是謂理。老聃、莊周、告子、釋氏以自然為宗，……去其情欲之能害是者，即以為已足，與聖賢之由博學、審問、慎思、明辨以求牖於明者異，是故斷之為異說，不得同於荀子也。

周子論學聖人主於無欲，王文成論致知主於良知之體，皆以老、釋廢學之意論學，害之大者也。

荀子之所謂「禮義」，即宋儒之所謂「理」；荀子之所謂「性」，即宋儒之所謂「氣質」。……荀子以禮義與性為二本，宋儒以理與氣質為二本，老聃、莊周、釋氏以神與形體為二本。然而荀子推崇禮義，宋儒推崇理，於聖人之教不害也，不知性耳。老聃、莊周、釋氏，守己自足，不惟不知性而已，實害聖人之教者也。以上均卷下語。

統觀緒言立論，亦主精察自然條理以建必然之則，即以必然之則完成自然之極致，大體與原善並無不同，惟全書議論多針對宋儒。其結論則以濂溪、陸、王為主本體、重自然，與老、釋同斥；程、朱、橫渠則以不棄「道問學」一邊，與荀子同為得聖學之一體。其論歸於重智，非智則無以精察自然以立必然之則也。而於「理」字尤釋之再三，曰：

緒言釋理字義

自然之極則是謂理。

期於無憾，所謂理也。理非他，蓋其必然也。

就天地、人物、事為求其不易之則是謂理。

理要其後，非原其先。

知條理之説者，其知理之謂矣。

心之精爽所照者不謬，是謂得理。

可否之而當，是謂理義。

然此所謂自然之極則，天地、人物、事為不易之則，為我可否之標準，使我照物而不謬者，將於何求之，東原猶未明白言之也。空以言夫不易之則，仍將使學者皓首茫然，求其物不得。故東原緒言主旨，固在指陳「理要其後，非原其先」之一意，而於理之大本，仍未確説，則去宋儒「理生氣」之説，雖立論不同，而渺茫亦略似矣。故東原又謂：

古人多言命，後人多言理，異名而同實。

宋儒推崇理，於聖人之教不害。

蓋東原緒言立意，在辨宋儒理氣論之妄，而別立一「天地、人物、事為不易之則」以代之。其辨僅在原先、要後之間，既無以大異乎宋儒之渺茫，則亦終無以大闢宋儒之説也。至其孟子字義疏證則不然。

疏證理字新釋

孟子字義疏證

理者，察之而幾微必區以別之名也。

東原孟子字義疏證，其大不同於緒言者，厥為其對「理」字所下之界説。其開宗明義第一句即曰：

此猶是緒言之意，而繼是則曰：

理也者，情之不爽失也，未有情不得而理得者也。……天理云者，言乎自然之分理也。自然之分理，以我之情絜人之情，而無不得其平是也。

在己與人皆謂之情，無過情無不及情之謂理。均見卷上。

夫而後確切指明理之卽為人情。又曰：

理存乎欲

理者，存乎欲者也。卷上

凡事為皆有於欲，無欲則無為矣。有欲而後有為，有為而歸於至當不可易之謂理。無欲無為，又焉有理？卷下

夫而後確切指出理之本於人欲。合而言之則曰：

通情遂欲之謂理

通天下之情，遂天下之欲，權之而分理不爽是謂理。卷下

以情欲言理，實《疏證》中創見，東原為《緒言》時，猶未得此說也。既以情欲言理，於是本此而辨古今言理之大別，曰：

古之言理也，就人之情欲求之，使之無疵之謂理；今之言理也，離人之情欲求之，使之忍而不顧之謂理。卷下

舍情求理無非意見以意見為理適成為忍而殘殺之具

宋儒辨理欲之說足以禍天下

又曰：

> 苟舍情求理，其所謂理，無非意見也，未有任其意見而不禍斯民者。卷上
>
> 理欲之辨，……謂「不出於理則出於欲，不出於欲則出於理」。其言理也，「如有物焉，得於天而具於心」，於是未有不以意見為理之君子。……不寤意見多偏之不可以理名，而持之必堅；意見所非，則謂其人自絕於理。此理欲之辨，適成忍而殘殺之具，為禍又如是也。卷下

蓋理既出乎情欲，故舍情欲而言理，無不失理，而流為其人之意見也。以一己之意見為理而强人以從，則其勢必至於禍天下。東原本此而極言宋儒辨理欲之為禍，曰：

> ……宋儒程子、朱子，易老、莊、釋氏之所私者而貴理，易彼之外形體者而咎氣質；其所謂理，依然「如有物焉宅於心」。於是辨乎理欲之分，謂「不出於理則出於欲，不出於欲則出於理」，雖視人之饑寒號呼，男女哀怨，以至垂死冀生，無非人欲，空指一絕情欲之感者為天理之本然，存之於心。及其應事，幸而偶中，非曲體事情，求如此以安之也；不幸而事情未明，執其意見，方自信天理非人欲。而小之一人受其禍，大之天下國家受其禍，徒以不出於欲，遂莫之或寤也。凡以為「理宅於心」，「不出於欲則出於理」者，未有不以意見為理而禍天下者

也。卷下

又曰：

聖人治天下，體民之情，遂民之欲，而王道備。人知老、莊、釋氏異於聖人，聞其無欲之説，猶未之信也；於宋儒，則信以為同於聖人。理欲之分，人人能言之。故今之治人者，視古賢聖體民之情，遂民之欲，多出於鄙細隱曲，不措諸意，不足為怪；而及其責以理也，不難舉曠世之高節，著於義而罪之。尊者以理責卑，長者以理責幼，貴者以理責賤，雖失，謂之順；卑者、幼者、賤者以理爭之，雖得，謂之逆。於是下之人不能以天下之同情、天下所同欲達之於上。上以理責其下，而在下之罪，人人不勝指數。人死於法，猶有憐之者；死於理，其誰憐之？嗚呼！雜乎老、釋之言以為言，其禍甚於申、韓如是也！卷上

上以理責下下之罪人不可勝數

其他類此者不勝舉，而緒言則無一語及是。故在緒言惟以「天地、人物、事為不易之則」為理，至如何而始為天地、人物、事為不易之則，固未及也；疏證始以情欲遂達，至於纖悉無憾者為理，而理字之界説遂顯。故緒言惟辨「理氣」，疏證始辨「理欲」。緒言以程朱崇理為無害於聖教，惟不知性耳；疏證則以程朱為不知理，同於釋、老，而大害於世道。故緒言尚道問學，重智，所以精察事物之

人盡自求其情則為忠恕絜矩

通情遂欲推己反躬為東原之晚年定論

理；而疏證則尚忠恕，主絜矩，使人自求之於情。曰：

> 使人任其意見則謬，使人自求其情則得。子貢問曰：「有一言而可以終身行之者乎？」子曰：「其恕乎！己所不欲，勿施於人。」大學言治國平天下，不過曰「所惡於上，毋以使下；所惡於下，毋以事上」，……曰「所不欲」，曰「所惡」，不過人之常情，不言理而理盡於此。惟以情絜情，故其於事也，非心出一意見以處之。卷上

又曰：

> 性，譬則水也；欲，譬則水之流也。……依乎「天理」，為相生養之道，譬則水由地中行也；窮「人欲」……譬則洪水橫流。……聖人教之反躬，以己之加於人，設人如是加於己，而思躬受之之情，譬則禹之行水，行其所無事。卷上

此所謂忠恕、反躬者，亦緒言所未及，而疏證所特詳也。故以通情遂欲至於不爽失為理，以推己反躬、忠恕絜情為得理之所由，實東原晚年最後思想所止，亦孟子字義疏證一書之所為作也。故曰：

人之生也，莫病於無以遂其生。欲遂其生，亦遂人之生，仁也；欲遂其生，至於戕人之生而不顧者，不仁也。不仁實始於欲遂其生之心，使其無此欲，必無不仁矣。然使其無此欲，則於天下之人，生道窮促，亦將漠然視之。己不必遂其生，而遂人之生，無是情也。卷上

又曰：

所謂惻隱、所謂仁者，非心知之外別「如有物焉藏於心」也。己知懷生而畏死，故怵惕於孺子之危，惻隱於孺子之死。使無懷生畏死之心，又焉有怵惕惻隱之心？推之羞惡、辭讓、是非亦然。使飲食男女與夫感於物而動者，脱然無之，以歸於靜，歸於一，又焉有羞惡、有辭讓、有是非？此可以明仁義禮智非他，不過懷生畏死，飲食男女，與夫感於物而動者之皆不可脱然無之，以歸於靜，歸於一，而恃人之心知異於禽獸，能不惑乎所行，即為懿德耳。卷中

凡此皆確切指出理之即本於人欲，即出於懷生畏死、飲食男女之情，為緒言所未及，而疏證三卷所不厭再三申述之新義也。然所以求通情遂欲以達於不爽失者，則實不盡於推己反躬、忠恕絜矩而已，仍必有以通夫物情焉，得於事理焉，而後可以不惑於所見，則聰明聖智仍不可缺。故疏證既發新義，仍取舊見，於緒言尚智一節，猶所保留。曰：

通情遂欲有賴於聰明聖智

惟有欲有情而又有知，然後欲得遂也，情得達也。……人之知，小之能盡美醜之極致，大之能盡是非之極致。然後遂己之欲者，廣之能遂人之欲；達己之情者，廣之能達人之情。道德之盛，使人之欲無不遂，人之情無不達，斯已矣。欲之失為私，私則貪邪隨之矣；情之失為偏，偏則乖戾隨之矣；知之失為蔽，蔽則差謬隨之矣。不私則其欲皆仁也，皆禮義也；不偏則其情必和易而平恕也；不蔽則其知乃所謂聰明聖智也。卷下。

又曰：

聖學先務知

人之患，有私有蔽；私出於情欲，蔽出於心知。……凡異說皆主於無欲，不求無蔽；重行，不先重知。……聖賢之學，由博學、審問、慎思、明辨，而後篤行，則行者，行其人倫日用之不蔽也。

聖人之言，無非使人求其至當以見之行；求其至當，即先務於知也。凡去私不求去蔽，重行不先重知，非聖學也。均見卷下。

惟先務於知，故重學問，尚擴充，曰：

試以人之形體與人之德性比而論之，形體始乎幼小，終乎長大；德性始乎蒙昧，終乎聖智。其形體之長大也，資於飲食之養，乃長日加益，非「復其初」；德性資於學問，進而聖智，非「復其初」明矣。人物以類區分，而人所稟受，其氣清明，異於禽獸之不可開通。然人與人較，其材質等差凡幾？古賢聖知人之材質有等差，是以重學問，貴擴充。卷上

德性資於學問

此東原辨老、釋「復初」之説，即「理要其後，非原其先」之意也。惟東原以聖智言德性，則其意似仍重於推己反躬忠恕一邊，故曰：

人能出於己者必忠，施於人者以恕，行事如此，雖有差失亦少矣。凡未至乎聖人，未可語於仁，未能無憾於禮義，如其才質所及，心知所明，謂之忠恕可也。聖人仁且智，其見之行事，無非仁，無非禮義，忠恕不足以名之，然而非有他也，忠恕至斯而極也。卷下

忠恕之極而為仁智仍是一體

此又東原推極忠恕而達於聖智之説也。凡此皆東原孟子字義疏證一書所特著之議論，而不見於緒言者，蓋即東原晚年之新得也。其他承襲緒言舊説者不備舉。統觀兩書，緒言主要在辨理氣之先後，而疏證則主在辨理欲之異同。緒言於宋儒程、張、朱三家尚未認為害道，而疏證始拈理欲一辨，力加呵

三書異同

疏證思想之最早孕育

斥。緒言開卷首論道之名義，由形上形下道器之辨而及於理氣之先後，此在惠氏易微言已引韓非子書分說「道」、「理」二字，謂宋儒說道與理同，只見得一偏，東原似從此點發揮。原善只言道與性，亦未及辨道與理也；至疏證則開卷即辨「理」字，全卷十五條均從「理」字闡述，第二卷始及「天道」及「性」，「天道」四條，「性」九條。下卷旁及其他。「才」三條，「道」四條，「仁義禮智」二條，「誠」二條，「權」五條。觀其目次之先後，與文辭之繁省，即可見兩書中心思想之轉移。段懋堂言緒言、疏證兩書異同云：「緒言三卷：上卷自立說；中卷尊孟子；下卷駁告子、荀子、揚子、周、程、邵、朱、王文成諸子及老、莊、釋氏，言之綦詳矣。疏證亦三卷：上卷『性』十五條（『性』乃『理』字誤。）；中卷『天道』四條，『性』九條；下卷『才』三條，『道』四條，『仁義禮智』二條、『誠』二條，『權』五條。自『仁義禮智』以上，緒言言之，而『誠』、『權』二目則未之及。『誠』之一目，所以正程、朱說中庸『所以行之者一也』，謂『一』為『誠』之誤。『權』之一目，所以正程、朱說『一以貫之』之誤，言處事必有權，以為輕重之凖，非是執理無權。程、朱之說，但執意見之理，不顧人情，此是執理無權也。二目補緒言之所未備。」（答程易田書）今按：「權」字一目與上卷「理」字十五條相足，最為疏證新創，著眼此處，即可見兩書異同最要點矣。惟原善三卷中頗已及性、情、欲異同之辨，如云：

人與物，同有欲。欲也者，性之事也。……欲不失之私則仁。

生養之道，存乎欲者也；感通之道，存乎情者也。二者自然之符，天下之事舉矣。

由性之欲而語於無失，是謂性之德。

去生養之道者，賊道者也。細民得其欲，君子得其仁。

此皆與疏證議論相通，則疏證理欲一辨，其大意在為原善三卷時早已孕育。至以私與蔽為人之二患，而曰「去私莫如强恕，解蔽莫如學」，亦在原善下卷有之。原善又言：

詩曰：「民之罔極，職涼善背；為民不利，如云不克。民之回遹，職競用力；民之未戾，職盜為寇。」在位者多涼德，而善欺背以為民害，則民亦相欺而罔極矣；在位者行暴虐而競強用力，則民巧為避而回遹矣；在位者肆其貪，不異寇取，則民愁苦而動搖不定矣。凡此非民性然也，職由於貪暴以賊其民所致。亂之本，鮮不成於上，然後民受轉移於下，莫之或覺也，乃曰「民之所為不善」，用是而讎民，亦大惑矣。卷下

東原思想與下層社會

其言感慨深沉，尤足與「在上者以理殺人」之意相發。豈東原抱其奇才，畢生不遇，少為稗販，涉歷南朔，閭里姦邪，米鹽瑣細盡知之，此章炳麟語。因有以感通夫細民之幽怨，而發之特為深切歟？然則東原思想固仍不失徽學精神也。其晚年見解，在為原善時固已樹其崖略，惟辨理欲而歸罪宋儒，則獨為疏證創論。惟此是東原最後之說，為前所不及耳。故原善辨性欲，緒言辨理氣，至疏證辨理欲，乃會合前兩書為一說，而其對宋儒之見解，則原善全未提及，緒言已有譏排，而疏證最為激昂，此則其大較也。

東原思想之淵源

東原思想與顏李

戴望為顏氏學記，嘗謂「乾隆中戴震作孟子緒言，本習齋說言性而暢發其旨」，（卷一顏先生傳。）近人本此，頗謂東原思想淵源顏、李。東原時，惟徽人程綿莊廷祚治顏、李學，東原與綿莊雖相知，而往來之詳已難考。綿莊寄籍江寧，東原三十五歲後頗往來揚州，自是有原善之作，然並不譏宋。（按：綿莊雖治顏、李，亦不詆宋學，詳本書第五章。）東原四十四歲自言「近日做得講理學一書」，即原善三卷本也。明年綿莊卒，東原為緒言尚在後，謂疏證思想自綿莊處得顏、李遺說而來頗難證。綿莊有族姪程魚門晉芳，與東原交游，後為正學論，極詆顏、李，遂及東原。（勉行齋文集正學論三。）殆以東原疏證亦斥程、朱，故與顏、李並提，非必謂東原之說即自顏、李來也。今考東原思想最要者，一曰自然與必然之辨，一曰理欲之辨，此二者，雖足與顏、李之說相通，而未必為承襲。至從古訓中明義理，明與習齋精神大背。若徒以兩家均斥程朱，謂其淵源所自，則誣也。至辨本體，辨理氣，辨性與才質異同，自明儒已多論及，東原不必定得其說於顏、李。其訓「義理」、「天理」字為條理，則東原治古訓，宜可自得。（朱子答王子合云：「道即理也。以人共由而言謂之道，以其各有條理而言則謂之理。」宋儒亦豈真不知理之為條理者！）

東原思想與毛西河

且毛西河所著書，亦極辨宋儒「理」字，散見其論語稽求篇、聖門釋非錄、四書賸言、補中庸說諸書。朱一新無邪堂答問卷四論大學「在明明德」，謂：「毛西河大學問實用李恕谷說，而段懋堂又暗襲西河。」惟懋堂說「明明德」，乃記其師東原作大學補注為言開宗二句之義，因述以傳者。（見經韵樓集卷三。）東原可不知顏、李，不容不知西河。東原庚辰與任幼植大椿書，謂「毛大可賊經害道」，（見文集卷九。）此特譏其考證，時尚未有原善。焦里堂讀書三十二讚，雕菰樓集卷六。有毛氏聖門釋非錄，無顏、李。孟子正義備引東原疏證，及程易田論學小記，亦屢引毛氏賸言、釋非錄諸書，而不及顏、李。方植之謂「阮氏平日教學者，必先看西河文集」。見漢學商兌中之上。凌次仲則謂「毛氏四書改錯，最為簡要可貴，如醫家之大黃，有立起沉疴之效，為斯世所不可無」；校禮堂文集卷二十五與阮中丞論克己書。又過蕭山詩，竟謂：「千古精言萃考亭，竟將二氏入遺經；姚江亦是濂溪派，認取蕭山萬疊青。」校禮堂詩集卷十四。推重西河如此。此皆治戴氏義理之學者，稱道毛西河，然不稱道顏、李也。然思想之事，固可以閉門造車，出門合轍，相視於莫逆，相忘於無形者。王船山論道器，論自然與成性，論懲忿窒欲，陳乾初論天理從人欲中見，論擴充盡才後見性善，其可與東原說相通者，亦夥矣，未必東原定見王、陳書也。學者於交游誦讀間，固可以多方啓發，自得深造，不必堅執一二端，以臆定其思想淵源

東原思想與惠定宇

之所自。惟謂東原遊揚州，見惠定宇，而論學宗旨稍變，其為原善，或頗受定宇易微言影響，則差近實耳。且易微言「理」字條云：「『理』字之義，兼兩之謂也。樂記言『天理』，謂好與惡也。好近仁，惡近義，好惡得其正謂之天理，好惡失其正謂之『滅天理』，大學謂之『拂人性』。天命之謂性，性有陰陽、剛柔、仁義，故曰『天理』。後人以『天人』、『理欲』為對待，且曰『天即理也』，尤謬。」豈不與東原疏證大意至似，即此後凌次仲諸論亦自此出。惠、戴至近，何必遠尋之顏、李耶？鄭玄注樂記云：「理，猶性也。」與伊川「性即理」之說正合，即惠氏亦以「滅天理」與「拂人性」相訓，則宋儒謂理乃得於天而具於心者，自指人性言，亦未可深斥也。且惠氏論學，主尊古，故頗引周、秦諸子，謂猶足與經籍

東原思想與荀卿

相證。今考東原思想，亦多推本晚周，雖依孟子道性善，而其言時近荀卿。荀主性惡，極重後天人

為，故曰：「明於天人之分，則可謂至人矣。」又曰：「聖人清其天君，正其天官，備其天養，順其天政，養其天情，以全其天功。」均見天論篇。此即東原精研自然以底於必然之說也。又曰：「凡語治而待去欲者，無以道欲而困於有欲者也；凡語治而待寡欲者，無以節欲而困於多欲者也。心之所可中理，欲雖多，奚傷於治？心之所可失理，欲雖寡，奚止於亂？故治亂在於心之所可，亡於情之所欲。故雖為守門，欲不可去，性之具也。雖為天子，欲不可盡。所欲雖不可盡，求者猶近盡。欲雖不可去，所求不得，慮者欲節求也。道者，進則近盡，退則節求，天下莫之若也。」正名篇。東原謂理者就人之情欲求之，使之纖悉無憾之謂理，正合荀卿「進近盡，退節求」之旨。而荀子則要其歸於禮，曰：「人生而有欲，欲而不得，則不能無求；求而無度量分界，則不能不爭。爭則亂，亂則窮。先王惡其亂也，故制禮義以分之，以養人之欲，給人之求，使欲必不窮乎物，物必不屈於欲，兩者相持而長，是禮之所起也。」禮論篇。戴學後起，亦靡勿以禮為說，此又兩家思理之相通而至似者也。即東原所謂「解蔽莫如學」者，「解蔽」一語，亦出荀書，則東原之有會於荀卿者至深矣。故其為緒言，以荀子與宋之程、張、朱四子等類，而曰「荀子推崇禮義，宋儒推崇理，於聖人之教不害，不知性耳」。東原所最斥者乃「復初反本」之說，則正亦荀子所深非矣。故曰：「荀子知禮義為聖人之教，而不知禮義亦出於性；知禮義為明於其必然，而不知必然乃自然之極則，適所以完其自然也。荀子之重學也，無於內而取於外；孟子之重學也，有於內而資於外。」緒言卷中，又疏證卷中。自東原觀之，荀之與孟，未達一間耳。晚周諸子，善斥自然者莫過荀子，東原卽以其意排老、釋，而復以孟子性善之論移加於荀子。近人章炳麟言之，曰：「極震所議，與孫卿若合符，以孫卿言性惡，與震意佛，故解而赴原善。」文錄卷一釋戴。此為善論東原之學矣。戴學近荀卿，同時程易田已言之，語詳本章末節。又焦里堂繼東原為論語通釋，亦時引荀子語；錢大昕潛研堂集先已為荀子辨誣。當時學人本自致力於荀子，故不覺其言思之染涉者深也。至東原疏證以理欲之辨極詆宋儒，章氏亦論之云：

東原思想與程朱及當時之政令

雒、閩諸儒制言以勸行己，其本不為長民，故其語有廉稜，而亦時時軼出。夫法家者，輔萬物之自然而不敢為，與行己者絕異。任法律而參雒、閩，是使種馬與良牛並駟，則敗績覆駕之術也。……戴震生雍正末，見其詔令謫人不以法律，顧摭取雒、閩儒言以相稽。覘司隱微，罪及燕語，……令士民摇手觸禁，其蠹傷深。震自幼為賈販，轉運千里，復具知民生隱曲，而上無一言之惠，故發憤著原善、孟子字義疏證，專務平恕。……震所言多自下摩上，欲上帝守節而民無瘴。……如震所言，施於有政，上不呰苛，下無怨讟，衣食孳殖，可以致刑措。……夫言欲不可絕，欲當即為理者，斯固隸政之言，非飭身之典矣。……晚世或盜其言以崇飾慆淫，今又文致西來之說教天下奢，以菜食麤衣為恥，為廉節士所非。誠明震意，諸款言豈得託哉？釋戴

欲當即理乃隸政之言非飭身之典

此論最為得情。近儒首尊東原者自太炎，特取其排程、朱，以清末治程、朱率惡言革命也。又謂：「東原著書，特發憤於清廷之酷淫，皆一時權言耳。」檢論成於民國三年，排斥程、朱之談，太炎亦復不取。然其分辨欲當即理，乃隸政之言，非飭身之典，實旨言也。至東原著書初意，是否如太炎所云云，茲可勿論耳。方植之漢學商兑亦云：

程朱所嚴辨理欲，指人主及學人心術邪正言之，乃最吃緊本務，與民情同然好惡之欲迥別。今移此混彼，妄援立說，謂當通遂其欲，不當繩之以理，言理則為以意見殺人，此亙古未有之異端邪說。卷中之上。

此雖詆毀逾分，然辨理欲字義，則實與章氏所論，各得其義之一面。章氏謂東原論理欲，乃為當時從政者而發，植之則謂宋儒辨理欲，本亦為立言從政者之心術言之也。惟其如此，故東原辨理欲，雖語多精到，而陳義稍偏，頗有未圓。今姑舉孟子盡心「口之於味」一章論之，孟子曰：

口之於味也，目之於色也，耳之於聲也，鼻之於臭也，四肢之於安佚也，性也，有命焉，君子不謂性也。仁之於父子也，義之於君臣也，禮之於賓主也，智之於賢者也，聖人之於天道也，命也，有性焉，君子不謂命也。

朱子集注引程子曰：

五者之欲，性也。然有分，不能皆如其願，則是命也。不可謂我性之所有，而求必得之也。

朱子按：

不能皆如其願，不止爲貧賤。蓋雖富貴之極，亦有品節限制，則是亦有命也。

朱子又云：

此二條者，皆性之所有，而命於天者也。然世之人以前五者爲性，雖有不得，而必欲求之；以後五者爲命，一有不至，則不復致力。故孟子各就其重處言之，以伸此而抑彼也。張子所謂「養則付命於天，道則責成於己」，其言約而盡矣。

集注於此章解義明白，無可非難；而東原疏證則曰：

「欲」根於血氣，故曰性也，而有所限而不可踰，則命之謂也。仁義禮智之懿，不能盡人如一者，限於生初，所謂命也，而皆可以擴而充之，則人之性也。「謂」猶云藉口於性耳；君子不藉口於性以逞其欲，不藉口於命之限之而不盡其材。後儒未詳審文義，失孟子立言之指。「不謂性」非不謂之性，「不謂命」非不謂之命。由此言之，孟子之所謂性，即口之於味、目之於色、耳之於聲、鼻之於臭、四肢於安佚之為性；所謂「人無有不善」，即能知其限而不踰之謂善，即血氣心知能底於無失之為善；所謂仁義禮智，即以名其血氣心知，所謂原於天地之化者之能協於天地之德也。疏證卷中。

東原駁宋儒之深文處

夫程子明云「五者之欲，性也」，朱子亦云「此二條者，皆性之所有」，則非不謂之性矣，東原必謂宋儒「未詳審文義，失孟子立言之指」，已近深文。且孟子明以耳、目、口、鼻、四肢與仁、義、禮、智分說，而東原必為併成一片，謂性即味、色、聲、臭、安佚之謂，性善即知其限而不踰以底於無失之謂。若性善專指此一邊，則與孟子原文兩排分說者顯異，實不如集注云「此二條皆性所有」一語，於孟子原義為允愜也。且孟子指惻隱、羞惡、辭讓、是非為吾心之善端，擴而充之，則為仁、義、禮、智，決不能即以口之於味、目之於色、耳之於聲、鼻之於臭、四肢之於安佚之能知其限而不踰以底於無失者，謂即惻隱、羞惡、辭讓、是非之心也。孟子又謂孩提之愛親敬長，達之天下而為仁義，此又不能以味、色、聲、臭、安佚之能知其限而不踰以底於無失者，為即愛親敬兄之本也。東原謂：

> 仁義禮智非他，不過懷生畏死，飲食男女，與夫感於物而動者之皆不可脫然無之，以歸於靜，歸於一，而恃人之心知異於禽獸，能不惑乎所行，即為懿德耳。疏證卷中。

此所謂「感於物而動者」，語意頗含混。若專從人類個己懷生畏死、飲食男女之情，以求其不爽失，求其知限而不踰，則所得卽無異於荀子之所謂理義、所謂性惡矣。何者？因其全由私人懷生畏死、飲食男女之情仔細打算而來，若人類天性，不復有一種通人我、泯己物之心情故也。東原謂「使無懷生畏死之心，又焉有怵惕惻隱之心」，疏證卷中。是已。然與言擴充惻隱以為仁者不同。孟子言惻隱，並不是推此心之懷生畏死而始為惻隱也。儒家思想所以必仁、智雙提，而「仁」字地位所以猶在「智」字之上者，東原於此似少領會。故孟子曰：「養心莫善於寡欲」，又曰：「養其大體為大人，養其小體為小人。」在孟子所分別言之者，在東原均打併歸一。是東原之所指為性者，實與荀卿為近，惟東原以孟子性善之意移而為說耳。推而上之，及於論語，其言亦並不與東原之意合，此陳蘭甫東塾讀書記已言之。其言曰：

「克己復禮」，朱子解為勝私欲；「為仁由己」，朱子解為在我。兩「己」字不同解，戴東原孟子字義疏證駁之。灃謂朱注實有未安，不如馬注解「克己」為「約身」也。按：「克己」一解，惠士奇禮說先創新說。然「克己」訓「勝私」，左傳述楚靈王事卽然，劉炫闡之甚詳；卽馬訓「約身」，約身亦勝私耳。東塾此條乃取戴說，何也？或疑如此則論語無勝私欲、全天理之說，斯不然也。勝私欲之說，論語二十篇中，固多有之：「富與貴，是人之所欲也，不以其道，不處也。」「不處」者，勝之也。原憲問「克伐怨欲不行焉」，「不行」者，勝之也。原注：夫子雖曰「仁則吾不知」，然固曰「可以為難矣」。「棖也慾，焉得剛？」慾者多嗜欲，剛者能勝之也。又有不明言「欲」者：「君子有三戒，戒色戒得」，「色」與「得」者，欲也；戒者，勝之也。「樂驕樂，樂佚遊，樂宴樂」，皆欲也，明其為「損」，則當勝之也。論語雖無「理」字，然其意以「理」、「欲」對言者甚多：「君子喻於義，小人喻於利」，「義」卽理也，「利」卽欲也。「君子懷德，小人懷土；君子懷刑，小人懷惠」，「懷德」、「懷刑」卽理也，「懷土」、「懷惠」卽欲也。「君子上達，小人下達」，「上達」卽理也，「下達」卽欲也。「君子固窮，小人窮斯濫矣」，原注：易鄭注解為固守其窮也。「固窮」卽理也，「濫」卽欲也。「君子謀道不謀食，憂道不憂貧」，「謀道」、「憂道」卽理也，「謀食」、「憂貧」卽欲也。「志士仁人，無求生以害仁」，「仁」卽理也，「求生」卽欲也。「喻義」、「喻利」二語，尤為包括。故朱子請陸象山為白鹿洞學者講之，至於「無求生以害仁，有殺身以成仁」，則勝私欲，全天理，至矣極矣，蔑以加矣。讀書記卷二論語。

此言論語亦明明分兩種境界，不得謂此一境界全從彼一境界出也。孟子言性善，亦惟謂此一境界，其原亦本之人之心性，並非由外爍我，並不謂人心中惟有此一境界。此層東塾讀書記亦言之，謂：「孟子所謂性善者，謂人人之性皆有善也，非謂人人之性皆純于善也。」孟子書中亦明明分說兩種境界，而東原必歸之於一，又不歸之於仁義，而必歸之於食色，是東原之言近於荀子之性惡，斷然矣。朱蓉生無邪堂答問卷三辨戴說極明晝，大意謂：「古書言『欲』，有善有惡，程、朱語錄亦然。其教人遏欲存理，特恐欲之易縱，專舉惡者言之，烏可以辭害意！天賦人有食色之欲，未嘗有貪淫之欲。其有之者，人自縱之。謂食色之性，人不可無，此何待言？疏證有云：『欲之失為私，私則貪邪隨之』，是東原未嘗不知欲中有惡也。孟子謂心之所同然者為理義，未嘗謂心之所發皆合於理義也。心統性情，其情可以為善，亦可以為不善。東原以孟子言『情』非性情，而云『情，猶素也，實也』，曲說至此，可謂自生荊棘。」其論皆是。余觀船山議論，頗多與東原相同。然船山極尊宋儒，又曰：「庶民者，流俗也。流俗者，禽獸也。人之所以異於禽獸者，君子存之，小人去之，壁立萬仞，止爭一線。」俟解，詳前引。亦分兩境界言，其識超於東原矣。

戴學之流行

東原既卒，其私淑學者凌廷堪次仲為東原先生事略狀，有云：

> 先生之學，無所不通，而其所由以至道者則有三：曰小學，曰測算，曰典章制度。至於原善、孟子字義疏證，由古訓而明義理，蓋先生至道之書也。先生卒後，其小學之學，則有高郵王念孫、金壇段玉裁傳之；測算之學，則有曲阜孔廣森傳之；典章制度之學，則有興化任大椿傳之，皆其弟子也。昔河間獻王實事求是，夫實事在前，吾所謂是者，人不能強辭而非之，吾所謂非者，人不能強辭而是之也，如六書、九數及典章制度之學是也。虛理在前，吾所謂是者，人既可別持一說以為非，吾所謂非者，人亦可別持一說以為是也，如義理之學是也。故於先生之實學詮列如左，而義理固先生晚年極精之詣，非造其境者，亦無由知其是非也。其書具在，俟後人之定論云爾。

東原思想與當時之反響

次仲此說，良以當時於東原疏證議論，頗多非難。洪榜為東原作行狀，全載其與彭尺木一書；朱筠謂：「何圖程朱後復生議論？」東原子中立因删之。同時如姚鼐、翁方綱、程晉芳諸人，於東原疏證皆有駁論。蓋考訂立於共是，義理則卓在獨見，又程朱之說行世已久，東原驟加抗諍，宜乎為世駭怪，故次仲亦為此婉說也。顧東原生平心力所萃，亦自靡於考訂者多，注於義理者少。即段懋堂為東原大弟子，為東原年譜，於東原義理三書，已不能確指其年代，緒言、疏證均於東原身後乃見，則其他可知。且東原生平議論，亦始終未脫由古訓而明義理之一境，其言義理，仍是考訂夙習。晚年著疏證，既深詆宋儒之憑臆鑿空，而一本諸古訓，則傳其學者，自更不願為義理空說，而益惟盡力於實事求是、考古訂經之途。蓋不敢遽希其師之所至，而惟依循其所由至者以為學，此亦學者謹慎篤實之一端，次仲此文，正可代表此種意見也。

東原思想與段懋堂

段懋堂戴先生年譜，記東原初謂「天下有義理之源，有考覈之源，有文章之源」，後數年，又曰：「義理即考覈、文章二者之源也，義理又何源哉？」而其後懋堂重刻戴東原集作序，乃曰：

> 玉裁竊以謂義理、文章，未有不由考覈而得者。自古聖人制作之大，皆精審乎天地民物之理，得其情實，綜其終始，舉其綱以俟其目，與以利而防其弊，故能奠安萬世。先生之治經，凡故訓、音聲、算數、天文、地理、制度、名物，人事之善惡是非，以及陰陽氣化、道德性命，莫

不究乎其實。蓋由考覈以通乎性與天道，既通乎性與天道而考覈益精，文章益盛。用則施政利民，舍則垂世立教而無弊。淺者乃求先生於一名、一物、一字、一句之間，惑矣！

東原以義理為考覈之源，而懋堂以考覈為義理之源，此非明背師説，乃正所以善會師説也。聖人制作，此義理為考覈之源也；後人鑽研經籍，因明義理，此考覈為義理之源也。懋堂之説，正是東原平日戒人鑿空以求義理之旨耳。而懋堂之所謂考覈，其意並不專在名物、字句間，為嚴元照娱親雅言序，謂：

考覈者，學問之全體。學者所以學為人也，故考核在身心性命、倫理族類之閒，而以讀書之考核輔之。今之言學者，身心、倫理之不務，謂宋之理學不足言，謂漢之氣節不足尚，别為異説，簧鼓後生，此又吾輩所當大為之坊者。

是懋堂言考覈並不主排宋也。其與陳恭甫書，謂：

今日大病，在棄洛、閩、關中之學不講，謂之庸腐，而立身苟簡，氣節壞，政事腐，天下皆君子而無真君子，未必非表率之故也。故專言漢學，不講宋學，乃真人心世道之憂，而況所謂漢學者如同畫餅乎！

時懋堂已八十，又與王石臞書，謂：

今日之弊，在不當行政事，而尚勦說，漢學亦與河患同。然則理學不可不講，先生其有意乎？

又為朱子小學跋，自謂：

喜言訓詁考核，尋其枝葉，略其根本，老大無成，追悔已晚。

又曰：

漢人之小學，一藝也；朱子之小學，蒙養之全功也。

懋堂畢生精力，萃其說文解字注一書，乃不自滿假，自居一藝，極推朱子，謂其本末兼賅，未嘗異孔子之教。此其度量意趣，誠深遠矣！而懋堂又有推尊東原配祀朱子議，則懋堂終不免為不知東原。凌

東原論考據之精見

氏排宋尊漢，乃與東原一轍，然若言其主張考核，則固三人之所同也。

而東原言考覈，則實有其至精之見。嘗謂：

凡僕所以尋求於遺經，懼聖人之緒言闇汶於後世也。然尋求而獲，有十分之見，有未至十分之見。所謂十分之見，必徵之古而靡不條貫，合諸道而不留餘議，鉅細畢究，本末兼察。若夫依於傳聞以擬其是，擇於衆說以裁其優，出於空言以定其論，據於孤證以信其通，雖溯流可以知源，不目覩淵泉所導，循根可以達杪，不手披枝肄所歧，皆未至十分之見也。以此治經，失「不知為不知」之意，而徒增一惑以滋識者之辨也。乙亥與姚姬傳書。

又曰：

先儒之學，……其得者，取義遠，資理閎，書不克盡言，言不克盡意。學者深思自得，漸近其區。不深思自得，斯草薉於畦而茅塞其陸。其失者，卽目未覩淵泉所導，手未披枝肄所歧者也。而為說轉易曉，學者淺涉而堅信之，用自滿其量之能容受，不復求遠者、閎者。……則不志乎聞道之過也。同上

又曰：

……其得於學，不以人蔽己，不以己自蔽，不為一時之名，亦不期後世之名。有名之見其弊二：非掊擊前人以自表襮，即依傍昔儒以附驥尾。二者不同，而鄙陋之心同。是以君子務在聞道也。答鄭丈用牧書。

東原論考據過分處

此皆東原論考據至精至卓之說也。惟東原既自喜，往往言之踰其度，章實齋記其口語，謂：

今之學者，毋論學問文章，先坐不曾識字。

又曰：

予弗能究先天後天、河洛精蘊，即不敢讀「元亨利貞」；弗能知星躔歲差、天象地表，即不敢讀「欽若敬授」；弗能辨聲音律呂、古今韻法，即不敢讀「關關雎鳩」；弗能考三統正朔、周官典禮，即不敢讀「春王正月」。章氏遺書卷二十二與族孫汝楠論學書。

實齋此語記於乾隆丙戌，（東原年四十四，實齋年二十九。）蓋初識東原，其言卽所與是仲明書中語，東原欲著七經小記亦此意，蓋常常稱説云爾也。實齋當時聞而重媿其言，謂：

> 充類至盡，我輩於四書一經，正乃未嘗開卷卒業，可為慚惕，可為寒心。（同上）

後乃頗疑東原言之有過，因曰：

> 近日言學問者，戴東原氏實為之最，以其實有見於古人大體，非徒矜考訂而求博雅也。然戴氏之言又有過者。戴氏言曰：「誦堯典至『乃命羲和』，不知恆星七政，則不卒業；誦周南、召南，不知古音，則失讀；誦古禮經，先士冠禮，不知古者宮室、衣服等制，則迷其方。」戴氏深通訓詁，長於制數，又得古人之所以然，故因考索而成學問，其言是也；然以此概人，謂必如其所舉，始許誦經，則是數端皆出專門絶業，古今寥寥不數人耳，猶復此糾彼訟，未能一定，將遂古今無誦五經之人，豈不誣乎？孟子言井田封建，但云大略，孟獻子之友五人，忘者過半，諸侯之禮則云未學，爵祿之詳則云不可得聞，使孟子生後世，戴氏必謂未能誦五經矣。馬、班之史，韓、柳之文，其與於道，猶馬、鄭之訓詁，賈、孔之疏義也；戴氏則謂彼皆「藝」而非「道」。此猶資舟楫以入都，而謂陸程非京路也。曾子之於聖門，蓋篤實致功者也，

然其言禮，則重在容貌、顏色、辭氣，而籩豆器數，非君子之所貴。由是言之，文章之用，較之區區掇拾之功，豈可同日語哉？（章氏遺書卷二十九又與正甫論文。）

戴學與墨守之異

實齋此書約在嘉慶丁巳，（書中云「近與朱少白書，為論學文之要」，據遺書補答朱少白諸書應在丁巳也。）去東原卒已二十年矣。其所以難東原者良是，然在篤信東原者，方謂求道必於六經，而通經必先治訓詁制數，則將長如實齋之乍聞東原語，寒心慚惕，重媿於四書一經未嘗開卷卒業，而揖心孜孜，夫何餘閒敢效其師之高談性命義理，以復蹈宋儒往者以憑空臆見為理之失。則東原之學所以流衍於身後而專在小學、測算、典制三者間，其事亦固然，無足怪者。實齋又為東原鄭學齋記書後，（見文集十一。）謂：

> 戴君說經，不盡主鄭氏說，而其與任幼植書，（見文集九。）則戒以輕畔康成，人皆疑之，不知其皆是也。大約學者於古，未能深究其所以然，必當墨守師說；及其學之既成，會通於羣經與諸儒治經之言，而有以灼見前人之說之不可以據，於是始得古人大體而進窺天地之純。故學於鄭而不敢盡由於鄭，乃謹嚴之至，好古之至，非蔑古也。乃世之學者，喜言墨守。……墨守而愚，猶可言也；墨守而黠，不可言矣。愚者循名記數，不敢稍失，猶可諒其愚也；黠者不復需學，但襲成說，以謂吾有所受者也。蓋折衷諸儒，鄭所得者十常七八；黠者既名鄭學，即不勞施為，常安坐而得十之七八也。夫安坐而得十之七八，不如自求心得者之什一二矣；而猶自矜

其七八，故曰德之賊也。惟墨守者流，非愚則黠，於是有志之士，以謂學當求其是，不可泥於古所云矣。……然不求於古，而惟心所安，則人各有心，略相似也；是堯、舜而非桀、紂，亦咸所喻也。依傍名義，采取前言，折中過與不及，參以三占從二，人皆可與知能。因而自信於心，以謂學卽在是，則六經束高閣，而五尺之童，皆可抵掌而談學術矣。（文史通義外篇二。）

實齋此文，發明戴氏治學精神極深切。戴派學者固知通經貴在明道，而所以通經者又不尚墨守，故於訓詁、名物、制數，咸能貫串羣經以求一是，又不敢師心蔑古，空談勦說，故雖守東原强恕推情之教者，猶必以研古治禮為歸。綜此諸端觀之，可以悟戴學流衍所以終匯於訓詁、名物、制數之所以然也。

戴學與程瑶田

戴學與程易疇
易疇論學小記

論述戴學，猶有一人可以特記者，曰程瑤田易疇。（又字易田，歙人，生雍正三年乙巳，卒嘉慶十九年甲戌，年九十。少師淳安方婺如子粹然（心淳），曾為嘉定縣教諭，王鳴盛詩所謂「官推當湖陸，師則新安程」也。與東原同學江門，而東原自言遜其精密焉。）易疇論學語，備見於其論學小記。（為通藝錄之一種。）其書體裁，略似東原孟子字義疏證及稍後焦里堂論語通釋，而多推衍大學之義，正與戴、焦二家分言語、孟者鼎足三峙，其精粹透露處亦視兩家無遜色也。其論性善，謂：

有天地然後有天地之性，有人然後有人之性，有物然後有物之性。有天地、人物，則必有其質、有其形、有其氣矣。有質、有形、有氣，斯有其性，是性從其質、其形、其氣而有者也。……故物之性斷乎不能如人性之善。……何也？其質、形、氣，物也，非人也。……人之所以異於物者，異於其質、形、氣而已矣。……後世惑於釋氏之說，遂欲超乎質、形、氣以言性，而不知惟質、形、氣之成於人者，始無不善之性也。論學小記中述性一。

又曰：

無氣質則無人，無人則無心。性具於心，無心，安得有性之善？故溯人性於未生之前，此天地之性，乃天道也。天道亦有於其形與氣，主實有者而言之。……若夫天人賦稟之際，……所賦所稟，並據氣質而言。性具氣質中，……豈塊然賦之以氣質，而必先諄然命之以性乎？若以賦稟之前而言性，……釋氏之言性也。所謂「如何是父母未生前本來面目」也。是故性善斷然以氣質言，主實有者而言之。是薑則性熱，是水則性寒，是人之氣質則性善。述性二。

易疇既主性具於後天之氣質，又謂性因情見，所謂性善者，易言之則情善也。故曰：

性不可見，於情見之；情於何見？見於心之起念耳。……性從人之氣質而定，念從人之氣質而有。若有兩念，便可分性有善惡；今只有一念，善者必居其先。……或謂人之欲，乃固有之，安得無惡念居其先者？不知是欲也，必先有善。……今為盜賊者，未有不迫於飢寒者也，其初只有謀生一念耳。……是其初念未嘗不善，而轉而之乎惡耳。述性

人性之自然流露者為「情」，情之初發無不善，及其轉而之乎不善而為惡，其間有其轉移遞變者曰「意」。然意之初發亦非不善也，易疇謂：

由性自然而出之謂情，由吾心有所經營而出之之謂意。

又曰：

情與意同居而異用。述情二。

心統性情，情者，感物以寫其性者也。無為而無不為，自然而出，發若機括，有善而已矣。自夫心之有所作為也，而意萌焉。其初萌也，固未有不善者也。何也？意為心之所發，而心則統

乎性情，故意萌於心，實關乎其性情，則安得而不善？……事觸於情，而喜怒哀樂不轉念而應；情交於利害，而取舍疑惑，一轉念而淆。慎之又慎，在持其情於獨焉，卽事察義以誠其意而已矣。述情一。

又曰：

性渾然具之於心，有善而無惡；情則沛然流於所性，亦有善而無惡。意萌於心以主張之，意豈獨有惡哉？內而與情謀，外而與事謀，見情之與事交也，以意為之樞，經之營之，於是利害之分明，而趨避之機習。喪其良心，不誠其意之為害大矣。……蓋情之發於性也，直達之而已；意之主張乎情者，有所經營，不能直達。惟誠其意，則好善之情如好好色，惡惡之情如惡惡臭。情本直達，意更主張之，而使之直達。故曰情無不善，情之有不善者，不誠其意之故也。述情三。

情、意之初發，俱無不善，及其外與事物相交接，不能直達，遂輾轉而遷於不善。求有以直達其情，不為事物所亂，而卒歸於本然之善者，則在能「誠意」。易疇謂：

好惡者，情也。情之見於事為，而吾心經營之者，意也。有好善惡惡之情，卽有為善拒惡之意，是意乃依乎本然之情而順乎其所致之知者也。無何，為善者變而為惡，拒惡者變而拒善，是反其初意矣。誠之者，務實其初意而不使之變也。論學小記上誠意義述。

又曰：

誠意之意，非私意之謂，乃真好真惡之情之發於性者。……意不能離乎情，好惡之出於不容已者，情也；好惡之情動於中，而欲有所作為者，意也。是故吾好是善而欲為之，吾惡是惡而不使有之，是情之見於意者也。乃好之而不盡其真好之情，惡之而不盡其真惡之情，是雖好惡之情已動其為善拒惡之意，而好惡之量有所未盡，則不能充實其為善拒惡之意，以無負其出於不容已之情，是之謂不誠其意。同上

又謂：

發於情之好惡，是真好真惡也；發於情而卽欲好之惡之，是其意已自知其當好當惡也。……知其當然，而卽無絲毫之不然，是能充實其為善拒惡之意，而能不負其出於不容已之情，夫是之謂誠其意也。同上

又曰：

誠意者之惡惡也，非專指惡已有之而後去之務盡之謂也，謂不使絲毫之惡有以乘於吾之身也。故曰，夫子言「惡不仁者，其為仁矣，不使不仁者加乎其身」，説「惡」字最精妙也。若不善乘於吾身，此所謂「惡念」也，不可誤認為吾欲誠之「意」。其治之之功謂之「去惡」，謂之「改過」，亦不得以「誠意」二字統言之。同上

易疇之格物論

故人之求有以直達其性情，充實其眞好眞惡之不容已，以完其本然之善，其工夫在誠意，而誠意之功又有待於致知與格物，易疇謂：

「誠意」為「明明德」之要，而必先之以「致知」，知非空致，在於「格物」，「物」者何？意、心、身、家、國、天下也。麗於身者有五事，接於身者有五倫，皆物之宜格焉者也。格者，舉其物而欲貫通乎其理。致知者，能貫通乎物之理矣。而於是誠意，使吾造意之時，務不達乎物之理；而因之正心，使吾心常宅乎物之理；而因之脩身，使萬物皆備之身，始終無愧怍乎其物；而馴致乎家之齊、國之治、天下之平，亦惟不外乎順物之情，盡物之性，使天下無

一物不得其所，而大學之能事畢矣。同上

易疇之慎獨論

又謂：

孟子謂「心之官則思，先立乎其大者」，蓋謂心能主乎耳目，非離乎耳目之官而專致力於思。然則所謂先立其大者，舍視、聽、言、動，無下手處也。不知循物，寂守其心，此異學之所以歧也。吾學則不然。「慎獨」者，慎其意之接於物。……吾學先格物，內而意也、心也，外而身也，皆物也；極之而至於家、國、天下，無非物也。蓋無須臾之頃而不循乎物者也。同上

易疇論性命之辨

易疇又分說「性」、「命」之義謂：

天分以與人而限之於天者謂之命。人受天之所命而成之於己者謂之性。此限於天而成於己者，及其見之事為，則又有無過、無不及之分以為之則，……「性」、「命」二字，必合言之，而治性之學斯備。五官百骸，五常百行，無物無則；性、命相通，合一於則，性乃治矣。孟子曰：「口之於味也，目之於色也，耳之於聲也，鼻之於臭也，四肢之於安佚也，性也，有命焉，君子不謂性也。」謂我之口而嗜乎味，我之目而美乎色，我之耳而悅乎聲，我之鼻而知乎臭，

我之四肢而樂乎安佚，其必欲遂者，與生俱生之性也；其不能必遂者，命之限於天者也。五者，吾體之小者也。遂己所成之性恆易，而順天所限之命恆難。性易遂，則必過乎其則；命難順，則不能使不過乎其則。治性之道，以不過乎則為斷。節之以命，而不畏其難順，斯不過乎其則矣。「仁之於父子也，義之於君臣也，禮之於賓主也，智之於賢者也，聖人之於天道也，命也，有性焉，君子不謂命也。」謂以吾心之仁而施於父子，以吾心之義而施於君臣，以吾心之禮而施於賓主，以吾心之智而施於賢者，以吾心所具聖人之德而與天道相貫通，其必欲遂者，與生俱生之性也；其不能必遂者，命之限於天者也。五者，吾體之大者也。遂己所成之性恆難，而順天所限之命恆易。性難遂，則必不及乎則；命易順，則姑任其不及乎則。治性之道，以必及乎則為斷。勉之以性，而不畏其難遂，斯必及乎其則矣。同上

易疇與東原論學異點

凡此，皆易疇論學要旨也。易疇與東原於乾隆十四年己巳相識定交，時東原年二十七，而易疇年二十五。兩人年相若，地相近，所學亦相類。故易疇謂「時時與東原處，與東原交垂三十年，知東原最深」。通藝錄修辭餘鈔五友記。而余觀易疇論學，頗有與東原異者，東原盛詆宋儒，易疇無之，且深推朱子，其恭敬桑梓之情，有似慎修。通藝錄有徽州府建文昌神祠議兩篇可證。然此非易疇隨俗，實由其見解之不同。今論學小記中，有明與東原持異者，謂：

去私去蔽非第一義

今之言學者，動曰去私、去蔽。余以為道問學，其第一義不在去私；致知之第一義亦非去蔽。蓋本不知者，非有物以蔽之；本未行者，非必有所私也。……崇德，明明德之事也，道問學以尊德性，所以明明德也；脩慝，去蔽、去私之謂也。誠意者，崇德、脩慝兼而有之者也。……問學之事，崇德一大端，大之大者也。脩慝亦一大端，所以輔其崇德，大之次者也。今之言學者，但知脩慝為大端，認脩慝為卽以崇德，其根由於不知性善之精義，遂以未治之身為叢尤集愆之身。雖亦頗疑於性善，及其著於錄也，不能不與荀子性惡篇相為表裏，此說之所以不能無歧也。（論學小記上誠意義述。）

此言「去私、去蔽」，明指東原。謂其「雖亦頗疑於性善，而實與荀子性惡篇相表裏」，尤為精識，同時學人評騭東原，未有如此透切者。易疇謂東原所以致歧之點，由於不知性善精義，故遂以修慝為卽崇德。蓋東原論性，專指血氣之欲，若耳、目、口、鼻、四肢之於聲、色、臭、味、安佚者言之，於孟子盡心篇「性也有命，命也有性」一章，强作解說，終難允洽。易疇論性則以情、意為說，論情、意以好惡為說，好惡不盡於耳、目、口、鼻、四肢之於聲、色、臭、味、安佚也。其言較東原平正近實，故其說孟子「性命」一章亦通明無礙。此由兩人認看「性」字界限不同，故立說自異也。

易疇與次仲里堂

易疇以大學說孟子，以誠意為工夫，而卽以好惡說誠意，蹊徑頗近陽明；而歸極之於格物，意似頗欲調和朱、王而為之折衷。稍後淩次仲聞戴氏之風而起，著復禮論三篇，主以「禮」節「性」，面目精神，益肖荀子，與易疇格物、誠意之説，亦所歧甚微，而所差則遠，其辨亦在認看性善不眞切也。次仲又為好惡説一篇，謂人性初不外乎好惡，其説頗近易疇，惟又謂「好惡生於聲、色與味」，則不知好惡尚有在聲、色與味之外者，此則仍是易疇所謂「不知性善精義」也。次仲又為慎獨説，據禮器説大學，謂：「中庸之『慎獨』，皆禮之内心精微，後儒置禮器不觀，而高言慎獨，則與禪家獨坐觀空何異？」（校禮堂文集。）其説亦似易疇。易疇亦有慎獨篇，謂：

> 「獨」非專在内也，乃内外相交之際也；「慎」則專在内也。慎之然後能盡其當好當惡之實，以全其真好真惡之情，此治意之學也。（論學小記上。）

易疇以「獨」為内外相交之際，即猶次仲以「獨」為禮之内心精微也。惟次仲自為張皇，專以禮為説，轉不如易疇所詮更為精圓耳。私淑戴氏之學而起者尚有焦里堂。里堂與易疇友善，其為孟子正義，頗采易疇論學小記。易疇顔所居曰讓堂，論學小記有主讓、以厚、貴和諸篇，又為和厚讓恕四德貫通説，（論學外篇上。）謂：

> 理但可以繩己，……若將理繩人，則人必有詭詞曲説，用相取勝，是先啓爭端也。今吾一以讓應之。

里堂亦謂：「先王治天下，以禮不以理。訟者各持一理，嘵嘵不已，若直諭其是非，彼此必皆不服；勸以遜順，往往和解；可知理足啓爭，禮足止爭也。」（雕菰樓文集理說。）又謂：「理愈明，而訟愈煩，理不足恃。人皆能絜矩，皆能恕，尚何訟？」（同上，使無訟解。）此其立說之頗似者。里堂論孟子性善，頗近陽明，其說或得自易疇也。欲求東原與里堂、次仲議論思想轉接處，不可不治易疇。余觀易疇論學精粹，無張皇門戶之意，所得有超戴、焦、凌、阮（芸臺。）諸人之上者，故略次其大意焉。

第九章　章實齋　附　袁簡齋　汪容甫

傳略

章學誠字實齋，浙江會稽人。生乾隆三年戊午，卒嘉慶六年辛酉，（一七三八—一八〇一。）年六十四。幼多病，十四歲，四子書尚未卒業。十五、六時，讀書絶騃滯，日不過三、二百言，猶不能久識。為文，虛字多不當理。廿一、二歲以後，駸駸向長，縱覽羣書，尤好史部。二十三歲始出遊，至北京。二十九歲始依朱筠，得見當世名流，遂知名。三十四歲，朱筠為安徽學政，先生與邵晉涵、洪亮吉、黃景仁諸人皆從遊，與晉涵尤相知，以同治史學也。四十歲，中順天鄉試。四十一歲，成進士。迭主定州定武、肥鄉清漳、永平敬勝、保定蓮池、歸德文正諸書院講席，又為和州、永清、亳州修志書，最後為湖北通志，時年五十七。自後遂歸浙，時遊揚州，以老。

學術述要

文史通義與經學

文史通義為箴砭經學流弊而作

實齋著述最大者，為文史、校讎兩通義，近代治實齋之學者，亦率以文史家目之。然實齋著通義，實為箴砭當時經學而發，此意則知者甚尠。實齋上辛楣宮詹錢大昕一書，頗道其崖略。謂：

> 學誠從事於文史校讎，蓋將有所發明，然辨論之間，頗乖時人好惡，故不欲多為人知，所上敝帚，乞勿為外人道也。夫……世俗風尚，必有所偏，達人顯貴之所主持，聰明才儁之所奔赴，其中流弊，必不在小，載筆之士，不思救挽，無為貴著述矣。苟欲有所救挽，則必逆於時趨。時趨可畏，甚於刑曹之法令也。……韓退之報張司業書，謂：「釋、老之學，王公貴人方且崇奉，吾豈敢昌言排之？」乃知原道諸篇，當日未嘗昭揭衆目。太史公欲「藏之名山，傳之其人」，不知者以謂珍重祕惜，今而知其有戒心也。韓退之云：「傳來世莫若書，化當世莫若口。……」由韓氏之言體之，則著書為後世計；而今人著書欲以表襮於時，此愚見之所不識也。

若夫天壤之大，豈絶知音？鍼芥之投，寧無暗合？則固探懷而出，何所祕焉！（劉刻遺書卷第二十九。）

此絶非泛泛牢騷語，所謂「世俗風尚」，即指經學，通義、校讎兩書則為挽救經學流弊而作，其意甚顯白。經學家最大理論，莫若謂道在六經，通經所以明道，此自亭林唱「經學即理學」之說以來，迄東原無變，實齋始對此持異議。曰：

六書七音乃專門之學

或曰：聯文而後成辭，屬辭而後著義，六書不明，五經不可得而誦也。然則數千年來，諸儒尚無定論，數千年人不得誦五經乎？故生當古學失傳之後，六書、七音，天性自有所長，則當以專門為業；否則粗通大義而不鑿，轉可不甚謬乎古人，而五經顯指，未嘗遂雲霾而日食也。（說文字原課本書後，文史通義外篇二。）

此即明對「由字以通其詞，由詞以通其道」之說而發也。又曰：

就經傳作訓故與離經傳說大義

就經傳而作訓故，雖伏、鄭大儒，不能無強求失實之弊，以人事有意為攻取也。……離經傳而說大義，雖諸子百家，未嘗無精微神妙之解，以天機無意而自呈也。（吳澄野太史歷代詩鈔商語，校讎通義外篇。）

通義之基本理論

此則明對「求道必於六經」之説而發也。而實齋所持最精義理，則在今文史通義内篇卷二之原道上、中、下三篇，大意謂：

原道

「道之大原出於天」，……天地生人，斯有道矣，而未形也。三人居室而道形，猶未著也。人有什伍而至百千，一室所不能容，部別班分而道著。仁義忠孝之名，刑政禮樂之制，皆其不得已而後起者。……故道者，非聖人智力之所能為，皆其事勢自然，漸形漸著，不得已而出之，故曰「天」也。

道有自然，聖人有不得不然。……道無所為而自然，聖人有所見而不得不然也。……衆人無所見，則不知其然而然。……不知其然而然，卽道也。……聖人求道，道無可見，卽衆人之不知其然而然，聖人所藉以見道也。……學於聖人，斯為賢人；學於賢人，斯為君子；學於衆人，斯為聖人。

故自古聖人，其聖雖同，而其所以為聖，不必盡同，時會使然也。

實齋東原二人論學異點

實齋此文，成於乾隆五十四年己酉，時戴東原已卒十二年。實齋論道之意，蓋采諸東原而略變者。實齋於東原論學，頗持異見，而於其論性、原善諸篇，則極推許，謂：「於天人理氣，實有發前人所未發。」（文史通義書朱陸篇後。）又謂：「其原善諸篇，雖先夫子（朱筠。）亦所不取，其實精微醇邃，實有古人未發之旨。」又

道出六經與道出事物之辨

曰：「原善諸篇文不容沒。」劉刻遺書補遺又與朱少白書。至緒言、疏證兩書，實齋似未見，故頗少稱引。實齋謂道不外人倫日用，此在東原緒言、疏證兩書中，主之甚力，卽原善亦本此旨，惟發之未暢耳。實齋所謂「道之自然」與「不得不然」者，亦卽原善「自然」與「必然」之辨。故主求道於人倫日用，乃兩氏之所同。惟東原謂歸於必然，適全其自然，必然乃自然之極致，而盡此必然者為聖人，聖人之遺言存於經，故六經乃道之所寄。實齋則謂聖人之不得不然乃所以合乎道，而非可卽為道，自然變，則聖人之不得不然者亦將隨而變，故時會不同，則所以為聖人者亦不同，故曰聖人學於衆人，又曰「六經皆史」，則六經固不足以盡夫道也。故東原始終立論不脫因訓詁考覈以通經，因通經以明古聖人之義理，而我之義理亦從而明，蓋以義理存於必然，必然乃自然之極致也。實齋則謂：

> 道備於六經，義蘊之匿於前者，章句訓詁足以發明之。事變之出於後者，六經不能言，固貴約六經之旨，而隨時撰述以究大道也。
>
> 彼舍天下事物、人倫日用，而守六籍以言道，則固不可與言夫道矣。
>
> 蓋必有所需而後從而給之，有所鬱而後從而宣之，有所弊而後從而救之。

所謂「不得不然」者，乃從「自然」中來，其所以為窮、變、通、久，決不限於前人之成局。故東原謂「言乎自然之謂順，言乎必然之謂常，言乎本然之謂德。天下之道盡於順，天下之敎一於常，天下之性同於德」。有所謂一常，有所謂同德，卽聖人六經而求之者是也。實齋則稱事變，稱時會，稱創制，不能卽聖人之六經而求。蓋一主稽古，一主通今，此實兩氏議論之分歧點也。（乾隆三十八年癸巳，二人遇寧波道署，論修志，東原主詳沿革，實齋主重文獻，即證兩人意見之不同矣。實齋有記與戴東原論修志一文詳其事，可參閱。）東原在當時，雖稱經學大師，然並時經學家眞知戴學者已鮮，實齋曾慨乎言之，謂：

> 凡戴君所學，深通訓詁，究於名物、制度，而得其所以然，將以明道也。時人方貴博雅考訂，見其訓詁、名物有合時好，以謂戴之絶詣在此。及戴著論性、原善諸篇，於天人理氣，實有發前人所未發者；時人則謂空說義理，可以無作，是固不知戴學者矣。（文史通義內篇卷二，書朱陸篇後。）

實齋與邵二雲

今實齋著書，尚求挽救戴氏議論，又不肯暢所欲言，以招時毀，隱約其辭，婉轉其說，宜乎知其意者之益寡矣。今通義原道篇後有邵晉涵一跋，謂：

> 是篇初出，傳稿京師，同人素愛章氏文者，皆不滿意，謂蹈宋人語錄習氣，不免陳腐取憎，與其平日為文不類，至有移書相規誡者。余諦審之，謂朱少白（名錫庚。）曰：此乃明其通義所著一切創言別論，皆出自然，無矯強耳。語雖渾成，意多精湛，未可議也。

求理於情欲與求理於事物之辨

邵氏乃實齋論學摯友，相知最深切，於實齋此文，若有意袒護，實亦全不曉實齋用意所在，則其他可知。實齋有與邵二雲論學書，見文史通義外篇三。亦謂：「世儒言道，不知即事物而求所以然，故誦法聖人之言，以謂聖人別有一道，在我輩日用事為之外耳。」此即原道宗旨，而二雲不識也。故實齋勉之曰：「足下既疏爾雅，豈特解釋人言，竟無自得於言者乎？足下博綜十倍於僕，用力之勤亦十倍於僕，而聞見之擇執，博綜之要領，尚未見其一言蔽而萬緒該也。此非足下有疏於學，恐於聞道之日猶有待也。」然則實齋固未許二雲以知道，二雲亦竟不識實齋之所謂道者，所以實齋發憤，有知難之篇也。見文史通義內篇卷四。

實齋論「道」，既與東原不同，言「理」與東原亦別。東原言理，主從人之情欲求之，謂「理者，情之不爽失者也」，又曰：「情之至於纖微無憾是謂理。」實齋言理，則本事物。故曰：

> 理，譬則水也；事物，譬則器也。器有大小淺深，水如量以注之，無盈缺也。今欲以水注器者，姑置其器，而論水之挹注盈虛，與夫量空測實之理，爭辨窮年，未有已也，而器固已無用矣。朱陸篇。

又曰：

事有實據，而理無定形，故夫子之述六經，皆取先王典章，未嘗離事而言理。經解中。

又曰：

古人未嘗離事而言理，六經皆先王之政典也。易教上。

東原以性情言理，聖人先得吾心之同然，理之大端，猶可於聖人之遺經求之，仍是經學家意見。實齋以事物言理，事物之變，多出六經之外，宜不得執六經而認為理之歸宿矣。

浙東學派與浙西學派

實齋與東原論學異同，溯而上之，即浙東學派與浙西學派之異同。其在清初，則為亭林與梨洲；其在南宋，即朱陸之異同也。今文史通義内篇卷二有浙東學術與朱陸兩篇，即發其意。實齋謂：

宋儒有朱陸，千古不可合之同異，亦千古不可無之同異也。

今人有薄朱氏之學者，即朱氏之數傳而後起者也。其與朱氏為難，學百倍於陸王之末流，思更

戴學源出朱子

深於朱門之從學。充其所極，朱子不免先賢之畏後生矣。然究其承學，實自朱子數傳之後起也，其人亦不自知也。……性命之說，易入虛無，朱子求一貫於多學而識，寓約禮於博文，其事繁而密，其功實而難，雖朱子之所求，未敢必謂無失也。然沿其學者，一傳而為勉齋、黃榦九峯，蔡沈再傳而為西山、真德秀鶴山、魏了翁東發、黃震厚齋，王應麟三傳而為仁山、金履祥白雲，許謙四傳而為潛溪、宋濂義烏，王禕五傳而為寧人、顧炎武百詩，閻若璩則皆服古通經，學求其是，而非專己守殘，空言性命之流也。……生乎今世，因聞寧人、百詩之風，上溯古今作述，有以心知其意，此則通經服古之緒，又嗣其音矣。無如其人慧過於識，而氣蕩乎志，反為朱子詬病焉，則亦忘其所自矣。夫實學求是，與空談性天，不同科也。考古易差，解經易失，如天象之難以一端盡也。曆象之學，後人必勝前人，勢使然也，因後人之密而貶羲和，不知卽羲和之遺法也。今承朱氏數傳之後，所見出於前人，不知卽是前人之遺緒，是以後曆而貶羲和也。……攻陸王者出偽陸王，其學猥陋，不足為陸王病也。貶朱者之卽出朱學，其力深沉，不以源流互質，言行交推，世有好學而無真識者，鮮不從風而靡矣。參看劉刻遺書補遺又與朱少白書。

實齋此篇卽為東原而作，時東原猶未卒，故文中隱其名。後又為書後一篇，始明說朱陸篇為正戴而發，則東原已下世十餘年矣。書後亦似成於己酉，與原道諸篇同時，姑孰夏課甲編所謂「附有舊稿一篇」卽朱陸篇，又加以書後也。實齋謂：

戴君學術，實自朱子道問學而得之，故戒人以鑿空言理，其說深探本源，不可易矣。顧以訓詁名義，偶有出於朱子所不及者，因而醜貶朱子，至斥以悖謬，詆以妄作。且云：「自戴氏出，而朱子儌倖為世所宗已五百年，其運亦當漸替。」此則謬妄甚矣。戴君筆於書者，其於朱子有所異同，措辭與顧氏寧人、閻氏百詩相似，未敢有所譏刺，固承朱學之家法也。其異於顧、閻諸君，則於朱子間有微辭，亦未敢公然顯非之也。而口談之謬，乃至此極，害義傷教，豈淺顯哉！

蓋實齋實未見東原疏證諸書，故謂東原「於朱子間有微辭，亦未敢公然顯非之也」。實齋極賞東原鑿空言理之戒，謂其源本朱子，而自述學統則不歸朱而歸陸，不屬浙西而列浙東。其言曰：

浙東源出象山

浙東之學，雖出婺源，然自三袁（袁燮、袁肅、袁甫父子。）之流，多宗江西陸氏。而通經服古，絕不空言德性，故不悖於朱子之教。至陽明王子，揚孟子之良知，復與朱子牴牾。蕺山劉氏，本良知而發明慎獨，與朱子不合，亦不相詆也。梨洲黃氏出蕺山劉氏之門，而開萬氏兄弟經史之學，以至於全氏祖望輩，尚存其意，宗陸而不悖於朱者也。惟西河毛氏發明良知之學，頗有所得，而門戶之見，不免攻之太過，雖浙東人亦不甚以為然也。

世推顧亭林氏為開國儒宗，然自是浙西之學。不知同時有黃梨洲氏出於浙東，雖與顧氏並峙，

宗主與門戶

而上宗王、劉，下開二萬，較之顧氏，源遠而流長矣。顧氏宗朱，而黃氏宗陸，蓋非講學專家各持門戶之見者，故互相推服，而不相非詆。學者不可無宗主，而必不可有門戶，故浙東、浙西，道並行而不悖也。浙東貴專家，浙西尚博雅，各因其習而習也。

義理與人事

天人性命之學，不可以空言講也。……故善言天人性命，未有不切於人事者。三代學術，知有史而不知有經，切人事也。後人貴經術，以其卽三代之史耳。近儒談經，似於人事之外，別有所謂義理矣。浙東之學，言性命者必究於史，此其所以卓也。

朱陸異同，干戈門戶，千古桎梏之府，亦千古荆棘之林也。究其所以紛綸，則惟騰空言，而不切於人事耳。……浙東之學，雖源流不異，而所遇不同，故其見於世者，陽明得之為事功，蕺山得之為節義，梨洲得之為隱逸，萬氏兄弟得之為經術史裁，授受雖出於一，而面目迥殊，以其各有事事故也。彼不事所事，而但空言德性，空言學問，則黃茅白葦，極目雷同，不得不殊門戶以為自見地耳，故惟陋儒則爭門戶也。

史學所以經世非空言著述

或問：事功氣節果可與著述相提並論乎？曰：史學所以經世，固非空言著述也。且如六經同出於孔子，先儒以為其功莫大於春秋，正以切合當時人事耳。後之言著述者，舍今而求古，舍人事而言性天，則吾不得而知之矣。學者不知斯義，不足言史學也。

此所謂浙東貴專家，善言天人性命而切於人事，史學所以經世，非空言著述，不可無宗主，又不可有門戶，凡皆自道其學統之精神也。浙東源於陸王，浙西傳自朱子，眞知學者莫不實事求是，不爭門戶，故實齋能賞東原。而東原以朱學傳統反攻朱子，故實齋譏之，謂其「飲水忘源」也。並見通義朱陸篇及與朱少白書。

經學與史學

六經皆史論之意義

浙西講經學，浙東重史學，實齋文史通義唱「六經皆史」之說，蓋所以救當時經學家以訓詁考覈求道之流弊。其所謂「史」者，詳見於通義內篇卷五之史釋篇：

或問：周官府史之史，與內史、外史、太史、小史、御史之史，有異義乎？曰：無異義也。府史之史，庶人在官供書役者，今之所謂書吏是也。五史，則卿、大夫、士為之，所掌圖書、紀載、命令、法式之事，今之所謂內閣六科、翰林中書之屬是也。官役之分，高下之隔，流別之判，如霄壤矣；然而無異義者，則皆守掌故，而以存先王之道也。……三代以前，未嘗以道名教，而道無不存者，無空理也；三代以前，未嘗以文為著作，而文為後世不可及者，無空言也。蓋自官師治教分，而文字始有私門之著述，於是文章學問，乃與官司掌故為分途，而立教者可得離法而言道體矣。……學者崇奉六經，以為聖人立言以垂教，不知三代盛時，各守專官之掌故，而非聖人有意作為文章也。傳曰：「禮，時為大。」又曰：「書同文。」蓋言貴時王之制度也。學者但誦先聖遺言，而不達時王之制度，是以文為鞶帨絺繡之玩，而學為鬬奇射覆之資，不復計其實用也。故道隱而難知，士大夫之學問文章，未必足備國家之用也；法顯而易守，書吏所存之掌故，實國家之制度所存，亦即堯、舜以來因革損益之實迹也。故無志於學則已，君子苟有志於學，則必求當代典章，以切於人倫日用；必求官司掌故，而通於經術精微；則學為實事，而文非空言，所謂有體必有用也。不知當代而言好古，不通掌故而言經術，則鞶帨之文，射覆之學，雖極精能，其無當於實用也審矣。

學者昧今而博古，荒掌故而通經術，是能勝周官卿士之所難，而不知求府史之所易也。故舍器而言道，舍今而求古，舍人倫日用而求學問精微，皆不知府史之史通於五史之義者也。

三王不襲禮，五帝不沿樂，不知禮時為大，而動言好古，必非真知古制者也。……故當代典章，官司掌故，未有不可通於詩書六藝之所垂，而學者昧於知時，動矜博古，譬如考西陵之蠶桑，講神農之樹藝，以謂可禦饑寒，而不須衣食也。

故曰：

六經皆史也。……皆先王之政典也。（易教上。）

六經皆先王得位行道，經緯世宙之迹，而非託於空言。（易教上。）

古之所謂經，乃三代盛時典章法度見於政教行事之實，而非聖人有意作為文字以傳後世也。（經解上。）

包世臣

此為實齋「六經皆史」論之要旨。苟明六經皆史之意，則求道者不當捨當身事物、人倫日用，以尋之訓詁考訂，而史學所以經世，固非空言著述，斷可知矣。

實齋稍後，亦以遊幕著者有安吳包世臣慎伯，（生乾隆四十年乙未，卒咸豐五年乙卯，年八十一。）初客朱竹君皖署，適實齋初刻文史通義之翌年也。嘉慶辛酉，成說儲上、下篇，是歲實齋卒。說儲主改書吏名為「史」，謂：「史者，所以繕行文移，檢校簿書，習土而明風俗，近民而究情僞。漢、魏以前，皆出身辟舉，傑才間出，每至公卿。唐、宋以還，屛為流外，絕進身之望，去代耕之祿；然而居其地者以長子孫，故紳無世家，官無世職，而胥吏承襲，徧及天下，惟獄為市，弊極於今。」因主命級賦祿，敦選士人，精考課績。繼此論吏弊最著者，有魯一同通甫類稿之吏胥論。晚清論治及吏弊者多矣，其說始於包，而包主改吏爲史，通公卿、吏胥而一之，其說蓋得之章也。章氏六經皆史之論，本主通今致用，施之政事。其前有李恕谷，後有包慎伯、周保緒、魏默深，與實齋皆以遊幕而主經世。其大膽爲朝廷改制者，則始於包氏之說儲。時文網尚密，故書未刊布。（後國粹學報始為排印。）經生竊其說治經，乃有公羊改制之論。龔定庵言之最可喜，而定庵為文，固時襲實齋之緒餘者。公羊今文之說，其實與六經皆史之意相通流，則實齋論學，影響於當時者不為不深宏矣。近人誤會「六經皆史」之旨，遂謂「流水賬簿盡是史料」。嗚呼！此豈章氏之旨哉！

學問與功力

實齋本此發抒其論學之意見，大體見於文史通義卷二原學上、中、下三篇，謂：

古人之學，不遺事物。……夫子曰：「學而不思則罔，思而不學則殆。」又曰：「吾嘗終日不食，終夜不寢，以思，無益，不如學也。」夫思，亦學者之事；而別思於學……者，蓋謂必習於事而後可以言學，則夫子誨人知行合一之道也。……極思而未習於事，雖持之有故，言之成理，而不能知其行之有病也。原學中。學博者長於考索，豈非道中之實積？而鶩於博者，終身敝精勞神以徇之，不思博之何所取也。才雄者健於屬文，豈非道體之發揮？而擅於文者，終身苦身焦思以構之，不思文之何所用也。言義理者，似能思矣，而不知義理虛懸而無薄，則義理亦無當於道矣。原學下。

是實齋論學，徹頭徹尾主本當身事物實用，所謂學以經世，即空思義理，仍屬無當。而當時經學家風氣，則專尚考覈，並思想義理而無之，故實齋譏之曰：

近日學者風氣，徵實太多，發揮太少。有如桑蠶食葉，而不能抽絲。與汪龍莊書，文史通義外篇三。

又曰：

以學問為銅，文章為釜，而要知炊黍芼羹之用，所為道也。風尚所趨，但知聚銅，不解鑄釜。

其下焉者，則沙礫糞土，亦曰聚之而已。（與邵二雲書，文史通義外篇三。）

實齋直斥此等為「竹頭木屑之偽學」，（亦見與邵二雲書。）而暢論其意於文史通義之博約篇，（內篇二。）曰：

博與約

功力與性情

> 博學強識，自可以待問耳；不知約守，而祇為待問設焉，則無問者，儒將無學乎？……王伯厚氏搜羅摘抉，窮幽極微。……然王氏諸書，謂之纂輯可也，謂之著述則不可也；謂之學者求知之功力可也，謂之成家之學術則未可也。今之博雅君子，疲精勞神於經、傳、子、史，而終身無得於學者，正坐宗仰王氏，而誤執求知之功力，以為學卽在是爾。學與功力，實相似而不同。學不可以驟幾，人當致攻乎功力則可耳。指功力以為學，是猶指秫黍以為酒也。夫學有天性焉，讀書服古之中，有入識最初，而終身不可變易者是也；學又有至情焉，讀書服古之中，有欣慨會心，而忽焉不知歌泣何從者是也。功力有餘，而性情不足，未可謂學問也。性情自有，而不以功力深之，所謂有美質而未學者也。夫子曰：「發憤忘食，樂以忘憂，不知老之將至。」不知孰為功力，孰為性情，斯固學之究竟。夫子何以致是？則曰：「好古敏以求之者也。」今之俗儒，且憾不見夫子未修之春秋，又憾戴公得商頌而不存七篇之闕目，以謂高情勝致，至相贊歎。充其僻見，且似夫子刪修，不如王伯厚之善搜遺逸焉。蓋逐於時趨，而誤以襞績補苴謂足盡天地之能事也。幸而生後世也，如生秦火未燬以前，典籍具存，無事補輯，彼將

無所用其學矣。（博約中。）

此實齋深識當時漢學家以博誦強識、輯逸搜遺為學也。博誦強識、輯逸搜遺之不足以為學，實齋又發其意於假年篇，（文史通義內篇三。）曰：

客有論學者，謂書籍至後世而繁，人壽不能增於古，是以人才不若也。……或傳以為名言，余謂此愚不知學之言也。……學問之於身心，猶饑寒之於衣食也。不以飽煖慊其終身，而欲假年以窮天下之衣食，非愚則罔也。

年壽與質性

年可假，而質性不可變。……世有童年早慧，誦讀兼人，及其成也，較量愚柔之加功，不能遽勝也。則敏鈍雖殊，要皆盡於百年之能事。……今不知為己，而騖博以炫人。天下聞見不可盡，而人之好尚不可同；以有盡之生，逐無窮之聞見；以一人之身，逐無端之好尚，堯、舜有所不能也。

實齋族子廷楓，為此文作跋，謂：「此篇蓋有為而發，是亦為誇多鬭靡者下一針砭。」又曰：

叔父（實齋）每見學者自言苦無記性，……輙曰：「君自不善學耳。……書卷浩如煙海，雖聖人猶不能盡。……專則成家，成家則已立矣。宇宙名物有切己者，雖錙銖不遺；不切己者，雖泰山不顧。如此用心，雖極鈍之資，未有不能記也。」

實齋此等議論，明為針砭當時漢學家風氣而發。蓋掇拾補苴，與夫博誦強記，正當時漢學家功力所寄，而實齋皆非之，以為未足以當夫學也。

纂類與著述

學問與功力之辨，推言之，則又有纂類與著述之辨。當時漢學家相率慕為王伯厚、顧亭林、閻潛邱之札記，實齋論之曰：

為今學者計，札錄之功必不可少。然存為功力，而不可以為著作。與林秀才，文史通義外篇三。

札錄之與著作，自史家言之，則為著述與比類之兩家也。實齋舉其實例，謂如：

班氏撰漢書，為一家著述，劉歆、賈護之漢記，其比類也。司馬撰通鑑，為一家著述，二劉、范氏之長編，其比類也。……兩家本自相因，而不相妨害。……但為比類之業者，必知著述之意，而所次比之材，可使著述者出，得所憑藉，有以恣其縱橫變化。又必知己之比類，與著述者各有淵源，而不可以比類之密而笑著述之或有所疏，比類之整齊而笑著述之有所畸輕畸重，則善矣。報黃大俞先生，文史通義外篇三。

此其義，實齋暢發之於文史通義內篇卷一之書教篇，其略曰：

三代以上，記注有成法，而撰述無定名；三代以下，撰述有定名，而記注無成法。書教上。易曰：「筮之德圓而神，卦之德方以智。」間嘗竊取其義以槩古今之載籍，撰述欲其圓而神，記注欲其方以智也。夫「智以藏往，神以知來」，記注欲往事之不忘，撰述欲來者之興起，故記注藏往似智，而撰述知來似神也。藏往欲其賅備無遺，故體有一定而其德為方；知來欲其抉擇去取，故例不拘常而其德為圓。周官三百六十，天人官曲之故，可謂無不備矣。然諸史皆掌記注，而未嘗有撰述之官。則傳世行遠之業，不可拘於職司，必待其人而後行，非聖哲神明，深知二帝、三王精微之極致，不足以與此。書教下。

實齋此論雖為史發，實可推之一切之學術，故曰：

知來與藏往

圓神方智，自有載籍以還，二者不偏廢。書教下。

若論當時經學，比類纂輯，拾遺搜隱，正所謂藏往似智也。即名物訓詁，典章考訂，究其極，亦藏往似智也。此皆記注纂類之事，不得即以是為著作。纂類記注之不得為著作，正即是功力之不得為學問也。學問不能無藉乎功力，正猶著述之不能無藉於纂類記注。纂類記注為著述之所取資，實齋非有所呰議，而纂類記注者不自知其僅所以備著述之資，而自以為極天下之能事焉，此則誤認功力為學問，而學問之眞境無由達矣。實齋又言之，曰：

僕嘗謂功力可假，性靈必不可假。性靈苟可以假，則古今無愚智之分矣。與周永清論文，文史通義外篇三。

蓋記注比類，惟在功力，著述創造，有俟乎智慧，即實齋之所謂「識」，而其本則存乎人之性靈也。然為學者終不能長止乎功力而不求進於學問之成，則記注纂類，終必以著述創造為歸宿。故實齋又言之，曰：

經之流變，必入於史。與汪龍莊書，文史通義外篇三。

徵實者必極於發揮，纂類者必達乎撰造，蓋經以藏往，而史則開來也。此處「史」字應本述造而言。實齋本此見解，故論學頗重文辭，曰：

語云：「太上立德，其次立功，其次立言。」……著述一途，亦有三者之別：主義理者，著述之立德者也；主考訂者，著述之立功者也；主文辭者，著述之立言者也。答沈楓墀論學，文史通義外篇三。

又曰：

札錄之功，……不可以為著作。……既以此為功力，當益進於文辭。……孔、孟言道，亦未嘗離於文也。但成者為道，未成者為功力，學問之事，則由功力以至於道之梯航也。文章者，隨時表其學問所見之具也；劄記者，讀書練識以自進於道之所有事也。與林秀才。

又曰：

文章與學問

古人本學問而發為文章，其志將以明道，安有所謂考據與古文之分哉？又自注云：「天下但有學問家數，考據者，乃學問所有事，本無考據家。」與吳胥石簡，文史通義外篇三。

立言之士，讀書但觀大意；專門考索，名數究於細微；二者之於大道，交相為功，殆猶女餘布而農餘粟也。而所以不能通乎大方者，各分畛域而交相詆也。答沈楓墀論學。

立言即著述，考索猶記注纂類矣。凡此皆實齋特提文史之學，以為當時經學家補偏救弊之要旨也。

著述與事功

實齋與顏李

而實齋論學卓見，所以深砭當時學術界流弊者，猶不止此。蓋實齋既本「六經皆史」之見解，謂求道不當守經籍，故亦謂學之致極，當見之實事實功，而不當徒以著述為能事。此其意蓋不僅為當時經學家專事考索比輯者發矣。求之清代，差與顏、李之說為近，而較尤圓密。故曰：

書與學

古人以學著於書，後人即書以為學。與林秀才，文史通義外篇三。

學術之未進於古，正坐儒家者流，誤欲法六經而師孔子耳。孔子不得位而行道，述六經以垂教於萬世，孔子之不得已也。後儒非處衰周不可為之世，輒謂師法孔子，必當著述以垂後，豈有

實事與空言

不得已者乎？何其蔑視同時之人而惓惓於後世耶？故學孔子者，當學孔子之所學，不當學孔子之不得已。然自孟子以後，命為通儒者，率皆願學孔子之不得已者也。以孔子之不得已而誤謂孔子之本志，則虛尊道德文章，別為一物，大而經緯世宙，細而日用倫常，視為粗迹矣。（與陳鑑亭論學。文史通義外篇三。）

此非酷肖顏、李之說乎？實齋此意，又深發於原道，曰：

治見實事，教則垂空言矣。後人因宰我、子貢、有若三子之言，而盛推孔子過於堯、舜，因之崇性命而薄事功。於是千聖之經綸，不足當儒生之坐論。（原道上。）

又曰：

儒家者流，尊奉孔子。……孔子立人道之極，豈有意於立儒道之極耶？……人道所當為者，廣矣大矣，豈當身皆無所遇，而必出於守先待後，不復涉於人世哉？……所處之境，各有不同。……學夫子者，豈曰屏棄事功，預期道不行而垂其教邪？（原道中。）

其重事功而抑著述，與顏、李同旨。晚年又有書孫淵如觀察原性篇後，謂：

性命非可空言，當徵之於實用。文史通義外篇二。

又謂：

果形有一定之惡，則天下豈有無形之性？是性亦有惡矣。秦王遺玉連環，趙太后金椎一擊而解，今日性理連環，全藉踐履實用，以爲金椎之解。……宋儒輕實學，自是宋儒之病。……顧以性命之理，徒博堅白異同之辨，使爲宋學者反脣相議，亦曰但騰口説，身心未嘗體踐，今日之學，又異宋學，則是燕伐燕也。

性理與履踐

其重踐履而輕誦説，亦與顏、李相似。惟習齋欲盡廢紙墨誦説而重習行，爲道似狹，恕谷欲以考古窮經證成其師之意而路益歧；實齋論學，雖重當身事功，而路徑較習齋爲寬，辨證較恕谷爲達。顏、李以周官鄉三物言六藝，亦不如實齋古者政教不分，官師合一，以周官三百六十爲六藝源本之論之爲大而精也。而原道一篇，實爲實齋學説之總樞，實齋嘗自言之，曰：

文史通義，專爲著作之林較讎得失。著作本乎學問，而近人所謂學問，則以爾雅名物、六書訓故，謂足盡經世之大業，雖以周、程義理，韓、歐文辭，不難一吷置之。其稍通方者，則分考訂、義理、文辭為三家，而謂各有其所長；不知此皆道中之一事耳。著述紛紛，出奴入主，正坐此也。鄙著原道之作，蓋為三家之分畛域設也。與陳鑑亭論學。

又曰：

古今以來，合之為文質損益，分之為學業、事功、文章、性命。當其始也，但有見於當然而為乎其所不得不為，渾然無定名也。其分條別類，而名文、名質，名為學業、事功、文章、性命而不可合併者，皆因偏救弊，有所舉而詔示於人，不得已而強為之名，定趨向爾。後人不察其故，而徇於其名，以謂是可自命其流品，而紛紛有入主出奴之勢焉。漢學、宋學之交譏，訓詁、辭章之互詆，德性、學問之紛爭，是皆知其然而不知其所然也。天喻，文史通義內篇六。

故苟明於道之大原，則學業、事功、文章、性命皆足以救世，皆可以相通，而無所事乎門戶之主奴。不明於道之大原，則考訂、義理、文辭三者，乃始各立門戶以爭短長，而失事功、性命之眞。自實齋見地言之，顏、李固亦不失為因偏救弊之一端，而實齋之論，尤為得其通方矣。

今考文史通義外篇二，有書貫道堂文集後一篇，文長近三千言。貫道堂集乃成都費錫璜滋衡著，其父密此度嘗與李恕谷通書論學，治陸、王而頗近顏、李也。實齋於貫道一集頗推挹，文中摘其要旨，謂：

其論經旨，則謂：「聖人言事實，不言虛理。」……論儒術，謂：「儒貴能治天下，猶工貴能治木也。宋儒崇性命而薄事功，以講治術為粗，是猶見工之操繩墨斧斤，斥以為粗，而使究木理之何以作酸，何以克土，何以生火，何以生東方而主甲乙也。終身探索，未有盡期，而大不能為宮室，小不能為輪轅，尚可以為工乎？則徒講性命之非儒術，亦可喻矣。」……其務知篇謂：「求知當知所務。」是非篇謂：「欲定是非，不可偏執己見。」……

實齋稱其書「縱橫博辨，閎肆而有準繩，周、秦諸子無以過之；而又切中時弊，理較諸子為醇」。又稱其論儒術，「尤切宋儒以後之痼疾」。以實齋平日論學態度言之，固宜其深契費氏矣。惟謂其書「不甚學而喜穿鑿」，則實齋自生乾、嘉博雅考訂之世，故見若前人之陋耳。若實齋得讀顏、李書，其批評亦視此推矣。

性情與風氣

近人言治學方法者，率盛推清代漢學，以為條理證據，有合於今世科學之精神，其說是矣；然漢學家方法，亦惟用之訓詁考釋則當耳。學問之事，不盡於訓詁考釋，則所謂漢學方法者，亦惟治學之一端，不足以竟學問之全體也。實齋論學，頗主挽當時漢學家過甚之偏，其所以詔學者以治學之方法者，亦自與漢學家之訓詁考據惟務者有異，此亦實齋論學至有價值之一節也。如實齋之說，則有志於學者，必先知俗尚與道真之辨。實齋暢論其意於與朱滄湄中翰論學書。見文史通義外篇三。曰：

為所當然，而又知其所以然者，皆道也。……學術無有大小，皆期於道。……學術當然，皆下學之器也；中有所以然者，皆上達之道也。器拘於迹而不能相通，惟道無所不通，是故君子即器以明道，將以立乎其大也。歷觀古今學術，循環盛衰，互為其端。以一時風尚言之，有所近者必有所偏。……學者……囿於時之所趨，莫不殫精竭智，攻索不遺餘力，自以所得遠過前人。……及其風衰習變，後人又以時之所尚，追議前人，未嘗不如前人之視古昔。漢、唐、宋、明以訖昭代，作者遞相祖述，亦遞相訾議。……惟夫豪傑之士，自得師於古人，取其意之所誠然而中實有所不得已者，力求其至，所謂君子求諸己也。……趨向專，故成功易；毀譽淡，故自得深。卽其天質之良，而縣古人之近己者以為準，勿忘勿助，久之自有會心焉，所謂途轍不同，而同期於道也。……夫世之所尚，未必卽我性之所安，時之所趨，何必卽我質之所近！舍其所長，而用其所短，亦已難矣。而毀譽之勢眩其外，利鈍之見惑其中，雖使十倍古人之智力，而成功且不能以及半焉；何況中材而下，本無可以自通哉？

風氣與天姿

又答沈楓墀論學，說此尤詳，謂：

文求其是而學思其所以然，人皆知之，而人罕能之。……緣風氣錮其習，而毀譽不能無動於中也。三代以還，官師政教，不能合而為一，學業不得不隨一時盛衰而為風氣。當其盛也，蓋世豪傑竭才而不能測其有餘；及其衰也，中下之資，抵掌而可以議其不足。大約服、鄭訓詁，韓、歐文辭，周、程義理，出奴入主，不勝紛紛，君子觀之，此皆道中之一事耳。未窺道之全量，而各趨一節以相主奴，是大道不可見，而學士所矜為見者，特其風氣之著於循環者也。足下欲進於學，必先求端於道。道不遠人，卽萬事萬物之所以然也。……人生難得全才，得於天者必有所近，學者不自知也。博覽以驗其趣之所入，習試以求其性之所安，旁通以究其量之所至，是亦足以進乎道矣。今之學者則不然，不問天質之所近，不求心性之所安，惟逐風氣所趨，而徇當世之所尚。……夫風氣所趨，偏而不備，而天質之良，亦曲而不全。……然必欲求天質之良而深戒以趨風氣者，固謂良知良能，其道易入，且亦趨風氣者，未有不相率而入於偽也。其所以入於偽者，毀譽重而名心亟也。故為學之要，先戒名心；為學之方，求端於道。……風氣縱有循環，而君子之所以自樹，則固毀譽不能傾，而盛衰之運不足為榮瘁矣，豈不卓歟！

此所謂風氣者，在當時，則漢學考訂是也。實齋又特指陳其實例於所為淮南子洪保辨，見文史通義外篇一。而曰：

君子之學，貴闢風氣，而不貴趨風氣。蓋既曰風氣，無論所主是非，皆已演成流習，而諧衆以為低昂，不復有性情之自得矣。

又曰：

古今是非，祇欲其平，不欲其過。自來門戶干戈，是非水火，非必本質如是，皆隨聲附和者之求加不已，而激至於反也。

天下事凡風氣所趨，雖善必有其弊。君子經世之學，但當相弊而救其偏，轉不重初起之是非。

謂既入風氣，而初起之是非已失實也。

開風氣與趨風氣

此實齋辨性情、風氣，而終綰合於經世事功之説也。此其義又見於文史通義內篇卷六之天喻，曰：

學業將以經世也。……其前人所略而後人詳之，前人所無而後人創之，前人所習而後人更之，……要於適當其宜而可矣。周公……孔子……孟子……韓子……程朱……其事與功皆不相襲，而皆以言乎經世也。故學業者，所以闢風氣也。風氣未開，學業有以開之；風氣既弊，學業有以挽之。人心風俗，不能歷久而無弊，……因其弊而施補救。……風氣之弊，非偏重則偏輕，……非因其極而反之，不能得中正之宜也。好名之士，方且趨風氣而為學業，是以火救火而水救水也。

然則學者從入，必發端乎一己之性情，而成為經世之事業，乃得為學業之眞。人之性情既萬殊不同，世變亦千古常新，則為學更無一定之規矩，亦無共遵之塗轍矣。實齋自述其意乃本陽明，故曰：

言學術，功力必兼性情，為學之方，不立規矩，但令學者自認資之所近與力能勉者而施其功力，卽王氏良知之遺意也。博約下。

今以實齋風氣、性情之論，上觀陽明拔本塞源論所辨功利與良知之異，則淵源所自，大體固若合符節耳。

實齋論專家

專家與通識

實齋論為學從入必本性情，而極其所至，則以專家為歸。故曰：

學問文章，須成家數。（與林秀才。）

又曰：

道欲通方，而業須專一。學必求其心得，業必貴於專精，類必要於擴充，道必抵於全量。（博約下。）大抵學問文章，善取不如善棄。天地之大，人之所知所能，必不如其所不知不能，故有志於不朽之業，宜度己之所長而用之，尤莫要於能審己之所短而謝之。……誠貴乎其專也。……蓋登太山絶頂，則知千萬途陘之所通，登者止擇一陘，而以他陘謂非登山之道，人皆知其不可。而學術之封己，往往似之。故……成己欲其精專，取人貴乎兼攬。與周次列舉人論刻先集，劉刻遺書卷二十二。

又曰：

學人必有所以自恃。如市廛居貨，待人求索，貴於不匱，不貴兼也。居布帛者不必與知米粟，市陶冶者不必愧無金珠。是以學欲其博，守欲其約。又答沈楓墀，劉刻遺書卷三十九。患己不能自成家耳，譬市布而或闕於衣材，售藥而或欠於方劑，則不可也。博約上。

然實齋之論專家，其從入若易，各就資性之所近而致力焉，其事易。而到達則難，必本其所專精而擴充以抵於道之全量，則難也。同時學者如邵二雲，實齋最所契合，然猶曰：

立言宗旨，未見有所發明。……聞見之擇執，博綜之要領，尚未見其一言蔽而萬緒該。與邵二雲論學。

因曰「恐於聞道之日猶有待」，是實齋尚不以「聞道」許二雲也。負盛名者如汪容甫，中。實齋且深非之，特為立言有本一文（文史通義外篇一。）發其旨。謂其聰明有餘，眞識不足。時漢學家為實齋稱許者，無如戴東原，曰：「近日言學問者，戴東原氏實為之最，以其實有見於古人大體，非徒矜考訂而求博雅也。」（又與正甫論文，劉刻遺書卷二十九。）然東原詆排朱子，實齋譏之，謂其「飲水忘源，慧有餘而識不足」。（此即聰明有餘，眞識不足之意也。）是東原亦未為知道，未為深知夫學術之流別也。不僅考據家然，文章家亦莫不然，實齋本此意見而尚論古今文集，則堪當專門名家之選者，為數實尠。其意見於文史通義內篇卷六之文集篇，謂：

> ……文集之名，昉於晉代，而後世應酬牽率之作，決科俳優之文，亦汎濫橫裂而爭附別集之名。……而所為之文，亦矜情飾貌，矛盾參差，非復專門名家之語無旁出也。夫治學分而諸子出，公私之交也；言行殊而文集興，誠偽之判也；勢屢變則屢卑，文愈繁則愈亂。苟有好學深思之士，因文以求立言之質，因散而求會同之歸，則三變而古學可興。惜乎！循流者忘源，而溺名者喪實。二缶猶且以鍾惑，況滔滔之靡有底極者！

實齋又本此而論詩，謂：

> 文流而為纂組之藝，詩流而為聲律之工，非詩、文矣。而……詩人之濫，或甚於文學。……嘗推劉、班區別五家之義，以校古今詩賦，寥寥鮮有合者。……必古詩去其音節鏗鏘，律詩去其

聲病對偶，且并去其謀篇用事、琢句鍊字，一切工藝之法，而令翻譯者流，但取詩之意義，演爲通俗語言，此中果有卓然其不可及，迥然其不同於人者，斯可以入五家之推矣。苟去是數者，而枵然一無所有，是工藝而非詩也。陳東浦方伯詩序，校讎通義外篇。

又本此而論史，謂：

史之大原本乎春秋，春秋之義昭乎筆削。筆削之義，不僅事具始末，文成規矩已也；……固將綱紀天人，推明大道。所以通古今之變，而成一家之言者，必有詳人之所略，異人之所同，重人之所輕，而忽人之所謹。繩墨之所不可得而拘，類例之所不可得而泥。而後微茫秒忽之際，有以獨斷於一心。及其書之成也，自然可以參天地而質鬼神，契前修而俟後聖，此家學之所以可貴也。……唐後史學絶，而著作無專家。……於是史文等於科舉之程式，胥吏之文移。答客問上，文史通義内篇四。

故自實齋所懸之格而求，古今文史著述，得躋於專門成家之流者蓋不多，大率專門成家者必具別識，別識本於性眞，其歸會於大道，其用達於經世；其在風氣，則常爲鬭而不爲趨，其爲抉擇，則常於誠而不於名，此則所由以成家也。然專家既貴有別識，尤貴有通識。何以謂之通識？曰：

忖己之長未能兼有，必不入主而出奴；擴而充之，又可因此以及彼。（答沈楓墀論學，文史通義外篇三。）

卽所謂通識也。通識何以求？曰：

凡人之性，必有所近，必有所偏，偏則不可以言通。古來人官物曲，守一而不可移者，皆是選也。薄其執一而舍其性之所近，徒泛騖以求通，則終無所得。惟卽性之所近，而用力之能勉者，因以推微而知著，會偏而得全，斯古人所以求通之方也。（通說為邱君題南樂官舍，文史通義外篇二。）

夫必既貴專門，又尚通識，先本性情，歸極大道，而後風氣循環，乃有以默持其運於不弊。故實齋評東原、容甫，皆謂其識不足，言朱陸門戶，則曰道並行而不相背，此則實齋論學之淵旨也。故曰：

學問文章，聰明才辨，不足以持世，所以持世者存乎識。所貴乎識者，非特能持風尚之偏而已也，知其所偏之中，亦有不得而廢者焉；非特能用獨擅之長而已也，知己所擅之長，亦有不足以該者焉。不得而廢者，嚴於去偽，（風尚所趨，不過一偏，惟偽託者，并其偏得亦為所害。）而慎於治偏，（真有得者，但治其偏足矣。）則可以無弊矣。不足以該者，闕所不知，而善推能者，無有其人，則自明所短而懸以待之，（人各有能有不能。……偽趨逐勢者無足責，其間有所得者，遇非己之所長，則強不知為知；否則大言欺人，以謂此外皆不足道。……曾見其人，未暇數責。亦可以無欺於世矣。說林，文史通義內篇四。

蓋發乎己之性情之所誠然而實有所不得已者以為學，是誠也。及其學有所得，悟見大道，而知我之所治、所有之不過為大道之一偏，而同有以見夫人之所治、所有之亦不過為大道之一偏，而互有其可以相通焉，是識也。凡實齋論學，發乎性眞，極乎通識，合之陽明良知之教，所謂「知行合一」、「拔本塞源」之論者，面貌雖異，根柢則一。引而上之，卽中庸明、誠之辨，天、人之別，性、道之分也。實齋主專門卽是「致曲」，貴通識卽「道並行而不相背」。原道三篇，為其總樞，而浙東學術一文，則實齋自道其立說淵泉之所自也。

方法與門路

實齋論學要旨，具如上述，而實齋自道其為學經歷，頗有可與上述相證發者。其語多見於家書，文史通義外篇三。實齋謂：

吾於史學，蓋有天授，自信發凡起例，多為後世開山。……至論學問文章，與一時通人全不相合。蓋時人以補苴襞績見長，考訂名物為務，小學音畫為名；吾於數者皆非所長，而甚知愛重，咨於善者而取法之，不強其所不能，必欲自為著述，以趨時尚，此吾善自度也。時人不知其意而強為者，以謂舍此無以自立，故無論真偽是非，途徑皆出於一。吾之所為，則舉世所不為者也。如古文辭，……前人尚有為者；至於史學義例，校讎心法，則皆前人從未言及，亦未有可以標著之名。愛我如劉端臨，見翁學士詢吾學業究何門路，劉則答以不知。……故吾最為一時通人所棄置而弗道，而吾於心未嘗有憾。且未嘗不知諸通人所得亦自不易，不敢以時趨之中不無偽託，而并其真有得者亦忽之也。家書二。

又曰：

吾讀古人文字，高明有餘，沉潛不足。故於訓詁考質，多所忽略，而神解精識，乃能窺及前人所未到處。……猶記二十歲時，購得吳注庾開府集，有「春水望桃花」句，吳注引月令章句云：「三月桃花水下。」祖父實齋父。抹去其注，而評於下曰：「望桃花於春水之中，神思何其綿邈！」吾彼時便覺有會，回視吳注，意味索然矣。自後觀書，遂能別出意見，不為訓詁牢籠。雖時有鹵莽之弊，而古人大體，乃實有所窺。家書三。

又曰：

吾……二十歲以前，性絶騃滯，讀書日不過三、二百言，猶不能久識。學為文字，虛字多不當理。廿一、二歲駸駸向長，縱覽羣書，於經訓未見領會，而史部之書，乍接於目，便似夙所攻習然者，其中利病得失，隨口能舉，舉而輒當。人皆謂吾得力史通，其實吾見史通已廿八歲矣。廿三、四時所筆記，……其識之卓絶，則有至今不能易者。……乃知吾之廿歲後與廿歲前不類出於一人，自是吾所獨異。……故吾近日教人用功，不為高論異説，知人所具才質，不可一例限也。惟歸其要於識趣，則自閱歷之言，差覺信而有徵。家書六。

此皆實齋之自道也。又曰：

人之才質，萬變不同。已成之才，推其何以至是，因而思所效法，道亦近矣，然有不可據者。……觀前輩自述生平得力，其自矜者，多故為高深。……其有意主勸誘，而言之太易者，亦須分別觀之。……有自諱初習之陋，而以後之所得，一似生知之者。……又有天姿之高，不盡由於學力，而意之所主，自足成家，惟嫌天姿不足為訓，遂舉生平所得，強歸功於所主之説，而不知其所以得者不在此也。家書六。

功力屢變與識趣堅定

此言效法前輩得力之未盡可據也。又曰：

夫學貴專門，識須堅定，皆是卓然自立，不可稍有游移者也。至功力所施，須與精神意趣相為浹洽。……昨年過鎮江，訪劉端臨，自言頗用力於制數，而未能有得，吾勸之以易意以求。夫用功不同，同期於道。學以致道，猶荷擔以趨遠程也，數休其力而屢易其肩，然後力有餘而程可致也。攻習之餘，必靜思以求其天倪，數休其力之謂也；求於制數，更端而究於文辭，反覆而窮於義理，循環不已，終期有得，屢易其肩之謂也。……功力屢變無方，而學識堅定不易，亦猶行遠路者，施折惟其所便，而所至之方，則未出門而先定者矣。家書四。

此言治業貴專門，而亦須變換興趣，多方探索也。此皆實齋指點為學門徑方法極親切處也。

校讎與著錄

家法與流別

實齋於文史通義外，別著校讎通義，議論與文史通義相發明。大意謂：

家法不明，著作所以日下；部次不精，學術所以日散。校讎通義卷一第二之一。

古人著録，不徒為甲乙部次計。如徒為甲乙部次計，則一掌故令史足矣。……蓋部次流别，申明大道，敍列九流百氏之學，使之繩貫珠聯，無少缺逸，欲人卽類求書，因書究學。……敍列一家之書，凡有涉此一家之學者，無不窮源至委，竟其流别，所謂著作之標準，羣言之折衷也。校讎通義卷一第三之一。

校讎方法之最大且要者有二：一曰互著，理有互通，書有兩用者，皆兼收並載，不嫌重複，而於甲乙部次之下，加以互注，以便稽檢是也。蓋

書之易淆者，非重複互注之法，無以免後學之牴牾；書之相資者，非重複互注之法，無以究古人之源委。第三之四。

二曰别裁，

於全書之内，……得裁其篇章，補苴部次，别出門類，以辨著述源流。第四之一。

是也。

至其全書篇次，……隸於本類，亦自兩不相妨。蓋權於賓主重輕之間，知其無庸互見者，而始有裁篇別出之法也。同上。

故校讎之用，可以評騭古今學術源流，分別諸家體裁義例，其事卽無異於著作。若未悉古今學術源流，不於離合異同之間深求其故，……僅求甲乙部次，苟無違越而已。此則可謂簿記守成法，而不可為校讎家議著作也。校讎通義卷二第十二之一。

實齋嘗為周書昌作籍書目錄序，亦發其意，謂：

書昌嘗患學之不明，由於書之不備；書之不備，由於聚之無方。……然羣書既萃，學者能自得師，尚矣。擴四部而通之，更為部次條別，申明家學，使求其書者，可卽類以明學，由流而溯源，庶幾通於大道之要，而有以刊落夫無實之文詞，泛濫之記誦，則學術當而風俗成矣。斯則書昌之有志而未逮，讀其書者不可不知其義也。周書昌別傳，劉刻遺書卷十八。

實齋文史通義議論，多為救挽當時經學家風尚而發，至其校讎通義，一本古人政教不分、官師合一之旨，推原周禮，發明家學，與文史通義立論大體相通。抑其書亦似有感於當時清廷之修四庫書而發者。四庫之議，始自朱筠，時實齋從遊在皖，朱筠謹呈管見開館校書摺子，凡擬辦法四條，而著錄、校讎當並重，亦為其一，疑此奏實齋、二雲諸人當預聞。胡適實齋年譜已主此說，沈元泰章學誠傳謂徵書奏始自實齋，不及二雲，未知其別有據否。沈傳收碑傳集補卷四十七。其後實齋力辨「校讎」與「著錄」之不同，若以其論史之體裁為例，則著錄僅是記注，校讎乃屬著作；著錄可據成法，校讎須具特識。當時清廷既修四庫，實齋之意，欲就其著錄再加辨章流別，勒成一家之業也。然其所標七略義例，與夫互著別裁之法，在當時頗少信者，則其時學風尚於徵實，既不解實齋文史之旨，自不取其校讎之說爾。

實齋學風之影響

實齋以講學反時趨，並世學者至不知其學業是何門路。實齋亦自言：「最為一時通人所棄置而弗道。」故錢林字東生，生乾隆二十七年，卒道光八年。（一七六二—一八二八。）文獻徵存錄為邵晉涵作傳，至稱為「張學誠，以明經終」。是實齋沒世未久，即其鄉人，錢東生亦浙人。已不甚知之。惟徵存錄稱實齋「少從山陰劉文蔚豹君、童鈺二樹游，習聞蕺山、南雷之說，言明季黨禍緣起，奄寺亂政，及唐、魯二王本末，往往出於正史之外」，此語應有受。又嘉慶十一年唐仲冕刻紀年經緯考，亦誤題實齋姓為張。蓋實齋生時既無灼灼之名，其文史、校讎兩通義，至道光壬辰十二年。始得刊行，

焦里堂與實齋

據其子華紱跋。生前文字流傳，頗自謹重，其過背時趨者，未必輕出，故外人亦不深知也。惟焦里堂讀書三十二贊，通義列於十九，所讚大率皆當時樸學，獨實齋一書非其類，而題注作章石齋，較之錢東生之誤章為張，亦相勝一肩而已。是可徵實齋當時聲名之暗晦矣。然實齋與邵二雲論學書，遺書卷九。謂：「生平所得，無不見於言談；至筆之於書，亦多新奇可喜。其間游士襲其談鋒，經生資為策括，足下亦既知之。近則遨遊南北，目見耳聞，自命專門著述者，率多陰用其言，陽更其貌，且有明翻其說，暗勦其意。幾於李義山之敝緼，身無完膚；杜子美之殘膏，人多沾丐。鄙昔著言公篇，久有謝名之意，良以立言垂後，何必名出於我？」則實齋生前雖未享盛名，而思想議論之影響於當世者，非無足道矣。余觀實齋並世，即如焦里堂、凌次仲之徒，雖稱私淑東原，而議論與實齋相通者已不尠。其後常州今文學起，治經羣趨於春秋，旁及周禮，好言政制，而極於變法，訓詁名物之風稍衰。而仁和龔自珍，著書亦頗剽竊實齋。時會轉移，固非一端，而實齋平生論學，所謂力持風氣之偏者，要不得謂非學術經世之一效也。

實齋文字編年要目

實齋為韓柳二先生年譜書後，文史通義外編二。嘗謂：

文章乃立言之事，言當各以其時，卽同一言也，而先後有異，則是非得失，霄壤相懸。……故凡立言之士，必著撰述歲月，以備後人之考證；而刊傳前達文字，慎勿輕削題注，與夫題跋評論之附見者，以使後人得而考鏡焉。……前人已誤，不容復追，後人繼作，不可不致意於斯也。

則實齋自撰文字，宜每篇均注年月矣。然今刻本於其題注，復多刊削，良可惋惜。頃見武昌柯氏藏章氏遺書鈔本，藏燕京大學圖書館。題下附注較詳，雖不全備，所缺已稀，弗能詳錄，姑誌與本篇較有關係者，為編年要目如次：

實齋成學前之幾個階段

乾隆二十九年甲申，一七六四。實齋年二十七。

是年參編天門縣志，作修志十議。

乾隆三十年乙酉，一七六五。實齋年二十八。

始學文章於朱竹君，始見劉知幾史通，自稱彼時「立志甚奇，而學識未充，文筆未能如意之所向」。跋甲乙賸稿。

乾隆三十一年丙戌，一七六六。實齋年二十九。

是年有與族孫汝南論學書，謂：

往僕以讀書當得大意，……好立議論，……攻排訓詁。……獨怪休寧戴東原振臂而呼，曰：「今之學者，毋論學問文章，先坐不曾識字。」僕駭其說，就而問之，……重媿其言，……可為慚惕。

按：是時實齋已識東原，亦已好立議論，攻排訓詁，聞東原言而重媿。此後於東原云云，重有駁難，則是時實齋性趣已見，而識議未定也。

乾隆三十六年辛卯，一七七一。實齋年三十四。

始識邵二雲。

乾隆三十七年壬辰，一七七二。實齋年三十五。

是年始著文史通義。有侯國子監司業朱春浦先生、與嚴冬友侍讀兩書，皆云「錄呈三篇」，其目不可考。又戊午鈔存有上辛楣宮詹書，亦在是年，已言「文史、校讎，與時異趨，欲有所挽救」。蓋其時議論尚未入細，而識趣大端已立。然上辛楣一書，似經晚年點定，非盡當日筆致也。又按：江藩漢學師承記卷三：「錢大昕嘗謂：『自惠、戴之學盛行於世，天下學者，但治古經，略涉三史，三史以下，茫然不知，得謂之通儒乎？』所著二十二史考異，蓋有為而作也。」今按：錢氏考異自序在乾隆四十五年庚子，距戴東原卒三年耳；錢氏又稱編次考異，始於丁亥，其時戴學固未大行，江說不足信。惟錢氏治史，自與惠、戴路徑不同，故實齋獨希為鍼芥之投耳。又按：竹汀年譜：「乾隆三十五年庚寅，是歲始讀說文，研究聲音、文字、訓詁之原。」此尚在實齋貽書前兩年。其時竹汀治學，已走上東原一路，則宜乎章書之不見契也。

乾隆三十八年癸巳，一七七三。實齋年三十六。

是年作和州志例。在寧波道署遇戴東原，論史事多不合，論修志亦不合。是時實齋見解，蓋較乙酉益進矣。

乾隆三十九年甲午，一七七四。實齋年三十七。

是年撰和州志四十二篇。

乾隆四十年乙未，一七七五。實齋年三十八。

實齋跋甲乙賸稿，謂其時「學識方長，而文筆亦縱橫能達，然不免有意矜張也」。乾隆四十二年丁酉，一七七七。實齋年四十。

戴東原卒。實齋有朱陸篇，為評東原而作，似尚在東原卒前。

是年修永清志。

乾隆四十三年戊戌，一七七八。實齋年四十一。

是年成進士。續修永清志。

乾隆四十四年己亥，一七七九。實齋年四十二。

永清志成。是年著校讎通義四卷，此稿後兩年遊河南遇盜失去，前三卷有朋友抄存本，後亦改作。

乾隆四十六年辛丑，一七八一。實齋年四十四。

遇盜，凡四十四歲前撰著文稿均失，後從朋舊家借鈔存錄別本，名辛丑年鈔。是年朱竹君卒。

辛壬剩復刪存稿有通説一篇，為實齋論學要旨之一。

初撰通義時態度

乾隆四十八年癸卯，一七八三。實齋年四十六。

是年有癸卯通義草十篇，篇名可考者為詩教上、下，言公上、中、下五篇。有書後云：「若其撰述之旨，則得自矜腑，隨其意趣所至，固未嘗有意趨時，亦不敢立心矯異，言惟其事，理愜於心。」可徵實齋初撰通義時態度，與戊申、己酉以後自不同。又書後云：「有通義草七篇，分八十九章，又三篇不分章者。」今按：俗嫌、鍼名、砭異三篇不分章，疑即今年作。又癸卯錄存，有代擬續通典禮典目錄序、籍書園書目序、與陳鑑亭論學、與喬遷安論初學課蒙三簡、與邵二雲論文書、與邵二雲論學、與家正甫論文、又與正甫論文、與馮秋山論修譜諸篇；又與朱滄湄中翰論學書，極重要。

乾隆四十九年甲辰，一七八四。實齋年四十七。

是年有甲辰錄存，有答周筤谷論課蒙書兩通，及題朱滄湄詩册等。

乾隆五十年乙巳，一七八五。實齋年四十八。

是年有論課蒙文法二十六通。又跋甲乙賸稿云：「甲辰、乙巳……所作亦有斐然可觀，而未通變也。」

乾隆五十二年丁未，一七八七。實齋年五十。

至河南，始依畢秋帆。

六經皆史論之初發見

乾隆五十三年戊申，一七八八。實齋年五十一。

主編史籍考。五月有報孫淵如書，謂：「愚之所見，以為盈天地間，凡涉著作之林，皆是史學，六經特聖人取此六種之史以垂訓者耳。……此種議論，知駭俗下耳目，故不敢多言。然朱少白所鈔鄙著中，亦有道及此等處者，特未暢耳。俟為尚書公畢沅成書之後，亦當以涉歷所及，自勒一家之言，所為聊此自娛，不敢問世也。」按：是書，實齋初發「六經皆史」之論，其時文史通義中重要諸篇均未作也。史釋篇亦後成，近人皆以本篇義說「六經皆史」，實未得實齋淵旨。有與邵二雲論學書。

校正校讎通義，與諸家所存本又大異。按：此年校正者，即今傳刻本，議論與文史通義相發，而言之未暢，蓋此後文史通義之先聲也。惜校讎通義初稿不可見，否則必可證實齋思想進展之痕迹。

是年秋，得文史通義十篇，目不可考。戊申錄稿有禮教、所見、論修史籍考要略、與邵二雲書諸篇，殆即十篇之四也。又與劉寶七昆弟論家傳書稱戊申秋課。

乾隆五十四年己酉，一七八九。實齋年五十二。

是年自四月十一日至五月初八日，得通義內、外二十三篇，約二萬言。自言生平為文，未有捷於此者。以體例分甲、乙兩編，統名姑孰夏課。甲編文目蓋如次：

經解上中下，原題注：庚戌鈔存通義上。

原道上中下，原題注：庚戌夏鈔存。

文史通義中心文字

原學上中下，原題注：庚戌鈔存通義上。

博約上中下，同上。

十二篇外又附存舊稿一篇，今疑是朱陸篇，原題注庚戌鈔存通義下。據朱陸篇原文，似當東原未卒前作。而朱陸篇書後云「戴君下世今十餘年」，則今年去東原卒十二年，恰合，知書後乃今年作，而並以原篇編附十二篇後也。

其他篇名可考者有：

匡謬、黠陋、習固、篇卷，皆稱庚戌鈔存通義上。

辨似、說林、知難、史釋、史注、文集、天喻、師說、假年、感遇、感賦、史學例議、亳州人物表例議上中下、記與戴東原論修志，皆稱庚戌鈔存通義下。

雜說上中下，稱庚戌鈔。

朱先生墓誌書後、鄭學齋記書後、答沈楓墀論學、答周永清辨論文法、又答沈楓墀、答朱少白、與朱少白論文，皆注庚戌鈔存雜文。

大體多是己酉年作也。又文理篇大概亦是年作。實齋重要思想，大部均於此時成熟。上舉文目，實為文史通義之中心文字，為研究實齋學術者最須玩誦之諸篇。而己酉一年，亦實齋議論思想發展最精采之一年也。

乾隆五十五年庚戌，一七九〇。實齋年五十三。

是年亳州志成書。

乾隆五十六年辛亥，一七九一。實齋年五十四。

是年所作文有辛亥草，如史德、唐書糾謬書後、讀史通、駁孫何碑解、論文上弇山尚書諸篇。又庚辛間草，有釋通、答客問、同居、皇甫持正文集書後、李義山文集書後、韓柳二先生年譜書後、元次山集書後、唐劉蛻集書後、王右丞集書後、各家校注韓集書後六篇、與邵二雲論學、與邵二雲、與史餘村簡、與周永清論文兩篇、與族孫守一論史表，及家書七通。又庚辛雜訂有公式篇。

乾隆五十七年壬子，一七九二。實齋年五十五。

是年有與邵二雲論修宋史書，云：

近撰書教之篇，所見較前似有進境，與方志三書之議，同出新著。

實齋晚年之史學見解

則書教三篇，蓋成於今年，實可代表實齋晚年成熟的史學見解也。實齋唱為「六經皆史」之論，欲以史學易經學，故其論六經，於書與春秋最為經意，書教之成獨晚。王宗炎復章實齋書（晚聞居士遺集卷五），謂：「春秋為先生學術所從出，必能探天人性命之源，以追闡董江都、劉中壘之緒言，尤思早成而快覩之。」而惜乎春秋之竟無成文也。

始任湖北通志事。

乾隆五十八年癸丑，一七九三。實齋年五十六。

癸春錄存，有史學別錄例議、答邵二雲、為畢制軍與錢辛楣宮詹論續鑑書。

癸丑錄存，有與石首王明府論志例。

乾隆五十九年甲寅，一七九四。實齋年五十七。

湖北通志脱稿。是年汪容甫卒。

甲乙剩稿，有報黄大俞先生。

嘉慶元年丙辰，一七九六。實齋年五十九。

是年有丙辰山中草，有文德、答問、古文十弊、淮南子洪保辨、論學十規、史姓韻編序、與汪龍莊書、答某友請碑誌書、與胡維君論校胡稚威集二簡。自稱「論鋒所指，有時而激，他日錄歸文史通義，當去芒角而存其英華」云。

其與汪書云：

拙撰文史通義，中間議論開闢，實有不得已而發揮。……然恐驚世駭俗，為不知己者詬厲。姑擇其近情而可聽者，稍刊一二，以為就正同志之質，亦尚不欲遍示於人也。

今按：文史通義其時已有刻本，據柯氏鈔本目錄原題注下有「已刻」二字者，蓋即指此時刻本而言。惟惜於實齋原注年歲均已略去，遂不知其撰述之年月耳。其目如下：

易教上中下。

書教上中下，壬子。

詩教上下，癸卯。

雜說

評沈梅村古文

評周永清書其婦孫孺人事

與邵二雲論文

又與史餘村

與史餘村論文

雜說上中下，庚戌。

方志三書議此下二篇，以後改入方志略例。

州縣請立志科議

余又見別一鈔本，即現藏北大圖書館者。知先刻文尚有言公、說林、知難、答陳鑑亭諸篇。北大藏鈔本有又與朱少白一書，謂：「通義書中言公、說林諸篇，十餘年前舊稿，今急取訂正付刊，非市文也。蓋以頹風日甚，學者相與離跂攘臂於桎梏之間，紛爭門戶，勢將不可已，得吾說而通之，或有以開其枳棘，靖其噬毒，而由坦易以進窺天地之純、古人之大體也。」大抵實齋初刻文史通義，僅僅如是。其論學精要文字均未刻，所謂「恐驚世駭俗，為不知己者詬厲」，決非虛泛言之。而當時對之猶多譏議，實齋是年有上朱中堂世叔石君書，謂：

> 近刻數篇呈誨，題似説經，而文實論史。議者頗譏小子攻史而強説經，以為有意爭衡，此不足辨也。

此殆指易教、書教、詩教數篇而言。題似説經，已為時人譏議，故實齋謂即此數篇，尚不欲徧示於人，若其己酉前後所發議論，出而問世，羣鬨可立起也。觀於實齋文史通義一書完成之先後，及其刊布之次第，可以想見學者成學之難，及所以自襮其學之慎。大率成學遲在晚年，傳世期之身後，必如此乃可深切悟得實齋己酉前後論學一段意義及其精神也。北大所藏章氏遺書鈔本，有又與朱少白一書，謂：「鄙著通義之書，諸知己者許其可與論文，不知中多有為之言，不盡為文史計者。關於身世有所棖觸，發憤而筆於書，嘗謂百年而後，有能許通義文辭與老杜歌詩同其沉鬱，是僕身後之桓譚也。」晚近治實齋學者漸有其人，而此意知者仍尟，良為增慨。

嘉慶二年丁巳，一七九七。實齋年六十。

是年袁子才卒。

二月作陳東浦方伯詩序。三月有答朱少白書，見劉刻遺書補。論及戴東原、程易田及洪稚存。

嘉慶三年戊午，一七九八。實齋年六十一。

是年補修史籍考。戊午鈔存，有立言有本、述學駁文、論文辨偽、上石君先生書、上辛楣宮詹書、吳澄野太史歷代詩鈔商語諸篇。又通義有詩話、書坊刻詩話、婦學三篇，皆為攻擊袁子才而發。詩話題注雜訂，三史同姓名錄序亦稱雜訂，乃是年作，疑詩話篇亦成是年。其他尚有書貫道堂文集後、與吳胥石簡、讀北史儒林傳隨劄，均稱雜訂，疑均是今年作品。又按：論學十規在丙辰，第十規即斥袁，已謂「別有專篇聲討」，則攻袁諸篇有成於丙辰前者。書坊刻詩話題注點陋，又有方志辨體亦稱點陋，乃丁巳年作，疑書坊刻詩話亦或在丁巳也。婦學題注載藝海珠塵，不詳何年。

嘉慶五年庚申，一八〇〇。實齋年六十三。

是年庚申新訂，有書原性篇後，及橫通諸篇。又庚申雜訂有浙東學術篇，殆可謂實齋晚年定論也。（實齋之晚年定論）

嘉慶六年辛酉，一八〇一。實齋年六十四。

是年十一月卒。

附　袁簡齋

袁枚，字子才，號簡齋，浙江錢塘人，生康熙五十五年丙申，卒嘉慶二年丁巳，一七一六—一七九七。年八十二。幼有異稟，年十二為縣學生。以進士散館改知縣。初試溧水，調江浦、沭陽，再調江寧，所至有政績。卜築江寧小倉山，號隨園，退居五十年，不復仕，以詩古文名。

簡齋論學語

實齋晚年極詆簡齋，然兩人論學，頗有相似，實同能對當時經學考據之潮流施以銳利之攻擊者也。簡齋言論，流播極廣，實齋後起，蓋有不能一自別者。偶摘數條，識其涯略。簡齋嘗言：

> 古有史而無經。尚書、春秋，今之經，昔之史也；詩、易者，先王所存之言，禮、樂者，先王所存之法，其策皆史官掌之。（隨園文集卷十史學例議序。）

此即「六經皆史」之論也。又曰：

> 德行本也，文章末也。六經者，亦聖人之文章耳，其本不在是也。古之聖人，德在心，功業在世，顧肯為文章以自表著耶？孔子道不行，方雅言詩、書、禮以立教，而其時無六經名，後世不得見聖人，然後拾其遺文墜典，強而名之曰「經」，增其數曰六，曰九，要皆後人之為，非聖人意也。是故真偽雜出，而醇駮互見也。夫尊聖人，安得不尊六經？然尊之者，又非其本意也。震其名而張之，如托足權門者，以為不居至高之地，不足以躪轢他人之門戶，此近日窮經

者之病，蒙竊恥之。文集卷十八答惠定宇書。

此即實齋古人之學不遺事物，與古人本學問而發為文章之意也。簡齋謂「六經亦聖人之文章」，即所以破當時經學家重考據、輕文章之病。其言孔子道不行而立教，亦頗似顏習齋。簡齋又曰：

六經之於文章，如山之昆崙、河之星宿也。善遊者必因其胚胎濫觴之所，以周巡夫五嶽之崔巍，江海之交匯，而後足以盡山水之奇。若矜矜然孤居獨處於昆崙、星宿間，而自以為至足，則亦未免為塞外之鄉人而已矣。試問今之世，周、孔復生，其將抱六經而自足乎？抑不能不將漢後二千年來之前言往行，而多聞多見之乎？同上

此亦斥當時經學之昧今博古，而議論與實齋肖似。惟實齋本六經皆史之見，謂六經皆先王之政典，禮時為大，學求經世，故不能不知當代而徒好古；簡齋則又本六經亦聖人之文章為説，文章與時俱新，學詩者決不專誦三百首，學文者決不專誦尚書二十八篇，則無可以篤古自封之理。蓋簡齋抱文學進化之見解以衡量經學之價值與地位，此則與實齋微異也。簡齋既一本文學之見地以衡量經學，乃又進而言著作與考據之不同，其言曰：

著作，……考據，……一主創，一主因；一憑虛而靈，一核實而滯；一恥言蹈襲，一專事依傍；一類勞心，一類勞力。二者相較，著作勝矣。且先有著作而後有書，先有書而後有考據。以故著作者始於六經，盛於周、秦，而考據之學，則自後漢末而始興者也。（文集卷二十九散書後記。）

此亦有近於實齋學問與功力之辨。惟實齋自義理思想言之，故以徵實發揮為說，簡齋則自文章創造言之，故以勞心、勞力為比。戴東原言學問有義理、考據、辭章三途，實齋以義理言，簡齋以辭章言，其所以指摘考據之意則一也。（章氏遺書卷九與吳胥石簡，盛斥簡齋，謂「古人本學問發為文章，其志將以明道，安有考據與古文之分？」其論甚是。然簡齋之意，亦如章氏之譏襞績補苴以為學者耳。若謂「充其所見，六經宜去三禮，尚書宜去典、謨、貢、範」云云，則似近深文。要之，一重文，一重史，二人立場自不同。簡齋議論不如章之正大則有之，如章所貶亦逾分也。）簡齋於考據工夫深致不滿，謂：

> 秦近君說堯典二字至三萬餘言，徐遵明誤康成八寸策為八十宗，曲說不已，一閧之市，是非麻起，煩稱博引，自賢自信。而卒之古人終不復生，於彼乎？於此乎？如尋鬼神，摶虛而已。（文集卷十八答惠定宇書。）

此則極言考據之徒勞無成，其言近於後之方植之。然簡齋雖深斥考據，而其思想議論，亦往往能得考據深處。嘗曰：

予於經學，少信多疑。文集卷十虞東先生文集序。

又曰：

> 夫窮經而不知經之所由名者，非能窮經者也。三代上無「經」字，……六經之名，始於莊周；經解之名，始於戴聖。莊周，異端也；戴聖，贓吏也。其命名未可為據矣。……六經中惟論語、周易可信，其他經多可疑。疑，非聖人所禁也。……且僕之疑經，非私心疑之也，即以經證經而疑之也。其疑乎經，所以信乎聖也。六經者，文章之祖，猶人家之有高、曾也。高、曾之言，子孫自宜聽受，然未必其言之皆當也。六經之言，學者自宜參究，亦未必其言之皆醇也。疑經而以為非聖者無法，然則疑高、曾之言，而為之幹蠱，為之幾諫者，亦可謂非孝者無親乎？文集卷十八答定字第二書。

簡齋之疑經

簡齋即本考據家法，言三代上無「經」字，見經學之無據。又謂「疑經非私心疑，即以經證經而疑」，尤為深入考據三昧。至謂「六經文章之祖，猶人家之有高、曾」，此仍昆崙、星宿之喻。簡齋自抱一種進化日新之思想，則更非當時信「經學即理學」，謂「舍經學外安得有所謂理學」者所能領解矣。故當時經學家率疑尚書古文為偽，而簡齋則並疑及於今文，曰：

金縢雖今文，亦偽書也。文集卷二十二金縢辨上。

此簡齋所謂「疑乎經以信乎聖」之說也。又曰：

人多疑古文尚書，而不疑其征苗。……夫「竄三苗于三危」，舜典也；「三苗丕叙」，禹貢也；「苗民淫刑以逞，是用勦絶」，呂刑也。苗既竄矣，何事於征？苗既叙矣，何必再征？苗勦絶矣，又何曾格？其他「分北三苗」、「何遷乎有苗」，皆無來格之説。以尚書證尚書，而真偽定。文集卷二十二征苗疑。

此簡齋所謂「以經證經而疑經」之説也。時清廷設三禮館，學者方務為古禮之探討，而簡齋於此亦多疑，嘗曰：

夫禮，與其過而廢之也，寧過而存之，此亦好古者之苦心。然不辨其真偽，不摘其純疵，而概以為先王之書，莫敢眇視，則所關於世道人心者甚鉅。文集卷十五答李穆堂先生問三禮書。顏、李以古禮為習行之譜，戴學一派主以「禮」易「理」，識皆不及此。惟實齋「六經皆史」之説，與此最為接近。

於是而疑儀禮，疑周禮，疑戴禮，於經學家所謂三禮者無不疑，謂惟折衷於孔子之言，而欲求孔子之言，當折衷於論語。其言曰：

> 自幼讀禮而疑，稍長泛覽百家，而疑乃益深。夫三代遠矣，今之微文大義，幸不絶如綫者，賴有孔子。孔子之言，又雜矣，今之可信者，賴有論語。引孔子為斷，而三代之禮定；引論語為斷，而孔子之言定。同上

然簡齋於論語亦謂不可盡信，其言曰：

> 諸子百家冒孔子之言者多矣。雖論語，吾不能無疑焉。文集卷二十四論語解四篇。趙翼陔餘叢攷、崔述洙泗考信錄，皆有疑論語者，三人皆同時，崔較最後，袁、趙往還頗密，趙書蓋受袁之影響也。又按：朱子嘗言：「論語後十篇不及前，『六言、六蔽』，不似聖人法語」，則疑論語，亦自宋儒已然矣。

凡此見解，非深通於考據家法者不能知，不能言。清初諸儒治經，尚能辨眞偽、別醇疵，而務其大。及於簡齋之世，則治經者大率從事訓詁考釋，篤信之風日盛，懷疑之情日減。簡齋目光炯炯，所見多有超乎清初諸儒之上者，宜其蔑視並世之經生，不足以搖撼其詩文吟賞之清興也。同時以治史之法治經而能疑經者，惟崔東壁，東壁

亦可以見簡齋之文字也。實齋於此，似不能與簡齋抗衡。簡齋既不喜當時經學家託足權門，自居至高之風氣，故亦不喜宋儒所謂「道統」之說。其實「經學即理學，舍經學安得有理學」者，亦即變相之道統論也。簡齋之斥道統，曰：

簡齋論道統

夫道無統也，若大路然。……後儒沾沾於「道」外增一「統」字，……交付若有形，收藏若有物。道甚公，而忽私之；道甚廣，而忽狹之，陋矣！……夫人之所得者大，其所收者廣；所得者狹，其所棄者多。……夫堯、舜、禹、湯、周、孔之道所以可貴者，正以易知易行，不可須臾離故也。必如修真煉藥之說，以為丹不易得，訣不易傳，鍾離而後，惟有呂祖，愈珍祕愈矜嚴，則道愈病。文集卷十七代潘學士答雷翠庭祭酒書。

然簡齋不喜宋儒道統之說，而於當時漢學家之輕薄宋儒，則頗不同意。良以漢學家之盛斥宋儒，欲以經學代理學之席者，其意亦仍不出往昔宋儒道統觀念之宿障。簡齋既撇去道統見解，故評衡漢、宋是非，轉得其平。其言曰：

簡齋論宋儒

創天下之所無者，未有不為天下之所尊者也。古無箋注，故鄭、馬尊；古無詞賦策論，故鄒、枚、鼂、董尊；古無圖太極而談心性者，則宋儒安得不尊？……雖然，講學在宋儒可，在今不可；尊宋儒可，尊宋儒而薄漢、唐之儒則不可；不尊宋儒可，毀宋儒則不可。文集卷二十一宋儒論。

此簡齋所以衡量漢、唐、魏、晉、宋、明諸儒之地位，而以「創天下之所無者，未有不為天下所尊」一意為主，是簡齋仍守其文學上變化日新之旨趣以為言也。能創者必知「變」，故簡齋又言之，曰：

> 其變也，非有心於變，乃不得不變。若必禁其不變，雖造物有所不能。（文集卷十七答沈大宗伯論詩書。）

適用與才情

簡齋之主與變為創者，亦據其文學見解而言也。然簡齋頗不喜「適用」之說，曰：

> 必以適用為貴，將使天地之大，化工之巧，專生布帛菽粟。（文集卷十九答友人論文第二書。章氏與吳胥石簡，謂簡齋「與友人論文，深戒文章須有關係，甚至言『欲著不朽之書，必召崔浩之災』。推原其意，不過嫌人矯揉造作為偽體耳；然不反其本，而但惡天下有偽君子，因而昌言於衆，相率為真小人。其所刻種種淫詞邪說，狎侮聖言，至附會經傳，以為導欲宣淫之具，得罪名教，皆此書為之根源」。此乃章、袁兩人態度根本相異處。）

其所以與變為創之具，推簡齋之意，似以才情為本。其言曰：

> 天下事何一非才所為？忠於君，德也；而所以忠之者，才也。孝於親，德也；而所以孝之者，

才也。孝而愚，忠而愚，才之不存，而德亦亡。文集卷十六答和觀察書。

又曰：

復性者，不於空冥處治性，而於發見處求情。……夫水火，性也；其波流光燄，則情也。人能沃其流而揚其光，其有益於水火也大矣。若夫汚而為泥沙，鬱而為烟黣，此後起者累之，所謂「習相遠」也，于情何尤哉？文集卷二十三書復性書後。

簡齋不言德、性，而言才、情，此又本其文學之見解以為言，而又與實齋之説可以相通者也。然實齋力斥簡齋，謂：「李白論詩，貴於清眞，此乃古今論詩文之準則。清眞者，學問有得於中，而以詩文抒寫其所見，無意工辭，而盡力於辭者莫及也。彼方視學問為仇讎，而益以胸懷之鄙俗，是質已喪而文無可附矣。」又曰：「毋論詩文，皆須學問。空言性情，畢竟小家。」文史通義內篇五詩話。居今論之，簡齋輕俊，自遜實齋之深沉。然實齋筆墨淋漓，詆訶逾分，轉自點汙。學術之是非高下，豈堪以罵詈爭之耶！

汪容甫

汪中，字容甫，江都人。生乾隆九年甲子，卒乾隆五十九年甲寅，（一七四四—一七九四。）年五十一。少孤好學，貧不能購書，助書賈鬻書於市，因徧讀經、史、百家。早擅詞藻，為哀鹽船文，杭世駿序之，以為「驚心動魄，一字千金」，由是名大顯。又肆力諸史，年二十九，始顓治經術。

容甫私淑亭林有志用世

容甫學術大要

容甫經術文章，皆冠絕一時，而自道為學則曰：

> 中少日問學，實私淑諸顧寧人處士，故嘗推六經之旨，以合於世用。及為考古之學，惟實事求是，不尚墨守。（與巡撫畢侍郎書。）

又曰：

中當有志於用世，而恥為無用之學，故於古今制度沿革，民生利病之事，皆博問而切究之，以待一日之遇。下至百工小道，學一術以自託。（與汪武曹書。據年譜，在乾隆三十七年壬辰。）

杭世駿序哀鹽船文，亦謂：「容甫方學古之道，其言必期於有用也。」嘗有意譔述學一書，其與劉端臨（生乾隆十六年，卒嘉慶十年，年五十五。）書，謂：

所論鳩集文字，中亦素有此志，然中之志乃在述學一書，文藝又其末也。（據年譜，是書在乾隆四十四年己亥。）

然其書迄未成。惟其子喜孫孟慈（生乾隆五十一年，卒道光二十七年，年六十二。）所為年譜，記其大略。謂：「是時先君譔述學一書，博考先秦古籍三代以上學制廢興，使知古人之所以為學者，凡虞夏第一，周禮之制第二，列國第三，孔門第四，七十子後學者第五；又列通論、釋經、舊聞、典籍、數典、世官，目錄凡六。」略云：

觀周禮太史當時行一事則有一書，其後執書以行事，又後則事廢（春秋已然。）而書存，（孔門。）比於告朔之餼羊。至宋儒以後，（文獻徵存錄作「唐、宋以後」。）則并其書之事而去之矣。

有官府之典籍，有學士大夫之典籍。故老之傳聞。當時行一事則有一書傳之，後世奉以為成憲，此官府之典籍也。先王之禮樂政事，遭世之衰，廢而不失，有司徒守其文，故老能言其事，好古之君子，閔其浸久而遂亡也，而書之簡畢，此學士大夫之典籍也。古之為學士者，官師之長。但教之以其事，其所誦者，詩、書而已。其他典籍，則皆官府藏而世守之，民間無有也。苟非其官，官亦無有也。其所謂士者，非王侯公卿大夫之子，則一命之士，外此則鄉學、小學而已。自辟雍之制無聞，太史之官失守，於是布衣有授業之徒，草野多載筆之士，教學之官，記載之職，不在上而在下。及其衰也，諸子各以其學鳴，而先王之道荒矣。然當諸侯去籍，秦政焚書，有司之所掌，蕩然無存，而猶賴學士相傳，存其一二，不幸中之幸也。

孔子所言，則學士所能為者，留為世教。若其政教之大者，聖人無位，不復舉以教弟子。禮樂征伐，失在諸侯、大夫，又後而有四豪游俠之徒出，而學問乃在士大夫。周之衰也，典章制度，考之故舊則犂然俱在，而歷世既久，徒以沿襲失之，而不復能知其制作之義。孔子則曉然于一王之作而被諸當世，故云：「人存政舉」，又曰：「待其人而後行。」莊子則一以為無用而思欲盡去之。

喜孫所以誌其父述學一書之大旨如是。錢林文獻徵存錄又有「古人學在官府，人世其官，故官世其業。官既失守，故專門之學廢」一條。同時劉端臨亦言之，曰：

君搜輯三代、兩漢學制，以及文字、訓詁、度數、名物有係於學者，分別部居，為述學一書。屬稿未成，更以乎日讀書所得，及所論撰之文，分述學內、外篇。汪君傳。

其後徐有壬生嘉慶五年，卒咸豐十年，年六十一為述學故書跋，據汪氏學行記卷四。謂：

江都汪先生以淹雅之才，具宏通之識，嘗取古人學術之散見他籍者，綱羅編次，為述學一書。先之以虞、夏、殷、周及周人兼虞、夏、殷之制，又繼之以周衰列國之失禮者、存禮者，又繼之以孔門言行、七十子後學者。又為之通論，以明古之學在官府，以及史之司圖籍、明天道、數典、釋經、世官世業。為之援據經、傳，博徵子、史，以明是說之信而有徵。嗟乎！此豈唐、宋以下儒者所能見及哉！雖當時屬藁未就，傳至今日，多有放失，其纂述之大旨，固可按而尋也。後之人因先生之條目，部居載籍，以終先生之緒，庶幾周、孔之學術復炳於今日矣。至若幼儀、曲禮、內則、學則，皆布帛菽粟之文，民生日用彝倫之不可闕，其關於世道人心尤鉅，古所謂履小節、履大節者，胥是物也。迄于今，他卷多有殘闕，而此卷獨完，或者鬼神默有以呵護之。有壬既獲讀先生書，以為存其目，則先生之書，雖不傳猶傳也。

目如次：

古之學出于官府，人世其官，故學世其業。官既失守，故專門之學廢。

卷一　虞夏殷之制
卷二　成周之制王國大學　侯國貢士　廢學附　王國小學　侯國小學　諸子之學　鄉學
周禮士冠　公冠附　士昏　既夕　士虞　奔喪附　特牲　少牢　有司徹　鄉飲　鄉射　投壺附
幼儀保赤附曲禮內則學則
卷三　周衰列國異禮　失禮　變古　存古　舉禮　從禮　樂　制度之失
有壬按：此卷多闕文，今特存其目。各目中又分子目六：曰吉、曰凶、曰軍、曰賓、曰嘉、曰通禮。又按：異禮乃亡于禮者之禮，及用禮失當者；存古乃餼羊僅存者；舉禮乃講求典禮以修其國之法者；從禮乃違衆而獨從禮者。
卷四　孔門　言　行　儲説　通論附
卷五　七十子後學者
卷六　舊聞　典籍原始
卷七　闕
卷八　通論甲古之學在官師瞽史　通論乙史數典　史司圖籍　史釋經　通論丙史明天道　史世官世業

又薛壽生嘉慶十七年，卒同治十一年，年六十一。學詁齋文集記之，曰：

先生嘗謂三代之學出於官，官世其業，志記掌於外史，道藝董於司徒，自列侯去籍，太史失官，儒、農、名、法諸子，則析為九流，易、禮、詩、書衆經，則兼存數氏，公卿之職守已缺，草野之家法遂興。先生乃核世官之原始，探典籍之舊文，自虞、夏以迄孔門，分標子目，附諸說而終通論，略舉大凡，著述學未成，成條目纂述大旨一卷。……今所刊述學內、外等篇，則彙錄諸說經雜著諸作，非其全書。汪氏遺書後序。

章汪兩人之關係

據此則容甫述學之所擬議，大體可見。其說與實齋文史、校讎兩通義所論，古者官師流變，政學分合，意見殆相近似。實齋、容甫於乾隆三十六年辛卯同遊皖；翌年，實齋卽草創通義，然其詳已無考。通義重要議論，當始乾隆四十八年癸卯，而「六經皆史」論則始於乾隆五十三年戊申；容甫與劉端臨書自道有意為述學，在乾隆四十四年己亥。兩人對此問題發見之先後，雖無可確考，然容甫之非得自實齋，則可知也。鄭獻甫補學軒文外集書三通序後，謂：「章氏校讎通義，獨刱之見，皆出夾漈。今取其編次必謹類例論觀之，首云：『有專門之書，則有專門之學；有專門之學，則有世守之能。人守其學，學守其書，書守其類。人有存沒而學不息，世有變故而書不忘』云云，此卽章氏得間之處。後來推拓盡致，乃託本於太史公六家、劉子駿七略，諱其所出，並舉校讎諸論，駁其未純；然其所從來，無可諱也。」今按：章氏論史學極推夾漈，獻甫所指摘，亦或情實。然汪氏亦有述學之經營，則學思途徑，往往滙於世需，自然合轍，固不必一一指尋其來歷矣。大抵宋、明矩矱既遠，清儒論學，顏、李六藝習行為一派，吳、皖以經訓明經義為又一派，而章氏官史典章之說為又一派，同時如汪容甫，稍後如龔定菴，皆有志於此者。迨清社將覆，學者乃不辨學術而競言改制，則所謂今文學之末流也。而諸家軌迹，又莫不有其相通，故汪、龔之或先或後，皆可以參實齋思想在當時之消息也。容甫、端臨訂交，在乾隆三十七年壬辰；實齋識端臨，亦當在四十三年戊戌前；兩人同交端臨，固當相知。其後容甫客遊武昌，實齋亦至，乃成隙末。劉刻章氏遺書卷二十九，又答朱少白，謂：「淮、揚間人有從先生（朱筠）游者，其才甚美，學問雖未成家，記誦則甚侈富，僕向以為畏友。近見之於湖、湘間，與之談款，一妄人耳。言大而不知慚，切而按之，枵然空落而無所有，有才無識，不善用其所長。激以名心，鑿以私智，久游江湖，客氣多而志不遜。以彼之甚才而美，又加十許年之功力，不但無進而反有遜者，傲與慢也。」此所謂「淮、揚間人」即指容甫。實齋自道「向以為畏友」，武昌再面，容甫恃才傲物，又文名籍甚，必有得罪於實齋者。

實齋詆容甫

及容甫卒，實齋特為一文詆之，謂：

其人聰明有餘，而識力不足，不善盡其天質之良，而強言學問，恆得其似而不得其是。……蓋得其是者貴自得，而難於投衆好之緣；得其似者掠光影，而易於招聲氣之附也。散萬殊者為聰明，初學之童，出語驚其長老，聰明也；等而上之，至於學充文富，而宗本尚未之聞，猶聰明也。定於一者為識力，其學包羅萬有，其言千變萬化，而所以為言之故，則如詩之三百，可以一言蔽也，是識力也。

舍學識而空言宗本，是寠子據空室而指其門闑以為家也；博學能文而不知宗本，是莞庫為人守藏，多財而不得主其財也。

今觀汪氏書，所謂內篇者，首解參辰之義，……次明三九之說，……雜舉經傳小學，辨別名詁義訓，（時尚是趨。）初無類例，亦無次序。苟使全書果有立言之宗，恐其孤立而鮮助。雜引經傳以證其義，博採旁搜以暢其旨，則此紛然叢出者，亦當列於雜篇，不但不可為內，亦并不可謂之外也。……古人著書，各有立言之宗，內外分篇，蓋有經緯，非如藝文著錄，必甲經傳而乙丙子史也。……觀其外篇，則序記雜文，泛應辭章，（代畢制府黃鶴樓記等亦泛入。）斯乃與「述學」標題如風馬牛，列為外篇以擬諸子，可謂貌同而心異矣。然此正汪之所長，使不分心於著述，固可進於專家之業也。內其所外而外其所內，識力闇於內而名心騖於外也。文史通義外篇一，立言有本。

又曰：

汪氏之文，聰明有餘，真識不足，觸隅皆悟，大體茫然。述學駁文附註。

其所以評述學者則是已，其於容甫為學本末，又何不相瞭知之甚耶！實齋當經學考訂全盛之日，孤識獨抱，屢發「知難」之歎，若袁簡齋、汪容甫，雖為學途徑，與實齋不全似，然持論立言之足以相通者不少矣，顧實齋獨深加詆毀，則「知難」之歎果不虛歟！按：章氏遺書卷九，與邵二雲論學，謂：「鄙昔著言公篇，久有謝名之意。良以立言垂後，何必名出於我？」而余觀北大所藏遺書鈔本，言公篇初刻，題下附文一行，云：「道聽塗說，爭名趨詭，腑械心窬，斯文如燬，著言公上、中、下篇。」仍不免情見乎辭也。又與陳鑑亭論學則謂：「鄙著通義，凡意見有與古人不約而同者，必著前人之說，示不相襲。幸足下與同志諸君，為檢先儒緒論，審有似此者否？（按：指原道、原學篇言。）如其有之，幸即寄示，俾得免於雷同勦說之愆，感荷非淺鮮矣。」夫豈實齋過以創闢自喜，遂於毫釐之辨，尤斤斤不甘輕捨耶？較之戴東原攘竊人書，大言欺世，固為美矣。要之亦似有一間未達，未能盡符其學術經世，言公謝名之深旨也。余故於實齋篇後，稍舉袁、汪兩氏之說，備尚論者之兼觀焉。

附録

章實齋與孫淵如觀察論學十規

今年冬，舊都書肆有攜章氏遺書鈔本至北京大學求售者，余取閲之，審其為實齋子華紱所錄副本也。既轉寫其未見傳刻者近二十篇，時此書適排版，余親校字，因稍摘一二增入，而全錄本篇附此。

淵如先生執事：十年不見，積思殊深，雲泥道殊，久疎音問。前歲維揚税駕，劇欲踵訪旌轅。適以俗事南旋，不克一罄積愫，至今為悵！傾晤少白於皖撫署中，詳悉近狀，良慰良慰！又從少白索君問字堂集讀之，如鄉人入五都市，驚耳駭目，處處得未曾有，畏氣外斂，愧心内生。大約博綜貫串，而又出以穎敏之思，斷以沉摯之識，卓然不朽，夫復何疑？顧諸家商復疑問，不必盡同尊旨，而皆列首簡，不以為忌，則又虚懷樂善，雖在古人，猶且難之，集思廣益，愈見包涵之大。因思鄙人所業，至為專陋，凡學業途徑，苟非夙所專門，不欲强與其事。尊著貫徹天人，包羅萬有，多非鄙見所及，無論不敢妄彈，即稱説亦恐不得其似，謹謝無能為役矣！惟文史、校讎二事，鄙人頗涉藩籬，以謂向、歆以後，校讎絶學失傳，區區略有窺測，似於大集校刊諸家書序，所見不無異同，謹獻其疑，猶願執事明以教我，幸矣！一曰：校定神農本草，據大觀本取白字書別出古經，是也；其過信皇甫氏帝王世紀，而謂本草與素問之書，皆出炎、黄之世，則好奇之過矣。文字最古，莫過羲畫虞典，五經則多三代之文，下逮春秋而止。若夫傳記與諸子家言，皆出戰國，同為籍去官亡而作。春秋以前，凡有文字，莫非官司典守，卽大小術藝，亦莫非世氏師傳，未有空言著述，不隸官籍，如後世之家自為書者也。本草、素問，道術原本炎、黄，歷三代以至春秋，守在官司世氏，其間或存識記，或傳口耳，迭相受授，言不盡於書也。至戰國而官亡籍去，遂有醫家者流，取所受授而筆之於書，今所傳本是也。靈、素問難，旨多精微閎奧，出於炎、黄故也。若其文辭，非惟不類三代，並不類於春秋時，出於後撰集故也。執事好奇太過，欲求古於六經之上，往往據靈、素諸文，以折經傳是非，則戰國時固有為神農言者矣，恐未可全信也。素問文字為春秋前所無者甚多，即開端上古天眞論中「眞」字從化，乃神仙家言，字出戰國，亦春秋以前所無。前人疑漢藝文志不載本草，王伯厚據郊祀志及樓護傳，證明西京實有本草，足破其疑。執事猶以為不足，而漫據賈氏周官疏引漢藝文志食禁文為食藥，遂取以當本草，則畫蛇又添足矣。按「食藥」二字，文義難曉，必賈疏傳本之悞。食禁七卷，蓋出周官食醫之遺，食醫固與疾醫、瘍醫分科而治者也。若取食禁以當本草，無論名目卷數全不相符，且漢志遺漏之書甚多，豈能悉補？卽如史記扁鵲倉公列傳言公乘陽慶傳黄帝、扁鵲脈書，今漢志並無其書，又將何物當之？叔孫朝儀，蕭何律令，尤顯著紀傳，為一朝之大制作，今漢志之載，亦豈有他書之相似而可證者耶？李氏本草綱目，如論考古，則本經以下，各有敍錄辨證，未嘗變亂古人。如論證今，則數百年來醫家奉為圭臬，未嘗悞人術業。且其書乃彙集諸家，自為經緯，並非墨守大觀舊本，不可移易，今乃謂其割裂舊本，何耶？又詆其命名已愚，夫正名為綱，附釋為目，名正言順，何愚之有！二曰：墨子之書，謂出夏禮，説似奇創，實無所本。據本書與公孟辨，謂法周不如法夏，及莊子敍墨子，稱禹自操橐耜諸語，及淮南要略謂其背周而行夏政，遂定為墨出夏禮。不知戰國諸子，稱道黃、農、虞、夏，殆如賦詩比興，惟意所欲，並非真有前代之禮，可成一家學術者也。當籍去官亡之際，本朝典制，尚不能稽，況夏禮無徵，甚於殷宋，孔子生春秋時，已不可見，而謂戰國尚可學其禮哉？如以墨子尚儉之説，推於菲衣惡食，為出夏禮，則茅茨土階，安知不合唐、虞？如以荒度勤勞為合禹事，則己溺己飢，安知不合稷、尹？一偏似是之説，觸處皆可傅合，非定論也。三年之喪，孟子明著三代共之，夏喪三月，自是傳記之訛。薄喪之説，孟子嘗詰夷子，如果出於夏禮，夷子必據儒家尊禹之説以抗其辨，何轉引周書保赤文哉？且殷人尚鬼，正與明鬼之義相近，若致孝鬼神，則大舜宗廟享之，武王、周公達孝，又未見其必為夏也。三曰：柳子厚論晏子書，謂齊人為墨學者為之，其説是也。蓋尚儉之意，似諷齊俗侈也。然在田齊之時，而非姜齊時書。蓋春秋時本無著述，而其文辭輕利，並不類於戰國初年文也。執事斥柳氏為文人不學，蓋以晏氏為春秋名卿，不當稱之為墨學耳。不知柳氏之意，以書為墨學，非以晏子為墨者徒也。且其説亦不始於柳氏，孔叢詰墨之篇，所詰孔子相魯及晏事三君、路寢哭聲諸條，凡指謂墨説者，今俱在晏子書中，古人久有明證，柳説不為無本，豈可輕議！鄙嘗疑漢藝文志道家有伊尹、太公，儒家有魏文侯、平原君書，其書已亡，其名不倫不類，以意度之，當出諸子稱述，如孟子之有梁惠王、滕文公，論語之有季氏、陽貨、衛靈公之類耳。按：漢志平原君七篇，班注：「朱建也。」此章氏誤説。校讎諸家，或取篇目名書，如經記之有檀弓，使其書亡，人亦必疑檀弓為著書人矣。然則晏子書為墨者所述，何足為異？執事必欲晏子列於儒家，意非僅從漢志，且為晏子爭其地位，則大惑矣！儒家者流，誦法先王，不得位而行道，入孝出弟，守先王之道，以待後之學者，不得已而著書，後世列為儒家，若曾、孟、荀卿諸人是也。晏子身為齊相，行事著於國史，與列國名卿子產、叔向諸人，先後照灼春秋之傳，豈皆守先待後之流耶？且管、晏同稱久矣，如以班、馬之法修齊史，將管、鮑、甯、隰諸賢皆入儒林傳乎？至晏子春秋之名，亦戰國時人習氣，自孔子筆削春秋，有「知我罪我」之説，後人因以「春秋」二字，為胸中別具是非之通名，不盡拘於編年例也。虞卿、呂不韋之書，與晏子春秋所出，未知孰先孰後，何以見其效法而襲其號？亦何必謂從國史中刺取其事而用齊春秋名也？如管子生春秋初年，管子之書，皆後人采取齊史及齊官掌故而成，不聞仍齊春秋，何獨於晏子變其例乎？晏子卒於齊景公前，景公卒於周敬王三十年辛亥，為魯哀公五年，下距哀公十四年庚申春秋絶筆又二年，夫子卒。當春秋時，並無諸子著書之事，孔子之前，亦無別出儒家之名，儒行之篇，乃戰國雜出傳記，非孔子時所撰述也，皆不足為晏子儒家之證，明矣。墨子序稱「與奢寧儉」，又稱「節用愛人」，謂「孔子未嘗非墨」，晏子序言「晏子居喪亦與墨子短喪法異」，皆任情予奪。四曰：執事不信春秋之世無著書事，而據史記列傳，闔閭稱孫武十三篇，遂為當時手著。不知春秋内外傳，記吳、楚交兵甚詳，並無孫武其人，即縱橫短長之言，亦鮮稱述之者，故葉水心氏疑其子虛烏有。且觀闔閭用兵前後得失，亦與孫武之書，大相剌謬。天下固有所行不逮其所言者，必出游士空談，不應名將終身用兵，所言如出兩人。是則史遷悞采不根傳記，著於列傳，明矣。至其書，實可為精能，校讎之司，當列撰人闕疑，而不得憑悞采傳聞之列傳耳。藝文稱「八十二篇，圖九卷」者，書既亡逸，當著缺篇，亦不得懸斷合圖為八十二篇，又不得懸斷十三篇為上卷，而知中、下二卷皆圖，鄙人向有專篇討論，行笈未帶，容後錄呈。强合七錄三卷之數也。孫子書言：「興師十萬，出征千里，日費千金，不得操事者七十萬家。」春秋用兵，未有至十萬者，即此便見非闔閭時。且以十萬之師，而云「不得操事七十萬家」，明著七國顯證，決非春秋時語矣。執事謂其文在列、莊、孟、荀之前，似未審也。五曰：文子之書，漢志疑周平王問出於依託。執事以書稱平王，本無「周」字，遂謂是楚平王，班氏悞讀。今按文子全書，未有託春秋初年事者，此言指楚平王，以時考之，良是。但非文子手著，亦出戰國時人撰述，執事所未信也。蓋其書有秦、楚、燕、魏之歌，執事以為楚平王時之人，六國之時猶在，試以年計，可乎？按十二諸侯年表，楚平王卒於周敬王四年乙酉，是為魯昭公二十六年，下距哀公十四年庚申，春秋絶筆，為敬王三十九年，凡三十六年，又四年為敬王四十三年甲子，共四十年，又歷元王八年，定王二十八年，考王十五年，凡五十一年，再歷威烈王二十三年戊寅，三晉始得列於諸侯，乃有秦、楚、燕、魏之稱，相去已一百十四年矣。文子見楚平王，亦須生十有餘歲，見時未必即其薨年，秦、楚、燕、魏之語，未必即在三家分晉之年，是文子必須一百四、五十歲，方合尊旨。神仙長生之説，起於後世，春秋之季，未聞有此壽也。六曰：天文歷算，鄙人懵然，不敢與聞。惟執事力闢歲差之説，則以淺説度之，不能無疑。書曰：「朞三百有六旬有六日，以閏月定四時成歲」，而歷家周天三百六十五度四分度之一。如以其言為不可信，則何以冬至日躔，子年不與丑年同度？如以其言可信，則閏月止能晝氣盈朔虛之平，不能齊四分度之一也。若果無歲差，則周天必三百六十有六度，更無絲毫盈歉而後可。果無絲毫盈歉，則每周朞冬至日躔，又當同度無參差矣。此二説不容兩立，則此事容待徐商否耶？七曰：古人疏證論辨之文，取其明白峻潔，俾讀者洞若觀火，是非豁然，足矣。立言莫如夫子，而文、武之政，則云布在方策；好辨莫如孟子，而孟獻子之五友，忘其三人，封建井田，但舉大略。豈孔、孟學荒記疎，不如今之博雅流哉？言以達意，不過如斯而已。竊見執事序論諸篇，繁稱博引，有類經生對策，市廛揭招，若惟恐人不知其腹笥便富，而於所指是非，轉不明豁。淺人觀之，則徒增迷眩，而無所解；深人觀之，則曰：「吾取二三策，而餘皆可置勿論」，毋乃為紙墨惜歟！且言多必失，古人之言，本不可以一端而盡，巧搆似形，削趾就屨，以證一隅之説，原性篇書後已詳辨。轉授人以反證，致啓莊、惠濠梁之辨。夫稱先述古，以云明例，非云窮類也；例足明而不已，是將窮其類矣。明例則舉一自可反三，窮類則挂九不免漏一，則是欲益而反見損也。經傳之外，旁證子緯百家，亡逸古書，博采他書所引，極為考古之樂。近則誇多鬥靡，相習成風，賴識者能擇要耳。欲望高明稍加删節，必云不能割愛，則裁為小注，附於下方，姑使文氣不為蕪累，抑其次也。八曰：人不幸而為古人，不能閲後世之窮、變、通、久，而有未見之事與理。又不能一言一動，處處自作注解，以使後人之不疑。又不能留其口舌，以待後生掎摭之時，出而與之質辨。惟有升天入地，一聽後起之魏伯起爾。然百年之後，吾輩亦古人也，設身處地，又當何如？夫辨論疏證之文，出自名家者流，大源本於官禮。鄙人所業，文史、校讎；文史之爭義例，校讎之辨源流，與執事所為考覈疏證之文，途轍雖異，作用頗同，皆不能不駁正古人。譬如官御史者，不能無彈劾；官刑曹者，不能不執法。天性於此見優，亦我輩之不幸耳！古人差謬，我輩既已明知，豈容為諱？但期於明道，非爭勝氣也。古人先我而生，設使可見，齒讓亦當在長者行。馬、鄭、孔、賈諸儒，於前代經師說不合者，但辨其理，未嘗指斥其人。即今官修奏御之書，辨正先儒同異，尚稱孔氏安國、鄭氏康成云云，未有直斥先儒姓名，（史傳又是一例，不與論辨相涉。）可覆按也。尊著於前古諸賢，皆直斥姓名，橫肆詬詈，不曰愚妄，則曰庸陋，如官長之責胥吏，塾師之訶弟子，何其甚也！劉子玄曰：「談經諱言服、鄭之嗤，論史畏聞遷、固之失。」史通多譏先哲，後人必不服從，至今相去千年，其言頗驗。蓋其卓識不磨，史家陰用其法，其論鋒可畏，故人多陽毀其書。鄙人於文史自馬、班而下，校讎自中壘父子而下，凡所攻刺，古人未有能解免者。雖云不得不然，然人心不平，後世必將陽棄而陰用其言，則亦聽之無可如何而已。吳氏新唐書之糾謬，為治唐史者之準繩，乃人競責其憾歐陽而快私憤，何耶？蓋攻摘本無所非，而人情不容一人獨是，故擊人者人恆擊之，莊生所以著齊物也。今請於辨正文字，但明其理，而不必過責其人，且於稱謂之間，稍存嚴敬，是亦足以平人之心。且我輩立言，道固當如是耳。（鄙著亦染此病，特未如尊著之甚耳。今已知悔，多所刪改。）九曰：天地之大，可一言盡，學固貴博，守必欲約。人如孔子，不過學周禮一言，足以盡其生平。（別有專篇論著，容另錄呈。）執事才長學富，膽大心雅，問字堂集，未為全豹，然兼該甚廣，未知尊旨所在。內而身心性命，外而天文地理，名物象數，諸子百家，三教九流，無不包羅，可謂博矣。昔老聃以六經大泛，願問其要，夫子答以要在仁義，說雖出於諸子，然觀漢志所敍諸家流别，未有無所主者。昔人謂博愛而情不專，愚謂必情專而始可與之言博。蓋學問無窮，而人之聰明有盡，以有盡逐無窮，堯、舜之知不遍物也。尊著浩瀚如海，鄙人望洋而驚，然一蠡之測，覺海波似少歸宿，敢望示我以尾閭也！十曰：方以類聚，物以羣分，君子雖尚泛愛，氣類亦宜有別。簡端刻諸家商訂異同，是矣。集中與某人論考據書，可為太不自愛，為玷豈止白圭所云乎哉！彼以纖佻傾仄之才，一部優伶劇中才子佳人，俗惡見解，淫辭邪説，宕惑士女，肆侮聖言，以六經為導欲宣淫之具，敗壞風俗人心，名教中之罪人，不誅為幸。彼又烏知學問文章為何物？所言如夏畦人議中書堂事，豈值一笑！又如瘋狂譫囈，不特難以取裁，即詰責之，亦無理解可入。天地之大，自有此種沴氣，非道義所可喻也。此可與之往復，豈不自穢其著述之例乎？別有專篇聲討，此不復詳。幸即刊削其文，以歸雅潔，幸甚幸甚！嗟乎，學術豈易言哉！前後則有風氣循環，同時則有門戶角立，欲以一人一時之見，使人姑舍汝而從我，雖夫子之聖，猶且難之，況學者乎？前輩移書辨難，最為門戶聲氣之習，鄙人不敢出也。鄙人所業，幸在寂寞之途，殆於陶朱公之所謂人棄我取，故無同道之爭。一時通人，亦多不屑顧盼，故無毀譽為之勸阻。而鄙性又不甚樂於舍己從時尚也，故浮沈至此。然區區可自信者，能駁古人尺寸之非，而不敢弁忽其尋丈之善。知己才之不足以兼人，而不敢强己量之所不及。知己學之不可以槩世，而惟恐人有不得盡其才。以為道必合偏而會於全也。杜子美曰：「不薄今人愛古人」，是矣。鄙請益曰：「不棄春華愛秋實。」故於執事道不同科，而欲攀援調劑，以斟於盡善，是則區區相愛之誠，未知有當裁擇否耳？行笈無書，而記性又劣，書辭撮擧大指，如有訛悮，容後檢正也。按：劉刻遺書附録，臧鏞堂丙辰山中草跋云：「論學十規、古文十弊、淮南子洪保辨、祠堂神主議等，偉論閎議，又復精細入神，切中文學之病，不朽之作也。有時文序二首及與人書之無要者，當删之。穀塍先生以此册惠讀，即以鄙見質之，然否？」據此，臧鏞堂曾於王穀塍處見此文，今劉刻遺書云「王目有文缺」，殆王氏删去之也。此鈔本將題文「十規」二字貼去，又將文中「十曰」下評簡齋一節鈎抹，殆亦嫌其語過而欲删削存之耳。又婦學篇書後，今傳刻本屢見「不學之徒」一語，觀此鈔本，知原文並不爾，亦後人代改也。然則論學而輕肆逾量之詆訶，誠何為者！此文實齋先以規孫，旋復自犯，白璧之瑕，不能為之掩也。

錢穆先生全集

中國近三百年學術史

（二）

錢穆先生全集

［新校本］

九州出版社

目次

第六章　閻潛邱毛西河　附　姚立方　馮山公　程綿莊　胡東樵　顧宛溪……二四一

第七章　李穆堂　附　萬孺盧　王白田　朱止泉　全謝山　蔡元鳳……二八一

第八章　戴东原　附　江愼修　惠定宇　程易田……………………三三一

第九章 章實齋 附 袁簡齋 汪容甫……四一五

第十章　焦里堂阮芸臺淩次仲　附　許周生　方植之……四九七

第十一章　龔定菴　附　莊方耕　莊葆琛　劉申受　宋于庭　魏默深　戴子高　沈子敦　潘四農……五七五

第十四章　康長素　附　朱子襄　廖季平　譚復生……七〇五

第十章　焦里堂阮芸臺凌次仲

附　許周生　方植之

里堂傳略

焦循，字里堂，揚之甘泉人。生乾隆二十八年癸未，卒嘉慶二十五年庚辰，一七六三—一八二〇。年五十八。以舉人應禮部試不第，卽奉母家居不出。母卒，卽託疾閉戶，構一樓曰雕菰樓，有湖光山色之勝，足不入城市者十餘年。著書數百卷，皆精博。

里堂著述大要

里堂與東原

里堂論學極重戴東原，謂：「東原生平所著書，惟孟子字義疏證三卷、原善三卷，最爲精善。」雕菰樓文集卷七申戴。

論語通釋之年代

孟子正義

又曰：「循讀東原戴氏之書，最心服其孟子字義疏證。說者分別漢學、宋學，以義理歸之宋。宋之義理誠詳於漢，然訓故明乃能識羲、文、周、孔之義理，宋之義理，仍當以孔之義理衡之，未容以宋之義理，即定爲孔子之義理也。」（文集卷十三寄朱休承學士書。）是里堂論學，亦主以訓故明義理，仍是「經學即理學」之見也。其先嘗爲論語通釋，在嘉慶甲子，（此據文集卷十六論語通釋自序，木犀軒叢書所刻論語通釋前序作癸亥，先一年。胡適文存三集卷七有焦循的論語通釋一篇，考論與此異，可參看。）時里堂年四十二，其書體例即倣東原孟子字義疏證而作。文集序通釋凡十二篇：曰聖、曰大、曰仁、曰一貫忠恕、曰學、曰知、曰能、曰權、曰義、曰禮、曰仕、曰君子小人。（阮芸臺通儒揚州焦君傳亦作十二篇，蓋據文集序言之。）今刻通釋凡十五篇：曰一貫忠恕、曰異端、曰仁、曰聖、曰大、曰學、曰多、曰知、曰能、曰權、曰義、曰禮、曰仕、曰據、曰君子小人；增異端、多、據三篇，而次序亦異。疑木犀軒本乃里堂以後改定之本。文集編次於嘉慶二十二年丁丑，里堂年五十五，距其卒尚三年，今刻通釋殆尤後，出里堂晚年也。里堂又爲論語補疏，書成於丙子，里堂年五十四。自序謂：「向嘗爲論語通釋一卷，就正於吾友汪孝嬰，孝嬰苦其簡而未備。迄今十二年，孝嬰已物故，余亦老病就衰，因刪次諸經補疏，訂爲論語補疏二卷，略舉通釋之義於卷中，俟更廣通釋以求詳備。」自丙子上推十二年，則甲子也。故知今文集所收通釋序乃原稿，後通釋略有增廣而易其序文，乃誤記爲癸亥耳。補疏中於異端執一諸義，言之極詳，故知今刻通釋，其異端、多、據三篇，乃向後增入者也。里堂晚年又爲孟子正義，先於丙子冬，與其子廷琥虎玉，纂孟子長編三十卷，越兩歲乃完。戊寅十二月立程自限，次第爲正義三十卷，至己卯秋七月草稿粗畢。翌年七月里堂下世，距正義成書整一年矣。凡里堂論學語，除散見文集外，大率萃是三書。而里堂平生精力所注，尤在周易，有雕菰樓易學三書四十卷，通釋二十卷，圖略八卷，章句十二卷。成於嘉慶乙亥。里堂於經學外，尤精天算，能詩文，淹博精深，阮芸臺以「通儒」目之，眞無媿也。

里堂論性善

里堂之性善論

里堂論學極多精卓之見，彼蓋富具思想、文藝之天才，而溺於時代考據潮流，遂未能盡展其長者。然卽其思想上之成就言之，亦至深湛，可與東原、實齋鼎足矣。其立說之最明通者，爲其發明孟子性善之旨。其言曰：

性善乃性能覺於善

所謂性善，善卽靈也，靈卽神明也。……人之有男女，猶禽獸之有牝牡也。其先男女無別，有聖人出，示之以嫁娶之禮，而民知有人倫矣。示之以耕耨之法，而民知自食其力矣。以此教禽獸，禽獸不知也。禽獸不知，則禽獸之性不善；人知之，則人之性善矣。聖人何以知人性之善也？以己之性推之也。己之性既能覺於善，則人之性亦能覺於善，第無有開之者耳。……故非性善無以施其教，非教無以通其性之善。教卽荀子之所謂偽也，為也。為之而能善，由其性之善也。孟子正義「滕文公為世子」章，參讀文集卷九性善解五篇。

里堂論議之時變

里堂言性善，以人之有智慧言之，又以人之能進化言之，其説亦本於東原，而人類之自以其智慧而進化者，其一段之歷程，里堂名之曰「變通」，變通之所得卽善也，仁義則善之大者。故曰：

仁義由於能變通

人性所以有仁義者，正以其能變通，異乎物之性也。以己之心通乎人之心，則仁也。知其不宜，變而之乎宜，則義也。仁義由於能變通，人能變通，故性善；物不能變通，故性不善。正義「性猶杞柳」章。

變通所以為利

人類何以必出其智慧以求變？里堂則曰變化所以爲利。故曰：

春秋繁露仁義法云：「義者，謂宜在我者。」其性能知事宜之在我，故能變通。上古之民，始不知有父，惟知有母，與禽獸同。伏羲教之嫁娶，定人道，無論賢智愚不肖，皆變化而知有夫婦父子。始食鳥獸蠃蜌之肉，飢則食，飽則棄餘，神農教之稼穡，無論賢智愚不肖，皆變化而知有火化粒食。是為利也。……人之所以異於禽獸者，在此利不利之間，利不利卽義不義，義不義卽宜不宜。能知宜不宜，則智也；不能知宜不宜，則不智也。智，人也；不智，禽獸也。幾希之間，一利而已矣，卽一義而已矣，卽一智而已矣。正義「天下之言性也則故而已矣」章。

故人性之善否，視其心知之智愚。智則能變而之於宜以得其利，故曰善；不智則不能變而之於宜而不得其利，故曰不善。人與禽獸之分在此。其界說明白通順，自來持性善論者未能及。今更進一步言之，此所謂變而之於宜以得其利者，其實卽人智之變也，卽人之智慧之進化也。人智慧之能進化，卽可以人之一生證之。故曰：

人智與年俱進

> 人初生，便解飲乳，便解視聽，此良知也。然壯年知識，便與孩提較進矣；老年知識，便與壯年較進矣。同焉此人，一讀書，一不讀書，其知識明昧又大相懸絕矣。同焉受業，一用心，一不用心，其知識多寡又大相懸絕矣。則明之與昧，因習而殊，亦較然矣。（正義「性猶杞柳」章。）

赤子如洪荒

里堂以人智之進化言性善，故不喜言赤子之心，曰：

> 人之為赤子，猶天地有洪荒。……莊子（繕性篇。）乃云：「古之人在混茫之中，與一世而得淡漠焉。陰陽和靜，鬼神不擾，四時得節，萬物不傷，羣生不夭，人雖有知，無所用之。」豈知晦芒憔悴之初，八卦未畫，四時何由而節？漁佃之利未興，弧矢之威未作，人與鳥獸相雜，其靈於鳥獸者凡幾？不知粒食，其疾病疢毒於鳥獸蠃蜌之肉者又凡幾？而謂之不傷不夭，不亦妄乎！赤子

之無知，故匍匐可以入井，必多方保護之，教誨之……若失而不教，則終於愚而無知。……卒之文字不能通，農商不成就，衣食不能自力，父母不能養，妻子不能保，自轉死於溝壑。彼老氏之徒，乃以為真樸未散，不亦傎乎！……不失赤子之心，而即為大人，於是傭人匠賈，皆可自命為聖賢。相習成風，其禍於天下，與吃葉事魔者等矣。正義「大人者不失其赤子之心者也」章。

斥覺悟而主行習

里堂既不喜言赤子之心，因亦不喜言心悟、心覺，謂：

舍六德、六行、六藝、詩、書、禮、樂而以心悟為宗旨，皆亂天下之楊、墨也。正義「外人皆稱夫子好辯」章。按：此實焦學歧點，上云性能覺於善，何以言心悟又為楊、墨耶？

又曰：

明人講學，至徒以心覺為宗，盡屏聞見，以四教、六藝為桎梏，是不以規矩，便可用其明；不以六律，便可用其聰。於是強者持其理以與世競，……弱者恃其心以為道存，……真邪說誣民，孟子所距者也。正義「離婁章句」條下。按：以赤子比洪荒固是，然今世只是洪荒變來，聖賢亦從赤子植基，既主性靈，何以又不敢言覺悟？焦學從此歧入矣。絕事務習行而言覺悟，固不可；只有事物習行而無覺悟，亦不可也。

里堂近似顏李處

里堂此兩條及前引人智明昧因習而殊諸義，極重學習，力斥心悟，且明擧周官「六德、六行、六藝」爲說，頗似顏、李。然里堂似未見顏、李書，故正義自序歷引諸家著述，獨顏、李缺如。可見論學容有暗同，近人必主東原疏證聞之顏、李，實無的據，此亦可爲旁證矣。

習行必有所因

里堂既深斥心悟、心覺之說，謂人智之開通進化，必有賴於習行，而習行必有所因。故曰：

> 習先聖之道，行先王之道，必誦其詩，讀其書，博學而詳說之，所謂因也。仰觀於天，俯察於地，近取諸身，遠觀於物，伏羲所因也。神農則因於伏羲，……黃帝、堯、舜則因於神農，……惟其因，乃有所變通。「通其變，使民不倦」，通其所因，變其所因也。「神而化之，使民宜之」，神其所因，化其所因也。……先王之道，載在六經，非好古敏求，何以因？即何以通變神化？……故非習莫知所因，非因則莫知所述。同上

里堂近恕谷遠習齋處

習行必有所因，而歸於誦詩、讀書，博學詳說，此意近恕谷，可以矯習齋主習行而力攻讀書之偏。然後人學問，正不必全賴六經羣籍，仍自有仰觀俯察，近身遠物可因也。習齋力斥讀書，亦不能從此處著眼，乃專據禮樂爲習行之主，失之益遠。又里堂謂人初不知夫婦，伏羲教之有夫婦，人初不知熟

里堂性善論之不徹底

食，神農教之有熟食，而曰：「非性善無以施其教，非教無以通其性之善。」其說是矣。然伏羲、神農所以能發明人倫、火食以教人者，正亦由其性之善。則亦可謂非性善無以開其教，亦非能教無以證其性之善也。聖人與我同類，後世非不能再有伏羲、神農。孟子言聖人，有性之者，有反之者。

性之與反之

「性之」則自「誠」而「明」，自發自悟，開教創義者也。「反之」則自「明」而「誠」，因人之教，反之吾心而知其誠然，信教服義者也。里堂因斥心悟、心覺之說，故其論性善，似偏於信教服義者言，於開教創義之理未能深闡，故其言重「因」不重「創」。則以當時漢學家讀書博古之風方盛，里堂浸染者深，遂不覺其言之偏倚。至習齋亦言性善，又力斥讀書，乃亦未能從此層發揮，則以習齋成學精神，本在其意志氣魄之堅强，不在其心知識解之湛深也。

三百年學術思想不脫尊聖信古一見

三百年來學術大體，要之不能脫「尊聖信古」之一見。雖若里堂以人智進化言性善，習齋以力斥讀書言習行，而結局均不免。然則陸王發明本心之論，即孟子所謂「彼人也，我亦人也，我何畏彼」之義，其末流之空言心覺、心悟者固可斥，其教人自發自悟，自開自創之風，苟言性善，決不能抹撥此路，又斷斷然矣。又按：里堂言「因」，本含二義：一則「所因」，如「通其所因」、「變其所因」、「神化其所因」云云，「所因」者，指其所變通之事實言；一則「所以因」，如「神農因於伏羲」，及「非好古敏求何以因」之說，「所以因」者，即指所以爲變通之方法與事實言。則「所以因」者，即是「革」，即是「創」，非「因襲」之「因」矣。里堂以變通言因，故但懲空洞之陋，而無承襲之弊，此則猶賢於當時漢學家，惟以讀書博古爲學者已。

里堂言性善，其主要義有二：一曰義之時變，里堂謂：「通變神化之道，全以隨在轉移爲用，所謂『集義』。」正義「義內」章語。是也，其說如上舉。又其一則曰情之旁通。其言曰：

禽獸之情，不能旁通；……人之情，則能旁通，……故可以為善。情可以為善，此性所以善。……以己之情通乎人之情，以己之欲通乎人之欲。……如是則情通。……是性之神明有以運旋乎情欲，而使之善，此情之可以為善也。故以情之可以為善，而決其性之神明也。……蓋人同具此神明，有能運旋乎情，使之可以為善；有不能運旋乎情，使之可以為善。此視乎才與不才，才不才則智愚之別也。智則才，愚則不才。正義「乃若其情則可以為善」章。

里堂謂義之時變者，相當於東原之言「解蔽」；里堂謂情之旁通者，相當於東原之言「去私」。惟東原謂「去私莫如强恕，解蔽莫如學」，二者分言之，於是有「忠恕反躬」與「精察幾微」之兩途；里堂則一以智愚說之，其不得時變之義者爲不智，其不識旁通之情者亦不智，而智卽吾性之神明也。苟吾性之神明得暢遂而毋窒，則義之時變無不知，情之旁通無不得。惟其能變而通，故曰性善。此其爲說，似較東原尤完密焉。然里堂時亦分言之，故曰：

聖之為言通也，通之為言貫也。……大戴記曰：「聖人者，知通乎大道，應變而不窮，能測萬物之性情者也。」聖人以通得名，非智無以通，非學無以智，非恕無以測萬物之性情，非能測萬物之性情，無以應變而不窮。（通釋「釋聖」。）

此以「智」與「恕」分言也。然一歸之於吾性之神明，則雖分而仍合矣。智即義之變，恕即情之通。

詩主通情
禮主時變
易義兼之

里堂既以義變與情通二者說孟子之性善，又復廣推其說於六經，謂詩教主通情，（毛詩補疏序。）禮教主時變，（禮記補疏序。）而會其義於周易。里堂易學三書，處處發揮此「通情」與「時變」之二義，惜其拘牽於時尚，未能擺脫注疏考據面貌，卓然自抒心胸之所得，效實齋通義體例爲之，則其成績，必遠超於今諸書之爲一鱗一爪，隱現出沒於煙雲霧靄之間者，無疑也。（郭嵩燾養知書屋集卷七周易釋例序，謂：「焦氏循易通釋，其辭博辨不窮，而頗病其舍本義而專意於互卦，參伍以變，錯綜其數，未聞錯綜其言也。焦氏之弊，在以易從例。」所言頗中焦書之病。）

里堂論異端與執一

里堂論學，既尚情之旁通與義之時變，故其論學態度極明通廣大，頗不喜唐、宋以來所謂「異端」之說。乃別爲「異端」二字創新解，其說曰：

執一即異端

執其一端為異端，執其兩端為聖人。論語通釋「釋異端」。聖人之道至大，其言曰「一以貫之」，又曰「焉不學，無常師」，又曰「無可，無不可」，又曰「無意、必、固、我」。異端反是。……執一即為異端。……聖人一貫，故其道大；異端執一，故其道小。……執一由於不忠恕。同上

里堂所謂不忠恕，蓋謂惟知己之所有，而不知人之亦各有其有也。故曰：

執一在止知此不知彼

聞見之外，有不知；聞見之內，亦有知之，有不知。……蓋異端者，生於執一；執一者，生於止知此而不知彼。止知此而不知彼，「知之為知之，不知為不知」，則不執矣。知其所知，知也；知其所不知，亦知也。執一者，知其一端，不復求知於所不知。不求知於所不知，非力不足以知之也，以為此不知者，不必知者也，不必求知而已知其非也。通釋「釋知」。

不必求知而已知其非，此里堂之所謂「執」，而深惡焉者也。故曰：

楊子惟知為我而不知兼愛，墨子惟知兼愛而不知為我，子莫但知執中，而不知有當為我、當兼愛之事。楊則冬夏皆葛也，墨則冬夏皆裘也，子莫則冬夏皆袷也。趨時者裘、葛、袷皆藏之於

善與人同則不執

趨時能權則不執

簋，各依時而用之，即聖人一貫之道也。使楊思兼愛之說不可廢，墨思為我之說不可廢，則恕矣，則不執一矣。聖人之道，貫乎為我、兼愛、執中者也。「善與人同」，同則不異矣。……孟子之距楊、墨，距其執也；距其執，欲其不執也。……記曰：「夫言豈一端而已，夫各有所當也。」太史公曰：「人道經緯萬端，規矩無所不貫。」（文集卷九，攻乎異端解下。）

里堂既惡「執」，故言「權」，曰：

易之道，在於趨時，趨時則可與權矣。若立法者必豫求一無弊者而執之，以為不偏不過，而不知其為子莫之執中。夫楊子之為我，墨子之兼愛，當其時則無弊。（文集卷十，說權一。）國奢示之以儉，國儉示之以禮，可與權，治天下如運諸掌。（說權二。）春秋公羊傳曰：「權者何？反於經然後有善者也。」……說者疑於經不可反。夫經者，法也。法久不變則弊生，故反其法以通之。不變則不善，故反而後有善。（說權三。說權凡八篇，可合觀。）

又曰：

子莫執中，執中無權，猶執一也。執一者，不知有忠恕之道，不能自貶損，則至害道而害人。

如執於禮而視嫂之溺而不拯，不欲賤其君而使君止於敵，執一端以至於害人，既害人而道亦害。聖人所以重能權也。（通釋「釋權」。）

然則里堂言權，仍不越通情、達變之兩義也。（里堂言通情、達變，言權，惡言執，故又不喜「矜」，不喜「定」。文集卷十有說矜一篇，說定上、下二篇，可參看。）

里堂論一貫忠恕

善與人同即忠恕一貫

里堂深惡異端執一，乃反而言「一貫忠恕」。夫謂執一者不達於義之時變，此說猶顯，知之者多，謂執一則不達於情之旁通，此說則晦，知之者少。里堂於此，發揮特有深趣，此即其一貫忠恕之說也。其言曰：

> 孔子言「吾道一以貫之」，曾子曰：「忠恕而已矣。」然則一貫者，忠恕也。忠恕者何？成己以及物也。……凡後世九流二氏之說，漢、魏南北經師門戶之爭，宋、元、明朱陸陽明之學，（通釋此處多「近時考據家漢學、宋學之辨」一語。）其始緣於不恕，不能舍己、克己，善與人同，終遂自小其道，近於異端。使明於聖人一貫之指，何以至此？……孟子曰：「物之不齊，物之情也。」惟其不齊，則不得以

己之性情例諸天下之性情，即不得執己之所習、所學、所知、所能，例諸天下之所習、所學、所知、所能。故有聖人所不知，而人知之；聖人所不能，而人能之。知己有所欲，人亦各有所欲；己有所能，人亦各有所能。聖人盡其性以盡人物之性，因材而教育之，因能而器使之，而天下之人，共包函於化育之中。……是故，「人之有技，若己有之」，保邦之本也；「己所不知，人其舍諸」，舉賢之要也；「知之為知之，不知為不知」，力學之基也。克己則無我，無我則有容天下之量。……以善濟善，而天下之善揚；以善化惡，而天下之惡亦隱。貫者，通也，所為通神明之德，類萬物之情也。文集卷九，一以貫之解。

又曰：

由一己之性情，推極萬物之性情，而各極其用，此「一貫」之道，非老氏「抱一」之道也。

又曰：

不使天下之學皆從己之學，不使天下之立達皆出於己之施，忠恕之道至此始盡，聖人之仁至此始大。一貫之指，至此合內外、出處而無不通。通釋「釋仁」

忠恕之極度

人各一性
同而實異

里堂此論，可謂宏深圓密，較之實齋爲學必本性情之說，尤爲本末兼賅，物我並顧。德儒尼采，以憐憫爲弱者之道德，而創爲「超人」之說，豈如里堂所言，不使天下立達皆出己施，爲始盡忠恕之道者，遙爲深厚而入情耶？里堂亦深以其一貫忠恕之說自喜，故其序通釋也，謂：「余嘗善東原戴氏作孟子字義疏證，於理、道、性、情、天命之名，揭而明之若天日，而惜其於孔子一貫忠恕之說，未及闡發。」則其書要旨在是，可知也。余謂陽明拔本塞源論，乃以孔、孟之知命盡性，爲老、莊之齊物逍遙，若里堂此說，可與並觀矣。

里堂論同異一多

里堂論異端，論一貫，其說皆與昔人異。蓋里堂之論性，乃重視其異，而不重視其同，故曰：

人各一性，不可強人以同於己，不可強己以同於人。有所同，必有所不同，此同也，而實異也，故君子不同也。通釋「釋異端」。

分故不同

又曰：

伯夷之清，伊尹之任，柳下惠之和，三子不同道，其趨一也。清、任、和，其性也。不同道，卽分於道也；其趨一，則性不同而善同矣。通釋「釋一貫忠恕」。

禮記樂記云：「好惡無節於內，知誘於外，不能反躬，天理滅矣。」注云：「理，猶性也。」以性為理，自鄭氏已言之，非起於宋儒也。理之言分也。大戴記本命篇云：「分於道之謂命。」性由於命，卽分於道。性之猶理，亦猶其分也。惟其分，故有不同；亦惟其分，故性卽指氣質而言。性不妨歸諸理，而理則非真宰、真空耳。正義「性無善無不善」章。

理卽分

又曰：

理者，分也。義者，宜也。其不可通行者，非道矣。可行矣，乃道之達於四方者，各有分焉，卽各有宜焉。趨燕者行乎南，趨齊者行乎西，行焉而弗宜矣。……弗宜則非義，卽非理。故道之分有理，理之得有義。……惟分，故有宜有不宜。理分於道，卽命分於道，故窮理盡性，以致於命。……後儒言理，或不得乎孔孟之指，故戴氏東原詳為闡說，是也。說者或並理而斥言之，則亦芒乎未聞道矣。正義「心之所同然者理也義也」條。

聖人重博重多

里堂謂「性不妨歸諸理」，卽東原「生生而條理，人物分於氣化各成其性」之說也。惟里堂本此極論性分之不同，則似非東原所及。其言「以性爲理，非起宋儒」，又曰：「性不妨歸諸理」，皆糾戴說之偏。既定性分之異同，則進而論爲學之「一」、「多」，其言曰：

> 聖人重博、重多，乃曰：「……予一以貫之」，何也？重多者，惡執一也。執其多於己，仍執一也；一以貫之，何多之有？多與一，相反者也。儒者不明一貫之旨，求一於多之外，其弊至於尊德性而不道問學，講良知良能而不復讀書稽古。或謂一以貫之，卽貫其多。亦非也。……多聞者，己之所有也。己有所聞，卽有所不聞；己有所知，卽有所不知。則合外內之跡，忘人己之分。……藝有六，流有九，學詩不學易，不知易也，學名不學法，不知法也。雖一技之微，不入其中而習之，終不能知。謂明其一，卽可通於萬，豈然也哉？通釋「釋多」。

此卽實齋爲學必本性情，及其博約之論也。里堂輩行稍後實齋，雖未能盡見實齋書，而爲論頗若時兼東原、實齋兩家之長矣。

里堂治經方法

里堂論漢學考據

里堂，一極富文藝天才之人也。乾隆己亥，年十七，應童子試，受知於督學諸城劉墉石庵。問：「學經乎？」曰：「未也。」曰：「不學經，何以足用？」又曰：「不學經，無以爲生員。」里堂歸，乃屏他學而學經。文集卷一感大人賦。然里堂治經途轍，亦復與當時風尚不同。里堂幼承其祖、父學，好易。丙申，十四歲。自塾歸，其父問日課，舉小畜彖辭。曰：「所謂『密雲不雨，自我西郊』者，何以復見於小過之六五？童子宜有會心，其思之也。」里堂自後著易通釋，即本此發軔。文集卷十六易通釋自序。其學主就經之本文精思眇會，得其大義。其治易與當時所主治漢易者不同。治他經，亦以治易之法治之。其治論語，曰：「十數年來，每以孔子之言參孔子之言。且私淑孔子而得其旨者，莫如孟子，復以孟子之言參之。既佐以易、詩、春秋、禮記之書，或旁及荀、董、揚、班之說。」文集卷十六論語通釋自序。其意境途轍，亦非當時名物訓詁逐字逐句零碎考釋之類也。里堂能詩文，讀書每玩大體，又精天算，能爲嚴密之考核，二者交濟，又治宋明理學者言，故其成就，頗與當時專務考據者異。而里堂亦深不喜「考據」二字，嘗與孫淵如書極論其事，曰：

里堂論考據

仲尼之門，見諸行事者，曰德行，曰言語，曰政事；見諸著述者，曰文學。自周、秦以至於漢，均謂之學，……無所謂考據也。……經學者，以經文為主，以百家子史、天文術算、陰陽五行、六書七音等為之輔，彙而通之，析而辨之，求其訓故，核其制度，明其道義，得聖賢立言之指，以正立身經世之法。以己之性靈，合諸古聖之性靈，並貫通於千百家著書立言者之性靈。以精汲精，非天下之至精，孰克以與此？……蓋惟經學可言性靈，無性靈不可以言經學。

無性靈不可言經學

……趙宋以下，經學一出臆斷，……王伯厚之徒，習而惡之，稍稍尋究古說，摭拾舊聞。此風既起，轉相仿效，而天下乃有補苴掇拾之學。……不知起自何人，強以「考據」名之。……本朝經學盛興，在前如顧亭林、萬充宗、胡朏明、閻潛邱；近世以來，在吳有惠氏之學，在徽有江氏之學、戴氏之學，精之又精，則程易疇名於歙，段若膺名於金壇，王懷祖父子名於高郵，錢竹汀叔姪名於嘉定，其自名一學，著書授受者，不下數十家。均異乎補苴掇拾者之所為，是直當以「經學」名之，烏得以不典之稱之所謂「考據」者混目於其間乎！（文集卷十三，與孫淵如觀察論考據著作書。）

經學非考據

里堂此書，在乾隆乙卯，爲袁簡齋散書後記有「考據」、「著作」之辨而發也。（實齋通義內篇卷五詩話，又書坊刻詩話後，又外篇三與吳胥石簡，皆駁袁說，論考據不得別稱一家。此章、焦二人立說之同時相通也。）翌年又與劉端臨書，謂：

國初經學，萌芽以漸而大備。近時數十年來，江南千餘里中，雖幼學鄙儒，無不知有許、鄭者。所患習為虛聲，不能深造而有得。蓋古學未興，道在存其學；古學大興，道在求其通。前之弊患乎不學，後之弊患乎不思。證之以實，而運之於虛，庶幾學經之道也。乃近來為學之士，忽設一考據之名目，循去年在山東時，曾作札與孫淵如觀察，反覆辨此名目之非。（文集卷十三與劉端臨教諭書。）

此與東原以義理、考據、辭章分學術爲三途者，深淺有殊，而與實齋文史通義議論，頗相桴鼓也。里堂之所以深惡於考據者，正爲其不能用思以求通。里堂又暢論之於論語通釋之釋據一條。其言曰：

有據即執一而不通

近之學者，以考據名家，斷以漢學，唐、宋以後，屏而棄之。其同一漢儒也，則以許叔重、鄭康成為斷，據其一說，以廢衆說。荀子所謂「持之有故」，持即據之謂也。孔子一貫之道，自楊、墨出而充塞之，故孟子力闢以存孔氏之學。荀子謂「人之患，在蔽於一曲，而闇於大理」，於是非十二子。由秦及漢，儒道消亡，聖人之教微，……公孫宏以治春秋為丞相封侯，天下學士靡然嚮風。然聖人一貫忠恕之指，莫之能明也。各經其經，各師其師。石渠之議，同異互執。孟子改師法，遂不見用。江公與王式，同為魯詩，至嫉而相詈。嚴彭祖與顏安樂同事眭孟，而各持所見。譬如五季之亂，各據一地，據淮南者不復至吳越，據楚、漢者不復至孟蜀。揚子雲惡夫當時之習，……曰：「……一鬨之市不勝異意，一卷之書不勝異說，人各是其所是而非其所非。」又曰：「呱呱之子，各識其親；譊譊之學，各習其師。」……班固作藝文志，……曰：「幼童守一藝，白首而後能言，安其所習，毀所不見，終以自蔽，學者之大患也。」然東漢諸儒執一尤甚。……范蔚宗論鄭康成曰，「東京學者，滯固所稟，異端紛紜，互相詭激，康成囊括大典，網羅衆家，删裁繁誣，刊改漏失，自是學者略知所歸。」又儒林傳論曰：「經生所處，不遠萬里之路，精廬暫建，贏糧動有千百，其耆名高義，開門授徒者，編牒不下萬人，皆專相傳祖，莫或譌雜。至有分爭王庭，樹朋私里，繁其章條，穿求崖穴，以合一家之說。夫書理無二，義歸有宗，而碩學之徒莫或從，故通人鄙其固焉。」蓋東都之學，至鄭氏始通。……其箋詩主毛而屢易其義，注儀禮則兼用古今文，注周禮則兼采杜子春、鄭衆之說而案以己意，子夏喪服傳且駁正之，注詩不必同於注禮，前說與後說殊，雖一己之言，不拘於一，誠能述古而不泥古，博而能貫，得乎聖人之意。王肅、孫毓，不知鄭義，或相爭難，至於南北分途，門戶異立。唐學士元行沖作釋疑引王邵云：「魏、晉浮華，古道湮替，……寧道孔、顏誤，諱言服、鄭非。」然則服、鄭之外，皆屏之矣。服、鄭之外皆屏之，則仍兩漢譊譊之習。蓋必據鄭以屏其餘，與必別有所據以屏鄭，皆據也，皆非聖人一貫忠恕之指也。班固論諸子曰：「九家之說，蠭出並作，各引一端，崇其所善。其言雖殊，辟猶水火，相滅亦相生。若能修六藝之術，而觀此九家之言，舍短取長，可以通萬方之略。」然則九流諸子，各有所長，屏而外之，何如擇而取之，況其同為說經之言乎？論語通釋「釋據」。

此則暢論兩漢以來所謂經學家知據不知通之弊，惟鄭康成能不專據而求會通，今康成且不當據，況又別據以屏康成！其言可謂廓清摧陷，纖翳不留矣。然其時所謂漢學者尚猶據康成，後則復據今文屏古文，康成亦在所斥，至謂自有康成而兩漢十四博士專家之經學遂亡，是誠考據學之末路，皆惟求有據，不能用思以求通者也。然當時經學家所以專務爲考據者，夫亦曰我以述古也，里堂於是又深辨之，作述難五篇以見意。曰：

述難

述非托非誦寫

孔子曰「述而不作」，學者亦曰「述而不作」。然惟孔子……孟子能述；孟子歿，罕有能述者也。述其人之言，必得其人之心；述其人之心，必得其人之道。學者以己之心為己之道，以己之道為古人之言，曰「吾述也」，是托也，非述也。學者不以己之心求古人之言，朝夕於古人之言而莫知古人之心，而曰「吾述也」，是誦也，是寫也；誦、寫，非述也。……述也者，述其義也，述其志也。……聖人之道，日新而不已，譬諸天度，愈久而愈精，各竭其聰明才智以造於微，以所知者著焉，不敢以為述也，則庶幾其述者也。文集卷七，述難一。

又曰：

作述無等差

又曰：記曰：「作者之謂聖，述者之謂明。」作述無等差，各當其時而已。人未知而己先知，人未覺而己先覺，因以所先知先覺者教人，俾人皆知之覺之，而天下之知覺自我始，是為作。已有知之覺之者，自我而損益之，或其意久而不明，有明之者用以教人，而作者之意復明，是之謂述。……孔子……非不作也，時不必作也。生伏羲、神農、堯、舜之後，別思所以作之，則「不知而作」矣。……宋、元以來，人人讀孔子之書，皆自以為述孔子，而甲詆乙為異端，乙斥甲為楊、墨，究之……述孔子者，果能述孔子之所述乎？（述難二。）

能非乃能述

又曰：學者好詆譏人，人不易詆也。……善述者，能道人之是，能道人之非。學宋、元人之學者，非漢、魏矣，學漢、魏人之學者，非宋、元矣，猶之學冶者非陶，學農者非圃。老於農而後可非農，精於冶而後可非冶，門外者不知門內之淺深。是故能述之乃能非之，能非之乃能述之。（述難三。）

漢儒之學非即孔子

學者詡於人，輒曰：「吾述乎爾」，……「吾學孔子乎爾！」然則所述奈何？則曰漢學也。嗚呼！漢之去孔子幾何歲矣？漢之去今又幾何歲矣？學者學孔子者也，……乃舍孔子而述漢儒，漢儒之學，果即孔子否耶？……學者述孔子而持漢人之言，惟漢是求，而不求其是，於是拘於傳注，往往扞格於經文，是所述者漢儒也，非孔子也。而究之漢人之言，亦晦而不能明，則亦第持其言而未通其義也，則亦未足為述也。且夫唐、宋以後之人亦述孔子者也，持漢學者或屏之，……或知其言之足徵而取之，又必深諱其姓名，以其為唐、宋以後之人，一若稱其名，遂有礙乎其為漢學者也。噫！吾惑矣！述難四。

善述須無我存人

又曰：

善述人者，如善醫。……不善醫者，先具一病以擬其人，……或縣一不切之藥以泛應千百人之病。……善醫者，能各審其人之病而無我之心，則必於陰陽、表裏、虛實之故，骨空、經脈、營衞、度數之理，金石、水火、飛潛、草木之性，無一物不深索而窮究，不名一物而無物不明。……學者述人，必先究悉乎萬物之性，通乎天下之志，一事一物，其條理縷析分別，不窒不泥，然後各如其所得，乃能道其所長，且亦不敢茍也。……善醫者存人之身，善述者存人之心。……不善述者，拂人之長，引而歸於己之所知。述難五。

「攻乎異端斯害也已」，及解「格物」諸篇，（文集卷九有格物解三篇。）若脫離舊文，自造新說，固足成一家之見，若以此爲述古，則不惟不通核，抑且難據守，又何以服當時漢學家顓顓於考據訓詁之業者哉？蓋里堂論性善，仍不能打破最上一關，仍必以一切義理歸之古先聖人，故一切思想議論，其表達之方式，仍必居於述而不作，仍必以於古有據爲定。故里堂既爲論語通釋，又爲孟子正義，集中論義理諸篇，亦必以語、孟話頭爲標題，言義理決不能出孔孟，此非仍據守而何？又其治孔孟，仍守六籍爲經典，雖於詩、禮諸端，未多發揮，而奇思奧旨，往往寄之治易諸書，不知易之爲書，未必即是孔門之教典也。又里堂既務爲通核，乃不願爲考據、著述分途，論語通釋專言義理，乃早成之書，未刻入雕菰樓全書，而別爲論語補疏，與易通釋、孟子正義諸書，均以發抒義理之言與考據、名物、訓詁者相錯雜出，遂使甚深妙義，鬱而不揚，掩而未宣。以體例言，顯不如東原原善、疏證，別自成書，不與考據文字夾雜之爲得矣。故其先謂經學即理學，捨經學安所得有理學者，至是乃感義理之與訓詁考據，仍不得不分途以兩全。（雕菰樓集卷七申戴篇，述東原臨終之言曰：「生平讀書，絕不復記，到此方知義理之學，可以養心。」里堂極辨東原所謂「義理」，乃其自得之義理，非講學家西銘太極之義理。然要知考據與義理，在東原自身，顯屬兩事，未能併歸一體矣。）此則經學權威必以此降落，而學風將變之候也。合觀東原、實齋、里堂三人之學，正可以見斯間之消息矣。

里堂論命

里堂書中，尚有論「命」一義極精善。里堂論性，主人智進化爲說，故言命，亦主創造革新，而不主有一成不變之命。其論見於其說易之書，曰：

道變化而不已，命分於道，則有所限。有當安於所限者，不舍命是也。有不當安於所限者，申命、改命、致命是也。命而能改、能申、能致，則命不已，卽道之不已，如是乃為知命。自變通之義不明，而「未受命」、「未順命」之文，遂成一莫解之說矣。易通釋卷五「命」。

昔船山論學，主性乃日生而日成，命亦日新而日受，里堂所見，頗與相似，故其說孟子性命一章，亦較東原爲圓密。其言曰：

聖人在尊位，君天下，則可造天下之命。君一國，則可造一國之命。故自王侯以至令長，皆有以司人之命。孔子不能得位，則道不行，而天下之命不能造。故云：「道之將行也與，命也。

道之將廢也與，命也。」孟子以仁之於父子，義之於君臣，禮之於賓主，智之於賢者，聖人之於天道，與口、鼻、耳、目四體同指為命。天下之飢命在稷，天下之溺命在禹，此口、鼻、耳、目之命也。逸居無教，則近禽獸，勞來匡直，命在司徒，此仁、義、禮、智、天道之命也。百姓之飢寒囿於命，君子造命，使之不飢不寒，皆有以遂其生。百姓之愚不肖囿於命，君子造命，使之不愚不不肖，皆有以育其德。於是天下之命，自聖人而造。惟聖人不得位，則不特民之生無以遂，即己之生亦待人而後遂。故味、色、聲、臭、安佚，聽之於命，不苟得，不妄求，不以為性也。是知命也。聖人不得位，民之德無以育，而己之德則不必待人而後育，故庸行之謹，庸言之信，率之於性而不聽之於命也。是知命也。（文集卷九，知命解下。）

里堂言命，全本人事，與向來以天意言者不同，猶其言性善，全本後天智慧，與向來以先天稟受言者不同也。

芸臺傳略

阮元，字伯元，號芸臺。生乾隆二十九年甲申，卒道光二十九年己酉，（一七六四—一八四九。）年八十六。江蘇儀徵人。里堂，其族姊夫也。芸臺敭歷中外，所至提倡後學，主持風氣，不遺餘力。督學浙江，修經籍纂詁。及撫浙，立詁經精舍。任國史館總纂，創立儒林傳。撫江西，刻十三經注疏。其校勘記多出段懋堂、洪震煊、徐養原諸人手。總督兩廣，立學海堂，編刻皇清經解。晚年爲體仁閣大學士。其致仕歸里之年，清廷以林則徐爲欽差大臣查辦廣東鴉片煙事，奏禁鴉片，固芸臺督兩廣先言之也。及芸臺卒之明年，而洪、楊起於廣西。芸臺猶及乾、嘉之盛，其名位、著述，足以弁冕羣材，領袖一世，實清代經學名臣最後一重鎮。咸、同以下，世亂相尋，稽古之業，亦遂衰焉。

芸臺論學宗旨

芸臺與東原

芸臺以乾隆五十一年丙午舉鄉試入都，時年二十三，得交邵二雲、王懷祖、任子田，揅經室二集卷七南江邵氏遺書序。時戴東原卒已十年，懷祖、子田，皆東原弟子也。芸臺講學，頗師承東原，守以古訓發明義理之意。其言曰：

聖賢之道存於經，經非詁不明。漢人之詁，去聖賢為尤近。譬之越人之語言，吳人能辨之，楚人則否。高、曾之容體，祖、父及見之，雲、仍則否。蓋遠者見聞，終不若近者之實也。元少為學，自宋人始，由宋而求唐、求晉魏、求漢，乃愈得其實。嘗病古人之詁散而難稽也，於督學浙江時，聚諸生於西湖孤山之麓，成經籍纂詁百有八卷。按：其事在嘉慶三年戊午。及撫浙，遂以昔日修書之屋五十間，選兩浙諸生學古者，讀書其中，題曰詁經精舍。精舍者，漢學生徒所居之名；詁經者，不忘舊業，且勗新知也。揅經室二集卷七西湖詁經精舍記。

經籍籑詁

經籍籑詁一書，其議亦先發於東原。見錢竹汀經籍纂詁序。以古訓求義理，本東原所主，而自古言之，則宋自不如唐，唐不如晉、魏，晉、魏又不如漢也。又曰：

> 古今義理之學，必自訓詁始。揅經室續集卷一馮柳東三家詩異文疏證序。
>
> 聖賢之言，不但深遠者非訓詁不明，卽淺近者亦非訓詁不明。揅經室一集卷二論語一貫說。
>
> 余之說經，推明古經，實事求是而已，非敢立異也。揅經室集自序。

然若僅務詁訓而不求義理，則亦非是，故曰：

> 聖人之道，譬若宮牆，文字訓詁，其門徑也。門徑苟誤，跬步皆歧，安能升堂入室乎？……或

者但求名物，不論聖道，又若終年寢饋於門廡之間，無復知有堂室矣。擘經室一集卷二擬國史儒林傳序。

芸臺與定宇

此等議論，完全戴學面目也。然自古訓求義理之說，惠、戴皆主之，語詳東原章。故芸臺於惠氏亦深契，其序江藩鄭堂生乾隆二十六年，（一七六一）卒道光十一年，（一八三一）年七十一。漢學師承記有云：

兩漢經學所以當尊行者，為其去聖賢最近，而二氏之說尚未起也。……甘泉江君子屏，得師傳於紅豆惠氏，……心貫羣經，折衷兩漢。元幼與君同里同學，竊聞論說，三十餘年。……所纂國朝漢學師承記，……可知漢世儒林家法之承授，國朝學者經學之淵源，大義微言，不乖不絕，而二氏之說，亦不攻自破矣。擘經室一集卷十一國朝漢學師承記序。

芸臺古訓論之推衍

鄭堂又爲國朝經師經義目錄，凡言不關乎經義小學，意不純乎漢儒古訓者，均不著錄，見其子鈞跋語。而東原孟子字義疏證在焉。可證當時惠、戴論學固無差歧，以古訓發明義理，而取徑於漢儒，兩家意見實相一致，芸臺則聞其風而起者。今觀其集中如論語論仁論、一集卷八。孟子論仁論、一集卷九。性命古訓一集卷十。諸巨篇，皆所謂以古訓明義理之作也。伊川誨學者，將聖賢言仁處類聚觀之。張南軒祖之，類聚孔、孟言仁，而朱子不甚謂然，云：「恐長學者欲速好徑之心，滋入耳出口之弊。」則宋儒未嘗不知將古訓類聚而觀，惟領悟之淺深，仍不在此。近人若以阮氏方法爲漢學家獨擅，宋儒皆專輒自信不守古訓，此豈爲知漢、宋之辨者？其他如論語一貫說、大學格物說，均見一集卷二。亦同爲講明古訓之文。

而所以講明古訓者，則一以古人之言爲依據。如論語解（亦一集卷二。）引劉向、延篤諸人，論語、孟子論仁兩篇，據鄭玄「仁，相人偶也」一訓，孟子論「性命」章，據東漢趙岐注，此皆依據漢人古訓之明例也。又推而上之，謂：

> 百世學者皆取法孔子矣，然去孔子漸遠者，其言亦漸異。子思、孟子近孔子，猶非親受業於孔子者也。七十子親受業於孔子，其言之無異於孔子而獨存者，惟曾子十篇乎？（一集卷二曾子十篇注釋序。）

自兩漢推至孔門

推芸臺之意，凡取法孔子者，其時代去孔子益近，其說益可信。故宋不如唐，唐不如晉、魏，晉、魏不如兩漢，兩漢不如子思、孟子，子思、孟子又不如七十子，此皆本其自古訓明義理之一意推衍而得者也。（此間尚有眞僞一層，芸臺似未細辨。故信大戴記曾子十篇爲眞曾子語；又信孔子三朝記，謂與論語並重；（一集卷十一與洪筠軒頤煊論三朝記書）信孝經，謂「吾志在春秋，行在孝經」一語，實聖門微言。（一集卷二孝經解）此皆其失也。）然若義理自古訓中來，則孔子所得之義理，亦必自孔子以前之古訓中來矣，芸臺本此而有詩、書古訓之推尋。其言曰：

自孔孟推至詩書

> 萬世之學，以孔、孟為宗；孔、孟之學，以詩、書為宗。學不宗孔、孟，必入於異論。孔、孟之學所以不雜者，守商、周以來詩、書古訓以為據也。詩三百篇，尚書數十篇，孔、孟以此為學，以此為教，故一言一行，皆深奉不疑。（續集卷一詩書古訓序。）

自詩書推至造字之聖人

故芸臺自兩漢之古訓，推而上之至於七十子，又越孔子上推而至於詩、書焉。然依芸臺此意，嚴格論之，孔、孟義理，出於詩、書之古訓，詩、書之義理復何出乎？若必以最先之古訓爲貴，則推溯古訓來源，必有窮極。錢大昕謂蒸民之詩，孔子歎爲知道，而其述仲山甫之德本於「古訓是式」，古訓者，訓詁也。方植之駁之云：「是時六經未有，籀史同朝，秦、漢小學，未有萌芽，不知仲山甫所講爲何等訓詁？」見漢學商兑卷中之下。此卽推溯古訓必有窮極之說也。主張自古訓求義理，起自竹汀、定宇諸人，至芸臺而竭。植之遂有以掎其後，然後微言大義之說起。此亦漢學窮極必變之一端也。且何以最先之古訓，卽爲最眞之義理乎？此尤無說以解者。而義理自古訓中來之意見卽無形摧破，而芸臺不之悟也。芸臺所極自得意者，卽在其推溯古訓來源之一事，其性命古訓一長篇，卽本此意而成。「仁」字不見於尚書虞夏商書、詩雅頌、易卦爻辭之中，故芸臺僅爲論語、孟子論仁論，不及詩、書。芸臺又申說義訓最古卽義理最精確之意於釋敬一篇。續集卷一。其言曰：

> 古聖人造一字，必有一字之本義，本義最精確無弊。敬字从苟从攴。苟篆文作苟音亟非苟音狗也。苟卽敬也，加攴以明擊敕之義也。警从敬得聲得義，故釋名曰：「敬，警也，恆自肅警也。」此訓最先最確，……非端坐靜觀主一之謂也。

謂「敬」字本訓恆自肅警，後乃變爲端坐靜觀主一，其說縱是，然學者何以必恆自肅警，不當端坐靜觀乎？此別是一事，與敬字義訓無關也。朱一新無邪堂答問論之云：「以敬屬心，並不自宋儒始。卽以說文證之，『恭』亦訓肅。『恭』與『敬』對文則別，散文則通，故許君並以『肅』釋之。如近儒所疑，戴記明言『手容恭』，洪範明言『貌曰恭』，而『恭』乃从心，將毋造字之誤耶？說文心部自有『憼』字，與『恭』字相次。如謂敬在事不在心，天下有心不敬而可以臨事者乎？」則知敬字義訓，亦並不能專從外面行事說也。若謂文字最古之義訓，卽人生最高之眞理，此稍一置思，可悟其不然。清儒推尊漢學，亦爲其去孔子較近，欲求孔子書中義理，不得不借徑於去孔子較近漢人之訓詁；而孔子義理何以當尊，此別爲一事。今芸臺卽本惠、戴兩家古訓明而義理明之說，推進一層求之，乃超越孔子而前，謂孔子義理亦本之詩、書之古訓，然則孔子亦止等於一漢儒，乃不得不轉而爲「古聖人造字，本義最精確無弊」之說。然則孔子著述之聖人，乃不如荒古造字之聖人也。芸臺本此而論「性」字之義訓，曰：

> 性字之造，於周、召之前，从心，則包仁、義、禮、智等在內；从生，則包味、臭、聲、色等在內。是故周、召之時解性字者樸實不亂，何也？字如此實造，事亦如此實講。（再續集卷一節性齋主人小像跋。）

然則自周、召乃至孔、孟，不過爲幾個能解字的聖人而已。清儒唱「古訓明而義理明」之說，自居爲解字者，今乃欲强坐周、召、孔、孟亦與漢儒、清儒同等並列，爲解字之聖人，然則彼造字之古聖人又何人乎？一切最精確之義理，果包蘊於造字最先之初，而此最先造字之古聖人爲後世一切義理準繩者，其人何人，若茫若昧，已在荒晦不可知之域，卽芸臺亦不得不僅而稱之曰「古聖人」而已。推極「古訓明而義理明」之說，終不得不超越孔子而上；（否則孔子義理何從來，仍是問題。）旣超越孔子而上，終不得不極於不知誰何之造字古聖人。而古聖人之造字又何始乎？芸臺又說之曰：

古人造字，字出乎音、義，而義皆本乎音。（一集卷一釋矢。）

自造字之聖人推之說話之聖人

其說亦是矣。則造字古聖人，其最先義理，乃得自開口出聲說話之古聖人也。苟本「古訓明而義理明」之說，苟本「捨古何以求是」之意，充類至盡，不得不推溯及於開口出聲說話之古。以其茫昧難尋，乃不得不降而稍下，求之於初造字之古；而猶苦其茫昧而難尋也，乃益降而下，求之於初見於詩、書之古。如芸臺所云：

尚書之「虞性」、（西伯戡黎。）「節性」，（召誥。）毛詩之「彌性」，（大雅卷阿。）言性者所當首舉而尊式之，蓋最古之訓也。（性命古訓。）

然猶或苦詩、書之簡略不詳備，難盡尊式，乃益降而下，求之於孔孟之古。孔孟去我亦已遠，其義訓亦未可驟曉，乃求之於七十子後學，及並世諸子，乃至於兩漢說經之言。此則清儒精神大率如是，芸臺不過其百尺樓頭，更上一層者也。

塔性說

芸臺又有塔性說，（文見揅經室續集卷三。）大意謂：

東漢時稱釋教之法之人皆曰「浮屠」，而其所居所崇者，則別有一物，……梵語稱之曰「窣堵波」。晉、宋、姚秦間翻譯佛經者，……別造一字曰「塔」以當之，絕不與「臺」相混。……至於翻譯「性」字則不然。浮屠家說，有物焉具於人未生之初，虛靈圓淨，光明寂照，人受之以生；或為嗜欲所昏，則必靜身養心，而後復見其為父母未生時本來面目。……晉、宋、姚秦人翻譯者，執此物求之於中國經典內，原注：經典釋文所謂「典」者，老、莊也。「有一「性」字似乎相近，彼時經中「性」字縱不近，彼時典中「性」字已相近。原注：莊子「性」字本是天生自然之物，駢拇、馬蹄之喻最為明顯。莊子曰：「繕性於俗學以求復其初，謂之蒙蔽之民。附之以文，益之以博，文滅質，博溺心，然後民始惑亂，無以反其性情而復其初。」是莊子此言復性，謂復其自然也。晉人讀老、莊者最重自然，故與佛所謂「性」相近也。李習之復性書之「復初」，則竊取佛、老之說以亂儒經，顯然可見也。於是取以當彼無得而稱之物。此譬如執「臺」字以當「窣堵波」而不別造「塔」字也。……然而與儒經尚無涉也。唐李習之……作復性書，其下筆之字明是召誥、卷阿、論語、孟子內从心从生之「性」字，其悟於心而著於書者，仍是浮屠家無得而稱之物。……是直以「塔」為「臺」，口崇古臺而心炫西塔，外用臺名內用塔實也。……佛經明心而見之物，原極高明淨妙，此與莊子復初之性已為不同，與召誥、孟子之性更相去萬里。特惜翻譯者不別造一字以當其無得而稱者，而以典中「性」字當之，不及別造「塔」字之有分別也。

復性辨

繼此而有復性辨，亦見續集卷三。曰：

元讀莊子，未嘗不歎其說為堯、舜、孔、顏之變局也。彼所謂性，卽馬蹄「天放」也，卽所謂初也。以天放為初而復之，此老、莊之學。唐李翺復性之書，卽本之於此。……文與博，正是周、孔、顏、曾之學，而莊子以為滅溺，無以復性之初，然則禪家不立語言文字，儒家借良知為宗旨，非以莊子此說為祖乎？周、孔、顏、曾之學，首重文、博，後人才力淺弱，不能文，不能博，有復初之一說焉，可以不讀書，日安佚，而其名愈高，孰不樂趨之！此亦如六朝佛典太繁，釋家別開禪學，可以不說一切經而面壁見性也。

芸臺之辨精矣！其深闢莊周、李翺復性之說者，意亦本東原。然芸臺不悟若自古訓求義理之說爲之，實同一反本復初，將同一使人還歸於茫昧淳樸之上古也。阮福雷塘菴主弟子記卷六庭訓云：「余之學多在訓詁，甘守卑近，不敢矜高，以賢儒自命，故論仁、論性命古訓，皆不過訓詁而已。塔性之說，本應載入性命古訓之後，嫌其取譬少入於諧，然由晉人清談轉入翻譯釋典，又轉入於唐人之復性，實非此篇不能言之通徹，將來姑收入續集而已。」則芸臺講學，不脫訓詁根柢，芸臺亦鄭重自言之。然芸臺「文與博正是周、孔、顏、曾之學」之說，則截斷衆流，卓乎爲乾嘉考據樹一至堅定之標的矣。芸臺同時如方植之，雖力詆漢學，而卒不能不先慮夫自考據之厭倦，而一變爲陸、王。（詳後）稍後陳蘭甫、曾滌生論學，雖均有主約之說，然特足爲阮說之補充或修正，未能對阮說爲反駁也。

芸臺誤解性命

抑余觀芸臺於古訓，亦有未能明白求之適得古訓之眞者。如上論「敬」字之例。茲仍舉其性命古訓爲說，其言曰：

性命之訓起於後世者，且勿說之，先說其古者。古性命之訓雖多，而大指相同，試先舉尚書召誥、孟子盡心。召誥曰：「節性，惟日其邁，王敬作所，不可不敬德。」又曰：「若生子，罔不在厥初生，自貽哲命。今天其命哲，命吉凶，命歷年。」又曰：「王其德之用，祈天永命。」……孟子曰：「口之於味也，目之於色也，耳之於聲也，鼻之於臭也，四肢之於安逸也，性也，有命焉，君子不謂性也。仁之於父子也，義之於君臣也，禮之於賓主也，知之於賢者也，聖人之於天道也，命也，有性焉，君子不謂命也。」趙岐注曰：「……美味，……美色，……音聲，……芬香，……安佚，……人性之所欲也，得居此樂者有命祿，人不能皆如其願也。凡人則任情從欲而求可樂，君子之道則以仁義為先，禮節為制，不以性欲而苟求之也。故君子不謂之性也。……恩愛施於父子，……理義施於君臣，……禮敬施於賓主，……明智知賢達善，……以天道王於天下，此皆命祿遭遇，乃得居而行之，不遇者不得施行，然亦才性有之。……凡人則歸之命祿，任天而已；……君子之道則修仁行義，修禮學知，庶幾聖人，亹亹不倦，不但坐而聽命。故曰，君子不謂命也。」按：孟子此章性與命相互而為文，性命之訓最為明顯。趙氏注亦甚質實周密，豪無虛障。若與召誥相並而說之，則更明顯。惟其味、色、聲、臭、安佚為性，所以性必須「節」，不節則性中之情欲縱矣。惟其仁、義、禮、知、聖為命，所以命必須「敬德」，「德」即仁、義、禮、知、聖也。且知與聖，即「哲」也，天道即「吉凶」、「歷年」也。今以此二經之說建首，而次以諸經，再隨諸經古訓比而說之，可以見漢以前性命之說未嘗少晦。詩曰：「古訓是式，威儀是力。」此之謂也。

芸臺諱言心

今按：孟子此章，趙注本甚是，即朱子集注亦不誤，自東原疏證別創新解，轉嫌牽强，芸臺又節外生枝，比附於召誥，説益支離。孟子「命」字乃遭遇之命，趙岐一語已足，何得與哲命、敬德互相牽纏？芸臺誤認古訓必大指相同，故爲之比附，又誤於東原疏證只認食色爲性，不欲將孟子仁義禮智云云，直捷認爲性分中所有，故遂支離牽强説成如此。又如論語論仁篇：「回也，其心三月不違仁」，芸臺謂：「心與仁不違，可見仁與人心究不能渾而爲一，若直號仁爲本心之德，則是渾成之物，無庸用力爲之矣。」然孟子論仁篇又謂：「孟子大指謂仁義爲本心，故曰：『仁，人心也。』」以仁義爲「本心」，與以仁爲「本心之德」，所別何在？既認「仁，人心也」之説，又何以謂「仁與人心究不能渾而爲一」？芸臺此等處甚多，由其先未有一根本之見解，既牽纏於古訓，又依違於新説，故時見矛盾模稜也。芸臺專據康成以「相人偶」爲仁，朱一新無邪堂答問卷一辨之云：「當孔、孟時，小篆未興，但有从千从心之字，安有从人从二之字？論語：『其心三月不違仁』，孟子：『仁，人心也』，『君子以仁存心』，皆言心不言事，初未嘗以『相人偶』爲仁也。」又謂：「仁當作内外動靜言之。專求諸内近釋，專求諸外近墨，必待人偶而後仁，將獨居之時仁理滅絶乎？」方氏商兑對此亦有詳辨，見卷中之上。無怪譏評漢學者，謂彼輩只能考訂名物，談及義理，便無是處，亦由如芸臺此等處授之口舌。然若謂古訓自可有異同，則此異同之間，孰爲得其義理？孰爲不得？若謂愈古則得義理愈正，則孔孟尚非甚古，勢必至違棄孔孟而後已。若謂孔孟得義理獨正，則古訓之尚在孔孟以前者，何以轉不如孔孟之可據？此皆無説以解。故既主自古訓求義理，則必認古訓爲大指相同，苟欲彙列並説，自不得不爲之勉强比附，此亦勢之有必至也。芸臺性命古訓，凡舉尚書皋陶謨、西伯戡黎、召誥、洪範、詩大雅文王、卷阿、抑、周頌昊天有成命、春秋左氏

芸臺為實做從古訓求義理工夫之學者

傳劉康公、邾文公語、穀梁傳、周易文言、乾彖、萃彖、繫辭傳、說卦傳、孝經、論語、禮記、中庸、禮運、樂記、王制、孟子諸書，凡言及性命，莫不同其意指，此固甚難之事。論、孟論仁兩篇成續較佳者亦在此。然芸臺要爲闢此一蹊徑，要爲實做從古訓求義理之工夫也。

焦阮兩家異同

今就芸臺、里堂兩家爲學，合而觀之，其學風同源於東原，亦同主古訓明而義理明之說，而其用力之途轍，則兩家確有不同。芸臺長於歸納，其法先羅列古訓，寧繁勿漏，繼乃爲之統整，加以條貫，如前舉性命古訓之例；揅經室一集卷一有釋順、釋達兩篇，亦用古訓歸納之方法也。里堂則長於演繹，往往僅摭古書一兩字，引申說之，極於古今，如論語通釋用「據於德，游於藝」一語，乃力斥「據」之無當於爲學至於千數百言是也。又按：研求古訓有兩法：一則會通以求之，如芸臺之所爲；一則分別以求之，如當時所謂西漢專門家法之學。芸臺國史儒林傳序於孔廣森公羊春秋、張惠言虞氏易，特致推尊，卽分別以求之學也。惟自里堂之見言之，則二者皆爲有據，與里堂所唱求通之學不同。故芸臺每喜舉河間獻王傳「實事求是」一語，而里堂則主以我之性靈思而求其通。若以古人例之，則芸臺近朱子，里堂近象山。故芸臺集中極斥陸王，里堂則頗喜陽明，此兩家爲學途轍之異，亦自其性情以爲別也。

阮氏之影響於後學

至其影響於後學，則以兩人出處顯晦之不同，芸臺遠較里堂爲大。其所編刻諸書，如經籍籑詁、十三經注疏、學海堂經解，皆大有惠於學者。其在浙立詁經精舍，在粵立學海堂，興起尤多。以芸臺頗主求義理，故漸成漢宋兼采之風。其在粵，又頗推譽陳淸瀾學蔀通辨，謂「其學博識高，爲三百年來之崇議」。續集卷三學蔀通辨序。粵之學者因雜治朱子。後有陳澧蘭甫，其學蓋聞學海堂芸臺之遺敎而起者。著漢儒通義，卽芸臺性命古訓之舊規也，力主讀六朝、隋、唐注疏，卽芸臺學海堂策問續集卷三。所提倡也。方植之先已推許此說，謂爲儒林讜議，見漢學商兌卷中之下。方氏又謂：「鄭氏易、書實於經旨正解爲短，唐人所定未便爲非。諸經經文實未嘗讀，諸儒注疏實未嘗詳玩，客氣好事，矯異矜名，非惟不能入宋儒之室，亦斷未能若唐賢之篤實。」其論當時經學家未能細讀注疏，亦與以後東塾言合。惟東塾主會通漢、宋，植之則主宋抑漢，芸臺乃尊漢抑宋，此三家之異耳。故東原當日力詆宋儒，而其後承東原之風而起者如芸臺、如里堂，其言義理，皆不能爲孔孟與宋儒間造一嚴格之壁壘，里堂並不斥宋，芸臺晚年書東莞陳氏學蔀通辨後云：「朱子中年講理，固已精實，晚年講禮，尤耐繁難，誠有見理必出於禮也。」此雖偏重「禮」字立說，然謂朱子中年講理精實，其意與東原遠歧。江鄭堂經義目錄有孟子字義疏證，而清經解不收，僅刻己著論孟論仁、性命古訓諸篇；雕菰集中屢讚東原疏證，揅經集無之。若自此點言，似芸臺識東原不如里堂之深。然兩人皆不守漢、宋壁壘則一也。其極卒滙而同流焉，此則又自河北顏、李以來一番起落之波瀾也。

次仲傳略

凌廷堪，字次仲，安徽歙縣人。生乾隆二十年乙亥，卒嘉慶十四年己巳，一七五五—一八〇九。年五十五。其父經商海州之坂浦場，家焉。次仲六歲而孤，家貧，年十二，棄書學賈。偶在友人家見唐詩別裁集及詞綜，携歸就燈下讀，遂能詩詞，而六經未全覩也。年過二十，亟思發憤讀書，著辨志賦。時兩淮鹺使奉朝命置詞曲館，檢校詞曲中字句違礙者，次仲遂至揚州，從事讎校，得脩脯自給，年二十七矣。越兩年，至京師，從遊於翁覃溪，始習舉子業，嗣以進士爲寧國府教授。母沒，哀毀骨立，眚一目，旋卒。次仲治禮極精，又熟於史，其友甘泉江藩稱之，謂：「近時學者喜講六書，孜孜於一字一音，苟問以三代制度、五禮大端，則茫然矣；至於潛心讀史之人，更不多得。先進中惟錢竹汀、邵二雲兩先生，友朋中則李孝臣、汪容甫及君三人而已。」又稱其駢體文在胡稺威、孔巽軒之上，而世人不知也。

次仲與東原

次仲與東原

次仲論學，極尊東原。爲戴東原先生事略狀，謂：

> 先生卒後之六年，廷堪始游京師，大興翁覃溪先生，授以戴氏遺書，讀而好之。又數年，廷堪同縣程君易田，復為言先生為學之始末。……蓋孟、荀以還所未有也。……廷堪於先生為同郡後生，爰綜其論著，及生平出處之大略，綴輯成篇，聊自附於私淑之末。……

次仲論朱子陽明

其推挹嚮往如是。故次仲於宋明朱王之學，均致不滿，晚年賦姚江篇，（诗在戊辰，次仲年五十四，翌年次仲卒。）有云：

> 六經日月光中天，家法端賴儒林賢。王何以來弊漸出，稍有異論違師傳。翻新好奇宋所尚，竟以二氏參遺編。援儒入釋始關洛，理窟時扶曹溪禪。晦翁無極本丹訣，貫通佛老尤融圓。襲其精微詆其迹，面目雖變心神專。……陽明學亦考亭學，竊鉤竊國何譏焉！至今兩派互相詬，稽

之往訓皆茫然。本天本心苦爭辨，潢潦烏足言通川！……校禮堂詩集卷十四。

此次仲論學態度也。

次仲之復禮論

次仲復禮論

次仲治經，最精於禮，著禮經釋例十三卷。其文集有復禮三篇，阮芸臺稱之爲「唐宋以來儒者所未有」，揅經室集次仲凌君傳。其意謂：

性與禮之關係

夫人之所受於天者性也，性之所固有者善也，所以復其善者學也，所以貫其學者禮也。是故聖人之道，一禮而已。……夫性具於生初，而情則緣性而有者也。性本至中，而情則不能無過不及之偏，非禮以節之，則何以復其性焉？……良金之在廾也，非築氏之鎔鑄不能為削，非㮚氏之模範不能為量。良材之在山也，非輪人之規矩不能為轂，非輈人之繩墨不能為輈。禮之於性也，亦若是而已矣。如曰舍禮而可以復性，是金之為削、為量，不必待鎔鑄、模範，材之為轂、為輈，不必待規矩、繩墨也。如曰舍禮而可以復性，必如釋氏之幽深微眇而後可。復禮上，校禮堂文集卷四。

蓋次仲分言情、性，以性爲具於生初，情則緣性而有，實卽宋儒先、後天之辨也。以性本至中，情則不能無過不及，實卽宋儒性本至善，夾雜氣質乃有不善之說也。（程易田以性必待氣質而有，情之發亦初無不善；議論均較次仲爲圓密。）以禮爲復性之具，如金之待鎔鑄，木之待繩墨，則全是荀子性惡善僞之論。（程易田以禮爲性中天秩之所有者，亦較次仲說精。）而其所謂節情復性者，亦幾乎莊老反本復始之義矣。次仲議論淵源荀子，有荀卿頌直言之，曰：

> 夫人有性必有情，有情必有欲。故曰：「飲食男女，人之大欲存焉。」聖人知其然也，制禮以節之，自少壯以至耆耄，無一日不囿於禮，而莫之敢越也。制禮以防之，自冠、昏以逮飲、射，無一事不依乎禮，而莫之敢潰也。然後優柔厭飫，徐以復性而至乎道。周公作之，孔子述之，別無所謂性、道也。……夫舍禮而言道，則空無所坿；舍禮而復性，則茫無所從。蓋禮者，身、心之矩則，卽性、道之所寄焉矣。……孟子長於詩、書，……荀卿……所推，……皆禮之精意，……後人尊孟而抑荀，無乃自放於禮法之外乎？（校禮堂文集卷一。）

又曰：

> 卓哉荀卿，取法後王，著書蘭陵，儒術以昌；本禮言仁，厥性乃復，如笵笵金，如繩繩木。（同上）

東原論性本近荀子，而空尊孟子性善以爲說。次仲深慕東原，乃論古徑推荀卿，較東原爲條達矣。次仲又曰：

孟氏言仁，必申之以義；荀氏言仁，必推本於禮。（同上。）

義因仁而後生，禮因義而後生，……後儒不知，往往於仁外求義，復於義外求禮，且不識義矣，烏覩先王制禮之大原哉？……道無跡也，必緣禮而著見，……德無象也，必藉禮為依歸。……禮也者，不獨大經大法，悉本乎天命民彝而出之，卽一器數之微，一儀節之細，莫不各有精義彌綸於其間，所謂「物有本末，事有終始」是也。格物者，格此也。禮器一篇，皆格物之學也。若泛指天下之物，有終身不能盡識者矣。蓋必先習其器數儀節，然後知禮之原於性，所謂致知也。……後儒……乃別求所謂仁義道德者，於禮則視為末務，而臨時以一理衡量之，則所言所行不失其中者鮮矣。（復禮中。）

次仲謂義因仁生，禮因義生，則先王制禮大原，端在此心之仁矣。顧曰爲仁惟禮，求諸禮始可以復性，是原仁制禮者惟屬古人，後人祇能習禮以識仁，不得明仁以制禮。此亦與東原所謂「古訓明而古聖賢之理義明，古聖賢之理義明，而我心之同然者亦從而明」之說，爲徑略似。要之祇許古人有創，後人有襲，不敢求古聖之所以爲創者，以自爲創而通其變，故使義理盡於考據，此則東原、次仲之缺也。宋儒重義理，故言「理」，東原、次仲重考據，故言「禮」，次仲又言之曰：

論語記孔子之言備矣，但恆言禮，未嘗一言及理也。……其所以節心者，禮焉爾，不遠尋夫天地之先也。其所以節性者亦禮焉爾，不侈談夫理氣之辨也。……後儒熟聞夫釋氏之言心性，……媿聖人之道以為弗如，於是竊取其理氣之說而小變之，……復從而闢之，曰：「彼之以心為性，不如我之以理為性也。」……誠如是，聖人之於彼教，僅如彼教性、相之不同而已矣，烏足大異乎彼教哉？……聖人之道，本乎禮而言者也，實有所見也；異端之道，外乎禮而言者也，空無所依也。……顏子問仁，……孔子告之者惟禮焉耳。……夫仁根於性，而視、聽、言、動則生於情者也，聖人不求諸理而求諸禮，蓋求諸理必至於師心，求諸禮始可以復性也。復禮下。

又曰：

五常實以禮為之綱紀，何則？有仁而後有義，因仁義而後生禮，故仁義者，禮之質幹，禮者，仁義之節文也。夫仁義非物也，必以禮焉為物。仁義無形也，必以禮焉為形。……記曰：「致知在格物」，物者，禮之器數儀節也。若泛指天下之物，有終身不能盡識者矣。（復錢曉徵先生書（癸亥），文集卷二十四。）

夫而後東原之深斥宋儒以言理者，次仲乃易之以言禮。同時學者里堂、芸臺以下，皆承其說，一若以理、禮之別，爲漢宋之鴻溝焉。夫徽歙之學，原於江氏，胎息本在器數、名物、律曆、步算，以之治禮而獨精。然江氏之治禮，特以補紫陽之未備。一傳爲東原，乃大詈朱子，而目其師爲婺源之老儒焉。再傳爲次仲，則分樹理、禮，爲漢、宋之門戶焉。至曰格物卽格禮之器數儀節，是宋儒以格物爲窮理者，次仲以格物爲考禮，尋之故訓，其果若是乎？次仲十年治禮，考覈之精，固所擅場，然必裝點門戶，以復禮爲說，籠天下萬世之學術，必使出於我之一途，夫豈可得？此皆當時漢學家意氣門戶之見驅之使然，亦不必獨病次仲也。

次仲之好惡說

次仲復有好惡說，立論與復禮三篇互相發。其上篇曰：

好惡者，先王制禮之大原也。人之性受於天，目能視則為色，耳能聽則為聲，口能食則為味，

宋儒理事體用之說本於釋氏

而好惡實基於此。節其太過、不及，則復於性矣。……性者，好惡二端而已。……大學「性」字祇一見，卽好惡也。大學言好惡，中庸言喜怒哀樂，互相成也。好惡生於聲、色與味，為先王制禮節性之大原。……大學雖不言禮，而與中庸皆為釋禮之書也。好惡說上，文集卷十六。

此以好惡言性，其說甚是，顧專以聲、色與味言好惡，則非也。好惡固有關於聲、色、味者，然實不盡於聲、色、味。卽以禮言，古人尊天事帝，崇神敬祖，哀死樂生而有禮，禮不能無聲、色，禮不盡於聲、色也。謂節人對於聲、色好惡之過、不及而有禮，則淺之乎言禮矣。東原言性善，專就食、色之性言之，與次仲言禮，專就聲、色、味之好惡言之，同一失也。既專以聲、色、味之好惡言性，故曰性不可以不節，芸臺承之，乃有節性之論，要之為荀學之承統而已。

次仲好惡說下，乃力斥宋儒事理體用之說，謂之為禪學，其言曰：

論語子曰：「惟仁者能好人，能惡人。」此好惡，卽大學之好惡也。宋儒說之曰：「蓋無私心，然後好惡當於理。」考論語及大學皆未嘗有「理」字，徒因釋氏以理事為法界，遂援之而成此新義。按：樂記：「好惡無節於內，知誘於外，不能反躬，天理滅矣。」則宋儒所謂好惡當理，正本樂記，烏見其必為援儒入釋之新義？是以宋儒論學，往往理事並稱。按：樂記：「禮也者，理之不可易者也。」鄭注：「理，猶事也。」淮南子詮言：「唯能勝理」，注：「理，事理情欲也。」事理並稱，亦漢人常語。其於大學，說「明德」曰：「以具衆理而應萬事」，說「至善」曰：「事理當然之極」，說「格物」曰：「窮至事物之理」；於中庸，說「道也者」

曰：「道者，日用事物當然之理」；按：道、理互訓，尤為常見。呂覽慎行：「則可與言理矣」，淮南子原道：「是故一之理」，本經：「喜怒剛柔不離其理」，主術：「而理無不通」，說林：「不如循其理」，脩務：「殊體而合於理」，氾論：「家之所以亡者，理塞也。」注皆云：「理，道也。」呂覽察傳：「必驗之以理」，注：「理，道理也。」廣雅釋詁三：「材、寶、綸、理、魯、牖、命、裕，道也。」王念孫疏證，七字皆有說，獨「理」字絕不論，不知何故。其宗旨所在，自不能揜。又於論語，說「知者」曰：「達於事理」，說「仁者」曰：「安於義理」，說「吾斯之未能信」曰：「斯，指此理」，說「不知而作」曰：「不知其理」，說「知及之」曰：「知足以知此理」；至於「無違」下文明有三「禮」字，亦云：「謂不背於理」，按：樂記：「禮也者，理之不可易者也。」荀子樂論亦同。仲尼燕居：「禮也者，理也。」禮器：「義理，禮之文也。」則無違禮以不背於理說之，亦非大繆。無端於經文所未有者，盡援釋氏以立幟。其他如「性卽理也」、「天卽理也」，鄭注樂記「天理滅矣」，已云「理猶性也」。尤指不勝屈。故鄙儒遂誤以理學為聖學也。然理事並稱，雖為釋氏宗旨，猶是其最初之言，若夫體用對舉，惟達磨東來，直指心宗，始拈出之。按：王弼老子注，「上德不德」章：「雖貴無以為用，不能捨無以為體也。」此處「體、用」對舉，尚在達磨東來前。至盧慧能著壇經語錄，乃云：「法門以定慧為本，定是慧體，慧是定用。」宋儒體用，實出於此。故其大學補傳曰：「全體大用」；中庸章句曰：「一體一用」；又以「大本」為「道之體」，「達道」為「道之用」。論語集註說「七十而從心所欲」，以為「心卽體，欲卽用；體卽道，用卽義」。說「忠恕」，以為「至誠無息者，道之體也；萬物各得其所者，道之用也」。孟子集註說「理也義也」，引程子曰：「在物為理，處物為義，體用之謂也。」至於論語「禮之用」，本無「體」字，亦云：「禮之為體雖嚴」，補出「體」字，以與「用」對。此外隨處莫不以體用對舉。然則宋儒所以表章四書者，無在而非理事，無在而非體用，卽無在而非禪學矣。……夫好惡原於性，子產言之，子太叔述之，春秋時學士大夫，尚知此義。……宋儒最喜言學、庸，乃置好惡不論，而歸心釋氏，脱口卽理事並稱，體用對舉，不知先王制禮，皆所以節民之性，好惡其大焉者也，何必舍聖人之言，而他求異學乎？……晁以道曰：「體用本乎釋氏。」然則雖在宋人，猶有見及此者。近時如崑山顧氏、蕭山毛氏，世稱博極羣書者也，而崑山攻姚江，不出羅整庵之剩言，蕭山攻新安，但舉賀凌臺之緒語，皆入主出奴餘習，未嘗洞見學術之隱微也。又吾郡戴氏著書，專斥洛、閩，而開卷仍先辨「理」字，又借「體用」二字以論小學，猶若明若昧，陷於阱擭而不能出也。其餘學人，但沾沾於漢學、宋學之分，甚至有云「名物則漢學勝，理義則宋學勝」者，寧識宋儒之理義乃禪學乎！文集卷十六。

次仲此論，證宋儒以「理事」、「體用」字解經，原於釋氏，援據尤明備。然六籍所無，而爲義蘊所宜有，後儒加之發明，此正後儒之功。程明道謂「天理」由己體得，卽是此意。若謂其字來自釋氏，卽謂其學乃釋氏之學，則「道」字見於老、莊，儒家卽不得言道，「理」字見於佛書，儒家卽不得言理；治漢學者，欲專以一「禮」字代之，其事不可能。且宋學與釋氏雖同言「理」，同言「體」，其爲學精神途轍固非無辨，且佛書亦並非一字要不得，亦非無一處可與孔、孟相通。陳澧東塾集卷四有復戴子高書，謂：「自唐以後，不獨儒者混於佛，佛者亦混於儒。學術未有久而不變者。且唐以後皆華僧，其未出家時，固嘗讀儒書矣，而所見所聞皆中國之俗、儒者之教，後雖學佛，不能盡廢。大約自唐以後，儒者自疑其學之粗淺而騖於精微，佛者自知其學之偏駁而依於純正。譬之西方之人向東行，東方之人向西行，勢必相遇於塗。」東塾不守漢、宋門戶，故於儒、釋亦得通解，語雖平淺，實非次仲、子高之所與知也。若必以考覈爲義理，卽以用字之同，證其學術之無異，排宋入釋，奪儒歸禮，如次仲所云云，乃亦仍有未得爲定論者。次仲言好惡，好惡不能無節也；先王制禮以節民之好惡，次仲言之矣，而先王制禮之大原何在乎？次仲亦謂「有仁而後有義，因仁義而生禮」矣。宋儒雖不專言好惡，而固常言仁，宋儒亦未可深非也。陽明則明明以「好惡」言「良知」矣。東原之排宋儒，猶辨「理欲」，辨「仁智」，範圍尚大，今次仲惟欲以「禮節好惡」四字，上接孔、荀傳統，盡排餘説，所見已狹，實未能超東原而上之也。

次仲論愼獨格物

次仲愼獨說

次仲又有愼獨說，謂：

禮器曰：「禮之以少為貴者，以其內心者也。德產之致也精微，觀天下之物，無可以稱其德者，如此得不以少為貴乎？是故君子愼其獨也。」此卽學、庸愼獨之正義。……然則學、庸之愼獨，皆禮之內心精微可知也。按：此語實嫌不辭。禮器謂禮有以少為貴者，因天下之物，無可以稱其內心之精微，故不得不以少為貴。此謂禮之器數、儀節，不足以表達其內心之精微，今反謂是禮之內心精微，內心指在人，豈在禮乎？後儒置禮器不觀，而高言愼獨，則與禪家之獨坐觀空何異？……又曰：按：此指禮器篇。「君子曰：『無節於內者，觀物弗之察矣，欲察物而不由禮，弗之得矣。』……故曰：禮也者，物之致也。」此卽大學「格物」之正義也。格物亦指禮而言。……然則大學之格物，皆禮之器

次仲論格物

數、儀節可知也。後儒置禮器不問，而侈言格物，則與禪家之參悟木石何異？文集卷十六。

又曰：

考古人所謂慎獨者，蓋言禮之內心精微，皆若有威儀臨乎其側，雖不見禮，如或見之，今按：此數語更嫌不辭。若謂禮之內心精微在行禮時，卽不得謂雖不見禮，若有威儀也。若謂此內心精微並不在行禮時，又何以說是禮之內心精微乎？非人所不知、己所獨知也。按：次仲下引：「故曰：『君子之所不可及者，其惟人之所不見乎！詩曰：相在爾室，尚不愧於屋漏。』」此皆人所不知、己所獨知，與禮無關。當知獨坐觀空，與己所獨知，亦非一事。……又考古人所謂格物者，蓋言禮之器數、儀節，皆各有精義存乎其閒，既習於禮，則當知之，非「天下之物，莫不有理」也。按：此言似只認禮有精義，不認天地間別有事物之理矣。宋儒訓格物為「窮理」，並非主張參悟木石也。其與大學原意合否可不論，然大學原意，決不謂致知、誠意、正心、修身、齊家、治國、平天下工夫，全在格禮之器數、儀節，則斷可知。……由此觀之，聖人之所謂學，卽指禮而言也明矣，學者尚何疑乎？文集卷十六。

如次仲此說，聖人學問只有一「禮」字，然禮何從來？且禮之義，時爲貴，苟不知制禮之原，卽無以通禮之變。義理之學，盡於考覈，次仲與懋堂仍出一途。良以當時學風，本尚考覈，於義理並不精，而必架空爲大言以駕宋儒義理之上，適足陷於東原之所謂「意見」也。

次仲論漢學流弊

次仲論漢學流弊

次仲治經精審，於當時堪推巨擘，然好越訓詁考據而言義理，架空爲大言，抑揚漢宋，蓋承東原之風而益甚。然次仲要不失爲一深心人，於當時漢學流弊，頗能道之。與胡敬仲書癸丑夏。闡發尤詳盡，其言曰：

漢學不足盡千古之學術

都中奉到手書，所云「近之學者，多知崇尚漢學，庶幾古訓復申，空言漸絀」，是固然矣。第目前侈談康成、高言叔重者，皆風氣使然，容有緣之以飾陋，借之以竊名，豈如足下真知而篤好之乎？且宋以前學術屢變，非「漢學」一語，遂可盡其源流。卽如今所存之十三經注疏，亦不皆漢學也。蓋嘗論之，學術之在天下也，閱數百年而必變。其將變也，必有一二人開其端，而千百人譁然攻之。其既變也，又必有一二人集其成，而千百人靡然從之。夫譁然而攻之，天下見學術之異，其弊未形也。靡然而從之，天下不見學術之異，其弊始生矣。當其時，亦必有一二人矯其弊，毅然而持之；及其變之既久，有國家者繩之以法制，誘之以利祿，童稚習其說，耄耋不知非，而天下相與安之；天下安之既久，則又有人焉思起而變之；此千古學術之

西漢學

大較也。漢興，立五經博士，易施、孟、梁邱、京氏，尚書歐陽、大、小夏侯氏，詩齊、魯、韓氏，禮大、小戴、慶氏，春秋公羊嚴、顏氏，春秋穀梁氏，黨庠無異學，授受有專家，西京之盛，蔑以加之。哀帝時，劉歆欲立左氏春秋、毛詩、逸禮、古文尚書，諸儒怨恨，衆議沸騰，龔勝乞骸，師丹大怒。建武初，韓歆欲立費氏易、左氏春秋，范升持之為不可，陳元爭之而不從。譁然而攻之者，如此其衆也，豈非變於始者難為力乎？……至鄭君康成出，括囊大典，網羅衆家，所注諸經，皆兩漢之不立學官者，……於是天下皆靡然從之，矯之者獨一王子雍耳。……及魏、晉以還，鄭氏之易、書、詩、禮，服氏之左傳，始立於學官；延至永嘉之後，西京立學之書，遂掃地而無餘。此學術之一變也。

西漢至魏晉為一變

魏王輔嗣以空言講易，好異者競相祖述，未幾而杜預之左氏春秋出矣；又未幾而梅賾之古文尚書出矣。東晉太興初，周易王氏，尚書孔氏古文，左傳杜氏，各置博士一人，而儀禮、公羊、穀梁及鄭易，竟省而不置。自是而後，南北分裂之際，好尚互有不同。江左易則王輔嗣，尚書則孔安國，左傳則杜元凱。河洛易、書則鄭康成，左傳則服子慎，詩則竝主毛公，禮則同遵鄭氏。蓋天下攻之者半，而從之者亦半，其風會又不同於魏、晉之初矣。唐貞觀十二年，詔國子祭酒孔穎達等撰五經正義，周易用王弼、韓康伯注，尚書用梅賾所上孔氏傳，詩用毛公訓故傳及鄭氏箋，禮記用鄭氏注，春秋左傳用杜預注，天下始靡然從之，而鄭、服之學寖微。唯資州李鼎祚撰周易集解，少存漢、晉以前之舊，所謂「刊輔嗣之野文，補康成之逸象」，毅然而持之者，如此而已。此學術之又一

魏晉至隋唐為又一變

唐至宋明為又一變

清代漢學淵源

當時學風之眞態

變也。由是而行之數百年，……陸務觀所云：「唐及國初學者，不敢議孔安國、鄭康成，況聖人乎？……」啖助、趙匡，舍三傳而說春秋，時人未之或從也。宋劉原父七經小傳出，稍稍自異於傳注。嗣是有疑及繫辭者，有排及詩、書序者，王文公導之於前，朱文公應之於後。大學、中庸，小戴之篇也，論語、孟子，傳記之類也，而謂聖人之道在是焉，別取而注之，命以四書之名，加諸六經之上。（按：次仲單據禮器一篇解學、庸，謂聖人之學只有一禮，不悟禮器亦小戴之篇，五經非一禮可盡。則其為學取徑，亦何以全異於所譏？）其於漢、唐諸儒之說，視之若弁髦，棄之若土苴。天下靡然而從之，較漢、魏之尊傳注，隋、唐之信義疏，殆又甚焉！而浚儀王氏、金華范氏，數公者，尚能以舊說自持者也。元仁宗皇慶二年，詔易用程氏、朱氏，尚書用蔡氏，詩用朱氏，春秋用三傳及胡氏，禮用古注疏，四書用朱氏章句集注。明初因之。此學術之又一變也。元、明以來，儒者墨守程、朱，亦猶隋、唐以前儒者墨守鄭、服也。元行沖謂「寧道孔聖誤，諱言鄭服非」者，則又「寧道孔聖誤，諱言程朱非」矣。疑之者自陳氏經典稽疑、郝氏九經通解開其端。然其書或守誦習之說，而未安於心，或舍傳注之文，而別伸其見，學者咸以詭異視之。固陵毛氏出，則大反濂、洛、關、閩之局，掊擊詆訶，不遺餘力，而矯枉過正，武斷尚多，未能盡合古訓。元和惠氏、休寧戴氏繼之，諧聲詁字，必求舊音，援傳釋經，必尋古義，蓋彬彬乎有兩漢之風焉。（按：此段述漢學淵源，本出明人，西河而下，並及惠、戴，詮次脈絡，最為分明。本書論東原學術淵源一節，其意次仲早言之矣。）浮慕之者，襲其名而忘其實，得其似而遺其真。讀易未終，卽謂王、韓可廢；誦詩未竟，卽以毛、鄭為宗；左氏之句讀未分，已言服虔勝杜預；尚書之篇次未悉，已云梅賾偽古文。甚至挾許慎一編，置九經而不習；憶說文數字，改六籍而不疑。不明千古學術之源流，而但以譏彈宋儒為能事，所謂天下不見學術之異，其弊將有不可勝言者！嗟乎！當其將變也，千百人譁然而攻之者，庸人也；及其既變也，千百人靡然而從之者，亦庸人也；矯其弊，毅然而持之者誰乎？（文集卷二十三。）

次仲此文，論風尚流變，極似同時章實齋，論漢學弊病，極似稍後陳蘭甫，而次仲又有志於矯其弊而毅然持之之人也。其辨學篇亦言之曰：

弟子問於博士曰：「……今天下爭言學矣。易以輔嗣為異端，書以古文為贋作，毛詩以淫奔為非，左氏以杜注為鑿，此唱彼和，一唯百諾。至於考其居稽，核其聞見，則彖、象、繫辭所云，典、謨、誓、告之文，閱之未能徧也；三百十有一篇，二百四十二年，讀之未終卷也。甚且憶說文數字，挾許氏一冊，輕詆先儒，妄改古籍。忽公、穀之易，屏之而不視焉；畏禮經之難，束之而不觀焉。豈其言之果可從歟？抑浮薄不足效也？……」博士瞿然而答曰：「善乎吾子之問也！今夫……學術之變遷，……當其將盛也，一二豪傑振而興之，千百庸衆忿而爭之；及其既衰也，千百庸衆坐而廢之，一二豪傑守而待之。故肆力於未盛之前，則為矯枉之術；攘臂於既興之後，遂為末流之失。子徒惜壽陵之失其故，不知固無傷於邯鄲之步也；徒詫醜女之

鄭服變西漢

濂洛關閩變隋唐

清儒變宋明

學術之真偽

驚其鄰，不知無害於西施之真也。昔者漢氏諸儒，專己守殘，十四博士，立於學官，同源別派，互相譏彈，非所師承則必毀，殊所授受則必刊。於是鄭康成、服子慎之徒，破其藩籬，抉其門戶，鬱而未明者為之探索，伏而未發者為之訓詁。故其論撰諸家，皆西京儒者所未取也。自是而下，遞相闡揚，釋不厭冗，疏不厭詳，綿綿延延，以至於有唐。當是時也，唯傳注之是遵，莫章句之敢違，寧道孔聖誤，諱言鄭、服非。然後濂、洛、關、閩諸君，竝起而救之，蓋以矯株守之陋也。迨其後則不爾矣，其為說易入，其為教易成，以篤學為鄙俗，以空談為粹精，趨新義者謂之奇士，守舊訓者謂之腐生。……數百年來，不復知漢、唐之淵源，不能舉孔、賈之名號，……於此而欲踵其故迹，襲其緒言，譬猶水沸於釜，火燎於原，捧雪塞之益其漲，負薪撲之增其燔，豈不誤哉？……寒極則必暑，暘極則必雨，……故易不獨掊擊輔嗣也，將荀、虞之是宗焉；書不獨指摘古文也，將馬、鄭之是從焉；毛詩不獨闢淫奔也，將以箋、傳為趨向焉。左氏不獨排杜注也，將以賈、服為依傍焉。……若夫斤斤於聲音文字者，蓋閔小學之不行，而六書之久昧也；遲遲於二傳、三禮者，蓋知異說之未淆，而古義之尚在也。其又何怪乎？……」弟子曰：「敢聞命矣！然則今之學者，萬全而無病乎？」博士曰：「惡！是何言歟？夫偽士不可以亂真儒也。……子前所疑者，憤俗之激辭，乃幷其不當疑者而疑之；今所信者，衛道之正論，乃幷其不可信者而亦信之。……且吾不云乎？未盛而扶之，豪傑矯枉之術也；既興而趨之，庸衆末流之失也。是故為所為於舉世不為之時，則謂之抱殘守闕；為所為於衆人共為之時，則謂之雷同剿說。彼拾人餘唾而甘之者，特猩猩之效人言耳，烏足與守先待後之儒並論列乎？」文集卷四。

從次仲集所見漢學諸流弊

考證之學，至惠、戴已臻全盛，而弊亦不勝焉。次仲此文，在癸丑前，與癸丑與胡敬仲書並觀，可以見當時漢學風氣矣。次仲他文，可以見當時漢學流弊者尚多，如云：

不通古今成敗

搜斷碑半通，刺佚書數簡，為之考同異，校偏旁，而語以古今成敗，若坐雺霿之中。此風會之所趨，而學者之所蔽也。大梁與牛次原書，（戊申）文集卷二十三。

爲學不通世務，不切時用，爲漢學一大病。又爲汪容甫墓誌銘，謂：

君最惡宋之儒者，聞人舉其名，則罵不休，……聆之者輒掩耳疾走，而君益自喜。漢、唐以後所服膺者，崑山顧氏、德清胡氏、宣城梅氏、太原閻氏、元和惠氏、休寧戴氏。嘗云：「古學之興也，顧氏始開其端。河洛矯誣，至胡氏而絀。中西推步，至梅氏而精。力攻古文尚書者，閻氏也。尚言漢儒易者，惠氏也。凡此皆千餘年不傳之絕學，及戴氏出而集其成焉。」文集卷三十五。又文集卷十四，正蒙七政隨天左旋辨云：「毛奇齡，世稱專攻宋儒者。」

好罵宋儒

好罵宋儒，而高自標置，以爲千古絕業，此又當時漢學一大病也。按：次仲謂容甫好罵宋儒，汪孟慈孤兒編辨之，謂：「先君與劉先生（端臨）爲問學交，劉先生素習有宋諸儒之學，先君若聞人舉宋儒輒罵，則不與之友矣。胡竹邨云：『仲子先生罵宋儒最甚』，則凌蓋假先君以自附耶？」據此則次仲亦是好罵宋儒者。又復孫淵如觀察書云：

伏讀來札，云「近時為漢學者，又好攻擊康成，甚以為非」。此言切中今日之弊。文集卷二十四。

罵鄭與佞鄭

不僅罵宋、罵朱子，又進而攻擊東漢，罵康成，此又當時漢學一病也。然當時漢學家必尊許、鄭於考亭、陽明之上，以爲聖學之宗傳，而許、鄭訓詁，亦自有失，固難盡掩。孫星衍同時有管世銘緘若，其人乃時文家，然韞山堂集有漢學說一篇，論孫氏佞鄭，頗足發噱，茲爲并錄。其說云：

鄭康成博洽貫穿，薈諸經之精蘊，集漢儒之大成，厥功偉矣。但詳語而未能精擇，純雜參半。……近代學者，厭棄宋、明以來空言性命之陋，復不能實力窮經，……高言漢學，……則必以鄭說為大宗。崇奉太過，卽鄭說之誤會經文，沿習衆說，有待後人之釐訂者，亦必強為之說，旁引曲證，使無一字不合於聖人而後已。此則鄭氏之佞諛，……就使康成復起，必以為失吾廓然大公、抑然自下之意，揮之門外，惟恐其不速去者也。……姑以尚書……開卷言之，鄭訓堯典「稽古」為「同天」，爾雅所未有，七十子之徒所未嘗言也。……必由漢初諸儒，本孔子「惟天為大，惟堯則之」二語，為放勳義疏，經口授者傳譌顛倒，遂以「同天」移帝堯之上，因以當「稽古」之訓，鄭氏耳熟而沿其誤也。……夫康成羽翼諸經之功甚鉅，千慮一失，不足為康成病。……譬如食瓜舍蒂，嘗梨棄核，……偏嗜者乃并其蒂核咀嚼而誇美之，夫豈瓜與梨之知己哉？同里孫觀察星衍，本以詩鳴，駸駸入古人之室矣，……忽去而說經，有不尊奉鄭氏者，騂面戟手而與之爭。余未嘗與辨，而心不以為然，著是說以糾其失。又竊取韓稚圭終身未嘗與歐陽永叔言易之義，不必示孫，亦以息爭端、全交道也。

學術之盛衰，一往一復，歷時必變。風尚歇則是非白，雖有大力，莫之能持。孫氏以漢學護法，極推康成，然已不足服同時鄉里之口，更何論於後世？王鳴盛蛾術編卷五十八鄭康成下，迮鶴壽按語云：「先生生平專守鄭氏一家之言，所著尚書後案三十卷，搜羅宏富，辨證詳明，洵爲鄭氏功臣。然先生往往自稱，獨守鄭氏家法，於古今一切訓詁、一切議論，與鄭合者則然之，略有異同卽斥之，必欲强天下之人悉歸於鄭學而後可。」孫、王同於佞鄭，及其反動，乃爲罵鄭，而漢學漸衰矣。次仲雖頗然孫說，然次仲又謂：

世之學者，徒惜夫宋學行而兩漢之緒遂微，不知鄭學行而六藝之途始隘也。漢十四經師頌，文集卷十。

其意固在鍼砭夫執一師所垂爲圭臬，懸一氏之義作標準者，而承風逐流之徒，則又不至於尊西京斥東都不止，是又次仲所言學術必變之大例所莫可逃也。次仲又謂：

> 六書廢已久，訓詁多闕殘，一二篤信儒，闡發誠艱難，般般考訂時，亦擇心所安。纖兒擇唾餘，羣籍束不觀，但取許氏書，閉户施鉛丹，六經所有字，無不遭譏彈，說文未載者，毅然信筆删。用力既不多，已足驚愚頑，尋彼沽譽念，真見其肺肝。宋儒論錯簡，厥咎尚可寬，似此僭妄罪，何止如邱山！豈其許叔重，遂掩周孔還？學古詩之一，校禮堂詩集卷五。

以許掩孔

漢學本主以訓詁明義理，其極遂至以許慎掩周、孔，此又當時漢學一大病也。今人治甲骨、鐘鼎，流弊所極，亦有似之者。次仲又曰：

> 儒者不明禮，六籍皆茫然，於此苟有得，自可通其全。不明祭祀制，洛誥何以詮？不明宮室制，顧命何以傳？不明有司徹，安知楚茨篇？不明大射儀，安能釋賓筵？不明盥與薦，易象孰究研？不明聘與覲，春秋孰貫穿？如衣之有領，如官之有聯，稽古冀有獲，用志須精專。學古詩，詩集卷五。

高擡考覈

此則儼然東原七經小記之說，而範圍尤狹，必如莊子天下篇所謂「天下皆以其有爲不可加」，遂以考覈爲義理之原，又以禮之器數、儀節爲考覈之原焉。漢學考據家意氣之日盛，此又當日一大病也。

反民族觀念之歷史論

次仲之史學

次仲不僅治經精善，其史學亦爲流輩所推。然其論史有可異者，嘗謂：

> 史以載治亂，學者資考究。胡為攀麟經，師心失所守？拘拘論正統，脫口即紕繆。拓拔起北方，征誅翦羣寇，干戈定中夏，豈曰無授受？蕞爾江介人，弑篡等禽獸，荒淫無一可，反居魏之右。金源有天下，四海盡稽首，世宗三十年，德共漢文懋。南渡小朝廷，北面表臣構，奈何紀宋元，坐令大綱覆？兔園迂老生，永被見聞囿，安得如椽筆，一洗賤儒陋！（學古詩，校禮堂詩集卷五。）

治漢學者必斥宋，宋儒論史，主嚴辨正統，次仲乃譏爲賤儒之陋。而以金晟比漢文，又深惜其謀之不臧，坐失滅宋之機。（書金史太宗紀後，文集卷三十一。）又謂：

> 靖康之時，不幸而用李伯紀；紹興之際，幸而不用胡邦衡。（讀宋史，文集卷五。）

又謂：

道學之焰，隆隆不已，宋竟全入於元。同上

而於秦檜、史浩，皆力持平反。書宋史史浩傳後，文集卷三十一。又深惜元人不能重用擴廓，付以恢復之事，遂令明祖坐大而有天下。書元史陳祖仁傳後，文集卷三十一。又爲十六國名臣序贊，文集卷十一。謂：

尼父之作春秋，亦書荆楚，左氏之撰國語，不遺吴越。

對於范長生、陳元達、張賓、王猛諸人，若不勝其仰敬之私。又爲十六國名臣補贊，同上旁及慕容恪、苻融，目之爲宗賢。嗟乎！此其治史之意，所爲深異於船山、亭林、梨洲諸老而適成其爲乾嘉之學者，則又深心治史之士所當引以猛省深惕者也。

附　許周生

許宗彥，字積卿，又字周生，浙之德清人。生乾隆三十三年戊子，卒嘉慶二十三年戊寅，（一七六八—一八一八。）年五十一。以嘉慶己未成進士，是科得人稱盛。大興朱珪曰：「經學則有張惠言，小學則有王引之，詞章則有吳鼒等，兼之者其許某乎？」著書號能持漢宋之平，極爲時流推許。

周生論學語

周生論學大旨

經學上之悲觀論

周生爲學，蓋亦值漢學之全盛而頗感不滿者，其大意備見於寄答陳恭甫同年書。（鑑止水齋集卷十。）謂：

來教謂學莫大乎經術文章，宗彥以為經誼之大者十數事，前人聚訟數千年未了，今日豈復能了之？就今自謂能了，亦萬不能見信當時，取必後世。（此似指典章制度等言之，其說頗似方植之。非考證學發展到相當限度，不能發此想也。）如僅僅校勘文字同異譌脫，或依傍小學，辨析訓詁形聲，又或綴拾零殘經說，所得蓋小，私心誠不欲為之。（此似焦里堂所謂漢學家中校讎、摭拾、叢綴三派也。）……夫人之為學，求己心之所安而已，不求諸心而逐世之所尚，非善學者也。（此意極似章實齋。）天下殊塗而同歸，一致而百慮，欲伸己之所見，使人同己，愈不可也。（此意極似焦里堂。）宗

孔子生今世所學不過由明溯宋

彥自惟生平思過于學，而學又屢變。此自述學風全似章、焦，及以後陳東塾。二十以前，專務詞章；二十以後，始知經學。為之有年，乃悟三代去今遠，書籍散亡，典章制度，誠有不可考實者，自西漢之儒，已不免望文為說，況又二千載下乎？昔孔子學三代之禮，……而已嘆文獻不足，至軒、農、唐、虞，孔子固未嘗言，且未嘗學也。則使孔子生於今世，其所學者，不過由明溯宋而止耳，當不遠追三代，為無徵之言，而施諸當世，無一可用也。此論為章、焦、方、陳諸家所同。以後今文家遂以古經籍言變法改制。

此雖周生寫述一己感想，然足以反映當時學風轉變之大體矣。周生又暢論其意於原學及學說之兩篇。原學曰：

古之所謂學者，將明道而行之也。所謂道者，內足以善其身、心，外推之家、國、天下而無弗達，民咸被其利，……明於造化，察於事變，洞於人情。……聖人以是著六經，示後世。……聖人之教學也，期于有用焉耳。今之治經者吾惑焉！其言曰：「聖人所以明道者，辭也；以成辭者，字也。由字以通其辭，由辭以通其道，必有漸。」……考之蒼雅，攻其訓詁，其有不通，又必博稽載籍，展轉引伸以說之。一字之誼，紛紜數千言，冗不可理，而相推以為古學。夫六書特小學之一耳，古之時，唯年十五以下者為之，今則窮老畢精竭慮於此，而猶不能盡通。將由是以考其辭，復由辭以知其義，而期於道之成，則雖假以彭、聃之壽，而亦有所不能及矣。

孟子不云乎：「不以文害辭，不以辭害志。」今之學者，奈何不求聖人之志，而專務其文辭也！（方植之謂漢學家以文害辭，以辭害志，與此正反適合。）然而不為是者，則羣斥以為空疏。夫學之虛實，至易明也。積之內，見之外，行其所學而賢不肖皆見焉，言其所學而賢不肖皆可知焉，斯之謂實學矣。聯牘殫翰，返之心，無當於仁義禮智之數，推之家國天下，一無所施之，執人人而告之，茫然不知其所謂，則真所謂迂疏寡效者也。（此辨學之虛實，亦與植之全似。）且夫聖人之道，未嘗一日亡於天下。三代以下，凡治平之世，其君若臣之夙夜勤政事，進賢能，退不肖，求乂安百姓，生養得其所；及其衰亂，賢者在下，持名義，抑貪僞，扶風教，使弗至大壞者，蓋莫不有六經之意存焉。則皆聖人之學也。（此視宋、明儒者見解稍寬，而與章實齋「六經皆史」之論亦微別。）……夫六書亦何嘗非學？而以為高出前世諸儒之上，必如是而後為學，則惑之甚也！……弊不極則不返，其始也，一二專己者倡之，羣焉以為新奇可喜而慕之，繼焉則相與為名而摭拾以仿傚之，蓋數十年于兹矣。其亦可以倦而知返乎！（鑑止水齋集卷十六。）

此正式對於由古訓以明道之說，施嚴厲之攻擊也。學說篇則曰：

子路言「何必讀書，然後為學」，是聖門本以讀書為學。（此論所由與陸王、顏李異途。以後漢學轉變，如陳蘭甫提倡鄭玄、朱熹，常州學派專治公羊，皆仍就讀書博古一路。）……學也者，所以求知也。……始于知言、知禮，終于知天命，知之事也。所謂「下學而上達」者，詩、書、執禮，則下學也；知天命，則上達也。後之儒者，研窮心性，而忽略庸近，是知有上達而不知由于下學，必且虛無惝怳而無所歸。考證、訓詁、名物，不務高遠，是知有下學，不知有上達，其究瑣屑散亂，無所總紀。聖賢之學，不若是矣。鑑止水齋集卷十四。

原學一篇所以破，學說一篇所以立。芸臺爲周生作傳，錄其學說一篇，而不採原學，以原學之所破，正是芸臺學術立足點也。周生之所謂「學」者，在乎治性情，達政事，而止至善。語亦見上文。至其所以爲學者，則見於其所爲書齋之記，曰：

余不肖，幼秉先人之訓，讀周公、孔子之書，深觀自漢以來二千年政事治亂得失，究古今儒術隆替，文章真偽，……思竭慮畢能，效其區區，以佑聖化之萬一。鑑止水齋集卷十四鑑止水齋記。

此周生論學大旨也。周生又有禮論三篇，其言曰：

周生之禮論

禮以靜人心

古之聖人，欲天下之久治安也，於是為禮。禮也者，靜天下之人心者也。天下之治亂，由於人心之動靜。……大亂之後，民困兵革，思所息肩，受命之主出，盪滌而撫安之，天下翕然以定。承平既久，人日衆，物力日耗，富貴者恃財力以縱其欲，貧賤者常不勝歆慕，以生覬倖。在上者繩之以政，威之以刑，民曰：「此有位與權者所為也，我一日得其位與權，則所以繩我

禮以同風俗

後世以禮為具文

威我者，我亦可以繩之威之。」於是政刑不足以靜民，而益以速其動。（稍前有洪亮吉之意言、程瑤田論學外篇之覺夢，稍後有龔自珍之平均篇，均可與此互參，以見清代自乾隆盛極後社會之狀況與其意象也。）古之聖人，逆知其必至於是也，故於其得天下之始，因民之思治，而制為一代之禮以治之。自朝廷以至草野，吉凶萬事，尊卑異等，莫不稽之天理，合之人情，為之一定之節制而不可越，則民無所生其覬覦。貴者、富者，行其禮之所得為，不為榮；貧者、賤者，亦行其禮之所得為，不為辱。上下相磨厲以禮，則無歆慕勢力之心。……雖有兵凶之變，而民猶知顧恤於禮義，則不至於動而難靜。（禮論上，鑑止水齋集卷十六。）

又曰：

自漢以至元、明，莫不有一代之禮。其異於三代者，……三代之禮，通於上下，後世之禮，詳於上而不行于下；此其所以異也。……禮非專為天子設，……後世國家有大典，儒臣博議，依仿古禮而為之，以飾耳目而已；至于祭祀、婚嫁、居室、墳墓，凡民日用之事，固未嘗一一為之制焉。其編於禮書者，自公卿之家猶未能遵本朝之法度，而況于庶人乎？然則其所為禮者，具文而已。……士民各從其鄉俗之所尚，而又各逞私臆以增之，益趨于浮華誕慢而不可止。……蚩蚩之民，日相耀于勢利，則不逞之心生。采章服物無所別，而祿位輕；四民不相異，而賢知絀；州黨不讀法，社蜡不會民，而上下不相親也。其使民囂然而不靖者，皆禮之流失為之也。（禮論中。）

又曰：

或曰：「禮不行于下久矣，今也制之，徒不便于俗，擾及天下，而終不可行耳。」是不然。順人情而制禮，斟酌今世之所宜，而不必一一求合于古，亦何不可行之有？……蓋人情所甚不便者，莫過于無節。無節則貧賤者常若有所不足，而富貴者亦終不能以自暢。卽如一送終也，飾以綵繒，盛以鼓吹導從，甚且雜以俳優百戲，而又蕩然無等威之辨，割其哀慕，以從頹俗，此豈人情之所樂哉？……有聖人作，察人情之所便，事事而為之節，使上下有所遵守，吾見天下之人從之如流水，唯恐不及已。（禮論下。）

制禮不必合古

自戴東原以來，學者相戒惡言「理」，而以「禮」代之，里堂、芸臺、次仲其著也。周生與諸人同時，於此未能自外，然其言禮，主今不主古，主社會庶民不主朝廷君相，其議論發端於人情世故而不重窮經考覈，亦其異也。周生成進士，芸臺為其座主，（兩人又爲姻家。）而論學諤諤不苟合，芸臺亟稱之。其同年陳壽祺恭甫，推爲「於越士足以躡梨洲而跨蕺浦」，（見壽祺所為墓志銘。）其見敬於時賢如是。惜其多病不壽，未能極學力之所至。其卒歲，正江鄭堂在廣州督署刻行漢學師承記之年，而繼此有方植之著書盛毀漢學，其論乃頗近於周生焉。

仁和汪家禧，字漢郊，亦肄業詁經精舍，遺著有東里生燼餘集二卷，其儒與二氏出入論，謂：

天人五行，漢人亦語幽微；鄭氏注經，先後異說，論學者不聞以駁雜斥之。且泥章句訓詁而荒實行者為陋儒，朱子立朝，本末賅備，僞學之禁，宋為失人，後世和之，謂道學亡宋，何昧昧歟！統論之，儒有鄭而經明，有韓而用彰，有朱而體立。近世講義據之學，碎義逃難，繁則生厭，必有以空悟濟者，防不可不豫。此防空悟一說，與方植之同見。

又與陳扶雅書，謂：

近世雅重漢學，妄論真漢學亦不盡傳。孟氏之學，當時已有微論，況歷久至虞氏，按例推文，直如科曹檢牘，比擬詳定，恐經旨不如此破碎。鄭、荀同學費易，何以立說又不同？鄭從馬學，何以與馬又不同？焦、京同原，而卦林災異何又不同？出奴入主，究何定論？尚書力闢古文，妄謂今時伏、鄭本文久已放失。近世復古者，所本仍用僞孔，卽鄭注無有者，仍不得不用孔義以通之，用其說而闢其書，何足令人心服？詩四家同本荀卿，一堂受業，縱有異同，何至大相楚越？恐今世所傳，未必盡經師本旨，或出陋儒附益，必欲一一信之，真所謂陳已棄之芻狗矣。妄謂漢儒經學，以適用為貴。諸大儒之書，皆當各存其宗旨，而不必割裂以附遺經，又不必曲說以添膠結。至於唐、宋以來，名儒接踵，各有精微，亦當一一參稽，斷不可概為抹殺。如必限代讀書，則太倉、歷下，用其說於詩文者，今復用之於經學，恐千秋定論，斷不能廢程、朱而但遵伏、賈也。且今時最宜亟講者，經濟、掌故之學。經濟有補實用，掌故有資文獻。無經濟之才，則書盡空言；無掌故之才，則後將何述？高冠褒衣，臨陣誦經，操術則是，而致用則非也。班史無韋賢，鄴都無王粲，精專則是，而閎覽則非也。魏默深經世文篇卷五亦錄此文。

此亦自經術轉而爲經濟、掌故，識趣堪與周生並駕，駸駸乎薄梨洲、謝山之藩籬矣。詁經、粵海，皆漢學最盛結集也，而歧趨異論如此，不足以覘世變乎？又按：東里生燼餘集卷一六藝流別論，亦主成周官師合一之說，與實齋文史通義相似。汪與王宗炎交好，必有聞於章說也。

胡雒君

余觀里堂、次仲、漢郊諸人持論，與章氏相通者甚多，實齋思想議論，其影響於當時者已至深矣。又桐城胡虔，字雒君，爲廣學篇，謂：「國朝通儒碩學，鑒宋人之失，義不敢臆造，語必有據依，疏通證明，以求本始，洵漢以來說經之盛軌矣。乃風會所趨，言不問是非，人惟論時代，近不妨棄其精華，古則必珍其糟粕，以爲去聖未遠，自有所受。夫以子夏之學，傳爲田子方、吳起，彼二子之言，果聖門之緒論乎？且推崇叔重，詬厲紫陽，幾於萬口一聲。而撰述之體，博引繁稱，以多爲貴，一字之偏旁，音訓動輒千言。以古準今，事窮則變，不數十年，知必有厭倦而更張之者矣。」胡以嘉慶元年舉孝廉方正，年世與汪相若，議論亦相似。胡氏曾遊鄂，與章實齋同修湖北通志，相交契，宜其識議及此也。

方植之

方東樹，字植之，桐城人。生乾隆三十七年壬辰，卒咸豐元年辛亥，一七七二—一八五一。年八十。嘗學文於姚姬傳。阮文達督兩粵，延修廣東通志，又授經文達幕中。著漢學商兌、書林揚觶兩書，皆譏彈漢學。

方氏論學大要

漢學商兌

植之評漢學大意，備見商兌一書，其序例成於道光六年丙戌，是年乃文達在粵最後之年。儀衛軒集卷七有上阮芸臺宮保書，自獻其商兌，惜是書無年月可考。鄭福照所爲年譜，（附儀衛軒後集。）定著商兌在道光四年甲申，然亦無他證。（近梁氏清代學術概論，謂商兌成書在嘉慶間，益無據。）要之成書在丙戌前，刊行則在辛卯，又其後之五年也。

方氏評漢學師承記與學海堂經解

文達在粵十年，立學海堂，刻經解，（在嘉慶二十五年庚辰。）頗招致名士，以宏獎漢學自任。江鄭堂漢學師承記八卷，即刻於粵署。（嘉慶二十三年戊寅。）翌年而植之亦赴粵。後商兌刊行，而鄭堂即以是年卒。商兌於鄭堂師承記及阮刻經解均致抨擊，謂：

> 江氏作漢學師承記，阮氏集經解，於諸家著述，凡不關小學、不純用漢儒古訓者，概不著錄。……徒以門戶之私，與宋儒為難，非徒不為公論，抑豈能求真得是！（卷上。）

蓋阮刻經解，其意本如鄭堂師承記所列經師經義目錄之類。芸臺爲師承記作序，謂「嘗思國朝諸儒說經之書甚多，以及文集、說部皆有可采，欲析縷分條，加以翦截，引繫於羣經各章句之下，勒成一書，名曰大清經解」，其先計畫如是。（略近經籍纂詁。）後乃苦其繁重，乃創始爲今刻經解之編輯。鄭堂之師承記、芸臺之經解，皆漢學極盛期之產品也。而植之其時亦適在粵，乃不禁對此全盛之空氣而生反動。其議論所到，實亦頗足爲漢學箴砭者。其言曰：

考據只在紙上

> 漢學諸人，言言有據，字字有考，只向紙上與古人爭訓詁形聲，傳注駁雜，援據羣籍證佐數百千條，反之身己心行，推之民人家國，了無益處。……然則雖實事求是，而乃虛之至者也。（卷中之上。）

說文不足盡恃

植之又深斥自訓詁求義理之見，謂專據說文以證經義有十五謬。（詳卷中之下。姚惜抱文後集卷二跋許氏說文，謂：「許書非一人一時所成，故所引多殊今學者之讀；又有本書互異者，又不著爲何家之經；則是書誠兼貫諸家傳經之書，而許叔重非能兼貫之人矣。」植之頗承其意。又新城陳用光碩士序薛傳均說文答問疏證，引顧亭林論說文之學，謂「學者能取其大而棄其小，擇其是而違其非，乃爲善學」，於錢竹汀曲護許氏處，頗有糾難。文中亦引姚說，此皆當時桐城一派對說文所持之見解也。）其於考禮以易理之說，亦極致非難，謂：

理與禮

> 禮者為迹，在外居後。理是禮之所以然，在內居先；凡事凡物之所以然處，皆有理，不盡屬禮也。……理幹是非，禮是節文，若不窮理，何以能隆禮、由禮而識禮之意也？……今欲申其蔑理之旨，舉凡事物之理，悉舉而納之三禮注疏，是尚未及率履之禮。李顒、顏元、李塨等有懲

于明儒心學之失，務以躬行矯之，似也。……茲漢學者，僅欲以訓詁小學名物制度易程朱之統，又下於二曲、習齋輩一等。卷中之上。

又謂：

漢學諸人，堅稱義理存乎訓詁、典章、制度，而如考工制度，江氏有考，戴氏有圖，阮氏、金氏、程氏、錢氏皆言車制，同時著述，言人人殊，訖不知誰為定論。他如蔡氏賦役，沈氏祿田，任氏、江氏、盛氏、張氏宮室，黃氏、江氏、任氏、戴氏衣服冕弁，各自專門，亦互相駁斥，不知誰為真知定見。……竊以此等明之固佳，即未能明，亦無關于身心性命、國計民生學術之大。……以荀子「法後王」之語推之，則冕服、車制、祿田、賦役等，雖古聖之制，亦塵飯木胔耳。三統之建，忠質之尚，井田禮樂諸大端，三代聖人已不沿襲，又何論後世，而欲追古制乎？卷下。

古制為塵飯木胔

凡植之所以駁斥漢學者率具如是。而於朱子尊護尤力，謂「理即事而在，即物窮理，即實事求是」。卷中之上。又謂：「朱子非廢訓詁名物不講，不如漢學諸人所訾謗。朱子自言：『本之注疏以通其訓詁，參之釋文以正其音讀，然後會之諸老先生之說以發其精微』，漢學家刪去最後一層，遂差失離畔而去。」

朱子即實事求是之學

卷下。大抵植之此書，議論駿快，稍前如章實齋，稍後如陳蘭甫，同時如許周生，皆於當時漢學極盛空氣中感不滿，持論亦往往與植之書相出入，惟皆立言有節，不如植之肆口無忌。以造詣言之，則文史通明不如實齋，經義湛密不如蘭甫，識趣深細不如周生，而惟以縱橫排奡見長。然亦頗爲並時學者推重。即其首列諸家題辭可見。良以漢學已臻極盛，木老蠹生，水久腐起，亦學術將變應有之象也。植之書於商兑外尚

書林揚觶

有書林揚觶，謂：

> 兩粤制府阮大司馬既創建學海堂，落成之明年，乙酉初春，以「學者願著何書」策堂中學徒。余慨後世著書太易而多，殆於有孔子所謂不知而作者，因誦往哲遺言及肊見所及，為十有六論，以諗同志。

其書亦掎摭時病而發，與商兑爲姊妹篇也。揚觶末載商兑序略，今不見於商兑；商兑末亦述及揚觶。兩書同刊於辛卯，蓋亦同時所成。惟商兑專務糾駁，揚觶則稍有建白。大率其書上不逮章實齋通義，下不及陳蘭甫學思錄，而風格差近。要其在漢學極盛之時，努力欲創一新趨，雖識解未深，魄力未宏，而頗有平坦淺易處，可以繩當時漢學病痛者。植之復有待定錄，乃隨時劄記之稿，未刊行。

辨道論

又儀衛軒文集卷一有辨道論一篇，謂：

> 考證漢學，……以文害辭，以辭害意，棄心而任目，刓敝精神而無益於世用。……使其人稍有

所悟而反乎己，則必翻然厭之矣。翻然厭之，則必於陸王是歸矣。何則？人心之蕩而無止，好為異以矜己，迪知於道者寡，則苟以自多。……吾為辨乎陸王之異以伺其歸，如弋者之張羅於路歧也，會鳥之倦而還者，必入之矣。

夏炯仲子集

其後陳蘭甫起於粵，倡爲鄭、朱同歸之學，亦所以防倦返者之歸於陸王也。今文學派則轉而治春秋，以發明微言大義爲標幟，而德清戴望子高倡爲顏、李，凡此皆倦鳥也。惟均不歸陸王，植之言卒不驗。是蓋乾、嘉尚實博證之風，尚有其宰制牢籠之力，使後之來者，雖變不能脫其樊。倦鳥之颺不厲，囿阱之防尚密，此亦道、咸以下學術風氣迴翔往復，終不能一變故昔之所由也。

又按：當塗夏炯卯生，（生乾隆乙卯，卒道光丙午，年五十二。）有仲子集，桐城姚石甫、武進李申耆、寶山毛生甫俱推之，許其識見爲百年所未有。而姚氏序之，謂其與植之之書若遙相和者也。父鑾，官新安，炯與兄炘、弟燮皆年少隨侍，猶及聞徽學諸宿如程瑤田、凌廷堪、汪萊諸人之議論。及鑾再宦新安，又得交俞正燮、江有誥，皆徽人所稱考據名儒也。然炘、燮皆以理學、史學成名；炯早年亦治訓詁考據，繼而悟其非，於漢宋之見力爲平反。集中於清儒自顧亭林以下，如毛西河、朱竹垞、閻百詩、臧玉林、惠定宇、戴東原、錢竹汀、盧抱經、江艮庭、段懋堂、王懷祖父子，以及阮芸臺、凌次仲諸家，皆有糾彈，而於乾隆以下臧、惠所倡以小學說經、以訓詁明義理之說，排駁尤力。其學於清主楊園、稼書，於明主敬軒、心吾，循是以上溯紫陽，而辨陸王之非。此道、咸以往治理學者，軌轍大率皆然。而仲子集議論明暢，條貫不紊，量其識議所屆，猶在唐鏡海、倭艮峯諸人上。其弟夔治朱子尤精密，考辨明當，亦勝王白田。近人於景紫一集頗有流傳，而仲子書獨晦。民國有鉛字排印本。其集寫定於道光庚子，距商兌行書不越十年，議論亦時有高出商兌之上者。亦考論當時學術思想轉變一可注意之書也。

第十一章　龔定菴

附　莊方耕　莊葆琛　劉申受　宋于庭
　　魏默深　戴子高　沈子敦　潘四農

一　常州莊氏

莊方耕

言晚清學術者，蘇州、徽州而外，首及常州。常州之學，始於武進莊存與，字方耕，（生康熙五十八年，卒乾隆五十三年，年七十。）其學不顯於當世，而頗爲後之學者所稱許。阮元序其書，謂其「于六經皆能闡抉奧旨，不專專爲漢宋箋注之學，而獨得先聖微言大義于語言文字之外」。又謂其「所學與當時講論或枘鑿不相入，故祕不示人。通其學者，門人邵學士晉涵、孔檢討廣森及子孫數人而已」。（見阮元莊方耕宗伯經說序，此文刻入味經齋遺書卷首，而阮氏揅經室集未之收。）董士錫序其書，謂：「不知者以爲乾隆間經學之別流，而知者以爲乾隆間經學之正滙也。」又曰：「方乾隆時，學者莫不由說文、爾雅而入，醰深于漢經師之言，而無溷以游雜。其門人爲之，莫不以門戶自守，深疾宋以後之空言。固其藝精，抑亦術峻，而又烏知世固有不爲空言而實學恣肆如是者哉！」（見董氏易說序，亦刊味經齋遺書卷首。）魏源之序其書則曰：「韓詩外傳之言曰：『儒者，需也。千舉萬變，其道不窮，六經是也。無類之言，不形之行，不贅之辭，君子慎之。若夫君臣之義，父子之親，夫婦之別，朋友之序，則日切磋而不舍也。』春秋繁露之言曰：『能說鳥獸之類者，非聖人所說也。聖人所欲說，在於說仁義而理之。不然，傳於衆辭，觀於衆物，說不急之言而以惑後進者，君子之所甚惡也。』韓傳、董生，處西漢之初，而其言若是。漢書藝文志曰：『古之學者耕且養，三年而通一經，存其大體，玩經文而已，是故用日少而畜德多，三十而五經立也。後世經傳既已乖離，博學者又不思多聞闕疑之義，而務碎義逃難，便詞巧說，破壞形體，說堯典五字之文至二三萬言，後進彌以馳逐，故幼童守一藝，白首而後能言。安其所習，毀所不見，終以自蔽，此學者大患也。』徐幹中論曰：『凡學者大義爲先，物名爲後，大義舉而物名從之。鄙儒之博學也，務于物名，詳於器械，矻于詁訓，摘其章句，而不能通其大義所極。故使學者勞思慮而不知道，費日月而無成功。』夫班、徐二子，生東漢之世，而其言又若是。清之有天下，百餘年間，以經學名家者數十輩，獨先生未嘗支離釽析，如韓、董、班、徐四子所譏，是以世之爲漢學者罕稱道之。烏虖！公所爲眞漢學者庶其在是！」見魏氏武進莊少宗伯遺書序，刊莊書卷首。三家之序，出愈後者，推之愈崇，辨之愈暢。莊氏之學猶是也，而世風既變，人心既易，則出主入奴之見自異焉。然阮氏刻經解，僅收其春秋正辭，其意蓋猶取乎其專家，非取乎其大義也。至龔自珍爲莊氏神道碑銘，定菴文集卷上。乃舉莊氏之不辨尚書今古文眞僞者而亦曲譽婉稱之，謂：「學足以開天下，自韜汚受不學之名，爲有所權緩亟輕重，以求其實之陰濟於天下。」夫而後稽古之業，不如濟世，軒輊之間，斷然捨此而就彼矣。至於魏氏之論，乃更入室操戈，即以漢儒之說駁漢學，而若惟莊氏爲得學術之正統。此皆風氣之變，未必卽是非之準。乾嘉之盛斥宋明，宋明未必非；道咸之轉而不滿於乾嘉，因以推尊莊氏，莊氏亦未必是。莊氏爲學，既不屑屑於考據，故不能如乾嘉之篤實，又不能效宋明先儒尋求義理於語言文字之表，而徒牽綴古經籍以爲說，又往往比附以漢儒之迂怪，故其學乃有蘇州惠氏好誕之風而益肆。汪中與畢沅書，自謂：「爲考古之學，實事求是，不尚墨守，以此不合於元和惠氏。」王引之與焦里堂書，亦謂：「惠定宇先生考古雖勤，而識不高，心不細，見異於今者則從之，大都不論是非。」王念孫拜經日記序，亦謂：「世之言漢學者，但見其異於今者則寶貴之，而於古人之傳授，文字之變遷，多不暇致辨，或以細而忽之。」惠學流弊，當時已多能言之者。其實則清代漢學考據之旁衍歧趨，不足爲達道。而考據既陷絕境，一時無大智承其弊而導之變，徬徨回惑之際，乃湊而偶泊焉。其始則爲公羊，又轉而爲今文，而常州之學，乃足以掩脅晚清百年來之風氣而震盪搖撼之。卒之學術、治道，同趨澌滅，無救厄運，則由乎其先之非有深心巨眼、宏旨大端以導夫先路，而特任其自爲波激風靡以極乎其所自至故也。

莊葆琛

方耕有姪曰述祖，字葆琛，生乾隆十五年十二月，卒嘉慶二十一年六月，年六十七。所著曰珍埶宧叢書，頗究明堂陰陽，亦蘇州惠學也。葆琛有甥曰劉逢祿申受、宋翔鳳于庭，葆琛稱之，曰：「吾諸甥中，劉申受可以爲師，宋于庭可以爲友。」常州之學，蓋至是始顯。

惲子居

又陽湖惲敬，字子居，生乾隆二十二年，卒嘉慶二十二年，年六十一。與葆琛略同時，著三代因革論，謂：

漢興百餘年之後，始講求先王之遺意，蓋不見前古之盛，六百餘年矣。朝野上下，大綱細目，久已無存，遺老故舊，亦無有能傳道者。諸儒博士，於焚棄殘剝之餘，搜拾竈觚蠹簡，推原故事，其得之也艱，故其信之也篤。書之言止一隅，必推之千百隅而以為皆然；書之言止一端，必推之千百端而以爲不可不然。嗚呼！何其愚也！三代因革論一。

又曰：

彼諸儒博士者，過於尊聖賢，而疏於察凡庶；敢於從古昔，而怯於赴時勢；篤於信專門，而薄於考通方，豈足以知聖人哉！是故其爲説也，推之一家而通，推之衆家而不必通；推之一經而通，推之衆經而不必通；且以一家、一經亦有不必通者。至不必通而附會穿鑿以求其通，則天下之亂言也已。三代因革論八。

其言極悍廉明盡，惜乎其邑之人未能深領，遂輾轉牽引，至於以二千年前漢博士專門絕業，掇拾補綴，謂可以當二千年後經世之大任，則何啻所謂「過於尊聖賢而疏於察凡庶，敢於從古昔而怯於赴時勢，篤於信專門而薄於考通方」，如漢博士之所爲哉？夫蘇州惠氏專門之學，其意本在於考古，而常州諸賢，乃尊之爲大義，援之以經世，此則其蔽也。

二　劉宋

劉逢祿，字申受，生乾隆四十一年，卒道光九年，年五十四。亦籍武進。幼傳外家莊氏之學。葆琛故有意治公羊，而申受成其業。謂：

清之有天下百年，開獻書之路，招文學之士，以表章六經為首，於是人恥鄉壁虛造，競守漢師家法。若元和惠棟氏之于易，歙金榜氏之于禮，其善學者也。祿……嘗以為學者莫不求知聖人；聖人之道，備乎五經；而春秋者，五經之筦鑰也。先漢師儒略皆亡闕，惟詩毛氏、禮鄭氏、易虞氏有義例可說。而撥亂反正，莫近春秋，董、何之言，受命如響。然則求觀聖人之志，七十子之所傳，舍是奚適焉？公羊何氏釋例敘。

又曰：

余嘗以為經之可以條例求者，惟禮喪服及春秋而已。經之有師傳者，惟禮喪服有子夏氏，春秋有公羊氏而已。漢人治經，首辨家法，然易施、孟、梁邱，書歐陽、大、小夏侯，詩齊、魯、韓，師說今皆散佚，十無二三。世之言經者，於先漢則古詩毛氏，於後漢則今易虞氏，文辭稍為完具。然毛公詳故訓而略微言，虞君精象變而罕大義。求其知類通達，微顯闡幽，則公羊傳在先漢有董仲舒氏，後漢有何邵公氏，子夏傳有鄭康成氏而已。先漢之學，務乎大體，故董生所傳，非章句訓詁之學也。後漢條理精密，要以何邵公、鄭康成二氏為宗。喪服之於五禮，一端而已。春秋始元終麟，天道浹，人事備，以之綱羅衆經，若數一二、辨白黑也。（公羊春秋何氏解詁箋敘。）

公羊春秋特盛之背景

申受論學主家法，此蘇州惠氏之風也；（戴望劉先生行狀，記嘉慶五年，劉舉拔貢生入都，父執故舊徧京師，不往干謁，惟就張惠言問虞氏易、鄭氏三禮。張氏爲學亦由惠氏家法入也。劉氏有虞氏易言補，即補張氏書；又有易虞氏五述。此劉氏之以家法治易者。）主條例，則徽州戴氏之說；又主微言大義，撥亂反正，則承其外家之傳緒；值時運世風之變，而治經之業乃折而萃於春秋，（因其備人事。）治春秋又折而趨於公羊焉。（因其具師傳，詳條例。惠士奇論春秋，曰：「春秋無左傳，則二百四十年，盲焉如坐闇室中。左氏最有功於春秋，公、穀有功兼有過。」此與申受專尊公羊，深抑左氏者大異，然無害謂常州之學原本惠氏。）

孔巽軒

前乎申受者，有曲阜孔廣森巽軒，（生乾隆十七年，卒乾隆五十一年，年三十五。）爲方耕門人，而亦從學戴氏，爲公羊通義，已不遵南宋以來謂春秋直書其事，不煩褒貶之義，然於何休所定「三科九旨」，亦未盡守。至申受乃舉何氏「三科九旨」爲聖人微言大義所在，特著春秋論上、下篇，極論春秋之有書法，（上篇針對錢竹汀潛研堂集春秋論而加駁難。錢氏文例證堅明，而劉氏非之，此如莊方耕不斥古文尚書，實同爲考證學之反動。近人乃認晚清今文學爲清代經學考證最後最精之結果，則尤誤也。）與條例之必遵何氏。（下篇針對孔巽軒公羊通義而發。何氏「三科九旨」不見傳文，而劉氏信之，則以家法師說之論爲辨，此焦里堂所譏爲「據守」之學也。常州公羊學之淵源於蘇州惠氏家法之論，此等處最顯。）遂爲公羊何氏釋例、公羊何氏解詁箋、發墨守評、穀梁廢疾申何諸篇，重興何氏一家之言。又爲左氏春秋考證、箴膏肓評，謂其書稱左氏春秋，與晏子春秋、呂氏春秋同類，非傳春秋，而劉歆增書法，改名春秋左氏傳。又爲論語述何，則並欲以何氏之學說論語。其意若謂孔門微言大義，惟何氏一家得之也。

宋于庭

宋翔鳳字于庭，長洲人。亦述祖甥。（生乾隆四十一年，卒咸豐十年，年八十五。）著論語發微，大意謂論語微言通於春秋，蓋亦申受述何之旨。（今續經解有宋氏論語說義十卷，乃論語發微之前稿。）又爲大學古義說，以明堂陰陽相牽附。（此亦吳學惠氏遺風也。）晚年編過庭錄，又深推兩宋道學，以程朱與董仲舒並尊，蓋幾幾泯漢宋之見焉。（見過庭錄卷十二「道學」條。乾、嘉學者嚴辨漢、宋，道、咸以下辨今、古文，而宋學轉非所斥，爲一變。）

今古文與漢宋門戶

乾、嘉研習討論，多在三禮、小學，易與春秋鮮所盡心。易自惠氏開其端，武進張氏繼之；春秋公羊自孔氏及於劉氏；宋氏則欲以公羊、易理說論語；自訓詁、考據轉而治易、春秋，爲又一變。此後南海康有爲亦極推易、春秋，遂又以禮運說春秋，不知易傳、禮運皆戰國晚世雜采老、莊、鄒衍所成，豈誠孔門大義所在哉？要之常州公羊學與蘇州惠氏學，實以家法之觀念一脈相承，則彰然可見也。

三　魏默深

魏默深

繼劉、宋而言今文者有龔、魏。魏源，字默深，湖南邵陽人。（生乾隆五十九年，卒咸豐六年，年六十三。）初尚宋儒理學，後主今文。謂毛詩晚出，據齊、魯、韓三家撰詩古微，又申史記、伏生大傳及漢書載歐陽、夏侯、劉向遺說難馬、鄭，爲書古微。又謂孔、劉皆公羊專家，亦止爲何氏拾遺補缺，於董書未之詳，撰董子春秋發

劉魏之異點

今文與公羊

微。嘗謂：

今日復古之要，由訓詁聲音以進於東京典章制度，此齊一變至魯也；由典章制度以進於西漢微言大義，貫經術、政事、文章於一，此魯一變至道也。古微堂外集卷一兩漢經師今古文家法攷敍。劉氏惟尊家法，故以公羊、毛詩並言；魏氏則轉尚西漢，故既斥毛詩，又尊董於何。然主微言大義，重經術、政事，則仍當治易、春秋。魏氏詩、書古微之作，仍不脫家法觀念之作祟，仍落考據窠臼，非能真於微言大義、經術政事處見精神也。

然後今文學之壁壘漸立，與常州之所謂公羊者又異焉。劉氏治公羊，不斥毛詩，即是一絕大異點。然默深之求微言大義，頗不據於傳注，謂：

經有奧義，有大義。研奧者，必以傳注分究而始精；玩大者，止以經文彙觀而自足。外集卷一論語孟子類編序。

又曰：

自明以來，學者爭朱陸；自本朝以來，學者爭漢宋。今不令學朱學陸，而但令學孔孟焉，夫何諍？然近日治漢學者，專務記醜，屏斥躬行，卽論洙泗淵源，亦止云定、哀間儒者之學如是，在子思、孟子以前。其意欲託尊論語以排思、孟，甚至訓「一貫」為「壹行」，以詁經為生安之學，而以踐履為困勉之學。同上。按：所譏似指阮元。

是默深之說經，本主擺脫傳注，直求經文，此意較後來陳蘭甫爲强。又主以躬行踐履求經文也。此則幾由漢返宋矣。故曰：

明之季，梁谿、蕺山以躬行返天下虛習，敦於實際，體明用光，厥施未昌，而國初諸子裂之。守朱者曰戶庭之儒，考經者曰塗轍之儒，皆將以撟虛就實，而叩其自得則瞠然，以所見諸用則瞠然。卷四張鐵甫墓誌銘。按：陳蘭甫提倡鄭康成、朱子，仍不過返諸清初之戶庭塗轍，然如魏氏詩、書古微之作，則路徑更窄，更不實際，更無所謂「體明用光」矣。是魏氏晚年之所致力，即其當身之所呵斥也。

默深論四庫館臣

默深於乾嘉學風頗不滿，此與定菴態度微不同，以二人環境自異耳。尤於當時四庫館臣之好譏彈宋儒者致深慨焉。謂：

乾隆中修四庫書，紀文達公以侍讀學士總纂。文達故不喜宋儒，其總目多所發揮，然未有如宋名臣言行錄之甚者也。曰：「茲錄於安石、惠卿皆節取，而劉安世氣節凜然，徒以嘗劾程子，遂不登一字。按：此數語見盡言集提要，魏氏誤記為言行錄。以私滅公，是用憤懣。」是說也，於茲錄發之，於元城語錄發之，於盡言集發之，又於宋如珪名臣琬琰錄發之，按：此乃「杜大珪名臣碑傳琬琰集」之誤，提要惟以朱子之取安石、惠卿，例大珪之載及丁謂諸人，未嘗言及劉安世，亦魏氏誤憶之也。於清江三孔集發之，按：三孔集提要亦不及劉安世，惟元城語錄提要有「道命錄備載孔平仲諸人彈論程子疏議，遂以示譏貶，獨不載安世之疏，蓋亦知安世人品，世所共信，不可動搖，未敢醜詆」一條，以誤憶。於唐仲友經世圖譜發之。昌言抨闢，汔再汔四，昭昭國門可懸，南山不易矣。雖然，吾不知文達所見何本也？茲錄前集起宋初，後集起元祐，而劉公二十餘事在焉。南宋黃震日鈔亦評騭茲錄諸人，亦廁劉公於王巖叟、范祖禹間，次第脗符。是宋本、今本，五百年未之有改也。文達殆徒睹董復亨繁露園集之瞽說，適愜其隱衷，而不暇檢原書，遂居為奇貨。至書目於慶元黨禁謂「南宋亡於諸儒，不得委之侂胄」；於龜山集謂「東林起於楊時，遂至再屋明社」；按：此均見四庫書目慶元黨禁，楊龜山集無之，亦魏氏誤憶。則固無譏焉。卷四書宋名臣言行錄後。按：南宋胡致堂讀史管見，四庫斥其書不入著錄，提要引王應麟通鑑答問，謂「胡氏但就一事詆斥，不究其事之始終」，以為篤論。而考答問實無此語，姚椿通藝閣文集卷五書讀史管見後以此為譏。然尚不如默深所發之甚也。魏文亦多誤，然所論提要門戶之見則甚是。李慈銘日記駁魏文，至謂四庫所收言行錄或非足本，則有意迴護矣。夏仲子集卷五讀四庫提要，謂：「國初若張楊園、李二曲、魏環溪、刁蒙吉、左翊宸、耿逸庵諸儒，皆卓然理學，無片紙隻字錄入四庫；其所採國朝之書，朱竹垞、毛西河、閻百詩、萬充宗、萬季野、惠仲儒、惠定宇、江慎修之書，最為詳備。」譏為「不知體要」。又讀簡明目錄，謂：「各門類書一涉宋儒，卽有微詞諷語，至程、朱所訓各經頒在學宮者，僅詳卷什，不置一詞。」謂：「四庫館諸公竟專與宋儒為懟。」要之，提要門戶抑揚之見過深，不足以持平服衆也。

默深論戴東原

乾嘉所以詆宋儒者如此，默深之所以詆乾嘉者又如此，此亦可以見世風之驟變，而是非之無定矣。默深尤力詆東原，謂其「平日譚心性，詆程朱，無非一念爭名所熾，其學術心術，均與毛大可相符」。又歷指其著書之不德。魏氏遺文書趙校水經注後，見周壽昌思益堂日札卷五。同時平定張石州穆，有全氏水經注辨誣，亦證東原攘竊，文見薛刊全校水經注附錄，張氏𣍨齋文集亦未收。近人又頗推東原，而王國維氏復有聚珍本戴校水經注跋發其覆，本文見觀堂集林卷十二。至楊守敬最爲近代治水經專家，其爲水經注疏要刪，亦謂戴竊趙書，案殆成定論。今大典水經注已由商務影印行世，孟心史告余，曾通體校讀一過，知戴竊趙書確然無疑也。此默深又嘗贊賀長齡纂輯皇朝經世文編，著海國圖志及聖武記諸書，感切時變，有志經濟，而晚節仍以辨漢儒經學今古文名家。則甚矣時風世業之難迴，苟非大力斡旋氣運，足以驅一世而轉趨，則仍必隨逐因循至於途窮而後已也。晚清今文一派，大抵菲薄考據，而仍以考據成業。然心已粗，氣已浮，猶不如一心尊尚考據者所得猶較踏實。其先特爲考據之反動，其終滙於考據之頹流，魏、龔皆其著例也。

四　龔定菴

常州之學，起於莊氏，立於劉、宋，而變於龔、魏，然言夫常州學之精神，則必以龔氏爲眉目焉。何者？常州言學，既主微言大義，而通於天道、人事，則其歸必轉而趨於論政，否則何治乎春秋？何貴乎公羊？左氏主「事」，公羊主「義」，義貴褒貶進退，西漢公羊家皆以經術通政事也。亦何異於章句訓詁之考索？故以言夫常州學之精神，其極必趨於輕古經而重時政，則定菴其眉目也。

傳略

龔鞏祚，原名自珍，字璱人，別號定菴。浙之仁和人。生清乾隆五十七年壬子，卒道光二十一年辛丑，一七九二—一八四一。年五十。父闇齋，名麗正，爲段玉裁女夫。定菴天才早秀，年十二，卽得聞其外祖小學之傳。年二十八，從劉逢祿受公羊春秋。道光九年己丑，成進士，時年三十八。負才氣，久困閒曹，以禮部主事棄官歸，爲道光十九年己亥。越兩年卒。

定菴之論政

學者政論之復興

清儒自有明遺老外，卽尠談政治。何者？朝廷以雷霆萬鈞之力，嚴壓橫摧於上，出口差分寸，卽得奇禍，習於積威，遂莫敢談。不徒莫之談，蓋亦莫之思。精神意氣，一注於古經籍，本非得已，而習焉忘之，卽亦不悟其所以然。此乾、嘉經學之所由一趨於訓詁考索也。嘉、道以還，清勢日陵替，堅冰乍解，根蘖重萌，士大夫乃稍稍發舒爲政論焉，而定菴則爲開風氣之一人。定菴雖自幼濡染於樸學，而早年持論，頗已著眼於世風時政。嘉慶十九年甲戌，定菴年二十三，爲明良論，大意謂：

定菴之明良論

士皆知有恥，則國家永無恥矣；士不知恥，爲國之大恥。歷覽近代之士，自其……始進之年，而恥已存者寡矣。……政要之官，知車馬服飾、言詞捷給而已。……清暇之官，知作書法、賡詩而已。……堂陛之言，探喜怒以為之節，蒙色笑，獲燕閒之賞，則揚揚然以喜，出誇其門生、妻子。小不齊，則頭搶地而出，別求夫可以受眷之法。……如是而封疆萬一立有緩急，則紛紛鳩燕逝而已，伏棟下求俱壓焉者尟矣。（洪稚存（亮吉）卷施閣文甲集補遺有廉恥論，已先定菴言之，可參看。）

定菴與章實齋

蓋定菴一家，自其祖匏伯、（字敬身，屺懷。）父闇齋，兩世仕宦。定菴年十一，即侍父居京師。至嘉慶十七年壬申，其父簡放徽州知府，定菴隨侍南行。居京國適踰十載，當時朝廷士大夫風習，定菴雖少年，英才卓犖，固已得其涯略矣。定菴又夙工韻語，爲懷人館詞，其外王父段懋堂爲之序，深獎其詞之工，而謂：「有害於治經史之性情，爲之愈工，去道且愈遠。」叮嚀教戒，欲其銳意於經史。（經韻樓集懷人館詞序，亦在嘉慶壬申。）又寄書勉學，囑問業於程易田。（經韻樓集與外孫龔自珍札，事在嘉慶十八年癸酉。）而其時定菴學問志趣，似不屑屑爲經生，而頗有取於其鄉人實齋章氏文史經世之意也。嘉慶十九年甲戌，闇齋議修徽州府志，延歙汪蟄泉、（龍。）陽湖洪孟慈。（飴孫）諸人爲纂修，定菴亦預其甄綜人物、搜輯掌故之役。有與徽州府志局纂修諸子書，（見定菴文集卷上。）大意謂：「府志非史，特爲省志底本，以儲他日之史。君子卑遜之道，直而勿有之義，宜繁不宜簡。」其議論已儼然似實齋。而尤著者，則在所爲乙丙之際箸議，（此等題目亦倣實齋。）蓋創稿於嘉慶乙亥、丙子間，時定菴年二十四、五也。其大意不取於嫥嫥治古經籍，而有志爲昭代治典之探討，暢見其趣於箸議之第六，其言曰：

定菴之治學合一論

自周而上，一代之治，卽一代之學也。一代之學，皆一代王者開之也。……載之文字謂之法，即謂之書，謂之禮，其事謂之史職。以其法載之文字而宣之士民者，謂之太史，謂之卿大夫。天下聽從其言語，稱為本朝。奉租稅焉者，謂之民。民之識立法之意者，謂之士。士能推闡本朝之法意以相誡語者，謂之師儒。王之子孫大宗繼為王者，謂之後王。後王之世之聽言語奉租稅者，謂之後王之民。王若宰若大夫若民相與以有成者，謂之治，謂之道。若士若師儒，法則先王、先冢宰之書以相講究者，謂之學。師儒所謂學有載之文者，亦謂之書。是道也，學也，治也，則一而已矣。乃若師儒有能兼通前代之法意，亦相誡語焉，則兼綜之能也，博聞之資也，上不必陳於其王，……下不必信於其民。陳於王，……信於民，則必以誦本朝之法，讀本朝之書為率。師儒之替也，源一而流百焉，其書又百其流焉，其言又百其書焉，各守所聞，各欲措之當世之君民，則政教之末失也。雖然，亦皆出於其本朝之先王。……後之為師儒不然。重於其君，君所以使民者則不知也；重於其民，民所以事君者則不知也。生不荷耰耡，長不習吏事。故書雅記，十窺三四，昭代功德，瞠目未覩。上不與君處，下不與民處。由是士則別有士之淵藪者，儒則別有儒之林囿者。昧王霸之殊統，文質之異尚。其惑也，則且援古以刺今，囂然有聲氣矣。是故道德不一，風教不同，王治不下究，民隱不上達，國有養士之貲，士無報國之日。殆夫，殆夫！終必有受其患者，而非士之謂乎？（此文亦名治學。）

此其陳義至新穎，而實承襲實齋「六經皆史」之說也。定菴外王父段氏，為東原大弟子，卒於嘉慶二

定菴論漢學師承記

十年乙亥，正其外孫屬草箸議之年。學術隨風氣而變，風氣依時代而易，觀於此，而實齋所謂「學術當以經世，勿趨風氣追時尚」者，其意良可深玩矣。蓋實齋之唱六經皆史，與常州莊氏之所謂「尋先聖微言大義於語言文字之外」者，同爲一時之孤徑。方其生，聲名落漠，而終不能抑塞其後世之大行。至定菴之學，雖相傳以常州今文目之，而其最先門徑，則端自章氏入。亦以章氏學之與常州，若略其節目，論其大綱，則同爲乾嘉經學之反響，故遊其樊而得相通也。定菴之不滿於當時所謂經學者，又見其意於所爲江子屏所著書敍，（文成嘉慶二十二年丁丑。）其言曰：

> 三王之道若循環，聖者因其所生據之世而有作。……孔門之道，尊德性、道問學二大端而已。二端之初，不相非而相用，蘄同所歸。識其初，又總其歸，代不數人，或數代一人，其餘則規世運為法。我朝儒術博矣，然其運實為道問學。……是有文無質也，是因迭起而欲偏絕也。聖人之道，有制度名物以為之表，有窮理盡性以為之裏，有詁訓實事以為之跡，有知來藏往以為之神，謂學盡於是，是聖人有博無約，有文章而無性與天道也。

此其抨彈漢學，大旨與實齋通義之說絕類。定菴既爲江書作序，又附箋極論江氏書名之不安，謂：

> 大箸曰國朝漢學師承記，名目有十不安：……「實事求是」，千古同之，……非漢人所能專。

……本朝自有學，非漢學。有漢人稍開門徑而近加邃密者，有漢人未開之門徑，謂之漢學，不甚甘心。……瑣碎餖飣，不可謂非學，不得謂漢學。……漢人與漢人不同，家各一經，經各一師，孰為漢學乎？……若以漢與宋為對峙，尤非大方之言。漢人何嘗不談性道？……宋人何嘗不談名物訓詁？不足概服宋儒之心。……近有一類人，以名物訓詁為盡聖人之道，經師收之，人師擯之，不忍深論。以誣漢人，漢人不受。……漢人有一種風氣，與經無與而附於經。……大易、洪範，體無完膚。……本朝何嘗有此惡習？……本朝別有絕特之士，涵泳白文，刱獲於經，非漢非宋，亦惟其是。……國初之學，與乾隆初年以來之學不同，國初人卽不專立漢學門戶，大旨欠區別。此箋亦在丁丑冬至，卽乙丙箸議之後一年也。

定菴之變法論

凡定菴早年深不滿於當時所謂漢學者如是。而定菴之學業意趣，乃亦一反當時經學家媚古之習，而留情於當代之治教。於是盱衡世局而首唱變法之論，其意見於乙丙之際箸議第七。其言曰：

拘一祖之法，憚千夫之議，聽其自陊，以俟踵興之改圖，……孰若自改革？……天何必不樂一姓？此文亦名勸豫。管同因寄軒文初集卷一有永命篇，先定菴言之。又安吳包世臣為說儲，在嘉慶辛酉，已切實為清廷擬新制矣。越後以公羊言改制最激者，極於戊戌之變政，然如廢八股、開言路、汰冗員諸要端，包氏書亦一一先之也。

然當嘉、道之際，去雍、乾盛世未三十年，一世方酣嬉醉飽，而定菴已憂之，曰「將敗，其豫師來

定菴之人才論

姓」。汲汲爲一姓勸豫，人其孰信？抑且目爲狂。定菴乃深憤懣而見其意於箸議之第九。其言曰：

> 吾聞深於春秋者，其論史也，曰：……世有三等，……皆觀其才。才之差，治世為一等，亂世為一等，衰世別為一等。衰世者，文類治世，名類治世，聲音笑貌類治世。黑白雜而五色可廢也，似治世之太素；宮羽淆而五聲可鑠也，似治世之希聲；道路荒而畔岸隳也，似治世之蕩蕩便便；人心混混而無口過也，似治世之不議。左無才相，右無才史，閫無才將，庠序無才士，隴無才民，廛無才工，衢無才商；抑巷無才偷，市無才駔，藪澤無才盜。則非但尟君子也，抑小人甚尟。當彼其世也，而才士與才民出，則百不才督之縛之，以至於戮之。戮之非刀、非鋸，……徒戮其心。戮其能憂心、能憤心、能思慮心、能作為心、能有廉恥心、能無渣滓心。……才者自度將見戮，則蚤夜號以求治，求治而不得，悖悍者則蚤夜號以求亂。夫悖且悍，且睊然眮然以思世之一便已，才不可問矣！嚮之倫，慼有辭矣！然而起視其世，亂亦竟不遠矣！（此文又稱乙丙之際塾議二。）

定菴抱掩世之才，具先覯之識，危言高論，不足以破一世之詭詭。其後三十年而洪、楊難作，定菴所謂不遠者，乃不幸言中。夫徒法不能以自行，而變法則尤有待於一世之人才，人才則有待於百年之培養，而定菴之世何如者？定菴謂世之衰徵於無才，而無才則原於無培養。定菴又微見其意於所爲江南

清代糾虔士大夫實例

生䆃筆集敍，謂：「本朝糾虔士大夫甚密，糾民甚疏，視前代矯枉而過其正。」此意管同異之擬言風俗書已暢論之。安吳包愼伯著說儲，主罷八股，以明經術、策時務應之。又主設給事中，以新進茂才除授，直門下，主封駁詔勅，國有大政、大獄下九卿者，國子監祭酒得手教諸生各以意爲議，呈本師彙擇奏之。其書與管文略相先後。管氏謂清政安靜於廟堂、學校之間，大臣無權，臺諫不爭，清議之持無聞於下，而務科第。包書則正從正面立法以矯其弊也。包氏已大膽爲清廷草擬改制書矣。經學家承其後，乃以孔子春秋相附會。其所謂「糾虔士大夫甚密」者，於定菴集中亦可得其二事。

王掞

其一爲太倉王中堂掞。奏疏書後，其文絕瑰麗，如怨如慕，極動宕之致。謂：

聖朝受天大命，以聖傳聖，家法相詒，不立皇太子。純皇帝嘗申命曰：「萬世子孫之朝，有奏請立太子者，斬毋赦。」以數大聖人之用心持識，夐然前後千萬歲，不但漢、唐、宋諸朝不足為例，卽羲、炎、頊、嚳以來，統祚之正，氣運之隆，豈有倫比！掞區區抱螻蟻之忠，逞隙穴之窺，於康熙五十六年、五十九年、六十年，奏請册立皇太子，疏前後十餘上。聖祖始優容，不報，掞疏不止，自攖震怒。然猶擴天地之量，垂日月之鑒，愍其愚忠，憐其耄昏，廷議以遠戍上。其子奕清請代父往，竟曲從之。按：王掞時年八十四。……恭讀聖祖諭曰：「王掞敢將國家最大之事妄行陳奏。」又曰：「朕心深為憤懣。」又曰：「王奕清請代父譴戍，伊等既自命為君為國之人，著卽前往西陲軍前效力。」是故君父之慈臣子，無所不容，教誨委曲，至夫斯極！王氏世世萬子孫，宜何如感泣高厚以塞罪過者哉！高宗皇帝臨御六十年，如堯勸勸，乃兢兢付託，為百神擇主，為光聖擇後聖，為兆民擇父母。誕以我皇帝。嘉慶册立皇太子，明年行授受禮，堯坐於上，舜聽於下，重光疊照者且四年，不徒如前史册太子事。則固出於一人之斷，而豈待夫奏請之者？可見至大至深之計，聖明天縱之主，又自能運於一心而成之，固不必區區儒生，抱螻蟻之忠，逞隙穴之窺，自命忠孝，始克贊夫景烈與鴻祚也。惟是夷考掞上疏之年，亦恭值仁皇帝勸勤之際，與高宗六十年時，時埒事均，又值廢太子理密親王鎖禁後。老臣衰憊，其愚忠近似於不得已者。意者純皇帝讀實錄之暇，俛見掞之私憂過計，默思仁皇帝不加罪之故，翻然以泰山而取塵，以東海而受勺，故卒有是至大至深之顯休命耶？未可知也。信若斯，公雖一時觸忤君父，而其言且大用於七、八十年之後，為神聖師，公顧不榮也哉！此文成於丁丑，亦在乙丙箸議後一年。

又其一則爲杭大宗逸事狀，其文絕冷雋，如泣如訴，極淒婉之致。謂：

乾隆癸未歲，按：事在乾隆八年癸亥，此定菴誤記也。杭州杭大宗以翰林保舉御史，例試保和殿。大宗下筆為五千言，其一條云：「我朝統一久矣，朝廷用人，宜泯滿、漢之見。」是日旨交刑部，部議擬死。上博詢廷臣，……意解，赦歸里。

乙酉歲，純皇帝南巡，大宗迎駕，召見。問：「汝何以為活？」對曰：「臣世駿開舊貨攤。」上曰：「何謂開舊貨攤？」對曰：「買破銅爛鐵，陳於地賣之。」上大笑，手書「買賣破銅爛鐵」六大字賜之。

癸巳歲，純皇帝南巡，大宗迎駕名上，上顧左右曰：「杭世駿尚未死麼？」大宗返舍，是夕卒。此文作年無考，疑亦在定菴入京前。又按：癸巳亦無南巡事，龔文蓋出傳述之誤。汪滌源雜記云：「乙酉，四舉南巡，在籍文員迎駕湖上。上顧杭世駿問曰：『汝性情改過麼？』對曰：『臣老矣，不能改也。』上曰：『何以老而不死？』對曰：『臣尚要歌詠太平。』上哂之。」龔或由此誤也。

定菴之廉恥論

以若是之朝廷，士大夫出而仕，奈何開口言政事？更奈何言氣節廉恥？又奈何言人才？定菴又嘅言之於古史鉤沉論之首篇曰：

氣者，恥之外也；恥者，氣之內也。……積百年之力，以震盪摧鋤天下之廉恥，既殄、既獮、既夷，顧乃席虎視之餘蔭，一旦責有氣於臣，不亦莫乎！本文亦名覘恥。又按：吳昌綬所為定菴年譜，謂：「國朝詩徵序：年三十四（乙酉）箸古史鉤沉論七千言，具稾七年，未寫定。己亥雜詩注則繫於癸巳歲，蓋其時方成。今所存四篇，不足五千言，則刪媎多矣。」

定菴又極言之於與人之箋，曰：

縛草為形，實之腐肉，教之拜起，以充滿於朝市，風且起，一旦荒忽飛揚，化而為泥沙。與人箋。

定菴之尊隱論

嘻！何其言之沉痛而深刻耶！以若是之世界，若是之人才，又何以言變法？定菴於是又唱為尊隱之論。其詩謂「少年尊隱有高文」，是尊隱亦早年作也。其文曰：

> 丁此也以有國，而君子適生之。不生王家，不生其元妃、嬪嬙之家，不生所世世豢之家。……古先冊書，聖智心肝，人功精英，百工魁傑所成。如京師，京師弗受也，非但不受，又裂而磔之。……則反其野矣。……百媚夫不如一猖夫也，百酣民不如一瘁民也，百瘁民不如一之民也。

定菴入都

然定菴實不能爲一之民，定菴不能隱，終且如京師。定菴以嘉慶二十三年戊寅中式浙江鄉試，即以是年入都。明年，（己卯）會試不售；又明年，（庚辰）會試仍不售，僅得爲內閣中書；眞所謂「京師弗受」矣。然定菴自負其才氣，敢爲出位之言，是年即爲東南罷番舶議（已佚，國學扶輪社本龔集注云：「爲其子所匿。」又按：管同因寄軒文初集卷二有禁用洋貨議，包世臣說儲亦主之。）及西域置行省議。及其晚年，猶津津自道之，曰：

定菴之微官吟

> 五十年中言定論，蒼茫六合此微官。（己亥雜詩。）

其後合肥李鴻章黑龍江述略序亦言之，曰：

古今雄偉非常之端，往往剏於書生憂患之所得。龔氏自珍議西域置行省於道光朝，而卒大設施於今日。此云「道光朝」，誤。則所謂五十年而諭者，固非誇誕。然而定菴終自無奈其爲微官何也。定菴則又嘅言之，曰：

東華飛辯少年時，伐鼓撞鐘海內知。牘尾但書臣向校，頭銜不稱繝其詞。己亥雜詩。自注：「在國史館日，上書總裁，論西北塞外部落原流，山川形勢，訂一統志之疏漏，初五千言，或曰：非所職也。乃上二千言。」按：其事在道光元年辛巳，定菴年三十。

其後又三經會試不第，乃稍稍寄媚於經術，又放情於金石，流玩於釋典而終不忘其用世。及道光九年己丑，定菴年三十九，始得會試中式，賜同進士出身，朝考以知縣用，自請仍歸中書原班，則自庚辰以來，適十年矣。其廷試對策，祖王荊公上仁宗皇帝書，自詠當日事，謂：

霜豪擲罷倚天寒，任作淋漓淡墨看。何敢自矜醫國手？藥方只販古時丹。己亥雜詩。

其兀傲自喜，不欲中繩墨如此。乃又不勝憤懣，激而爲弔詭，自以楷法不中矩，「中禮部試，殿上三試不及格，不入翰林；考軍機處，不入直；考差，未嘗乘軺車。」干祿新書自序。乃託言爲干祿新書，用以嘲世。時已道光十四年，定菴年四十三，其成進士亦六年矣。而定菴終自無奈其爲一微官何。翼教叢編：「葉德輝譏魏默深已試令，有何政績？龔定庵干祿新書序，胸懷猥鄙，何能致用？竊謂懷才憤懣，似不當專以猥鄙說之。」定菴乃於是而又唱尊命之論。其言曰：

定菴之尊命論

> 儒家之言，以天為宗，以命為極，以事父事君為踐履。……後之儒者，……其於君也，有等夷之心，有吾欲云云之志。曰：「吾欲吾君之通古今之故」，實欲以自售其學；「欲吾君之燭萬物之隱」，實欲以自通其情；「欲君之賞罰予奪，不爽於毫髮」，實欲以自償其功。其於君也，欲昭昭爆爆，如貿易者之執券而適於市，褻君嫚君孰甚！……是故若飛若蟄，悶悶默默，應其不可測；如魚泳於川，惟大氣之所盤旋，如木之聽榮枯於四時，蠢蠢傀傀，安其不可知。

此定菴之無聊賴，乃欲設此自逃遁。然定菴不徒不能尊隱，抑亦不能尊命，以定菴之聰明才氣，終不能「悶悶默默，應其不可測；蠢蠢傀傀，安其不可知」。而定菴終自無奈其爲微官何。困鬱閒曹，既不得一伸意，乃於是又激而爲賓賓之說。其言曰：

定菴之賓賓論

> 五行不再當令，一姓不再產聖。興王聖智矣，其開國同姓魁傑壽耇，易盡也。賓也者，異姓之

聖智魁傑壽耇也。其言曰：「臣之籍，外臣也；燕私之游不從，宮庫之藏不問，世及之恩不預，同姓之獄不鞫，北面事人主而不任吪咄奔走，捍難禦侮而不死私讎。」……古者開國之年，異姓未附，據亂而作，故外臣之未可以共天位也，在人主則不暇，在賓則當避忌。……又易世而太平矣，賓且進而與人主之骨肉齒。然而祖宗之兵謀，有不盡欲賓知者矣；燕私之祿，有不盡欲與賓共者矣；宿衞之武勇，有不欲受賓之節制者矣；一姓之家法，有不欲受賓之論議者矣。四者，三代之異姓所深自審也。是故周祚四百，其大政之名氏，……皆姬姓也。其異姓之聞人，則史材也。且夫史聃之訓曰：「知足不辱，知止不殆。」知所以自位，則不辱矣；知所以不論議，則不殆矣；不辱不殆，則不顛頓悲憂矣。孔子曰：「非天子不議禮，不制度，不考文，吾從周。」從周，賓法也。又曰：「出則事公卿。」事公卿，賓分也。孟軻論卿，貴戚之卿異異姓之卿；夫異姓之卿，固賓籍也。……易曰：「窮則變，變則通，通則久。」恃前古之禮樂道藝在也。故夫賓也者，生乎本朝，仕乎本朝，上天有不專為其本朝而生是人者在也。……孔子述六經，則本之史也。史也，獻也，逸民也，皆於周為賓也，異名而同實者也。若夫其姓賓也，其籍外臣也，其進非世及也，其地非閨闥燕私也，而僕妾色以求容，而俳優狗馬行以求祿，小者喪其儀，次者喪其學，大者喪其祖，徒樂廁於僕妾、俳優、狗馬之倫，孤根之君子，必無取焉！此篇又名古史鈎沉論四。

定菴之唱爲賓賓之義者如是。則其先所謂六經皆史，士大夫皆當守本朝之法以爲本朝之用者，至是乃不得不轉而謂生乎本朝，仕乎本朝，而上天有不專爲其本朝生是人者焉。其人則賓，其學則史，其所待乃在後起之新王。此其爲說，固斷斷非章氏初創「六經皆史」論之所知，亦非定菴早年著議乙丙之際時所能自逆料者矣。（古史鈎沉論創始於乙酉，完成於癸巳，已在乙丙箸議後十年至十七年。）故定菴謂：「六經，周史之宗子；諸子，周史之小宗。」（見古史鈎沉論二。）此皆章氏之緒論，而定菴襲之。定菴又謂：「孔子述六經本之史。史也，獻也，逸民也，皆於周爲賓，乃異名而同實。」則奇思奧旨，別開天地，前人所未敢知。然而其氣激，其志憤，其意亦可哀矣！而定菴終亦未能守其賓賓之道，終亦未能知止、知足，不憔悴、不悲憂。道光十八年戊戌冬，林則徐拜欽差大臣，赴粵，定菴爲文送行，（送欽差大臣侯官林公序，戊戌十一月。）復申之以手書，則徐覆之曰：「陳義之高，非謀識宏遠者不能言；而旌旆之南，事勢有難言者。」（原書附定菴集。）蓋定菴不得志於朝廷，欲求一試於疆吏。至是又不售，乃浩然有歸志，終不得不折而逃於往者所爲尊隱之高文焉。而定菴又不甘心於終隱，其己亥之棄官而歸也，又賦詩以見意，曰：

定菴出都

定菴之棄婦吟

棄婦丁寧囑小姑，姑恩莫負百年劬！米鹽種種家常話，淚濕紅裙未絕裾。

又曰：

亦曾橐筆侍鑾坡，午夜天風伴玉珂。欲浣春衣仍護惜，乾清門外露痕多。

是定菴雖棄官去，終不忘朝廷，異乎其所謂隱，又異乎其所謂賓也。且定菴亦若有不甘於其所自謂隱與賓者。而既終不得志於朝廷，於是乃橫逸斜出，爲紅粉知己之想。其詩曰：「風雲材略已消磨，甘隸妝臺伺眼波。」又曰：「今日不揮閒涕淚，渡江只怨別娥眉。」又曰：「別有狂言謝時望，東山妓即是蒼生。」又曰：「設想英雄垂暮日，溫柔不住住何鄉？」可謂咏嘆淫佚，情不自禁矣。然定菴又不欲以美人金粉風流放誕終。蓋定菴既少受家訓，長染時風，又不能忘懷於經生之業。故曰：「六義親聞鯉對時，及身刪定答親慈。」又曰：「仕幸不成書幸成，乃敢齋袚告孔子。」於是定菴乃仍不失爲一當時之經生。而定菴之治經，又一如其論政，往往有徬徨歧途，莫審適從之概。

定菴之論學

定菴之經學意見

定菴雖自幼得其外王父段氏之誘引，而若終不欲拘拘治小學，蓋定菴之精神意趣，自有不甘同於乾嘉正統之轍迹者。其不樂經生之媚古，不徒見之於乙丙之際箸議，及其中浙江鄉試再進京師，猶時時言之，其意可徵於所爲陳碩甫所著書序。其言曰：

孔子曰：「吾道一以貫之。」……後世小學廢，專有大學，童子入塾所受，即治天下之道，不則窮理盡性幽遠之言；六書、九數，白首未之聞。其言曰：「學者當務精者、鉅者，凡小學家言不足治；治之為細儒。」於是君子有憂之，憂上達之無本，憂逃其難者之非正，不由其始者終不得究物之命。於是黜空談之聰明，守鈍樸之迂迴，物物而名之，不使有遁。其所陳說艱難，……有高語大言者，則拱手避謝，極言非所當。……愚瘁之士，尋之有門徑，繹之有端緒，蓋整齊而比之之力，至苦勞矣。陳碩甫曰：「是苦且勞者，有所甚企待於後。後孰當之？則乃所稱聞性道與治天下者也。……使黃帝正名而不以致上世之理，孔子之正名而終不能以與禮而齊刑，則六藝為無用，而古之儒之見詬，與詬古之儒者齊類。彼陟顛而棄本，此循本而忘顛，庸愈乎！且吾不能生整齊之之後，既省吾力而重負企待者，於是始以六書、九數之術，及條禮家曲節碎文如干事推之，欲遂以通於治天下。……」兵部主事姚先生（學塽，鏡塘。）曰：「今天下得十數陳碩甫，分置各行省，授行省學弟子，天下得百十巨弟子分教小弟子，國家進士必於是乎取，則至教不躐等，且性與天道之要，或基之聞矣。」中書胡先生（承珙，墨莊。）曰：「使碩甫自信所推畢無閡，請從姚先生之言。所推猶有閡，則姑舍是言，整齊益整齊，企待益企待，總之必不為虛待，無歧謬。」是二言者，龔自珍皆聞之，因最錄書指意皆識之。（此文作年無考，然碩甫以丁丑來京師，定庵以戊寅來京師，文殆作於此時；去所為江子屏所箸書序不一二年也。魏默深評此文云：「空談性理，非學也。乃樸學之士，矯空疏之弊太過，又謂學盡於是，是古有六書九數而無天人性命也。此云天人性命之學從小學入手，小學者，實兼禮經十七篇、曲禮、內則、少儀、弟子職與六書、九數而言，此儒者家法，本末體用備具，千古可息爭端矣。此文恐是古今一關鍵。」蓋當時議論，不僅不以六書、九數盡學問，並不敢以六書、九數盡小學矣。戴望為陳碩甫弟子，再從此一轉身，遂折入顏、李路上，則此文誠當時一關鍵也。

常州學之自樸至奇

碩甫乃懋堂大弟子，然已不欲以小學自限，乃蘄通於治天下，雖同時猶有「整齊益整齊，企待益企待」之論，而定菴則徘徊無所一是，且無寧謂其同情於碩甫也。定菴既來京之翌年，己卯，遂從學於劉逢祿，習公羊春秋。又深愛宋翔鳳，謂其「萬人叢中一握手，使我衣袖三年香」。壬午又稱其「樸學奇材張一軍」。蓋常州之學，固已與乾嘉樸學諸前輩不同，固已自樸而轉於奇，定菴之所謂樸學而必奇材者，常州公羊之學有之。定菴亦以奇自負，既不滿於其外王父所治小學之循謹，而欲高談性天、治道，則聞劉、宋之說而喜之。道光壬午，定菴年三十一，從劉學之三年。乃爲武進莊公神道碑銘，極推其所爲尚書既見。其言曰：

> 辨古籍真僞，為術淺且近。且天下學僮盡明之矣，魁碩當勿復言。古籍墜湮十之八，頗藉僞書存者十之二。帝冑天孫，不能旁覽雜氏，惟賴幼習五經之簡，長以通於治天下。……大禹謨廢，「人心道心」之旨、「殺不辜寧失不經」之誡亡矣；太甲廢，「儉德永圖」之訓墜矣；仲虺之誥廢，「謂人莫己若」之誡亡矣；說命廢，「股肱良臣啓沃」之誼喪矣；旅獒廢，「不寶異物賤用物」之誡亡矣；冏命廢，「左右前後皆正人」之美失矣。今數言幸而存，皆聖人之真言，言尤痀癢關後世，宜貶須臾之道，以授肄業者。

大與瑣之兩途

夫而後閻百詩、惠定宇諸人所畢精力辨於尚書古文之眞僞者，乃曰其術淺且近，今之魁碩勿言。夫亦曰可以通治道，則已矣。此常州公羊之學，所由與乾嘉樸學考訂異趨也。定菴治經，既務求其通治道，乃曰「瑣以耗奇，不如躬行以耗奇之約」。（銘座詩。）定菴不樂「借瑣耗奇」，（四字亦詩語。）乃務益爲其大。癸未有五經大義終始論，此物此志也。（陳蘭甫評此文云：「孔子至聖，但爲易傳，七十子以下至漢之大儒所箸者，禮記、春秋傳、書大傳、詩傳、外傳，從無極五經之義以著論者。但觀此題，即知其人之無學問，直狂妄而已！」陳氏論學與龔不同，然若使乾、嘉諸老見之，恐亦首肯此說。）顧治五經大義以求通於治道，而爲之朝廷天子者弗受，則其道終絀。定菴不能不有以耗其奇，耗其奇者不能不終以陷於瑣，此則非盡定菴之過也。道光丁亥，定菴（年二十六。）賦常州高材篇，其辭曰：

> 天下名士有部落，東南無與常匹儔。我生乾隆五十七，晚矣不及瞻前修。外公門下賓客盛，始見臧（庸，在東。）顧（子述。）來裒裒。奇才我識惲伯子，絕學我識孫季逑。最後乃識掌故趙，（懷玉，味辛。）獻以十詩趙畢酬。……乾嘉輩行能悉數，數其派別徵其尤。易家人人本虞氏，毖緯戶戶知何休。聲音文字各窔奧，大抵鐘鼎工冥搜。學徒不屑譚賈孔，文體不甚宗韓歐。人人妙擅小樂府，爾雅哀怨聲能道。近今算學乃大盛，泰西客到攻如讐。常人倘欲問常故，異時就我來諮諏。

凡此所舉，惟算學非定菴所習，其他則定菴皆擅其能事。所謂「借以耗奇」者，其究不得不歸於瑣；

定菴之抱小論

及其瑣，乃不得不落於小。逮定菴晚年，而重有抱小之論。其言曰：

古之躬仁孝，內行完備，宜以人師祀者，未嘗以聖賢自處也，自處學者。未嘗以父兄師保自處也，自處子弟。自處子弟，故終身治小學。……孔子曰：「入則孝，出則弟，有餘力以學文。」學文之事，求之也必劬，獲之也必創，證之也必廣，說之也必澀，不敢病迂也，不敢病瑣也。求之不劬則粗，獲之不創則勦，證之不廣則不信，說之不澀則不中，病其迂與瑣也則不成。其為人也，淳古之至，故樸拙之至。樸拙之至，故退讓之至。退讓之至，故思慮之至。思慮之至，故完密之至。完密之至，故無所苟之至。無所苟之至，故精微之至。小學之事，與仁愛孝弟之行，一以貫之已矣。若夫天命之奧，大道之任，窮理盡性之謀，高明廣大之用，不曰不可得聞，則曰俟異日，否則曰我姑整齊是，姑抱是以俟來者。自珍謹求之本朝，則有金壇段公，七十喪親如孺子哀，八十祭先未嘗不哭泣，八十時讀書，未嘗不危坐，坐臥有尺寸，未嘗失之，平生著書以小學名；高郵王尚書，六十五喪親如孺子哀，平生著書，以小學名。（此文著作年無考，然謂「王尚書六十五喪親」，則至早在道光壬辰後也。）

定菴言當時小學家者如此，可謂精美矣。定菴自謂「年十二，外王父金壇段先生卽授以許氏部目」，是其浸潤於小學家之庭訓者至深且久，宜其言之精美若是也。定菴之舉浙江鄉試，高郵王引之伯申實爲其座主，所謂「王尚書」是也。尚書既卒，而定菴爲之銘墓表，王伯申卒在道光十四年甲午，定菴墓表銘作於十五年乙未。自述平日所聞於尚書者，曰：

「吾之學，於百家未暇治，獨治經。伯申季子壽同觀其自養齋燼餘錄，有擬復龔定菴書，謂：「先人於先秦諸子、史記、漢書皆有校正，其說皆在讀書雜志中；至廣雅疏證末卷，則直著文簡公名；何閣下曰先君有言『吾於百家不暇治，獨治經』耶？」吾治經，於大道不敢承，獨好小學。夫三代之語言與今之語言，如燕、越之相語，吾治小學，吾為之舌人焉。其大歸用小學說經，用小學校經而已矣。」……又曰：「吾之學，未嘗外求師，本於吾父之訓。所著書謂之經義述聞；述聞者，乃述所聞於兵備公也。……」壽同書云：「先君著經義述聞，名述聞者，善則歸親之義。其中凡先光祿公說十之三，先文簡公說十之七，其書閣下亦既讀之矣。今不別其辭，而渾舉曰述聞於兵備，則先君述聞一書，不僅寫錄之勞乎？又閣下獨舉述聞而遺釋詞，竊恐後之讀定菴文集者，就文以考先人之書，必曰釋詞非王文簡公著也。」按：定菴此文，實為對其理想中小學家之風度為一種極好之描寫，觀於壽同之縷辨，益見龔文剪裁有深趣也。又曰：「吾著書不喜放其辭。」自珍受而讀之，每一事就本事說之，慄然止，不溢一言，如公言。公之色，孺子色，與人言，未嘗有所高論異譚。年近七十，為禮部尚書，兵備公猶在，比丁憂服闋，再補工部尚書，而公旋卒矣。公終身皆其為子之年。此文語意與抱小篇相足，知抱小篇亦略同時也。

定菴之善言當時小學家風格與意度者，乃又若不禁深寓其愛慕之意焉。故曰「六義親聞鯉對時，及身刪定答親慈」，亦有意乎其人也。然則定菴之爲學，其先主治史通今，其卒不免於治經媚古；其治經也，其先主大義通治道，其卒又不免耗於瑣而抱其小焉。自浙東之六經皆史，一轉而爲常州公羊之大義微言；又自常州之大義微言，再折而卒深契乎金壇、高郵之小學訓詁；此則定菴之學也。以定菴之才，遇定菴之時，而遂以成其爲定菴之學。定菴之詩又有之，曰：

九州生氣恃風雷，萬馬齊瘖究可哀！我勸天公重抖擻，不拘一格降人材。

定菴之宥情論

若定菴可謂不拘一格之人材矣。然定菴似不能善自用其才，既奔迸四溢而無所於止，乃頹然自放而有宥情之說。而又不能以宥情終，定菴乃益徬徨無所寧。故己亥雜詩三百一十五首，而終之曰：

吟罷江山氣不靈，萬千種話一燈青。忽然閣筆無言說，重禮天台七卷經。

定菴之卒

則定菴亦於是乎卒矣！定菴以暴疾終。其己亥出都，以一車自載，一車載文集百卷，不攜眷屬傔從，倉皇可疑。雜詩謂：「我馬玄黃盼日曛，關河不窘故將軍。」又曰：「生還重喜酹金焦。」其年十月北上迎眷，謂「陳碩甫爲予規畫北行事，明白犀利，足徵良友之愛」。自駐任邱縣，遣一僕入都，兒子書來乞稍稍北，乃進次雄縣；又請，乃又進次固安。（均見雜詩自注）自必有甚不得已者。張孟劬告余，定菴出都，因得罪穆彰阿，外傳顧太清事非實也。張家與龔世姻，故知之。又曰：「定菴爲粵鴉片案主戰，故爲穆彰阿所惡。」余謂定菴若爲顧太清出都，其詩中不應反復自道，若惟恐後人之不知，則傳說自未可信。若孟劬說，定菴終爲不能守賓賓之道自全也。惟王國維人間詞話有云：「讀會眞記者，惡張生之薄倖而恕其姦非；讀水滸傳者，恕宋江之橫暴而責其深險；此人人之所同也。故豔詞可作，唯萬不可作儇薄語。定菴詩云：『偶賦凌雲偶倦飛，偶然閒慕遂初衣；偶逢錦瑟佳人問，便說尋春爲汝歸。』其人之涼薄無行，躍然紙墨間，又何必考厥平生而後知其邪僻哉！」則其論至深酷，又爲更進一層之責備，定菴亦無以自解也。大抵定菴性格，熱中傲物，偏宕奇誕，又兼之以輕狂。定菴謂：「起而視其世，亂亦竟不遠」定菴殆亦此時期一象徵之人物乎！

定菴之佛學

定菴自言：「江鐵君沅，是予學佛第一導師。」鐵君乃江艮庭之孫；艮庭師事惠定宇，亦小學名家。鐵君既傳其家學，又師事彭尺木學佛；定菴有知歸子讚，卽尺木，而定菴自號懷歸子，識其慕尺木也。定菴自謂「一事平生無齮齕，但開風氣不爲師」。然余觀定菴之學，博雜多方，而皆有所承，亦非能開風氣，定菴特沿襲乾嘉以來全盛之學風，而不免露其蕭索破敗之意象者也。定菴有己亥六月重過揚州記，謂：

> 天地有四時，莫病於酷暑，而莫善於初秋。澄汰其繁縟淫蒸，而與之為蕭疏澹蕩，泠然瑟然，而不遽使人有蒼莽寥泬之悲者，初秋也。今揚州其初秋也歟？

定菴之時代

瓶水冷而知天寒，揚州一地之盛衰，可以覘國運。揚州盛衰，可參看阮元揅經室再續集卷三揚州畫舫錄二跋。第一跋在道光十四年；第二跋在道光十九年，卽己亥也。當定菴之世，固是一初秋之世也。定菴卒年，林則徐廣東事敗，不十年洪、楊亂起，定菴所謂莫善於初秋者，其境乃不可久。湘鄉曾氏削平大難，欲以忠誠倡一世，而晚境憂讒畏譏，惴惴不可終日。異姓之賓，雖掬忠誠以獻其主，其主疑忌弗敢受也。故湘鄉之倡導忠誠，亦及身而歇，無救於一姓之必覆。龔、曾二氏爲人、治學俱絕不同，然其論當時之風俗與知命之說，則居然相似，此可以徵時變。自是而公羊之學附會於變法，而有南海康氏。然亦空以其徒膏斧鉞，身則奔亡海外，僅全腰領，猶且昌言保皇，識出定菴賓賓下遠甚。而定菴治春秋，知有變法，乃不知有夷夏。其五經大義終始答問，乃謂：「宋、明山林偏僻士，多言夷、夏之防，比附春秋，不知春秋者也。」定菴又言尊史，乃知有乾、嘉不知有順、康，故止於言賓賓而不敢言革命。然則定菴之所譏「積百年之力，以震盪摧鋤天下之廉恥，既殄既獮既夷」者，正彼之所以得夷踞於賓之上，而安爲其主者也。嚮使聖清之列祖列宗，亦效「三代神聖，不忍棄才屏智士而厚豢駑羸」，（亦乙丙塾議第二篇中語。）則何以使定菴生初秋之世，酷熱已消，衰象已見，方治春秋，而猶不敢游思及於夷夏，顧惟以賓賓、尊命之說自慰藉哉？然而定菴猶知倡賓賓之說，要已爲一代之奇才矣！定菴集他高論尚多有，然如平均篇則本之唐大陶，（唐甄潛書極行於吳，定菴必見之；又許周生有禮論三篇，亦發不平召亂之義。定菴乙丙之際箸議第十九，論西北水利，許周生答丁子復書已言之。（鑑止水齋集卷十）定菴文字往往有來歷也。）公私篇則頗似洪江北，（意言眞僞篇。定菴熟常州文獻，又交其子，亦必見之。）散而無統，不足成一家之言矣，此故不備論。

五　戴子高

戴子高

爲常州公羊學後勁者，尚有戴望，字子高，浙江德清人。（生道光十七年，卒同治十二年，年三十七。或作三十五。）年十四，偶讀顏習齋書，大好之。中更習爲詞賦家言、形聲訓詁校讎之學，從遊於陳奐、宋翔鳳，治西漢經說，欲以窺孔門微言大義。爲顏氏學記凡十卷，謂：「習齋當舊學久湮，奮然欲追復三代教學成法，比於親見聖人，何多讓焉！」（顏氏學記序。）

戴氏論語注

又爲論語注，謂：「博稽眾家，深善劉禮部述何及宋先生發微，以爲欲求素王

顏李與公羊

之業，太平之治，非宣究其說不可。顧其書皆約舉大都，不列章句，輒復因其義據，推廣未備，依篇立注爲二十卷，皆隱栝春秋及五經義例。庶幾先漢齊學所遺，劭公所傳。」論語注序。是子高之意，仍欲遵西漢博士章句家法治論語，而特墨守齊學一途。此其牽强附會，未能盡當於論語原旨，可不煩舉證而知也。習齋論學，本可與章氏「六經皆史」之說相通。戴氏喜顏、李而終歸於常州之公羊，此猶如定菴之自實齋而折入公羊也。惟子高既好顏、李，又治公羊，以求微言大義爲幟志，而又拘拘於漢儒之章句家法，顏氏學記成書在同治八年六月，莊棫戴子高哀辭謂「論語注工甫竣而子高死」，則論語注成書應在學記後。則面貌雖殊，精神猶昔，終不脫蘇州惠氏漢學之牢籠矣。子高嘗與友人論學，謂：

> 世事紛紜，師資道喪，原伯魯之徒，咸思襲迹程朱以自文其陋。一二大僚倡之於前，無知之人和之於後，勢不至流入西人天主教不止。所冀吾黨振而興之，徵諸古訓，求之微言，貫經術、政事、文章於一，則救世弊而維聖教在是矣。此札與張星鑑，即據張氏戴子高傳轉錄。

此則子高之意，亦特如方植之、陳蘭甫，雖知漢學考據之病，而又恐不治考據則逃於空疏不學，故乃徊翔於漢儒章句家法之下，而特借春秋、論語以接逕於政事。不悟訓詁考據可言家法，如乾、嘉學者所唱「以漢還漢，以宋還宋」之論，即以家法治訓詁考據也。政事義理不可言家法，政事義理貴能通今而實踐，訓詁考據已不夠，何論守家法！若言政事義理而尊家法，則其極必近於宗教。其後今文家乃不得不以教主視孔子，子高所嘆「勢不至流入西人天主教不止」者，其實不啻子高之自道也。夫顏、李之與章句家法，此乃絕相違異之兩事，子高好顏、李，由激於時病；而治公羊，則逐於時趨；治公羊而歸宿於西漢之家法，則困於傳統。子高智不及此，尚不能辨西漢章句家法與顏、李事物身世之乖異，而兼信並好之，則子高亦爲一不脫時代束縛之學人也。俞樾序戴氏管子校正，謂：「子高，陳碩甫高足，實事求是，深惡空腹高心之學。」此見子高仍爲乾、嘉漢學傳統也。惟陳氏以家法求毛詩，猶未大失；子高欲以家注求孔子，則失之甚遠耳。又李慈銘日記：「（同治十一年五月十六日）戴望子高，湖州附學生，游匄江湖，夤緣入曾湘鄉偏裨之幕。嘗冒軍功，詭稱爲增廣生，改其故名，求改訓導。又竊軍符，徑下湖州學官，爲其出弟子籍；學官以無其人申報，湘鄉大怒，將窮治之，叩頭哀乞乃免。」則子高制行多可議。大抵道、咸以下學人，雖薄考據，轉言義理，而其行己操心，尚頗有不逮乾、嘉考據樸學諸先生者。風俗之日趨卑污，正足以證見考據樸學之流弊也。

戴子高之制行

六　沈子敦

沈子敦

當嘉、道之際，尚有一人焉，雖不爲常州公羊之學，而其砭時論世之風，頗有似於定菴者，其人曰沈垚，字子敦，浙江烏程人。生嘉慶三年戊午，卒道光二十年庚子，一七九八—一八四〇。年四十三。游京師，館徐星伯松。家，星伯極推其地學之精，然子敦之學實不僅於此。其居京師，爲徐星伯、姚伯昂、元之。沈匏盧、濤。徐蓮峯寶善。諸人修書，惟以糊口，頗欲別有所造作而未遂。今其集中有史論兩篇，一曰立名，一曰風俗，則子敦論學大意之所寄也。其立名篇云：

沈氏論學大意

名者，功德之符，非崇飾虛名之謂。……古今治亂之故，繫於當時之好尚。周、漢而下，大概人爭立名則世治，人爭殖利則世亂。西京盛時，爭為長者名，東都則以至行過人為名，唐之士大夫以功業濟世為名，宋之士大夫以節高古人為名。名不一，而致世治則一。以濟世為名，則隨時隆污，惠澤必思及下，故其功豐。以節高為名，則遇賢主，天下受其福；遇庸主，一己守其節，故其望峻。……二者雖異，有裨于世道人心則一也。……宋之弱而不可亡，實士大夫砥礪名節之效。……若夫殖利之禍，有不可勝言者。戰國之人好利，而焚坑之禍起。魏、晉之人好利，而劉、石之禍起。後魏宣武後，朝士多貪鄙而河陰之禍起。唐大中後，令孤綯以賄用方鎮，而龐勛、朱溫之禍起。劉刻落帆樓集卷四。

沈氏對於當時風俗之記載與批評

其風俗篇云：

天下之治亂，繫乎風俗。天下不能皆君子，亦不能皆小人，風俗美則小人勉慕於仁義，風俗惡則君子亦宛轉於世尚之中，而無以自異。是故治天下者以整厲風俗為先務。卷四

子敦二論之意，蓋特有感於時病而發，嘗謂：

阿諛輕薄苟且

覽觀史册，於古今利病，亦略識其梗概。今日風氣，備有元、成西漢兩帝。時之阿諛，大中唐宣宗年號。時之輕薄，明昌、南宋時金章宗年號。貞祐金宣宗年號。時之苟且。海宇清晏，而風俗如此，實有書契以來所未見。嗚呼！斯非細故也。叔魚之賄，孟孫之偷，原伯魯之不説學，蘇、張之不信古人，有一於此，卽不可終日，今乃合成一時之風俗，一世之人心。嗚呼！斯豈細故也！卷八

又曰：

看到風俗人心，可懼之至！……都下無一事不以利成者，亦無一人以真心相與者，如此風俗，實有書契來所未見。有元、成時之阿諛而無其經術，有大中時之輕薄而無其詩才，至明昌、貞祐時之苟且，則全似之矣。卷十與吳半峯。

無性情節概

又曰：

都下人物，衹是無性情節概。今所以發靡騁之嘆者，亦廉恥道喪、風俗頹敗故也。卷八與張淵甫。

愛財

又曰：

㙓居都下六年，求一不愛財之人而未之遇。卷八與張淵甫。

仕途之剝取與護持

又曰：

來諭述里中錢糧，日重一日，此事今日無可告愬。中朝貴人取給於方面，方面取給於州縣，州縣取給於小民，層層剝取，卽層層護持。都下衣冠之會，無有一人言及四方水旱者。終日華軒快馬，馳騁於康莊。翰林則謁拜閣師，部郎則進謁臺長。公事則胥吏持稿，顧名畫諾；私退則優伶横陳，笙歌鼎沸。其間有文雅者，亦不顧民生之艱難，惟有訪碑評帖，證據瑣屑而已。卷九與許海樵。

學術欺人

又曰：

大概近日所謂士，約有數端：或略窺語錄，便自命為第一流人，而經史概未寓目，此欺人之一術也。或略窺近時考證家言，東鈔西撮，自謂淹雅，而竟無一章一句之貫通，此又欺人之一術也。最下者，文理不通，虛字不順；而秦權、漢瓦，晉甓、唐碑，撮拾瑣屑，自謂考據金石，心極貪鄙，行如盜竊，斯又欺人之一術也。三者同一欺人，而習語錄者最少，習考證者亦以無所得食，大不如昔者之多矣。惟最下一術，則貴公子往往行之，而因以取科第，致膴仕者，踵相接。卷八與孫愈愚。

此子敦對於當時學術風氣所下之讕辭也。問其何以致此，則子敦頗歸咎於乾、嘉以來考證之學。嘗曰：

學術人才衰壞之來原

乾隆中葉後，士人習氣，考證於不必考之地，上下務為相蒙，學術衰而人才壞。卷八與孫愈愚。

又曰：

今人之通遠不如前明人之不通

漢、宋諸儒，以經術治身則身修，以經術飾吏治則民安，立朝則侃侃嶽嶽，宰一邑則俗阜人和。今世通經之士，有施之一縣而窒者矣，有居家而家不理者矣。甚至恃博雅而傲物，借經術以營利。故𡈼嘗憤激，言今人之通，遠不及前明人之不通。其故由古人治經，原求有益於身心；今人治經，但求名高於天下，故術愈精而人愈無用。卷九與許海樵。

又曰：

前明人學問文章不及古人，而修己立身之要，治亂得失之故，大率有得於中，故立朝則志節凜然，宰一鄉一邑，亦有實政及民。今人動詆前明人為不通，而當世所推為通士者，率皆冒於貨賄，昧於榮辱，古今得失之故，懵然罔覺，是尚可為通乎？譬之於身，前明人於一指一拇之微，或有所窒滯，而心體通明，自足以宰世應物。今人於一拇一指，察及羅紋之疏密，辨其爪之長短厚薄，可謂細矣；而於一手一足之全，已不能徧識，況一心之大，一身之全乎！是尚可為通乎？……居家則父子責利，處世則勢利相傾，貪冒之習，紕繆之論，積久成俗，生心害政，其患甚大而未有艾也。卷八與張淵甫。

夫治學而專務爲瑣屑之考據，無當於身心世故，則極其歸必趨於爭名而嗜利，而考據之風亦且不可久。子敦又言之曰：

數十年來學者，……聞見自誇之人多，讀書貫穿之人少。聞見須有所憑藉，故奔走形勢之人，既得潤其囊橐，又居然以多學自命。貫穿非空山靜坐，默而好深沉之思者不能，而能之又不足以自取衣食，往往餓死於荒江老屋之中。……無怪好學深思之人，日少一日也。卷八與張淵甫。

又曰：

讀書二字，今殆將絕矣。夫小學特治經之門户，非卽所以爲學；金石特證史之一端，非卽所以治史。精此二藝，本非古之所謂通儒，況但拾其唾餘，以瓦礫炫燿耶！然能以此炫燿者，羣奉爲讀書人。而不工世俗之書，不爲昏夜之乞，雖有瓦礫之燿，終於進取尺寸無獲。故以瓦礫燿者，亦落落不數見。卷八與張淵甫。

小學金石非通儒

子敦寒士濩落，其言容有過激，而當時官方之頹敗，學風之墮退，與夫世亂之不終日而起，亦從此可見矣。然子敦論學，似仍主從當時所謂漢學者入手，非能别闢一新徑也。故曰：

今世原無通經之士，少知讀書者，不過從事於形聲訓詁之學。謂形聲訓詁非君子進德修己之學則可，謂窮經而可不先從事於形聲訓詁則不可。卷八與孫愈愚。

又曰：

沈氏之入室操戈

君子有高世之才學，必先能為時賢之所為。夫唯為時賢之所為，而覺不安於心，乃能創人所未有，而天下不以為疑；成一己之獨是，而在人不以為惑。韓昌黎唯能為世俗之文，故能獨創為古文，程朱唯能貫串注疏，故能獨成己說。遺書具在，不可誣也。卷九與許海樵。

蓋當時樸學風氣已衰，子敦交游中，頗有欲唱高論，棄訓詁考訂不務者，故子敦言之如此。此猶方植之所謂「人心厭於考據，則且逃而爲虛無，故先爲之羅以張之」也。然則子敦論治學，實仍遵乾嘉舊轍，非能有所摧陷。其論立身行世，亦不願輕尊宋儒爲名高，謂：

沈氏論宋儒

宋儒先生律己甚嚴，自處甚高，而待人則失之不恕。……今之士大夫，其賢者每皮傅宋儒，……言語步趨，矜矜以宋儒為繼。而其居官也，見善不能舉，見不善不能退，民之戹困不能救，處得言之地不能言。朱子集中封事之函，辭官之牘，若未嘗見而讀者，而於無甚關係之事，言必稱朱子。凡所以求於人者，無以甚異於利祿之徒；而其出於給人之求，轉不及利祿之徒猶有豪俠之舉。則是陰用小人之術以圖利，而陽借君子之名以蘊利。宋儒先生有靈，必疾首痛心於斯人……矣。……然而宋儒實有過高之弊，……先辨一餓死地以立志，宋儒之教也。餓死二字，如何可以責人？按：「志士不忘在溝壑，勇士不忘喪其元」，古有此訓。宋儒亦以自勵，非祇以責人也。……垚嘗謂東漢之人清，唐之人大，

> 宋、元、明之人高，近世之人鄙。務責己而不責人者，東漢之人也。人、己俱安於富厚者，唐之人也。待己刻而待人亦刻者，宋、元、明之人也。自處於富厚而以刻待人者，近世之人也。……居今之世而欲振厲之，惟東漢處士之行，責己而不苟求於人，最為踐履篤實而無弊耳。若魯齋治生之言，則實儒者之急務，能躬耕則躬耕，不能躬耕則擇一藝以為食力之計。宋儒復生於今，亦無以易斯言。（卷九與許海樵。）

其論宋儒流弊，頗似戴東原，而當時所謂「宋學家」底裏亦從可見。（卷七有記湯侍郎告門生語一篇，尤證當時治理學者之僞而陋。）其主儒者當躬耕習藝以治生爲急，又似顏習齋。惜乎子敦寄拳於達人，弊心力於故紙，不能如習齋之昂首世外。其主效東漢人之踐履篤實，則義理之於制行，猶樹木之有根，必壅植之以土，今不究義理之源，而空羨制行之美，是無土以培其根，而望樹木之長養，不可得也。然則子敦雖蒿目時弊，而亦無以爲易也。

龔沈兩氏之相似點

子敦與定菴同爲浙人，生同世，（龔先沈生六年，沈先龔卒一年。）同有志用世，同治西北邊事。而尤似者，則同以不工小楷困於場屋，定菴既爲干祿新書寄慨，而子敦言之尤沉痛，謂：

> 近日風氣，於進取一無可望，非賄屬公行，卽擇取吏胥俗書。君子處此世，但可讀書自淑以求無媿而已。……今世不工胥吏書，卽一領青衿，恐亦不可得。（卷十與丁子香。）

又自謂：

𧦬書札每多沉痛語，後人觀之，當深悲其所遇。……與故人諸札，雖未得性情之正，然與時下不著痛癢語大異。卷十與丁子香。

子敦之所遇，卽龔氏之所遇也。二人者，皆未爲得性情之正，然皆與同時不著痛癢者異矣。

七　潘四農

龔、沈同時，復有譏論時風可相參證者，曰山陽潘德輿，字彥輔，別號四農。生乾隆五十年，卒道光十九年，年五十五。詩文有養一齋集二十五卷。其言曰：

今之士大夫，學愈博，愈薄程朱為迂疏空陋不足仿傚，遂致一言一動，疾趨捷徑，攫取勢利。世方安平無事，而士已浮偽不可託矣，此盱衡風俗者所深憂也。養一齋集卷十八陸丞相集序。

又曰：

昔勝國之士，以好講學為風尚而行衰；今日之士，以惡講學為風尚而行亦衰。……數十年來，承學之士，華者騁詞章，質者研考據。……為士者必惡講學，不特心性精微之言不一關慮，即倫紀理亂、官守清濁、民生利病之大故，父兄於子弟，未敢相詔告敦勗，況師友間哉！風尚既成，轉相祖襲，……天下之士，遂真以食色為切己，廉恥為務名，攫利祿為才賢，究義理為迷惑。而官箴玷，民俗薄，生計絀，獄訟繁，百害籍籍乘此而起。救之者嚴氣厲色，督以峻刑，亦莫能勝。徒發憤太息，不知由於數十年前，大官之有文學者率深嫉講學，成此風尚，而士行乃衰；士行衰，而後官箴、民俗、生計、獄訟交受其弊也。卷十八晚醒齋隨筆序。

又曰：

合四海之衆，數十年之久，爭為考據、詞章與八股文之皆異乎聖人之心者，……以如此之學術，而求其心之必惡利、必嗜義，是猶射魚而指天也。欲救人事，恃人才；欲救人才，恃人心；欲救人心，則必恃學術；欲救學術，則非重定取士之制不可。不重定取士之制，士習所趨，如衆水洶洶東下，欲以子然一人之脩身正言，力挽四海之澆俗，是又以簣土障河也。卷二十二與魯通甫書。

四農固以老孝廉，久不得志於有司，所遇與龔、沈似也。四農之言政制，主革科舉，此並世前後言者多矣，尤著如包世臣、陳蘭甫。其言學術則一主程朱，與依違於博雅考訂者異焉。其言曰：

程朱之學，近則目為空疏迂滯而薄之，其說豈必無所見，然人心風俗遂由此而大有患。何也？程朱學聖人而思得其全體，所謂德行、言語、政事、文學者，殆無一不取而則傚之。今人不滿之者，每能確指其解經不盡合乎聖人之罅隙，又笑其於經之制度、名物，往往疏而不覈。不知此特文學有所不備，其德行、言語、政事，犖犖大者，固孔孟以後不可無之人。七、八十年來學者崇漢、唐之解經與百家之雜說，轉視二子為不足道，無怪其制行之日趨於功利邪僻而不自知矣。卷十八任東澗先生集序。按：此頗似沈氏「今人之通遠不如前明人不通」之論，皆開陳蘭甫之先聲也。

然四農極推程朱，而亦言程朱之失，與拘固稱「正學」者復不同。其言曰：

世無虛靜之聖學，而宋、明儒者好言之。馴至講「中者，天下之大本」，多有以至虛至靜、無中含有當之者。……此陸、王之學，與佛、老何異？卷十六天下之大本說。

又曰：凡言「靜存養，動省察」者，宋、元、明諸儒之言，漢、唐之儒未之言也。……言存養始孟子「牛山之木」章，……養與不養，全在旦晝之所為，……未嘗云念未動時先有存養之功也。……天地無一時不行，而不動之理自在其中，……聖賢功夫只在已發時。……自程子有存養未發之說，……遂有於喜怒哀樂未發之前求中者矣，……遂有教學者靜坐時看喜怒哀樂未發時氣象者矣。……以予意斷之，不如并去存養未發之說，為更截然無流弊也。卷十六戒慎恐懼卽慎獨說。按：此篇辨朱子解中庸此語之誤，遂推論及於程子。

又曰：程子謂孔子聖人，顏子亞聖，孟子大賢。……又曰：「學者必學顏子，方不錯。孟子才高，學之恐無依據。」又曰：「孟子有英氣，最害事，不若顏子之渾厚。」夫孟子之博學詳說，所以能知言者，卽顏子之博文。孟子之存心養性，所以能養氣者，卽顏子之約禮。……今以此論學，

> 乃東漢黃叔度、陳仲弓之行徑，……非聖人所謂智周萬物、道濟天下者也。……不明乎是而遂有「在春風中坐一月」之說，遂有「再見周茂叔，吟風弄月以歸」之說，遂有「教人且靜坐」之說，遂有「聖人怒在物不在己」之說，遂有「主一無適為居敬」之說，遂有「為政以德然後無為」之說，遂有「凝然不動便是聖人」之說。皆非聖人之教之綱宗也。卷十七讀孟子。

四農所以辨正程朱之失者在是，然曰：

> 孔孟之道未墜於地，在人。程、朱識其大者，漢、唐諸儒識其小者。同上。

則四農論學，依然偏向此邊也。四農又善論文，曰：

> 文於士大夫之行為末，……然文乃氣之所為也。一人之文，觀一人之氣；一世之文，觀一世之氣。假使一世之文，至於媕阿纖仄，悉無直氣，則其士大夫可知，而其世亦可知。故士大夫之行，……莫先於尊崇其廉恥，培養其直氣以自振，且以振天下。……士氣之信屈，天下之利病治忽係焉。……居京師數年，所見士大夫，多假詩古文以鳴，而明白正大之氣，與古人彷彿者，未之獲也。卷二十二答魯通甫。

魯通甫　四農邑人有魯一同通甫，尤相得。四農以諸葛武侯、陸宣公期之，然亦未有所申展，要之皆江、淮間志士也。

張越來　又按：道光以來，言士風積弊而推本於漢學者，其例尚多不勝舉。吳江張海珊，字越來，謂：

談經訓者，專攻宋人，浸淫至今日，而其禍烈。穿鑿於故訓文字之微，張皇於名物器數之末；鄙理學為空言，斥廉恥為小節；嗜貨利，競功名，以便其耳、目、口、鼻、四肢之欲。班氏所訶為「利祿之途然」者，豈不信歟？小安樂窩文集記收書目錄後。

陳恭甫　福州陳壽祺，字恭甫，謂：

昔者孔子惡鄉愿，孟子闢楊、墨，韓子闢佛，程、張、朱子闢禪學。然楊、墨以下，其人率嚴取與、謹出處，與陋儒薄夫相去千里。……今則皆無患此，舉世攘攘熙熙，為利往來，耽耽燄燄，而無所止，尚何暇偽忠信，貌廉潔，標為我、兼愛與講明心見性之學哉！今世之藥石，在乎明義利之辨而已。左海文集卷三義利辨。

又曰：

嗚呼！今日士行之媮，尚可言哉！自其束髮知書，父兄師長汲汲然日督以科舉之業，其子弟俛首聽命，亦皇皇以一衿一第之得喪為榮辱。倖而弋取之，一旦莅官臨政，內競職司之涼熱，外揣土地之肥瘠。凡其途升沉得失，日往來胸中至熟；禮義廉節之大防，蕩然頹潰而莫知所守；立人濟物之要道，概乎未之有聞也。故其人率㥪詬亡恥，婾㜽苟安。卷七書雷翠庭先生聞見偶錄傅鵬起事後。

又曰：

儀徵阮夫子、金壇段若膺寓書來，亦兢兢患風俗之弊。段君曰：「今日大病，在棄洛、閩、關中之學，謂之庸腐；而立身苟簡，氣節敗，政事蕪，專言漢學，不治宋學；乃真人心世道之憂。」儀徵曰：「近之言漢學者，知宋人虛妄之病，而於聖賢修身立行大節，略而不談，乃害於其心其事。」二公皆當世通儒，上紹許、鄭，而其言若是。卷七孟氏八錄跋。

又曰：

近日學者，文藻日興而經術日淺，才華益茂而氣節益衰，此人心世道之憂也。卷四答段懋堂先生書。

此皆可與龔、魏、潘、沈之説相闡證也。

第十二章　曾滌生　附　羅羅山

傳略

曾國藩，字伯涵，號滌生，湖南湘鄉人。生嘉慶十六年辛未，卒同治十一年壬申，（一八一一—一八七二。）年六十二。家世力農，五、六百年無以科目顯者。及其祖始向學，父老儒，縣學生員。先生以道光戊戌成進士，改翰林院庶吉士，散館授檢討，七遷爲禮部侍郎。咸豐二年丁母憂歸，遂起鄉兵討太平軍。先後在軍中十三年，卒平大難，稱清代中興首功焉。

曾氏學術淵源

滌生爲晚清中興元勳，然其爲人推敬，則不盡於勳績，而尤在其學業與文章。其爲學淵源，蓋得之桐城姚氏，而又有聞於其鄉先輩之風而起者。初乾隆時，海內爭務博雅考訂，號爲漢學，而桐城姚鼐姬傳，獨以古文辭名，學者相從，稱桐城派。其持論頗與漢學家異。嘗謂：

桐城派論學意見

姚惜抱

秦、漢以來，諸儒說經者多矣，其合與離固非一途。逮程朱出，實於古人精深之旨所得為多。而其生平修己立德，又實足踐行其言，為後世之所嚮慕。故元、明皆以其學取士。自利祿之途開，為其學者以為進趨富貴而已。其言有失，猶奉而不敢稍違，其得亦不知所以為得也。斯固數百年來之陋習。今世學者，乃思一切矯之，專宗漢學，以攻駁程朱為能。倡於一二專己好名之人，而相率而效者，因大為學術之害。惜抱軒文集六復蔣松如書。

又曰：

孔子沒而大道微，漢儒承秦滅學之後，始立專門，各抱一經，師弟傳受，儕偶怨怒嫉妒，不相通曉，其於聖人之道，猶築墻垣而塞門巷也。久之，通儒漸出，貫穿羣經，左右證明，擇其長說。其弊也，雜以讖緯，亂以怪僻猥碎，世又譏之。魏、晉之間，空虛之談興，以清言為高，以章句為塵垢，放誕頹壞，迄亡天下。自是南北乖分，學術異尚，五百餘年。唐一天下，兼采南北，定為義疏，而所取或是或非，未有折衷。宋之時，真儒乃得聖人之旨，羣經略有定說。元、明守之，著為功令。至今學者，頗厭功令所載為習聞，又惡陋儒不考古而蔽於近，於是專求古人名物、制度、訓詁、書數，以博為量，以闚隙攻難為功，甚者欲盡舍程朱而宗漢。枝之獵而去其根，細之蒐而遺其鉅，夫寧非蔽歟？文集七贈錢獻之序。

又曰：

說經古今自有真是非，勿徇時人之好尚。如近年海內諸賢所持漢學，與明以來講章諸君何以大相過哉？夫漢儒之學非不佳也，而今之為漢學乃不佳。偏徇而不論理之是非，瑣碎而不識事之大小，嘵嘵聒聒，道聽途說，正使人厭惡耳。

姚氏晚主鍾山書院講席，門下著籍者，有上元管同異之、梅曾亮伯言、桐城方東樹植之、姚瑩石甫，管異之尤稱高足。按：此據曾氏歐陽生文集序。方植之年譜以管、梅、方及劉開孟塗爲姚門四大弟子，不數石甫。管氏集中屢言士習吏治，謂：

世事之頹，由於吏治；吏治之壞，根於士風；士風之衰，起於不知教化。因寄軒集初集卷六與朱幹臣書。

又曰：

今之士不外三等：上者為詩文；次者取科第；下者營貨財。為詩文者，獵古人之辭華，而學聖希賢無其志。取科第者，志一身之富貴，而尊主庇民，建立功業無其心。至若營貨財，則輕者兼商，重者兼吏，甚者導爭訟，事欺詐，挾制官府，武斷鄉曲，民之畏之，若虎狼毒螫。歷觀史傳以來，士習之衰，未有甚於今日者。二集卷二說士上。

又曰：

國家承平百七十年矣，長吏之於民，不富不教，而聽其饑寒，使其寃抑。天下幸無事，畏愞隱忍，無敢先動；一旦有變，則樂禍而或乘以起。而議者皆曰：「必無是事。」彼無他，恐觸忌諱而已。天下以忌諱而釀成今日之禍，而猶為是言。初集卷六上方制軍論平賊事宜書。

而其擬言風俗書尤深美，其言曰：

俗美則世治且安，俗頹則世危且亂。以古言之，歷歷不爽。清承明後，明之時大臣專權，今則閣、部、督、撫，率不過奉行詔命。明之時言官爭競，今則給事、御史皆不得大有論列。明之時士多講學，今則聚徒結社者渺焉無聞。明之時士持清議，今則一使事科舉，而場屋策士之及時政者皆不錄。大抵明之為俗，官橫而士驕，國家知其弊，而一切矯之，是以百數十年天下仔仔亦多事矣。顧其難皆起於田野之奸，閭巷之俠，而朝宁、學校之間，安且靜也。明俗弊矣，其初意則主於養士氣，蓄人材，力舉而盡變之，則於理不得其平而更起他禍。朝廷近年，大臣無權而率以畏愞，臺諫不爭而習為緘默。門戶之禍不作於時，而天下遂不言學問，清議之持無聞於下，而務科第，營貨財，節義經綸之事，漠然無與於其身。蓋國家之於明，鑒其末流而矯之過正，是以成為今之風俗也。……天下之安危繫乎風俗，而正風俗者必興教化。……天子者，公卿之表率也；公卿者，士民之標式也。以天子而下化公卿，以公卿而下化士庶。有志之士，固奮激而必興；無志之徒，亦隨時而易於為善。不出數年，而天下之風俗不變者，未之有也。初集卷四。又與朱幹臣書，謂「鄉者私作議俗一篇，以為當今之風，壞於好諛而嗜利」云云，與此可互觀。

異之有深識能持論，惜乎未極其年壽。姚氏卒後，其輩行最尊推祭酒者爲梅伯言。梅氏亦本其師姚氏之言以爲言，嘗謂：

> 昔李文貞、方侍郎苞，以宋、元諸儒議論，糅合漢儒，疏通經旨，惟取義合，不名專師。其間未嘗無望文生義，揣合形似之說，而扶樹道教，於人心治術有所裨益。……其解經雖不必盡合於經，而不失聖人六經治世之意。……後之學者，辨漢、宋，分南、北，以實事求是為本，以應經義、不倍師法為宗。其始亦出於積學好古之士為之倡，而末流浸以加厲。言易者首虞翻，而黜王弼；言春秋者屏左氏，而遵何休。至前賢義理之學，涉之惟恐其汚，矯之惟恐其不過。因便抵巇，周内其言語文字之疵，以詭責名義，駭誤後學，相尋逐於小言辟說，而不要其統。黨同妒真，而不平其情。安其所習，毀所不見，終以自蔽。此其患，未可謂愈於空疎不學者也。（柏梘山房集卷五姚惜抱九經說書後。）

此即姬傳贈錢獻之序之意也。又曰：

> 我朝文治翔洽，士之高節亢行，無所激而施，而專務於通經博古之學，則大科鴻博之士彬彬出

矣。豈非士之趨舍，一視乎時之所貴賤為盛衰哉！

又曰：

以一時之習尚，使後世謂士氣不可伸，而名賢亦為之受垢，馴至清議不立，廉恥道消，庸懦無恥之徒，附正論以自便，則黨人者亦不能無後世之責也夫！卷四書復社人姓氏後。

又曰：

天下之患，居官者有不事事之心，而以其位為寄，汲汲然去之，是之為大患。卷一臣事論。

今以士之有類於商賈負販，而謂用商賈負販無異於用士，此士之所以終不出。卷一士說。

此等卽異之擬言風俗書之旨也。今讀其集，於當時吏治之窳，民心之不就寧，大禍猝發之無日，無往而不流露其深憂焉。桐城派古文家，議者病其空疏。然其文字中尚有時世，當時經學家所謂「實事求是」者，其所爲書率與時世渺不相涉。則所謂「空疏」者究當何屬，亦未可一概論也。同時有臨桂朱琦伯韓，亦爲姚氏學，爲名實說，亦足見當時士風之一斑。其言曰：

天下有鄉曲之行，有大人之行。世之稱者曰謹厚，曰廉靜，曰退讓。三者名之至美，而不知此鄉曲之行也。大人之職，在於經國家，安社稷，有剛毅大節，為人主畏憚；有深謀遠識，為天下長計；身之便安不暇計，世之指摘不敢逃也。謹厚、廉靜、退讓三者，可以安坐無患，又有天下美名，士何憚不爭趨此？故近世所號為公卿之賢者，此三者為多。當其峨冠襜裙，從容步趨於廟廊之間，上之人不疑而非議不加，其深沉不可測也。一旦遇大利害，搶攘無措，鉗口撟舌莫敢言，而藏身之固，莫便於此三者。孔子之所謂鄙夫，其究鄉愿也，是張禹、胡廣、趙戒之類也。

姚石甫劉孟塗

而姚瑩石甫，與其邑人劉開孟塗，於漢宋是非，主持益堅，諍辨尤力。李慈銘日記有評石甫中復堂集一則，於石甫尊宋詆漢門戶之見，頗有糾彈。謂：「其覆黃又園書謂：『自四庫館開之後，當朝大老，皆以考博爲事，無復有潛心理學者，是以風俗人心日壞，不知禮義廉恥爲何事。至于外夷交侵，輒皆望風而靡，無恥之徒，爭以悅媚夷人爲事，而不顧國家之大辱，豈非毀訕宋儒之過』云云，尤猖狂無理。道光中年以後，時事日亟，正坐無讀書人耳。夷變時，當國者潘、穆二公，非能爲漢學者也。廣事壞于耆齡、琦善、奕山，江事壞于牛鑑，浙事壞于烏爾恭額、伊里布、奕經、文蔚，閩事壞于顏伯燾、怡良，皆不識一字者也。而御史陳慶鏞一疏，最足持當時朝局之弊，陳固漢學名家也。石甫非世外人，何竟混沌至此乎？」又謂：「惜抱先生孤立于世，與世所稱漢學諸賢持異趨。夫惜抱以郎中告歸不出，誠爲恬漠。然漢學諸賢中，若西莊（王鳴盛）以閣學左遷光卿時，仕僅五稔，年力方盛，遽遂斂門。竹汀（錢大昕）以少詹，抱經（盧文弨）以學士，皆清華首選，畢志名山。蘭臯（郝懿行）官戶部十餘年，不轉一階。此豈皆出姬傳下者？他若顨軒（孔廣森）之純孝，北江（洪亮吉）之孤忠，臯文（張惠言）之鯁直，虛谷（武億）之廉峻，鄦齋（李賡芸）之循良，南江（邵晉涵）之清介，似論風節，奚媿宋儒？而檠齋（金榜）、左海（陳壽祺），則脫屣詞林；子田（任大椿）、頤谷（孫志祖），則投簪臺府；小雅（丁杰）、孝臣（李惇），終身進士；里堂（焦循）、叔辰（汪龍），絕意公車；懋堂（段玉裁）、申耆（李兆洛），宰縣而早歸；溉亭（錢塘）、仲子（凌廷堪），注令而改教；又豈以鄭、許爲繫援，蟲魚爲釣弋者乎？」李氏所舉，頗足爲漢學雪誣。門戶之見，持之已甚，均足以啟不平，易地則皆然也。又劉孟塗文集卷二學論上、中、下，卷三上萊陽中丞書，卷四與蔣礪堂、上汪瑟庵，卷五與朱魯岑，卷六姚姬傳壽序、沈曉堂壽序，卷七論語補註自序諸篇，於人才風俗、教化政術

湘學之兩派　程朱理學　經世致用

之間，頗善持論。劉氏以才氣爲干謁，同時儕偶或未之推敬，要亦足見當時桐城派古文家持論之一面。此一派也。清儒考證之學，盛起於吳、皖，而流衍於全國，獨湖、湘之間被其風最稀。嘉、道之際有善化唐鑑鏡海，以篤信程朱倡爲正學，蒙古倭仁、六安吳廷棟、昆明何桂珍、羅平、竇垿皆從問辨，滌生亦預焉。唐氏爲學案小識十五卷，以陸隴其、張履祥、陸世儀、張伯行四人爲傳道，餘爲翼道、守道，滌生爲之跋，推服甚至。而善化賀長齡與唐氏相友善，倡爲經世致用。邵陽魏默深受知於安化陶澍，爲賀長齡編輯經世文編。湘陰左宗棠亦客陶氏，相與締姻；而胡林翼則陶之子壻也。善化又有孫鼎臣芝房，亦治經世學，爲芻論，至以洪、楊之亂，歸罪於乾、嘉之漢學。湖、湘之間講學者一時風氣如此，此又一派也。吳廷棟字竹如，生長桐城，持論亦頗有與管、梅諸人近者。其復沈舜卿書，謂：

> 來書所示官場之弊，謂士大夫無恥如此，安得不江河日下！實深中今日人心風俗之弊。欲挽回盡人之無恥，必先視乎一二人之有恥。權足以有為，則挽回以政教；權不足以有為，則挽回以學術。即伏處一隅，足不出里閈，但使聲氣應求，能成就一二人；即此一二人，亦各有所成就；將必有聞風興起者。縱不幸而載胥及溺，猶將存斯理於一線，以為來復之機。是亦與於維持補救之數也。

其於當時風俗之頽敗，與夫賢有志者之所以爲自處之道，尤可謂言之深切而著明也。

曾氏之風俗論

滌生之來京師，蓋猶得接聞桐城諸老緒論，又親與唐鑑、吳廷棟諸人交游，左右采獲，自成一家。其論學，尤以轉移風俗、陶鑄人才爲主。其言曰：

風俗之厚薄奚自乎？自乎一二人之心之所嚮而已。此一二人者之心嚮義，則衆人與之赴義；一二人者之心嚮利，則衆人與之赴利。衆人所趨，勢之所歸，雖有大力，莫之敢逆。世教既衰，所謂一二人者不盡在位，彼其心之所嚮，勢不能不騰爲口說，而播爲聲氣，而衆人者勢不能不聽命而蒸爲習尚，於是乎徒黨蔚起，而一時之人才出焉。今之君子之在勢者，自尸於高明之地，不克以己之所嚮轉移習俗而陶鑄一世之人才，而翻謝曰無才，謂之不誣可乎！然轉移習俗而陶鑄一世之人，非特處高明之地者然也，凡一命以上，皆與有責焉。文集一原才。

轉移習俗
陶鑄人才

此文所論，與上舉吳竹如復沈舜卿書，如出一口，而言之尤深篤。所謂「以己之所嚮，轉移習俗而陶鑄一世之人才」，此即其畢生學術所在，亦即畢生事業所在也。此意惟晚明遺老如亭林諸人知之，乾、嘉鴻博尚考訂者已不知。此種意念之復活，則唐、吳諸人相從討論之效也。然將求以己之所嚮轉移習俗而陶鑄一世人才者，其理想上之人格又何如乎？滌生之言曰：

天之生賢人也，大氐以剛直葆其本真，其回枉柔靡者，常滑其自然之性而無以全其純固之天。即幸而苟延，精理已銷，恒幹僅存，君子謂之免焉而已。國藩嘗采輯國朝諸儒言行本末，若孫夏峯、顧亭林、黃梨洲、王而農、梅勿菴之徒，皆碩德貞隱，年登耄耋，而皆秉剛直之性，寸衷之所執，萬夫非之而不可動，三光晦、五岳震而不可奪。故常全其至健之質，躋之大壽而神不衰。不似世俗孱懦豎子依違濡忍，偷為一切，不可久長者也。文集一陳仲鸞父母七十壽序。

又曰：

朝有媕婀之老，則羣下相習於詭隨；家有骨鯁之長，則子弟相習於矩矱；倡而為風，效而成俗，匪一身之為利害也。同上

夫將以己之所趨嚮，轉移習俗而陶鑄一世之人才，此非具剛直之性，所謂「寸衷所執萬夫非之不可動」者固不勝其任。至於媕婀回枉柔靡之徒，極其至不過如朱伯韓氏之所謂「謹厚、廉靜、退讓」

忠誠

不問收穫
但問耕耘

而止，決不足以轉風習而振人才可知也。滌生之所提倡，其秉諸性者曰剛直，其見之事業者則曰忠誠，滌生又言之曰：

君子之道，莫大乎以忠誠為天下倡。世之亂也，上下縱於亡等之欲，姦偽相吞，變詐相角，自圖其安而予人以至危。畏難避害，曾不肯捐絲粟之力以拯天下。得忠誠者起而矯之，克己而愛人，去偽而崇拙，躬履諸艱而不責人以同患，浩然捐生，如遠游之還鄉而無所顧悸。由是衆人效其所為，亦皆以苟活為羞，以避事為恥。嗚呼！吾鄉數君子，所以鼓舞羣倫，歷九州而戡大亂，非拙且誠者之效與！文集二湘鄉昭忠祠記。

拙與誠者之處世，又有其必具之心理焉，曰不求報。滌生於此尤力言之曰：

自浮屠氏言因果禍福，而為善獲報之說深中於人心，牢固而不可破。士方其佔畢咿唔，則期報於科第祿仕。或少讀古書，窺著作之林，則責報於遐邇之譽，後世之名。纂述未及終編，輒冀得一二有力之口，騰播人人之耳，以償吾勞也。朝耕而暮穫，一施而十報，譬若沽酒市脯，喧聒以責之貸者，又取倍稱之息焉。祿利之不遂，則徼倖於沒世不可知之名。甚者至謂孔子生不得位，沒而俎豆之報隆於堯、舜，以相證慰，何其陋歟！夫三家之市，利析錙銖，或百錢逋負，怨及孫子。若通闤貿易，瓌貨山積，動逾千金，則百錢之有無，有不暇計較者矣；富商大賈，黃金百萬，公私流行，則數十百緡之費，有不暇計較者矣。均是人也，所操者大，猶有不暇計其小者，況天之所操尤大，而於世人豪末之善，口耳分寸之學，而一一謀所以報之，不亦勞哉？古之君子，蓋無日不憂，無日不樂。道之不明，己之不免為鄉人，一息之或懈，憂也；居易以俟命，下學而上達，仰不愧而俯不怍，樂也。樂以終身，無所於祈，何所為報？文集二聖哲畫像記。

器識

滌生又有一名言，曰「不問收穫，但問耕耘」，此即其不祈報之理論，實即歷古儒家相傳義命之辨也。曾氏覆郭筠仙書亦謂：「吾嘗舉功業之成敗、名譽之優劣、文章之工拙，概以付之運氣一囊之中，久而彌自信其說之不可易也。然吾輩自盡之道，則當與彼賭乾坤於俄傾，校殿最於錙銖，終不令囊獨勝而吾獨敗。」此實曾氏一至堅確之觀念，亦即其畢生事業成功一至要之因素也。積其不求報之心理，而漸濟之以學業，則其見之於外者曰器識，滌生又言之曰：

古之君子所以自拔於人人者，豈有他哉？亦其器識有不可量度而已矣。試之以富貴貧賤而漫焉不加喜戚，臨之以大憂大辱而不易其常，器之謂也。智足以析天下之微芒，明足以破一隅之固，識之謂也。器與識及之矣，而施諸事業有不逮，君子不深譏焉。器識之不及，而求小成於事業，末矣。事業之不及，而求有當於語言文字，抑又末矣。故語言文字者，古之君子所偶一涉焉而不齒諸有亡者也。文集一黃仙嶠詩序。

曾氏對於世風之慨嘆

凡滌生理想中之人格，將求以己之所嚮，轉移習俗而陶鑄一世者，其規模大率如是。則試問當時之習俗又何如乎？滌生復賀耦庚書有云：

> 竊以謂天地之所以不息，國之所以立，賢人之德業之所以可大可久，皆誠為之也。故曰：「誠者，物之終始，不誠無物。」今之學者，言考據則持為騁辯之柄，講經濟則據為獵名之津，言之者不怍，信之者貴耳，轉相欺謾，不以為恥。至如仕途積習，益尚虛文，奸弊所在，蹈之而不怪，知之而不言。彼此塗飾，聊以自保，泄泄成風，阿同駭異。故每私發狂議，謂今日而言治術，則莫若綜核名實；今日而言學術，則莫若取篤實踐履之士。物窮則變，救浮華者莫如質，積翫之後，振之以猛，意在斯乎？（書札卷一。）

此書在道光庚子，（按：是年即沈子敦卒歲。當時官方士習，可參讀子敦章。）猶遠在大亂未起之前也。其復彭麗生書有云：

> 足下稱「今日不可救藥之端，惟在人心陷溺，絕無廉恥」云云，國藩私見實與賢者相脗合。竊嘗以為無兵不足深憂，無餉不足痛哭，獨舉目斯世，求一攘利不先，赴義恐後，忠憤耿耿者，不可亟得。或僅得之，而又屈居卑下，往往抑鬱不伸，以挫以去以死；而貪饕退縮者，果驤首而上騰，而富貴，而名譽，而老健不死。此其可為浩歎者也。（書札卷二。）

其覆江岷樵左季高書有云：

今日百廢莫舉，千瘡並潰，無可收拾，獨賴此精忠耿耿之寸衷，與斯民相對於骨嶽血淵之中，冀其塞絕橫流之人欲，以挽回厭亂之天心，庶幾萬有一補。不然，但就局勢論之，則滔滔者吾不知其所底。

此則已在咸豐癸丑，洪、楊過長沙而北，奉命辦團防之後矣。又曰：

國藩從宦有年，飽閱京、洛風塵。達官貴人，優容養望，與在下者輭熟和同之象，蓋已稔知之而慣嘗之。積不能平，乃變而為慷慨激烈、軒爽骯髒之一途，思欲稍易三、四十年來不白不黑、不痛不癢牢不可破之習。而矯枉過正，或不免流於意氣之偏。以是屢蹈愆尤，叢譏取戾。而仁人君子，固不當責以中庸之道，且當憐其有所激而矯之之苦衷也。書札四覆黃子春。道光三十年，咸豐初立，滌生應詔陳言，謂：「京官通病退縮瑣屑，外官通病敷衍顢頇。故習相沿，但求無過，不求振作有為，將來一有艱難，國家必有乏材之患。」所言可與朱伯韓名實說並觀，皆足為當時官方士習之寫照也。

又曰：

又曰：國藩入世已深，厭閱一種寬厚論說，模稜氣象，養成不黑不白、不痛不癢之世界。誤人家國，已非一日，偶有所觸，則輪囷肝膽，又與掀振一番。（與劉孟容。）

又曰：二、三十年來，士大夫習於優容苟安，揄修袂而養婀步，倡為一種不白不黑、不痛不痒之風，見有慷慨感激以鳴不平者，則相與議其後，以為是不更事，輕淺而好自見。國藩昔厠六曹，目擊此等風味，蓋已痛恨次骨。（覆龍翰臣。）

又曰：方今世變孔棘，而宦場泄沓之風，曾無少為振作。有識者以是深懼，皆懷入山恐不深，入林恐不密之志。（書札五與胡詠芝。）

今人心日非，吏治日壞，軍興十年，而內外臣工惕厲悔禍者，殆不多見。書札九覆吳竹如。

又曰：

今日局勢，若不從吏治人心上痛下工夫，滌腸盪胃，斷無挽回之理。書札二十與胡宮保。

又曰：

天下滔滔，禍亂未已，吏治人心，毫無更改。軍政戰事，日崇虛偽。非得二三君子，倡之以樸誠，導之以廉恥，則江河日下，不知所屆。默察天意人事，大局殆無挽回之理。書札十二覆陳俊臣。

此則已在咸豐辛酉，胡潤芝、唐鏡海卒年。軍興逾十年，而言之猶如是，則當時人心世習積弊難返之情，概可見矣。自此以往，滌生名位日高，責望日重，馳驅軍旅，雖大難幸平，而憂讒畏譏，日惴惴於晚節之不終保。己未覆胡宮保，已有「我輩指目者多，須保得此後不大錯謬爲佳」之語。又辛酉覆胡宮保，謂「亂世之所以彌亂，第一在黑白混淆；第二在君子愈讓，小人愈妄。侍不如往年風力之勁，正坐好讓；公之稍遜昔年，亦坐此耳」之語。又覆毛寄雲，謂：「今年春夏，胡潤帥兩次貽書，責弟嫉惡不嚴，漸趨圓熟之風，無復剛方之氣，今覩閣下侃侃正言，毫無顧忌，使弟彌慚對潤帥於地下。」此亦辛酉語。則滌生態度之趨而益謹，尚不待平難後矣。故同治癸亥覆郭筠仙曰：「大氏風俗既成，如江河之不可使之逆流，雖堯、舜生今，不能舉斯世而還之唐、虞。賢者舉事，貴在因俗立制，所謂除去泰甚者耳。」又丙寅覆郭筠仙則曰：「尊論自宋以來，多以言亂天下。南渡至今，言路持兵事之短長乃較之王（船山）氏之說尤爲深美。僕更參一解云：性理之說，愈推愈密。苛責君子，愈無容身之地；縱容小人，愈得寬然無忌。如虎飛而鯨漏，談性理者孰視莫敢誰何，獨於一二樸訥之君子攻擊慘毒而已。」此皆可見滌生之處境及其意態之逐漸轉變也。蓋轉移習俗以陶鑄一世人才之至願，在滌生固未盡酬。此所以滌生個人，雖竟其戡平大難之勳業，而晚清中興，仍未有起衰轉泰之新機也。又曾氏與袁小午謂：「邇來軍務漸平，時局之艱難，迥非咸豐年間可比。人才非困阨則不能激，非危心深慮則不能達。而在上者亦不欲屢屢破格，以開倖門，仍須援資按序，各循常調。即昔之勳望赫奕者，今亦祇能循分供職。無盤根錯節，則利器末由顯著。近日賢才之所以寂寂者，殆由於此。然內患雖平，外憂未艾，彼狡焉者，雖隔數萬里，而不啻近逼臥榻。非得後起英俊，宏濟時艱，世變正未可知。來示以少年盛氣蹈厲無前者，不宜以孟浪繩之。昔在道光之季，國藩飫聞此等議論，蓋嘗深惡而痛懲。今雖衰孱無似，決不欲效此模稜意態，消磨舉世之英氣。特狂狷兩途及所謂蹈厲無前者，亦殊不數數見。而來函所稱心事如青天白日，忠愛誠懇出於天性，尤爲罕覯。是則似有數焉存乎其間，而自媿引針拾芥之無具也。」此函寫出曾氏晚年世態及心境，尤可含味。

曾氏之禮論

乾、嘉以來，士習官方日壞，其弊由於學術之偏蔽，而其徵見於當時漢學家之好詆宋儒，滌生於此，頗致箴砭，謂：

嘉、道之際，學者承乾隆季年之流風，襲為一種破碎之學，辨物析名，梳文櫛字，刺經典一二字，解說或至數千、萬言，繁稱雜引，遊衍而不得所歸。張己伐物，專抵古人之隙。或取孔孟書中心性仁義之文，一切變更故訓，而別創一義，羣流和附，堅不可易。有宋諸儒周、程、張、朱之書，為世大詬。間有涉於其說者，則舉世相與笑譏唾辱，以為彼博聞之不能，亦逃之性理空虛之域，以自蓋其鄙陋不肖者而已矣。文集一朱慎甫遺書序。

又曰：

近世乾、嘉之間，諸儒務為浩博，惠定宇、戴東原之流，鉤研詁訓，本河間獻王「實事求是」之旨，薄宋賢為空疏。夫所謂「事」者非物乎？「是」者非理乎？「實事求是」，非卽朱子所稱「卽物窮理」者乎？按：此說本方植之。名目自高，詆毀日月，亦變而蔽者也。文集二書學案小識後。

然於漢學家長處，亦不一概抹殺，嘗謂：

自乾隆中葉以來，世有所謂「漢學」云者，起自一二博聞之士，稽核名物，頗拾先賢之遺而補其闕。久之，風氣日敝，學者漸以非毀宋儒為能，至取孔孟書中心性仁義之字，一切變更舊訓，以與朱子相攻難。附和者既不一察，而矯之者惡其恣睢，因並蔑其稽核之長，而授人以詬病之柄，皆有識者所深憫也。文集二漢陽劉君家傳。

又曰：

天下相尚以僞久矣！陳建之學蔀通辨，阿私執政；張烈之王學質疑，附和大儒；反不如東原、玉裁輩，卓然自立，不失為儒林傳中人物。……姚惜抱嘗論毛大可、李剛主、戴東原、程綿莊，率皆詆毀程朱，身滅嗣絕，持論似太過。……博核考辨，大儒或不暇及，苟有糾正，足以羽翼傳注，當亦程朱所心許。……國藩一宗宋儒，不廢漢學。書札二十覆潁州府夏教授書。

又曰：

君子之言也，平則致和，激則召爭。辭氣之輕重，積久則移易世風，黨仇訟爭而不知所止。曩者良知之說，誠非無蔽，必謂其釀晚明之禍，則少過矣。近者漢學之說，誠非無蔽，必謂其致粵賊之亂，則少過矣。文集一孫芝房侍講芻論序。

其言皆極持平，與當時牢守漢、宋門戶互相輕薄者不同。又進而為漢、宋謀會通，則歸其要於禮家。

其言曰：

乾、嘉以來，士大夫為訓詁之學者，薄宋儒為空疏；為性理之學者，又薄漢儒為支離。鄙意由博乃能返約，格物乃能正心，必從事於禮經，考覈於三千、三百之詳，博稽乎一名、一物之細，然後本末兼該，源流畢貫。雖極軍旅戰爭、食貨凌雜，皆禮家所應討論之事。故嘗謂江氏禮書綱目、秦氏五禮通考，可以通漢、宋二家之結，而息頓、漸諸說之爭。書札十三覆夏弢夫。

又曰：

古之學者，無所謂經世之術也，學禮焉而已矣。……自司馬氏作史，猥以禮書與封禪、平準並列，班、范而下，相沿不察。唐杜佑纂通典，言禮者居其泰半，始得先王經世之遺意。有宋張子、朱子，益崇闡之。聖清膺命，巨儒輩出，顧亭林氏著書，以扶植禮教為己任。江慎修氏纂禮書綱目，洪纖畢舉。而秦樹澧氏遂修五禮通考，自天文、地理、軍政、官制，都萃其中，旁綜九流，細破無內，國藩私獨宗之。惜其食貨稍缺，嘗欲集鹽漕賦稅，國用之經，別為一編，傅於秦書之次。非徒廣己於不可畔岸之域，先聖制禮之體之無所不賅，固如是也。文集一孫芝房芻論序。

又曰：

先王之道，所謂修己治人、經緯萬彙者何歸乎？亦曰禮而已矣。秦滅書籍，漢代諸儒之所掇拾，鄭康成之所以卓絕，皆以禮也。杜君卿通典，言禮者十居其六，其識已跨越八代矣。有宋張子、朱子之所討論，馬貴與、王伯厚之所纂輯，莫不以禮為兢兢。我朝學者，以顧亭林為宗，國史儒林傳，褎然冠首，言及禮俗教化，則毅然有守先待後，舍我其誰之志，何其壯也！厥後張蒿菴作中庸論，按：蒿菴與亭林同時。及江慎修、戴東原輩，尤以禮為先務。而秦尚書蕙田遂纂五禮通考，舉天下古今幽明萬事，而一經之以禮，可謂體大思精矣。文集卷二聖哲畫像記。

許鄭與杜馬

本此以衡量清儒，故爲聖哲畫像，首顧亭林，次卽秦蕙田，而又以杜、馬與許、鄭並列，謂：

百年以來，學者講求形聲故訓，專治說文，多宗許、鄭，少談杜、馬。吾以許、鄭考先王制作之源，杜、馬辨後世因革之要，其於實事求是，一也。同上

又曰：

許、鄭、杜、馬、顧、秦、姚、王，念孫、引之。在聖門則文學之科也。顧、秦於杜、馬為近，姚、王於許、鄭為近，皆考據也。同上

滌生此種見解，有其甚卓絕者。其論清儒實事求是即朱子格物窮理之旨，與章實齋論漢學爲朱子嫡傳之說，不謀而合。其論亭林學術，推本扶植禮教之意，較之四庫館臣論調，超越甚遠。以杜、馬補許、鄭之偏，以禮爲之綱領，綰經世、考覈、義理於一紐，尤爲體大思精，足爲學者開一瑰境。其據秦蕙田五禮通考定禮之輪廓，較之顏、李惟以六藝言古禮者，亦遙爲恢宏。且其言禮，又能深領「禮，時爲大」之意，以經世懸之的，與嘉、道漢學家繼東原後，專以考訂古禮冗碎爲能事者，迥不侔焉。嘗謂：

國藩於禮經，亦嘗粗涉其藩，……所以沮滯而不達者，約有數端。蓋禮莫重於祭，祭莫大於郊廟，而郊祀裸獻之節，宗廟時享之儀，久失其傳，雖經後儒殷勤修補，而疏漏不完。……軍禮居五禮之一，……今十七篇獨無軍禮，而江氏永、秦氏蕙田所輯，乃僅以兵制、田獵、車戰、舟師、馬政等類當之，使先王行軍之禮，無緒可尋。古禮殘闕若此，其他雖可詳考，又奚足以經綸萬物？……所貴乎賢豪者，非直博稽成憲而已，亦將因其所值之時，所居之俗，而創立規制，化裁通變，使不失乎三代制禮之意。……所謂「苟協於中，何必古人」是也。書札二十七覆劉霞仙中丞。

劉茮雲

滌生同時交游中，有漢陽劉傳瑩茮雲，持論與此絕相類似。滌生謂：

劉君為學，遠師朱子，近法顧氏，亭林。以理義為歸，而考之實事，不尚口辨，不馳聲譽，並世輩流，殆罕其匹。書札一與洪琴西。

又曰：

往者漢陽劉傳瑩茮雲，實究心漢學者之說，而疾其單辭碎義，輕笮宋賢，閒嘗語余：「學以反求諸心而已，泛博胡為？至有事於身與家與國，則當一一詳核焉而求其是，考諸室而市可行，驗諸獨而衆可從。」又曰：「禮非考據不明，學非心得不成。」國藩則大韙之，以為知言者徒也。文集一孫芝房芻論序。

此皆二人議論之極相似者。大體論之，滌生論學態度，以當時漢、宋畛域言，毋寧謂較近於漢學，此尤見其能自樹立，別擇審當，非煖煖姝姝於一先生之言者所可比也。又其言禮，本之杜、馬、顧、秦，亦幾幾乎捨經而言史矣。蓋苟求經世，未有不如是。同時龍啓瑞翰臣，有致馮展雲侍讀書，亦

龍瀚臣

謂：

治經自是學人第一要義，而求其有裨實用，則史籍較經為多。荀卿子曰：「欲觀後王之迹，則於其粲然者已」，今之史册是也。經術固不可不明，然……如徒拘於章句訓詁，則是俗儒之學。若欲按其成法，推而行之，則井田、封建，用之於古則治，用之於今則亂。……故空談經學，正如夏鼎、商彝，無適於用。要惟約其理而反之於身，因以推之於世，而不泥於其迹者，庶有當焉。然則今日之學，亦先學其有用者而已。

此種意見，漸成爲道、咸以下一般之通見，惟所以猶必徘徊於經、史之間，以經世歸之禮者，其間蓋有微意。竊謂國史自中唐以下，爲一大變局，一王孤立於上，不能如古之貴族世家相分峙；衆民散處於下，不能如今歐西諸邦小國寡民，以輿論衆意爲治法。而後天下乃爲舉子士人之天下。法律之所不能統，天意之所不能畏，而士人自身之道德乃特重。宋儒亦時運所湊，非程朱私意所得而把持驅率也。故若捨經術而專言經世，其弊有不可言者。滌生之歿，知經世者尚有人，知經術者則渺矣。此實同治中興所爲不可久恃一大原因也。

曾氏之文章論

文章與訓詁

滌生論學，尤重文章，謂：

> 古之知道者，未有不明於文字者也。……所貴乎聖人者，謂其立行與萬事萬物相交錯而曲當乎道，其文字可以教後世也。吾儒所賴以學聖賢者，亦藉此文字以考古聖之行，以究其用心之所在。然則此句與句續，字與字續者，古聖之精神語笑，胥寓於此，差若毫釐，謬以千里。……故竊謂今日欲明先王之道，不得不以研究文字為要務。書札一致劉孟容。

此蓋本當時漢學家「訓詁明而後義理明」之說，而微變焉者。求明古書之精義，固不能專治其訓詁而忽略其文章也。又曰：

> 君子所性，雖破萬卷不加焉，雖一字不識無損焉。離書籍而言道，則仁義忠信，反躬皆備，堯、舜、孔、孟非有餘，愚夫愚婦非不足，初不關乎文字也。即書籍而言道，則道猶人心所載

之理，文字猶人身之血氣也。血氣誠不可以名理，然舍血氣則性情亦胡以附麗？今世雕蟲小夫，既溺於聲律繢藻之末，而稍知道者，又謂讀聖賢書，當明其道，不當究其文字。是猶論觀人者，當觀其心所載之理，不當觀其耳目言動血氣之末也。……知舍血氣無以見心理，則知舍文字無以窺聖人之道矣。同上。

此等議論，皆所謂毋寧較近漢學之例也。故曰：

於漢、宋二家構訟之端，皆不能左袒以附一鬨。於諸儒崇道貶文之說，尤不敢雷同而苟隨。同上。

滌生論學規模，大體如此。雖自謂「粗解文章，由姚先生啓之」，聖哲畫像記。然平日持論，並不拘拘桐城矩矱，而以姚氏與亭林、蕙田、王懷祖父子同列考據之門，尤爲隻眼獨具。語亦見聖哲畫像記。姚氏在文學上之貢獻，本在其古文辭類纂之選集。凡其明流變，定類例，亦皆不越考據一門；惟所考在文章不在經義耳。故曾氏亦謂姚氏雖不能比於古之作者，而終以百年正宗推之也。雖極推唐鏡海諸人，而能兼采當時漢學家、古文家長處，以補理學枯槁狹隘之病。其氣象之闊大，包蘊之宏豐，更非鏡海諸人斷斷徒爲傳道、翼道之辨者所及。則滌生之所成就，不僅戡平大難，足以震爍一時，即論學之平正通達，寬閎博實，有清二百餘年，固亦少見其匹矣。曾氏與何廉舫書謂：「四部之書浩如淵海，而其中自爲之書，有原之水，不過數十部。經則十三經，史則廿四史暨通鑑，子則五子暨管、晏、韓、呂、淮南等，集則漢魏六朝百三家之外，唐宋以來廿餘家而已。此外入于集部之書皆贋作，皆勦襲也；入經、史部之書皆類書也。嘗謬論修藝文志、四庫書目者，當以古人自爲之書，有原之川瀆，另行編列；其雜纂古人成書者，別爲一編；則蕩除廓清，而書之可存者日少矣。」今按：滌生之學，務爲通大體而致於用，故能融會羣籍，采其精英。稍前惟章實齋，同時如陳蘭甫，所見有與此略似者，然猶皆偏於讀書人氣味，故事業之成就不大。此雖運會所湊，而學術精神之輕重向背，亦非偶然也。

附　羅澤南

羅澤南，字仲嶽，號羅山，湖南湘鄉人。生嘉慶十二年丁卯，卒咸豐六年丙辰，一八〇七—一八五六。年五十。幼貧甚，十歲就外傅，其大父一布袍，親爲典質者六、七次。年十九即訓蒙餬口。喪其母，又喪其兄，旋喪王父，十年之中，兄嫂姊妹相繼逝者十一人。嘗以試罷徒步夜歸，家人以歲饑不能具食。妻以連哭三子喪明。然益自刻厲，不憂門庭多故，而憂所學不能拔俗而入聖；不恥生事之艱，而恥無術以濟天下也。年踰三十，始補學官附生；踰四十，始補廩膳生，舉孝廉方正。未幾洪、楊兵起，以諸生從軍，屢建大功。在軍四歲，自江西回援武漢，卒於軍。其後湘軍將帥有名成功業者，大率其弟子也。

羅氏學術大要

羅山交於同邑劉蓉孟容，又館善化賀修齡、賀長齡家，與唐鏡海及湘陰郭嵩燾兄弟往來，其爲學主於性理，而求經世，蓋一時湘學風氣然也。其與郭意城書云：

學問之道，至今日卑陋極矣。詞章之士，奉對偶音律之文以為掇科名之利器，……修己治人之道，全不留心。……一二特異之士，語品行則涉於福田果報，……語經濟則惟考求海防、河務、鹽法、水利，以待用於斯世。……迹其所學，但勝於竊取富貴者之所為，……要皆從功利上起見，是以所見日陋，所行亦日卑。不知君子之學，淑身淑世，為性分內所當為。……苟不務此，徒向枝葉上用功，縱做得偉然可觀，終是三代以下品詣，三代以下作用；況乎以利己之心行之，尤終不能有成也。文集卷六。

羅山嘗謂：「士之品大概有三：有富貴之士，有功名之士，有道德之士。」羅山以道德之士自期待，謂：

道德囿於功名，其道德不宏。功名出於道德，其功名乃大。古之人，蓬戶蕭然，歌出金石，天理日以復，人欲日以淨，格物、致知，正心、誠意，修身、齊家、治國、平天下之道，已盡備之於草野之中。及臨大事，決大策，不動聲色，已措天下於磐石之安。何者？其蓄之有素，而出之有本也。卷六覆某友書。

羅山與橫渠

其素所抱負者如是，故一旦出而任事，確然有以自建樹，異於常人。然則所謂人才本於學術，而當時漢學家徒事訓詁考訂，蔑棄義理不談者，其弊害亦從可推見矣。羅山之學，大率推本橫渠，歸極孟子，以民胞物與爲體，以强勉力行爲用。嘗謂：

人之所以稟乎氣者不同，人之所得是理者，未嘗或異。有人於此，其性急躁，一日自知其失，痛自損抑，其人則為和平之人；其性柔緩，一日自知其非，勉自振作，其人則為剛健之人。卷三性理。

又曰：

賢人以健行，故能盡道義而全性天。……凡扶綱常，傳聖學，位天地，育萬物，莫非分內當為之事，亦莫非盡人所能為之事。然而……求其能盡乎此者不可多得，……物欲害之故也。卷五健菴說。

又曰：

人之所以能撑持世運者節義，節義豈必時窮而後見哉？天下無事，士人率以名節相尚，處則浴德澡身，出則為斯民興利除害，斯世必不至於亂。卽亂矣，相與倡明大義，振厲士氣，當萬難措手之際，從而補救之，削平之，未始不可挽回。古之人所以能制於未亂之先，弭於既亂之後者，惟賴有此耿耿之心為之維繫其間耳。卷五重修謝疊山先生祠引。

凡此皆羅山未出任事時之言也。及其歷身戎行，仍本昔日之所信守者以爲之。故曰：

天下無難事，視乎其為之者而已。以其難為，遂皆束手而不前，斯世之事，更教誰做？古人事業，固無有不從艱難中做出者。卷六與曾節帥論責成重任書。

又曰：

或者斯民刼數未盡，故稍緩時日。天下之事，在乎人為，決不可以一時之波瀾，遂自灰其壯志也。卷六與曾節帥論分援江西機宜書。

羅山任事之精神，處處見其與往昔之所以爲學者本末一貫，表裏相通，彼非所謂「功名出於道德」者耶！所著書，有西銘講義、姚江學辨、讀孟子劄記、人極衍義諸種，雖精理名言，或前人發之已盡，

學術與世難　左季高

未必多所創闢，然蓄之當躬，見之行事，斯理雖常，世運則變，如日月之麗天，光景常新，固非必欲別出一境以淩駕古人者之所與知也。然則治近世學術者，必謂考訂訓詁爲務實，道德義理爲蹈虛，是蓋未之深思耳。羅氏有小學韻語序一篇，論此尤慨切，其言曰：

> 道光戊申，課徒左氏芭蕉山房，日與諸生講小學、大學之方。諸生以朱子小學一編，為人生必讀之書，惟……小兒初入學，遽以此授，往往不能以句。……余因為之撮其大要，輯為韻語，……方欲鋟之木，而粵匪之禍起矣。自戊申以來，迄今九年，一夫倡亂，禍延東南，天下弦誦之聲，或幾乎熄。余以一介書生，倡提義旅，馳驅於吳、楚之間，而其一時同事者，及門之士居多。共患難，一死生，履險蹈危，絕無顧惜，抑何不以利害動其心耶？當天下無事之秋，士人率以文辭相尚，有言及身心性命之學者，人或以為迂。一日有變，昔之所謂迂者，奮欲起而匡之救之，是殆所謂其愚不可及者與！亦由其義理之說，素明於中故也。余自愧德薄，不能以身教人，竊幸諸生克自奮發，不負其平日之所習。尤願其益相策勵，日親當代崇實之儒，拔本塞源，共正天下之學術。學術正，則禍難有不難削平者，匪徒恃乎征戰已也。咸豐丙辰正月左季高答王璞山，謂：「近日人心，只自私自利四字蝕盡。無他，學術不明，天理澌滅故也。」又答胡潤芝，謂：「世之言吏事者，動言才情，不知才生於情，情苟不至，才於何有？今世守令，其意念所向，精神所注，大抵在上而不在下。其聰明才力，用之於揣摩迎合、承奉竿牘之間，而實意之及於民者益鮮。卽有時勉自振作，奮欲有為，亦動於近名干譽之心，非其隱微所不得已之故，不旋踵而卽索然矣。」此等見解，均可與羅山正學術之旨相發明也。

惜乎羅氏獻身鋒鏑，一時羣從共事之人，亦糜其全力於兵戎之間。禍難雖平，而當時師弟子所欲正之於學術者，卒未得深究而大明於世，使晚清世運，如沉疴之偶瘥，積痗之小間，撑持之力有已，傾覆之勢未變。此則治曾、羅諸人之學術者，所尤當爲近世中國命運扼腕深嗟而不置者也。

第十三章　陳蘭甫　附 朱鼎甫

傳略

陳澧字蘭甫，學者稱東塾先生。生嘉慶十五年，卒光緒八年，一八一〇—一八八二。年七十三。少肄業粵秀書院，年二十三中舉人，六應會試不中。爲學海堂學長數十年，老爲菊坡精舍山長。

著書大要

東塾之時代

東塾生當乾、嘉盛極之後，身值鴉片戰爭及洪、楊之亂，正樸學考據盛極趨衰風氣將變之候，而東塾爲其過渡之人物。自謂：「少好爲詩，及長棄去，泛濫羣籍。」自述。「凡天文、地理、樂律、算術、古

東塾之著述

漢儒通義

文、駢體文、填詞，無不研究。」東塾集與人書。「中年讀朱子書，讀諸經注疏、子、史，日有課程。」自述。其書著者，有聲律通考十卷、書成於咸豐八年，東塾年四十九。切韻考六卷、書成於道光二十二年，東塾年三十三。外篇三卷、書成於光緒五年，東塾年七十。漢書地理志水道圖說七卷，書成於道光二十八年，東塾年三十九。又著漢儒通義七卷、東塾讀書記十五卷。通義創始咸豐四年，自記。刻成於咸豐八年。據胡錫燕跋文。時北方亂正熾，英、法聯軍於七年十一月陷廣東省城，總督葉名琛被捕，東塾挈家避於橫沙村舍。年四十八。通義大旨謂：「漢儒善言義理，無異於宋儒，宋儒譏漢儒講訓詁而不及義理，非也；近儒尊崇漢儒，發明訓詁而不講義理，亦非也。」自述及通義自序。其意與乾、嘉盛時惠、戴所唱「訓詁明而後義理明」者迥殊焉。其書僅亦纂輯之體，自著條例，謂：「凡所錄皆經部書，史、子、集皆不錄。又漢儒說經多有本，如韓詩外傳多荀子語，但韓氏既取入外傳，則是漢儒之書，故亦錄之。」又謂：「集衆家之說分類爲書，漢有白虎通，宋有近思錄，今兼倣其例。專采經說，白虎通之例也；題某家之說，近思錄之例也。每一類中，各條次第以義相屬，則倣初學記之例。」通義序錄。初稿凡三千條，嗣乃多所删削，而成今書。其删削亦具微意：其於諸家書，如孟、京易說存者寥寥，猶采錄一二，而馬融之說則不采。其於一家之書，何氏公羊注則采之，公羊墨守、左氏膏肓、穀梁廢疾則不采。其於一字之義，白虎通訓「臣」爲「堅」則采之，說文訓「臣」爲「牽」則不采。此於人品、學術及當世之弊，各有深意存於文字之外。其排比次第，取一義之相屬，尤取兩義之相輔。蓋取漢儒二十二家之說，會萃精要，以成一家之書。胡錫燕跋。其論撰之用心如此，與當時學者嫥嫥於字義訓詁，名物考訂，以及斷斷爲漢宋門戶之辨者，固自異焉。惟其書既限於輯錄，又所錄專采說經之書，於兩漢學術精要所在，尚未能發揮呈露。又排比衆說，不欲講家法而但求通義，其意雖是，而於兩漢四百年諸儒，流變派別，因亦無所發明。其去取抉擇，在作者雖自有微意，而自今言之，則其書亦不得爲研治漢儒思想者一完備之參考書也。

然通義特東塾中年一纂輯之書，尚非東塾重要之著述。論其精心結撰，爲畢生精力所寄，可以代表東塾論學之全部意旨者，當推其晚年所爲之讀書記。其書遠始咸豐六年，東塾年四十七。初爲學思錄，至同治十年東塾年六十二。大病幾殆，撰自述，述生平著書學行大要，則讀書記尚未成書也。今自述刊讀書記首。自後乃思力疾綴學思錄旨要爲讀書記，至光緒五年東塾年七十。自訂讀書記凡十五卷付刊。行狀及七年，年七十二。又自定讀書記西漢一卷。其卒後門人廖廷相編錄付梓。翌年而卒。其書良可爲東塾晚年巨著。首孝經，以孝經爲道之根源，六藝之總會也。此據鄭康成六藝論。次論語，謂論語乃五經之錧鎋也。此據趙邠卿孟子題辭。首辨論語「學」字義旨，次及「仁」及「一貫」，又次論孔門四科成材之大要，又次爲論語言五經，又次爲孔門諸賢，又次爲歷代注說論語諸家；全書條理俱如此。所論皆各書宏綱巨旨，要義大端，融會貫串，有本有末，不尚空談，不事繁證，而一字一句之音訓，一名一物之考究，有不務焉。卷三爲孟子，尤東塾所好。自述首論性善大義，次孟子述五經，次孟子稱述古人，次孟子論狂獧，次孟子論治亂，闡發詳明，指陳剴切，尤東塾論學要旨所寄也。卷四至卷十爲易、書、詩、周禮、儀禮、禮記、春秋三傳，亦皆擧大綱，删小節，而於乾嘉諸儒爲學偏弊，尤多諍辨。如論易駁惠定宇，駁張皋文。論尚書駁江艮庭，謂：「蔡傳亦有易僞孔傳而甚精當者，艮庭集注多與之同，如爲暗合，則於蔡傳竟不寓目，輕蔑太甚；如覽其書，取其說，而沒其名，則尤不可。」論詩，謂：「有毛、鄭之說實非，朱子之說實是。拘守毛、鄭，不論是非，爲漢學之病。」論周禮，謂：「周禮乃古之政書，治此經者宜通知古今，陋儒不足以知之。」論儀禮，謂：「近儒經學考訂，正是朱子家法。」又謂：「古今同有之禮，倍宜鑽研；今所不行者，但掇其大要可矣。」論禮記，謂：「講道學者必講禮學，不然則不成，此尤有關千古學術。」論春秋三傳，主參取不主墨守。此皆針對乾、嘉以來學風而發也。卷十一爲小學，謂：「仁字、敬字，後儒講之最多，而古人造字早傳其精意」，此則傳述阮氏意見者。卷十二爲諸子，備引各家可取語而折衷於儒。卷十三爲鄭康成，謂：「有宗主，亦有不同，此鄭氏家法。鄭六藝論云：「注詩宗毛爲主，毛義若隱略，則更表明；如有不同，即下己意，使可識別。」其注周禮、儀禮、論語、尚書，皆與箋詩之法無異。何邵公墨守之學，有宗主，而無不同；許叔重異義之學，有不同，而無宗主。惟鄭氏家法兼其所長，無偏無弊。」按：陳壽祺恭甫刻五經異義疏證序已論及鄭、許異同，方植之書林揚觶「著書爭辨」條下引之。此層東塾乃沿恭甫之意而益進者。又謂：「自非聖人，孰無參錯？辨其參錯，不可沒其多善。後儒不知此義，既失博學知服之義，且開露才揚己之風，由失鄭氏家法故也。讀鄭君周禮序，所謂如入宗廟，但見禮樂器；讀何邵公公羊序，則如觀武庫，但覩矛戟矣。鄭學非何所及，可於兩序見之。」卷十四三國，多辨鄭玄、王肅異同。卷十五朱子，謂：「朱子自讀注疏，教人讀注疏，而深譏不讀注疏者。昔時講學者多不讀注疏，近時讀注疏者乃反訾朱子，皆未知朱子之學也。」又謂：「朱子好考證之學，而又極言考證之病。讀書玩理，與考證自是兩種工夫。朱子立大規模，故能兼之；學者不能兼，則不若專意於其近者。」又曰：「朱子時爲考證之學甚難，今則諸儒考證之書略備，幾於見成物事矣。學者取見成之書而觀之，不甚費力，不至於困；至專意於其近者，尤爲切要之學。而近百年來，爲考證之學者多，專意於近者反少，則風氣之偏也。」又謂：「朱子既謂窮理必在乎讀書，又以讀書爲第二事，窮理爲第一事、第一義，然則第一事必在乎第二事，第一義必在乎第二義也。除此第二事、第二義，更無捷徑。若以爲第二而輕視之，則誤矣。」凡讀書記十五卷要旨略如是。大抵語、孟兩卷精言義理，鄭、朱兩卷極論方法，尤爲全書骨幹。其五經諸卷則對當時經學上諸重大問題，綜述前人成績，附以己見，雖亦箴切時病，而與方植之輕肆詆訶者不同，亦與章實齋之主於史學而評經學者有異也。

東塾遺稿

東塾未刊稿

東塾讀書記主漢、宋兼采，勿尚門戶之爭，主讀書求大義，勿取瑣碎之考訂，而其書本身，即爲一至佳之榜樣。蓋東塾不欲以空言啓爭端，而求以實績開先路。故其書對當時學風弊端爲東塾所不滿者，僅時時露其微辭，引而不發，不肯爲直率之攻擊也。然東塾讀書記本由晚年整理平時劄記諸稿而成，而其平時積稿，爲讀書記所未收者尚多，今猶往往流傳人間。近年廣東嶺南大學購得東塾遺稿鈔本六百餘小册，標題有默記、學思自記、學思錄序目、雜論學術，及經史子集諸目，皆讀書記之前身也。

曾摘要刊載其一部於嶺南學報之第二卷第三、四期。其中議論，雖讀書記所未收，而實可說明東塾論學意趣，爲讀書記已刻諸卷之引論。且其暢言當時學風流弊，尤爲考論乾、嘉以下漢學所以窮而必變之絕好材料。其書流布未廣，故重爲摘錄以見梗概。讀者持此以讀讀書記之刻本，必更有以見其著書立說之所以然。而東塾之有意於引人入鄭君之宗廟，不願示人以何氏之武庫者，其意尤可思也。

東塾論漢學流弊

東塾與實齋

東塾論漢學流弊，本已見旨於讀書記，然大率引而不發，婉約其辭，讀者或不識。其意乃暢寫之於未刊之遺稿。此如章實齋譏彈漢學，著文史通義，書不遽刻，而待之身後。然今觀實齋全書，其評覈漢學，大抵辭旨隱約，非善讀者不深曉。故自章氏之卒，迄今百三十年，學者盡推章氏文史見解，而當時所以挽風氣、砭經學之深衷，則知者尚尠。東塾之生，尚在實齋卒後九年，及其中歲，漢學流弊益彰著，故東塾之筆於書者，與實齋顯晦大異。然其書亦未刊，使其遺稿不復見於今日，則讀其讀書記者，亦不必盡能揣見當日論學之淵旨。蓋深識之士，彼既有意於挽風氣，砭流俗，而又往往不願顯爲諍駁，以開門戶意氣無謂之爭，而惟求自出其成學立業之大，與一世以共見，而祈收默運潛移之效。此在實齋、東塾靡不然。若袁簡齋、方植之，則態度迥異，亦可以窺學者深淺之一端也。

東塾論漢學流弊

經學家所以自張其門戶者，則曰古聖賢之義理存是爾。然經學之流弊，則極於專務訓詁考據而忘義理。東塾論之曰：

> 謂經學無關於世道，則經學甚輕。謂有關於世道，則世道衰亂如此，講經學者不得辭其責矣。蓋百年以來講經學者，訓釋甚精，考據甚博，而絕不發明義理，以警覺世人；其所訓釋考據，又皆世人所不能解。故經學之書汗牛充棟，而世人絕不聞經書義理，此世道所以衰亂也。

又曰：

> 今人只講訓詁考據，而不求其義理，遂至於終年讀許多書，而做人辨事全無長進，此真與不讀書者等耳。此風氣急宜挽回。

忽忘義理

經學家既專務考據訓詁而忘義理，遂至有不讀經、不讀注疏者。東塾論之曰：

> 近人講訓詁者，輒云：「訓詁明而後義理可明」，此言是也。然詁者古今異言，通之使人知也。讀經傳之言，固多古今不異，不必訓詁而明者，何不先於此而求其義理乎？漢儒訓詁精矣，唐

人訓詁雖不甚精，然亦豈盡不識訓詁者？何不先於漢、唐注疏訓詁不誤者而求其義理乎？

專務說經而不讀經

又曰：試問今之說經者，非欲明其文義乎？明其文義之後，將再讀之乎？抑置之不讀乎？若置之不讀，則明其文義何為也？若明其文義，將再讀之，則注疏文義已明者甚多矣，何不再讀之乎？何以文義已明者不讀，而獨覓其文義未明者而讀之乎？願經師有以教我也！

又曰：說經者，欲經文明白無疑也；欲經文之明白無疑者，將以諷誦而得其義也。若既解之明白無疑，而不復諷誦以求其義，則何必解之乎？且經文之本明者，世人不讀也；而惟於其難明者解之，既解亦仍歸於不讀而已矣。解經而不讀經者，其必曰：「我既解之已皓首矣，使後之人讀之而無疑可也。」然而後之人又慕其解經，於是又解經，而又不讀經，不知待何人而始讀之也！

故初務於訓釋考據者，其意在求經籍之易讀，而風氣所播，相率以趨於訓詁考據者，其弊必至於置經籍而不讀。此猶章實齋所譏，「專尚餖飣補苴者，苟生秦火以前，典籍具存，無事補輯，彼將無所用其學。」今苟專尚訓釋考據，則使聖人遺經大義明白，無待考釋，彼亦且無所用心也。繼此而流弊所及，又有可得而指者，則曰好難而忽易。東塾論之曰：

學記：「善問者如攻堅木，先其易者，後其節目。」朱子亦嘗言之。近人則先其難者，故大誤也。

考據繁瑣

專務訓詁考據，則遇明正通達處轉不留意，惟擇其難曉者，以可施考釋之功也。循此爲之，流弊又起。一曰瑣碎，不務明正通達而務其難，則往往昧其大體而玩其細節，其必陷於瑣碎無疑也。東塾論之曰：

韓非子曰：「言有纖察微難，而非務也；論有迂深閎大，非用也；行有拂難堅确，非功也。」外儲說左上。今之講經學、小學者，往往纖察微難而非務。余非不能考據繁瑣者也，水道、聲律、切韻三書，可謂繁瑣矣，特不欲效近人說經解字繁瑣之習氣耳。東塾論清儒，頗推江永、程瑤田，此等處路徑極似。

又曰：

漢書藝文志云：「後世經傳卽已乖離，博學者又不思多聞缺疑之義，而務碎義逃難，便辭巧說，破壞形體，說五字之文至於二、三萬言。後進彌以馳逐，故幼童而守一藝，白首而後能言。安其所習，毀所不見，終以自蔽，此學者之大患也。」此一段竟似為近代經學言之，句句字字說著近儒之病。

其又一弊則曰好勝，苟專務其難以求施我考釋之功，則前人學術大體有不暇問，而惟求於小節僻處，別出新解以凌跨乎其上，此又自然必至之勢也。東塾論之曰：

王西莊云：「大凡人學問精實者必謙退，虛偽者必驕矜。生古人後，但當為古人考誤訂疑；若鑿空翻案，動思掩蓋古人，以自為功，其情最為可惡！」十七史商榷卷一百。此所謂博學以知服。讀書記卷十三鄭學篇，論近儒失博學知服之義，開露才揚己之風一條，已見上引。又卷八儀禮下引毛西河、汪堯峯、程易疇，皆著其輕議古人之失。

又曰：

讀書者若平心靜氣，自首至尾讀之，於其誤者考而辨之，則雖言經誤可也，況注疏乎？若隨手抽閱，搜求一二以作文字，則言注疏之誤亦僭也。

又曰：

若真讀注疏，自首至尾，於其疏誤而駁正之，雖寥寥數語，亦足珍。若不自首至尾讀之，隨意翻閱，隨意駁難，雖其說勝於先儒，而失讀書之法。此風氣之壞，必須救。東塾集卷四與王峻之書：「經學者，貴乎自始至末讀之、思之，整理貫串發明之，不得已而後辨難，萬不得已而後排擊。惟求有益於身，有用於世，有功古人，有裨後人，此之謂經學也。有益有用者不可不知，不甚有益有用者姑置之，其不可知者闕之，此之謂經學。」

又曰：

高郵王氏述聞之書善矣，學之者則有辨。如十三經注疏，卷卷讀之，句句讀之，不紊不漏，其無疑者熟而復之；有疑，然後考之；考之而有悞，然後駁之，然後自為說以易之。既自為說矣，而又思彼說果誤，我果不誤歟？然後著於書，如是則善矣。若隨手翻閱，搜求古人之悞而駁之，而自為說，雖條條的確，弗善也。若乃古說不誤，而自為說誤，則更不足言矣。讀書記卷十一小學下極推阮元，而於王氏不甚諛。朱一新無邪堂答問卷二有一條，謂：「二王治經，精審無匹，顧往往據類書以改本書，則通人之蔽。」可參看。

節取一二語為題目不融會全體

浮躁

又曰：

朱子云：「近日學者意思都不確實，不曾見理會得一事徹頭徹尾。東邊掉得幾句，西邊掉得幾句，都不曾貫穿浹洽。此是大病。有志之士，尤不可以不深戒也。」答胡季隨書。朱子論當時道學之弊如此。然今之說經者，尤多此病。凌次仲與焦里堂書云：「足下不融會禮經之全而觀之，僅節取其一二語，宜乎多窒礙也。」論路寢書。此最中近人學問之大病。但能全觀禮經者已少，況欲其融會乎？皆節取一二語為題目，作經解耳。

此皆言以好勝之心讀書，專務小節，不暇通體細玩之病也。繼此則復有一病相連而俱起者，曰浮躁。

東塾論之曰：

近人治經，每有浮躁之病。自注：「阮文達公題凌次仲校禮圖詩云：『淺儒襲漢學，心力每浮躁。』」隨手翻閱，零碎解說，有號為經生而未讀一部注疏者。……且浮躁者，其志非真欲治經，但欲為世俗所謂名士耳。此條見讀書記卷九禮記。

東塾又曰：

媚近忽遠

余嘗言近人多言樸學，然近人之經學，華而非樸。

又曰：

近來朋友說經者，只乾隆、嘉慶數十年間學派，若與論康熙、雍正以前學問，便不曉得，何況漢、唐、宋耶？云漢學者，妄語耳！

總說經學諸弊

此皆箴當時學風浮躁不實之病也。李慈銘日記有一條云：「嘉慶以後之爲學者，知經之注疏不能偏觀也，於是講爾雅，講說文；知史之正雜不能偏觀也，於是講金石，講目錄，志已偷矣。道光已下，其風愈下，爾雅、說文不能讀，而講宋版矣；金石、目錄不能考，而講古器矣。至於今日，則詆郭璞爲不學，許君爲蔑古。偶得一模糊之舊槧，亦未嘗讀也，瞥見一誤字，以爲足補經注矣。間購一缺折之贗器，亦未嘗辨也，隨摸一刻劃，以爲足傲漢儒矣。金石則歐、趙何所說，王、洪何所道，不暇詳也，但取黃小松小蓬萊閣金石文字數册，而惡金石萃編之繁重，以為無足觀矣。目錄則晁、陳何所受，焦、黃何所承，不必問也，但取錢遵王讀書敏求記一書，而厭四庫提要之浩博，以爲不勝詰矣。若而人者，便足抗衡公卿，傲睨人物，游談廢務，奔競取名；然已爲鐵中之錚錚，庸中之佼佼，可不痛乎！」觀此云云，正與東塾爲同感矣。東塾又嘗列舉當時經學諸弊而總言之，曰：

今時學術之弊，說經不求義理，而不知經。好求新義，與先儒異，且與近儒異。著書太繁，誇多鬬靡。墨守。好詆宋儒，不讀宋儒書。說文字太繁碎。信古而迂，穿鑿牽強。不讀史。以駢體加於古文之上。無詩人。門戶之見太深。輯古書太零碎。原文下有「漢易、虞氏易、泰誓、孟子字義疏證、孫淵如講天文」凡十九字。蓋東塾於此諸端均不滿，特舉示例，擬加箴砭也。今論惠氏漢易、張氏虞氏易，見讀書記卷四；論戴氏孟子字義疏證，見讀書記卷二，已引見戴東原章。

凡此諸端，皆爲當時漢學家大病。而推溯厥源，則以風尚既成，俗士羣趨，淳者漸漓，眞者日僞，學術之變，必至於弊，固不獨清儒考證之學爲然也。東塾又論之，曰：

> 講道學者以經書為講學話頭，作時文者視經書為時文題目，講經學者看經書為經解題目，而五經之道亡矣。

此言道學、經學與夫時文科舉之學三者之異途同歸也。故曰：

以講經爲名士招牌

> 彼徒以講經學為名士，則其所作經解，不過名士招牌而已。卽使解說可取，而其心並不在聖賢之經書，此不得謂之讀經書之人也。試問其心曾有一念欲依經書所言以做人否？因讀震川論科舉之學，感而書此。
>
> 科舉之士以一句經書為題，作一篇時文；經學之士，以一句經書為題，作一篇經解。二者無以異也，皆俗學也，其心皆不在聖賢之經書也。

貴惠戴而詆宋儒

少躬行心得

故一種學術之漸盛而成爲風尚，乃至爲俗士所羣趨，則必漓其本眞，而終變爲爭名逐利之具。雖其流弊之爲態有不同，而其情則一。學術之弊至於是，而復有一象必相隨以俱來者，曰貴近而賤遠。蓋近者卽風尚之所由而起，俗士以爭名逐利之心趨風尚，自亦以爭名逐利之心貴乎其主風尚者爾。東塾論之曰：

> 我未見貴遠而賤近者也，大都貴近而賤遠耳。於近時之風氣，則趨而效之；於古人之學術，則輕而蔑之。自宋以來皆如此。宋儒貴周、程而輕漢儒，近儒貴惠、戴而詆宋儒，吾安得貴遠賤近者而與之論學問哉！

是又漢、宋學術末流同歸之一例也。東塾深歎之，曰：

> 解釋辨論者多，躬行心得者少，千古如斯，良可浩歎！雖聖賢復起，殆亦無如之何。宋、明講理學如此，今人講經學亦如此，卽晉之清談、唐之禪宗亦如此。

由是觀之，不徒清儒經學、宋儒理學爲然，卽推而上之，以至於唐之佛學、魏晉之玄學，及其成風尚而爲俗趨，則學術全成口說，而躬行心得者少，雖聖賢無如何，是又末流同歸之一例也。學術之弊至是，則非絕世之姿，毅然有志於古者，不足以自拔而有所挽回。東塾又言之曰：

> 四庫全書野趣有聲畫簡明目錄曰：「元楊公遠撰。其詩不出江湖之派，蓋風氣所趨，非絕世之姿，毅然有志於古者，弗能自拔也。」今人零碎經學、小學，尤為風氣所趨，其有絕世之姿，毅然有志於古而自拔之者，蓋有之矣，我未之見也。

又曰：

> 風氣之壞，至今日而極，無事不壞，蓋數百年所未有。而吾乃身嘗其間，雖發憤著書，豈為過乎？

故知東塾之在當時，實目擊漢學家種種流弊，而有志於提倡一種新學風以爲挽救者也。

東塾所欲提倡之新學風

東塾提倡之學風

東塾所欲提倡之新學風果何如？東塾嘗自言之，曰：

尋求大義

中年以前治經，每有疑義，則解之、考之。其後幡然而改，以為解之不可勝解，考之不可勝考，乃尋求微言大義，經學源流正變得失所在，而後解之、考之、論贊之，著為學思錄一書，今改名曰東塾讀書記。東塾集卷四復劉叔俛書，時為同治十二年，東塾年六十四。

蓋當時經學流弊，專務爲零碎之考解。東塾亦固習爲之；中途知悔，主先求經學之微言大義，與其源流正變得失所在，以爲考解之本源。此其不同者一也。東塾所謂「考之不勝考，解之不勝解」，方植之亦有此論。東塾又謂：「訓詁考據有窮，義理無窮。『終風且暴』，訓爲『既風且暴』，如是止矣。『學而時習之』，『何必曰利』，義理愈紬繹，愈深愈博，眞無窮矣。」蓋捨義理大體而爲瑣碎之考釋，則漫無統類，考釋不可勝窮。而自考釋本身言之，則「終風且暴」訓爲「既風且暴」，其事卽窮，後來者不得不別尋材料，別爲考釋。故專惟考釋是務者，其事乃以有窮而無窮，非愈趨於繁碎無統類不止也。東塾又曰：

讀書記與日知錄之比較

政治人才學術三者之關係

僕近年為學思錄，……以擬日知錄。……日知錄上帙經學，中帙治法，下帙博聞；僕之書但論學術而已。僕之才萬不及亭林。且明人學術寡陋，故亭林振之以博聞。近儒則博聞者固已多矣。至於治法，亦不敢妄談。非無意於天下事也，以為政治由於人才，人才由於學術，吾之書專明學術，幸而傳於世，庶幾讀書明理之人多，其出而從政者，必有濟於天下。此其效在數十年之後者也。天下人才敗壞，大半由於舉業，今於此書之末，凡時文、試律詩、小楷字，皆痛陳其弊。其中發明經訓者，如論語之四科，學記之小成、大成，孟子之取狂狷、惡鄉愿，言之尤詳，則吾意之所在也。東塾文集卷四與胡伯薊書。時為同治三年，東塾年五十五，上距始為學思錄已八年。

但論學術，不尚博聞，尚博聞往往瑣碎無統類，論學術則務乎大體；尚博聞往往與身世無涉，論學術則所以作人才、經世務。此又不同之一端也。東塾又明辨之曰：

士大夫之學與博士之學之辨

有士大夫之學，有博士之學。近人幾無士大夫之學。士大夫之學，更要於博士之學。士大夫無學，則博士之學亦難自立矣。此所以近數十年學問頹廢也。

昌黎答侯繼書云：「僕少好學問，百氏之書，未有聞而不求，求得而不觀者也。然其所志，惟在其意義所歸。至於禮樂之名數，陰陽、土地、星辰、方藥之書，未嘗一得其門户。」此即所謂略觀大意，士大夫之學也。漢書藝文志云：「存其大體，玩經文而已。」此即所謂略觀大意，不求甚解。不獨士大夫之學為然，即老博士之學亦然。老博士專明一藝，其餘諸書豈能皆求甚解哉？

士大夫之學在觀大意，而博士之學在精考釋。然考釋必依附於大義。大義既昧，則考釋無統，而陷於瑣屑。故曰「士大夫之學更要於博士之學，士大夫無學，則博士之學難自立」也。然東塾重大義，亦不廢考據，其言曰：

微言大義，必從讀書考古而得。學思錄說微言大義，恐啓後來不讀書、不考據之弊，不可不慎。必須句句說微言大義，句句讀書考據，勿使稍墮一偏也。讀書記全書體例即如此。

又曰：

本朝諸儒考據訓詁之學，斷不可輕議；若輕議之，恐後來從而廢棄之，則成明儒之荒陋矣。今人考古者少，已大不如國初以來之淵博，斷不可順其風氣而一空之也，但當取義理以補之耳。

學思錄必須有一段說明此意。今讀書記卷十五論朱子，謂「第一事必在乎第二事，第一義必在乎第二義」是也。已見上引。

又曰：近人有詆漢學而以程朱為言者，試問為程朱之學，能不讀程朱之書而考證之乎？原注：「嘗見士人有不知程、朱朝代事蹟者。」務科舉而荒陋，因嬾惰而空疏，而以程朱藉口，程朱豈荒陋空疏者？試問其曾讀程朱之書否，則無可置喙矣。然人多好嬾惰而安於空疏，將來此等議論盛行，讀書種子絕矣。大可憂也！

又曰：世之不學者，或以務科第，或以乏書籍，而欲入於作者之林，則詆考據而言程朱。如段懋堂、程易疇、阮文達，則可以詆漢學矣。

又曰：

凡風氣必有所因而轉之，若今忽然舉程朱道學以教人，則必無應之者。且講道學而不讀經，則亦非程朱之學也。專經而明理敦行，此漢以來學術之中道，人可共由之者矣。讀書記用意，實欲因當時共尚之經學，轉移當時共尚之風氣，所由與章實齋、方植之諸人不同也。又按：此兩條意近沈子敦。

學術之中道

又曰：

漢儒之書，有微言大義，而世人不知也。唐疏亦頗有之，世人更不知也。真所謂「微言絕，大義乖」矣。宋儒所說，皆近於微言大義，而又或無所考據，但自謂不傳之學。夫得不傳，即無考據耳，無師承耳。國初儒者，救明儒之病；中葉以來，拾漢儒之遺，於微言大義未有明之者也。故予作學思錄，求微言大義於漢儒、宋儒，必有考據，庶幾可示後世耳。原注：「漢儒得傳，宋儒得不傳，皆未可盡信。」

此東塾所主漢、宋兼采以求微言大義之說也。余觀東塾立說，其力主大義，以及挽救風氣之說，頗似章實齋；其論漢學流弊，頗似方植之；然此乃明照所及，不期而同，非有所蹈襲。實齋導源浙東；植之本於桐城；而東塾之學，淵源似在學海堂。象州陳獻甫小谷避亂至粵，與東塾交好。其補學軒文集，議論與東塾相通者甚多，東塾爲序盛推之。小谷卒，東塾爲之傳，獨舉其經世之見，擬之東漢王符、仲長統；而東塾著書頗不涉經世，此則其異。要之一時風尚之變可徵也。其浸沉於漢學者深且久，乃有以灼知其弊而謀爲轉變。故其論學尊阮

東塾論學淵源

元，阮元建學海堂在甲申，時東塾年十五。十七應學海堂季課。二十五總督盧坤選高才生肄業學海堂曰專課生，而東塾爲舉首。三十一歲舉爲學海堂學長，自是遂爲學長十數年。（以上均見學海堂志）三十二歲赴會試，過揚州謁阮元。（自記）三十五歲又以赴會試，謁阮元於揚州。四十歲復北上，阮元已卒。曰：

阮文達公詩書古訓，後之講經學者，當以為圭臬。此真古之經學，非如宋以後之空談，亦非如今日所謂漢學之無用也。我輩宜崇尚之。讀書記小學卷極尊阮元，已見上引。

是則東塾講學，所謂漢、宋兼采以求微言大義者，其實仍是經學盛時惠、戴所稱「古訓明而後義理明」之見解。東塾之意，不過欲挽漢學末流弊病，勿使放濫益遠，成所謂零碎纖屑、無關要緊之經學，此亦東塾語。而惟以發明古訓大義爲經學考釋之範圍耳。故曰：

余為學思錄，凡無當大義者皆删。

此一語可見東塾講學宗旨。而所以求大義者，則東塾之意，似仍不出於古訓。本此而有教人細讀注疏之說，東塾集卷四與王峻之書：「於切要處用心力，於不用心力處惜精神。愈繁難，愈從容爲之。耐繁難者養性之功，求易簡者心得之學。見解貴高貴通，功夫貴平貴鈍。」此即由細心求大義之教也。曰：

由漢唐注疏以明義理

由漢、唐注疏以明義理而有益有用，原注：「繁釀之文，無益無用者，置之。」由宋儒義理歸於讀書而有本有原，原注：「師心之說，無本無原者，棄之。」此學思錄大指也。讀書記論語卷卽主以讀書解「學」。

又曰：

宋儒經說，正當擇而取之，以為漢注、唐疏之箋，豈可分門戶而一概棄之乎？讀書記朱子卷有「朱子自讀注疏，教人讀注疏，而深譏不讀注疏者。昔時講學者多不讀注疏，近時讀注疏乃反訾朱子，皆未知朱子之學」一條，已見上引。

則東塾所謂漢、宋兼采者，似以宋儒言義理，而當時經學家則專務訓詁考據而忽忘義理，故兼采宋儒以爲藥。至於發明義理之道，大要在讀注疏，而特以宋儒之說下儕於漢注唐疏之箋焉。故東塾所欲提倡之新學風，與其謂之兼采宋儒之義理，毋寧謂其特重漢、唐之注疏也。今讀書記中推尊漢、唐注疏之意隨處可見。其言曰：

學者嬾而躁不肯讀一部書其病使天下亂

讀注疏既明其說，復讀經文者，經學也；不復讀經文者，非經學也。讀注疏自首至尾讀之者，經學也；隨意檢閱者，非經學也；讀之而卽寫一簡題目，作一篇文字者，尤非經學也。學者之病，在嬾而躁，不肯讀一部書，此病能使天下亂。讀經而詳味之，此學要大振興。東塾集卷四示沈生：「經學者，非謂解先儒所不解也。先儒所解，我知其說；諸家所解不同，我知其是非；諸家各有是各有非，我擇一家為主而輔以諸家；此之謂經學。若隨意涉獵，隨手翻閱，得一二句，輒自出其說以駁先儒，假令先儒起而駁我，我能勝之否？卽勝之矣，先儒解全經，我但解一二句，相去豈不遠哉？奉勸足下，收斂聰明，低頭讀一部注疏，勉為讀書人。若十三部注疏未讀一部，輒欲置喙於其間，此風斷不可長，戒之慎之！」

又曰：

讀注疏使學者心性靜細，大有益。學思錄必須說此，不止知經學之本原也。

又曰：

毛、鄭、趙、何、王、孔、賈七家注疏，須發明其精善處。

此皆東塾提倡讀注疏之說也。東塾謂「學者之病，在嬾而躁，不肯讀一部書，此病能使天下亂」。東塾勸人讀注疏，可使心性靜細，此當時學者之實病，亦卽東塾之苦心。然何以勸人必讀注疏？東塾之意，在使人求義理，求義理必於經，注疏則說經之書也。宋人非不言義理，然或無考據，語見前引。故不如注疏之依經爲說。此東塾之旨。故東塾又言：

不講理學
但欲讀經

人通一經

余不講理學，但欲讀經而求其義理；不講文章，但欲讀經而咀其英華；不講經濟，但欲讀經而知其所法戒耳。

此徹頭徹尾之讀經主義也。又曰：

能尋味經文，則學行漸合為一矣，經學、理學不相遠矣。按：此仍是亭林「經學即理學」之見解矣。人通一經而詳味之，此真漢學也。學思録當大提倡此學。

又曰：

專習一經以治身心。吾之學，如此而已，此學思錄宗旨歸宿處。

然則東塾所欲提倡之新學風，扼要言之，可謂是人通一經之學也。何以謂之人通一經？易辭言之，即人讀一部注疏之意也。東塾自標學思錄大指，其首條卽爲勸經生讀一部注疏，故知人通一經，卽是勸人讀一部注疏也。何以必勸人讀一部注疏？以當時學者嬾而躁，至於不肯讀一部書，東塾謂足以亂天下，故特舉此以爲對症之藥也。東塾又自言之，曰：

學思錄排名、法而尊孟子者，欲去今世之弊，而以儒術治天下也。排王肅而尊鄭君者，欲救近時新説之弊也。排陸王而尊朱子者，恐陸王之學將復作也。另一條云：「姚姬傳、方植之、李申耆，陸、王禪學將興。」今按：方植之攻漢學考據，亦恐此後陸、王禪學將興，東塾此條意不知何指？豈謂似姚、方、李之反對漢學，則此後陸、王禪學將作乎？故今讀書記仍是十分漢學考據之面目也。凡此等處均見當時學者目擊漢學流弊而無從開闢一新門徑，徬徨煩悶，莫知所適之概。著此書非儒生之業也，懲今之弊，且防後人之弊也。

懲今弊防後弊

東塾講學精神，在懲今之弊，且防後人之弊。今經學之弊已極，然若徑捨經學不講，則恐陸王復起。欲懲今弊且防後弊，則莫如勸人讀注疏。故東塾又曰：

> 合數百年來學術之弊而細思之，若講宋學而不講漢學，則有如前明之空陋矣。若講漢學而不講宋學，則有如乾、嘉以來之膚淺矣。況漢、宋各有獨到之處，欲偏廢之而勢有不能者。故余説鄭學則發明漢學之善，説朱學則發明宋學之善，道並行而不相悖也。

鄭朱並行漢宋兼采

此見東塾講學宗旨，全在救弊，而所謂講鄭學、講朱學，在東塾之意，仍是勸人讀注疏耳。此細讀讀書記鄭學、朱子兩卷自見。故我謂當時學者之嬾且躁，至於不肯讀一部書，實當時之實病，亦即此見東塾之苦心也。當時學者既若是其嬾且躁，至於不肯讀一部書，而專涉獵小節，尋其碎義，不問其平正通達之大意，而惟擇取難解難詳之訓詁考據，以見己長而求勝乎古人，縱博學而全不知服善。此其病中於心術，而害及人才。故東塾論學，常求一反其弊，歸本乎心術、人才以通乎世道。其言曰：

> 孟子論天下一治一亂，而曰：「我亦欲正人心。」顧亭林之言足以暢其旨，其言曰：「目擊世趨，方知治亂之關，必在人心風俗；而所以轉移人心，整頓風俗，則教化綱紀為不可闕矣。百年必世，養之而不足；一朝一夕，敗之而有餘。」與人書。亭林在明末，亦一孟子也。此條見讀書記卷三。

東塾讀書記所以擬日知錄，其意亦欲轉移人心，自比於孟子、亭林。而東塾又謂「大凡變法者，漸則行，驟則不行」。文集卷二科場議。東塾乃欲以漸變。當時學者方相矜以經學，故東塾以讀注疏通一經之說進。其言則在注疏，其意則在心術，此又東塾論學之微旨也。若其人本不治經，則東塾亦不以讀一經注疏爲說。其文集有與周孟貽書云：

> 前者在學海堂，足下問讀書法，……因勸足下專治一經。……歸而思之，……足下才高志博，專經非性所近也。……凡為學者當於古人中擇師，僕為足下擇之，其昌黎乎？……僕勸足下先取昌黎集熟讀之，又取尚書、春秋、左氏、易、詩、莊、騷、太史、子雲、相如十書熟讀之，然後披覽百家，提要鉤玄，一一如昌黎之所為，而尤以孟、荀為宗，而又取荀之醇，去荀之

疵，凡昌黎之學，一一奉以為法。積之以十年、二十年，吾不知其所成如何，雖與李習之、皇甫持正如驂之靳不難也。僕嘗嘆天下之言文者，誰不稱昌黎？……昌黎誠不易學，而亦實無學昌黎者。此等議論極通明，其主因才成學之意頗似章實齋、焦里堂。東塾早年為學從詩文入，與樸學家專治經籍、小學者意識自不同。

言文之士莫不稱昌黎，而實無學昌黎者，其病正猶言經學者之不讀經、不讀注疏也。東塾論學，既主於古人中擇師，故亦重視師法。其言曰：

師法必宜守

> 師法必宜守而不失。蓋學問文章議論能為人師者，其成之甚不易。天下雖大，而其人不多遘，其遇之也又不易，其弟子安可不謹守其法耶？

東塾論學眞意

東塾本論語而言四科，使學者各就其性之所近以專攻乎其一，又言博學知服，欲學者博學而知服乎古人之善，此又極言師法不可廢，欲學昌黎者，必效昌黎之所學。凡此云云，皆深砭乎當時之嬾且躁，不肯讀一部書，而務於碎義以求勝古人者，而特舉讀注疏以示例。今善推東塾之意，特謂未有不肯細心讀一部書，專摘小節以難前人，而可以謂之學。則眞學者自必細心讀書，求其大體，而其本在乎服善，在乎虛心嚮學，而無先以求勝乎前人之心。如是而心術正，學風變，而人才自此出，世運自此轉。此東塾提倡新學風之微旨也。東塾以此深推鄭君與朱子，不僅以鄭、朱弭漢、宋之門戶也。以兩人之學，皆深細博大，足以藥當時之病。否則以嬾且躁之心習，而驟開之以微言大義之說，彼且捨其繁碎，逃入空疏，則爲陸王矣。東塾蓋深防之，故不徒不言陸王，亦不喜言二程，凡皆恐嬾且躁者之得所藉而逃也。其言鄭學，則兼宗主與不同；言朱學，則兼考證與義理，（其詳已見上引。）此等處皆見東塾論學之斟酌盡善，博通而無偏礙也。東塾又自言其爲學曰：

> 時習論語、孝經、孟子，粗覽諸經注疏、宋儒理學、周秦諸子，略涉禮樂、律數、訓詁、音韻、天文、地理、文章、詩詞。余之學如此耳。

反約與時習

何以曰時習論語、孝經、孟子，此東塾反約窮源之說也。東塾謂：

> 書以甲部為主，疏解繁多，約之以鄭君、朱子。經文浩博，約之以孝經、論語。約而又約，則學而一篇而已。

博學知服

約之於孝經、論語者，即采取鄭君、朱子之意見也。何以於粗覽諸經注疏之外，復旁及諸子、理學以至天文、地理、訓詁、音韻、文章、詩詞之繁博，此東塾博學知服之說也。（其博學之精神，亦有似於鄭君、朱子。）遺稿有學思錄要指一則，可以見其爲學之涯略。今復摘錄如次：

學思錄大指：

勸經生讀一部注疏。見上引。救惠氏學之弊。見讀書記卷四、五。救高郵王氏學之弊。見上引。闢王陽明之譎。分別士大夫之學、老博士之學。見上引。辨語錄不由佛氏。參讀文集卷四復戴子高書。明朱子之為漢學。見讀書記卷十五。於晉人尊陶公，明其非詩人，非隱逸。闢老氏流為申、韓、李斯。見讀書記卷十二。明法家之弊。同上。發明狂狷之說。見讀書記卷三。發明性善。見讀書記卷三。發明論語學而章。見讀書記卷二。發明學記。見讀書記卷九。發明四科之說。見讀書記卷二。拈出以淺持博。參讀文集卷四復王倬甫書。又與王峻之有云：「淺非淺嘗之謂，卽約之謂，約而易知之謂也。」尊胡安定。見讀書記卷二。尊江慎修。指出歐陽之病。參讀文集卷四跋歐陽文忠公集。發明昌黎之學。參讀文集卷四與周孟貽書。昌言科舉八股之害。參讀文集卷二科場議三篇。明訓詁之功。見讀書記卷十一。分別內傳、外傳之不同。見讀書記卷六。指漢易之病，拈出費氏家法。見讀書記卷四。標出禮意之說。見讀書記卷八。標出詩譜大指。見讀書記卷六。辨周禮之諄。見讀書記卷七。按：「諄」字似誤。發明禮記之體裁。見讀書記卷九。標舉孝經為總會根源。見讀書記卷一。標出中庸「博學」五事為中庸之妥此字似誤。要。辨格物。見讀書記卷九。辨明德。同上。引申格物補傳。同上，卷十五。感時事。辨別先師名臣之不同。拈出陸清獻「書自書，我自我」之語。考周末儒者。見讀書記卷十二。說自己著書之意。明鄭學維持魏晉南北朝世道。見讀書記卷十三。引申阮文達春秋學術之說。見讀書記卷十。辨戴東原孟子字義疏證。見讀書記卷二論語言理欲一條。明輯古書之功與其誤處。明讀書提要鉤玄之法。

以上三、四十條乃其犖犖大者。上之所列，其十之八、九胥見於讀書記，其爲學之精細廣大，博通而無偏礙，蓋誠深有得於鄭君、朱子之風者。東塾嘗自言：

四十歲以前，不知讀書；十年來稍知之，而精力已衰。……此時只開得基址頗大而不能起屋，墾得田地頗寬而不能種禾。

觀其學思錄要旨，眞所謂「基址頗大，田地頗寬」矣。此等氣象，與東吳惠氏之專言漢學者不同；與高郵王氏之專事訓詁者亦不同；與休寧戴氏之別闢新說以求推倒前人如孟子字義疏證之所爲者又不同；與當時經學家之各爲經籍作新注疏，句句而求，字字而解，而陷於屑碎不務得其大意者復不同；與同時及其後起之所謂公羊今文學派，專講孔子微言大義，而發爲非常可怪之奇義者更不同。而讀東塾之書者，皆確然認其爲一經師，終不得擯而不預之經學家之列也。凡東塾所欲提倡之新學風，大率如是。是其用心至苦，而成就亦至卓矣。今要而論之：其言學問偏主讀書，議論似不如顏習齋；言讀書惟重經籍，識解似不如章實齋；治經籍一依注疏，謂宋儒義理特如漢、唐注疏之箋，其說更可商。觀其讀書記所得至明通，至堅實，而仍無以出當時經學家之範圍，以視顏、章諸人，戶牖一新，以豁人明照於天地之別一方者，固稍遜矣。然其砭流俗，挽風氣，防弊杜漸之意，則與二家皆近，而於實齋爲尤似。今日者，學風之壞，有甚於東塾之當年。士情之嬾且躁，不肯讀一部書，而好以勝古人，東塾憂之，所謂足以亂天下者，方復見於今日。安所得東塾其人者，以上挽之於朱子、鄭君，相率趨於博學知服之風，而求以作人才、轉世運哉？此余於東塾之一編，所尤拳拳深致其嚮往之意也。

附　朱鼎甫

朱一新，字鼎甫，浙江義烏人。生道光二十六年丙午，卒光緒二十年甲午，一八四六—一八九四。年四十九。光緒二年進士。官至陝西監察御史，上疏論事，劾及內侍李蓮英，降主事，告歸。張之洞聘至粵，任端溪、廣雅兩書院山長。

鼎甫論學語

鼎甫論漢學流弊

鼎甫至粵，陳蘭甫卒已五年，然兩人論當時漢學流弊頗相合。鼎甫謂：

有學問，有學術。學問之壞，不過弇陋而已，於人無與也；學術之壞，小者貽誤後生，大者禍及天下。無邪堂答問卷一明儒學案質疑。

嘉道後無名臣名儒

又曰：

李次青國朝先正事略，自嘉、道後求一二名臣、名儒而不可得，乃以瑣瑣者當之。經學雖盛，亦復得失參半。學術之衰熄，人才之消乏，漢學諸公不得辭其咎也。佩弦齋雜存卷下評某生論科舉。

而於乾、嘉諸儒尤嚴詞呵斥，不稍假借，謂：

乾、嘉諸老，逐末忘本，曼衍支離，甚且恣肆無忌者，誠為經學之蠹。雜存卷下復王子裳。答問評漢學弊病不一而足，如云：「因文以求道，訓詁皆博文之資；畔道以言文，訓詁乃誤人之具。」（卷一）「近人讀書而不窮理，實事而不求是。」（卷二）又曰：「惠氏九經古義、臧氏拜經日記，殆類劉昭注後漢書，所謂人有吐果之核，棄藥之滓，愚者重加捃拾，潔以登薦。」（卷一）又曰：「西河、東原，記醜而博，言偽而辨；中受、于庭，析言破律，亂名改作，聖人復起，恐皆不免於兩觀之誅。」（文存卷上）

推其弊源，則在門戶之見張皇之已甚，故曰：

門戶之見張皇過甚

亭林習齋皆嬌枉過正

學得其正，則識日以明；不正，則識日以蔽。持之有故，言之成理，而其為蔽也彌甚。乾、嘉後經學愈甚，人才愈衰。李次青作先正事略，求一二名臣、名儒而不可得，乃不能不降格取焉以充其數。古之儒者，通經所以致用；今之儒者，窮經乃以自蔽，豈非大可哀之事？然其所謂形聲、訓詁、校勘、名物、天算、輿地之學，古人亦曷嘗不從事於斯？僶焉孳孳，博觀約取，漢、宋鉅儒，蓋無不如此；而近時學者，流弊獨多，則以其張皇過甚之故也。天下事張皇過甚，則百弊叢焉，豈獨學術為然歟？文存卷下復濮止潛同年書。

而鼎甫以為乾、嘉以下漢學最大流弊，尤在其蔑棄心性而不談。謂：

言心言性，乃大義所從出，微言所由寓。漢學家獨禁人言之，則無論周易一書專明性道，即四子書中言心性者何限？子貢謂性道不可得聞，第戒人躐等耳。七十子後學者，何一不明乎此？近人乃藉口此言，以文淺陋，則六經幾可刪其半矣。……顧亭林謂：「學者辨辭受取予，不當言心性。」夫辭受取予之節，孟子辨之至精；存心養性之功，亦惟孟子言之至悉；取其一而遺其一，不可也。……亭林特鑒於明末心學之流弊，故有激而云然，非竟廢方寸之良田，使之蕪薉不治也。近儒乃專取之以佐其私說，不亦傎乎！原注：「顏習齋之學，大旨與亭林略同，皆矯枉過正者。」

又曰：

王學末流之弊，不知治心而尚知有心。若如近儒之言，則目自能視，耳自能聽，手自能持，足自能行，而吾心漠然一無所與。此其為說，又在戴氏之下。戴氏特昧於理欲之辨，未嘗禁人言心，此則並心而去之，古所未聞也。按：此自阮氏以來始然。苟有稍及此心者，必訶以為釋氏之說。……嗚呼！誤天下後世，而騖於口耳，相率為破碎無用之學者，非此言歟？孟子謂：「心之官則思，先立乎其大者，則小者不能奪。」中庸亦言：「尊德性而道問學。」蓋德性尊，大體立，而後學問有所附麗，破碎支離，固不足以言學也。陸象山以此為宗旨，本不誤，而欲以六經注我，則流弊甚大。聖門教人，學、問與思、辨並重。……去思以言學，近儒乃始有之，盍弗與讀孟子？

其他鼎甫論漢學缺弊者皆甚精卓。如論考證則謂：

宋學以闡發義理為主，不在引證之繁。義理者，從考證中透進一層，而考證之粗迹，悉融其精義以入之。非精於考證，則義理恐或不確。故朱子終身從事於此，並非遺棄考證之謂也。按：此言略近東塾，而較湛密矣。……若漢之董江都、劉中壘、匡稚圭、揚子雲諸人皆有此意，西漢之學術所以高出東漢也。

考證須字字有來歷；議論不必如此，而仍須有根據。所謂根據者，平日博考經史，覃思義理，訓詁名物、典章制度無不講求，傾羣言之瀝液以出之，而其文亦皆琅然可誦，並非鑿空武斷以為議論也。此其功視考證之難倍蓰，而學者必不可無此學識。考證須學，議論須識，合之乃善。識生於天而成於人，是以君子貴學。學以愈愚，學而無識，則愈學愈愚，雖考據精博，顓門名家，仍無益也。識何以長？在乎平心靜氣以讀書，一卷之書，終身紬繹不盡，返之於身，驗之於事，而學識由此精焉。

又曰：

引書備著出處，近例始嚴，以為可免暗襲。然暗襲與否，仍視其人，吾見著出處而暗襲尤工者多矣。古惟疏體如是，傳注不拘。

論校讎則謂：

劉中壘父子成七略一書，為後世校讎之祖。班志撮其精要，以著於篇。後惟鄭漁仲、章實齋能

引書與暗襲

窺斯旨，商搉學術，洞澈源流。……目錄、校讎之學所以可貴，非專以審訂文字異同為校讎也。國朝諸儒，於此獨有偏勝，其風盛於乾、嘉以後。其最精者，若高郵王氏父子之於經，嘉定錢氏兄弟之於史，皆淩跨前人。竹汀史學絕精，卽偶有疏誤，視西莊輩同遠勝之。第此為讀史之始事，史之大端不盡於此也。王文肅、文簡之治經亦然，其精審無匹，視盧召弓輩亦遠勝之，顧往往據類書以改本書，則通人之蔽。……然王氏猶必據有數證而後敢改，不失慎重之意；若徒求異前人，單文孤證，務為穿鑿，則經學之蠹矣。……此學終古不廢，……第以此為登峯造極之事，遽欲傲宋、元、明儒者，則所見甚陋。漢學家訶佛罵祖，不但離文與行而二之，直欲離經與道而二之，斯其所以為蔽。若舍其短而專取其長，庸非三代小學之遺法乎？原注：「習齋於射與數略有所得，此亦藝事之常，而遂欲以此立異，毋乃虛驕之氣未除歟？」

又曰：

世徒以審訂文字為校讎，而校讎之途隘；以甲乙簿為目錄，而目錄之學轉為無用。多識書名，辨別板本，一書估優為之，何待學者乎？

其論博約，則謂：

宋學有宗旨，猶漢學有家法。拘於家法者非，然不知家法，不可以治經；好立宗旨者非，然不知宗旨，不可與言學術。……故學雖極博，必有一至約者以為之主，千變萬化，不離其宗。六經無一無宗旨也。苟徒支離曼衍以為博，捃摭瑣碎以為工，斯渺不知其宗旨所在耳。

論虛實則謂：

異端以虛無立說，其弊固不勝言，近人因攻宋儒之故，遂欲去「無」以言「有」，理既偏而不全，且欲去「虛」以言「實」。……不知……凡物皆有虛有實，非實無體，非虛無用，以實觸實，未有不激者也。近人以「虛靈」二字出於道家，不可以狀心體，然則心體固當實而蠢乎？……讀書窮理，實事求是，……亦曰以致用焉耳。讀書實也，窮理虛也；實事實也，求是虛也；虛實相資為用。……近人惟讀書而不窮理，實事而不求是，故歧之又歧。程朱之學所以可貴者，以其本末兼盡也。……孫夏峯言：「晦翁沒而天下之實病當瀉，姚江沒而天下之虛病當補。」（此夏峯述張逢元之言。）竊謂夏峯之言未盡確，若漢學家乃正當瀉者耳。

鼎甫之見，仍主漢、宋兼采，謂：

漢宋兼采

有義理之學，有經濟之學，有考據之學，有詞章之學。此較戴東原、姚惜抱所舉，多經濟一類，可徵當時思想風氣之變。故漢學必以宋學為歸宿，斯無乾、嘉諸儒支離瑣碎之患；宋學必以漢學為始基，斯無明末諸儒放誕之弊。此仍主漢、宋兼采之說。……如黃梨洲、顧亭林、江慎修，皆漢、宋兼治，學博而識精，……故國初學術為極盛。

東原與西河

乾、嘉以後精深過之，而正大不逮矣。此正與江鄭堂漢學師承記見解相反。……戴東原集其成，……而偏戾之氣，博辨之詞，與毛氏西河相近。當時海內翕然從風，不七十年而魏默深詆之已無完膚矣。此知學貴定識，不必隨時俯仰也。按：此卽章實齋勿趨風尚意。雜存卷上復傅敏生妹壻。

蓋清初學術所以勝乾、嘉者，正以其猶有宋學之精神；而乾、嘉以下尊漢斥宋之見，則亦不得不謂清初諸儒已開其兆，故曰：

漢學家以漢儒專言訓詁，此淺陋之說，不足信也。此陳蘭甫所以有漢儒通義之作。以宋儒為不講訓詁，此矯誣之說，尤不足信也。此陳蘭甫東塾讀書記朱子一卷所為作。漢、宋諸儒，無不學貫天人，門徑不同，及其成功則一。而宋儒義理之學，繭絲牛毛，析之不極其精，斯發之不得其當。黃、顧二先生學問為本朝諸儒弁冕，高風亮節，亦足興起百世，而持論時有偏宕者，正以析理未精之故，後學相承，誤人不淺。原注：「亭林不喜宋儒；梨洲雖承學姚江，而論義理多粗淺。」雜存卷下評某生論科舉。

此鼎甫自據乾、嘉以下學風流弊，推本溯源，因以責備清初諸儒之說也。鼎甫又謂：

漢學家所當辨者固無幾。有百世之著述，有一時之著述。囿於一時風尚者，風尚既移，則徒供後人指摘矣。答問卷一國朝學案小識書後。

此則非在漢學風氣已衰、人心向厭之後，不能道此。不僅章實齋時絕不如此說，即陳蘭甫著書，亦尚不如此說也。即此可見當時漢學頹波日衰日落之態。而鼎甫主張所以轉換學風以開此後之新趨向者，則在史不在經。其言曰：

治經不如治史

嘗謂古人致治之法存諸經，後人致治之法存諸史。……徒沾沾名物器數，繁稱博引，震炫一世，而治術、學術之廣大精微者，轉習焉不察。國事、人心，亦復何補？若當多事之秋，則治經不如治史之尤要。佩弦齋雜存弟懷新跋。

鼎甫論史學，清代惟佩錢竹汀，宋儒頗推鄭漁仲。其言曰：「近時史學，惟錢竹汀爲超絕，其精審固視漁仲遠勝，而孤懷閎識，亦遠不逮漁仲。」又曰：「乾、嘉諸儒，東原、竹汀爲巨擘，一精於經，一精於史。竹汀博洽過東原，湛深不逮，而弊亦較少。」皆見答問卷一。又曰：

漢時史學未興，太史公書、漢著紀之類，班志皆附於春秋。其經學卽其史學。而去古未遠，制度、風俗皆於經義為近，故致用在乎窮經，猶今人之言經濟當讀史也。史愈近者愈切實用，故國朝掌故必須講求，明史亦須熟讀。漢之視周，猶今之視明耳。答問卷二評讀漢書藝文志。又曰：「竹汀史學絕精，第此為讀史之始事，史之大端，不盡於此也。杜君卿通典、秦文恭五禮通考，通經於史，皆振古奇作，曾文正論學恆推之。」朱氏此等處頗與湘鄉為近。

鼎甫此論極得實齋「六經皆史」之意。又謂：

學者不致力羣經而專講六書，不博稽諸史而搜羅金石，異乎吾所聞。承平之世，學士大夫閒暇無事，出其餘技，寄興於斯，小道可觀，賢於博弈。若時當多故，旋乾轉坤，儒者之責，匪異人任也。人不必有是事，要不可不立此志。志趣堅卓，乃能為學。……四部書當讀者甚多，日有孳孳，猶虞不給，豈暇究心於瑣碎無用之物哉？答問卷四問金石。

蓋清自道、咸以下，內憂外患，病象日顯，一時學者，羣悟文字考訂之業不足挽世運，乃轉而求爲致用淑世。陳蘭甫極言於先，鼎甫又繼之於後，惟蘭甫主教人治注疏，仍不脫經學牢籠，似不如鼎甫以治史代治經之論，更爲透切也。鼎甫又謂：

文行學術治術之合一

> 學術與治術之分久矣，學與行蓋亦未嘗不分。逮至近世，則漢與宋分，文與學分，藝與道分，一若終古不能合并者。然竊考董、鄭、程、朱之所以為學，進而求諸聖門之所以教人，則但有本末先後之分，而初無文、行與學術、治術之分也。（文存卷下答濮止潛同年書。）

學問之事，析之者愈精，而逃之者愈巧，其弊使人爲纖兒細士，與天地世界無預，此在黃梨洲已深論之，漢學之病正坐此。鼎甫之論，蓋有鑒於當時漢學分析瑣碎之病，而求有以爲之合。不徒求學術與治術合，又求學與行合。蓋仍主宋儒以來以修、齊、治、平爲學之全量者。故曰：

> 學之精者，在乎天人之際，性命之微；其大者，在修、齊、治、平之實。（文存卷下答濮止潛同年書。）

無邪堂答問

此可見鼎甫論學大旨也。鼎甫著述最著者，有無邪堂答問五卷。無邪堂者，南皮張之洞督粵時闢廣雅書院課士，而因以名其堂也。光緒己丑（十五年。）孟冬，鼎甫自端溪移主斯院，越三年（十八年秋。）成此書，自言：

將兩三年來與諸生問答之語鈔錄成帙。其中有訂經史疑義者，有商古今學術者，有論邊疆形勢者，有談國朝掌故者，門類甚多，而不別分門類，似語錄非語錄，似劄記非劄記。漢、宋學術，務持其平，……大旨學必期其有用，功必歸諸實踐。由訓詁進求義理，而如漢學家溺於訓詁以害義理者則不取；由義理探源性道，而如講學家空衍性天以汩義理者則不從。言治術必求可行，……言時務必明大勢。……此書與乾、嘉以前儒者之言可相印證，與乾、嘉以後儒者之言則多不合，與吾江、浙學者之言尤多不合。（文存卷下答龔菊田刺史書。）

此鼎甫自道其書之大略也。又兩年而鼎甫遽卒。大抵答問爲書，不能如東塾讀書記之湛深而堅實。蓋蘭甫治學，仍循乾、嘉以來經學塗轍，而稍變其體，前有所承，易於爲力；鼎甫欲移治經爲治史，蹊徑別闢，事待創探，難於爲功。故自鼎甫論學之態度言之，尚不能跨出蘭甫以至實齋範圍之外。如其崇宋學，尊朱子，（見雜存卷下答陳生鍾璋問王陽明學術。）發明孟子性善，（見雜存卷下答周生梁基問蘇潁濱駁孟子性善之說。）因以辨戴氏字義疏證之失，（答問卷三。）其論旨大體，皆近蘭甫。其主治史通今以致用，遂力辨老、釋虛無之義，（答問卷二。）因深駁顏習齋之泥古無變，（雜存卷上答某生。）而並及黃梨洲之明夷待訪錄，（答問卷三。）其大意在規崇古而獎達變，亦無以異乎實齋之所持。而年僅中壽，無以赴其所志。故答問一書，遂若抨彈之高，過於建樹，氾濫之廣，勝其持守，徘徊漢宋，出入經史，博而無統，雜而寡要，舊轍已迷，新軫尚遠，終於爲一過渡之學者。同時兩浙學人如

鼎甫與康長素

李慈銘、（㤅伯）譚獻（復堂）之流，皆不免也。

當鼎甫時而清代二百年經學復有軒然大波起爲最後之一浪者，厥爲公羊今文學之説。鼎甫親與南海康有爲相識，上下辨難，其事亦可記。將以並著於康篇，此故不具。

第十四章　康長素

附　朱子襄　廖季平　譚復生

傳略

康有爲，原名祖詒，字廣厦，號長素。廣東南海人。生清咸豐八年戊午，卒民國十六年丁卯，一八五八—一九二七。年七十。祖贊修，官連州教諭，治程朱學。有爲親受教，有志爲聖人，開口輒曰「聖人聖人」焉，里黨戲號之曰「聖人爲」。年十九，遊同縣朱次琦門。六年而次琦卒。光緒十四年戊子，有爲年三十一，初至京師，上書請變法，格不達。乙未，中、日和議成，有爲集各省公車上書請拒和、遷都、變法三事。是年，成進士，復獨再上書。南返，於上海開强學會。光緒二十三年丁酉，膠灣事起，適有爲又赴京，上書陳事變之急。翌年戊戌，光緒命王大臣傳見有爲於總理衙門，有爲上疏，論變法須統籌全局。又立保國會於京師。是年得蒙召見，命在總理衙門章京上行走，特許專摺言事。旋召侍讀楊鋭、中書林旭、主事劉光第、知府譚嗣同參預新政，廢八股，開學堂，汰冗員，廣言路，方鋭意爲維新。

有爲又奏請行憲法，開國會。未幾而政變作，有爲出亡。蓋所謂新政之設施，先後僅三月也。自是亡命海外，作汗漫遊者十六年，足迹所至，遍十三國。組保皇黨，與革命黨相抗衡。民二歸國，刊行不忍雜誌，唱虛君共和之說。多掎摭時病爲箴砭。民六，結張勳謀復辟，事敗，避居美使館，著共和平議一書，仍持夙見不少變。蓋當前清時力主維新，舉國目之爲狂，至是力主守舊，舉國又目之爲怪云。所著書有新學僞經考、孔子改制考、春秋董氏學、春秋筆削大義微言考、論語注、孟子微、大學中庸禮運注、大同書諸種。

康氏之長興講學

言近三百年學術者必以長素爲殿軍，而長素學術生命可記者，則始於其長興之講學。長興，羊城里名，長素以陳千秋、梁啓超請，講學於里之萬木草堂，著長興學記爲學規。時光緒十七年辛卯，長素年三十四也。陳千秋爲學記作跋，謂：

> 孔子剏造六經，改制聖法，傳于七十，以法後王。雖然，大義昧沒，心知其意者蓋寡。漢之學發得春秋，宋、明之學發得四書，二千年之治賴是矣。國朝之儒，刳心絀性而宋學亡，經師碎

義逃難而漢學亦亡。陵夷至道、咸之季，大盜猖披，國命危阽，民生日顇，莫之振救，儒效既覩，而世變亦日新矣。吾師康先生，思聖道之衰，憫王制之缺，慨然發憤，思易天下。……爰述斯記，……其詞雖約，而治道、經術之大，隱隱乎撥檖而光晶之。孔子之道，庶幾煥炳。……綴學之士，知所趨嚮，推行漸廣，風氣漸移，生民之託命，或有賴焉。

此當時師弟子長興講學之精神也。長素亦自言之，曰：

顧亭林爲近代學術之功首罪魁

顧亭林鑑晚明講學之弊，乃曰：「今日祇當著書，不當講學。」……後進沿流，以講學為大戒。江藩謂劉台拱言義理而不講學，所以可取，其悖謬如此。近世著書，獵奇炫博，于人心世道，絕無所關。戴震死時，乃曰：「至此平日所讀之書，皆不能記，方知義理之學可以養心。」段玉裁曰：「今日氣節壞，政事蕪，皆由不講學之過。」此與王衍之悔清談無異。故國朝讀書之博，風俗之壞，亭林為功之首，亦罪之魁也。今與二三子剪除荊棘，變易陋習，昌言追孔子講學之舊。

時長素之意，固已欲判然劃一境界，以自別於亭林以來清儒博雅之學矣。其所謂「孔子講學之舊」者，大意謂：

天下道術至衆，以孔子爲折衷。孔子言論至多，以論語爲可尊。論語之義理至廣，以「志于道，據于德，依于仁，游于藝」四言爲至該。（按：長素此時，尚未專以禮運、公羊說孔教，故仍尊論語，與以後見解不同。逮既取公羊，則不得不捨論語。劉逢祿述何、戴望論語注，早已走上絕路，長素亦無從再進也。）

因學四言爲綱，分注條目如下：

志於道，四目：

一曰格物。（言為學之始，首在扞格外物。樂記：「好惡無節于內，知誘于外，不能反躬，天理滅矣。夫物之感人無窮，而人之好惡無節，則是物至而人化物也。人化物也者，滅天理而窮人欲也。」孟子曰：「先立其大者，則其小者不能奪。」不為物所引奪，非扞格外物而何？）

二曰厲節。（後漢、晚明之儒，皆以氣節自厲。勁挺有立，剛毅近仁，卑汙柔懦，終難振起。按：此說後亦不取，謂東漢雖美，未足盡孔子之道。）

三曰辨惑。（大道以多歧而亡，學術以小辨而惑。近世聲音、訓詁之學，則所謂小言破道，足收小學之益，決不能冒大道之傳，則辨之不足辨也。）

四曰慎獨。（劉蕺山標為宗旨，以救王學末流。按：格物、慎獨皆宋學語，長素此後亦不取，謂孔子決不若宋人之拘且隘。）

凡此所列，主人生實行，不主訓詁考訂，與乾、嘉以來風尚絕異。宋儒理欲之辨，爲戴東原所極詆，今則以「存天理，去人欲」訓「格物」，奉爲入學之首義焉。因字義明經訓，爲惠、戴所盛唱，今則謂其決不能冒大道之傳焉。曰厲節、慎獨，則求返之晚明東林、蕺山，亦乾、嘉諸儒所絕口不道也。

據于德，四目：

一曰主靜出倪。

二曰養心不動。

三曰變化氣質。

四曰檢攝威儀。

依于仁，四目：

一曰敦行孝弟。

二曰崇尚任恤。

三曰廣宣教惠。

四曰同體飢溺。

游于藝，四目：

一曰義理之學。原于孔子，析于宋賢。今但推本于孔子。

二曰經世之學。經世之學，令今可行，務通變宜民。

三曰考據之學。碎義逃難，便辭巧說，則博而寡要，勞而鮮功，賢者識其大，是在高識之士。

四曰詞章之學。

學與時異，周人有六藝之學為公學，有專官之學為私學，皆經世之學也。漢人皆經學，六朝、隋、唐人多詞學，宋、明人多義理學，國朝人多考據學，要不出此四者。

此分四學，較之戴東原、姚惜抱，多經世一項；此遠起道、咸以來，如朱一新諸人皆然。近又以義理歸宋，考據歸清儒，皆其卓然異於乾、嘉者。又曰：

孔子之學，有義理，有經世。宋學本於論語，而小戴之大學、中庸及孟子佐之。朱子為之嫡嗣，凡宋、明以來之學，皆其所統；宋、元、明及國朝學案，其衆子孫也。多于義理者也。漢學則本于春秋之公羊、穀梁，而小戴之王制及荀子輔之。而以董仲舒為公羊嫡嗣，劉向為穀梁嫡嗣，凡漢學皆其所統；史記、兩漢君臣政議，其支派也。近于經世者也。……夫義理卽德行也，經世卽政事也。言語、文學亦發明二者。按：此亦長素初見，後乃專就公羊一路，謂論語非孔教正統矣。又此處所舉尚不及禮運，知以春秋三世會通禮運講大同，尚是後事。莊生曰：「春秋經世，先王之志。」故孔子經世之學，在于春秋。……凡兩漢四百年政事、學術皆法焉。非如近世言經學者，僅為士人口耳簡畢之用，朝廷之施行，概乎不相聞也。……今與二三子，通漢、宋之故，而一歸于孔子，譬猶導水自江、河，則南北條皆可正。

梁啓超初見康有爲時之情景

是謂漢、宋經世義理，分得孔門四科之旨，而清儒經學，實不得謂漢學。（孔門四科之教，陳東塾已言之，然東塾不輕言經世，又以鄭、朱並舉，不數西漢，仍不脫乾、嘉諸儒牢籠，故不免以勸人讀注疏終。康說微近東塾，然舍鄭玄而取董仲舒，以西漢議政易東漢之說經，以經世、義理爲孔學兩幹，局度恢張，意趣宏括，實較東塾為勝。）此長興講學之綱領也。至其教人讀書則曰：

> 本原既舉，則歷朝經世之學，自廿四史外，通鑑著治亂之統，通考詳沿革之故，及夫國朝掌故，外夷政俗，皆宜考焉。宋、明義理之學，自朱子書外，陸王心學為別派，四朝學案為薈萃。至于諸子學術，異教學派，亦當審焉。博稽而通其變，務致之用，以求仁為歸。

此處所舉，首史籍，次理學，又次諸子，而乾、嘉以來一切考據訓詁必治之書不得與，此亦當時講學態度之絕異於乾、嘉者也。梁啓超記初見長素之情景，謂：

> 余以少年科第，（梁以十七歲中舉，時年十八。）且於時流所推重之訓詁、詞章學，頗有所知，輒沾沾自喜。先生乃以大海潮音，作獅子吼，取其所挾持數百年無用舊學，更端駁詰，悉舉而摧陷廓清之。自辰入見，及戌始退，冷水澆背，當頭一棒，一旦盡失其故壘，惘惘然不知所從事，且驚，且喜，且怨，且艾，且疑，且懼，竟夕不能寐。明日再謁，請為學方針，先生乃教以陸王心學，而並及

史學、西學之梗概。自是決然舍去舊學，自退出學海堂，而間日請業於南海之門。

辛卯，余年十九，南海先生始講學於廣東城長興里之萬木草堂，……先生為講中國數千年來學術源流，歷史政治沿革得失，取萬國以比例推斷之。……日課則宋元明學案、二十四史、文獻通考等。（梁氏三十自述。）

又曰：

當時長興講學，卓然與乾、嘉以來學風劃一新線之情景與其意義及影響，亦俱可見矣。然長素長興規模，蓋有所受之，受之其師朱次琦也。

朱九江

次琦字稚圭，一字子襄，學者稱九江先生。亦南海人。生嘉慶十二年丁卯，卒光緒七年辛巳，年七十五。（一八〇七—一八八一。）以早慧受知於阮元，為學海堂都講。其學亦主融漢、宋，嘗謂：

漢之學，鄭康成集之；宋之學，朱子集之。朱子又卽漢學而稽之者也。會同六經，權衡四書，使孔子之道大著於天下。……朱子，百世之師也。……然而攻之者互起。有明姚江之學，以致良知為宗，則攻朱子之格物。乾隆中葉至於今日，天下之學，多尊漢而退宋，以考據為宗，則攻朱子為空疏。一朱子也，而攻之者乃相矛盾。……彼考據者，不宋學而漢學矣，而獵瑣文，蠹大誼，叢脞無用，漢學之長有是哉？……學孔子之學，無漢學無宋學也。（簡朝亮朱九江先生年譜講學大旨。）

禮山講學規模

是子襄雖亦主融漢、宋，而與陳東塾之為見復異。東塾之旨，在融朱子於康成；九江之論，則在納康成於朱子。故曰：「朱子又卽漢學而稽之，會同六經，權衡四書，為百世師。」故東塾教人，不免於讀注疏，而子襄居九江，講學禮山下，詔學者以四行五學焉。其言曰：

> 修身之實四，曰：惇行孝弟，崇尚名節，變化氣質，檢攝威儀。讀書之實五，曰：經學，史學，掌故之學，性理之學，辭章之學。（年譜講學大旨。）

此四行五學，卽長興學記之所本。節目之間，大同小異，要之萬木草堂之規模，襲取之於禮山，其事甚顯。長素年十九，始從子襄問學，自謂：

> 未冠，以回、參之列，辟咡受學，（康父及伯、叔父皆九江弟子。）則先生年垂七十矣。（光緒二年，九江年適七十也。）才質無似，粗聞大道之傳，決以聖人為可學，而盡棄俗學，自此始也。

又曰：

先生厲節行於後漢，探義理於宋人。既則舍康成，釋紫陽，一以孔子為歸。朱九江先生遺集序。按：朱卒光緒七年冬十二月，康文謂在八年春，一誤也。簡朝亮編集九江詩文付梓，在光緒二十三年之冬，而康文在光緒三十四年，謂「先生卒，同門友議遺文，簡竹居、胡少愷相約勿刻，至於今又垂三十年」，二誤也。康謂朱氏舍康成，釋紫陽，恐特由融漢、宋之說而鑿深揚高言之耳；亦不如簡譜論學要旨一節為得朱氏真意。張伯楨南海康先生傳，謂：「朱先生極推尊韓昌黎，先師（康）謂昌黎道術淺薄，朱先生素方嚴，責為猖狂，同學亦暗譏之。是年冬卽欲束裝歸，明年別禮山草堂歸臥」云云，見康氏在朱門，實未深契。

此長素自述師門宗旨，亦與長興學記所倡導者大體脗合。故學記開首卽云「鄙人常侍九江之末席，聞大賢之餘論，謹誦所聞，爲二三子言之」也。竊謂九江之有南海，蓋猶蕺山之有梨洲，問學請業，皆在早年，而晚歲聲名，遠越師門。三百年學術，有此遙遙相對，足成佳話。惟梨洲自言：「始學於子劉子，志在舉業，不能有得，聊備門人之一數。天移地轉，殭餓深山，盡發藏書而讀之，近二十年，胸中窒礙解剝，始知曩日之孤負。」今不論朱、劉造詣深淺，惟九江之死，既盡焚其遺書，而南海奔波海內外，從政問俗之心殷，講道治學之日淺，亦似無梨洲晚年一番境界。此則長興學舍之成就，所由不能與證人並論也！

康氏之新考據

新學僞經考

抑長素長興講學，所可大書特書者，厥爲力反乾、嘉以來考據之學，而別求闢一新徑。然長素未能自赴其所志也。方長素講學長興，而已有新學僞經考之作。學記成於光緒十七年二月，僞經考序在四月，相差僅兩月。（偽經考刊成在七月。）「新學僞經」者，謂東漢以來經學，皆出劉歆僞造，乃新莽一朝之學，與孔子無涉。其書亦似從乾、嘉考據來，而已入考據絕途，與長興宗旨並不合，而長素不自知。且僞經考大意，亦已粗見於學記，謂：

> 劉歆挾校書之權，偽撰古文，雜亂諸經。……鄭康成兼糅今古，盡亂家法，深入歆室。……國朝經學最盛，顧、閻、惠、戴、段、王，盛言漢學，天下風靡，然日盤旋許、鄭肘下而不自知。於是二千年皆為歆學。……諸儒用力雖勤，入蔀愈深，悖聖愈甚。……可謂之新學，不可謂之漢學，況足與論夫子之學哉！既無學識，思以求勝，則大其言曰：「欲知聖人之道，在通聖人之經；欲通聖人之經，在識諸經之字。」於是古音古義之學，爭出競奏。以此求道，何異磨碑作鏡，蒸沙成飯？西漢之學，以禹貢行河，以三百五篇諫，以洪範說災異，皆實可施行。

自歆始尚訓詁，以變異博士之學，段、王輩扇之，乃標樹漢學，聳動後生，沉溺天下，相率於無用。可為太息！

推其意，不過謂乾、嘉以下段、王所治古音古義之學，悉無當於治道世事耳。乃以牽涉於今古文家法，歸罪於劉歆，若乾嘉漢學導源皆在歆，非無根不經之譚乎！（漢儒家法，特博士章句之學，班孟堅所譏「祿利之途然」者。至當時治古學者，大率務通大義，不事章句。莽、歆緣飾經術，施之政事，正是禹貢行河、洪範說災異之類耳。長素以變亂博士之學罪歆，亦未深曉漢代學術眞相。）蓋長素僞經考一書，亦非自創，而特剽竊之於川人廖平。猶長興學記之言義理，皆有所聞而張皇以爲之說，非由寢饋之深而自得之也。（朱重義理，融漢歸宋，廖主考覈，蔑宋伸漢，精神意趣絕不同，長素左右牽引，知其於兩家所涉皆淺。學記先云：「孔子言論至多，以論語爲可尊。」而其下卽云：「論語爲後世語錄之類，不盡可據。」一篇之中，自爲矛盾，則已露兩家衝突之破綻矣。）

廖季平

廖平，字季平。四川井研人。生咸豐二年，卒民國二十一年，年八十一。自稱早年研求宋學，漸而開悟，主張尊孔。又謂：

> 幼篤好宋五子書、八家文。丙子，（光緒二年，廖氏年二十五。）從事訓詁文字之學，博覽考據諸書。庚辰（光緒六年，廖氏年二十九。）以後，厭棄破碎，專求大義。（按：廖氏又稱庚辰在家時專治春秋，則所謂「專求大義」者，卽指治春秋也。此蓋已受劉、龔諸家影響矣。）

而及其成學，則專以分析今古爲說。謂：

國朝經學，顧、閻雜事漢、宋，惠、戴專申訓詁，二陳左海、卓人。漸及今、古。論學三書與宋芸子論學書。其分今、古也，又自稱有五變。

癸未：今古。光緒九年，廖氏年三十二。

戊子：尊今抑古。光緒十四年，廖氏年三十七。

戊戌：小大。光緒二十四年，廖氏年四十七。

壬寅：天人。光緒二十八年，廖氏年五十一。

此所謂「經學四變」也。見四益館經學四變記序目，劉申叔摘本。及戊午，民國七年，廖氏年六十八。改去「今古」名目，歸之「小大」，專就六經分天人、大小，則謂之經學之「五變」。五變記。其書最先成者曰今古學考，在光緒十二年丙戌，廖氏年三十五。自謂「不過初變、二變萌蘖之生耳」。五變記小注。其書

據五經異義所立今、古二百餘條，專載禮制，不載文字。定為今學主王制、孔子，古學主周禮、周公。

然不久即變其說，謂六藝皆新經，非舊史。以尊經者作知聖篇，闢古者作闢劉篇。則所謂「尊今抑古」之候也。又後有古學考，謂：

古學考

丙戌刊學考，……謹守漢法，中分二派。八年以來，歷經通人指摘，不能自堅前說，謹次所聞，錄為此册。以古學為目者，既明古學之偽，則今學大同，無待詳說。古學考成於光緒二十年甲午四月，廖氏年四十三。

此季平治經學，初主今、古中分，既則尊今抑古之大略也。

康廖交涉

長素辨新學僞經，實啓始自季平。此爲長素所深諱，而季平則力揭之。謂：

廣州康長素，奇才博識，精力絕人，平生專以制度說經。戊、己間，從沈君子豐處得學考，謬引為知己。及還羊城，同黄季度過廣雅書局相訪，按：趙豐田康長素先生年譜稿：「長素返粤，在光緒十五年己丑之冬；而移居羊城安徽會館，則在十六年庚寅之春。」季平己丑在粤，庚寅至鄂，二人初晤，應在己、庚冬春之際。余以知聖篇示之。馳書相戒，近萬餘言，斥為好名騖外，輕變前說，急當焚毀。當時答以面談再決。後訪之城南安徽會館，按：此在庚寅春。兩心相協，談論移晷。明年，聞江叔海得俞蔭老書，而新學僞經考成矣。甲午，晤龍濟齋大令，聞孔子會典已將成，……然則王制義證可以不作矣。生公說法，求之頑石，得此大國，益信不孤。長素刊長興學記，大有行教泰西之意，……長素或亦儒門之達摩，受命闡教者乎？經話甲編一。

又曰：

己丑在蘇，晤俞蔭甫先生，按：此當廖先在蘇，後至粵也。極蒙獎掖，謂學考為不刊之書。語以已經改易，……先生不以為然，曰：「俟書成再議。」蓋舊誤承襲已久，……一旦欲變其門戶，雖蔭老亦疑之。乃闢劉之議，康長素踰年成書數册。

又曰：

外間所祖述之改制考，即祖述知聖篇；偽經考即祖述闢劉篇，而多失其宗旨。

又曰：

戊子以前，尊經友人撰王制義證，藁已及半，後乃散失。……繼聞康長素會典即是此意，即決意不作。

又曰：

丁亥，光緒十三年，廖氏年三十六。作今古學考。按：廖氏古學考序，自稱今古學考刊於丙戌，此又云作於丁亥，必有一誤。戊子成為二篇，述今學為知聖篇，古學為闢劉篇。按：據此則知聖、闢劉兩書均已成，何以又云「己丑在蘇見俞蔭甫，曰俟書成再議」乎？抑猶未為定稿乎？大抵廖既屢變其說，又故自矜誇，所言容有不盡信者。昔李恕谷欲為毛西河作年譜，苦其自述先後紊亂不可據而止。以廖視毛，尤甚。庚寅，晤康長素於廣州，議論相克。逾年，偽經考出，倚馬成書，真絕倫也！經話甲篇卷二。

季平既屢屢自道其事，又親致書長素爭之，曰：

龍濟之大令來蜀，奉讀大著偽經考、長興學記，按：學記成書在康、廖會談之後，所以中亦采及廖說也。並云孔子會典已將成書。彈指之間，遂成數萬寶塔，何其盛哉！……後之人不治經則已，治經則無論從違，偽經考不能不一問途，與鄙人今古學考，永為治經之門徑，欣忭何極！惟庚寅羊城安徽會館之會，鄙人左傳經說雖未成書，然大端已定，足下以左學列入新莽，則殊與鄙意相左。……今觀偽經考，外貌雖極炳烺，……而內無底蘊，不出史學、目錄二派之窠臼，尚未足以洽鄙懷也。當時以為速於成書，未能深考，……乃俟之五、六年，仍持故說，殊乖雅望。昔年在廣雅，足下投書相戒，謂今古學考為至善，以攻新莽為好名。……今足下大名，……百倍鄙人，以子之矛，攻子之盾，久宜收斂。……又吾兩人交涉之事，天下所共聞知。余不願貪天功以為己力，足下之學自有之可也。然足下深自諱避，使人有向秀按：應作郭象。之謗。每大庭廣衆中，一聞鄙名，足下進退未能自安，淺見者又或以作俑馳書歸咎，鄙人難於酬答，是吾兩人皆失也。天下之為是說，惟我二人，聲氣相求，不宜隔絕，以招讒間。其中位置，一聽尊命。謂昔年之會，如邵、程也可，如朱、陸也可，如白虎、石渠亦可。稱引必及，使命必道，得失相聞，患難與共。且吾之學詳於內，吾子之學詳於外，彼此一時，未能相兼，則通力合作，秦、越一家，乃今日之急務，不可不深思而熟計之也。四益館文集致某人書。

龍濟之至蜀在甲午，據前引經話甲編。古學考刊於甲午四月，已引及僞經考，則龍之至蜀，應在甲午初春也。長素僞經考後序，謂「僞經考初出時，海內風行，上海及各直省，翻印五版。徐仁鑄督學湖南，以之試士，而攻之者亦羣起，朝野譁然」。故季平謂「今足下大名，震動天下，百倍鄙人」也。是年二月，長素入京會試未第，六月歸粵，七月清廷卽下諭燬禁其書。季平與長素書當在其時；故有「久宜收斂」又「患難與共」之語，而猶未知燬禁之令，故書中亦未及。其曰「稱引必及」，蓋名士相標榜之故智。僞經考既享大名，季平欲藉其稱引，自顯姓字，故爲古學考先兩引長素僞經考云云，我以此施，亦期彼以此報。蓋長素驟得盛名，全由僞經考一書，公車上書，尚在明年乙未。宜季平健羨不能置。而長素則深諱不願自白。然季平亦震於盛名，方期相爲桴鼓，故書辭亦遜，而古學考亦未及長素攘己書事。及戊戌，長素得罪，季平亦盡棄舊說，則經學之三變，不復爲今古之辨矣。僞經考一案，凡季平之斷斷於其事者，具如上述。而長素則藏喙若噤，始終不一辨。及民國六年丁巳爲僞經考後序，始稍稍道及之，其言曰：

吾鄉亦受古文經說，然自劉申受、魏默深、龔定菴以來，疑攻劉歆之作僞多矣，吾蓄疑於心久矣。吾居西樵山之北，銀塘之鄉，讀書澹如之樓，臥七檜之下，碧陰茂對，籐牀偃息。藏書連屋，拾取史記，聊以遮目，非以考古也。偶得河間獻王傳、魯共王傳讀之，乃無「得古文經」一事，大驚疑。乃取漢書河間獻王、魯共王傳對較史記讀之，又取史記、漢書兩儒林傳對讀之，則漢書詳言古文事，與史記大反，乃益大驚大疑。按：此實無足驚疑者，辨詳後。……於是以史記為主，偏考漢書而辨之；以今文為主，徧考古文而辨之。……先撰偽經考，粗發其大端。按：撰偽經考在羊城，不在銀塘，上文皆飾說也。長素又謂撰禮運注亦在銀塘澹如樓七檜之下，亦飾說，辨詳下。……今世亦有好學深思之士，談今古之辨，或闇有相合者。惜其一面尊今文而攻古文，一面尊信偽周官以為皇帝王霸之運，矛盾自陷，界畛自亂。其他所在多有，脈絡不清，條理不晰，其為半明半昧之識，與前儒雜糅今古者無異，何以明真教而導後士？或者不察，聽其所言，則觀其尊偽周禮一事，而知其道不相謀，翩其反而也。按：長素先亦尊信偽周官，聞廖氏之論而變，今乃轉以譏廖，亦一奇也。

「無情者不得盡其辭」，此文有之。其回翔瞻顧，誠如季平所謂「進退未能自安」者。謂自劉、魏、龔以來疑攻劉歆者多矣，此特微見彼之所爲不必出自季平，抑不悟其與僞經考初成書時所言異也。長素當日之言曰：

> 始作僞，亂聖制者，自劉歆；布行僞經，篡孔統者，成於鄭玄。閱二千年，……咸奉僞經為聖法，……亦無一人敢違者，亦無一人敢疑者。……竊怪二千年來，通人大儒，肩背相望，而咸為瞀惑，無一人焉發奸露覆，雪先聖之沈冤，出諸儒於雲霧者，豈聖制赫闇，有所待耶？

又曰：

> 孤鳴而正易之，吾亦知其難。然提聖法於既墜，明六經於闇曶，……吾雖孤微，烏可以已！

則長素在當時，應不知有廖季平其人，不知有知聖、闢劉其書，且不知有劉、魏、龔諸氏而可。不然，知聖、闢劉之篇，固足以助我之孤鳴矣。此無怪乎季平之喋喋而道也。長素謂「道不相謀，翩其反而」，事亦有之，惟其事在後不在前。卽季平亦自言之，謂：

憶昔廣雅過從，談言微中，把臂入林。彈指之頃，七級寶塔，法相莊嚴，得未曾有。巍然大國，偪壓彈丸，鄙人志欲圖存，別構營壘，太歲再周，學途四變。由西漢以進先秦，更由先秦以追鄒、魯，言新則無字不新，言舊則無義非舊。前呈四變記摘本一冊，求證高明，周璞鄭鼠，不知何似？與康長素書。文載中國學報第八期，民國二年四月十六日出版。

蓋時過境遷，季平已不守舊解，而猶未忘夙恨，故如此云云也。然謂「志欲圖存，別構營壘」，則亦一時之遁辭。此已在季平經學四變之後，有與江叔海書，謂：

憶昔治三傳時，專信王制，攻左氏者十年，攻周禮者且二十餘年，抵隙蹈瑕，真屬冰解。後來改左傳歸今學，引周體為書傳，今古學說，變為小大，化朽腐為神奇，凡昔年之所指摘，皆變為精金美玉，於二經皆先攻之不遺餘力，而後起而振救之。伍氏曰我能覆楚，申氏曰我能興楚，合覆、興於一身，以成此數千年未有之奇作。說詳二變、三變，無暇縷述。四益館雜著答江叔海論今古學書。作於民二癸丑夏六月四變記刊本初成之時。

是則積二十餘年之攻駁，而一旦盡變其故說，此固三百年來考證諸家所未有。季平不自慚恧，轉以爲伍胥能覆，申胥能興，覆、興之能事萃於一身，自詑爲數千年未有之奇，是何其與乾、嘉以來所謂「實事求是」之意相異耶！夫既昔年之所指摘皆變爲精金美玉，則方者尊今抑古之見，固宜如鷦鷯之翔寥廓矣。故季平又言之，曰：

> 足下謂吾崇今擯古，以周禮、左傳為俗學云云。案學考平分今古，並無此說；此乃二變，康長素所發明者，非原書所有。舊說已改，見於四變記中。答江叔海書。

至是而又以尊今擯古之見，推爲長素所發見，不惟不願貪天功，抑若不欲分人謗，出朱入素，前後判若兩人矣。夫考證之事，貴乎有據，所據苟確，則積證益富，歷年益信。未有前據必搖，後說必移，一人之學，若四時之代謝，以能變爲出奇者也。而季平顧不然，其言曰：

> 為學須善變，十年一大變，三年一小變。

不幸而季平享高壽，說乃屢變無已，既爲五變記，又復有六變。先號「四益」，後改「五譯」，繼稱「六譯」。及其死，而生平之所持說，亦爲秋風候鳥，時過則已。使讀其書者，回皇炫惑，遷轉流變，渺不得眞是之所在。蓋學人之以戲論自衒爲實見，未有如季平之尤也！而長素以接席之頃，驚其新奇，穿鑿張皇，急成鉅著，前

梁啓超記康廖著書交涉

後一年外，得書十四卷，竟以風行海內，驟獲盛譽。及戊戌毀版，至丁巳復辟既敗，幽居美使館，不忘前業，重付諸梓，距書之初成，則既二十有七年矣。顧獨如呂覽之懸書咸陽門，一字不易，則何其成書之迅，造說之確！與六譯善變，其事雖異，蓋可俱譏矣。

抑長素書出於季平，長素自諱之，長素弟子不爲其師諱也。其書亦本由其弟子助成之，而其弟子卽不盡以師書爲然。梁啓超曾言之，曰：

> 有為早年，酷好周禮，嘗貫穴之著政學通議。後見廖平所著書，乃盡棄其舊說。廖平晚年，受張之洞賄逼，復著書自駁。按：此指戊戌三變，廖氏自飾謂「志欲圖存，別構營壘」者也。其人固不足道，然有為之思想，受其影響，不可誣也。……有為弟子陳千秋、梁啓超，並夙治考證學。……偽經考之著，二人多所參與，亦時時病其師之武斷，然卒莫能奪。實則此書大體皆精當，其可議處乃在小節。乃至謂史記、楚辭經劉歆羼入者數十條，出土之鐘鼎彝器，皆劉歆私鑄埋藏，以欺後世。此實為事理之萬不可通者，而有為必力持之。……有為以好博好異之故，往往不惜抹殺證據，或曲解證據，……此其所短也。清代學術概論。是書成於民十辛酉，在復辟失敗後四年。謂有為受廖平影響為不可誣，不啻針對其師之自辨發也。

梁氏之言如此，然而猶未盡。偽經考所持，爲事理之萬不通者尚多，論大體亦無是處。昔全謝山謂毛西河著書，僞造證據，然毛書固多可傳，不如長素抹殺一切，強辯曲解，徒亂後生耳目也。方植之有

考證學中之陸王

言：「考證學衰，陸王將興。」若康、廖之治經，皆先立一見，然後攬擾羣書以就我，不啻「六經皆我注脚」矣，此可謂之考證學中之陸王。而考證遂陷絕境，不得不墜地而盡矣。昔萬充宗有云：「非通諸經，則不能通一經；非悟傳注之失，則不能通經；非以經釋經，則亦無由悟傳注之失。」此數言者，蓋不啻爲清代經學開先河。自公羊家專以一經之義說羣經，而通諸經以通一經之意失。又主口說家法為微言大義所在，而以經通經以悟傳注之誤之意亦失。而後說經者皆爲小夏侯之「左右采獲，具文飾說」焉。至於長素則並不說經，洵如季平所譏爲「史學、目錄二派窠臼」者，特以己意進退諸經，以赴我之所欲云云，經學烏得而不趨絕境哉！

孔子改制考

長素書繼新學僞經考而成者，有孔子改制考，亦季平之緒論，季平所謂僞經考本之闢劉，改制考本之知聖也。今刻知聖篇，非廖氏原著；原書稿本，今藏康家，則頗多孔子改制說。顧頡剛親見之。季平必謂孔子造六經者亦有說。彼謂：

以經為古史，則芻狗陳迹，不足自存，故必以孔子為空言待後。四益館叢編尊孔篇。

經非古史論之背景

又曰：

海外法政學說昌明，因時立法，三王且不同禮，五帝且不襲樂，果係古史，芻狗糟粕，今日已萬不能見之實行，更何能推之萬世以後？此必須改為至聖立言，師表萬世，決非已往陳迹，而後經乃可以自立。民二癸丑在北京世界哲理進化退化演說辭。

又謂：

凡屬史事成迹，芻狗糟粕，莊、列攻之，不遺餘力。孔經新非舊，經非史。四益館雜著舊說以經為史之弊十條。

此季平必主孔經非史之微意也。又謂：

學經四變，書著百種，而尊孔宗旨，前後如一。尊孔篇。

蓋季平必求所以尊孔者而不得其說，乃屢變其書以求一當。其學非考據，非義理，非漢，非宋，近於逞臆，終於說怪，使讀者迷惘不得其要領。其弟子亦言之：

海內讀四譯書者，每苦不得門徑。蓋自考據、義理專行已久，學者先入為主，於四譯新解，輒多扞格。故初學尚易領悟，……從事漢、宋工深者，轉多迷罔。四譯宬經學穿鑿記二卷姪師政跋。

此可謂眞率之言也。

朱一新對康說之諍辨

長素剽竊廖說，倡爲僞經、改制之論，當時有遺書相糾匡者曰朱鼎甫。其言曰：以下所引，雜採佩弦齋文存及無邪堂答問。

當史公時，儒術始興，其言闊略，河間傳不言獻書，魯共傳不言壞壁，正與楚元傳不言受詩浮邱伯一例。若史記言古文者皆為劉歆所竄，則此二傳乃作偽之本，歆當彌縫之不暇，豈肯留此罅隙以待後人之攻？足下謂歆偽周官、偽左傳、偽毛詩、爾雅，互相證明，並點竄史記以就己說；則歆之於古文，為計固甚密矣，何於此獨疏之甚乎？按：史記不言而漢書言之者甚多，即如淮南王傳不言淮南著書，而漢書有之，固不得以此疑淮南王書為偽也。長素自謂著新學偽經考動機始於讀河間一傳，可證其思理之粗矣。且足下不用史記則已，用史記而忽引之為證，忽斥之為偽，意為進退，初無證據，是則足下之史記，非古來相傳之史記矣。按：崔適依長素意為史記探源，較長素益專輒。誠如康、崔說，將史記中彼輩所謂偽者抹去，史記當全部改觀，且不可讀矣。長素又謂漢書非班固作，班固只得二萬許字，此更謬。長素一面根據史、漢，以證劉歆之偽，其與己說相衝突者，亦一併偽之。凡有一條可證古文非劉歆偽造者，彼即可曰此亦劉歆之偽造也。如此為辨，將永無止息之日。

史記漢書之詳略並非劉歆作僞之證據

此言僞經考所用考證方法之不可恃也。又曰：

左氏不傳經非即爲僞書

漢儒斷斷爭辨者，但謂左氏不傳經，非謂其書之偽也。左氏與國語，一記言，一記事，義例不同，其事又多複見，若改國語為之，則左傳中細碎之事將何所附麗？按：太史公十二諸侯年表即多據左氏，若左氏係國語改為，則必謂國語本係編年，可乎？且國語見采於史公，非人間絕不經見之書，歆如離合其文以求勝，適啓諸儒之爭，授人口實，愚者不為。……史記多采左傳，不容不見其書，或史公稱左傳為國語則有之，謂歆改國語為左傳，殆不然也。儀禮、左傳、國語、戰國策，皆後人標題，故無定名，諸子書亦多如是；猶「史記」非史遷本名，卽稱「太史公書」者亦楊惲所題，史遷當時初不立名也。左氏書之晚出，自不待辨。但張禹以言左氏為蕭望之所薦，其事實不能偽造。尹更始、翟方進、賈護、陳欽之傳授，魯國桓公、趙國貫公、膠東庸生之講習，耳目相接，不能鑿空。歆是時雖貴幸，名位未盛，安能使朝野靡然從風，羣誦習其私書耶？按：余有劉向歆父子年譜，卽專從漢書事實駁康說。推極康論，非謂漢書亦劉歆偽造不可。公羊之學，盛行西漢，班史所載臣工諸條奏，本春秋褒貶災異以立說者甚多，初未及素王制作之事。惟梅福傳福據此以求立孔子世為殷後，成帝推迹古文，以左氏、穀梁、世本、禮記相明，遂立孔子後為殷紹嘉公。當時據以立二王後者，乃用古文及左氏、穀梁，並非據公羊。劉申受欲明三統之義，而反黜左氏，亦傎甚矣！

此言左氏春秋未必爲歆僞，不可深斥也。按：余有周官著作時代考，證周官出六國，非歆僞書。

春秋改制說之無稽

以春秋為漢興而作，此尤緯說之無理者。蓋自……秦人焚書，……儒術久遏不行。武帝罷黜百家，諸儒亟欲興其學，竄附緯說，以冀歆動時君，猶左傳之增「其處者為劉氏」也。此在立學之初，諸儒具有苦心，……俗語不實，流為丹青。光武好言圖讖，東漢諸儒從風而靡，何邵公遂以春秋演孔圖之說解獲麟，可云寡識。

公羊改制包括不得六經大義

陸賈新語術事篇：「春秋上不及五帝，下不及三王，述齊桓、晉文之小善。魯之十二公，至今之為政，足以知成敗之效，何必於三王？」此可見秦、漢之際言春秋者，尚無改制謬說。漢儒泥於陰陽，推迹五運，乃始以是羼入公羊耳。新語或以為偽作，實非也，嚴鐵橋漫稿已詳辨之。

此推證春秋公羊改制說之所由來也。

且亦惟公羊為然，於二傳何與？於詩、書、禮、易、論語又何與？乃欲割裂經文以就己意，舉六經微言大義盡以歸諸公羊，然則聖門傳經，獨一公羊耳，安用商瞿、子夏諸賢之紛紛也？又曰：「聖人但作一經足矣，曷為而有六？」

六經大義，戴記經解篇、莊子天下篇皆言之，周人之言經義，初未嘗通六經為一。……繁露玉杯篇：「詩、書序其志，禮、樂純其養，易、春秋明其知，六學皆大，而各有所長。詩道志，故長於質；禮制節，故長於文；樂詠德，故長於風；書著功，故長於事；易本天地，故長於數；春秋正是非，故長於治人。」董生之言如是，曷嘗通六經為一乎？今以六經之言，一切歸之改制，其鉅綱細目散見於六經者，轉以為粗迹而略置之。夫日以制作為事，而不顧天理民彝之大，以塗飾天下耳目者，惟王莽之愚則然耳，曾謂聖人而有是乎？按：譚復生仁學謂改制必先改教，亦見及此矣。後長素不忍雜誌諸論，亦轉與朱合，惜悟之不早也。

此言公羊改制，特一家之言，未可推之六經，而偏以爲說也。

王制晚出不盡合於公羊

論語與公羊亦難合

王制一篇，漢儒後得，為殷為周，本無定論，康成於其說之難通者，乃歸之於殷，今更欲附會春秋改制之義，恐穿鑿在所不免。又曰：「王制乃漢文集博士所作，盧侍中明言之。當孝文時，今學萌芽，老師猶在，博采四代典禮以成是篇，乃王制摭及公羊，非公羊本於王制。周尺東田，明是漢人常語，與月令之有太尉，大戴記之有孝昭冠辭略同。太尉與冠辭，猶可云偶贅及之；周尺東田，乃王制一篇節目，謂亦贅文耶？」又曰：「王制首篇卽述孟子之言，故鄭以為在孟子之後。」論語二十篇，可附會者惟「夏時殷輅」、「文王既沒」數言，然既通三統，則韶樂、鄭聲，何為而類及之？……近儒為公羊學者，前則莊方耕，後則陳卓人。方耕間有未純，大體已具；卓人以繁露、白虎通說公羊，乃真公羊家法也。非常可怪之論，至於董子、邵公可以止矣。劉申受於邵公所不敢言者，毅然言之，卮辭日出，流弊甚大。公羊與論語初不相涉，而作論語述何以溝通之；戴子高復推衍之，謂論語當如是解，然乎否乎？近儒惟陳卓人深明家法，亦不過為穿鑿。若劉申受、宋于庭、龔定菴、戴子高之徒，蔓衍支離，不可究詰。凡羣經略與公羊相類者，無不旁通而曲暢之，卽絕不相類者，亦無不鍛鍊而傅合之。舍康莊大道而盤旋於蟻封之上，憑臆妄造，以誣聖人，二千年來經學之厄，未有甚於此者！國朝公羊之學，始於陽湖莊氏，篳路藍縷，例尚未純；卓人學出凌曉樓，曉樓言禮制，已頗穿鑿；至劉、宋、戴諸家，牽合公羊、論語而為一；于庭復作大學古義說以牽合之；定菴專以張三世穿鑿羣經；皆所謂以艱深文淺陋也。足下曩言西漢儒者乃公羊之學，宋儒者乃四子書之學，……既知四子書與公羊各有大義矣，奚為必欲合之？

此言論語、王制之未可與公羊强通也。

漢學家走上公羊之背景

漢學家瑣碎鮮心得，高明者亦悟其非，而又炫於時尚，宋儒義理之學，深所諱言。於是求之漢儒，惟董生之言最精；求之六經，惟春秋改制之說最易附會。且西漢今文之學久絕，近儒雖多綴輯，而零篇墜簡，無以自張其軍。獨公羊全書幸存，繁露、白虎通諸書，又多與何注相出入，其學派甚古，其陳義甚高，足以壓倒東漢以下儒者，遂幡然變計而為此。

此指陳晚清公羊學驟盛由來也。

推公羊家法說羣經之非是

公羊家言，如以祭仲為行權，乃假祭仲以明經、權之義，非真許祭仲；以齊襄為復九世之讎，乃假齊襄以明復讎之義，非真許齊襄。此類頗多，皆文與而實不與。但此惟公羊為然，近儒乃推此義以說羣經，遂至典章、制度、輿地、人物之灼然可據者，亦視為莊、列寓言，恣意顛倒，殆同戲劇，從古無此治經之法。按：長素改制考即由此誤。

諸子書發攄己意，往往借古事以申其說，年歲舛謬，事實顛倒，皆所不計。或且虛造故事，……莊生所謂「寓言十九」也。後世為詞章者亦多此體。至劉子政作新序、說苑，冀以感悟時君，取足達意，亦不復計事實之舛誤。蓋議論之文源出於子，自成一家，不妨有此。……六經與諸子體製迥殊，……近人惑於諸子之恢怪，以為聖人立言亦復如是，……謬尤不待辨矣。按：長素以諸子創教改制證孔子之創教改制，讀朱說自見其誤。

今文十四博士並不同條共貫

此言引申公羊家法謂儒家六經爲託古改制之無當也。

今文先立學，故顯於西漢，古文至東漢而始顯，此乃傳述之歧互，非關制作之異同。「今學」、「古學」之名，漢儒所立，秦以前安有此分派？文有今古，豈制亦有今古耶？按：鼎甫「傳述歧互，非關制作異同」一語，已足盡破廖氏之古今學考而有餘矣。廖氏亦知以古學為孔子中年思想，今學為孔子晚年思想之說不能成立，乃始一轉而為今學乃孔子真傳，古學盡劉歆偽造，彼不知傳說之本可有歧互也。足下謂今文與今文，古文與古文皆同條共貫，因疑古文為劉歆所偽造。夫……今文固不盡同，西漢立十四博士，正以其說有歧互也。立魯詩復立齊、韓，立歐陽尚書復立大、小夏侯，一師所傳且如此，況今、古文之學，豈能盡同？今文家言傳者無多，自東漢時師法已亂，其僅存者，乃始覺其同條共貫耳，豈西漢諸儒之說果如斯乎？「如魯詩說關雎與齊、韓異，此類今猶可考。今文必不能同條共貫也。乃執所見以概所不見，由此推之，未免輕於立說矣。」又曰：「陳恭甫疏證五經異義，所采有今文與今文，古文與古文各異者，亦間有今文與古文相同者。就其所采已如此，況許、鄭之辨，不盡傳於今者乎？」西漢有家法，以經始萌芽，師讀各異，至東漢而集長舍短，家法遂亡，由分而合，勢蓋不能不如此。儒者治經，但當問義理之孰優，何暇問今、古文之殊別？近儒別今、古文，特欲明漢人專家之學，非以古文為不可從，必澌滅之而後快也。

公羊「通三統」之義，非後世所能行，辨之極精，亦仍無益。漢時近古，猶有欲行其說者，故諸儒不憚詳求。……凡學以濟時為要，六經皆切當世之用，夫子不以空言說經也。後世學術紛

辨今古文無益時用

歧，功利卑鄙，故必折衷六藝以正之，明大義尤亟於紹微言者以此，宋儒之所為優於漢儒者亦以此。質文遞嬗，儒者通其大旨可耳。周制已不可行於今，況夏、殷之制為孔子所不能徵者乎？穿鑿附會之辭，吾知其不能免也。按：鼎甫舉學以濟時為說，而竟謂宋儒優於漢儒，則此意湛深，雖陳蘭甫亦所不憭，遙遙二百年，成隻眼矣。夫今之學者，義理之不明，廉隅之不立，身心之不治，時務之不知，聰穎者以放言高論為事，謂宋、明無讀書之人，卑陋者以趨時速化為工，謂富強有立致之術，人心日偽，士習日囂，是則可憂耳！不此之憂，而憂古、今文之不辨，吾未聞東漢興古文以來，世遂有亂而無治也。……二千餘載羣焉相安之事，忽欲紛更，明學術而學術轉歧，正人心而人心轉惑，無事自擾，誠何樂而取於斯！按：鼎甫此論，正是朱子襄、廖季平兩人學術不同之點，亦是長素長興學記與新學偽經考兩書中之歧趨，惜乎長素不能自辨耳。

此言剖辨漢儒今古文家法之無益時用也。按：治公羊「通三統」之說，固必求其制度，而尤有一更要義焉，則帝王非萬世一姓，及其德衰，必擇賢禪讓是也。此漢儒自董仲舒以下皆言之，極於王莽之代漢，亦自公羊通三統之義而來。長素盛尊公羊而力詆莽、歆，高談改制而堅主保皇，則義不條貫，非眞能知漢儒公羊家精神也。鼎甫所辨亦不及此。

義理風俗爲制度之本不可徒言變法

乾、嘉諸儒，以義理為大禁，今欲挽其流失，乃不求復義理之常，而徒侈言義理之變。將以吾聖賢經傳為平澹不足法，而必以其變者為新奇乎？有義理而後有制度，……義理殊斯風俗殊，風俗殊斯制度殊，今不揣其本而漫云改制，制則改矣，將毋義理亦與之俱改乎？……法之弊也，非立法之失，而行法者之失也。人心陷溺於功利，則凡行法者皆得借吾法以逞其私。而易一法，適增一弊。故治國之道，必以正人心、厚風俗為先，法制之明備，抑其次也。按：定制必先以精義，而行法尤待乎美俗；非精義則制不立，非美俗則法不行。當時治公羊言改制者昧之，流弊迄於今玆。習俗相沿，莫不以改制變法為急，惟易復古為崇外耳。鼎甫之言，雖若平淡，實足為一時之諍友也。民國肇建，百務更張，長素創為不忍雜誌，持論多箴砭，乃與鼎甫之意轉近。

言春秋不當混夷夏

公羊三科，一曰張三世；二曰存三統；三曰異外內，內其國而外諸夏，內諸夏而外戎狄。……而徒侈言張三世、通三統，不思異外內之義，吾恐猖狂恣肆之言陷溺其心者既久，且將援儒入墨，用夷變夏，而不自知。嗚呼！是亦不可以已乎！按：長素是時單提公羊改制，尚未及禮運大同，故鼎甫得以此折之；及長素倡大同之說，則夷夏之防本屬小康，不足道矣。然長素不忍諸論，仍轉與朱合，不能自守舊見也。

康朱異同

此則言主公羊改制者，實爲援儒入墨，用夷變夏，此尤道著康學癥結所在。凡鼎甫所云云，陳義平實，援證明碻，可謂長素之諍友矣！惜乎長素不之信，及鼎甫卒，長素爲祭文，猶謂：

今學口說，三統大義，囊括四海，可掃霾曀。相契遠慮，頓釋宿滯，手出答問，屬商疑異。

又自編年譜，謂：

既請我打破後壁言之，乃大悟。其與人言及見之書札，乃其門面語耳。此據趙豐田康氏年譜。

識者譏之，不啻方望溪之於李恕谷矣。鼎甫復長孺第二書，謂：「凡事不可打通後壁，老、莊、釋氏，皆打通後壁之書也。」若長素書打通後壁，不過如鼎甫所云「援儒入墨，用夷變夏」而已，不過如譚復生仁學所謂「衝決網羅，以改教而改制」而已。其是非且勿論，要之決非鼎甫所能首肯，而長素云云，爲誣其死友，則極顯也。

朱一新論氣節

又按：無邪堂答問尚多鍼時之見，可取與康書並觀者，如論氣節，謂：

氣節，遇事乃見，平日只有集義養氣之功，無所為氣節也。高談氣節者，不甚可信。……在己只見義理之當言當為，初無氣節之見存，人之聞其風者，乃稱之曰氣節。氣節者，人所加之名，非己可以襲取也。襲取焉，卽氣易餒，而節不固矣。氣之所以能不餒者，以其於義理確有所見，言之而犂然有當人心，行之而灼然不惑於利害；……若激於一時，而非裕於平日，乃意氣也，非氣節也。詡詡然以此自矜，乃客氣也，尤非氣節也。意氣有時或可成事，客氣則無不僨事。

朱一新論清議

又論清議名節云：

士人立身，首重名節；名節者，清議之所從出也。……然清議、名節之立，尤在乎厚風俗。

……梨洲但知清議出於學校，不知橫議之亦出於學校也。但知陳東、歐陽澈之為太學生，不知為賈似道頌功德者亦太學生也。學校之習一壞，則變亂是非之説，多出乎其中。

此又可與長興學記特勵氣節與提倡晚明之意互觀者也。

康氏之大同書

梁氏清代學術概論，序列長素三著：一曰新學僞經考，二曰孔子改制考，三曰大同書。謂：「若以新學僞經考比颶風，則後二書其火山大噴火也，其大地震也。」又謂：「僞經考、改制考皆有爲整理舊學之作，其自身創作則大同書也。」梁氏又謂：「大同書全書凡數十萬言。有爲雖著此書，然祕不示人。其弟子最初得讀此書者，惟陳千秋、梁啓超。啓超屢請印布，久不許，卒乃印諸不忍雜誌中，僅三之一，雜誌停版，竟不繼印。」按：大同書屬稿雖早，成書尚遲，有辨詳後。又近有中華書局鉛印本，乃全稿也。梁氏又謂：

大同書最要關鍵，在毀滅家族。有為謂佛法出家，求脱苦也，不如使其無家可出。謂私有財產為爭亂之源，無家族則誰復樂有私產？若夫國家，則又隨家族而消滅者也。有為懸此鵠為人類進化之極軌。

今按：大同書目錄凡十部：

甲、入世界，觀衆苦。乙、去國界，合大地。丙、去級界，平民族。丁、去種界，同人類。戊、去形界，保獨立。己、去家界，為天民。庚、去產界，公生業。辛、去亂界，治太平。壬、去類界，愛衆生。癸、去苦界，至極樂。

長素之言曰：

一覽生哀，總諸苦之根源，皆因九界。九界者何？一曰國界，分疆土、部落也。二曰級界，分貴、賤、清、濁也。三曰種界，分黃、白、棕、黑也。四曰形界，分男、女也。五曰家界，私父子、夫婦、兄弟之親也。六曰業界，私農、工、商之產也。七曰亂界，有不平、不通、不同、不公之法也。八曰類界，有人與鳥、獸、蟲、魚之別也。九曰苦界，以苦生苦，傳種無窮無盡，不可思議。

而救苦之道，則在破除九界。梁氏記大同書條理如下舉：

一、無國家，全世界置一總政府，分若干區域。
二、總政府及區政府皆由民選。
三、無家族，男女同棲不得逾一年。屆期須易人。
四、婦女有身者入胎教院，兒童出胎者入育嬰院。
五、兒童按年入蒙養院及各級學校。
六、成年後，由政府指派分任農、工等生產事業。
七、病則入養病院，老則入養老院。
八、胎教、育嬰、蒙養、養病、養老諸院，為各區最高之設備，入者得最高之享樂。
九、成年男女，例須以若干年服役於此諸院，若今世之兵役然。
十、設公共宿舍、公共食堂，有等差，各以其勞作所入自由享用。
十一、警惰為最嚴之刑罰。
十二、學術上有新發明者，及在胎教院等五院有特別勞績者，得殊獎。
十三、死則火葬，火葬場比鄰為肥料工廠。

大同書思想之來歷

此大同書內容大體也。梁氏謂：「有爲著此書時，固一無依傍，一無勦襲，在三十年前，而其理想與今世所謂世界主義、社會主義者，多合符契，而陳義之高且過之。眞可謂豪傑之士已！」然自今論之，近代世界主義、社會主義之產生，皆有相當之背景，及其逐步實現之方法；當長素時中國固無應趨大同之需要，亦無可向大同之步驟，而無端發此奇想，何也？陳義雖高，唐大不實，亦幾於以空想爲游戲而已。且此等思想，亦自有其來歷，並非絕無依傍勦襲也。朱鼎甫嘗論之，謂：

聞見雜博與揚高鑿深

> 足下自處甚高，凡所論譔，皆為一世人心風俗計。……然冀足下劃去高論，置之康莊中，使坐言可以起行，毋徒鑿空武斷。……原足下之所以為此者，無他焉，蓋聞見雜博為之害耳。其汪洋自恣也取諸莊，其兼愛無等也取諸墨，其權實互用也取諸釋，而又炫於外夷一日之富強，謂……可以旋至而立效也。故於聖人之言燦著六經者，悉見為平澹無奇，而必揚之使高，鑿之使深。（佩弦齋文存卷上復長孺第四書。）

鼎甫此言，雖不指大同書，然可謂洞窺康學隱微，而有以發其蔽矣。長素論學極尊孔子，乃持論若高出孔子遠甚，與己不合者則以爲僞書俗說，若惟己始得孔學之眞傳。實則凡彼所謂孔學者，皆雜取之孔子以外一切新奇可喜之理，不問其合否、通否，而並以歸諸孔，遂使孔子爲高出一切之聖人也。梁氏以「男女同棲當立期限」爲大同書第一眼目，此已非孔子所傳之教義，亦非長素特創之新思，特長素偶感於西人婚姻自由之制，而故爲此揚高鑿深之言耳。梁氏又言：「康氏謂佛法出家，不如使其無家可出」，則其主毁滅家族，又是對佛法爲揚高鑿深矣。至於去國界、去種界，長素粤人，適處中外接觸頻繁之點，對於種姓、國别爲揚高鑿深，故云然。長素思想之來歷，在中國則爲莊子之寓言荒唐，論语注卷五，謂：「孔子大同之道，再傳爲莊周，在宥天下，大發自由之旨。」又曰：「善讀孔子書者，當知六經不足見孔子之全，當推子貢、莊子之言而善觀之。」又爲墨子之兼愛無等，禮運晚出，本雜道、墨思想。又譚復生仁學亦力尊墨子，其風亦沿晚清治子學之遺緒，又附會之於西國耶教而然。又炫於歐美之新奇，附之釋氏之廣大，而獨以孔子爲説。分析大同書含義，雖若兼容並包，主要不過兩端：一曰平等博愛，此西説也，而揚高鑿深之，乃不僅附會之於墨翟，並牽率之於釋迦。一曰去苦求樂，此則陳義甚淺，僅著眼社會外層之事態，未能深入人性、物理之精微。試問如長素説，無國界、種界，乃至無形界，男女同棲，一年一換，乃至無類界，人與鳥、獸、蟲、魚一視平等，果遂爲至樂矣乎？孔、釋、耶立教，皆有「無我」一義，大同書首曰「入世界觀衆苦」，此等描寫，乃佛書濫套耳。苟會得孔、釋、耶之無我，則此所謂衆苦者，或皆非苦矣。長素獨不慮此，雖打破國界、種界、形界、類界，苟使有我見尚存，恐終難覓極樂之趣。要之長素此書，其成之於聞見雜博者，乃長素之時代；其成之於揚高鑿深者，乃長素之性度。三百年來學風，久務瑣碎考據，一旦轉途，篳路藍縷，自無佳境。又兼之時代之劇變，種種炫耀惶惑於其外，而長素又以好高矜奇之心理遇之，遂以成此侈張不實之論也。張氏南海康先生傳，謂：「先師年二十七，以法越之役，粤城戒嚴，還西樵，居一樓，名曰澹如。涉獵西書，並研究佛典。上自婆羅門，旁通四教，萬緣澄絕，所悟益深。因顯微鏡而悟大小齊同之理，因電機、光線而悟久速齊同之理。既知無去來，則專以現在爲總持；既知無無，則專以生有爲存存；既知知氣神精無生死，則專以示現爲解脱；既知無精粗、無淨穢，則專以覺悟爲受用；既以畔援、歆羡皆盡絕，則專以仁慈爲施用。其道以元爲體，以陰陽爲用，以勇、禮、義、智、仁五運論世宙，以三統論諸聖，以三世推將來，而務以仁爲主，故奉天合地，以合國、合種、合教，一統地球。又推一統之後，人類語言、文字、飲食、衣服、宮室之變，男女平等之制，人民同公之理，務致諸生於極樂。抉經、子之奧言，超儒、佛之微旨，融中、西之新理，窮天、人之賾變」云云，其敍述大同書思想來歷，至爲明備。又云：「先師年二十八，從事算學，以幾何理著人類公理，並手定大同之制。」可見大同書思想，實自涉獵西書與研究佛典，二者相合，又適以兵禍戰亂，多所根觸，遂爲此大同至樂之遊想，而附會於中國經典，則以周易「元」與「陰陽」，春秋之「三世」，論語之「仁」爲說。鼎甫所譏「聞見雜博，揚高鑿深」者，正爲深中其病候。至其書初名「人類公理」，並不名「大同書」，其取名大同，又附會之於禮運，事尚在後，辨見下文。然

康氏此書，在當時非無其深重之影響也。梁氏言：「初得讀此書，大樂，銳意欲宣傳其一部分。有爲弗善也，而亦不能禁其所爲。後此萬木草堂學徒，多言大同矣。」今梁氏所謂急欲宣傳之一部，其詳已不可考。至當時有切實發揮大同書含義，著書而傳誦一時者，則爲譚嗣同之仁學。

譚復生

譚嗣同，字復生，又號壯飛。湖南瀏陽人，生同治四年乙丑，卒光緒二十四年戊戌，一八六五—一八九八。年三十四。中壽罹禍，不得竟其學，然所著仁學特聞。

仁學宗旨在衡決網羅

仁學宗旨，在於衡決網羅。自敍謂：

> 初當衝決利祿之網羅，次衝決俗學若考據、若詞章之網羅，次衝決全球羣學之網羅，次衝決君主之網羅，次衝決倫常之網羅，次衝決天之網羅，次衝決全球羣教之網羅，終將衝決佛法之網羅。

名教

其書大意如是，而尤致憤於世俗之所謂名教。謂：

> 仁之亂也，則於其名。名忽彼忽此，視權勢之所積；名時重時輕，視習俗之所尚。……俗學陋行，動言名教。……名者，由人創造。上以制其下而不能不奉，則數千年來三綱五倫之慘禍烈

毒，由是酷矣。君以名桎臣，官以名軛民，父以名壓子，夫以名困妻，兄弟、朋友，各挾一名以相抗拒，而仁尚有少存焉者乎？……忠孝，臣子之專名，終不能以此反。雖或他有所據，意欲詰訴，而終不敵忠孝之名為名教之所尚。反更益其罪曰怨望，曰觖望，曰怏怏，曰腹誹，曰訕謗，曰亡等，曰大逆不道。以為當放逐，放逐之，當誅戮，誅戮之，曾不若孤豚之被縶縛屠殺，猶奮盪呼號以聲其痛楚，而人不之責也。

此較之戴東原所謂「宋儒言理以意見殺人」者，憤激猶過之。輓近世以來，學術思想之路益狹，而綱常名教之縛益嚴，然未有敢正面對而施呵斥者；有之，自復生始也。復生之言君臣，曰：

二千年來，君臣一倫，尤為黑暗否塞，無復人理。沿及今茲，方愈劇。

又曰：

天下為君主囊橐中之私產，不始今日，……然而有知遼、金、元之罪浮於前此之君主者乎？其土穢壤也，其人羶種也，其心禽心也，其俗毳俗也。一旦逞其凶殘淫殺之威，以攫取中原之子女玉帛。礪猰貐之巨齒，效盜跖之肝人，馬足蹴中原，中原墟矣；鋒刃擬華人，華人靡矣。乃猶以為未饜，峻死灰復燃之防，為盜憎主人之計。錮其耳目，桎其手足，壓制其心思，絕其利源，窘其生計，塞蔽其智術。……王道聖教、典章文物之亡也，此而已矣！與彼愈切近者，受禍亦愈烈。故夫江、淮、大河以北，古所稱天府膏腴，……衣冠文物之藪澤，詩、書藻翰之津途也，而今北五省何如哉？古之暴君，以天下為己私產止矣；彼起於游牧，直以中國為其牧場耳。……雖然，成吉思汗之亂，西國猶能言之；忽必烈之虐，鄭所南心史紀之；有茹痛數百年，不敢言、不敢紀者，不愈益悲乎？明季稗史中之揚州十日記、嘉定屠城記略，不過略舉一二事。當時既縱焚掠之軍，又嚴薙髮之令，所至屠殺虜掠，莫不如是。……亦有號為令主者焉，及觀南巡錄所載淫擄無賴，與隋煬、明武不少異，不徒鳥獸行者之顯著大義覺迷錄也。

又曰：

君主之禍，無可復加，非生人所能忍受。……國與教與種，將偕亡矣，惟變法可以救之，而卒堅持不變。豈不以……方將私其智、富、強、生於一己，而以愚、貧、弱、死歸諸民，變法則與己爭智、爭富、爭強、爭生，故堅持不變也。究之智、富、強、生，決非獨夫所任為，則又以華人比牧場之水草，寧與之同為虀粉而貽其利於人，終不令我所咀嚼者還抗乎我。此非深刻之言也，試徵之百年之行事，及近今之政治及外交，……其迹較然不可以掩。東事亟時，……

且曰：「寧為懷、愍、徽、欽，決不令漢人得志。」固明宣之語言，華人寧不聞而知之耶？乃猶道路以目，相顧而莫敢先發。……故華人慎無言華盛頓、拿破崙矣！志士仁人，求為陳涉、楊玄感，以供聖人之驅除，死無憾焉。若其機無可乘，則莫若為任俠，亦足以伸民氣，倡勇敢之風，是亦撥亂之具也。……儒者輕詆游俠，比之匪人，烏知困於君權之世，非此益無以自振拔，民乃益愚弱而窳敗，言治者不可不察也。

又曰：

中興諸公，正孟子所謂「服上刑」者，乃……湘人既挾以自驕，各省遂爭慕之，以為可長恃無敗。苟非牛莊一潰，中國之昏夢，將終天地不稍蘇。

此則自君臣而及於種族之見，大體似呂晚村，而憤激亦過之。以當時情勢言，非革命排滿，無以變法，復生見之甚透，論之甚切。又復生主以暗殺伸民氣，亦爲此後革命黨人成功一因。然復生仁學成，不二年，即膺薦至北京，爲軍機章京，同罹戊戌之禍，是終未能自踐其衝決網羅之見也。復生論君臣，又推及於父子、夫婦，謂：

君臣之禍亟，而父子、夫婦之倫，遂各以名勢相制為當然，此皆三綱之名之為害也。名之所在，不惟關其口使不敢昌言，乃并錮其心使不敢涉想。……君臣之名，或尚以人合破之；至於父子，則真以為天之所命，卷舌而不敢議。不知天命者，泥於體魄之言也，不見靈魂也。子為天之子，父亦為天之子，父非人所得而襲取也。……莊曰：相忘為上，孝為次焉。相忘則平等矣。雖然，又非謂相忘者遂有不孝也。……孝且不可，何況不孝哉？（梁傳謂復生幼喪母，為父妾所虐，備極孤孽之苦，故言此尤慨切。）

又曰：

自秦垂暴法，於會稽刻石，宋儒煬之，妄為「餓死事小，失節事大」之瞽說，直於室家施申、韓，閨闥為岸獄。是何不幸而為婦人，乃為人申、韓之！岸獄之！

五常

復生既論三綱，又及五常，謂：

五倫中於人生最無弊而有益，無纖毫之苦，有淡水之樂，其惟朋友乎？……所以者何？一曰平等，二曰自由，三曰節宣惟意；總括其義曰不失自主之權而已。兄弟於朋友之道差近，……餘皆為三綱所蒙蔽，如地獄矣。

變法必先變教

又謂：

今中外皆侈談變法，而五倫不變，則舉凡至理要道，悉無從起點，又況於三綱乎？

然則變法者，其本要歸乎變教，教不變而徒變夫法，盡無當也。本此而論儒、墨之是非，則尤深斥夫禮焉，曰：

禮與仁

儒之末流，亦專主體魄為教。其言曰：「……彼墨子之兼愛，亂親疏之言也。」墨子何嘗亂親疏哉？親疏者，體魄乃有之，……若夫……通天地萬物人我為一身，復何親疏之有？……不能超體魄而生親疏，親疏生分別，分別親疏，則有禮之名，自禮明親疏而親疏於是乎大亂。心所不樂而強之，身所不便而縛之，則升降拜跪之文繁，至誠惻怛之意汩，親者反緣此而疏，疏者亦可冒此而親。日糜有用之精力，有限之光陰，以從事無謂之虛禮。……故曰：「禮者，忠信之薄而亂之首也。」夫禮依仁而著，仁則自然有禮，不待別為標識而刻繩之，亦猶倫常親疏亦自然而有，不必嚴立等威而苛持之也。禮與倫常皆原於仁，而其究可以至於大不仁，則泥於體魄之為害大矣哉！

然復生雖深病禮與綱常名教，而並不以此爲孔教病，其言曰：

以公羊傳三世之說衡之，孔最為不幸。孔之時，君主之法度既已甚密而孔繁，所謂倫常禮義一切束縛箝制之名，既已浸漬於人心，而猝不可與革。既已為據亂之世，孔無如之何也。其於微言大義，僅得託諸隱晦之辭，而宛曲虛渺以著其旨。其見於雅言，仍不能不牽率於君主之舊制，亦止撥亂之世之法而已。……後之學者，不善求其指歸，則辨上下，陳高卑，懍天澤，定名位，祇見其為獨夫民賊之資焉矣。

又曰：

孔雖當據亂之世，而黜古學，改今制，託詞寄義於升平、太平，未嘗不三致意焉。……孔學衍為兩大支：一為曾子傳子思而至孟子，孟故暢宣民主之理以竟孔之意。一由子夏傳田子方而至莊子，莊故痛詆君主，自堯、舜以上莫或免焉。不幸此兩支皆絕不傳，荀乃乘間冒孔之名，敗孔之道。……喜言禮樂、政刑之屬，惟恐箝制束縛之具之不繁也。一傳而為李斯，其為禍亦暴著於世矣。……故嘗以為二千年來之政，秦政也，皆大盜也；二千年來之學，荀學也，皆鄉愿也。惟大盜利用鄉愿，惟鄉愿工媚大盜。二者相交相資，而罔不託之於孔。執託者之大盜、鄉愿，而責所託之孔，又烏能知孔哉？

又曰：

方孔之初立教也，黜古學，改今制，廢君統，唱民主，變不平等為平等，亦汲汲然勤矣。豈謂為荀學者，乃盡忘其精意而泥其粗迹，反授君主以莫大無限之權，使得挾持一孔教以制天下。彼荀學者必以「倫常」二字誣為孔教之精詣，不悟其為據亂世之法也。……彼為荀學而授君主以權，愚黔首以死，雖萬被戮，豈能贖其責孔之罪哉？

故曰：

孔教之亡，君主及言君統之偽學亡之也，復之者尚無其人，吾甚祝孔教之有路德。

又曰：

君統盛而唐、虞後無可觀之政，孔教亡而三代下無可讀之書。乃若區玉檢於陳編，拾大齊於瓦礫，以冀萬一有當於孔教者，則黃梨洲明夷待訪錄其庶幾乎？其次為王船山之遺書，皆於君民之際有隱恫焉。黃出於陸王，陸王將纘莊之彷彿；王出於周張，周張亦綴孟之墜遺，輒有一二聞於孔之徒，非偶然也。若夫與黃、王齊稱，而名實相反，得失背馳者，則為顧炎武。顧出於程朱，則荀學之雲礽也，君統而已，豈足道哉！

凡復生之所以判孔教者若此，而復生又深不喜夫老。曰：

李耳之術之亂中國也，柔、靜其易知矣。若夫力足以殺盡地球含生之類，胥天地鬼神之淪陷於不仁，而卒無一人能少知其非者，則曰儉。……儉之與奢，吾不知果何所據而得其比較，差其等第，以定厥名。……本無所謂奢儉，而妄生分別以為之名，又為之教，曰：黜奢崇儉。……推此，雖瞿離朱之目，攦工倕之指，猶患不給。凡開物成務，利用前民，勵材獎能，通商惠工，一切制度文為、經營區劃，皆當廢絕。……而奸猾桀黠之資，憑藉高位，……陰行豪強兼幷之術，以之欺世盜名焉。此鄉愿之所以賊德，而允為僉人之尤矣！

故曰：

言靜者，惰歸之暮氣，鬼道也；言儉者，齷齪之昏心，禽道也。

復生既力斥柔、靜、儉，而又痛病於機心焉。曰：

吾觀中國，知大劫行至矣，不然，何人心之多機械也？西人以在外之機械製造貨物，中國以在內之機械製造劫運。今之人莫不尚機心，其根皆由於疑忌。乍見一人，其目灼灼然，其口絾默，其舌矯矯欲鼓，其體能卑屈，而其股肱將欲翺翔而攫搏，伺人之瑕隙而蹈焉。吁！可畏也！談人之惡則大樂，聞人之善則厭而怒，以謾罵為高節，為奇士，其始漸失其好惡，終則胥天下而無是非。……黨之中又有黨，黨之中又自相攻，一人而前後歧出，一時而毀譽矛盾。如釜中蝦蟹，囂然以鬨，火益烈，水益熱，而鬨益甚。故知大劫不遠矣！且觀中國人之體貌，亦有劫象焉。試以擬諸西人，則見其委靡、猥鄙、粗俗、野悍，或瘠而黃，或肥而弛，或萎而傴僂，其光明秀偉有威儀者，千萬不得一二。或曰：「中國人愁困勞苦，喧隘不潔，易生暗疾，固也。」然使既以遭遇攻其外，不更以疑忌巧詐自蠹其中，彼外來之禍患猶可祛也，豈非機心之益其疾耶？無術以教之，亦惟以心解之，緣劫運既由心造，自可以心解。

嗚呼！何其言之慨切而沉痛耶！復生所謂以心力解刼運者，仁卽心力也。心力之表見曰通，其所以害夫通者則曰禮、曰名。蓋通必基於平等，而禮與名皆所以害其平等之物也。禮與名之尤大者則曰三綱五常，曰君臣、父子、夫婦；而君臣一綱尤握其機樞。心力之不得其通而失於長養遂達，則變而爲柔、靜、儉，鬱而爲機心，積而爲病體，久而成刼運，其禍皆起於不仁。求反於仁而强其心力，其首務在於衝決網羅，而君統之僞學尤所先。而不幸爲之君者，猶非吾中國之人，徒以淫殺慘奪而得爲之。斯所以變法必待乎革命，必俟乎君統破而後僞學衰，僞學衰而後綱常之教不立，綱常之教不立而後人得平等以自竭其心力而復乎仁，然後乃可以爭存於天下而挽夫刼運。此復生仁學要旨也。嗟乎！卓矣！雖語有過激，而憂深思遠，上媲梨洲明夷待訪錄，無媿色矣。不幸而復生不能自抱其孤懷，遂以至京師，以變法改制之說，獻於向者彼所謂斯人受禍最烈之君，卒不旬日而斬其頭以殉焉。雖然，亦幸而後有此，而後三百年之清社終屋，二千年之君位終絕，我民乃稍稍其有紓。不然，使彼滿后，與子同心，嚮意變法，或者聖清、聖天子之歌頌拜舞，猶將在吾儕之耳目也。

今試進而一究仁學思想之來歷，則仁學者，實無異於大同書也。大同卽仁之境界；衝決網羅，卽大同書之破除九界。去國界、去級界，則無君臣矣；去形界，則無夫婦矣；去家界，則無父子、兄弟矣。九界盡去，尚無人、禽之別，何論三綱五常？故非衝決網羅，卽無以企大同。長素之書玄言之，而復生之書篤言之，其實一也。梁氏爲復生作傳，謂其「少年曾爲考據箋注、金石刻鏤、詩古文辭之學。三十以後悉棄去，究心泰西天文、算術、格致、政治、歷史，皆有心得。又究心宗教，與余（梁氏自謂。）初見，極推耶氏兼愛之教，而不知有佛，不知有孔子；既而聞南海先生易、春秋之義則大服。又與金陵居士楊文會游，所得日益精深」。此據戊戌政變記。仁學首頁譚傳詞略異，謂「初極推崇耶氏兼愛之教，而不尊佛，不尊孔子。既而深窺易、春秋之奧義，窮大同太平之條理，體乾元統天之精意，繼又探華嚴性海之理」云云。然則復生亦融儒、釋、耶三教，通中外古今，爲聞見雜博之學。仁學自敍謂：「凡爲仁學者，於佛書當通華嚴心宗、相宗之書，於西書當通新約及算學、格致、社會學之書，於中國當通易、春秋公羊傳、論語、禮記、孟子、莊子、墨子、史記及陶淵明、周茂叔、張橫渠、陸子靜、王陽明、王船山、黃梨洲之書。」此即其思想來歷之最好自道也。其曾讀長素大同書否不可知，其曾知長素大同書理想無疑也。今仁學中屢有明引公羊三世大同太平之說者，即其證。

西洋倫理與譚氏思想

朱鼎甫無邪堂答問卷二謂：「西俗於君臣、父子、夫婦、兄弟，一以朋友之道行之。凡所謂父子主恩，君臣主敬，長幼有序，夫婦有別者，彼皆未之前聞。而復以利爲重，利盡則交絕，父子、夫婦，邈若途人，更何有於朋友？」此說可代表當時一輩篤舊者對西洋倫理之看法。復生則代表維新派之見解，故謂五倫惟朋友爲無弊。蓋復生論三綱五常，其背後實有一西洋倫理爲之張本，故五倫獨重朋友，而以平等自由爲說，意至顯也。

譚氏戊戌之死難

然復生固未能自踐其衝決網羅之見也。復生極不喜死節，謂：

> 君亦一民也，且較之尋常之民而更為末。民之與民，無相為死之理，本之與末，更無相為死之理。死君者，宦官宮妾之為愛，匹夫匹婦之為諒也。夫曰共舉之，猶得曰吾死吾所共舉，非死君也。獨何以解於後世之君，皆以兵強馬大，力征經營而奪取之，……況又有滿、漢種族之見，奴役天下者乎？

由是論之，復生決不甘爲滿廷死節明矣。然梁啓超戊戌六君子傳，謂：「復生被逮前一日，日本志士數輩，苦勸君東遊，君曰：『各國變法，無不從流血而成，今中國未聞有因變法流血者，請自嗣同始。』卒不去。」復生豈不知變法大業，無望於清廷，而必有待於陳涉、楊玄感，及是脫身，猶得爲陳、楊也？豈君臣知遇之感，亦終不能自解，故臨時慷慨而出此耶？梁氏又記當日復生之語曰：「不有行者，無以圖將來；不有死者，無以酬聖主。今康先生生死未可知，程嬰、杵臼，月照西鄉，吾與足下共勉之。」則復生果以旬月知遇，遽忘其二千載君主之慘毒，三百年滿廷之酷烈，竟自沒齒效忠，稱聖天子如常俗矣。復生自七月辛未由江蘇候補知府賞加四品卿銜，在軍機章京行走，至八月甲午見殺，前後凡二十四日。然則復生之死，以仁學所謂衝決網羅，毀滅君臣、父子之倫常言之，不將爲無意義之徒死乎？又按：張氏南海康先生傳云：「先師弟廣仁，屢勸先師出都，曰：『伯兄平生言教，以救地球。區區一家之祚，犧牲無益。』」又事後清廷諭旨有云：「據兩廣總督譚鍾麟奏：『康有爲本籍抄出逆黨來往信函多件，並石印呈覽。』查閱原信，悖逆之詞，連篇累牘。甚至推譚嗣同爲伯里璽之選，謂本朝爲不足輔，各函均不用光緒年號，但以『孔子後幾千幾百幾十年』大書特書」云云。是康黨在當時，即對光緒亦未嘗有十分忠良之意，保皇旗幟，特以後事勢推遷所演成。復生之死，固非有意爲殉節，實其心力自然至高之呈露，而遂若與其極端之衝決網羅論，爲心跡之兩違也。然復生身後，所謂衝決網羅之思潮，則演進無已。辛亥革命，君臣一倫終於毀滅，平等、自由之聲浪日呼日高。凡仁學與大同書之所蘄嚮，方一一演出，而其時乃有大聲疾呼爲反抗之激論者，其人繄何？曰康長素是。其書繄何？曰康長素之不忍雜誌是。

康氏思想之兩極端

光緒十四年戊子，長素以布衣伏闕上書，極論變法圖强，一時目爲病狂，不顧也。乙未，復至京師，適和議甫成，卽上萬言書，力言變法不可緩，得宸眷，是爲清廷有意議變法之始。及丁酉，膠州事起，長素又赴京陳請變法，得召見，而清帝變法之意遂定。長素遂以統籌全局之議進，其言曰：

> 觀萬國之勢，能變則存，不變則亡；全變則強，小變仍亡。……方今之病，在篤守舊法而不知變。……夫物新則壯，舊則老；新則鮮，舊則腐；新則活，舊則板；新則通，舊則滯；物之理也。法既積久，弊必叢生，故無百年不變之法。……然變其甲不變其乙，舉其一而遺其二，枝枝節節而為之，逐末偏端而舉之，無其本原，失其輔佐，牽連並敗，必至無功。……今天下言變者，曰鐵路，曰礦務，曰學堂，曰商務，非不然也；然若是者，變事而已，非變法也。變一事者，微特偏端不舉，卽使能舉，亦于救國之大體無成。

長素之意則在於籌全局而全變。其言曰：

必變速變全變

守舊不可，必當變法；緩變不可，必當速變；小變不可，必當全變。上皇帝書，據梁氏引。又按：胡適論學近著第一集王小航先生文存序，述王氏與康有為戊戌年一番談話：王謂：「今日惟有盡力多設學校，逐求擴充，俟風氣漸變，再行一切新政。」康謂：「列強瓜分，即在目前，此路如何來得及？」今按：梁啓超戊戌政變記第二章新政詔書恭跋，謂：「三月之間所行新政，雖古之號稱哲王英君在位數十年者，其可記政績，尚不能及其一二。」則當時變政運動之激進可知。長素以一無權無位之人，欲藉軍機四章京之力，一旦盡變百年之成法，宜其難矣。近人王蘧常嚴幾道年譜載：光緒三十一年嚴氏在倫敦遇孫中山，談次，嚴以「中國民品之劣，民智之卑，即有改革，害之除於甲者將見於乙，泯於丙者將發於丁，為今之計，惟急從教育上著手，庶幾逐漸更新」。孫曰：「俟河之清，人壽幾何？君為思想家，鄙人乃執行家也。」長素主速變，頗近中山；惟不務革命而謀之清廷，則雖欲速變、全變，又如之何其可速且全也！

不變與漸變

則長素主張變法之極端激昂，居可見矣。乃自戊戌出亡，辛亥歸國，而其思想乃以極端守舊聞。民國二年癸亥，長素創爲不忍雜誌，著論大率篤舊之譚也。著中國還魂論，曰：

「利不十，不變法」，此我先民閱歷極深，經驗極審，而後為此言。凡行變有漸，蛻化無跡，而後美成。

又曰：

多行歐美一新法，則增中國一大害。此其明效大驗，雖有蘇、張之舌，不能為之辯護。夫立國各有本末，不能以歐洲之良法舉而行之於我，遂為良法也。苟非習於其俗，雖有嘉肴，不能適口；雖有美寢，不能安臥；雖有美服，不能適體。中國為數千年之老大國，……變而宜民，至難也。審其積弊，……不得已而議變之。苟非然者，可勿變以增擾。

此與往者「必變、速變、全變」之說，先後判若兩人。甚至夙所主張力變之科舉，亦爲之作平反。曰：

廢科舉而用學校，其愚閉喬僿，殆甚於八股之時。八股之士，尚日誦先聖之經，得以淑身善俗；學校之士，則並聖經不讀。於是中國數千年之教化掃地，而士不悅學，惟知貪利縱欲，無所顧忌，若禽獸然。

又爲中國顛危誤在全法歐美而盡棄國粹說，謂：

凡為國者，必有以自立。其自立之道，自其政治、教化、風俗深入其人民之心，化成其神思，

心腹腎腸與丹青藥布

融洽其肌膚，鑄治其羣俗，久而結固，習而相忘，謂之國魂。國無大小久暫，苟舍此乎，國不能立。……人有病足者，削足而代以木，雖巧工必不良於行，況剖心腹腎腸，而欲代以丹青藥布，其有不死？中國近歲以來，舉國狂狂，搶攘發狂，舉中國之政治、教化、風俗，不問其是非得失，皆革而去之；凡歐美之政治、風化、禮俗，不問其是非得失，皆服而從之。……覩歐美之富強，而不知其所由，襲其毛皮，武其步趨，以為吾亦歐美矣。豈知其本原不類，精神皆非，凡歐美之長，皆我所不得焉；而於吾國數千年之政治、教化、風俗之美，竭吾聖哲無量之心肝精英而皆喪棄之，所謂學步於邯鄲者，未得其國能，先失其故步也。

則長素亦主有國界矣。又曰：

政俗與道德

今所模歐師美者，皆其法制，而無有道德也。夫有法制而無道德以為之本，則法律皆偽，政治皆敝，無一可行也。人無忠信之心，徒增其才智，授之以银行、鐵路，則彼偷盜之；令之將兵，則彼中飽而遁逃之；令之牧民，則必暴民而取其脂膏焉。若為拔用無方，則鑽營奔競之夫，駔儈強盜之魁，皆獵大位矣。立辯護士以救寃獄，則辯護士反覆是非，詐取民財。今為日至短，已彰彰於視聽矣。夫歐美之政俗，自有其道德維持之，今但模倣其政俗之末，而失其道德之本，此其政俗所以在歐美為成功之效，而在我為敗壞之由。同方異效，良有由然。

紙上空文與政治實事

兩化俱無而爲縱欲橫行

夫政治非空言理想所能為也。政治、法律皆施於人民，必與人民之性情、習俗相洽相宜，……非可執歐美之成文，舉而措之中國，而即見效也。豈徒不效，其性情、風俗不相宜者，且見害焉。……夫驟食異國之食，於胃必不諧；易寢他人之床，於睡必不美；則其斤斤於變法，施之中國，必不安矣。……今吾國一知半解之士，於歐美之立國根本茫然也，乃大聲疾呼，曰一切法歐美；又操觚執簡而為憲法、律令，曰法歐美。抄某國之條文，則曰足為自由之保障矣；學某國之政俗，則曰足致國民之治安矣。若是則數留學生稍抄寫各國憲法、法令、章程，而中國已治、已安、已富、已強，無如皆為紙上之空文，而非政治之實事也。……蔽於異族之虛文，而束制全國之心思，曰：「是歐美之良法也，吾國不能不學也」，而中國可亡矣！文藝，至末業也，然驟舍己之長而學人，猶不能至，且見惡焉，何況國家之大乎？何況能立數千年之國，能治萬里之土，能育四萬萬之民乎？民生其間，習與俱化，能易其面目，不能易其心靈也；能易其禮容，不能易其性質也。拗木使圓，製器使曲，猶須之以時日，何況欲拗四萬萬之民乎？……然而歐美之美，不能得而受用，而中國數千年聖哲賢豪之美化，則已滌蕩掃除而無所留。……兩化俱無，則為暴戾恣睢縱欲橫行而已。

則長素亦主法制未能徒變，而當推本於民情風俗之與道德矣。又曰：

夫尊民意、民權者，不能直達而以代議名之，苟不能如瑞士之直議，何權之有？……故萬數千人選一議員，號稱代議，說已大謬。雖然，若英國三萬人選一議員，三萬人者，亦如吾粵一巨鄉耳；……其有才賢，鄉人略皆知之，……既自民之耳目心思所自舉，亦可謂之民舉也。德、法以十萬人舉一人，日本以十三萬人舉一人，……彼憲政既久，選舉既熟，或能知其人者，謂之民舉焉，亦未嘗不可。至於中國之大，人民之多，今之選舉法，以八十萬人選一人。夫八十萬人之多數，地兼數縣，或則數府，壤隔千里，少亦數百里，吾國道路不通，山川絕限，人民無識，交遊未盛，選舉不習，則八十萬人之中，渺渺茫茫，既為大地選舉例之所無，而曾謂八十萬人者能知其人而舉之，其人又能代達八十萬人之意乎？……徒資數萬之暴民而已！……我國地等全歐，人民倍之，國與民相去至遠，民意、民權不可得。而信歐美人之謬說，大聲疾呼曰民意、民權，我今質問四萬萬人：汝有何權？所選舉者，誰為汝意？……今之國會，……代金錢、代勢力而議則有之矣，代民議則未之見也。今以師法歐美之盛意，乃徒為代金錢、勢力而議，以此詡為五千年所未有，誇為共和之新政。欲為歐美之妙法，乃敢於掃棄數千年聖哲所遺貽之教化風俗、典章制度，而盡付此代金錢、勢力者議之，舉國仰之，亦舉國攻之，開國會數月，一政不能議，其為是非得失，非吾所及知也。

是則並民權、民意之說而亦非之矣。又繼而言政黨，曰：

中國之政黨

夫政黨何為而有也？以憲法至公，許民之預聞政治也。而後集大衆而成政黨焉。英國之為政黨三百年矣，然英人猶自以為未良，甚且以為毒物焉。今吾憲法未成，而政黨先出，於政治之本，已反因為果矣。……未有政黨之前，凡國之才賢，皆可以任政；既有政黨之後，則雖有魁碩，於政無與。……而惟金錢、勢力乃得。舉少年夸嬰之夫，鄉里豪暴之士，語學問則為沒字之碑，問閱歷則為乳臭之子，但入為黨人，卽可上為執政，中為議員，下為庶僚。既非博學之儒，亦尠道德之士。以此而望其任國濟民，必無是理。且政黨之為俗，賄賂相爭，奸詐相傾，勢脅相刼，罵詈相攻，皆視為固然。賄賂成風而廉潔失，傾詐成風而正直失，蠻野成風而禮儀失，勢脅成風而氣節失，故政黨之與聖教，幾不相容。

此長素對於當時政制之見解也。其論禮俗，則曰：

中國禮俗之歐化

今之禮儀，舍揖拜而握手免冠鞠躬矣。夫歐人握手，始於方戰而言和，乃軍容，非國容也。紐約一名醫，曾語我執手不若中國對揖之為恭。又云：「凡遇大會，迎送者千數百人，一一握手，費時失事，又不若中國一環揖卽可了之。」美人方自欲而羡吾之禮，吾豈可舍而從之乎？日本人相見，皆用其國俗鞠躬之禮而不握手，吾何為獨去其國俗而媚人乎？無恥甚矣！免冠者，郤至見楚子免胄而趨風是也。歐人之王侯，自十八紀前千年間，皆擐鐵甲胄，兩目之間，數孔如豆，人不得見。乃至數齡之王子，亦甲胄蔽首，吾常憐彼小王子生遭亂世之不幸，若生中國，冠裾從容，豈有此乎？故欲相見，非免胄不可，其後無胄者相見之際，亦復免冠，此尤以軍容入國容也。……夫日人變歐法不握手，突厥變歐服不免冠，日、突之變，皆有損益折衷。卽印度之衣服行禮，亦不變焉。其全變歐禮免冠黑衣而握手無不師歐美人者，惟尼固乎？尼固，美洲之黑人而為奴者。凡尼固不得入旅館，不與美人並坐而食。今之學者所主持學歐美者，不過學尼固而已。……且歐人廢一切之拜跪者，欲專其敬於天與教主耳，今吾國乃至不拜教主之孔子，而與教主鞠躬，則失歐人制禮之本矣。……今日本人相見，長跪拜叩首無數，豈於日人所謂獨立不羈、自由自立者有損也？推求其故，以為凡中國之禮必去之，凡歐美之禮必師之云爾。嗚呼！爾何無恥！

至此則長素又十分眷戀於種姓之見矣。自是以往，殆無往而不流露其懷舊之思，亦無往而不流露其厭新之情。謂：

方今志士，感激於風俗之隳壞，亦多欲提倡道德以救之。然空言提倡，無能為也，必先發明中國教化之美，知孔教之宜於中國而光大之，歐美雖有美，不宜於中國，勿妄法也，而後庶乎其

康氏對於中國文化墮落之描寫

有救也。以上各節，均見中國顛危誤在全法歐美而盡棄國粹說。

於是長素又進而爲共和平議，立言尤憤激。謂懸此論於國門，有能證據堅碻破吾論文一篇者，酬以千圓。大意謂求共和而適得專制，號民國而無分毫民影也。而於當時官方士習尤痛詆，懷舊之情亦益深。謂：

昔有科舉之時，……當其盛，則文學昌明。卽其衰，而郡邑郊野，執經而哦，擁書而諷者相望。其長老紳士，居於其鄉，教其後生子弟，調和其爭訟，整理其地方。賢者以道德節行化其鄉人；中才以下，亦復有文采風流之美；……平民望風，亦知所景從感化。……今科舉旣絕，人士自弱冠出學，非鑽營權貴，憑藉黨人，不能入仕。若是皆聚於京或津、滬，而不能散居其鄉。……於是各省鄉縣，曠邈千里，寂然無士，四民只餘三，無講學，無談道，無擘經，無讀書，甚至無賦詩者，無寫字者，更無藏書者。豈無故家遺俗舊士夫？隱處則生計不足，日以鬻所藏書畫古董為食。於是盡數千年之美術品，皆流於外，精華旣竭，褰裳去之，再過六年，一切盡矣。按：此文成於民國六年也。後生無所覩聞，長老無所指示，黃茅白葦，沙漠彌望，舉國人士，夷為野蠻。若夫游學之士，近已萬數，然連歲譯書，未見一二。……蓋甫離橫舍，卽登膴仕，……車馬煊赫，印綬照耀，旦夕翱翔，高飛刺天。……誰肯誦譯，篝青鐙而攤黃卷者乎？……合中國人而棄學，盡以麻雀代之。其遺老所逍遙，人士所寄傲，舟中枕畔，茶餘飯後，萬籟皆寂，魂靈有所託，……則瑣碎之掌故書、輕薄之詩文集、淫亂之小說，聊以迷醉其腦焉，而小說為徹上徹下之大宗矣。

又曰：

日本維新老輩，皆由宋學、陽明學而來，……吾國先棄孔子之教，惟權利是尚。……民國開創之初，總統以詐欺譎詭得國，以金錢利祿誘人，……奔競無恥之徒，險詖無良之輩，皆得意高翔，……徒屬師之，蕩成風俗。義理既盡，雖位至公卿，尚言為貧而仕。……或歸自外國游學，率多排孔棄教。或起卒伍擁軍符，或由徒步取卿相，公行賄賂，縱肆嗜慾。新律既改，舊禮盡除，……託於歐風，肆行無忌。於是中國千年之禮教，掃地盡矣。父喪不服，……女姦狎縱，……家庭構亂，母子仳離。……或以禮義廉恥為宜棄，……或以孝弟忠信為舊德，……朝秦暮楚，咸以力而轉移；入主出奴，視時勢為去就。……無三日之諾能踐，無十夫之黨能團，以變詐為良知，以反覆為能事，以無良為大義，以無恆為圓通，以無恥為俗尚，以無是非為公論。……信義既亡，禮教皆墮，遂致人無可恃之黨，國無不二心之臣。太行險巇，不足喻傾詐之人心；灩澦崎嶇，不足擬此萬惡之人道。其奸回貪亂，為從古所未有也！

不忍雜誌與大同書之極端衝突

長素於是乃反民主而昌言君主，欲戴衍聖公爲中國以後萬世一姓之王室，不久而隨和張勳爲復辟焉。於父子、夫婦之舊倫，亦擁護備至，斥短喪，譏自由婚制，凡譚氏仁學所欲衝決之網羅，長素一一爲之張設而護衛；凡大同書所欲毀滅之界劃，亦一一爲之浚深溝、築高壘焉。然民國以來一切情狀，則誠有如其所描繪者。不忍諸論不難得，讀者試搜而一披覽焉，知長素亦非好爲頑固。然若以大同書、仁學之所蘄嚮繩之，則民國之於晚清，要不可不謂向大同太平之境邁進，抑去所謂無國界、種界、形界、家界尚萬里，去衝決名教網羅尚千里，不謂長素乃如此其屑屑然而驚，憒憒然而歎也。然長素復自言之，曰：

> 昔吾著三書，曰官制考，曰物質救國論，曰理財救國論。以為能舉三者，中國既富既強矣，然後開國會焉，故一切自由、自治、平等之說，未敢發也。吾少著大同書，於世界將來之事，蓋無不思及，而於一切革命共和社會之說，未敢妄出。豈不知他日之有然，而夏葛冬裘，非其時不宜用也。大同書第一章卽曰「人有不忍之心」，雜誌取名「不忍」，則長素固並不以大同書與不忍諸論為衝突。

梁氏之稱之，則曰：

自發明一種新理想，自認為至善至美，然不顧其實現，且竭全力以抗之、遏之。人類秉性之奇詭，度無以過是。清代學術概論。

三百年學術之掃地赤立

然此亦非稟性之奇詭。當長素時，師友交游，言考據如廖季平，言思想如譚復生，皆可謂橫掃無前，目無古人。廖氏之考據，廖氏已自推翻之；譚氏之持論，譚氏亦自違抗之。長素之於考據如廖，於思想如譚，更所謂橫掃無前者，然亦不能自持之於後。凡其自爲矛盾衝突抵消以迄於滅盡，則三百年來學術，至是已告一結束，掃地赤立，而繼此以往，有待於後起之自爲。此所以康、廖、譚三家之書，適成其爲晚清學術之末影，非有所謂奇詭也。

康氏之孔教論

長素自維新一變而爲頑固，又各趨其極端，而尚有一始終不變之說聯繫其間者，曰尊孔。方其講學長興，固以光昌孔道自任矣；及創爲不忍諸論，仍以尊孔爲幟志。謂孔教卽國魂也，曰：

國魂卽孔教

夫所謂中國之國魂者何？曰：孔子之教而已。孔子之教，自人倫、物理、國政、天道，本末精粗，無一而不擧。中國學會報題辭。

又曰：

中國之人心、風俗、禮義、法度，皆以孔教為本。若不敬孔教而滅棄之，則人心無所附，風俗敗壞，禮化缺裂，法守掃地，雖使國不亡，亦與墨西哥等。亂後罪言。

墨西哥

何以謂與墨西哥等也？曰：

墨西哥國未亡，而古墨之文字圖畫，皆為班人所焚。今墨人所誦服，皆班人之先哲遺言也。是所謂永亡也。覆教育部書。

墨西哥為班所滅，至古文字圖畫而滅之。今墨人面目，雖為墨之遺黎哉，而所述之聖哲豪傑，往訓遺徽，皆班人之賢哲豪傑也，則是全滅也。故滅國不足計，若滅教，則擧其國數千年之聖哲豪傑、遺訓往行盡滅之，所祖述者，皆謂他人父也。是與滅種同其慘禍焉！今之人不自愛國，乃並數千年之文明教化，與其無量數聖哲之心肝，豪傑之骨血，而先滅之。彼以孔教為可棄，豈知中國一切文明，皆與孔教相繫相因；若孔教可棄，則一切文明隨之而盡，卽一切種族隨之而滅也。孔教會序。

又曰：

吾之所亟採於歐美者，物質最要。宮室、圖畫、音樂、戲曲四者，皆不如歐人。醫術，吾本有之，雖有增補，非吾所急。此外則教化、文章、衣服、飲食，皆我之國粹，我所獨長，保之守之，廓之充之，方且為萬國法，而安有舍棄之乎？今無論土地已滅否，人民已奴否，若吾五千年之文明禮教，無量數聖哲之心肝精英，則確然已滅矣，已奴矣。今孔子已見廢矣，他日文字又廢，已而書史又廢，則不及百年，吾四萬萬人，服歐衣，食歐食，行歐禮，學歐學，然而為歐美之奴，不與彼平等並坐並食也。中國顛危誤在全法歐美而盡棄國粹說。

此長素尊孔一義始終不變之證也。孔何以尊？曰讀經。光諸二十年長素爲桂學答問時已言之，曰：

天下之所宗師者，孔子也。義理、制度皆出於孔子，故學者學孔子而已。孔子去今三千年，其學何在？曰：在六經。……故凡為孔子之學者，皆當學經學也。

及民國二年爲參政院提議立國精神議書後又言之，曰：

> 中國捨尊孔子而何尊也？今欲導揚立國之精神，捨尊孔子何從也？若尊孔而不讀經，則……雖欲尊之而無從。歐美學校不讀經，一以基督之經多言神道，少言治道，與孔子之經浹洽於人道者不同；一則教會之學校甚多，必讀其經，而基督七日之祈禱，人人必得聽講經讀經。吾國學校不讀經，卽全廢孔教，卽全廢孔子。全廢孔子，卽全亡中國之人心風俗，卽全亡中國之土地種族。

此長素尊孔當讀經之說，亦始終未變也。然一究長素讀經之見解，則又有甚可異者。方其講學長興，謂孔子言論至多，以論語爲可尊，然於論語已不甚尊信，謂：

康氏對於孔教經典之評騭

論語

> 孔子之道大，弟子惟顏子得之，子貢知之，餘皆因其質之所近，各得其一體。孔子曰：「吾志在春秋，行在孝經」，何邵公公羊傳解詁序。以春秋傳商，孝經傳參。孝經緯。孝經，義理也；春秋，經世也；二書皆曾子、子夏得之。又最老壽，弟子最衆，諸賢皆不及也。按：是時歷數孔子弟子，不及子游，知長素尚未尊禮運。二家弟子集為論語，論語讖，鄭康成論語序，程子說。故論語者，曾子、子夏之學。葉水心謂曾子……未為知道，……蓋堅毅自守之士，其於孔子思易天下、吾為東周……之說，概乎無所得。子夏洒掃進退之教，喪明

之哭，蓋當孔子沒後，境詣尚狹小如此。故孟子謂曾子與子夏皆守約之人，誠篤論也。……夫言孔子之道，至可信者莫若論語，然實出二子門人之手，其傳聞附會，誤當不少。……今言孔子義理之學，悉推本六經，而易為孔子自著之書，尤以為宗。論語為後世語錄之類，不盡可據。按：語錄不盡可據，而必以自著之書為宗，此亦一說。然長素尊公羊口說，口說與語錄豈非一事？謂口說可信，語錄不可信，尚成何理論耶？長素思想全如此。

此謂論語未盡可據也。又曰：

孔子經世之學，在於春秋；春秋改制之義，著於公、穀；凡兩漢四百年政事、學術皆法焉。……然古今遞嬗，事變日新，故春秋立三統之法以貽後王。漢儒篤守春秋，……然三統之義，亦罕有心知其意。惟易明窮、變、通、久之理，求孔子經世之學，亦以易為歸焉。

是又以漢儒言春秋爲未足憑也。夫既謂孔學只有漢、宋，又謂漢學在春秋，宋學在論語，今論語既不得孔門大義，漢儒又未會春秋精微，是漢、宋皆不足循，說春秋、論語者皆未全是矣。故長素當時論孔學最尊易。何以獨有取於易？以其爲孔子之自著，而發明窮、變、通、久之理也。然長素於易，實未見有所深得。不久而爲新學僞經考，孔子改制考，則六經皆孔子託古改制，不獨易爲孔子之自著，於是全變其說，而一以春秋爲主。其說見於桂學答問，謂：

孔子雖有六經，而大道萃於春秋。若學孔子而不學春秋，是欲其入而閉之門也。

又曰：

學春秋者在其義，不在其事與文，則公、穀是而左氏非也。

春秋微言大義，多在公羊而不在穀梁。

孔子所以為聖人，以其改制。……春秋所以宜獨尊者，為孔子改制之蹟在也。公羊、繁露所以宜專信者，為孔子改制之說在也。能通春秋之制，則六經之說，莫不同條共貫，而孔子之大道可明矣。

公羊

至是而尊孔惟在尊公羊，尊公羊惟在尊改制，其言至明白矣。按：是時尚不及禮運又可知。迄其奔亡海外，其評騭上下諸經，又復一變。

康氏之四書新注中庸注

光緒二十七年壬寅，長素居檳榔嶼，既爲春秋筆削大義微言考，又成中庸注。其序曰：

鄭康成曰：「中庸者，孔子之孫子思作之，以昭明聖祖之德也。」……孔子之道大矣，……惟聖孫子思，親傳文道，具知聖統，其云「昭明聖祖之德」，猶述作孔子之行狀云爾。子思既趨庭捧手，兼傳有子、子游之統，按：子思傳子游之統有辨詳後。備知盛德至道之全體。……尚恐法久生弊，又預為三重之道，因時舉措，通變宜民。按：中庸：「王天下有三重焉，其寡過矣乎？」長素注：「重，復也。三重者，三世之統也。孔子之法，務在因時。當草昧亂世，教化未至，而行太平之制，必生大害；當升平世而仍守據亂，亦生大害也。譬之今當升平之時，應發自主、自立之義，公議、立憲之事，若不改法，則大亂生。人情蔽所習，安於一統一世之制，見他制卽驚議之，此所以多過也。若知孔子三重之義，庶幾不至悲憂眩視乎！」按：宋儒尊中庸，尚不失中庸原義，長素以「三重」附會「三統」，曲解至此，並非尊中庸，直強援中庸尊己說，三百年來重視訓詁遺風，不謂成此結果也！……天下欲求大道之歸，至教之統者，亦可識所從事矣。去聖久遠，偽謬滋熾，如劉歆之派，既務攻今學而亂改制之經，按：長素謂康成亦歆學，何為又表章中庸耶？……宋、明以來，又皆僅知存誠明善之一旨，而遂割棄孔子大統之地，僻陋偏安於一隅。……聖道不明，為害滋大。

是歲冬，又成孟子微。序之曰：

顏子早歿，而孔子微言大義不能盡傳，荀子傳禮，孟子傳詩、書及春秋。禮者，防檢於外，行於當時，故僅有小康據亂世之制，按：孔門仁、禮，內外文盡，未可以大同、小康說之。老、莊及魏、晉皆深斥禮，未嘗破仁也。復生仁學、長素大同書，皆崇仁黜禮，必打破一切界限等次而後有以全我之仁，非孔門之仁矣。長素不尊信論語，宜乎於孔門仁、禮交盡之旨不能憭也。而大同以時未可，蓋難言之。按：若大同以時未可而難言之，則荀未必非，孟未必是矣。且孟在先而荀在後，荀子尚知以時未可而難言之，何以孟子獨守此種不合時宜，不可推行之學說為？春秋本仁，上本天心，下該人事，故兼據亂、升平、太平三世之制。

子游受孔子大同之道，傳之子思，而孟子受業於子思之門，深得孔子春秋之學而神明之。按：長素謂論語出曾子，非孔門正統。然孟子屢言曾子而少及子游乃事實，今謂孟子得子游之傳，其證何在？兩漢以來五經諸儒，凡言春秋公羊，有謂孔子傳子夏者矣，不聞公羊傳於子游也。長興學記亦尚謂子夏傳春秋，今徒以比傳於禮運之故，而謂春秋傳子游、子思，奈無徵不信何！……傳平世大同之仁道，得孔子之本者也。……夫本末精粗，平世、撥亂，小康、大同，皆大道所兼有，若其行之，惟其時宜。……誠當亂世，而以大同平世之道行之，亦徒致亂而已。按：誠如此說，大同書、仁學，皆徒為致亂之書也。……宋時心學大盛，於是獨尊孟子。按：長素又謂二千年來皆荀學、歆學，何以宋時又獨尊孟子？必二千年學人盡詐欺不信，否則盡盲瞽不智而後可。……夫孟子不傳易，寡言天道之精微，於孔子天地之全，尚未幾焉。按：長素既謂論語不足盡據，又謂孟子未幾孔子之全，而長素於易義，亦未見有所發明，大抵只是下文「羣龍無首」及「變化通久」等諸義而已。然則孔子之道，豈果僅有此「窮變通久」之虛說，專為長素提唱改制之張本者耶？雖然，孟子真得孔子大道之本者也。……雖荀子非難之，亦齊之於聖孫子思，以為傳仲尼、子游之道。按：荀子非十二子篇，有「子游氏之賤儒」，與子張、子夏同譏，又屢稱「仲尼、子弓」，獨子思、孟子一節有「仲尼、子游為茲厚於後世」句，郭嵩燾謂「子游」乃「子弓」之誤，蓋是也。此據誤文飾說。且荀既傳小康據亂，何知大同太平之傳統？荀斥思、孟，明指「五行」，不指「大同」，豈五行亦卽大同耶？今考之中庸而義合，本之禮運而道同，證之春秋公、穀而說符，然則孟子乎，真傳子游、子思之道者也。……孟子之義，由子游、子思而傳自孔子，非孟子所創也。民貴君輕，乃孔子升平之說耳。孔子尚有太平之道，羣龍無首，以為天下至治，並君而無之，豈止輕哉？按：長素所謂易義深妙者，原來如此。然不忍雜誌諸論，力主立君，是康亦荀學、歆學矣。復辟失敗，又翻印新學偽經考，是長素一面力主小康撥亂之治，一面又深排小康撥亂之學也。以君之矛，陷君之盾，而長素不自知其矛盾，真怪事，亦趣事也！……雖然，天不可知，欲知天者，莫若假器於渾儀；孔子不可知，欲知孔子者，莫若假途於孟子。

此與長興學記、桂學答問時全不同，蓋其前不知有子游禮運，今始知之，故其上下進退諸經傳者又變也。明年，光緒二十八年壬寅，長素居印度大吉嶺，春三月成論語注。其序曰：

論語輯自曾門。按：長興學記謂論語輯自曾子、子夏之門人，此獨云曾子，不及子夏者，方為學記時，尚以春秋、論語並重，又因子夏傳春秋，故論語亦據舊說稱引及子夏；至是以春秋公羊推附禮運，不謂子夏傳春秋，因遂并其論語之一席而奪之。曾子之學，專主守約。觀其臨沒鄭重言君子之道，而仍僅在顏色容貌辭氣之粗；乃啓手足之時，亦不過戰兢於守身免毀之戒。所輯曾子之言凡十八章，皆約身篤謹之言，與戴記曾子十篇相符合。宋葉水心以曾子未嘗聞孔子之大道，殆非過也。曾子學術如此，則其門弟子之宗旨意識可推。……其為一家之學說，非孔門之全，亦可識矣。夫以孔子之道之大，……曾門弟子宗旨學識狹隘如彼，而乃操採擇輯纂之權，其必謬陋粗略，不得精盡，不待言矣。假顏子、子貢、子木、子張、子思輯之，吾知其博大精深，必不止是；又假仲弓、子游、子夏輯之，吾知其微言大義亦不止此。長興學記亦據孟子謂子夏守約，論語為子夏與曾子門人所成，此處殆已忘前說矣。但傳守約之緒言，少掩聖仁之大道，而孔教未宏矣。故夫論語之學實曾學也，不足以盡孔子之學也。宋賢推求遺經，大義微言無所得，僅獲論語，……遂以為孔學之全。翼以大學、中庸、孟子，號為四子書，拔在六經之上，蓋千年來皆奉論語為孔教大宗正統，以代六經。而曾氏守約之儒學，於是極盛。按：如此說，則不當云二千年皆荀學、歆學，而又復為曾學矣。

大學注

七月，又爲大學注。序曰：

大學，……誠孔門之寶書，學者之階準也。……篇中僅一指曾子，亦無曾子所作之據，按：大學縱非曾子作，然大學果言大同，何以不引獨傳大同之子游，而顧稱引小康守約之曾子？孔子之微言大義實傳焉。朱子特選中庸與此篇，誠為精要。惟朱子未明孔子三世之義，蓋孔子太平之道，闇而未明，鬱而不發，二千年矣。按：宋儒以語、孟、學、庸為四書，遂以孔、曾、思、孟為道統。葉水心不認朱子道統見解，故於曾、思、孟皆有排擊。今長素兩取晦翁、水心之說，四書取其三，退論語而進禮運，孔、曾、思、孟之傳統，變而為孔、言、思、孟。李光弼入郭子儀軍，旌旗一新，論學考古，恐不易如此！況學、庸本在戴記，卽西漢公羊盛時，亦未奉為聖門寶典，宋儒提倡，始見尊崇。今長素仍只守此幾篇文字，而謂孔學鬱闇二千年，至己始發，亦何以服異而起信？方今大地棣通，據亂之義，尤非所以推行也。按：長素所取於大學者，不過有「平天下」一節尚在「治國」之上，可以比傳其大同太平耳。然不忍諸論卽全與此背，然則將令人日讀大同寶典而安守小康據亂之陋局歟？

禮運注

至是而語、孟、學、庸各有新注，然其所大書特題者，則不在四書，而在禮運。又爲禮運注而序之，曰：

予小子六歲受經，十二歲而盡讀周世孔氏之遺文，二十七歲而盡讀漢、魏、六朝、唐、宋及國朝人傳注考據義理之說，所以考求孔子之道者，既博且劬。始循宋人之途轍，炯炯乎自以為得之，既悟孔子不如是之拘且隘也。繼遵漢人之門徑，紛紛乎自以為踐之，既悟其不如是之碎且亂也。乃離經之繁而求之史，……東漢為美矣，以為未足盡孔子之道也。按：此略當長興講學時境界。既乃去古學之偽，而求之今文學。凡齊、魯、韓之詩，歐陽、大、小夏侯之書，孟、焦、京之易，大、小戴之禮，公羊、穀梁之春秋，而得易之陰陽之變，春秋三世之義。曰：「孔子之道大，雖不可盡見，而庶幾窺其藩矣。」按：此略當桂林風洞著答問時境界。惜其彌深太漫，不得數言而賅大道之要也，乃盡舍傳說而求之經文。讀至禮運，乃浩然而嘆曰：「孔子三世之變，大道之真，在是矣。大同、小康之道，發之明而別之精，古今進化之故，神聖憫世之深，在是矣。相時而推施，並行而不悖，時聖之變通盡利，在是矣。是書也，孔子之微言真傳，萬國之無上寶典，而天下羣生之起死神方哉！」按：此略當檳榔嶼、大吉嶺成四書新注時境界。

其推尊禮運者如此。何以獨尊禮運？則爲其言大同。長素又言之，曰：

吾中國二千年來，凡漢、唐、宋、明，不別其治亂興衰，總總皆小康之世也。二千年儒先所言，自荀卿、劉歆、朱子之說，不別其真偽、精粗、美惡，總總皆小康之道也。羣經諸傳所發明，皆三代之道，亦不離乎小康。按：宋儒自荊公、明道以至考亭，皆鄙薄漢、唐為小康，而盛尊三代，於是有王霸之辨。今長素則并薄三代而言大同，亦揚高鑿深之一例矣。……今者中國已小康矣，而不求進化，泥守舊方，是失孔子之意，而大悖其道也，甚非所以安天下、樂羣生也，甚非所以崇孔子、同大地也。禮運注序。

禮運注之倒塡年月

今試進而一究長素提倡禮運之年月，則其事又有可異者。據禮運注序，其文成於光緒十年甲申冬至，時長素年二十七。又據長素自編年譜，（此據趙氏譜引。）是歲秋、冬始演大同義，翌年著人類公理，後乃擴充爲大同書。竊疑長素大同書思想，其來甚早，有梁氏語爲證，無可疑矣。至長素以禮運爲孔門教典，其事似不應在早年。誠如禮運注序云云，長興學記已無是處。學記以董仲舒、劉向、朱子並尊，以春秋公羊傳、論語並提；而禮運注序乃以荀卿、劉歆、朱子之說爲小康，明以董仲舒言公羊三世義爲大同，故貶辭不及。學記與禮運注序見解絕不同，豈有積年艱劬，得此絕大發明，而越後六、七年，正式開始講學，以復興孔道自任，轉於孔門最大寶典、最上妙義獨祕不宣之理！若謂其時尚不合宣揚大同，則禮運注序何以云「今者中國已小康矣，而不求進化，泥守舊方，是失孔子之意，而大悖其道」乎？今再退一步，謂此是長素二十七歲時思想，越後六、七年，講學萬木草堂，始悟尚非宣揚大同教義之時；則學記所重應在小康義，應先講荀卿、劉歆、朱子一套，不應故作鶻突，以董仲舒、劉向、朱子並提，且亦不應著新學僞經考，力詆小康學說之大本營一切劉歆古文經也。今於小康既力詆，大同又不能宣述，而孔門教義，依長素說惟分小康、大同，試問此外尚講何事？今與其信禮運注之年月，不如信長興學記之年月。兩書相較，禮運注定在後，且應在新學僞經考後，更應在桂學答問後。殆長素欲自掩其僞經考剽竊之迹，故爲此序倒塡年月以欺人耳。長素嘗謂劉歆僞造經典，本屬無據，不謂長素乃躬自蹈之。然此等僞迹，破綻昭然，明眼人自能見也。然則禮運注應在何時？曰：會長素前後諸書觀之，必與其爲四書新注相先後，決不在僞經考、改制考以前，殆戊戌逃亡海外，行蹤稍定，在辛丑、壬寅間，而大同書亦於是時成書也。竊觀序文謂「子弟成人，尚必服以襁褓；寒邪盡去，尚必補以參苓；泥守舊方而不知變，非徒不適於時用，其害且足以死人。今者中國已小康矣」云云，小康隱指專制政體等而言，大同隱指立憲政體等而言。是長素其時尚主追步西化，而不過以復昌孔教爲之門面，故爲此大同小康、三世之說相附會。大抵言公羊改制在前，言禮運大同在後。言公羊改制，終不脫廖季平牢籠；言禮運大同，乃始見爲自闢之天地，宜乎長素之必篝火狐鳴爲神怪也。實則季平亦言禮運大同，康、廖仍在同一圈套中；正如長素力唱大同而仍爲四子書作新注，則仍不免與宋儒同一圈套，抑且不免與荀卿、劉歆仍落同一圈套中也。又按：大同書初名人類公理，始著於光緒十一年乙酉。時長素年二十八。及光緒十三年丁亥，仍編人類公理，復推孔子據亂、升平、太平之理以論地球，是長素至是始用公羊三世義，而尚未援用大同、小康之別，故書名亦不爲「大同」。辛卯成新學僞經考，丙申成孔子改制考，此數年皆講今古文分別，亦未言大同、小康。長素大同書成題詞云：「吾年二十七，當光緒甲申，法兵震羊城，吾避兵居西樵山北銀塘鄉之七檜園澹如樓，感國難，哀民生，著大同書。」梁氏按語云：「彼時尚未成書也。至辛丑、壬寅之間，先生避地印度時，始著成之。」其言較師爲信矣。今按：長興學記祇言論語及仁，又言春秋與改制，獨不言禮運及大同。朱鼎甫與長素往復四書，亦不及禮運大同一語。桂學答問專主公羊言改制，以白虎通與春秋繁露爲孔門眞傳祕本，賴此以見孔學，並不及禮運。梁氏本長素意爲讀書分月課程，經學首春秋，先讀劉中受公羊釋例，次讀公羊傳及何君注，次春秋繁露，次禮記王制，次穀梁傳。至讀禮記法，先王制，次禮器、郊特牲，次儒行，次檀弓，次禮運、中庸，次以原序讀諸篇。是當時康門學術，尚是廖季平範圍，並不特提禮運爲孔學最上寶典也。桂學答問在甲午，時長素尚不言大同禮運。（長素到處結會，如强學會、聖學會之類，亦無大同學會。）知長素甚深妙義，其時尚未到手。譚復生仁學，言大同、小康，亦偶及之，並不鄭重而道也。（仁學成於光緒丙申。）然則康門稍稍言及大同，應在乙未時乎？

康氏著書七檜園澹如樓之眞假

又按：長素春秋筆削大義微言考自序，成於光緒二十七年辛丑六月，時長素在檳榔嶼。文中有云：「天未喪斯文，牖予小明，得悟筆削微言大義於二千載之下。既著僞經考別其眞贗，又著改制考發明聖作，因推公、穀、董仲之口說，知微言大義之所在，又考不修春秋之原文，知筆削改本之所託。先聖太平之大道，隱而復明，闇而復彰。撰始於廣州之草堂，纂成於桂林之風洞。」全文只言春秋，不及禮運，述始在廣州草堂，不在七檜園澹如樓也。若禮運大同早已發明在前，此乃孔學最上、最高、最後之極詣，春秋三世，乃其到達之層累而已，不應於此仍不溯及七檜澹如一番大徹大悟境界。然則長素禮運注至此尚未有，又一證矣。其春先爲中庸注，冬又爲孟子微，始尊及子游，謂其獨傳孔子之道，則已駕乎公羊、董、何之上矣。蓋長素至是始另得一把柄，可以超出廖氏今古學之外也。然則梁氏謂康氏大同書著成在辛丑、壬寅之間避地印度時，其說信而有徵。長素必自謂在甲申居七檜園澹如樓者，與其禮運注之倒塡年月，同一篝火狐鳴，所謂「國師公欲篡聖統而僞造經典」，正不啻其自供狀也。

篡聖統僞經典爲康氏自道

今推長素大同禮運之說，則長素所謂「中國之國魂」，所謂「中國之人心、風俗、禮義、法度」，所

康氏學說之到底矛盾

謂「無量數聖哲之心肝，豪傑之骨血」，其實皆小康也。凡癸丑以來不忍諸論，不過曰復君主之名位，保中國之疆土，存黃種之文明，亦不過欲力背大同趨小康耳。然則長素之尊孔子，雖先後未變，而所以尊孔子者已變，仍自見其爲矛盾衝突矣。不忍附頁康南海先生所撰孔子新教禮運注廣告，謂：「徧考遺經，大書特書發明大同之道者，惟禮運一篇。若此篇不存，孔道僅有小康，則君臣之義被攻，而孔教幾倒。中國禮文，皆與孔爲緣，隨之同盡，則中國爲墨西哥矣。」此文不知出何人筆，然殊可窺當時長素講大同、尊禮運之一種背景也。長素以西洋有耶穌，而中國無之，遂尊孔子爲教主；以西洋有美、法共和無君臣等級，而中國無之，遂以中國爲小康而別創大同一境，以禮運爲之證。此等思想自震驚西化而來，與以後不忍時期所深譏於一輩維新分子者，其實無大差異也。不忍十期參政院提議立國之精神議書後一文，謂：「孔子爲道，有據亂，有升平，有太平。君臣爲據亂之制，孔子尊堯、舜之共和，倡湯、武之革命，萬法俱備，衆方並陳，何嘗有所偏倚？且孔子言君臣，如主伯亞旅云耳。秦、漢人相稱皆曰君臣，漢人於郡將無不待以君禮，以臣道事之，此猶店肆有股東、夥計。古者君見卿降階，在輿爲下，拜必答拜，酒則親獻；後世專制太甚，與孔子無關。」則依然騎牆之見，謂尊君不足爲孔病而已。

尊孔與尊西洋

彼所以自掩其矛盾衝突之點者，則謂孔子本有三世之義。方其主「必變、速變、全變」，則曰今者中國已小康矣，當以大同之道進；及其主復君主，保國粹，則曰中國今方據亂世，何得遽企大同？此彼所以自處於矛盾之兩極，而仍以尊孔一念爲之貫也。

三世之義，本之春秋，長素曰：

> 春秋之作，何為也？鄭玄謂「大經春秋」，大經，猶大憲章也。緯稱「孔子制法」，所謂憲法也。孔子，聖之時者也，知世運之變而與時推遷，以周世用，故為當時據亂世而作憲法。既備矣，更預制將來，為修正憲法之用，則通三統焉。孔子又為進化之道，而與時升進，以應時宜，故又備升平、太平之憲，以待將來大同之世修正憲法之時有所推行。各國之為憲法，限於一國及一時，春秋之為憲法，則及於天下與後世。刊布春秋筆削大義微言考題詞。

西洋有教主，長素則以孔子爲教主；西洋有憲法，長素乃以春秋爲憲法。然長素既主國魂之論，謂立國各有本末，獨謂春秋之爲憲法，不限於一國一時，此則中國有國魂，而西洋可以無國魂，又推孔子太過，仍陷於矛盾衝突之例也。長素又謂：

春秋為文數萬，其指數千，今所存大義微言，皆憲法原理之落落者。惜以口說不成文，而致鬱而不發，闇而不明。同上

漢世廷臣引春秋之義，奉為憲法實行之，此皆成文憲法也，公、穀寫傳之，在孔門名為大義，皆治據亂世之憲法也。但孔子以匹夫制憲法，貶天子，刺諸侯，不能著之書，而口授弟子，師師相傳，以待後世，故藉口說以傳。今董仲舒、何休之傳口說，所謂不成文憲法也，在孔門謂之微言，則多為升平世、太平世之憲法焉。今舉國言共和，人士皆口孔子升平、太平之義。然是義也，不著於羣經，惟著於春秋；其於春秋也，又不見於經傳，惟見於董、何之口說。若不信公羊，不信董、何為傳之十子後學師師相傳之口說，則何依焉而妄傳述乎？且夫升平、太平之義不著，則二千年皆據亂之說，宜近人之疑攻孔子也。然則孔子之道，何以通於新世，行於大地乎？若不信此篇，則孔子之道將墜於地。同上

長素不知國人言共和，乃從西洋來，非從孔子來。長素必欲推本於孔子，而經傳無證，乃附會之於董、何之口說。然則長素之意，不啻謂孔門諸經傳以及中國自孔子出世以來二千年，皆據亂之世，皆非升平、太平之道，惟董、何之口說有升平、太平義，而今日之共和卽是。然則仍不過如其爲大同書之例，仍是震驚於西化而發。依長素之言，不啻若謂孔子之大義在中國，而微言則入西洋矣。明白言之，苟非禮運，則孔教嫌於爲專制；苟非春秋，則孔教嫌於無共和。則孔子亦一時代之人物，其教義亦無以通古今中外而皆準。此則長素之言孔門經典，所以必取於禮運之與公羊家者，其意仍與廖季平之爲見無大異也。

故康氏之尊孔，並不以孔子之眞相，乃自以所震驚於西俗者尊之。特曰西俗之所有，孔子亦有之而已。是長素尊孔特其貌，其裏則亦如彼不忍諸論所譏之無恥媚外而已耳。長素何以必奉孔子爲教主？以西人有教主故。此梁氏已言之，謂：

> 有為誤認歐洲之尊景教為治強之本，故恆欲儕孔子於基督，乃雜引讖緯之言以實之。

此長素貌爲尊孔，實則尊西俗之證一也。故其爲孔子改制考，梁氏云：

> 近人祖述何休以治公羊者，若劉逢祿、龔自珍、陳立輩皆言改制，而有為之說實與彼異。有為

所謂改制者，則一種政治革命、社會改造的意味也。

故彼謂中國二千年所行皆孔門之小康，而非大同，實則大同即西俗，小康則中國之固有而已。請更舉數例證之：論語：「禮與其奢也寧儉。」長素謂：

康氏之訓釋

文明既進，則亂世之奢，文明以為極儉。世愈文明，則尚奢愈甚。孔子為文明進化之王，非尚質退化者也。宋儒不通此義，令人道退化。今中國之文明不進，大損所關，豈細故哉！

蓋長素心目中，奢爲西俗，儉則中化。長素謂中國文明不如西歐，即儉不如奢之證。故論語明云「與其奢也寧儉」，而長素則倒爲「與其儉也寧奢」，謂所以主寧儉者，罪在宋儒。近人所以盛推戴東原，以東原高提人欲，人欲與奢侈相通，亦謂由是可以企及西洋之文明也。近人見解，仍沿長素而來。其所唱非忠孝、非節義諸端，即譚氏仁學「衝決網羅」之教；所主「全盤西化」，則尚不過到達長素大同書境界應有之一級，（以其無國界、種界故。）而尚不足以企及大同書之最高層。（以其尚有人、禽之別等故。）則長素仍安踞最近思想界之峯巔也。

又「奢則不孫，儉則固」，長素云：

孔子尚文，非尚儉也。後儒誤以孔子惡奢為惡文，中國文物，遂等野蠻，則誤解經義之故也。此處又認孔子為惡奢矣。

此明明以中國爲野蠻，言外則指西洋爲文明也。惟長素不謂孔子之過，乃謂後人誤解孔子之過，此與直捷歸罪孔子者，略迹論心，無大殊也。故近人所主「打倒孔家店」者，與長素之尊孔，實同一見解，無大異也。康、譚論奢儉，全由震驚西化而來。今國人風尚日奢，然文明未見遂進，若康、譚見之，不知又將何說？

「子見南子」，長素以爲乃大同之道，子路篤守小康，故不能明。蓋彼心目中，亦以西俗男女社交爲文明，中俗「男女授受不親」爲野蠻。今以子路爲小康，孔子爲大同，此又以尊西俗者爲尊孔也。

「子曰：夷狄之有君，不如諸夏之亡也。」長素曰：

> 孔子之言夷狄、中國，卽今野蠻、文明之謂。野蠻團體太散，當立君主專制以聚之，據亂世所宜有也。文明世人權昌明，同受治於公法之下，但有公議民主，而無君主。亂世野蠻有君主之治法，不如平世文明無君主之治法。

長素之意，以有君主爲中俗，爲野蠻；以無君主指西洋美、法諸邦，爲文明。孔子謂「夷狄有君，不如諸夏之亡」，長素則變爲「諸夏中國有君，不如夷狄西洋美、法諸邦之亡」矣。此又以尊西俗者爲尊孔之明證也。

「子曰：無爲而治者，其舜也與？」長素云：

無為之治，君無責任，此明君主立憲及民主責任政府之法。今歐人行之，為孔子預言之大義也。

然則孔子預言大義在西洋，不在中國，（中國二千年來皆小康。）此長素尊孔實爲尊西洋又一明證。尤可笑者，論語：「天下有道，則政不在大夫」，長素注作：

天下有道，則政在大夫。

康氏之校勘曰：

今本有「不」字，衍，據舊本改定。政在大夫，蓋君主立憲。有道，謂升平也。君主不負責任，故大夫任其政。

又「天下有道，則庶人不議」，長素注作：

天下有道，則庶人議。

曰：

今本有「不」字，衍，據舊本改定。大同，天下為公，則政由國民公議。蓋太平制，有道之至也。若如今本「庶人不議」，則專制防民口之厲王為有道耶？與羣經義相反，固知為衍文之誤也，或後人妄增。

長素博雅，不知其所據舊本爲何種本？要之以歐洲西俗代表天下有道，則顯然不容疑。此又其以尊西俗爲尊孔之明證也。

又述而第七：「子曰：述而不作，信而好古，竊比於我老彭。」長素云：

此竄改之偽古文也。雖非全行竄入，則孔子以不作、好古稱老彭，而劉歆增改「竊」字，原文或是「莫比」二字。春秋緯曰：「天降演孔圖，中有作圖制法之狀。」孔子仰推天命，俯察時變，却觀未來，豫測無窮，故作撥亂之法，載之春秋。刪書則民主，首堯、舜以明太平。刪詩則君主，首文王以明升平。禮以明小康；樂以著大同。繫易則極陰陽變化，幽明死生，神魂之道。作春秋以明三統、三世、撥亂、升平、太平之法。故其言曰：「文王既沒，文不在茲？」又曰：「天生德於予。」雖藉四代為損益，而受命改制，實為創作新王教主，何嘗以述者自命，以老彭自比乎？劉歆欲篡孔子聖統，必先攻改制之說。按：王莽篡漢，正援公羊改制義耳。故先改國語為左氏傳，以奪口說之公、穀。公、穀破而微言絕，大義乖。故自晉世，公、穀廢於學官，二家有書無師，於是孔子改制之義遂湮，三世之義幾絕。孔子神聖不著，而中國二千年不蒙升平、太平之運，皆劉歆為之。劉歆既亂羣經，以論語為世所尊信，因散竄一二條以附合其說，惑亂後學，茲罪之大，不可勝誅也。

此明以西洋民主爲太平，中國君主爲升平，卽朱鼎甫所譏「用夷變夏」也。因其不可通於論語，而引緯書以疑之，乃蔽罪於劉歆之竄改。以如是之校勘，爲如是之訓釋；以如是之考訂，明如是之大義；清代漢學二百年，實所未有。譚復生仁學亦及論語此章，云：

孔子刪書則自唐、虞，存詩則止乎三百，然猶早歲從周之制作也。晚而道不行，掩涕於獲麟，默知非變法不可，於是發憤作春秋，悉廢古學而改今制，復何嘗有「好古」之云云也？□□□曰：「論語第七篇，當是『默而第七』。劉歆私改『默』為『述』，竄入『述而不作，信而好古，竊比於我老彭』十四字，以伸其古學，篇名遂號『述而』矣。其甘為莽、歆之奴隸也乎？則好古亦其宜也。」

康氏思想之到底矛盾

此處所引，未知何人語，疑非康卽梁。要之，當時言維新改制，凡以好古、不作諸說歸罪劉歆，已成風氣，亦所謂非漢、非宋，非義理、非考據，而別自成其爲一時之學術者。不謂時過境遷，今學者言考據，治漢人經說，尙守其論不變，則所謂惑亂後學之罪，長素亦不幸終不得而辭也。

今爲長素明白分析其思想，彼蓋一領袖慾至高、自信力至强之人。彼先認定中國二千年歷史爲野蠻，而歐洲現況爲文明，遂以中國二千年歷史皆孔子之小康，皆劉歆之僞說，而孔子別有大同一義，則實與彼所見西俗暗合，此長素主「必變、速變、全變」時之說也。及爲不忍諸論，則所以尊孔與所以評西俗者已大異乎是，而其必力反一世之祈向以惟我馬首是瞻之概，則猶夫昔日。惟昔者一世爲守舊，則長素鼓之向新；今已一世尙維新，長素又督之返舊；而一以孔子爲標幟。惜乎「臣精消亡」，日力不足，今不忍所刊諸經典，遂與其所懸之敎義，一爲大同，一爲小康，令人有邈若隔世、不相酬接之憾。此長素所以雖始終尊孔，而終不能掩其先後之相矛盾也。

中國近三百年學術史附表

明神宗萬曆元年癸酉（一五七三）		
二年甲戌（一五七四）		文震孟文起生 曹學佺能始生 鍾惺伯敬生 黃姬水志淳卒（年六十六） 錢德洪緒山卒（年七十九）
三年乙亥（一五七五）	王元美撰定前後詩、賦、文、說四部稿。	嚴衍永思生 鹿善繼伯順生 沈國模求如生 魏良弼水洲卒（年八十四）
四年丙子（一五七六）	王元美前後詩、賦、文、說四部刻成，凡八十卷。	劉永澄靜之生 趙貞吉大洲卒（年六十九）

五年丁丑（一五七七） 九月，張居正以父喪起復。		吳鍾巒霞舟生
六年戊寅（一五七八）		劉宗周念臺生 呂潛愧軒卒（年六十二）
七年己卯（一五七九） 正月，毀天下書院。時士大夫競講學，張居正特惡之，盡改各省書院爲公廨。		姚希孟孟長生
八年庚辰（一五八〇）	顧叔時成進士。	
九年辛巳（一五八一）		陳仁錫明卿生
十年壬午（一五八二）		錢謙益牧齋生 史孝咸子虛生 張居正太岳卒（年五十八） 張節介夫卒（年八十）
十一年癸未（一五八三）		楊彝子常生 王畿龍溪卒（年八十六）

十二年甲申（一五八四） 詔以陳獻章、胡居仁、王守仁從祀孔廟。		孫奇逢夏峯生 黃尊素眞長生
十三年乙酉（一五八五）		黃道周石齋生 顧夢麟麟士生 胡直廬山卒（年六十九）
十四年丙戌（一五八六）		
十五年丁亥（一五八七）		王襞東崖卒（年七十七）
十六年戊子（一五八八）		華允誠鳳超生 王世懋敬美卒（年五十三）
十七年己丑（一五八九）	高景逸成進士。	
十八年庚寅（一五九〇）		王世貞元美卒（年六十五）
十九年辛卯（一五九一）		
二十年壬辰（一五九二）		王時敏烟客生 孫承澤退谷生

二十一年癸巳（一五九三）		倪元璐鴻寶生 鄧元錫潛谷卒（年六十六） 徐渭文長卒（年七十三）
二十二年甲午（一五九四）		談遷孺木生
二十三年乙未（一五九五）		楊廷樞維斗生
二十四年丙申（一五九六）		
二十五年丁酉（一五九七）	孫夏峯與鹿伯順論交。	項聖謨孔彰生 陳宏緒士業生 范文程輝嶽生
二十六年戊戌（一五九八）		金聲正希生 萬泰履安生
二十七年己亥（一五九九）		毛晉子晉生 費經虞鮮民生
二十八年庚子（一六〇〇）	利瑪竇至北京。	朱之瑜舜水生
二十九年辛丑（一六〇一）		惲日初遜庵生 茅坤鹿門卒（年九十）

三十年壬寅（一六〇二）		張溥天如生 李清映碧生
三十一年癸卯（一六〇三）		萬壽祺年少生 閻爾梅古古生 刁包蒙吉生 程智雲莊生
三十二年甲辰（一六〇四）	顧叔時、高景逸始講學東林書院。 陳季立訪焦澹園於金陵，借閱所藏書，成毛詩古音考四卷。	陳貞慧定生生 陳確乾初生 許孚遠敬庵卒（年七十）
三十三年乙巳（一六〇五）	顧叔時作學蔀通辨序。 利瑪竇刊布幾何原本。	顧柔謙剛中生 王時槐塘南卒（年八十四）
三十四年丙午（一六〇六）		朱鶴齡長孺生
三十五年丁未（一六〇七）		傅山青主生 姜埰如農生 錢肅樂虞孫生 胡承諾石莊生 沈壽民眉生生 顧允成涇凡卒（年五十四）

三十六年戊申（一六〇八）		金人瑞聖歎生
三十七年己酉（一六〇九）		吳偉業梅村生 邵曾可子唯生
三十八年庚戌（一六一〇）		黃宗羲梨洲生 彭士望躬庵生 利瑪竇卒（年五十九）
三十九年辛亥（一六一一）		張履祥楊園生 祝淵開美生 冒襄辟疆生 陸世儀桴亭生 徐夜東癡生 方以智密之生 杜濬茶村生
四十年壬子（一六一二）		錢澄之飲光生（原名秉鐙） 周亮工櫟園生 錢陸燦湘靈生 張爾岐稷若生 劉永澄靜之卒（年三十七） 顧憲成叔時卒（年六十三）

四十一年癸丑（一六一三）	孫夏峯寓京師，與鹿伯順讀傳習録。	顧炎武亭林生 歸莊玄恭生 孫默無言生 曹溶秋岳生 陳瑚言夏生 劉汋伯繩生
四十二年甲寅（一六一四）		邱維屏邦士生 宋琬荔裳生 馮班定遠生
四十三年乙卯（一六一五）		應撝謙嗣寅生 王餘佑介祺生 龔鼎孳芝麓生 李明性洞初生
四十四年丙辰（一六一六）	黄尊素成進士。	劉理超宗生 魏裔介石生生 黄宗炎晦木生

四十五年丁巳（一六一七）		閻修齡再彭生 魏象樞環極生 于成龍北溟生 萬斯年祖繩生 陳第季立卒（年七十七）
四十六年戊午（一六一八）		侯方域朝宗生 施閏章愚山生 黃宗會澤望生 何汝霖商隱生 沈昀朗思生 尤侗西堂生
四十七年己未（一六一九） 六月，熊廷弼經略遼東。		陸嘉淑冰修生 申涵光鳧盟生 周容躄翁生 王夫之船山生 劉源淥崑石生 唐鶴徵凝庵卒（年八十二）

四十八年庚申（一六二〇） 光宗泰昌元年。 罷熊廷弼，以袁應泰經略遼東。		魏際瑞善伯生 毛先舒稚黃生 張煌言蒼水生 馬驌宛斯生 焦竑弱侯卒（年八十）
熹宗天啓元年辛酉（一六二一） 清兵取瀋陽，遼陽經略袁應泰死之。 以王化貞巡撫廣甯。 六月，起熊廷弼經略遼東，以張鶴鳴爲兵部尚書。		曹本榮厚庵生
二年壬戌（一六二二） 八月，以孫承宗經略薊遼。	鄒南皋、馮少墟建首善書院。 吳梅村始受業於張天如。	張烈武承生 李鄰嗣杲堂生 吳蕃昌仲木生 李之芳鄴園生 徐枋俟齋生 王弘撰山史生 黃生扶孟生

三年癸亥（一六二三）		毛奇齡西河生 嚴繩孫蓀友生 伍定相學父卒
四年甲子（一六二四）	陸桴亭與盛聖傳定交。 張溥、張采、楊廷樞、楊彝、顧夢麟諸人始立應社。	汪琬鈍翁生 魏禧叔子生 范承謨螺山生 吳炎赤溟生 鍾惺伯敬卒（年五十一）
五年乙丑（一六二五） 左、魏被逮，孫夏峯營護藏活兩家子弟。 八月，毁天下講學書院。 殺前遼東經略熊廷弼。 十月，罷孫承宗，以高第代爲經略。 十二月，榜東林黨人姓名示天下。		計東改亭生 陳維崧迦陵生 李霨坦園生 費密此度生 許三禮酉山生

六年丙寅（一六二六） 三月，高第罷，以王之臣督師，袁崇煥巡撫遼東。 四月，逮前左都御史高攀龍等，攀龍自沈於池。黄尊素下獄死。		王士祿西樵生 黄尊素真長卒（年四十三） 高攀龍景逸卒（年六十五）
七年丁卯（一六二七） 十一月，魏忠賢、崔呈秀及客氏等皆伏誅，田爾耕、許顯純等以次伏法。	陸桴亭與陳言夏定交。	湯斌潛庵生 李顒二曲生 朱用純柏廬生
莊烈帝崇禎元年戊辰（一六二八） 四月，以袁崇煥督師薊遼。	黄梨洲袖長錐，草疏入都訟冤。	薛鳳祚儀甫生 姜宸英西溟生 王錫闡曉庵生 潘檉章力田生
二年己巳（一六二九） 五月朔，日食失驗，詔西洋人龍華民等推步，以禮部尚書徐光啓爲監督。 十二月，下督師袁崇煥於獄。	劉念臺講學蕺山，黄梨洲侍講席。 張天如、張受先舉復社成。吴江令熊開元迎天如爲尹山大會，集者遠自楚、豫。	朱彝尊竹垞生 呂留良晚村生

三年庚午（一六三〇） 八月，殺前督師尚書袁崇煥。	張天如爲金陵大會。	陸隴其稼書生 唐甄鑄萬生
四年辛未（一六三一） 高迎祥、張獻忠、李自成等作亂。 以洪承疇總督三邊軍務。 十一月，孫承宗罷。	黄梨洲以遺命發憤讀明十三朝實錄，上溯二十一史，兩年而畢。 陳乾初始與祝開美定交。	顧祖禹景范生 徐乾學健庵生 彭孫遹羨門生 陳恭尹元孝生 吳兆騫漢槎生 儲欣同人生
五年壬申（一六三二）	張天如爲虎邱大會。	
六年癸酉（一六三三）	陸桴亭延陳確菴於家，相與閉戶讀書。是年秋，行袁了凡功過格。	惲壽平南田生 徐秉義果亭生 胡渭朏明生 萬斯大充宗生 李因篤天生生 梅文鼎定九生 靳輔紫垣生

七年甲戌（一六三四）		徐元文公肅生 王士禎阮亭生 宋犖牧仲生 徐善敬可生 陳錫嘏介眉生
八年乙亥（一六三五）		熊賜履青岳生 李天馥湘北生 顏元習齋生
九年丙子（一六三六） 十月，削前工部侍郎劉宗周籍。	胡石莊中舉人。	閻若璩潛邱生 黃儀子鴻生 陳仁錫明卿卒（年五十六） 姚希孟孟長卒（年五十八） 鹿善繼伯順卒（年六十二） 文震孟文起卒（年六十三） 董其昌思白卒（年八十二）

十年丁丑（一六三七）	陸桴亭始著思辨錄。	邵長蘅青門生 韓菼慕廬生 鄭梁禹梅生 秦松齡對巖生 顧貞觀梁汾生
十一年戊寅（一六三八） 九月，清兵入塞；冬，下畿輔城四十八，前大學士高陽孫承宗死之。	孫夏峯避入五峯山。	萬斯同季野生 于成龍振甲生
南京諸名士顧杲等百四十人爲防亂公揭，黃梨洲與焉。		
十二年己卯（一六三九）	顧亭林始撰肇域志。	王掞顓庵生 陳廷敬說巖生
十三年庚辰（一六四〇）		汪懋麟蛟門生 顏光敏修來生 吳之振孟舉生

十四年辛巳（一六四一）		梁份質人生 張溥天如卒（年四十）
十五年壬午（一六四二） 清兵下錦州。 十一月，清兵入薊州，連下畿南、山東州縣。	高彙旃爲湖南學使。 呂晚村年十四，始識黃晦木於東寺。	喬萊子靜生 李光地晉卿生 王原祁麓臺生
十六年癸未（一六四三） 十月，李自成破潼關，總督孫傳庭死之；遂陷西安、延安諸郡。	三月，孫夏峯守五峯得全。 陳乾初與祝開美入剡，從學於劉蕺山。 張獻忠陷衡州，王船山父見執。船山詣賊中；翌晨，父子俱以計得脫。	
十七年甲申（一六四四） 清世祖順治元年。 三月，李自成陷京師。 明莊烈帝殉難。 四月，吳三桂乞清軍，破李自成於山海關。 五月，清兵入京。 福王即位於南京。	孫夏峯膺地方人才薦，敦促就道，以病辭。 黃梨洲至南京，嗣因黨禍，避歸浙東。 顧亭林南都詔授兵部司務。	孫在豐屺瞻生 倪元璐鴻寶卒（年五十二）

二年乙酉（一六四五） 四月，清兵屠揚州，史可法道鄰殉難。（年四十餘） 五月，清兵渡江，南京陷。下令薙髮。 六月，唐王即位福州，魯王監國紹興。	孫夏峯屢膺薦舉，均以病辭。 劉念臺、祝開美殉難。 陳乾初棄經生業，山居著書。 黃梨洲兄弟糾合子弟軍，號世忠營。 四月，顧亭林應薦赴南京。六月歸里，起兵吳江，事敗。七月，亭林嗣母王氏絕食三十日，遺命勿事二姓。是年，亭林作軍制論、形勢論、田功論、錢法論。 湯若望修補新曆全書成。 魏叔子、彭躬菴諸人結廬翠微。 魏叔子作制科、限田、奄宦三策。	高士奇江村生 彭定求南畇生 王鴻緒儼齋生 祝淵開美卒（年三十五） 黃淳耀陶庵卒（年四十一） 金聲正希卒（年四十八） 楊文驄龍友卒（年四十九） 劉宗周念臺卒（年六十八） 嚴衍永思卒（年七十一）
三年丙戌（一六四六） 三月，唐王殉國汀州。 十月，桂王即位於肇慶。 始開科舉。	黃梨洲入四明山寨，後避居化安山丙舍。 魯王遙授顧亭林爲職方司主事，亭林以母未葬，弗就。 清師南下，毛西河依保定伯毛有倫，事敗亡匿。 王船山始有志注易，復奉父命編春秋家說。 萬年少祝髮爲僧。 魏石生成進士。	潘耒次耕生 華學泉霞峯生 黃道周石齋卒（年六十二）

四年丁亥（一六四七）	孫夏峯纂輯理學宗傳。 黃梨洲居山中，注授時曆。 陳臥子、楊維斗死難。	徐潮青來生 姚際恆立方生 陳子龍臥子卒（年四十） 楊廷樞維斗卒（年五十三） 曹學佺能始卒（年七十四） 王朝聘脩侯卒（年七十八）
五年戊子（一六四八）	王船山舉兵衡山，軍敗，走桂林，遂至肇慶。	劉獻廷繼莊生 王源崑繩生 邵廷采念魯生 蔡廷治瞻岷生 陳厚耀泗源生 錢肅樂虞孫卒（年四十二） 張采受先卒（年五十三） 華允誠鳳超卒（年六十一）
六年己丑（一六四九）	孫夏峯南徙至祁州，刁蒙吉掃室留止。 黃梨洲有日本乞師紀、海外慟哭紀。 瞿起田薦王船山於桂王，爲行人司行人。	

七年庚寅（一六五〇） 八月，清兵陷舟山，魯王出奔。 十一月，清兵克桂林，瞿起田殉難。	孫夏峯至蘇門。 黃晦木被捕，脫免。 黃梨洲至常熟，讀書絳雲樓。十月，絳雲樓火。 陳乾初著喪實論、葬論、女訓。 王船山以王化澄構陷去官。 顧亭林變服出遊，避怨家構陷。	臧琳玉林生 查慎行初白生 瞿式耜起田卒（年六十一）
八年辛卯（一六五一）	顧亭林至金陵，初謁孝陵；至淮安，與萬年少定交。 毛西河避讎出遊淮上。 王山史始遊吳。 王船山間道歸楚，遂決計遯隱。	張伯行孝先生 程智雲莊卒（年四十九） 吳鍾巒霞舟卒（年七十五）
九年壬辰（一六五二） 科場獄起。	孫夏峯移居夏峯。 黃梨洲著律呂新義。 顧亭林自常熟唐市返千墩，世僕陸恩叛投里豪葉方恆。	馮景山公生 萬壽祺年少卒（年五十）

十年癸巳（一六五三）	陳乾初著大學辨。 呂晚村應試爲諸生。 顧亭林至金陵，再謁孝陵，並謁明祖御容於靈谷寺。十月，三謁孝陵。 顧亭林至太倉訪陸桴亭，桴亭適至唐市訪亭林，遂兩不相值。 歸玄恭至太倉謁陸桴亭，願執弟子禮，桴亭固讓，敍爲兄弟。 顔習齋爲諸生。 吳梅村徵爲國子祭酒。 孫退谷致仕，築室西山，自號退翁。	戴名世南山生 毛乾乾用九生 顧夢麟麟士卒（年六十九）
十一年甲午（一六五四）	春，顧亭林徧遊沿江一帶，抵蕪湖；秋，遊燕子磯。	潘天成錫疇生 納蘭性德容若生 侯方域朝宗卒（年三十七）
十二年乙未（一六五五）	陳乾初、張楊園、沈朗思諸人會於翠薄山房。 顧亭林四謁孝陵。自金陵還崑山，投僕陸恩於水，叛黨訟之；歸玄恭營救於錢牧齋。 陸桴亭刊論學酬答。 閻潛邱始疑古文尚書。 王船山始作周易外傳，始撰老子衍。	勞史麟書生 汪份武曹生 胡煦滄曉生 徐元夢蝶園生

十三年丙申（一六五六）	黃梨洲遭名捕脫死，弟晦木被捕，亦得免。 五月，顧亭林鍾山遇刺客，家遭刼盜。是月，五謁孝陵。 王船山黃書成。 沈求如卒，史子虛繼主半霖義學。 朱竹垞遊粵。 吳梅村丁母憂歸。 王阮亭詩編年始此。 費此度定居維揚。	湯右曾西崖生 王心敬爾緝生 吳蕃昌仲木卒（年三十五） 陳貞慧定生卒（年五十三） 沈國模求如卒（年八十二）
十四年丁酉（一六五七）	孫夏峯中州人物考成。 陳乾初著性解、禪障諸篇。 元旦，顧亭林六謁孝陵。赴山東即墨，遊勞山。於萊州交任子良唐臣；濟南交張稷若。北遊經燕、趙，抵塞外，舍長白山。是年始校讀吳才老韻譜。 史子虛等重修半霖義學爲姚江書院。 唐鑄萬在蜀中舉。	朱書字綠生 萬泰履安卒（年六十） 談遷孺木卒（年六十四）

十五年戊戌（一六五八） 治科場獄。	孫夏峯畿輔人物考成。 顧亭林登泰山，至曲阜，過鄒平，始交馬宛斯；長山交劉果菴；入都，至薊州，歷遵化、玉田，抵永平。 朱竹垞自粵歸。 馬宛斯始學於鄉。 吳漢槎以科場事戍邊。	陳汝咸心齋生 汪士鋐退谷生 劉捷古塘生 秦道然雒生生 項聖謨孔彰卒（年六十二）
十六年己亥（一六五九） 鄭成功兵圍南京。	孫夏峯四書近指成。 顧亭林初謁天壽山。是年著營、平二州史事六卷。其次甥徐公肅中進士一甲一名。 陸桴亭、陳言夏、歸玄恭、王石隱會講郁儀臣家靜觀樓，至者百餘人。 呂晚村、黃晦木相遇，始訂交。 潘用微寓吳郡。 顏習齋始交王五修（夏峯門人），時在易水。 馬宛斯舉進士。	李塨恕谷生 萬經授一生 顧鼇恆惺生 洪昇昉思生 邵曾可子唯卒（年五十一） 毛晉子晉卒（年六十一） 史孝咸子虛卒（年七十八）

十七年庚子（一六六〇） 江南奏銷案起。	黄梨洲遊匡廬，東方密之，有匡廬遊錄。 呂晚村、黄晦木、高旦中、朱聲始、黄麗農共約賣藝，晚村作賣藝文。 顧亭林寓淮上，潘力田刻國史考異三卷寄之。其長甥徐健庵中順天舉人。 毛西河復出遊，自此至康熙三年甲辰，皆在淮上。 顧景范始創爲讀史方輿紀要。 楊光先抗疏論耶穌教及湯若望時憲書之非。	楊名時凝齋生 鄭元慶子餘生
十八年辛丑（一六六一） 鄭成功取臺灣。 蘇州諸生以聚哭文廟坐大辟，死者十八人，金聖歎與焉。	孫夏峯聖學錄成。 黄梨洲著易學象數論。 三月，呂晚村至虞山紅豆村莊謁錢牧齋，時牧齋年八十。 顧亭林至紹興謁禹陵。十二月，山東考古錄成書。 陸桴亭刊思辨錄。 顏習齋始謁刁蒙吉，得其所輯斯文正統。 閻潛邱從兄洞成進士，改旌德縣知縣。	何焯義門生 金人瑞聖歎卒（年五十四） 楊彝子常卒（年七十九）

清聖祖康熙元年壬寅（一六六二） 明桂王爲吳三桂所害。 鄭成功卒，年三十九。	孫夏峯書經近指成。 黃梨洲著明夷待訪錄。 夏，呂晚村課兒讀書於其家之梅花閣，高旦中、黃晦木皆來，以詩文相唱和。 顧亭林以正月由山東入都，三謁天壽山。五月，至山西謁北嶽。七月，有天下郡國利病書序。 閻潛邱至京師。 魏叔子始遊江、浙。	趙執信秋谷生
二年癸卯（一六六三） 吳赤溟、潘力田以莊氏史獄，同磔於杭州之弼教坊。 禮部遵旨議覆鄉、會試停止八股文，改用策論表判，以甲辰科爲始，從之。	孫夏峯四書近指刻於大梁。傅青主過夏峯。 四月，黃梨洲至語溪，館於呂晚村家之梅花閣，有水生草堂唱和詩，並共選宋詩鈔。 黃梨洲明夷待訪錄成。 陳乾初設姚江、山陰兩先生像，作詩祭奠，並呈性解兩篇。 顧亭林作五臺山記。於太原訪傅青主；五臺交李天生；遊西嶽太華，訪王山史；至盩厔，訪李二曲。 顏習齋始交王法乾。 閻潛邱返太原，訪傅青主。 王山史至金陵。	陳鵬年滄洲生 陸奎勳星坡生 潘檉章力田卒（年三十六） 吳炎赤溟卒（年四十） 黃宗會澤望卒（年四十六）

三年甲辰（一六六四） 張蒼水被擒，卒於杭州。	黃梨洲、晦木兄弟至語溪，與呂晚村同赴虞山，訪錢牧齋。是年冬，晚村請張楊園館其家，楊園屢辭，虛席待二年，乃就。 十月初，黃梨洲復之語溪。十二月初，返里。 顧亭林至河南，訪孫夏峯。 顏習齋又約王法乾訪孫夏峯，未果；同訪王介祺。冬，朱竹垞之雲中。 楊光先著摘謬論，摘湯若望新法十謬上之。	費錫璜滋衡生 曹本榮厚庵卒（年四十四） 張煌言蒼水卒（年四十五） 劉汋伯繩卒（年五十二） 錢謙益牧齋卒（年八十三）
四年乙巳（一六六五） 鄉、會試復舊制，仍用八股文取士。 洪承疇卒。	黃梨洲之語溪，呂晚村自平湖來。 萬充宗、季野兄弟受業於黃梨洲。 歸玄恭始見潘用微，讀其著道錄，北面稱弟子；既而悔之，致書質辨。 顧亭林置田舍於章邱大桑家莊。游闕里，交顏修來。 毛西河客廬陵，與施愚山講學白鷺洲；已而去游淮西。 顏習齋訪李孝慤。 湯若望得罪；楊光先爲欽天監正。	方舟百川生 鄭性義門生 朱軾若瞻生 儲大文六雅生 顧柔謙剛中卒（年六十一） 陳宏緒士業卒（年六十九）

五年丙午（一六六六）

范文程卒。

孫夏峯至內黃，講學於明倫堂，舉論語「學而時習之」義。

湯潛菴至夏峯問學

理學宗傳刻於內黃

黃梨洲館語溪；訪陳乾初於海寧；買祁氏澹生堂書。

呂晚村棄諸生，以不應試除名。與張楊園、何商隱、張佩葱發明洛、閩之學。

顧亭林遊太原，交朱竹垞、屈介之。與李天生鳩資墾荒雁門之北。入京師，復往山東，遊泰山。十月，注吳才老韻補正成，并弁以序。兗州守署度歲。

朱竹垞遊晉。八月，訪碑於蒙山。

陸稼書舉鄉試。

顧景范初刻二十一史方輿紀要五卷。（即今刻歷代州域形勢九卷之祖本。）

劉繼莊始寓吳中。

朱澤澐止泉生

杜詔紫綸生

范文程輝嶽卒（年七十）

六年丁未（一六六七） 陳濟生詩案發。	孫夏峯訂家禮酌成。 黃梨洲與姜定菴、張奠夫復興證人書院講會。 張楊園至語水。 顧亭林南旋，始刻音學五書，張力臣任校寫役。 馬宛斯選授淮南府推官。閻潛邱與宛斯相識當在此年。 熊青岳著閑道錄成。	徐文靖位山生
七年戊申（一六六八）	黃梨洲在甬上，始有講經會。是年始選明文案。 七月，王船山編春秋家說成；又成春秋世論。 顧亭林自投濟南府獄，半年獄解。 毛西河遊睢州，爲湯潛庵母作崇祀祠記；嗣返浙。 邵念魯始見毛西河於古小學講會。 顏習齋居朱媪喪，一遵朱子家禮，遂悟宋學之非，毅然以明行周、孔之道爲己任。 王崑繩遺書閻潛邱問左傳。 吳良樞刻朱子年譜。 王山史入都。	王懋竑白田生 方苞望溪生

八年己酉（一六六九）	張楊園館語水。晚村刻二程、朱子遺書數十種。 顏曰彬會潘用微於證人書院，讀其書，大服，北面執弟子禮。 顧亭林入京，館徐健庵家。潘次耕來受學。 馬宛斯移官靈壁。 顏習齋著存性編、存學編；更「思古齋」曰「習齋」。 王山史在京師。 韓仁父主講姚江書院。自史子虛卒，至是輟講十年矣。 南懷仁上書言曆法，授欽天監副。楊光先放歸，卒於途。	顧嗣立俠君生 蔣廷錫南沙生 刁包蒙吉卒（年六十七）
九年庚戌（一六七〇）	高旦中卒，黃梨洲爲作墓誌銘。 顧亭林初刻日知錄八卷。是年在山東度歲。 馬宛斯繹史付梓，李映碧爲作序。 顏習齋與孫夏峯書論學。 毛西河復遊淮西。 徐健庵登一甲三名。張武承、陸稼書成進士。 朱竹垞入京。 王山史在浙。	任啓運釣臺生 陳景雲少章生

十年辛亥（一六七一）	黃梨洲作壽張奠夫八十序。 張楊園在語溪呂氏力行堂。呂晚村、何商隱以楊園年老，不應復有課誦之勞，各具脩金資其家用，請往來語水、半邏間。 顧亭林入都，主徐公肅家。熊青岳欲薦亭林修明史，亭林堅辭之。 李二曲赴襄城覓父骨，遂遊吳。 毛西河復遊淮安。 魏叔子重至揚州	惠士奇天牧生 沈近思闇齋生 方以智密之卒（年六十一） 吳偉業梅村卒（年六十三） 費經虞鮮民卒（年七十三） 韓孔當仁父卒（年七十三）
十一年壬子（一六七二）	顧亭林入都，館其甥徐健庵家。遇閻潛邱於太原，以所撰日知錄相質。 李二曲講學毘陵。 顏習齋與陸桴亭書，自述存性、存學大旨，並稱譽桴亭之思辨錄。（習齋記餘在甲寅，此據年譜。） 閻潛邱古文尚書疏證卷二有「今歲壬子」一條。 陸稼書、呂晚村始相見，論學甚洽。 魏叔子客揚州，又至毘陵。 王山史遊焦山。	黃叔琳崑圃生 張廷玉衡臣生 王步青己山生 蔣衡湘帆生 華希閔豫原生 李文炤恆齋生 周亮工櫟園卒（年六十一） 陸世儀桴亭卒（年六十二）

十二年癸丑（一六七三） 十一月，吳三桂雲南起兵。	孫夏峯寄理學宗傳，爲黃梨洲母八十壽。 孫夏峯命魏蓮陸輯北學編，湯潛庵輯洛學編成。 費此度至夏峯。 顧亭林成日知錄續錄六卷。是年之德州，訂州志。在京度歲。 冬，毛西河還蕭山。 閻潛邱應山西鄉試，歸見馬宛斯靈壁署中，論古文尚書。 魏叔子客吳，始見顧景范讀史方輿紀要。 詔徵李二曲，稱疾不就；過王山史，論爲學出處。 毛孝章於萬季野處見潘用微書，時用微疑已卒。 熊青岳以閑道錄進呈，得御筆題籤。	李紱穆堂生 沈德潛歸愚生 王士祿西樵卒（年四十八） 馬驌宛斯卒（年五十四） 龔鼎孳芝麓卒（年五十九） 宋琬荔裳卒（年六十） 歸莊玄恭卒（年六十一） 姜埰如農卒（年六十七）
十三年甲寅（一六七四） 吳三桂軍略四川、湖南、湖北等地，耿精忠據福建應之。	李二曲有旨復徵，促舁榻就道，以死自矢而免。 萬充宗治三禮諸書，皆此年後作。	崔渭源清夫生 張履祥楊園卒（年六十四）
十四年乙卯（一六七五）	黃梨洲明文案選成，後廣爲文海。 毛西河客汝寧。 陸稼書爲嘉定縣知縣，商出處於呂晚村。 李晉卿爲蠟丸疏，密陳破閩策。	方世舉息翁生 藍鼎元玉霖生 陳瑚言夏卒（年六十三） 沈壽民眉生卒（年六十九） 孫奇逢夏峯卒（年九十二）

十五年丙辰（一六七六） 尚之信起兵，尋歸降。耿精忠降。	黄梨洲再至海昌，欲訪陳乾初，未果；有留别海昌同學序。 黄梨洲始見陳乾初性解諸篇，遺書論難。是年梨洲明儒學案成書。 顧亭林作日知録自序。是年在京度歲。有與潘次耕札、與黄太冲書。 徐健庵母卒居喪，爲讀禮通考。 李杲堂序萬季野歷代史表。	陳祖范見復生 楊椿農先生 計東改亭卒（年五十二） 范承謨螺山卒（年五十三） 孫承澤退谷卒（年八十五）
十六年丁巳（一六七七）	黄梨洲序萬充宗學禮質疑。 陳乾初卒，黄梨洲爲作墓誌銘，收南雷餘集。 王船山編禮記章句成。 顧亭林入關，止宿王山史家，復訪二曲。 魏叔子客揚州，介王崑繩識顧景范，則是年景范亦遊揚。	魏際瑞善伯卒（年五十八） 申涵光鳧盟卒（年五十九） 張爾岐稷若卒（年六十六） 陳確乾初卒（年七十四）

十七年戊午（一六七八） 八月，吳三桂死於衡州。	是年以纂修明史，開博學鴻詞科，徵舉海內名儒李二曲，促迫就道，死拒始免。葉訒庵、韓慕廬爭舉顧亭林，亭林遂絕迹不至京。浙省以呂晚村薦，亦不赴。 閻潛邱入都，始識王山史，數相往返；又交汪鈍翁，指正汪之五服考異。 湯潛庵遊江、淮，遇姜西溟於錫山，見方盦山於金陵；冬，歸睢州，應徵入京。	孫默無言卒（年六十六） 惲日初遜庵卒（年七十八）
十八年己未（一六七九）	王船山著莊子通。 顧亭林卜居華陰。是年開局修明史，葉訒菴爲總裁，欲招亭林，復力却之。 萬季野入京，黃梨洲作詩送行。 王崑繩、洪去蕪訂交於廣陵。 李恕谷始問學於顏習齋。 彭躬庵序顧景范讀史方輿紀要。 召試博學鴻詞，一等彭羨門、張武承等二十人，二等潘次耕等三十人。閻潛邱報罷。	沈炳震東甫生 顧棟高震滄生 浦起龍二田生（卒年不詳，約八十餘歲。） 曾靜蒲譚生 方貞觀履安生 周容鄮翁卒（年六十一） 邱維屏邦士卒（年六十六） 閻爾梅古古卒（年七十七）

十九年庚申（一六八〇）	黃梨洲自訂南雷文案，授門人萬充宗校，鄭禹梅序。 顧亭林復遊晉。是年三月，著音學五書後序。 夏，呂晚村削頂爲僧，名耐可，字不昧，號何求老人。 顏習齋賣側，李恕谷諫止之。是年恕谷始效習齋立日記自考。 閻潛邱客徐健菴家。 顧景范客崑山徐氏傳是樓。 應嗣寅序萬充宗儀禮商。 魏叔子遊無錫，赴揚州，卒於中途。 李晉卿上書論治統道統。 萬授一補諸生，始遷杭州。	薛鳳祚儀甫卒（年五十三） 魏禧叔子卒（年五十七） 李鄴嗣杲堂卒（年五十九） 沈昀朗思卒（年六十三） 王時敏烟客卒（年八十九）
二十年辛酉（一六八一）	王船山爲僧開先編相宗絡索。 王山史在江南。 張武承著王學質疑。 陸稼書著三魚堂四書大全初稿成。 萬充宗周官辨非應成此時前後。 湯潛庵典浙試，黃梨洲遣子百家奉書。	江永愼修生 馮班定遠卒（年六十八） 胡承諾石莊卒（年七十五）

二十一年壬戌（一六八二） 殺耿精忠。 朱方旦刻祕書，被殺。	王船山編說文廣義。 顧亭林在曲沃墜馬，疾作，次日捐館。 閻潛邱客福建。 王山史客揚州。 陳夢雷被逮下獄，作書與李晉卿絕交。 陸辛齋序萬充宗禮記偶箋。	史貽直鐵崖生 向璿惕齋生 吳廷華林壁生 蔡世遠聞之生 王錫闡曉庵卒（年五十五） 陳維崧迦陵卒（年五十八） 顧炎武亭林卒（年七十） 朱之瑜舜水卒（年八十三）
二十二年癸亥（一六八三） 臺灣鄭克塽降。	王船山編制義、俟解，又編噩夢。 呂晚村作祈死詩六篇。 陸稼書始至京師，見張武承王學質疑。冬，赴靈壽縣任。是年有與湯潛庵書論朱陸異同；又爲文弔呂晚村喪。 閻潛邱以徐健菴招，重至京師。秋月，北上武進，覆舟。時尚書古文疏證第一卷成。從吳任臣學曆。始晤胡朏明。 朱竹垞入直南書房。 萬充宗春秋隨筆止昭公。	萬斯大充宗卒（年五十一） 呂留良晚村卒（年五十五） 施閏章愚山卒（年六十六） 李明性洞初卒（年六十九） 應撝謙嗣寅卒（年六十九） 徐夜東癡卒（年七十三） 彭士望躬庵卒（年七十四） 朱鶴齡長孺卒（年七十八） 李清映碧卒（年八十二）

二十三年甲子（一六八四） 始南巡，還幸曲阜，謁孔林。	顏習齋出關尋父。 閻潛邱初晤黃子鴻於徐健庵家。 萬季野爲徐健庵輯讀禮通考。 呂晚村弟子周在延編行晚村之四書語錄。 熊青岳下學堂劄記成。 湯潛庵撫吳。	吳兆騫漢槎卒（年五十四） 李霨坦園卒（年六十） 于成龍北溟卒（年六十八） 王餘佑介祺卒（年七十） 傅山青主卒（年七十八）
二十四年乙丑（一六八五）	王船山編楚詞通釋，作周易內傳。 顏習齋得親蹤於瀋陽，已沒，尋其墓，哭奠如禮。 張孝先成進士。 徐敬可爲高江村撰春秋地名考略。 熊青岳學統成。 黃梨洲至吳，晤湯潛庵。	納蘭性德容若卒（年三十一） 張烈武承卒（年六十四） 曹溶秋岳卒（年七十三）
二十五年丙寅（一六八六） 詔購遺書。	徐健庵以禮部侍郎充一統志、會典、明史三館總裁。 毛西河歸里。 閻潛邱父再彭七十，潛邱自京師南歸。 呂晚村門人陳鏦編刊晚村之四書講義。 戴南山入京師。 何義門遊山陽，買得困學紀聞。 湯潛庵還京，爲工部尚書。	錢陳羣香樹生 岳鍾琪容齋生 鄒一桂小山生 顏光敏修來卒（年四十七） 黃宗炎晦木卒（年七十一） 魏裔介石生卒（年七十一）

二十六年丁卯（一六八七）	黃梨洲刊子劉子集。 閻潛邱云：「疏證第四卷成書，一寄太華山頂王山史，一寄羅浮山屈介之，其二本寄千頃堂、傳是樓主人宦長安者。」據是疏證前四卷成書應在丁卯前。 劉繼莊北上應徐健庵聘，參明史館事。 陳長發毛詩稽古編成。	金農冬心生 陳錫嘏介眉卒（年五十四） 湯斌潛庵卒（年六十一） 閻修齡再彭卒（年七十一） 魏象樞環極卒（年七十一） 杜濬茶村卒（年七十七）
二十七年戊辰（一六八八）	黃梨洲自訂南雷文定。（梨洲爲閻潛邱疏證前四卷序，不收文定，而在文約，知文成此年後。） 閻潛邱四至京師，在卯、辰之間。 閻潛邱尚書古文疏證第五卷成。 范彪西寄理學備考於陸稼書，稼書覆書討論。	馬曰琯嶰谷生 沈彤冠雲生 汪懋麟蛟門卒（年四十九） 毛先舒稚黃卒（年六十九）

二十八年己巳（一六八九） 二次南巡。	王船山編識小錄。 閻潛邱南歸。 李恕谷投受業刺於顏習齋，以瘳忘編、恕谷集爲贄。 呂無黨見陸稼書，稼書謂：「山濤『天地四時，猶有消息』一語，未嘗無理，但就嵇紹言之，覺消息得太快耳。」 梅定九入都訪南懷仁。 孔聘之至江寧，與王山史交遊。	謝濟世梅莊生 孫在豐屺瞻卒（年四十六） 陸嘉淑冰修卒（年七十一） 何汝霖商隱卒（年七十二）
二十九年庚午（一六九〇）	王船山編俟解，又夕堂永日緒論內外篇。 徐健庵歸里，設一統志局於洞庭東山，延閻潛邱、胡朏明、顧景范、黃子鴻、姜西溟分纂。 胡朏明、徐敬可讀書莫釐峯下，相與論易。 萬季野館王鴻緒家。 劉繼莊返吳。 李恕谷鄉試中式。 王山史遊金陵。	盧見曾雅雨生 惲壽平南田卒（年五十八） 汪琬鈍翁卒（年六十七）

三十年辛未（一六九一）	顏習齋南遊，至開封，張醫卜肆。 顏習齋至商水，訪大俠李子青，深相結。 京師旱，命廷臣直陳利弊，陸稼書獻三議，又上速停保舉先用疏，得罪出京。 劉繼莊至漢口，遂南遊衡岳。 馮山公在淮安，讀閻潛邱尚書古文疏證，作淮南子洪保辨。 方望溪、王崑繩始訂交。 毘陵金閶齋、無錫顧俟齋諸人創共學山居。	程廷祚綿莊生 尹會一健餘生 張照得天生 王汲公潔卒 徐元文公肅卒（年五十八） 許三禮酉山卒（年六十七）
三十一年壬申（一六九二）	黃梨洲著今水經成。 賈醇庵梓行明儒學案。 劉繼莊遇梁質人於長沙，手錄其西陲今略，又定新韵譜於衡州署中。	厲鶚樊榭生 汪紱雙池生 汪由敦謹堂生 靳輔紫垣卒（年六十） 顧祖禹景范卒（年六十二） 陸隴其稼書卒（年六十三） 王夫之船山卒（年七十四）

三十二年癸酉（一六九三）	黄梨洲明文海選成，又爲明儒學案序。 冬，閻潛邱遊西泠，與姚立方相交，見其攻僞古文書十卷，繕寫散各條下。（疏證第八卷應成是年後。） 劉繼莊郴州度歲。	鄭燮板橋生 徐大椿靈胎生 是鏡仲明生 徐善敬可卒（年六十） 萬斯年祖繩卒（年七十七） 劉珵超宗卒（年七十八） 錢澄之飲光卒（年八十二） 冒襄辟疆卒（年八十三）
三十三年甲戌（一六九四）	閻潛邱初交王草堂。 李晉卿母喪不去任，言官交章論，刻令解任，留京守制。 劉繼莊離郴東歸。	王安國春圃生 萬斯選公擇卒 喬萊子靜卒（年五十三） 徐乾學健庵卒（年六十四） 李之芳鄴園卒（年七十三） 徐枋俟齋卒（年七十三）
三十四年乙亥（一六九五）	潘次耕始刻日知録於閩中。 李恕谷初至桐，錢曉城首以弟子禮來謁。又遊杭，交王草堂。是年歸。	丁敬敬身生 劉獻廷繼莊卒（年四十八） 黄宗羲梨洲卒（年八十六）

三十五年丙子（一六九六）	顏習齋應肥鄉漳南書院聘。 閻潛邱初刻四書釋地。 毛西河以駁太極圖、駁河圖洛書二種寄李恕谷。 王山史遊吳、越十餘載，至是始西歸。 方望溪作讀周官文。	杭世駿大宗生 胡天游稚威生 陳宏謀榕門生
三十六年丁丑（一六九七）	閻潛邱爲臧玉林序經義雜記。 萬季野六十在京師，王崑繩有季野六十序。 李恕谷選陶詩、韓文。是年再至桐鄉，與錢曉城辨古文非僞。至杭，交毛西河、王草堂、姚立方，立方以所著書經及儀禮相質。 胡朏明禹貢錐指二十卷成，又易圖明辨成書五卷。 徐敬可已先卒。	惠棟定宇生 雷鋐貫一生 梁詩正薌林生
三十七年戊寅（一六九八）	李恕谷至桐鄉，得見思辨錄。如杭，再晤毛西河，投受業刺。著大學辨業。 朱竹垞、查初白同遊閩。	劉大櫆海峯生 方觀承宜田生 楊述曾企山生 夏之蓉醴谷生 朱用純柏廬卒（年七十二） 錢陸燦湘靈卒（年八十七）

三十八年己卯（一六九九） 三巡江、浙。 欽定春秋傳說彙纂成，王掞等主撰。	康熙南巡，毛西河迎駕於嘉興，以聖諭樂本解說及皇言定聲錄、竟山樂錄三種進，溫諭獎勞。是年，西河有寄潛邱古文尚書冤詞書，附李恕谷寄去。 李恕谷北返，至淮安，訪閻潛邱，論古文尚書，出示毛西河新著古文尚書冤詞 朱竹垞經義考成。 胡朏明再入京。 姚立方成儀禮通論。 邵念魯初謁毛西河，自稱門下。	劉統勳爾鈍生 法坤宏鏡野生 李天馥湘北卒（年六十五） 姜宸英西溟卒（年七十二）
三十九年庚辰（一七〇〇）	閻潛邱刻四書釋地續。 李恕谷入京會試，始交王崑繩、萬季野、胡朏明。是年十一月，恕谷著禘祫郊社考辨。 萬季野爲胡朏明易圖明辨序。 洪去蕪刻朱子年譜。	沈大成沃田生 陳兆崙星齋生 于成龍振甲卒（年六十三） 彭孫遹羨門卒（年七十） 陳恭尹元孝卒（年七十） 劉源淥崑石卒（年八十二）

四十年辛巳（一七〇一）	胡朏明作禹貢錐指例略。 李恕谷大學辨業付梓，先袖稿就正於萬季野，季野稱服。 萬季野修明史紀、傳成，尚缺表、志，王鴻緒招李恕谷同修，恕谷弗就。 戴南山刻南山集。 李穆堂遊學蘇州，始交惠天牧。	吳敬梓敏軒生 吳穎芳西林生 彭啓豐芝庭生 方舟百川卒（年三十七） 費密此度卒（年七十七）
四十一年壬午（一七〇二）	閻潛邱遊杭。 李恕谷歸里。 查初白、何義門入直南書房。	秦蕙田味經生 沈廷芳畹叔生 姚範薑塢生 萬斯同季野卒（年六十五） 嚴繩孫蓀友卒（年八十）
四十二年癸未（一七〇三） 四巡江、浙。	四月，閻潛邱命子詠進呈萬壽詩及四書釋地。九月，清帝自口外回京，詠至石匣口山邊跪迎河干，爲其父懇賜御書，未得。 王崑繩介李恕谷見方望溪。恕谷介崑繩執贄於顏習齋。	齊召南瓊臺生

四十三年甲申（一七〇四）	正月，閻潛邱以雍正召，力疾進京，卒以不起。 二月，李恕谷至京，訪閻潛邱病。	陳黃中和叔生 高士奇江村卒（年六十） 邵長蘅青門卒（年六十八） 韓菼慕廬卒（年六十八） 閻若璩潛邱卒（年六十九） 顏元習齋卒（年七十） 唐甄鑄萬卒（年七十五） 尤侗西堂卒（年八十七）
四十四年乙酉（一七〇五） 五巡江、浙。	梅定九召見直隸舟次，得「績學參微」額。 胡朏明詣行在，獻平成頌及禹貢錐指，得御書「耆年篤學」四大字。 朱竹垞明詩綜成。 李晉卿拜文淵閣大學士。 臧玉林作尚書集解序。	全祖望謝山生 李顒二曲卒（年七十九）
四十五年丙戌（一七〇六）	胡朏明易圖明辨刊行，自爲題辭。 毛西河書勉李恕谷習禮樂，李覆稱樂書已成六卷，學禮亦有論著。 李恕谷注易繫辭，並寄大學辨業於毛西河。 呂晚村長子葆中（原名公忠）舉進士。	王又曾穀原生 儲欣同人卒（年七十六）

四十六年丁亥（一七〇七） 六巡江、浙。	李恕谷與馮辰言正學難合。 姚立方成春秋通論。 張孝先爲福建巡撫，建鰲峯書院。	朱書字綠卒（年五十一） 蔡廷治瞻岷卒（年六十）
四十七年戊子（一七〇八）	毛西河編四書改錯。（據李恕谷年譜甲申毛年八十二推。） 李恕谷始爲傳注，並重著學樂卷三、卷四。 謝梅莊領鄉薦第一。	錢載坤一生 潘耒次耕卒（年六十三）
四十八年己丑（一七〇九）	戴南山、李穆堂、惠天牧成進士。 胡朏明洪範正論成。（書始甲申。）	熊賜履青岳卒（年七十五） 朱彝尊竹垞卒（年八十一）
四十九年庚寅（一七一〇）		王源崑繩卒（年六十三）
五十年辛卯（一七一一） 南山集獄興，戴南山獲罪，方望溪亦牽連入獄。	王山史寓維揚。	嵇璜拙修生 趙一清東潛生 邵廷采念魯卒（年六十四） 王士禎阮亭卒（年七十八） 徐秉義果亭卒（年七十九）

五十一年壬辰（一七一二） 特升朱子配享孔廟；續修朱子全書。 治江南科場獄。	毛西河聞朱子配享，自斧四書改錯版本。 方望溪在獄中著禮記析疑、喪禮或問。	萬光泰循初生 裘曰修諸皋生 陳廷敬說巖卒（年七十四）
五十二年癸巳（一七一三） 御纂朱子全書成。 刑部擬戴名世大逆凌遲，上諭寬免，處斬。	李晉卿承纂周易折中。 方望溪免死出獄，隸籍漢軍，以白衣入直南書房。是年周官辨成書。 張孝先撫吳。	勞史麟書卒（年五十九） 戴名世南山卒（年六十一） 臧琳玉林卒（年六十四） 鄭梁禹梅卒（年七十七） 宋犖牧仲卒（年八十）
五十三年甲午（一七一四）		賈田祖稻孫生 鄭虎文誠齋生 秦松齡對巖卒（年七十八） 顧貞觀梁汾卒（年七十八） 胡渭朏明卒（年八十二）
五十四年乙未（一七一五） 御纂周易折中成。	李晉卿承纂性理精義。秋，歸閩。 汪雙池在江西景德鎮爲畫盌傭。	褚寅亮鶴侶生 朱仕琇梅崖生 秦大士秋田生 馮景山公卒（年六十四） 徐潮青來卒（年六十九） 王原祁麓臺卒（年七十四）

五十五年丙申（一七一六）	方望溪成春秋通論。 汪雙池自樂平轉客萬年、弋陽諸縣。 楚邵車雙亭編刻呂子評語。	袁枚簡齋生 顧鏊恆惺卒（年五十八） 陳汝咸心齋卒（年五十九） 毛奇齡西河卒（年九十四）
五十六年丁酉（一七一七） 御纂性理精義成。	鄭義門刻潘用微求仁錄。 方望溪成春秋直解。 汪雙池自江西入福建。	盧文弨抱經生 蔡上翔元鳳生 吳之振孟舉卒（年七十八）
五十七年戊戌（一七一八）	王白田成進士。 顧昫滋、朱止泉諸人會講於無錫共學山居。 惠定宇自序春秋左傳補注。 汪雙池授徒楓溪。	程晉芳魚門生 邵齊燾叔宀生 李光地晉卿卒（年七十七）
五十八年己亥（一七一九）	鄭義門晤李恕谷，以所刻潘用微求仁錄贈。	莊存與方耕生 劉墉石庵生 謝墉金圃生 彭定求南畇卒（年七十五）
五十九年庚子（一七二〇）	朱止泉成朱子未發涵養辨。初見顧昫滋於無錫。 程綿莊始讀顏習齋存學編。 方望溪成周官集注。	竇光鼐東皋生 錢維城稼軒生 華學泉霞峯卒（年七十五）

六十年辛丑（一七二一） 欽定書經傳說彙纂、欽定詩經傳說彙纂成。（王頊齡、王鴻緒等主撰。）	李穆堂充會試副考官，用唐人通榜法，被論罷官，發永定河效力。 方望溪成周官析疑。 江慎修成禮書綱目八十八卷。	江聲艮庭生 童鈺二樹生 汪份武曹卒（年六十七） 梅文鼎定九卒（年八十九）
六十一年壬寅（一七二二） 陳夢雷父子發往關外。	王白田授安慶府儒學教授到任。	王鳴盛西莊生 汪肇龍稚川生 顧嗣立俠君卒（年五十四） 何焯義門卒（年六十二） 湯右曾西崖卒（年六十七） 陳厚耀泗源卒（年七十五）
世宗雍正元年癸卯（一七二三）	朝臣欲徵李恕谷修明史，方望溪言恕谷老病，乃止。 王白田奉特旨進見，以教授改官翰林，入上書房行走。 李穆堂得旨復職。 汪雙池詩韻析成。	戴震東原生 陸燿青來生 梁同書山舟生 莊培因本淳生 陳鵬年滄洲卒（年六十一） 汪士鋐退谷卒（年六十六） 王鴻緒儼齋卒（年七十九）

二年甲辰（一七二四） 刊布聖諭廣訓。 御製朋黨論，頒示羣臣。 陸稼書從祀兩廡。	李穆堂署廣西巡撫。	紀昀曉嵐生 王昶蘭泉生 王掞顓庵卒（年八十六）
三年乙巳（一七二五） 汪景祺以征西隨筆梟斬。	施虹玉刻朱子年譜。	程瑤田易疇生 汪縉大紳生 王杰惺園生 蔣士銓心餘生 張伯行孝先卒（年七十五）
四年丙午（一七二六） 錢名世以作詩稱頌年羹堯功德革職，御書「名教罪人」四字匾額張掛居宅，並命在京現任官由舉人、進士出身者，各爲詩文刺惡。 禮部侍郎查嗣廷以所作日記有悖亂語，下獄死，戮尸梟示。 御史謝梅莊坐參田文鏡革職，發往阿爾泰軍前效力。		汪梧鳳松溪生 劉捷古塘卒（年六十九）

五年丁未（一七二七）	方望溪邀李恕谷入京論學。 李穆堂廷議大罪二十一款，當死，獲赦。 曾靜徒張熙至浙江，得呂晚村題如此江山圖及錢墓松歌詩。 袁簡齋爲縣學生。 汪雙池六禮或問成。	趙翼甌北生 孔繼涑信夫生 趙佑鹿泉生 阮葵生厝山生 沈近思闇齋卒（年五十七） 潘天成錫疇卒（年七十四） 查慎行初白卒（年七十八）
六年戊申（一七二八）	李恕谷語黎長舉以「顧諟明命」之功。 汪雙池樂經或問成。 秋，曾靜命其徒張熙投書陝督岳鍾琪。	錢大昕竹汀生 鮑廷博淥飲生
七年己酉（一七二九） 謝梅莊以註釋大學毀謗程朱罪，奉旨免死。 曾靜案發，刊布大義覺迷錄，呂晚村戮屍。 陸生柟以通鑑論正法。	李穆堂以參譖田文鏡舊案廷召詰責，旋寬免。	朱筠竹君生 吳省欽白華生 周春松靄生 梁份質人卒（年八十九）

八年庚戌（一七三〇） 曾任庶吉士徐駿以詩獄斬。	全謝山入都，上書方望溪論喪禮或問。	畢沅秋帆生 汪輝祖龍莊生 周永年書昌生 王文治夢樓生 周廣業耕崖生 崔渭源清夫卒（年五十七）
九年辛亥（一七三一）	汪雙池四書詮義成。	姚鼐姬傳生 朱珪石君生 曹仁虎習庵生 嚴長明冬有生 彭元瑞芸楣生 向璿惕齋卒（年五十）
十年壬子（一七三二）	全謝山舉鄉試，李穆堂招寓紫藤軒。 汪雙池自序詩經詮義。	余蕭客古農生 魯九皋絜非生 沈業富既堂生 蔣廷錫南沙卒（年六十四） 朱澤澐止泉卒（年六十七）

十一年癸丑（一七三三）	全謝山仍居紫藤軒，與李穆堂論陸氏學案，有五書。（萬孺廬亦同寓。） 汪雙池自序書經詮義。 顧棟高自序司馬溫公年譜。	羅聘兩峯生 翁方綱覃溪生 吳騫兔床生 蔡世遠聞之卒（年五十二） 藍鼎元玉霖卒（年五十九） 李紱恕谷卒（年七十五）
十二年甲寅（一七三四）	汪雙池自序易經詮義。	陸錫熊耳山生 李惇成裕生 羅有高臺山生
十三年乙卯（一七三五） 殺曾靜、張熙。	顧棟高自序王荊公年譜。	段玉裁懋堂生 金榜蕊中生 錢塘學淵生 余廷燦存吾生 曾靜蒲譚卒（年五十七） 李文炤恆齋卒（年六十四）

高宗乾隆元年丙辰（一七三六） 試博學鴻詞。	李穆堂奉旨召見，授戶部侍郎。 全謝山成進士。 李穆堂、全謝山相約共鈔永樂大典。 方望溪充三禮義疏館副總裁。奏請出祕府永樂大典，取宋、元人經說。 三禮館檄縣抄送江慎修禮書綱目稿本。 汪雙池自序禮記章句或問。始作書與江慎修。	桂馥未谷生 王琨次瑤生 翟灝晴江生 杜詔紫綸卒（年七十一） 朱軾若瞻卒（年七十二） 楊名時凝齋卒（年七十七） 胡煦滄曉卒（年八十二）
二年丁巳（一七三七）	汪雙池再作書與江慎修。 全謝山左遷，南歸。	孫志祖貽穀生 謝啓昆蘇潭生 沈炳震東甫卒（年五十九）
三年戊午（一七三八）	江慎修作書答汪雙池。汪三作書與江。	任大椿幼植生 章學誠實齋生 丁杰小雅生 錢伯坰魯斯生 陸奎勳星坡卒（年七十六） 王心敬爾緝卒（年八十三）
四年己未（一七三九）	方望溪仍在三禮館。 江慎修再答汪雙池書。	孔繼涵葒谷生

五年庚申（一七四〇）	程綿莊易通成書。（始丙辰。） 汪雙池授經楓溪，至是凡二十三年。 戴東原隨父客南豐。課蒙於紹武。	錢灃南園生 彭紹升尺木生 崔述東壁生
六年辛酉（一七四一）	方望溪主纂周官義疏成。 江慎修遊京師，與方望溪論儀禮數事；又著周禮疑義舉要。 汪雙池始授徒於家塾。	馮應榴星實生 惠士奇天牧卒（年七十一） 王懋竑白田卒（年七十四） 萬經授一卒（年八十三） 徐元夢蝶園卒（年八十七）
七年壬戌（一七四二）	方望溪解書局回籍。 江慎修成近思錄集注十四卷。 戴東原自邵武歸。 沈果堂始著周官祿田考。	彭績秋士生 汪龍蟄泉生
八年癸亥（一七四三）	汪雙池成理學逢源，又樂經律呂通解初稿成。 杭大宗坐時務策言滿漢畛域革職。 惠定宇始見閻氏古文尚書疏證。（時尚未刻。）	邵晉涵二雲生 秦瀛小峴生 陳昌齊觀樓生 鄧石如完白生 崔邁德皋生 蔣衡湘帆卒（年七十二） 鄭性義門卒（年七十九） 儲大文六雅卒（年七十九）

九年甲子（一七四四）	戴東原成籌算一卷。（後經增改名策算。）	汪中容甫生 王念孫石臞生 錢坫獻之生 莊有可大久生 錢大昭晦之生 梁玉繩曜北生 任啓運釣臺卒（年七十五） 趙執信秋谷卒（年八十三）
十年乙丑（一七四五）	閻潛邱尚書古文疏證刻成。 汪雙池春秋集傳成。 王西莊草創尚書後案。 戴東原成六書論三卷。（已佚。）	武億虛谷生 張照得天卒（年五十五）
十一年丙寅（一七四六）	全謝山增修宋儒學案。 戴東原成考工記圖。（後附注成二卷。）	洪亮吉稚存生 吳錫麒穀人生
十二年丁卯（一七四七）	戴東原成轉語二十章。（已佚。段懋堂年譜稱此書未成，戴氏遺集亦不見。） 全謝山至金陵，館於方望溪之湄園。	趙懷玉味辛生 張雲璈仲雅生 方貞觀履安卒（年六十九） 陳景雲少章卒（年七十八） 秦道然雒生卒（年九十）

十三年戊辰（一七四八）	沈果堂周官祿田考成書。 顧震滄自序春秋大事表。 徐位山始爲竹書紀年統箋。	梁履繩處素生 尹會一健餘卒（年五十八）
十四年己巳（一七四九）	方望溪儀禮析疑成。 戴東原成爾雅文字考十卷。（未刊。） 程易疇、戴東原初相識訂交。 是仲明遊徽州。	黄景仁仲則生 方苞望溪卒（年八十二）
十五年庚午（一七五〇）	沈歸愚以年八十予告歸。 方樸山主紫陽書院，見戴東原文，大讚服。東原從江愼修遊當亦在是年，時俱客汪松溪家。 是仲明再遊徽州，遇戴東原；索觀其詩補傳，當在是年。 全謝山爲五校本水經題詞於錢塘之篁庵。	倪模迂存生 莊述祖葆琛生 張宗泰筠巖生 萬光泰循初卒（年三十九） 李紱穆堂卒（年七十八）
十六年辛未（一七五一） 第一次南巡江、浙。	程綿莊大易擇言成書；（始壬戌。）又爲象爻求是說。 戴東原補休寧縣學生。	劉台拱端臨生 祁韻士鶴皋生 王步青己山卒（年八十）

十七年壬申（一七五二）	全謝山適廣東，時水經注已七校。 戴東原教讀汪松溪家。 休寧旱，戴東原窮居，成屈原賦注九卷，又音義三卷，假名汪君。 錢竹汀始入都。	孔廣森顨軒生 趙紹祖琴士生 章宗源逢之生 沈彤冠雲卒（年六十五）
十八年癸酉（一七五三）	汪雙池重訂律呂通解成。 全謝山自粵歸里。 戴東原爲詩補傳。（未成書。）	孫星衍淵如生 唐仲冕陶山生 陳鱣仲魚生 楊芳燦才叔生 朱彬武曹生 厲鶚樊榭卒（年六十二） 楊椿農先卒（年七十八）

十九年甲戌（一七五四）	汪雙池重著書經詮義成，又讀近思錄、讀問學錄、參讀禮志疑成。 全謝山居揚州，仍治水經，兼補學案。是年秋，與趙東潛遇於杭。東潛依謝山說，改正所校水經注。冬，東潛自序水經注釋。 戴東原避訟入都，寓歙縣會館。造錢竹汀廬，談竟日，竹汀歎其精博。明日，言於秦味經，即日同車親訪，因爲延譽，遂知名。是年東原館秦氏味經軒。 紀曉嵐、王西莊、錢竹汀、王蘭泉、朱竹君俱成進士。	張敦仁古餘生 伊秉綬墨卿生 李賡芸許齋生 吳敬梓敏軒卒（年五十四） 岳鍾琪容齋卒（年六十九） 陳祖范見復卒（年七十九）
二十年乙亥（一七五五） 湖南學政胡中藻坐詩獄斬。 禁滿、漢人文字往來。	程綿莊始爲論語說。 江艮庭自稱年三十五師事惠定宇，見其古文尚書考而善之，後自爲尚書集注音疏。（創自辛巳。） 戴東原作周禮太史正歲年解、周髀北極璿璣四游解各二篇。紀曉嵐始識東原，東原改館紀家。作句股割圜記三篇，秦味經全載於通考。紀並爲東原序梓考工記圖。 戴東原與姚姬傳書論學。姚時爲孝廉，欲師東原，東原約爲友。	凌廷堪次仲生 吳鼒山尊生 曹振鏞儷笙生 張海鵬子瑜生 全祖望謝山卒（年五十一） 馬曰琯嶰谷卒（年六十八） 吳廷華林壁卒（年七十四） 張廷玉衡臣卒（年八十四）

二十一年丙子（一七五六）	汪雙池易經詮義定本成。 戴東原館於王春圃家，教其子。（石臞。）	石韞玉琢堂生 謝濟世梅莊卒（年六十八） 黃叔琳崑圃卒（年八十五） 徐文靖位山卒（年九十）
二十二年丁丑（一七五七） 二次南巡。	汪雙池讀困知記成，儒先晤語成。 戴東原南還，居揚州，識惠定宇於都轉運使盧雅雨署內；又獲交沈沃田。自是客揚州凡四年。是年東原成大戴禮記目錄後語，又作金山志一小册。 紀曉嵐散館一等，授編修。 錢竹汀始收藏金石文字。 王蘭泉至江寧，與程綿莊論易。	惲敬子居生 郝懿行蘭皋生 胡克家果亭生 王安國春圃卒（年六十四）
二十三年戊寅（一七五八）	程綿莊論語說成，凡四易稿。又始爲尚書通議，閱三載而成。 江慎修春秋地理考實成。 戴東原句股割圜記刊行。	徐養原新田生 姚文田秋農生 惠棟定宇卒（年六十二） 胡天游稚威卒（年六十三） 汪由敦謹堂卒（年六十七）

二十四年己卯（一七五九）	戴東原鄉試落第。	錢泳立羣生 莊培因本淳卒（年三十七） 汪紱雙池卒（年六十八） 顧棟高震滄卒（年八十一） 方世舉息翁卒（年八十五）
二十五年庚辰（一七六〇）	戴東原屈原賦注刻成。有與盧紹弓書論校大戴禮事。 任幼植與戴東原書論禮。 章實齋出遊，至北京。 段懋堂入都，始見顧氏音學五書，遂有意爲音均之學。 凌次仲六歲而孤。	鈕樹玉匪石生 莊逵吉伯鴻生 王曇仲瞿生 孫原湘心青生 曾燠賓谷生 夏鑾朗齋生 秦恩復敦夫生 王紹蘭畹馨生 雷鋐貫一卒（年六十四）
二十六年辛巳（一七六一）	江艮庭始草尚書集注。 戴東原再與盧侍講書論校大戴禮事。 是仲明倡復共學山居。 蔡元鳳成進士。	江藩鄭堂生 張惠言皋文生

二十七年壬午（一七六二） 三次南巡。	戴東原始獲鄉薦。是年作江愼修先生事略。	錢林東生生 顧鳳毛超宗生 嚴可均鐵橋生 王又曾穀原卒（年五十七） 陳黃中和叔卒（年五十九） 江永愼修卒（年八十二）
二十八年癸未（一七六三）	戴東原會試不第，居新安會館。段懋堂往從講學，投札稱弟子，東原謙辭。夏，東原出都，赴江右。 段懋堂抄謄戴東原原善三篇，及尙書今文古文考、春秋改元卽位考。 紀曉嵐陞侍讀。	焦循里堂生 黃丕烈蕘圃生 莫與儔猶人生 嚴杰厚民生 梁詩正薌林卒（年六十七） 史貽直鐵崖卒（年八十二）
二十九年甲申（一七六四）	章實齋參編天門縣志；作修志十議。	阮元芸臺生 鮑桂星覺生生 張問陶船山生 李富孫薌沚生 趙一清東潛卒（年五十四） 秦蕙田味經卒（年六十三） 金農冬心卒（年七十八）

三十年乙酉（一七六五） 四次南巡。	戴東原入都，過蘇，題惠定宇授經圖。定水經一卷，示紀曉嵐、錢竹汀、姚姬傳、段懋堂。 章實齋始覩史通。 劉端臨始見王白田、朱止泉書，研程、朱學。	李穀介石生 舒位鐵雲生 洪頤煊筠軒生 丁敬敬身卒（年七十一） 鄭燮板橋卒（年七十三）
三十一年丙戌（一七六六）	戴東原會試不第，居新安會館。嗣館裘曰修邸，成杲谿詩經補注。（又聲韵考成，書凡四卷。） 段懋堂入都會試，見戴東原。原善三卷或即是年成書。 章實齋依朱竹君，始識東原於休寧會館。 凌次仲學賈。	王引之伯申生 顧廣圻千里生 姚學塽鏡塘生
三十二年丁亥（一七六七）	江艮庭尚書集注成。 錢竹汀告病南歸。是歲始撰二十二史考異。 湖南學政盧抱經交部議處。 侍郎齊瓊臺革職。	臧庸鏞堂生 吳德旋仲倫生 郭麐頻伽生 江沅鐵君生 楊述曾企山卒（年七十） 程廷祚綿莊卒（年七十七）

三十三年戊子（一七六八）	戴東原應直督方觀承聘，修直隸河渠書，未成而方卒，東原辭職入都。 紀曉嵐遣戍烏魯木齊。	許宗彦周生生 周中孚鄭堂生 陳用光碩士生 彭兆蓀甘亭生 汪萊孝嬰生 李鋭尚之生 陳鴻壽曼生生 錢東塾石橋生 齊召南瓊臺卒（年六十六） 方觀承宜田卒（年七十一） 盧見曾雅雨卒（年七十九）
三十四年己丑（一七六九） 下命撤毁錢謙益詩文集。	戴東原會試不第。山西布政使朱石君聘，與段懋堂偕往。段主講壽陽書院。東原客署中，嗣應汾州聘，修府志三十四卷。（庚寅修竣。）是年東原始草緒言，並爲余古農序古經解鉤沉。 段懋堂謁戴東原，又稱弟子，東原勉從其請。 錢竹汀再入都。 汪龍莊始交羅臺山。章實齋謁朱竹君。 汪容甫遊幕太平。	李兆洛申耆生 朱琦蘭坡生 邵齊燾叔宀卒（年五十二） 是鏡仲明卒（年七十七） 沈德潛歸愚卒（年九十七）

三十五年庚寅（一七七〇）	戴東原修汾州府志蕆事，又點校壽陽縣志。是年還京，待會試。 錢竹汀始讀説文，研究聲音、文字、訓詁之原。 段懋堂銓得貴州玉屏縣。	洪震煊百里生 李黼平繡子生 丁履恆若士生 康紹鏞蘭皋生
三十六年辛卯（一七七一）	戴東原會試，仍不第。復遊晉，修汾陽縣志。 紀曉嵐自戍所召還，授編修。 錢竹汀始成金石文跋尾六卷。 朱竹君爲安徽學政，章實齋、邵二雲、洪稚存、黄仲則、汪容甫均從遊。（實齋與二雲尤相得，因同治史學。）是年竹君奏請開館校書。	黄承吉春谷生 陳壽祺恭甫生 金鶚誠齋生 李鍾泗濱石生 汪梧鳳松溪卒（年四十六） 姚範薑塢卒（年七十） 沈大成沃田卒（年七十二） 陳兆崙星齋卒（年七十二） 陳宏謀榕門卒（年七十六） 徐大椿靈胎卒（年七十九）

三十七年壬辰（一七七二） 購訪著作遺書。	戴東原寫定緒言。是年自汾陽入都會試，不第。段懋堂見之於洪初堂寓。嗣南歸，主講浙東金華書院。 錢竹汀擢詹事府少詹事。 王石臞亦至皖朱竹君幕，始與劉端臨、汪容甫訂交。 章實齋始草文史通義；有上錢辛楣宮詹書 畢秋帆爲陝西巡撫。	方東樹植之生 陸繼輅祁生生 錢維城稼軒卒（年五十三） 沈廷芳畹叔卒（年七十一）
三十八年癸巳（一七七三） 開四庫館。	南巡，見杭大宗迎駕名，顧左右曰：「杭世駿尚未死麼？」大宗返舍，是夕卒。 江艮庭尚書集注音疏成。 章實齋、戴東原在寧波道署相遇，（先已相識。）論史不合，論修志亦不合。是年實齋作和州志例。 四庫館開，紀曉嵐爲總裁。特詔徵戴東原、邵二雲、周書昌等入館編校。 王石臞在朱竹君幕，爲朱校刊許氏說文。	吳榮光荷屋生 嚴元照久能生 洪飴孫孟慈生 端木國瑚鶴田生 裘曰修諸皋卒（年六十二） 劉統勳爾鈍卒（年七十五） 杭世駿大宗卒（年七十八）

三十九年甲午（一七七四） 山東王倫唱亂。	戴東原在四庫館，校成水經注、九章算術、五經算術。 章實齋作和州志四十二篇。	錢陳羣香樹卒（年八十九） 鄒一桂小山卒（年八十九）
四十年乙未（一七七五）	戴東原會試，又不第；賜同進士出身，授翰林院庶吉士。是年校儀禮識誤、海島算經。 錢竹汀在廣東學政任，丁父艱歸里。 段懋堂六書音均表成書。 江鄭堂在吳，始從余古農學。	俞正燮理初生 包世臣慎伯生 凌曙曉樓生 徐同柏壽臧生 汪家禧漢郊生 梁章鉅芷鄰生 沈欽韓小宛生 鄧廷楨嶰筠生 胡世琦玉鐎生 林春溥立源生
四十一年丙申（一七七六） 命國史館立貳臣傳。	程易疇影抄戴東原緒言寫本。 戴東原孟子字義疏證成書。 段懋堂始作說文解字讀。	劉逢祿申受生 宋翔鳳于庭生 胡承珙墨莊生 臧禮堂和貴生 姚元之伯昂生

四十二年丁酉（一七七七） 新昌舉人王錫侯以刪改康熙字典論斬。	戴東原作聲類表九卷。 章實齋中順天鄉試舉人；修永清志。 錢晦之爲後漢書補表。	姚椿春木生 鄧顯鶴湘皋生 戴震東原卒（年五十五） 秦大士秋田卒（年六十三） 賈田祖稻孫卒（年六十四）
四十三年戊戌（一七七八） 徐述夔坐詩獄戮屍。	江鄭堂從江艮庭學，受惠氏易。 錢竹汀爲鍾山書院院長。重訂廿二史考異。 章實齋成進士。續修永清志。	唐鑑鏡海生 陶澍雲汀生 呂璜月滄生 許桂林同叔生 余蕭客古農卒（年四十七）
四十四年己亥（一七七九）	王西莊尚書後案成，自稱就正於江艮庭，乃克成編。 談階平從遊於錢竹汀。 章實齋修永清志成；又成校讎通義四卷。 汪容甫博考三代以上學制廢興，論古之所以爲學者，撰述學，未成書。 焦里堂應童子試。受知於督學劉石庵。歸後始治經。 王西莊序錢晦之兩漢書辨疑。	羅有高臺山卒（年四十六）

四十五年庚子（一七八〇） 第五次南巡。	錢竹汀自序廿二史考異。 李成裕、莊葆琛成進士。	管同異之生 張維屏南山生 汪肇龍稚川卒（年五十九） 朱仕琇梅崖卒（年六十六） 劉大櫆海峯卒（年八十三）
四十六年辛丑（一七八一） 尹嘉銓因爲其父會一請謚，且乞從祀孔廟，坐著書狂妄悖謬罪處絞。	錢竹汀續刊金石文跋尾七卷。 章實齋遊河南，遇盜，文稿均失。 凌次仲遊揚州，在詞曲館校讎，始與阮芸臺相識。 孫淵如、吳竹嶼、嚴冬有、錢獻之、洪稚存諸人均在西安節署畢氏幕。	劉開孟塗生 張澍介侯生 周濟保緒生 徐松星伯生 崔邁德皋卒（年三十九） 朱筠竹君卒（年五十三） 吳穎芳西林卒（年八十一）
四十七年壬寅（一七八二） 續繕四庫全書三分，分庋揚州、鎮江、杭州。	錢竹汀廿二史考異百卷成書。	胡培翬竹村生 馬瑞辰元伯生 張海珊鐵甫生 童鈺二樹卒（年六十二）

四十八年癸卯（一七八三） 欽定四庫全書總目提要成。	凌次仲至京師，翁覃溪教以舉子業，始應試。讀戴氏遺書而好之。 崔東壁始從事著考信錄。	苗夔先簏生 李貽德次白生 張聰咸阮林生 錢儀吉新梧生 黃景仁仲則卒（年三十五） 孔繼涵葒谷卒（年四十五）
四十九年甲辰（一七八四） 第六次南巡。	汪容甫介凌次仲與江鄭堂定交。 凌次仲重遊揚州，與阮芸臺定交。	王筠箓友生 包世榮季懷生 李惇成裕卒（年五十一） 蔣士銓心餘卒（年六十） 程晉芳魚門卒（年六十七） 鄭虎文誠齋卒（年七十一） 彭啓豐芝庭卒（年八十四）
五十年乙巳（一七八五） 四庫全書續繕三部告成。	錢竹汀長婁東書院。 畢秋帆爲河南巡撫。 凌次仲在京師。	潘德輿四農生 林則徐少穆生 姚瑩石甫生 賀長齡耦庚生 程恩澤春海生 彭績秋士卒（年四十四） 陸燿青來卒（年六十三） 法坤宏鏡野卒（年八十七） 夏之蓉醴谷卒（年八十八）

五十一年丙午（一七八六）	凌次仲下第，南歸。 阮芸臺以舉鄉試，初入京師，得交王石臞、邵二雲、任幼植。 梁曜北人表考成書。	梅曾亮伯言生 陳奐碩甫生 汪喜孫孟慈生 孔廣森顨軒卒（年三十五）
五十二年丁未（一七八七） 臺灣林爽文結天地會反。	章實齋至河南，依畢秋帆。 王石臞始作廣雅疏證。 凌次仲始爲禮經釋名。是年夏，從翁覃溪在南昌；秋，至大梁，依畢秋帆。	方申端齋生 張金吾月霄生 曹仁虎習庵卒（年五十七） 嚴長明冬有卒（年五十七）
五十三年戊申（一七八八）	錢竹汀長紫陽書院，續撰金石文跋尾六卷。 畢秋帆自河南巡撫擢督兩湖。 章實齋主編史籍考，校正校讎通義。 凌次仲自大梁入都應試，中副榜。	薛傳均子韵生 朱駿聲允倩生 顧鳳毛超宗卒（年二十七） 翟灝晴江卒（年五十三） 莊存與方耕卒（年七十）
五十四年己酉（一七八九）	盧抱經主講常州龍城書院，李申耆從受業。 章實齋在安徽學使署，成姑孰夏課二十三篇。 汪容甫遊武昌畢秋帆署，爲撰黃鶴樓銘。 王石臞與段懋堂初晤於京師。 凌次仲領江寧鄉薦。	劉文淇孟瞻生 夏炘心伯生 黃式三薇香生 侯康君模生 胡紹勳文甫生 任大椿幼植卒（年五十二） 阮葵生居山卒（年六十三）

五十五年庚戌（一七九〇）	趙甌北始刻陔餘叢考。 朱石君爲安徽巡撫。 章實齋成亳州志。至武昌，始編史籍考，並助畢秋帆編續通鑑。 汪容甫夏自武昌歸里。 凌次仲成進士。 焦里堂作羣經宮室圖。 王伯申入都，始著周秦名字解詁。	錢塘學淵卒（年五十六） 褚寅亮鶴侶卒（年七十六）
五十六年辛亥（一七九一）	段懋堂古文尚書撰異成；又爲王石臞作廣雅疏證敍。 崔東壁洙泗考信錄初稿成；復補爲上古考信錄。	劉寶楠楚楨生 毛嶽生生甫生 董祐誠方立生 錢泰吉警石生 周永年書昌卒（年六十二） 孔繼涑信夫卒（年六十五）

五十七年壬子（一七九二）	畢秋帆續通鑑成書。章實齋代草與錢辛楣宫詹論續鑑書。 段懋堂編東原先生文集。（去東原卒十六年。）十月，移家蘇州，始識黄蕘圃、顧千里。 章實齋始任湖北通志事。 崔東壁至京師，陳履和讀其上古、洙泗考信錄，遂請師事。 汪容甫寫定述學內篇三卷、外篇一卷刊行。 凌次仲始易禮經釋名爲禮經釋例。 包愼伯讀書白門，始見書賈新雕日知錄。	龔自珍定庵生 姚配中仲虞生 梁紹壬應來生（卒年不詳） 宗稷辰滌樓生 陸錫熊耳山卒（年五十九） 汪縉大紳卒（年六十八）
五十八年癸丑（一七九三）	莊方耕刊尚書既見。 汪龍莊撰學治臆說。 姚姬傳主講鍾山書院。 段懋堂自爲周禮漢讀考序。 凌次仲在京師，有與胡敬仲書；冬，出都。 阮芸臺督學山東，撰山左金石志。 包愼伯成兩淵十六篇。	黄爵滋樹齋生 吳廷棟竹如生 祁寯藻叔穎生 梁履繩處素卒（年四十六） 錢載坤一卒（年八十六）

五十九年甲寅（一七九四）	段懋堂始以說文解字讀櫽括作注。 章實齋湖北通志脫稿。 孫淵如始著尚書今古文注疏。 阮芸臺督浙江學政。 劉孟塗始從遊於姚姬傳。	魏源默深生 汪遠孫小米生 丁晏柘堂生 梅植之蘊生生 汪中容甫卒（年五十一） 魯九皋絜非卒（年六十三） 嵇璜拙修卒（年八十四）
六十年乙卯（一七九五）	趙甌北自序廿二史劄記。 王石臞廣雅疏證成書。 凌次仲赴寧國教授任。 焦里堂在山東，作書與孫淵如論考據與著作。	陳慶鏞乾翔生 柳興恩賓叔生 凌堃仲訥生 夏炯仲文生 徐繼畬健男生 錢灃南園卒（年五十六） 竇光鼐東皋卒（年七十六） 謝墉金圃卒（年七十七） 盧文弨抱經卒（年七十九）
仁宗嘉慶元年丙辰（一七九六） 白蓮教事起。	章實齋初刻文史通義。冬，至皖撫署。 崔東壁謁選得福建羅源縣知縣，時唐虞考信錄亦成書。 王石臞自序廣雅疏證。 劉申受爲穀梁廢疾申何。	汪文臺南士生 吳式芬子苾生 邵晉涵二雲卒（年五十四） 彭紹升尺木卒（年五十七）

二年丁巳（一七九七）	錢竹汀爲畢秋帆校刊續通鑑。 章實齋在安慶；五月，至揚州。 陳履和刊行崔東壁上古、洙泗考信錄於南昌。 張皋文爲周易虞氏義。 焦里堂加減乘除釋成。 王伯申自序經義述聞付梓。 包慎伯客朱石君皖署。（此時應識章實齋。）	畢沅秋帆卒（年六十八） 王鳴盛西莊卒（年七十六） 袁枚簡齋卒（年八十二）
三年戊午（一七九八）	章實齋補修史籍考。又爲詩話等三篇，攻擊袁簡齋。 凌次仲在寧國。 阮芸臺督學浙江，聚諸生於孤山，成經籍纂詁百十六卷。 王伯申經傳釋詞成。 包慎伯遊楚。	沈垚子敦生 余廷燦存吾卒（年六十四） 周廣業耕崖卒（年六十九）

四年己未（一七九九）	錢竹汀編定十駕齋養新錄；又成金石文跋尾三集。 錢竹汀、王伯申爲阮芸臺經籍纂詁作序。 崔東壁調署上杭縣。 翰林院編修洪稚存上書，極陳時政，有「視朝稍晏，小人熒惑」語，得罪擬斬，奉旨免死，發戍伊犁。 凌次仲禮經釋例成書。 焦里堂成毛詩鳥獸草木蟲魚釋十二卷；又成天元一釋。 包愼伯遊蜀。 張皋文、王伯申、吳山尊、許周生皆成進士。（座主阮芸臺。）	黃汝成潛夫生 侯度子琴生 何紹基蝯叟生 吳熙載讓之生 王柏心子壽生 顧觀光尚之生 武億虛谷卒（年五十五） 羅聘兩峯卒（年六十七） 江聲艮庭卒（年七十九）
五年庚申（一八〇〇）	趙甌北廿二史劄記刊行。 崔東壁還羅源縣任。 洪稚存釋放回籍。 惲子居著三代因革論一之四。 阮芸臺撫浙，焦里堂、李尚之同客武林節署。 劉申受舉拔貢生，入都應朝考，就張皋文問虞氏易、鄭氏三禮。	譚瑩玉生生 徐有壬君青生 章宗源逢之卒（年四十九） 趙佑鹿泉卒（年七十四）

六年辛酉（一八〇一）	崔東壁辭去羅源縣事。 凌次仲在皖，始識姚姬傳。 焦里堂成開方通釋。 阮芸臺在浙，立詁經精舍，延王蘭泉、孫淵如主講席。 包慎伯教授鳩茲半年，爲說儲一篇。冬，遊江、浙，至揚州。	蘇惇元厚子生 湯鵬海秋生 鄭獻甫小谷生 馮應榴星實卒（年六十一） 章學誠實齋卒（年六十四） 孫志祖貽穀卒（年六十五） 金榜蕊中卒（年六十七）
七年壬戌（一八〇二）	崔東壁還大名，始撰訂夏、商、豐鎬諸錄。始得張筠巖校補竹書紀年。 焦里堂會試不第；秋，赴浙；冬，歸，遂決意家居，成禹貢鄭注釋。 包慎伯至常州，主李申耆家；七閱月，得盡讀日知錄。 龔定庵侍父闇齋入都。	汪士鐸梅村生 張惠言皋文卒（年四十二） 謝啓昆蘇潭卒（年六十六） 王文治夢樓卒（年七十三）
八年癸亥（一八〇三）	程易疇自序通藝錄。 段懋堂授其外孫龔定庵說文部目。 郝蘭皋始撰山海經箋疏。 焦里堂成毛詩地理釋。 蔡元鳳成王荆公年譜考略二十六卷。	朱琦伯韓生 吳嘉賓子序生 彭元瑞芸楣卒（年七十三） 吳省欽白華卒（年七十五）

九年甲子（一八〇四）	凌次仲燕樂考原書成。 焦里堂著論語通釋。 阮芸臺成兩浙金石志、積古齋鐘鼎款識。 臧鏞堂入京，寓王伯申家，著皇朝經解。 周保緒訪包慎伯於白門。	湯球伯玕生 倭仁艮峯生 錢大昕竹汀卒（年七十七） 劉墉石庵卒（年八十六）
十年乙丑（一八〇五）	王蘭泉金石萃編百六十卷刻成。 段懋堂說文解字注成。是年有朱子小學跋。 崔東壁考信錄成書。是年撰讀風偶識。 阮芸臺丁父憂歸里，成十三經注疏校勘記。 包慎伯遊袁浦，常往來揚州，初與凌曉樓相識。 劉申受爲公羊何氏釋例。	魯一同通甫生 張穆石州生 鄒漢勛叔績生 吳敏樹南屏生 臧禮堂和貴卒（年三十） 劉台拱端臨卒（年五十五） 鄧石如完白卒（年六十三） 桂馥未谷卒（年七十） 王杰惺園卒（年八十一） 紀昀曉嵐卒（年八十二）
十一年丙寅（一八〇六）	唐陶山刻紀年經緯考。	鄭珍子尹生 錢坫獻之卒（年六十三） 王琨次瑤卒（年七十一） 朱珪石君卒（年七十六） 王昶蘭泉卒（年八十三）

十二年丁卯（一八〇七）	段懋堂、顧千里辨王制郊學起爭。	羅澤南羅山生 朱次琦子襄生 丁杰小雅卒（年七十） 沈業富既堂卒（年七十六） 汪輝祖龍莊卒（年七十八）
十三年戊辰（一八〇八）	王石臞爲段懋堂作說文解字讀敘。 郝蘭皋山海經箋疏成；始撰爾雅義疏；撰竹書紀年校正序。 阮芸臺入都，進四庫未收書六十種，作提要上之。再撫浙，以毛西河四書改錯及己作論語論仁篇寄凌次仲。 凌次仲遊浙。 包愼伯爲籌河芻言兩篇。	張文虎孟彪生
十四年己巳（一八〇九）	段懋堂爲嚴久能作娛親雅言敘。 段懋堂致書梁曜北，辨趙、戴水經注相襲事。 惲子居著三代因革論五之八。 阮芸臺爲郝蘭皋刻山海經箋疏，並撰序。 劉申受爲公羊何氏解詁箋。 龔定庵始識王仲瞿。 包愼伯應試入都。 唐鏡海成進士。	陳立卓人生 陳喬樅樸園生 馮桂芬景亭生 蘇源生菊村生 李鍾泗濱石卒（年三十九） 凌廷堪次仲卒（年五十五） 洪亮吉稚存卒（年六十四）

十五年庚午（一八一〇）	王石臞始爲讀書雜志。 阮芸臺遷侍講，兼國史館總纂，創立儒林傳，得百四十六人。 龔定庵中順天鄉試。 包愼伯卜居揚州，作策河四略。	陳澧蘭甫生 胡錫燕薊門生 邵懿辰位西生 李善蘭秋紉生 蔡上翔元鳳卒（年九十四）
十六年辛未（一八一一）	包愼伯入都，與惲子居交遊。	吳雲少甫生 曾國藩滌生生 莫友芝郘亭生 臧庸鏞堂卒（年四十五）
十七年壬申（一八一二） 洪秀全生。	陳碩甫至蘇州，受業於段懋堂。 王石臞讀書雜志先後付梓。 龔定庵由副榜貢生考充武英殿校錄。父闇齋簡放徽州知府，定庵侍行。締婚段氏，懋堂女孫也。懋堂爲序定庵懷人館詞。 劉申受爲論語述何、左氏春秋考證、箴膏肓評。 包愼伯謁姚惜抱於鍾山書院，請爲學之要。	胡林翼潤芝生 左宗棠季高生 江忠源岷樵生 吳可讀柳堂生 薛壽介伯生 錢伯坰魯斯卒（年七十五）

十八年癸酉（一八一三） 滑縣天理教起事。 林清入內城謀亂。	段懋堂說文解字注付梓。 龔定庵在徽州，段懋堂寄書勉學，囑問業於程易疇。 陳恭甫五經異義疏證成。	劉熙載融齋生 陳介祺壽卿生 楊沂孫詠春生 汪曰楨謝城生 汪萊孝嬰卒（年四十六） 莊逵吉伯鴻卒（年五十四） 錢大昭晦之卒（年七十） 吳騫兔床卒（年八十一）
十九年甲戌（一八一四）	段懋堂編戴東原年譜。 焦里堂編次道聽錄五十卷。 阮芸臺調撫江西，刻十三經注疏。 龔定庵作明良論四篇。父闇齋修徽州府志，延汪摯泉、汪孟慈諸人纂修。定庵預搜輯之役，有與徽州府志局纂修諸子書。 劉申受成進士。 魏默深以拔貢入都，從胡墨莊、姚鏡塘、劉申受問學。	龍啓瑞翰臣生 周壽昌荇農生 孫衣言劭聞生 戴鈞衡存莊生 張聰咸阮林卒（年三十二） 張問陶船山卒（年五十一） 鮑廷博淥飲卒（年八十七） 趙翼甌北卒（年八十八） 程瑤田易疇卒（年九十）

二十年乙亥（一八一五）	孫淵如尚書今古文注疏成。 焦里堂成雕菰樓易學三書四十卷。	王拯少鶴生 洪震煊百里卒（年四十六） 舒位鐵雲卒（年五十一） 伊秉綬墨卿卒（年六十二） 楊芳燦才叔卒（年六十三） 祁韻士鶴皋卒（年六十五） 段玉裁懋堂卒（年八十一） 姚鼐姬傳卒（年八十五） 周春松靄卒（年八十七） 梁同書山舟卒（年九十三）
二十一年丙子（一八一六）	六月，王石臞爲劉端臨遺書序。 焦里堂成論語補疏二卷。冬，與子虎玉纂孟子長編三十卷，越兩歲而成。 阮芸臺調撫河南，遷湖廣總督。 龔定庵乙丙之際箸議作於此時。	劉蓉霞仙生 彭玉麐剛直生 成蓉鏡芙卿生 汪家禧漢郊卒（年四十二） 洪飴孫孟慈卒（年四十四） 胡克家果亭卒（年六十） 張海鵬子瑜卒（年六十二） 莊述祖葆琛卒（年六十七） 崔述東壁卒（年七十七）

二十二年丁丑（一八一七）	焦里堂成春秋左傳補疏；又自訂詩文集二十四卷。 阮芸臺調兩廣總督，於荊州舟中爲王伯申經義述聞作序。 龔定庵致書江鄭堂，論其漢學師承記名目有十不安，並爲江書作序。 陳碩甫至京師。	龔橙孝拱生（卒未詳） 閻敬銘丹初生 嚴元照久能卒（年四十五） 李銳尚之卒（年五十） 王曇仲瞿卒（年五十八） 惲敬子居卒（年六十一） 李賡芸許齋卒（年六十四） 陳鱣仲魚卒（年六十五）
二十三年戊寅（一八一八）	焦里堂羣經補疏成。 江鄭堂在廣州節院，刻漢學師承記八卷。 龔定庵中浙江鄉試，入都。 陳碩甫應順天鄉試，在都得交王石臞、伯申父子。（時伯申爲座主。）又初識金誠齋。	郭嵩燾筠仙生 鍾文蒸子勤生 金和亞匏生 劉毓崧伯山生 劉傳瑩椒雲生 蔣春霖鹿潭生 方宗誠存之生 徐壽雪村生 許宗彥周生卒（年五十一） 孫星衍淵如卒（年六十六） 吳錫麒穀人卒（年七十三） 翁方綱覃溪卒（年八十六）

二十四年己卯（一八一九）	焦里堂孟子正義成。 方植之應粵督阮芸臺召，赴粵任廣東通志分纂，並授經幕中。 凌曉樓撰公羊禮疏序於粵東節署。 龔定庵會試，不售，始從劉申受受公羊春秋。在京並識宋于庭。	孫鼎臣芝房生 鄒伯奇特夫生 金鶚誠齋卒（年四十九） 梁玉繩曜北卒（年七十六）
二十五年庚辰（一八二〇）	阮芸臺始立學海堂。 嚴厚民至粵。 李申耆在粵，選錄駢體文鈔。 方植之在廣州通志局。 劉孟瞻自序左傳舊疏考正。 龔定庵會試，下第，爲內閣中書。有西域置行省議、東南罷番舶議。 汪孟慈撰其父容甫先生年譜。	勞格季言生 丁寶楨稚璜生 薛允升雲階生 沈葆楨幼丹生 焦循里堂卒（年五十八） 陳昌齊觀樓卒（年七十八）

宣宗道光元年辛巳（一八二一）	方植之主粵東廉州海門書院。 劉孟瞻爲其舅氏凌曉樓序公羊問答。 龔定庵在國史館，上書總裁，論塞外形勢。又撰蒙古圖志。 沈匏廬自序論語孔注辨僞。	俞樾曲園生 李元度次青生 曾釗勉士生 張海珊鐵甫卒（年四十） 劉開孟塗卒（年四十一） 許桂林同叔卒（年四十四） 彭兆蓀甘亭卒（年五十四） 吳鼒山尊卒（年六十七） 秦瀛小峴卒（年七十九）
二年壬午（一八二二）	郝蘭皋爾雅義疏成。 李申耆在揚州，搜集自漢迄隋八代全文；又編皇朝文典。 方植之復適粵。 龔定庵爲莊方耕神道碑銘，又壬癸之際胎觀九篇。	陳鴻壽曼生卒（年五十五） 莊有可大久卒（年七十九）

三年癸未（一八二三）	徐新田自序論語魯讀考。 李申耆至江陰，主講暨陽書院。 龔定庵爲五經大義終始論。	張裕釗廉卿生 李鴻章少荃生 黄彭年子壽生 桂文燦子白生 董祐誠方立卒（年三十三） 趙懷玉味辛卒（年七十七） 汪龍蟄泉卒（年八十二）
四年甲申（一八二四）	方植之在阮芸臺幕，著漢學商兑，又著待定録。 李申耆爲劉申受刻公羊釋例。 龔定庵始治釋典。	曾國荃沅甫生 何秋濤願船生
五年乙酉（一八二五）	阮芸臺始輯刻皇清經解，嚴厚民主其事。 方植之在阮芸臺幕，著書林揚觶。 江鄭堂還揚州。 龔定庵始著古史鉤沉論。 包愼伯刻所著言河鹽漕之書三卷，曰中衢一勺。 李申耆纂集八代全文成，凡二部，一以時次，一以類分。	黄丕烈蕘圃卒（年六十三） 徐養原新田卒（年六十八） 郝懿行蘭皋卒（年六十九） 倪模迂存卒（年七十六）

六年丙戌（一八二六）	阮芸臺調雲貴總督。 李申耆刊縮本輿地圖，又繪皇朝一統全圖。 方植之成漢學商兌序例。是年往浙。 魏默深爲賀耦庚編經世文編。 陳蘭甫應學海堂季課。	包世榮季懷卒（年四十三） 姚學塽鏡塘卒（年六十一） 鮑桂星覺生卒（年六十三）
七年丁亥（一八二七）	阮芸臺著塔性說。 方植之在皖。 潘四農始識魯通甫。 包慎伯住吳門，魏默深來晤，述賀耦庚意，代詢山東治要。 龔定庵賦常州高才篇贈丁若士。 陳蘭甫問經學於侯君模。	李垣叔虎生 鈕樹玉匪石卒（年六十八） 姚文田秋農卒（年七十） 唐仲冕陶山卒（年七十五）
八年戊子（一八二八）	龔定庵成尚書序大義一卷、太誓答問一卷、尚書馬氏家法一卷。 劉楚楨、劉孟瞻、陳卓人相約爲新經疏，楚楨任論語，孟瞻任左傳，卓人任公羊。	黃以周儆季生 董沛覺軒生 錢林東生卒（年六十七）

九年己丑（一八二九）	阮芸臺刻學海堂經解百九十種成。 龔定庵會試中式，賜同進士出身。廷試對策，祖王荆公上仁宗皇帝書。朝考以知縣用，自請仍歸中書原班。	李慈銘炁伯生 趙之謙撝叔生 張鳴珂公束生 薛傳均子韵卒（年四十二） 張金吾月霄卒（年四十三） 劉逢祿申受卒（年五十四） 胡世琦玉樵卒（年五十五） 凌曙曉樓卒（年五十五） 夏鑾朗齋卒（年七十） 孫原湘心青卒（年七十） 張雲璈仲雅卒（年八十三）
十年庚寅（一八三〇）	林少穆、龔定庵、黃樹齋、彭詠莪、魏默深、潘四農等在京師，結詩社相唱酬。	潘祖蔭鄭盦生 翁同龢松禪生
十一年辛卯（一八三一）	王石臞讀書雜志刊成。 方植之刊行漢學商兌、書林揚觶。	陳寶箴右銘生 管同異之卒（年五十二） 沈欽韓小宛卒（年五十七） 周中孚鄭堂卒（年六十四） 郭麐頻伽卒（年六十五） 江藩鄭堂卒（年七十一） 曾燠賓谷卒（年七十二）

十二年壬辰（一八三二）	章實齋文史通義、校讎通義刊行。 李申耆輿地一統全圖鋟版成。 俞理初客陳碩士家，校顧景范方輿紀要。 包慎伯在京師。 龔定庵陳當世急務八條。（不存集中。）又羣經寫官答問成。 陳卓人在揚州，自序白虎通疏證。 陳蘭甫中舉人。	譚獻復堂生 王闓運壬秋生 黃體芳漱蘭生 丁丙松存生 李貽德次白卒（年五十） 胡承珙墨莊卒（年五十七） 李黼平繡子卒（年六十三） 丁履恆若士卒（年六十三） 張宗泰筠巖卒（年八十三） 王念孫石臞卒（年八十九）
十三年癸巳（一八三三）	黃潛夫箋注顧亭林日知錄，李申耆、吳山子、毛生甫助成之。 俞理初編刻癸巳類稿。 包慎伯有與周保緒論晉略書。 潘四農南歸。 龔定庵成左氏春秋服杜補義一卷、左氏決疣一卷，又六經正名篇、古史鉤沉論成。（又壬癸之際胎觀，據吳昌綬年譜，應成在前。） 蘇厚子受業於方植之。	洪頤煊筠軒卒（年六十九） 趙紹祖琴士卒（年八十二）

十四年甲午（一八三四）	李申耆刊日知錄箋注，毛生甫作刊誤一卷附。 龔定庵作干祿新書。 潘四農入都。 沈子敦以優貢入京，館姚薦青家。 學海堂設專課生，陳蘭甫爲學首，朱九江、侯子琴與焉。	李文田若農生 陸心源存齋生 陸繼輅祁生卒（年六十三） 陳壽祺恭甫卒（年六十四） 康紹鏞蘭臯卒（年六十五） 王引之伯申卒（年六十九） 張敦仁古餘卒（年八十一） 朱彬武曹卒（年八十二）
十五年乙未（一八三五）	阮芸臺拜體仁閣大學士。 包慎伯在京師。 潘四農南歸。 龔定庵爲王伯申墓表銘。	姚諶子展生 吳大澂清卿生 高心夔陶堂生 蕭穆敬孚生 陳用光碩士卒（年六十八） 顧廣圻千里卒（年七十） 王紹蘭畹馨卒（年七十六） 曹振鏞儷笙卒（年八十一）
十六年丙申（一八三六）	魯通甫、潘四農會試，皆報罷。 蘇厚子重編張楊園年譜。 洪筠軒撰諸史考異。（時年七十二。）	汪遠孫小米卒（年四十三）

十七年丁酉（一八三七）	李申耆刊胡石莊繹志成；又刊歷代地理韵編今釋。 潘四農、毛生甫、姚石甫同遊金、焦。姚至臺灣任。 朱亮甫逸周書集訓校釋始屬稿。	戴望子高生 張之洞香濤生 黎庶昌蒓齋生 汪宗沂弢廬生 楊文會仁山生 黃汝成潛夫卒（年三十九） 侯康君模卒（年四十九） 程恩澤春海卒（年五十三） 端木國瑚鶴田卒（年六十五） 石韞玉琢堂卒（年八十二）
十八年戊戌（一八三八）	阮芸臺致仕歸里。 李申耆歷代輿地沿革圖刊成。 潘四農入都謁選，即南歸。 林少穆爲欽差大臣，赴廣東，龔定庵爲序贈行。是歲成春秋決事比六卷，申劉申受誼。 羅羅山、劉霞仙始訂交。 陳樸園自序魯詩遺說考。	薛福成叔耘生 劉壽曾恭甫生 楊文瑩雪漁生 呂璜月滄卒（年六十一） 江沅鐵君卒（年七十二）

十九年己亥（一八三九）	龔定庵以禮部主事棄官出都，過揚州，見阮芸臺、魏默深。至江陰，見李申耆。有己亥雜詩三百十五首，又重過揚州記。十月，北上迎眷，陳碩甫爲規劃一切。 包慎伯贈龔定庵瘞鶴銘。 鄧湘皋始刻船山遺書百五十卷。	曾紀澤劼剛生 洪鈞文卿生 楊守敬惺吾生 汪鳴鑾郋亭生 潘德輿四農卒（年五十五） 周濟保緒卒（年五十九） 陶澍雲汀卒（年六十二）
二十年庚子（一八四〇） 鴉片戰爭開始。英艦陷定海。	唐鏡海內召爲太常寺卿，倭艮峯、曾滌生、吳竹如諸人在京相從講學。 包慎伯在江西。 宋于庭在耒陽，成論語說義、孟子趙注補正。 劉楚楨成進士。 陳蘭甫舉爲學海堂學長。（自是爲長十數年。） 陳樸園自序韓詩遺說考。	吳汝綸至父生 沈垚子敦卒（年四十三） 方申端齋卒（年五十四） 俞正燮理初卒（年六十六） 吳德旋仲倫卒（年七十四） 李穀介石卒（年七十六）
二十一年辛丑（一八四一） 英艦陷虎門。	陳蘭甫赴會試，過揚州，謁阮芸臺。	陸潤庠鳳石生 高澍雨農卒 龔自珍定庵卒（年五十） 毛嶽生生甫卒（年五十一） 李兆洛申耆卒（年七十三） 莫與儔猶人卒（年七十九）

二十二年壬寅（一八四二） 林則徐遣戍。 南京條約成立。 五口通商。	苗先簏自序說文聲韵表。 魏默深著海國圖志、聖武記。 陳樸園自序齊詩遺說考。 陳蘭甫著切韻考六卷。 朱亮甫逸周書集訓校釋成書。	王先謙益吾生 何維樸詩孫生 黄承吉春谷卒（年七十二）
二十三年癸卯（一八四三）	包愼伯爲周保緒序晉略。 魏默深聖武記成，寄包愼伯屬審定。	劉光蕡古愚生 梅植之藴生卒（年五十） 吳榮光荷屋卒（年七十一） 李富孫薌沚卒（年八十） 嚴杰厚民卒（年八十一） 嚴可均鐵橋卒（年八十二） 秦恩復敦夫卒（年八十四）
二十四年甲辰（一八四四）	魏默深成進士。 羅羅山館賀修齡家，著姚江學辨。始識郭筠仙兄弟。 郭筠仙應試入都，主曾滌生寓。始謁唐鏡海，見其所著省身日課。 陳蘭甫再赴會試，再謁阮芸臺於揚州。 包愼伯刻安吳四種。	繆荃孫筱珊生 郭慶藩孟純生 湯鵬海秋卒（年四十四） 汪文臺南士卒（年四十九） 姚配中仲虞卒（年五十三） 錢泳立羣卒（年八十六）

二十五年乙巳（一八四五）	唐鏡海清儒學案成書。 羅羅山著孟子解。	王懿榮正儒生 陶方琦子珍生 馬建忠眉叔生
二十六年丙午（一八四六）	宋于庭爲四書纂言。 朱亮甫逸周書集訓校釋付梓。 唐鏡海致仕南歸。	袁昶爽秋生 朱一新蓉生生 夏炯仲文卒（年五十二） 鄧廷楨嶰筠卒（年七十二）
二十七年丁未（一八四七）	羅羅山改定人極衍義。始識唐鏡海於長沙。 龍翰臣簡湖北學政，著經籍舉要示學者。	葉昌熾菊裳生 汪喜孫孟慈卒（年六十二） 張澍介侯卒（年六十七）
二十八年戊申（一八四八）	羅羅山與賀耦庚、唐鏡海過從，論學無虛日。著小學韻語成。 劉椒雲爲國子監學正，引疾南歸。 陳蘭甫成漢書地理志水道圖說七卷。	黃遵憲公度生 孫詒讓仲容生 王頌蔚芾卿生 劉傳瑩椒雲卒（年三十一） 賀長齡耦庚卒（年六十四） 徐松星伯卒（年六十八）

二十九年己酉（一八四九）	羅羅山著西銘講義。 陳蘭甫又北上。 羅椒生爲胡竹村儀禮正義序。	楊深秀漪春生 張穆石州卒（年四十五） 胡培翬竹村卒（年六十八） 梁章鉅芷鄰卒（年七十五） 阮元芸臺卒（年八十六）
三十年庚戌（一八五〇） 洪秀全起兵。	戴子高始讀顏、李書。 夏心伯成述朱質疑。 成芙卿自序禹貢班義述。	皮錫瑞鹿門生 柯紹忞鳳蓀生 沈曾植子培生 林則徐少穆卒（年六十六） 錢儀吉新梧卒（年六十八） 朱琦蘭坡卒（年八十二）
文宗咸豐元年辛亥（一八五一）	羅羅山館賀耦庚家。	陸恢廉夫生 簡朝亮竹居生 鄧顯鶴湘皐卒（年七十五） 方東樹植之卒（年八十）
二年壬子（一八五二） 太平軍入湖南。	羅羅山、劉霞仙練鄉勇，防守長沙。 郭筠仙避亂山中，讀船山禮記章句；始著禮記質疑。	廖平季平生 林紓畏廬生 姚瑩石甫卒（年六十八） 姚元之伯昂卒（年七十七）

三年癸丑（一八五三） 太平軍下江寧。	宋于庭編定過庭錄。 曾滌生督辦團防，羅羅山等隸焉。	張謇嗇庵生 嚴復幾道生 陳玉樹惕庵生 江忠源岷樵卒（年四十二） 鄒漢勛叔績卒（年四十九） 黃爵滋樹齋卒（年六十一） 馬瑞辰元伯卒（年七十二） 姚椿春木卒（年七十七）
四年甲寅（一八五四）	羅羅山成周易附說。 陳蘭甫始草漢儒通義。	范當世肯堂生 鄒代鈞甄伯生 丁立鈞叔衡生 曾釗勉士卒（年三十四） 劉文淇孟瞻卒（年六十六） 王筠箓友卒（年七十一） 徐同柏壽臧卒（年八十）
五年乙卯（一八五五）	劉楚楨論語正義成。 魏默深成書古微。	費念慈屺懷生 江春霖杏邨生 戴鈞衡存莊卒（年四十二） 侯度子琴卒（年五十七） 劉寶楠楚楨卒（年六十五） 包世臣慎伯卒（年八十一）

六年丙辰（一八五六）	陳蘭甫始著學思錄。 戴子高始與姚子展相識。	羅澤南羅山卒（年五十） 吳式芬子苾卒（年六十一） 魏源默深卒（年六十三） 梅曾亮伯言卒（年七十一）
七年丁巳（一八五七） 英、法聯軍陷廣州，葉名琛被虜。	戴子高始得讀李恕谷論語、大學、中庸傳注、傳注問，及恕谷集。是年始從陳碩甫、宋于庭遊，治今文。 陳蘭甫避亂，居橫村沙舍。 鄭小谷自桂林避亂至廣州，復避至東莞。	楊鋭叔嶠生 胡錫燕薊門卒（年四十八） 蘇惇元厚子卒（年五十七） 苗夔先簏卒（年七十五）
八年戊午（一八五八）	陳蘭甫聲律通考十卷成；漢儒通義七卷刊行。 俞曲園始寓吳，讀高郵王氏讀書雜志、廣雅疏證、經義述聞諸書，遂有意治經。 李少荃入曾滌生幕。	易順鼎哭庵生 康有爲長素生 龍啓瑞翰臣卒（年四十五） 陳慶鏞乾翔卒（年六十四） 朱駿聲允倩卒（年七十一）
九年己未（一八五九）	鍾子勤自序穀梁補注。 李炁伯入都。 汪梅村遊鄂胡林翼幕。	劉光第裴邨生 梁鼎芬星海生 袁世凱慰亭生 孫鼎臣芝房卒（年四十一） 張維屏南山卒（年八十）

十年庚申（一八六〇） 太平軍破江南大營，陷杭州、蘇州。 英、法聯軍逼北京，焚圓明園。	鄭小谷重至廣州，掌教書院，未幾返桂林。 陳蘭甫爲鄭小谷補學軒文集序。	汪康年恢伯生 江標建霞生 徐有壬君青卒（年六十一） 宋翔鳳于庭卒（年八十五）
十一年辛酉（一八六一）	俞曲園避地上虞，始假得學海堂經解半部讀之。 譚復堂至厦門，始交戴子高。	端方午橋生 胡林翼潤芝卒（年五十） 邵懿辰位西卒（年五十二） 朱琦伯韓卒（年五十九） 凌堃仲訥卒（年六十七） 唐鑑鏡海卒（年八十四） 林春溥立源卒（年八十七）
穆宗同治元年壬戌（一八六二）	陳樸園自序今文尚書經說考。 俞曲園避寇自滬至津。羣經平議成；諸子平議亦成大半；始刻世室重屋明堂考。 倭艮峯爲大學士。	宋衡平子生 何秋濤願船卒（年三十九） 顧觀光尚之卒（年六十四） 黃式三薇香卒（年七十四） 胡紹勳文甫卒（年七十四）
二年癸亥（一八六三）	郭筠仙權粵撫。 李㤅伯孟學齋日記始此。	魯一同通甫卒（年五十九） 錢泰吉警石卒（年七十三） 陳奐碩甫卒（年七十八）

三年甲子（一八六四） 曾國荃克江寧，洪秀全自殺。	汪梅村歸江寧。	姚諶子展卒（年三十） 勞格季言卒（年四十五） 鄭珍子尹卒（年五十九） 吳嘉賓子序卒（年六十二）
四年乙丑（一八六五）	劉叔俛論語正義始寫定。 俞曲園回吳寓，主紫陽書院講席。 李炁伯歸杭州。	譚嗣同壯飛生
五年丙寅（一八六六） 孫文中山生。	曾滌生創設金陵書局，莫郘亭、張孟彪、劉恭甫、戴子高、劉叔俛諸人爲之校勘經籍。	祁寯藻叔穎卒（年七十四）
六年丁卯（一八六七）	俞曲園羣經平議刻成，遂銳意成諸子平議。	唐才常佛塵生 李瑞清梅庵生 劉毓崧伯山卒（年五十） 宗稷辰滌樓卒（年七十六）
七年戊辰（一八六八）	俞曲園改主西湖詁經精舍講席。 戴子高始得全見顏、李書，爲顏李學記。	章炳麟太炎生 蔣春霖鹿潭卒（年五十一）

八年己巳（一八六九）	戴子高顏氏學記成。	陳千秋通父生 鄒伯奇特夫卒（年五十一） 陳立卓人卒（年六十一） 陳喬樅樸園卒（年六十一）
九年庚午（一八七〇）		蘇源生菊村卒（年六十二） 吳熙載讓之卒（年七十二）
十年辛未（一八七一）	陳蘭甫大病幾殆，撰自述。 俞曲園又成第一樓叢書三十卷。	莫友芝郘亭卒（年六十一） 倭仁艮峯卒（年六十八） 譚瑩玉生卒（年七十二） 夏炘心伯卒（年八十三）
十一年壬申（一八七二）	潘鄭盦攀古樓彝器款識、吳少甫兩罍軒彝器圖識刊行。 吳清卿初刻恆軒所見所藏吉金錄。 孫仲容初撰古籀拾遺。	楊守仁篤生生 薛壽介伯卒（年六十一） 曾國藩滌生卒（年六十二） 鄭獻甫小谷卒（年七十二）

十二年癸酉（一八七三）		梁啓超任公生 戴望子高卒（年三十七） 劉蓉霞仙卒（年五十八） 吳敏樹南屏卒（年六十九） 王柏心子壽卒（年七十五） 何紹基蝯叟卒（年七十五） 徐繼畬健男卒（年七十九） 吳廷棟竹如卒（年八十一）
十三年甲戌（一八七四）		馮桂芬景亭卒（年六十六）
德宗光緒元年乙亥（一八七五）	張香濤提督四川學政，刊行書目答問。	林旭暾谷生 丁晏柘堂卒（年八十二）
二年丙子（一八七六）	朱蓉生成進士。 郭筠仙充出使英、法大臣。 嚴幾道留學英倫。 康長素始從朱九江問學。	陳衡恪師曾生 王拯少鶴卒（年六十二）
三年丁丑（一八七七）	俞曲園成曲園雜纂五十卷。 孫仲容始撰墨子閒詁。	王國維靜安生 鍾文蒸子勤卒（年六十）

四年戊寅（一八七八）		
五年己卯（一八七九）	陳蘭甫自訂讀書記凡十五卷付刊。 郭筠仙著罪言存略。 俞曲園又成俞樓雜纂五十卷。 王益吾刻乾隆朝東華錄百二十卷成。 嚴幾道卒業歸國。	劉履芬彥青卒（年五十三） 沈葆楨幼丹卒（年六十） 吳可讀柳堂卒（年六十八）
六年庚辰（一八八〇）	俞曲園始爲茶香室叢鈔；又有茶香室經說十六卷。 嚴幾道爲天津水師學堂總教習。	柳興恩賓叔卒（年八十六）
七年辛巳（一八八一）	陳蘭甫自定讀書記西漢一卷。（東塾讀書記始自丙辰，初爲學思錄。）	汪曰楨謝城卒（年六十九） 劉熙載融齋卒（年六十九） 楊沂孫詠春卒（年六十九） 朱次琦子襄卒（年七十五） 湯球伯玕卒（年七十八）
八年壬午（一八八二）	王益吾編續古文辭類纂成，刊於湘中。 周壽昌漢書注校補成。	蔡鍔松坡生 劉壽曾恭甫卒（年四十五） 陳澧蘭甫卒（年七十三） 李善蘭秋紉卒（年七十三）

九年癸未（一八八三）		高心夔陶堂卒（年四十九） 成蓉鏡芙卿卒（年六十八） 吳雲少甫卒（年七十三）
十年甲申（一八八四）	吳清卿說文古籀補刊行。 王益吾續東華錄四百十九卷成。 廖季平經學初變始是。 康長素始演大同義。	劉師培申叔生 陶方琦子珍卒（年四十） 趙之謙撝叔卒（年五十六） 桂文燦子白卒（年六十二） 徐壽雪村卒（年六十七） 周壽昌荇農卒（年七十一） 陳介祺壽卿卒（年七十二）
十一年乙酉（一八八五）	吳清卿印行恆軒所見所藏吉金錄。 嚴幾道回籍，治八股文，納粟爲監生，鄉試報罷。 康長素著人類公理。	鄒容蔚丹生 金和亞匏卒（年六十八） 左宗棠季高卒（年七十四） 張文虎孟彪卒（年七十八）
十二年丙戌（一八八六）	吳清卿始從事爲愙齋集古錄。 御史朱蓉生奏參李蓮英，以主事降補。 廖季平編古今學考。	丁寶楨稚璜卒（年六十七）
十三年丁亥（一八八七）	張香濤聘朱蓉生至粵。	李元度次青卒（年六十七）

十四年戊子（一八八八）	王益吾皇清經解續編刊成。 孫仲容改商周金識拾遺爲古籀拾遺，重校付梓。 朱蓉生主講端溪書院。 廖季平分古今學考爲知聖、闢劉兩篇；經學二變始此。 康長素始至京師，上書請變法，格不達。 繆藝風選續經世文編八十卷。	方宗誠存之卒（年七十一）
十五年己丑（一八八九）	吳清卿古玉圖考刊行。 朱蓉生主廣雅書院講席。 康長素返粵。 廖季平在蘇晤俞曲園；至粵晤康長素。	汪士鐸梅村卒（年八十八）
十六年庚寅（一八九〇）	郭筠仙禮記質疑付梓；又成大學章句質疑、中庸章句質疑。 張香濤督兩湖。 王益吾主講思賢講舍。 康長素、廖季平再晤於粵垣安徽會館。是年廖赴鄂。	曾紀澤劼剛卒（年五十二） 潘祖蔭鄭盦卒（年六十一） 曾國荃沅甫卒（年六十七） 黃彭年子壽卒（年六十八） 彭玉麐剛直卒（年七十五）
十七年辛卯（一八九一）	王益吾荀子集解刊成，自爲序。 康長素講學於廣州之長興里；新學僞經考刊成。	李垣叔虎卒（年六十五） 郭嵩燾筠仙卒（年七十四）

十八年壬辰（一八九二）	王益吾合校水經注四十卷刊成。 孫仲容撰尚書駢枝成。 朱蓉生成無邪堂答問。 章太炎肄業杭州詁經精舍，俞曲園爲山長。	閻敬銘丹初卒（年七十六）
十九年癸巳（一八九三）	孫仲容撰墨子閒詁成，又撰札迻成。	洪鈞文卿卒（年五十五）
二十年甲午（一八九四） 中、日之戰。	廖季平爲古學考，有致康長素書。 康長素入京會試不第，歸粵。 清廷下諭燬禁新學僞經考。康長素遊桂林，著桂學答問。 梁任公推本康長素意，爲讀書分月課程。 譚壯飛報貝元徵書，極論變法維新。	陳千秋通父卒（年二十六） 朱一新蓉生卒（年四十九） 薛福成叔耘卒（年五十七） 陸心源存齋卒（年六十一） 李慈銘悉伯卒（年六十六） 張裕釗廉卿卒（年七十二） 孫衣言劭聞卒（年八十一）
二十一年乙未（一八九五）	吳清卿說文古籀補重刊於湘中。 嚴幾道刊布論世變之亟及救亡決論諸文。 譚壯飛遊京師，始交梁任公。 康長素公車上書；開强學會。 吳誦孫攈古錄金文刊行。	王頌蔚芾卿卒（年四十八） 李文田若農卒（年六十二） 董沛覺軒卒（年六十八）

二十二年丙申（一八九六）	吳清卿自敍愙齋集古錄。 孫仲容逸周書斠補成。 譚壯飛在南京成仁學。 嚴幾道初譯天演論。 康長素爲孔子改制考。 梁任公撰變法通議；與汪恢伯創辦時務報於上海。	郭慶藩孟純卒（年五十三）
二十三年丁酉（一八九七） 德取膠州灣。	嚴幾道、夏穗卿創辦國聞報於天津。 譚壯飛、梁任公等創南學會於湖南。 康長素至京師，上書陳事變之急。	黎庶昌莼齋卒（年六十一）
二十四年戊戌（一八九八）	張香濤刊布勸學篇。 吳至父序嚴譯天演論。 嚴幾道始譯原富；又擬上皇帝萬言書。 譚壯飛應徵至京師，與楊叔嶠、劉裴邨、林暾谷同參新政，下獄見殺。 康長素、梁任公出走。 廖季平經學三變始此。 蘇輿爲翼教叢編。	林旭暾谷卒（年二十四） 譚嗣同壯飛卒（年三十四） 劉光第裴邨卒（年四十） 楊鋭叔嶠卒（年四十二） 楊深秀漪春卒（年五十）

二十五年己亥（一八九九）	孫仲容撰周禮正義成。 嚴幾道譯穆勒自由論。 濰縣商人初售安陽甲骨。	江標建霞卒（年四十） 黃體芳漱蘭卒（年六十八） 丁丙松存卒（年六十八） 黃以周儆季卒（年七十二）
二十六年庚子（一九〇〇） 八國聯軍。	王益吾刻漢書補注百卷成。 王正儒初購安陽甲骨。 嚴幾道避亂之上海，開名學會，講演名學。始譯穆勒名學；原富譯竟。 唐佛塵起事，被殺。	唐才常佛塵卒（年三十四） 袁昶爽秋卒（年五十五） 王懿榮正儒卒（年五十六） 馬建忠眉叔卒（年五十六） 陳寶箴右銘卒（年七十）
二十七年辛丑（一九〇一）	康長素在檳榔嶼，成中庸注、春秋筆削大義微言考發凡及孟子微。 章太炎訄書刊於蘇州。	譚獻復堂卒（年七十） 李鴻章少荃卒（年七十九） 薛允升雲階卒（年八十二）
二十八年壬寅（一九〇二） 日、俄戰起。	王益吾刻日本源流考二十二卷成。 孫仲容爲周禮政要。 嚴幾道爲編譯局總辦。始譯孟德斯鳩法意、斯賓塞羣學肄言，又譯甄克思社會通銓；評點老子道德經。 廖季平經學四變始此。 吳至父任京師大學堂總教習。 康長素在大吉嶺，成論語注、大學注；又成大同書。	丁立鈞叔衡卒（年四十九） 吳大澂清卿卒（年六十八）

二十九年癸卯（一九〇三）	孫仲容撰古籀餘論成。 劉鐵雲藏龜印布。 鄒蔚丹、章太炎下獄。	劉光蕡古愚卒（年六十一） 吳汝綸至父卒（年六十四）
三十年甲辰（一九〇四）	王益吾刻尚書孔傳參正成。 孫仲容撰契文舉例成。	范當世肯堂卒（年五十一） 蕭穆敬孚卒（年七十） 翁同龢松禪卒（年七十五）
三十一年乙巳（一九〇五）	孫仲容撰名原成。 嚴幾道赴英倫，晤孫中山。	鄒容蔚丹卒（年二十一） 費念慈屺懷卒（年五十一） 黃遵憲公度卒（年五十八）
三十二年丙午（一九〇六）	嚴幾道在滬講演政治學。法意譯竟。	陳玉樹惕庵卒（年五十四） 汪宗沂弢廬卒（年七十） 俞樾曲園卒（年八十六）
三十三年丁未（一九〇七）		汪鳴鑾郘亭卒（年六十九）
三十四年戊申（一九〇八）	嚴幾道譯名學淺說。	鄒代鈞甄伯卒（年五十五） 皮錫瑞鹿門卒（年五十九） 孫詒讓仲容卒（年六十一） 楊文瑩雪漁卒（年七十一） 張鳴珂公束卒（年八十）

宣統元年己酉（一九〇九）	王益吾刻莊子集解成，自爲序。 嚴幾道欽賜文科進士出身。	張之洞香濤卒（年七十三）
二年庚戌（一九一〇）		宋衡平子卒（年四十九）
三年辛亥（一九一一）		楊守仁篤生卒（年四十） 端方午橋卒（年五十一） 汪康年恢伯卒（年五十二） 楊文會仁山卒（年七十五）

《錢穆先生全集》總書目

甲編

國學概論
四書釋義
論語文解
論語新解
孔子與論語
孔子傳
先秦諸子繫年
墨子　惠施公孫龍
莊子纂箋
莊老通辨
兩漢經學今古文平議
宋明理學概述
宋代理學三書隨劄
陽明學述要
朱子新學案（全五册）
中國近三百年學術史（一、二）
中國學術思想史論叢（全十册）
中國思想史
中國思想通俗講話
學籥
中國學術通義
現代中國學術論衡

乙編

周公
秦漢史
國史大綱（上、下）
中國文化史導論

中國歷史精神
國史新論
中國歷代政治得失
中國歷史研究法
中國史學發微
讀史隨劄
中國史學名著
史記地名考（上、下）
古史地理論叢

丙編

文化學大義
民族與文化
中華文化十二講
中國文化精神
湖上閒思錄
人生十論
政學私言
從中國歷史來看中國民族性及中國文化
文化與教育
歷史與文化論叢
世界局勢與中國文化
中國文化叢談
中國文學論叢
理學六家詩鈔
靈魂與心
雙溪獨語
晚學盲言（上、下）
新亞遺鐸
八十憶雙親師友雜憶合刊
講堂遺錄（一、二）
素書樓餘瀋
總目